SVIZZERA

AUSTRIA

UNGHERIA

TRENTINO-ALTO ADIGE

FRIULI-VENEZIA GIULIA

SLOVENIA

VALLE D'AOSTA

Como

Trento

• Udine

LOMBARDIA

VENETO

Trieste

Milano

Verona

Venezia

CROAZIA

Torino

Brescia

Mantova

Padova

SERBIA

Asti

Parma

BOSNIA-ERZEGOVINA

PIEMONTE

EMILIA-ROMAGNA

Ferrara

FRANCIA

Bologna

Ravenna

SAN MARINO

MONTENEGRO

Genova

LIGURIA

Pisa

Firenze

Urbino

San Remo

La Spezia

Arezzo

Ancona

MARCHE

MARE LIGURE

Siena

Perugia

MARE ADRIATICO

Elba

TOSCANA

Assisi

Corsica (FRANCIA)

Orvieto

UMBRIA

L'Aquila

Roma

ABRUZZO

LAZIO

MOLISE

Campobasso

CAMPANIA

PUGLIA

Sassari

Napoli

Bari

Pompei

SARDEGNA

MARE TIRRENO

Amalfi

Potenza

Taranto

Cagliari

BASILICATA

ITALIA
(Carta Politica)

CALABRIA

SCALA DI CHILOMETRI

0 40 80 120 160

Cosenza

SCALA DI MIGLIA

Isole Lipari

0 20 40 60 80 100

Reggio

Messina

Palermo

Taormina

MARE IONIO

Marsala

SICILIA

Catania

MARE MEDITERRANEO

Agrigento

ALGERIA

Tunisi

Siracusa

TUNISIA

AFRICA

CIAO!

EIGHTH EDITION

Carla Larese Riga

Santa Clara University

CONTRIBUTING AUTHOR

Irene Bubula-Phillips

Santa Clara University

HEINLE
CENGAGE Learning·

Australia • Brazil • Japan • Korea • Mexico • Singapore • Spain • United Kingdom • United States

HEINLE
CENGAGE Learning

Ciao! 8e
Carla Larese Riga | Irene Bubula-Phillips

Vice-President, Editorial Director: P.J. Boardman

Publisher: Beth Kramer

Executive Editor: Lara Semones

Senior Content Project Manager:
Esther Marshall

Assistant Editor: Joanna Alizio

Executive Brand Manager: Ben Rivera

Associate Media Editor: Patrick Brand

Senior Marketing Communications Manager:
Linda Yip

Market Development Manager:
Courtney Wolstoncroft

Manufacturing Planner: Betsy Donaghey

Senior Art Director: Linda Jurras

Rights Acquisitions Specialist: Jessica Elias

Image Research: PreMediaGloabl

Production Service: PreMediaGlobal

Text Designer: PreMediaGlobal

Cover Designer: Wing Ngan

Cover Image: © Ken Welsh/age footstock

For product information and technology assistance, contact us at
Cengage Learning Customer & Sales Support, 1-800-354-9706

For permission to use material from this text or product,
submit all requests online at **www.cengage.com/permissions**
Further permissions questions can be e-mailed to
permissionrequest@cengage.com

Library of Congress Control Number: 2012945777

Student Edition:
ISBN-13: 978-1-133-60422-8
ISBN-10: 1-133-60422-6

Loose-leaf Edition:
ISBN-13: 978-1-285-07733-8
ISBN-10: 1-285-07733-4

Heinle
20 Channel Center Street
Boston, MA 02210
USA

Cengage Learning is a leading provider of customized learning solutions with office locations around the globe, including Singapore, the United Kingdom, Australia, Mexico, Brazil, and Japan. Locate your local office at
international.cengage.com/region

Cengage Learning products are represented in Canada by Nelson Education, Ltd.

For your course and learning solutions, visit **www.cengage.com.**

Purchase any of our products at your local college store or at our preferred online store **www.cengagebrain.com**

Instructors: Please visit **login.cengage.com** and log in to access instructor-specific resources.

Printed in the United States of America
6 7 8 9 10 11 12 22 21 20 19 18

TO THE STUDENT

Ciao! **Eighth Edition** introduces you to the study of language and culture of Italy. The goal is for you to develop all four language skills (listening, speaking, reading and writing), with an emphasis on communication. As you gain proficiency in Italian, you will have opportunities to perform a variety of communicative tasks, like talking about your college experiences, family, friends, routines and preferences. You will also learn to talk about the past as well as your plans for the future. Through this many-faceted program, you will encounter both the vibrant life of modern Italy and Italy's rich cultural heritage. You will also explore a variety of issues in the Italian context: university life, family, immigration, sports, the environment, theater, and music, just to name a few. Besides acquiring cultural competence, you will also be encouraged to compare your life and experiences with those of your Italian counterparts.

Ciao! has long been a favorite Italian book and program and has benefited from the experiences and feedback of the many, many students and teachers who have used it. As a result, the material is organized and presented in ways that makes it easy and fun to learn Italian, allowing you to assimilate the vocabulary and grammatical structures gradually, starting with controlled situations and moving to more open ones. You will be able to communicate in Italian with confidence from the very start.

Chapter Organization

To work effectively with the new edition of *Ciao!,* take a few minutes to learn about the easy-to-follow chapter structure.

The 18 chapters are preceded by one preliminary chapter, **Capitolo preliminare,** which introduces Italian pronunciation and by another short chapter, **Primo incontro,** which focuses on everyday expressions and useful classroom expressions.

- **Le regioni d'Italia** sections take you on a trip throughout the twenty regions of Italy with striking images and informative captions.
- **Punti di vista** An opening dialogue (recorded and available as MP3 on the Premium Website or in the iLrn Heinle Learning Center) presents the chapter theme, using what you have learned and introducing some new words and grammar.
- **Studio di parole** introduces the vocabulary by themes with visual images and lists of words organized to facilitate acquisition. It is followed by the **Applicazione** exercises where you will many opportunities to use the new vocabulary in a meaningful context.
- The **Informazioni** and **Sapete che…** sections give you practical information about what life is like in Italy.
- In the **Ascoltiamo!** you can hear a second dialogue (also recorded and available as MP3 on the Premium Website or in the iLrn Heinle Learning Center) and is accompanied by activities to develop your listening comprehension and oral expression.

- The **Punti grammaticali** section presents the new grammar components of the chapter. Each grammatical structure is introduced by a drawing, photo, or other illustration, and the explanations are clear and concise. There are many examples to show you how the language works. The exercises and activities follow in the *Pratica* section. They offer a wide variety of opportunities for you to practice and to communicate in the target language.
- **Adesso leggiamo! Incontri** This section includes a more advanced dialogue or reading (also recorded) that combines chapter structures and vocabulary. It is accompanied by comprehension and personal questions.
- **Adesso scriviamo!** This section gives you a chance to develop writing skills within a realistic context and includes a writing strategy, guiding you step-by-step to the completion of a specific writing task.
- **Vedute d'Italia** These are the reading sections based on authentic Italian texts and sources, which further explore cultural contents. Extensive follow-up questions provide opportunities for discussion and give a cross-cultural focus.
- **Attività video** In the video segments you will meet a diverse cast of Italian speakers who discuss topics of interest in unscripted interviews. Post-viewing activities integrate the video with the vocabulary and grammar of the chapters and promote class discussions.
- **Vocabolario** The vocabulary list at the end of the chapter contains all new words that appear in the chapter that are not presented in the *Studio di parole* section. The vocabulary entries are recorded and available as MP3.
- **Ripasso** At the end of each chapters you will find some review exercises to assess what you remember in terms of new vocabulary and grammar. This section can be use as practice before tests.

ACKNOWLEDGMENTS

I am greatly appreciative of the invaluable contribution of Irene Bubula-Phillips to this edition. I thank her for the enthusiasm and the innovative ideas that she has brought to our collaboration.

I would like to specially acknowledge Esther Marshall, Senior Content Project Manager, who has guided every step of the project with her expertise, attention to detail and patience.

I would also like to thank Lara Semones, Executive Editor, for her dedication to the success of this project. I am grateful to my daughters, Liliana and Roberta Riga, and to James Kennedy and Scott Rezendes for their support and encouragement throughout.

My thanks also go to Beth Kramer, the Publisher, and to the other people at Heinle who contributed to this edition and, in particular, Patrick Brand, Carolyn Nichols, Linda Jurras, Joanna Alizio, and Jessica Elias.

My special thanks also go to all involved in the production of this book, most especially to Christine Cervoni, copy editor and to Jenna Gray, the project manager on behalf of PreMediaGlobal.

Finally Heinle and I extend our thanks to the following reviewers and contributors for their comments and constructive suggestions that have helped to shape this edition of *Ciao!*

REVIEWERS

FABIAN ALFIE, *University of Arizona*
PETER ARNDS, *Trinity College*
VITTORIA BAKER, *Immaculata University*
DANIELA BARTALESI-GRAF, *Wellesley College*
PAULA BRUNO, *St. Edwards University*
STEFANIA BUCCINI, *University of Wisconsin - Madison*
MARYANN CAROLAN, *Fairfield University*
ROBERT CASCARDO, *Henry Ford Community College*
DORINA CEREGHINO, *San Jose State*
PAMELA CHEW, *Tulsa Community College*
SARAH CHRISTOPHER, *University of St. Thomas*
CLARISSA CLO, *San Diego State University*
ROSA COMMISSO, *Kent State University*
BAHIE D'AMBROSIO, *Montgomery College*
RITA D'AMICO, *Pasadena City College*
VINCENZA DeNARDO, *Southern Methodist University*
RENEE D'ELIA-ZUNINO, *University of Tennessee*
NANCY ESPOSITO, *Naugatuck Valley Community College*
GIULIANA FAZZION, *James madison University*
GIUSEPPINA FAZZONE, *University of Delaware*
ADRIA FRIZZI, *University of Texas at Austin*
JESSICA GREENFIELD, *University of North Texas*
ERICH LICHTSCHEIDL, *Montgomery County Community College*
JOANN MANETTA, *Macomb Community College*
PAOLO MATTEUCCI, *Dalhousie Univeristy*
CRISTINA MAZZONI, *University of Vermont*
GARRETTB. McCUTCHAN, *Louisiana State University, Baton Rouge*

GERRY MILLIGAN, *College of Staten Island*
ALEXANDER MURZAKU, *College of St. Elizabeth*
LUCILLE PALLOTTA, *Onondaga Community College*
MICHAEL PAPIO, *University Massachusetts – Amherst*
EMANUELE PETTENER, *Florida Atlantic University*
ELIZABETH S. SCHEIBER, *Rider University*
PAOLA SERVINO, *Brandeis University*
MARIA G. SIMONELLI, *Monmouth University*
MICHAEL SOLLENBERGER, *Mount St. Mary's University*
FRONGIA TERRI, *Santa Rosa Junior College*
NICOLETTA TINOZZI MEHRMAND, *University of California, Riverside*
ANGELA A. TOSCANO, *Kingsborough Community College*
JANICE VAIRO, *Carnegie Mellon University*
HEATHER WEST, *Samford University*
SUSANNA WILLIAMS, *Macomb Community College*

CONTRIBUTORS

Veruska Cantelli, PhD, The Graduate Center of the City University of New York – Native Reader and Copy Editor
Nancy Esposito (Naugatuck Valley Community College) – Testing program
Leonardo Giannossa (Kent State University) – Cultural Activities
Maria (Grazia) Spina (University of Central Florida) – Syllabi
Joann Manetta (Macomb Community College) – Grammar and Vocabulary quizzes
Melina Masterson (University of Connecticut) – PowerPoints and Diagnostic tests

TABLE OF CONTENTS

Primo Incontro   8

CAPITOLO 1   La città   18

CAPITOLO 2 Persone e personalità 42

CAPITOLO 3 All'università 68

CAPITOLO 6 La famiglia **144**

CAPITOLO 13   Il mondo del lavoro   320

CAPITOLO 14   Paesi e paesaggi   344

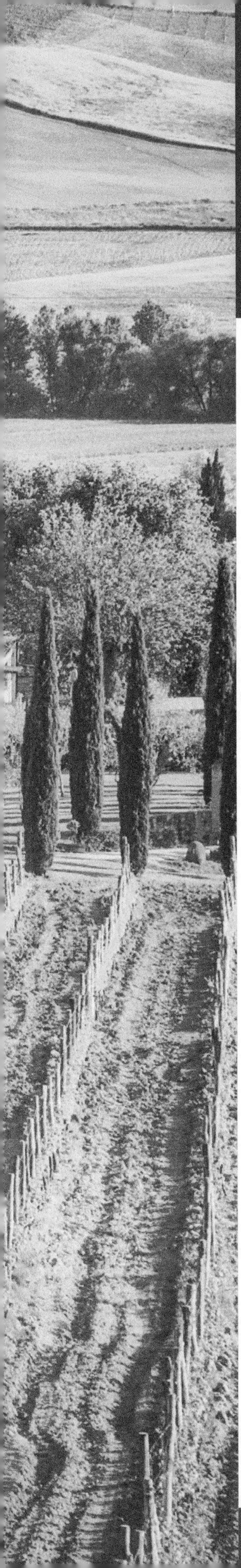

iStock photo.com/Andreazanch

Capitolo preliminare

La pronuncia italiana

- Vocali
- Dittonghi
- Consonanti
- Consonanti doppie
- Sillabazione
- Accento tonico
- Intonazione

Parole affini per origine

- Nouns
- Adjectives
- Verbs

◀ Un tipico paesaggio toscano: le colline, i vigneti e un antico casale.

Audio
http//www.cengagebrain.com
Video on DVD
iLrn

La pronuncia italiana

There are 21 letters in the Italian alphabet. The written forms and names are:

a	**a**	g	**gi**	o	**o**	u	**u**
b	**bi**	h	**acca**	p	**pi**	v	**vu** (*or* **vi**)
c	**ci**	i	**i**	q	**qu**	z	**zeta**
d	**di**	l	**elle**	r	**erre**		
e	**e**	m	**emme**	s	**esse**		
f	**effe**	n	**enne**	t	**ti**		

Five additional letters appear in words of foreign origin:

j	**i lunga**	w	**doppia vu**	y	**ipsilon** (*or* **i greca**)
k	**cappa**	x	**ics**		

The following sections deal primarily with spelling–sound correspondences in Italian and their English equivalents. Listen carefully to your instructor, and then repeat the examples. Practice the pronunciation exercises recorded on the CD that correspond to the **Capitolo preliminare;** they have been devised to help you acquire good pronunciation. In describing Italian sounds, we will make use of the international phonetic symbols (shown between slash marks). You will notice that pronunciation in Italian corresponds very closely to spelling. This is particularly true of vowel sounds.

1. Vocali *(Vowels)* CD1-3

The five basic vowel sounds in Italian correspond to the five letters **a, e, i, o, u.** The pronunciation of **e** and **o** may vary slightly (closed or open sound).* Unlike English vowels, each Italian vowel represents only one sound. Vowels are never slurred or glided; when pronouncing them, the lips, jaw, and tongue must be kept in the same tense position to avoid offglide.

The vowels will be presented according to their point of articulation, **i** being the first of the front vowels and **u** the last of the back vowels, as illustrated in the following diagram:

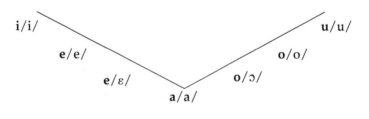

i	/i/	is like *i* in *marine*.	i vini di Rịmini
e	/e/	is like *a* (without glide) in *late*.	se Ebe vede te
e	/ɛ/	is like *e* in *let*.	ecco sette fratelli
a	/a/	is like *a* in *father*.	la mia cara mamma
o	/ɔ/	is like *o* in *soft*.	oggi no
o	/o/	is like *o* in *oh*.	nome e cognome
u	/u/	is like *u* in *rule*.	una mụsica pura

---

*Closed and open pronunciation of **e** and **o** are illustrated by the following words: **e** *(and)*, **è** *(is)*; **o** *(or)*, **ho** *(I have)*. The pronunciation of these two vowels often varies regionally.

2. Dittonghi *(Diphthongs)* 🔊 CD1-4

When **i** and **u** are unstressed and precede or follow another vowel, they form with this vowel **a** diphthong and acquire the semivowel sounds /j/ and /w/.

i	/j/	is like *y* in *yet*.	più piano lei e lui
u	/w/	is like the *w* in *wet*.	un uomo buono

When two semivowels combine with a vowel, they form a triphthong (**miei, tuoi, guai**).

The vowels that form a diphthong or a triphthong are pronounced with just one emission of voice and correspond to just one syllable.

3. Consonanti *(Consonants)* 🔊 CD1-5

Many single consonants are pronounced in Italian as they are in English. The sounds of the consonants **b, f, m, n,** and **v** present no difference in the two languages. Several consonant sounds, however, need special attention because of the manner in which they are pronounced or the way they are spelled. In general, Italian consonants are clear-cut and without aspiration.

h is always silent:

ha	hanno	ahi!	oh!	hotel

d /d/ and **t** /t/ are similar to English but more dentalized:

due	denti	vado	grande	modo
tre	Tivoli	alto	tempo	molto

p /p/ is as in English but less plosive:

papà	Padova	dopo	piano	parola

q /kw/ is always followed by the letter **u** and is pronounced like *qu* in *quest*:

qui	quando	Pasqua	quale	quaderno

l /l/ is produced more forward in the mouth than in English:

la	lira	lei	libro	lingua

r /r/ is trilled. It is pronounced by pointing the tip of the tongue toward the gum of the upper front teeth:

Roma	caro	treno	amore	vero

s /z/ is pronounced as in *rose* when it is between vowels or when it begins a word in combination with the voiced consonants **b, d, g, l, m, n, r,** and **v:**

rosa	paese	esame	snob	sviluppo

s is voiceless /s/ as in *sell* in all other cases:

sto	studio	destino	rosso	sera

z is sometimes voiced /dz/ as in *beds*, sometimes voiceless /ts/ as in *bets*:

/dz/		/ts/	
zero	romanzo	marzo	Venezia
zeta	mezzo	pizza	grazie

c and **g** before **i** or **e** are soft /č/, /ǧ/ as in *chill* and *gentle*:

cento	baci	ciao	Cesare	cinema
gesto	gentile	giorno	viaggio	pagina

c and **g** in all other cases are hard /k/,/g/ as in *call* and *go*:

poco	caffè	caro	amico	cura	classe	scrivere
pago	guida	lungo	guerra	gusto	grosso	dogma

ch and **gh** (found only before **e** or **i**) are also hard /k/,/g/:

che	chi	pochi	perché	cuochi
aghi	righe	laghi	ghetto	paghiamo

gli /ʎ/ sounds approximately like *lli* in *million*:

gli	foglio	figlio	famiglia	voglio

gn /ɲ/ sounds approximately like *ni* in *onion*:

ogni	signora	lavagna	cognome	insegnare

sc before **i** or **e** has a soft sound /š/ as in *shell*:

sciare	pesce	scienza	scena	scemo

sch before **i** or **e** sounds hard /sk/ as in *skill*:

schiavo	schema	dischi	mosche	maschio

4. Consonanti doppie *(Double Consonants)*

Double consonants are a characteristic of Italian. The sound of a double consonant is longer than the sound of a single consonant. To pronounce it correctly, it is necessary to shorten the sound of the preceding vowel and hold the sound of the double consonant twice as long. (A similar phenomenon may also be observed in English when pronouncing pairs of words, such as *miss school; met Tim*.) The reverse happens when pronouncing a single consonant. In this case, one should keep the sound of the preceding vowel longer, especially if the vowel is stressed. Compare:

sono / sonno	sera / serra
casa / cassa	sano / sanno
rosa / rossa	camino / cammino
speso / spesso	lego / leggo

5. Sillabazione *(Syllabication)* 🔊 CD1-6

Phonetically, the tendency in Italian is, whenever possible, to begin the syllable with a consonant sound and to end it with a vowel sound. Grammatically, the separation of a word into syllables follows these rules:

a. A single consonant between two vowels belongs with the following vowel or diphthong:

a-ma-re	no-me	i-ta-lia-no	be-ne	le-zio-ne

b. Double consonants are always divided:

bel-lo	mez-zo	sil-la-ba	mam-ma ra-gaz-za

c. A combination of two different consonants belongs with the following vowel, unless the first consonant is **l, m, n,** or **r.** In this case, the two consonants are divided:

pre-sto	so-pra	si-gno-ra	ba-sta	li-bro
but: pron-to	gior-no	El-vi-ra	par-to	dor-mi lam-po

d. In a combination of three consonants, the first belongs with the preceding syllable, but **s** always belongs with the following syllable:

al-tro   sem-pre   en-tra-re   im-pres-sio-ne   in-gle-se

but: fi-ne-stra   gio-stra   e-sper-to

e. Unstressed **i** and **u** are not divided from the vowel they combine with:

uo-mo   **pia**-no   **pie**-de   **Gio**-van-ni   **Eu**-ro-pa

but: **mi**-o   **zi**-i   po-e-**si**-a   pa-**u**-ra   far-ma-**ci**-a

6. Accento tonico *(Stress)* CD1-7

The great majority of Italian words are stressed on the next-to-the-last syllable:

signora   bambino   ragazzo   cantare   venire

Several words are stressed on the last syllable; these words have a written accent on the last vowel. The accent mark can be grave (`) or acute (´). Most words have the grave accent. A few words take the acute accent; the list that follows includes the most common:

perché	*why; because*
affinché	*so that*
né... né	*neither . . . nor*
macché	*no way*
benché	*although*
purché	*provided that*

A few monosyllabic words carry an accent mark to distinguish two words that are spelled the same but have different meanings:

e *(and)* vs. **è** *(is)*   **da** *(from)* vs. **dà** *(gives)*   **te** *(you)* vs. **tè** *(tea)*

si *(oneself)* vs. **sì** *(yes)*   **se** *(if)* vs. **sé** *(self)*   **la** *(the)* vs. **là** *(there)*

Some words have the stress on the third-from-the-last syllable and a few verb forms on the fourth-from-the-last syllable:

sabato   compito   tavola   difficile   dimenticano

NOTE: When the stress does not fall on the next-to-the-last syllable, or when the word ends in a diphthong, the stress is indicated with a dot under the stressed syllable in **Capitoli 1–6:**

facile   spiaggia   praticano

7. Intonazione *(Intonation)* CD1-8

In general, the Italian sentence follows a homogeneous rhythm. Each syllable is important in determining its tempo. Pronounce the following sentence maintaining smooth, even timing:

Sono Marcello Scotti.   So - no - Mar - cel - lo - Scot - ti.
                              1   2   3   4   5   6   7

The voice normally follows a gently undulating movement, usually dropping toward the end when the meaning is completed. In a question, however, the voice rises on the last syllable:

Declarative sentence: I signori Bettini sono di Milano.

Interrogative sentence: Sono di Milano i signori Bettini?

Parole affini per origine *(cognates)*

While studying Italian, you will encounter many cognates. A cognate is an Italian word that looks like an English word and has a similar meaning because the words have a common origin. The following are a few tips that should help you recognize and use cognates.

1. Nouns ending in:

-ia in Italian and *-y* in English.

biologia	*biology*	**filosofia**	*philosophy*
sociologia	*sociology*	**anatomia**	*anatomy*

-ica in Italian and *-ic(s)* in English.

musica	*music*	**politica**	*politics*
repubblica	*republic*	**matematica**	*mathematics*

-tà in Italian and *-ty* in English.

città	*city*	**identità**	*identity*
società	*society*	**università**	*university*

-za in Italian and *-ce* in English.

importanza	*importance*	**eleganza**	*elegance*
violenza	*violence*	**pazienza**	*patience*

-zione in Italian and *-tion* in English.

nazione	*nation*	**attenzione**	*attention*
educazione	*education*	**situazione**	*situation*

-ore in Italian and *-or* in English.

attore	*actor*	**dottore**	*doctor*
professore	*professor*	**motore**	*motor*

-ario in Italian and *-ary* in English.

segretario	*secretary*	**vocabolario**	*vocabulary*
salario	*salary*	**funzionario**	*functionary*

-ista in Italian and *-ist* in English.

artista	*artist*	**violinista**	*violinist*
pianista	*pianist*	**ottimista**	*optimist*

2. Adjectives ending in:

-ale in Italian and *-al* in English.

speciale	*special*	**personale**	*personal*
originale	*original*	**sentimentale**	*sentimental*

-etto in Italian and *-ect* in English.

perfetto	*perfect*	**corretto**	*correct*
eretto	*erect*	**diretto**	*direct*

-ico in Italian and *-ical* in English.

tipico	*typical*	**classico**	*classical*
politico	*political*	**geografico**	*geographical*

-oso in Italian and *-ous* in English.

generoso	*generous*	**curioso**	*curious*
nervoso	*nervous*	**ambizioso**	*ambitious*

3. Verbs ending in:

-care in Italian and *-cate* in English.

educare	*to educate*	**indicare**	*to indicate*
complicare	*to complicate*	**implicare**	*to imply, implicate*

-izzare in Italian and *-ize* in English.

organizzare	*to organize*	**simpatizzare**	*to sympathize*
analizzare	*to analyze*	**minimizzare**	*to minimize*

-ire in Italian and *-ish* in English.

finire	*to finish*	**abolire**	*to abolish*
punire	*to punish*	**stabilire**	*to establish*

Primo incontro

Communicative goals

Greetings and introductions
Classroom expressions

Studio di parole

Saluti e espressioni di cortesia
In classe
I numeri da 0 a 49
I giorni della settimana

Vedute d'Italia | The Italian Language and Its Dialects

Attività video | *Buongiorno!*

◀ Il golfo di Trieste con il castello
di Miramare

◀)) Audio

🌐 http//www.cengagebrain.com

▶ Video on DVD

iLrn

Studio di parole Saluti e espressioni di cortesia

© Cengage Learning

Familiar
— Ciao, come ti chiami?
— Mi chiamo Gabriella, e tu?
— Mi chiamo Alberto.
— Piacere.
— Piacere mio.

Formal
— Buon giorno, signora. Come sta?
— Bene grazie, e Lei?
— Non c'è male, grazie.

Familiar
— Arrivederci.
— Ciao, a presto.

Saluti (*Greetings*)

Ciao! Hello! Good-bye! (very informal)

Salve! Hello! (more formal than **Ciao!**)

Buon giorno, signore. Good morning (Good day), Sir.

Buona sera, signora. Good evening, Madam.

Buona notte, signorina. Good night, Miss.

Come sta? (*formal sing.*) / **Come stai?** (*familiar sing.*) How are you?

Come va? (*familiar sing.*) How's it going?

Bene, grazie, e Lei? (*formal sing.*) / **Bene, grazie, e tu?** (*familiar sing.*) Fine, thank you, and you?

Molto bene. Very well.

Non c'è male. Not bad.

Così così. So-so.

Arrivederci. ⎫
ArriverderLa. ⎬ Good-bye.
(*formal sing.*) ⎭

A domani. I'll see you tomorrow.

A presto. I'll see you soon.

Presentazioni (*Introductions*)

Come ti chiami? ⎫
(*familiar sing.*) ⎬ What is your name?
Come si chiama? ⎭
(*formal sing.*)

Mi chiamo Marcello Scotti. My name is Marcello Scotti.

Ti presento… (*familiar sing.*) ⎫ Let me introduce . . . to you, (*lit.,* I introduce
Vi presento… (*familiar pl.*) ⎬ to you)

(Molto) piacere. (Very) nice to meet you.

Piacere mio. My pleasure.

Di dove sei tu? (*familiar sing.*) ⎫
Di dov'è Lei? (*formal sing.*) ⎬ Where are you from?

Sono di… I am from . . .

Per favore. / Per piacere. Please.

Grazie. Thank you.

Grazie mille. Thanks a million.

Prego. You're welcome. That's quite all right.

Scusi. (*formal sing.*) / **Scusa.** (*familiar sing.*) Excuse me.

NOTE: Tu *(You, singular)* is the familiar form used by young people, close friends, family members, and with children. **Lei** *(You, singular)*, the formal form, is used in all other cases.

Informazioni

Saluti

Italians tend to be more formal than Americans when greeting and addressing each other.

Among adults, acquaintances are addressed as **Signore, Signora,** or **Signorina** or by their titles: **Professore(ssa), Dottore, Ingegnere,** etc. The greeting **Ciao!**, which has become so popular abroad, is reserved in Italy only for very close friends, members of the family, relatives, and young people. When they are introduced, Italians customarily shake hands, without distinction between sexes, and when they meet they often kiss each other on both cheeks.

Applicazione

A. Due compagni *(Two classmates).* With a partner, complete and practice the following dialogues. When finished, exchange roles.

1. — Come ti chiami?
   — _Hanna_, e tu? → mi chiamo
   — _James_
   — Molto piacere.
   — _Piacere mio_
2. — Di dove sei?
   — _Berea_, e tu? → Sono di
   — _Akron_
3. — Ciao, come stai?
   — _good_, e tu? → Bene, grazie
   — _Così, così_
4. — Arrivederci!
   — _A presto_

B. Due vicini *(Two neighbors).* With a partner, complete and practice the following dialogues using the formal form of address. When finished, exchange roles.

1. — Buon _giorno_, signore/signora/signorina. Come _sta_?
   — Bene, grazie, e _Lei_?
   — _Molto bene_, grazie.
2. — _____ Lei? → Di dov'è Lei?
   — _Sono di_ di Roma, e Lei?
   — _Sono di_ di Milano.
3. — ArrivederLa.
   — _ArrivederLa_

C. Tocca a voi *(It's your turn).* In groups of three, write down and practice short dialogues where you:

1. Introduce each other and discuss where you are from.
2. Say hello and ask each other how you are doing.
3. Introduce one of you to a third student in the class.

Studio di parole **In classe**

In un'aula ci sono (*In a classroom there are*):

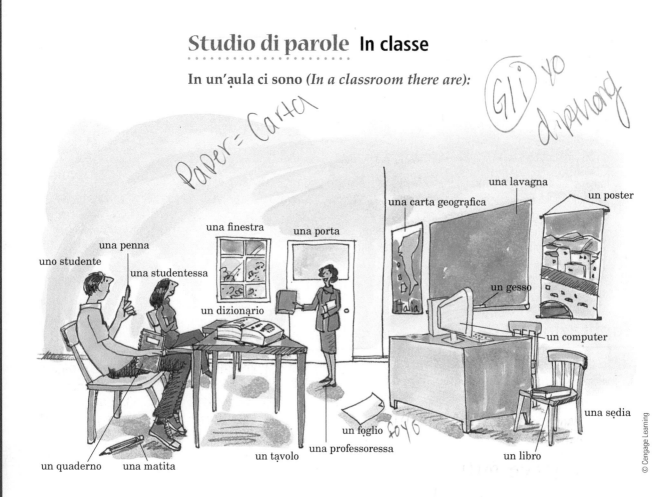

una carta geografica
una lavagna
un poster
una finestra
una porta
una penna
uno studente
una studentessa
un dizionario
un gesso
un computer
una sedia
un foglio
una professoressa
un libro
un tavolo
un quaderno
una matita

© Cengage Learning

Espressioni utili
(Useful expressions)

You will hear your instructor say:

Aprite il libro! Open your book!

A pagina… On page . . .

Chiudete il libro! Close your book!

Capite? Do you (*pl.*) understand?

Ascoltate! Listen!

Ripetete! Repeat!

Tutti insieme! All together!

Ancora una volta! Once more!

Attenzione! Attention!

Che cos'è? What is it?

Compito per domani (per lunedì)
Homework for tomorrow (for Monday)

You will say:

(Sì,) capisco. (Yes,) I understand.

(No,) non capisco. (No,) I don't understand.

Ripeta, per favore. Repeat, please.

Come si dice… in italiano? How do you say . . . in Italian?

Come si scrive…? How do you write (spell) . . . ?

Che cosa vuol dire…? / Che cosa significa…? What does . . . mean?

Applicazione

 A. Che cos'è? Point to various objects in the classroom and ask another student questions following the example.

Esempio

— *È una sedia?*
— *Sì, è una sedia.*
— *Che cos'è?*
— *È un libro.*

— *È una sedia?*
— *No, non è una sedia, è un tavolo.*

B. Situazioni. What would you say in the following situations?

1. You don't understand what your instructor has said.

2. You would like your instructor to repeat something.

3. You want to ask how to say, "You're welcome" in Italian.

4. You want to ask the meaning of the word **benissimo.**

5. You are not sure how to spell your instructor's name.

C. Adesso parliamo! Prestiti lessicali _(Italian loanwords)._ Many Italian words have become part of the English language. In small groups, write down a list of Italian words that are commonly used in English and that belong to the following categories: food, music, art, and architecture. Take turns pronouncing the words.

Studio di parole I numeri da 0 a 49

I numeri da 0 a 49				
0. zero	10. dieci	20. venti	30. trenta	40. quaranta
1. uno	11. undici	21. ventuno	31. trentuno	41. quarantuno
2. due	12. dodici	22. ventidue	32. trentadue	42. quarantadue
3. tre	13. tredici	23. ventitré	33. trentatré	43. quarantatré
4. quattro	14. quattordici	24. ventiquattro	34. trentaquattro	44. quarantaquattro
5. cinque	15. quindici	25. venticinque	35. trentacinque	45. quarantacinque
6. sei	16. sedici	26. ventisei	36. trentasei	46. quarantasei
7. sette	17. diciassette	27. ventisette	37. trentasette	47. quarantasette
8. otto	18. diciotto	28. ventotto	38. trentotto	48. quarantotto
9. nove	19. diciannove	29. ventinove	39. trentanove	49. quarantanove

1. Note that the numbers **venti, trenta,** and **quaranta** drop the final vowel before adding **uno** and **otto.**

2. Tre takes an accent when it is added to **venti, trenta,** and **quaranta.**

Applicazione

A. Giochiamo con i numeri _(Let's play with numbers)._ With a partner, take turns reading aloud each series of numbers and adding two additional numbers to continue the series. When finished, write an original numerical series and be ready to share it with the class.

Esempio　　2, 4, 6,…
　　　　　　　— _due, quattro, sei,…_
　　　　　　　— _due, quattro, sei, otto, dieci…_

1. 3, 6, 9,…

2. 1, 3, 5,…

3. 12, 14, 16,…

4. 5, 10, 15,…

5. 10, 8, 6,…

6. 40, 42, 44,…

7. 41, 40, 39,…

B. I prefissi delle città italiane *(Area codes for Italian cities).*
With a partner, look at the table and take turns asking and giving the area codes of the cities shown.

Esempio — *Qual è il prefisso di Milano?*
— *Il prefisso di Milano è zero due (02). Qual è il prefisso di Napoli?*
— *Il prefisso di Napoli è zero otto uno (081). Qual è il prefisso di… ?*

Città	Prefisso	Città	Prefisso
Ancona	071	Genova	010
Bari	080	Milano	02
Bergamo	035	Napoli	081
Bologna	051	Padova	049
Brescia	030	Palermo	091

Studio di parole I giorni della settimana

I giorni della settimana sono:

lunedì	martedì	mercoledì	giovedì	venerdì	sabato	domenica

© Cengage Learning

NOTE: In Italian the days of the week are not capitalized and **lunedì** (Monday) is considered the first day of the week.

Che giorno è oggi? Oggi è martedì.   *What day is today? Today is Tuesday.*

Che giorno è domani? Domani è mercoledì.   *What day is tomorrow? Tomorrow is Wednesday.*

Applicazione

A. With a partner, complete the following series with the missing days.
1. venerdì, _____, domenica
2. lunedì, _____, mercoledì
3. mercoledì, _____, venerdì

B. Ask the student sitting next to you what day it is. Ask them how to spell it. Also ask them when (**per quando**) the homework is due. Thank him/her for the information.

Sapete che...

The origin of the names of the days of the week

From **lunedì** to **venerdì** the days of the week derive from the Latin and refer to deities and celestial bodies.

lunedì: giorno della Luna (Moon)   **giovedì:** giorno di Giove (Jupiter)

martedì: giorno di Marte (Mars)   **venerdì:** giorno di Venere (Venus)

mercoledì: giorno di Mercurio (Mercury)

The name **sabato** derives from the Hebrew Sabbath, the day of rest.

The name **domenica** derives from the Christian tradition and means the day of the Lord.

Il primo giorno di scuola 🔊 CD1-9

Oggi. Lezione d'inglese. Ecco una conversazione **tra** uno studente e una studentessa **prima** della lezione.

Today / between
before

LAURA Ciao, io mi chiamo Laura, e tu?

FRANCESCO Ciao. Io mi chiamo Francesco.

LAURA Molto piacere.

FRANCESCO Piacere mio.

LAURA Di dove sei?

FRANCESCO Sono di Como, e tu?

LAURA Sono di Pavia.

La professoressa entra in classe.

LA PROFESSORESSA Buon giorno, ragazzi. Come va?

GLI STUDENTI Bene, grazie, e Lei?

LA PROFESSORESSA Non c'è male, grazie. Ragazzi, aprite i libri a pagina diciotto. Francesco, **leggi,** per favore.

read

FRANCESCO *(LEGGE IN INGLESE)*: «Good morning Jennifer, how is it going?»

LAURA Scusi, signora, non capisco. Che cosa vuol dire «How is it going?»

LA PROFESSORESSA Vuol dire «Come va?»

LAURA È un'espressione formale?

LA PROFESSORESSA No, è un'espressione familiare.

FRANCESCO Per favore, signora, come si dice in inglese «Molto piacere»?

LA PROFESSORESSA Si dice «Nice to meet you».

FRANCESCO Grazie.

***Alle undici** la lezione è finita.*

At eleven o'clock

LAURA Ciao, Francesco, a domani.

FRANCESCO Arrivederci, Laura. Nice to meet you.

A. Alla lettura.
After you have read the dialogue "Il primo giorno di scuola", with a partner, underline the greeting expressions.

B. Comprensione

1. Che giorno è oggi? **2.** È una lezione di matematica? **3.** Di dov'è Laura? E Francesco? **4.** «Come va?» è un'espressione formale? **5.** Come si dice in italiano, «Nice to meet you»?

C. Conversazione

1. Come ti chiami? **2.** Di dove sei? **3.** Come si chiama il professore/ la professoressa? **4.** Come si dice in italiano «homework for Monday»? **5.** Come si dice in italiano «I'll see you tomorrow»?

The Italian Language and Its Dialects

Dante is considered the father of the Italian language and one of the greatest poets of the Western world. His major work is *La divina commedia*.

The Italian language stems directly from Latin. As the authority of ancient Rome fragmented, its language, Latin, also broke apart and formed several national European idioms. In the same way, numerous linguistic varieties, or dialects, took form within the Italian peninsula. They were the expressions of different centers of civilization within the larger Italian world.

The dialect of Tuscany was assured linguistic supremacy by the political importance and geographic position of its principal city, Florence, and above all by the authority of the thirteenth-century Tuscan writers Dante, Petrarca, and Boccaccio. Each of these men wrote works of major literary significance in their native Tuscan dialect. Eventually, the Tuscan dialect became recognized as the official Italian language.

For many centuries, however, the Italian language remained an exclusively literary mode of expression, used only by learned people. The different dialects continued to be spoken, a situation favored by the historical and political fragmentation of Italy, which remained divided into many separate city-states until the second half of the nineteenth century. The local dialect was often the official language of the court of that particular city-state. This was the case in Venice, a republic renowned for the skill of its diplomats. The eighteenth-century playwright Carlo Goldoni, who has been called by critics the Italian Molière, wrote many of his plays in Venetian. For example, in his dialect we find the word **schiao,** meaning *your servant,* which is derived from the Latin word for "slave," *esclavum.* This is the origin of the international greeting **ciao.**

Today Italy has achieved political as well as linguistic unity, and with few exceptions, everyone speaks Italian. The dialects, however, remain very much alive. Indeed, most Italians may be considered bilingual because, in addition to speaking Italian, they also speak or at least understand the dialect of their own region or city.

The Italian language has a much more limited vocabulary than the English language. For example, the word **signore** is translated as *sir, mister, gentleman,* and *lord.* Similarly, the word **signora** corresponds to *lady, madam,* and *Mrs.* The word **bello** means *beautiful* and *handsome;* **casa** is both *house* and *home.*

The Italian language itself continues to evolve, reflecting Italians' interchange with the world on a global basis and in particular with North America. Many words from English or derived from English have found their way into the everyday language. For example, the following words are common: **shopping, fast food, quiz,** and **hamburger.** And you will immediately recognize new computer-related terms, such as the following: **mouse, cliccare,** and **formattare.**

Watch the video segment titled *Buongiorno!* twice. The second time, write down the five greetings that you have already learned in this chapter. Repeat the greetings, trying to reproduce the intonation and emphasis of the speakers.

Marco

Alessandro

Grazia

1. _____

2. _____

3. _____

4. _____

5. _____

CAPITOLO
1

La città

Communicative goals

Asking and giving directions to different places in a city
Asking questions about people and places

Le regioni d'Italia | Il Piemonte

Studio di parole | La città

Punti grammaticali

1.1 **Essere; C'è, ci sono e Ecco!**
1.2 Il nome
1.3 Gli articoli
1.4 Espressioni interrogative

Vedute d'Italia | Un benvenuto a tutti

Attività video | *Gli Italiani*

Ripasso

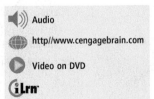

◀ Torino – Il panorama con la Mole Antonelliana

Turismo Torino e Provincia (Tourist Board): Photo Veronica Rossi

Il Piemonte

Il Piemonte è una regione dell'Italia settentrionale *(northern)* che confina *(that borders)* con la Francia e la Svizzera. Il nome *Piemonte* significa «ai piedi delle montagne» *(at the foot of the mountains)*. Il Piemonte ha una popolazione di circa *(about)* quattro milioni di abitanti e il capoluogo *(regional capital)* è Torino. Il Piemonte è una delle più ricche *(richest)* regioni d'Italia, dopo la Lombardia e l'Emilia-Romagna. La fabbrica di automobili Fiat ha la sua sede *(headquarters)* a Torino dal *(since)* 1899. Un'altra *(Another)* importante industria in Piemonte è la Ferrero, famosa negli Stati Uniti per la Nutella. L'Olivetti, una ditta che fabbrica *(manufacturer of)* computer, ha sede ad Ivrea. Le industrie del Piemonte hanno attratto *(have attracted)* molti lavoratori *(workers)* dalle *(from)* regioni meridionali *(southern)* dell'Italia e dall'Europa orientale *(eastern)*.

▲ Canoa sul fiume *(river)* Po – Il Po, il più lungo *(the longest)* fiume in Italia, nasce *(rises)* dalle Alpi e sfocia *(flows into)* nel mare Adriatico.

Turismo Torino e Provincia (Tourist Board) Photo: Photo Giuseppe Bressi

Il Castello del Valentino, sul fiume Po. Le Alpi dominano la fertile pianura *(plain)* del fiume Po. Ai piedi *(At the foot)* delle Alpi ci sono boschi *(woods)* e pascoli *(pastures)*. Due bellissime aree da visitare sono il Parco Nazionale del Gran Paradiso e il Lago Maggiore. ▶

Turismo Torino e Provincia (Tourist Board). Photo Alberto Surico

Markus Dlouhy/Peter Arnold, Inc.

◀ Il Sestriere è una rinomata *(renowned)* località sciistica *(ski resort)*.

Il Monferrato - Nelle colline *(hills)* del Monferrato ci sono vigneti *(vineyards)* e frutteti *(orchards)*. Alcuni dei migliori *(Some of the best)* vini italiani, come il Barbera e il Barolo, vengono dal *(come from)* Monferrato. Nelle province *(provinces)* di Novara e Vercelli si coltiva una qualità eccellente di riso *(rice)*. Nella zona di Alba si trovano *(are found)* i rinomati tartufi *(truffles)*. ▶

La «bagna cauda», piatto *(dish)* tipico piemontese, a base di olio, aglio *(garlic)* e acciughe *(anchovies)* in cui si intingono verdure miste *(used for dipping a variety of vegetables)*. ▼

Turismo Torino e Provincia (Tourist Board). Photo Veronica Rossi

Turismo Torino e Provincia (Tourist Board). Photo Silvia Lanza

▲ Il palazzo Reale *(royal palace)*, antica *(old)* residenza della famiglia reale dei Savoia *(Savoy royal family)*. Oggi il palazzo è un museo con le opere *(works)* di numerosi artisti.

Courtesy of Comune di Bologna

In centro a Bologna 🔊 CD1-10   *Downtown*

Liliana, una studentessa di Milano in visita a Bologna
cerca una banca.   *is looking for*

LILIANA Scusa, per favore, c'è una banca qui vicino?

LUCIA Sì, c'è una banca in via Mazzini.

LILIANA Non sono **di qui**, dov'è via Mazzini?   *from here*

LUCIA Avanti diritto in via Carducci e **poi** a destra in via   *then*
   Mazzini.

LILIANA È vicino?

LUCIA No, è **un po'** lontano, **ma** c'è l'autobus numero 6   *a little / but*
   che arriva **ogni** dieci minuti… oh, ecco l'autobus!   *every*

LILIANA Grazie mille!

LUCIA Prego, ciao!

LILIANA Ciao!

👥 Comprensione

After reading and practicing the dialogue, go over the following statements
with a partner and decide whether they are true **(vero)** or false **(falso)**. Correct
the false statements.

1. Liliana è di Bologna.
2. Liliana cerca una banca.
3. Liliana e Lucia sono in un ristorante.
4. La banca è in via Carducci.
5. La banca è vicino.
6. L'autobus arriva ogni dieci minuti.

Studio di parole La città

un' auto(mobile) / una macchina
una chiesa
una fontana
una bici(cletta)
un ufficio postale
un edificio
ALBERGO
Caffè
FARMACIA
BANCA
PT
RISTORANTE
CINEMA
MUSEO
FRUTTA E VERDURA
un autobus   una piazza   un monumento   un negozio

© Cengage Learning

una strada* street, road
una via* street, way
un museo museum
una scuola school
un'università university
un albergo hotel
un bar coffee shop
un ristorante restaurant
un supermercato supermarket
un ufficio turistico tourist office
una banca (*pl.* **-che**) bank
una farmacia pharmacy
un ospedale hospital
un cinema(tografo) movie theater

un teatro theater
uno stadio stadium
un parco (*pl.* **-chi**) park
uno zoo zoo
un aeroporto airport
una stazione station
un treno train
la metropolitana subway
un tram streetcar
una moto(cicletta) motorcycle
un motorino, uno scooter moped, motoscooter
il traffico traffic

Altre espressioni

in centro downtown
lontano far
vicino, qui vicino near, nearby

a destra to the right
a sinistra to the left
avanti diritto straight ahead

— **C'è un tour, per favore?** Is there a tour, please?
— **Sì, c'è. Ecco le informazioni.** Yes, there is. Here is the information.

— **Scusi, dov'è la stazione?** Excuse me, where is the station?
— **A destra, signora.** To the right, madam.

***Strada** is a more general term; **via** is used before the name of the street: **via Mazzini, via Torino.**

In città

In most Italian cities the main train station has an **Ufficio informazioni**, which provides tourists with lists of available accommodations (hotels, **pensioni** [*guesthouses*], **ostelli** [*hostels*]) and assists in making reservations.

Many cities and towns also have a tourist office called the **A.P.T. (Azienda di Promozione Turistica),** which provides information about accommodations, transportation, tours, and reservations.

Tickets for city buses, streetcars, and the **metropolitana** (the subway in Rome, Milan, Naples, and Turin) must be purchased at a **Tabacchi** store or a newsstand before boarding.

Applicazione

A. Dov'è... ? With a partner, take turns matching the words on the left columns with the locations on the right, following the example.

Esempio   una macchina
— *Dov'è una macchina?*
— *Una macchina è in una strada.*

1. un motorino
2. un caffè
3. un dottore
4. un film

5. una fontana
6. uno studente
7. un treno

a. un ospedale
b. una strada
c. un cinema
d. un'università

e. una piazza
f. una stazione
g. un bar

B. Che cos'è... ? Practice the vocabulary with a classmate by asking and answering questions following the example.

Esempio   l'Empire State Building / a New York
— *Che cos'è l'Empire State Building?*
— *È un edificio a New York.*

1. Napoli / in Italia
2. San Pietro / a Roma
3. il Louvre / a Parigi
4. Trafalgar Square / a Londra

5. il Golden Gate Park / a San Francisco
6. la Fifth Avenue / in America

Ascoltiamo!

In un ufficio turistico ◀)) CD1-11

Anna Verri has stopped by the tourist office in Milan to make an inquiry. Listen to her conversation with the clerk, and then answer the following questions.

Comprensione

1. Dov'è la turista Anna Verri?
2. La turista desidera *(wishes)* visitare la città di Roma o la città di Milano?
3. Che cosa *(What)* include il tour?
4. L'impiegato *(The clerk)* ha le informazioni?
5. Che cosa dice la turista per ringraziare *(to say thanks)*?

Dialogo

Play the roles of a tourist and an employee in the tourist office of an Italian city. After greeting each other, the tourist asks for information (i.e., information on accommodations or directions to a place). The employee provides the information and the tourist thanks him/her before they both say good-bye.

1.1 *Ẹssere; C'è, ci sono e Ecco!*

Ẹssere (*To be*) is an irregular verb (**verbo**). It is conjugated in the present tense (**presente**) as follows:

Person	Singular	Plural
1st	io **sono** (*I am*)	noi **siamo** (*we are*)
2nd	tu **sei** (*you are, familiar*)	voi **siete** (*you are, familiar*)
3rd	lui **è** (*he is*) lei **è** (*she is*) Lei **è** (*you are, formal*)	loro **sono** (*they are*) ~~Loro sono (*you are, formal*)~~

Luigi **è** italiano.	*Luigi is Italian.*
Marco e io **siamo** studenti.	*Marco and I are students.*
Lisa e Gino **sono** di Roma.	*Lisa and Gino are from Rome.*
Tu e Piero **siete** in banca.	*You and Piero are at the bank.*

Marcello è in classe con Gabriella.

1. There are many rules regarding verbs and their usage:

   a. Unlike English verbs, Italian verbs have a different ending for each person.

   b. The negative of a verb is formed by placing **non** before the verb.

Non siamo a teatro.	*We are not at the theater.*
Filippo **non è** in classe.	*Filippo is not in class.*

   c. The interrogative of a verb is formed either by placing the subject at the end of the sentence or by leaving it at the beginning of the sentence. In both cases, there is a change in intonation and the pitch rises at the last word:

È studentessa Gabriella?	*Is Gabriella a student?*
Gabriella è studentessa?	

2. The subject pronouns (**pronomi soggetto**) in Italian are:

io	*I*	**noi**	*we*
tu	*you (familiar sing.)*	**voi**	*you (familiar pl.)*
lui, lei	*he, she*	**loro**	*they*
Lei	*you (formal sing.)*	**Loro**	*you (formal pl.)*

   a. The subject pronoun *you* is expressed in Italian in several ways: **tu** (*singular*) and **voi** (*plural*) are the familiar forms. They are used to address relatives, close friends, and children; young people also use them to address each other.

Io sono di Pisa, e **tu?**	*I am from Pisa, and you?*
Siete a scuola **voi** oggi?	*Are you in school today?*

Lei (*singular*) and **Loro** (*plural*) are formal forms and are used among persons who are not well acquainted. **Lei** and **Loro** are used for both men and women. They take, respectively, the third-person singular and the third-person plural of the verb and are often capitalized to distinguish them from **lei** (*she*) and **loro** (*they*).

Buona sera, signore. Come sta **Lei** oggi?	*Good evening, sir. How are you today?*
Maria è a casa; **lei** non sta bene.	*Maria is at home; she does not feel well.*
Sono a casa **Loro** stasera?	*Are you at home tonight?*

NOTE: In contemporary Italian, the familiar plural form **voi** is used more frequently than **Loro**, particularly when addressing young people.

b. In Italian, the subject pronouns are often omitted since the subject of the sentence is indicated by the verb ending. However, the subject pronouns are used for emphasis and to avoid ambiguities. Note that the subject pronouns *it* and *they*, when referring to animals and things, are usually not expressed in Italian.

Sono Marcello.	*I am Marcello.*
Io sono Marcello.	*I am Marcello (emphatic).*
Pio e Lina non sono a casa.	*Pio and Lina are not at home.*
Lui è a Napoli, **lei** è a Pisa.	*He is in Naples, she is in Pisa (for clarification).*

Ecco una chiesa di Assisi. È la Basilica di San Francesco, dove ci sono degli affreschi di Giotto.

Un affresco di Giotto: «San Francesco che predica agli uccelli» *(Saint Francis preaching to the birds)*

3. **C'è** (*There is*) and **ci sono** (*there are*) are used to indicate the existence of someone or something (in sight or not). Their negative forms are **non c'è** and **non ci sono,** respectively.

C'è la metropolitana a Roma?	*Is there the subway in Rome?*
Oggi **ci sono** diciotto studenti.	*Today there are eighteen students.*
Non ci sono fiori in giardino.	*There are no flowers in the garden.*

4. **Ecco** is invariable and is used to *point out* someone or something *in sight*. It has several meanings: *Look!, Here is . . . !, Here are . . . !, There is . . . !, There are . . . !*

Ecco l'autobus!	*Here (There) is the bus!*
Ecco Marco e Giulia!	*There are Marco and Giulia!*

Pratica

A. Ẹssere o non ẹssere? Complete each sentence with the correct present-tense form of **ẹssere**.

Esempio   Los Angeles ___ in Amẹrica.
Los Angeles è in Amẹrica.

1. Gabriella e io non ___ a Firenze.
2. Tu e lei ___ in Califọrnia.
3. San Francisco e Chicago ___ in Amẹrica.
4. Piazza San Marco ___ a Venẹzia.
5. Tu ___ a scuola.
6. Firenze ___ in Toscana.

B. Dove siamo? With a partner, take turns asking and answering these questions. Choose the answer you prefer.

Esempio   Dove sei tu oggi? a casa / a scuola
— *Dove sei tu oggi?*
— *Oggi io sono a casa.* o *Oggi io sono a scuola.*

1. Quando sei a casa? oggi / domani / stasera (*tonight*)
2. Dove siete tu e gli amici (*your friends*) domẹnica? a un museo / al (*at the*) parco / a un concerto / al cịnema / a un bar
3. Dove siamo tu e io adesso? in classe / alla (*at the*) lezione d'italiano / all'università

C. La risposta è «no» (*The answer is "no"*). With a partner, take turns asking and answering each other's questions following the example.

Esempio   Lucia / professoressa
— *È professoressa Lucia?*
— *No, Lucia non è professoressa, è studentessa.*

1. tu / di Milano
2. l'affresco di Giotto / a Roma
3. tu e... (*name a student in the class*) / in centro
4. il professore e gli studenti / a casa
5. il *Dạvid* di Michelạngelo / a Venẹzia

D. C'è... ? Ci sono... ? With a partner, take turns asking each other about your hometowns following the example.

Esempio   parchi
— *Ci sono parchi a...* (*your city*)?
— *Sì, ci sono.* o *No, non ci sono.*

Il parco di Villa Borghese a Roma.

1. una piazza
2. scuole
3. ạutobus (*pl.*)
4. musei
5. un'università
6. una stazione
7. ristoranti
8. una metropolitana

Sapete che...

In Italia ci sono molti motorini e scooter. Perché?

a) Italians cannot apply for a driver's permit until after they turn eighteen, but they are allowed to legally ride mopeds and certain scooters from age fourteen. For young teenagers, having their own means of transportation provides them with independence and freedom of movement.

b) Italian cities—like most European cities—were not built for cars. Streets are narrow and parking is difficult to find, so many Italians choose to ride a scooter when they commute to work and leave their cars at home.

Courtesy of the authors

1.2 Il nome

Courtesy of the authors

Ecco una piazza, con gli edifici, le automọbili e i motorini.

1. **Gender of nouns.** A noun **(nome)** is either masculine or feminine. Usually, nouns ending in **-o** are masculine and nouns ending in **-a** are feminine. There is also a class of nouns that end in **-e**. These nouns are *either* masculine *or* feminine.

   treno *(m.)*   **casa** *(f.)*
   ristorante *(m.)* **stazione** *(f.)*

   NOTE

   a. To remember the gender of a noun ending in **-e**, it is advisable to memorize it with the article.

      un ristorante   *una* stazione

   b. Nouns ending in **-ore** or in a consonant are masculine.

      fi**ore**   dott**ore**   scult**ore**   ạutobus   sport   bar

   c. Nouns ending in **-ione** are generally feminine.

      lez**ione**   presentaz**ione**   conversaz**ione**

28   CAPITOLO 1   **La città**

2. **Plural of nouns.** In Italian, the plural is usually formed by changing the final vowel of the noun. The chart below shows the most common changes.

Nouns ending in			
-o → -i	un libro	due libri
-a → -e	una casa	due case
-e → -i	un dottore *(m.)*	due dottori
	una stazione *(f.)*	due stazioni

NOTE

a. Some nouns are invariable and thus do not change in the plural.

- nouns ending in accented vowels

  una cit**tà**   due cit**tà**   un caf**fè**   due caf**fè**

- nouns ending in a consonant

  un ba**r**   due ba**r**   un fil**m**   due fil**m**

- nouns that are abbreviated

  un cinem**a**(tografo)   due cinema
  una fot**o**(grafia)   due foto
  una mot**o**(cicletta)   due moto

b. Nouns that end in **-ca** and **-ga** change to **-che** and **-ghe**.

  un'ami**ca**   due ami**che**
  una ri**ga** *(line)*   due ri**ghe**

c. Most nouns ending in **-io** change to **-i**.

  un negoz**io**   due negoz**i**
  un uffi**cio**   due uffi**ci**

Irregular plurals are presented in **Capitolo 16.**

Pratica

A. Singolare e plurale. Give the plural of each of the following nouns, following the example.

Esempio   stazione
            stazioni

1. libro	**8.** teatro	**15.** studio
2. studente	**9.** professoressa	**16.** edificio
3. casa	**10.** classe	**17.** ristorante
4. bar	**11.** amica	**18.** autobus
5. ospedale	**12.** amico	**19.** negozio
6. lezione	**13.** città	**20.** sport
7. piazza	**14.** banca	**21.** università

B. Plurali. Complete the following statements with the plural of the nouns in parentheses.

1. Oggi ci sono ventidue (studente) _____ in classe.

2. Io e... *(name a student)* siamo (amico) _____.

3. Venezia e Vicenza sono due belle (città) _____.

4. Lungo *(Along)* la strada ci sono (autobus) _____, (automobile) _____ e (bicicletta) _____.

5. In piazza del Duomo ci sono (edificio) _____, (negozio) _____, (bar) _____, (caffè) _____, (banca) _____ e (ristorante) _____. Non ci sono (supermercato) _____.

Il profilo di Anna

1.3 Gli articoli

Ciao, mi chiamo Anna. Sono di Bari. Io ♥ **la** mụsica, **gli** amici, **il** mare e **le** vacanze.

1. **Articolo indeterminativo.** The *indefinite article (a, an)* has the masculine forms **un, uno,** and the feminine forms **una, un',** depending on the first letter of the noun that the article precedes.

		Masculine	Feminine
before	*consonant*	**un** libro	**una** casa
	vowel	**un** amịco	**un'**amịca
	z	**uno** zoo	**una** zebra
	s + *consonant*	**uno** studente	**una** studentessa

La Sicilịa è **un'**ịsola.	*Sicily is an island.*
Dov'è **una** banca, per favore?	*Where is a bank, please?*
Ecco **un** ristorante!	*Here is a restaurant!*
C'è **uno** zoo in questa città?	*Is there a zoo in this city?*

NOTE: When a noun indicates a profession, the indefinite article is usually omitted.

Paolo è dottore, ed io sono professore.	*Paolo is a doctor, and I am a professor.*

2. **Articolo determinativo.** The *definite article (the)* agrees with the noun it precedes in gender (masculine or feminine) and in number (singular or plural). The masculine forms are **il, l', lo, i, gli,** and the feminine forms are **la, l', le,** according to the initial letter and the number of the word the definite article precedes.

			Singular	Plural
Masculine	*before*	*consonant*	**il** libro	**i** libri
		vowel	**l'**ospedale	**gli** ospedali
		z	**lo** zero	**gli** zeri
		s + *consonant*	**lo** stạdio	**gli** stadi
Feminine	*before*	*consonant*	**la** casa	**le** case
		vowel	**l'**autostrada *(freeway)*	**le** autostrade

Ecco **l'**ạutobus!	*Here is the bus!*
Dove sono **gli** studenti?	*Where are the students?*
Gina è **l'**amica di Maria.	*Gina is Maria's friend.*
Ecco **le** informazioni, signora.	*Here is the information, Madam.*

If a noun ending in **-e** is masculine, it will have the appropriate masculine article **(il, l', lo, i, gli),** depending on its initial letter. If a noun ending in **-e** is feminine, it will have the appropriate feminine article **(la, l', le),** depending on its initial letter.

il fiore *(m.) (flower)*	**i** fiori
l'automọbile *(f.)*	**le** automọbili

Pratica

A. In una pịccola (small) città. Provide the indefinite articles in the following list of buildings or locations found in a small town.

1. ___ scuola
2. ___ farmacịa
3. ___ ufficio postale
4. ___ ristorante
5. ___ cịnema
6. ___ bar
7. ___ chiesa
8. ___ stazione
9. ___ supermercato
10. ___ piazza
11. ___ stạdio

B. Chi sono? Cosa sono? With a partner, take turns asking each other to identify the following people and things. Use the definite article in your responses.

Esempio — Cosa sono?
— Sono i DVD.

C. È... ? Imagine you and a classmate are looking at pictures in an Italian magazine. Take turns asking and answering questions following the example.

Esempio monumento / a Garibaldi
— È un monumento?
— Sì, è il monumento a Garibaldi.

1. chiesa / di San Pietro
2. stazione / di Firenze
3. università / di Milano
4. affresco / di Giotto
5. parco / di Gẹnova
6. caffè / «Sport»
7. zoo / di San Diego
8. automọbile / di un amico
9. stụdio / di un pittore
10. treno / Milano-Roma
11. banca / d'Itạlia
12. negọzio / «Lui e Lei»

D. Adesso parliamo! In centro

1. With a classmate describe the city scene on page 23 using "c'è" or "ci sono" and the vocabulary in *Studio di parole*.

Esempio C'è una piazza.

2. Take turns asking and answering questions using "a destra" and "a sinistra"

Esempio Il museo è a destra o a sinistra? Il museo è a sinistra.

Nota linguistica

Personal titles and articles

a. When speaking *about* someone, the definite article is required before all personal titles: **signore, signora, professoressa, dottore,** etc.

Il signore e la signora Rossi sono a casa.   *Mr. and Mrs. Rossi are at home.*

b. When directly *addressing* someone with a title, the article must be omitted.

Buon giorno, signorina Bini. Arrivederci, professoressa.

c. Titles such as **signore, professore,** and **dottore,** drop the final -e in front of the proper name.

Il signor Bini è di Roma. *Mr. Bini is from Rome.*
Il professor Carli è in ufficio. *Prof. Carli is in his office.*

Verifica. Here are four short conversations. Supply the definite article where necessary.

1. — Scusi, dov'è ___ professor Marini oggi?
   — È in classe.
2. — Buon giorno, ___ dottor Bianchi! Come sta?
   — Bene grazie, e Lei, ___ professor Ricci?
3. — È in ufficio ___ professoressa Rovati?
   — Sì, è con ___ signori Verdi (*Mr. and Mrs. Verdi*).
4. — ArrivederLa, ___ dottore!
   — A presto, ___ signorina Bruni!

— Buon giorno, dottor Lisi.
— Buon giorno, professore.

1.4 Espressioni interrogative

— Che cos'è?
— È un castello.
— Com'è?
— È grande.
— Dov'è?
— È a Milano.

Some interrogative words and expressions are:

Chi?	*Who? Whom?*	**Chi** è Marcello?	*Who is Marcello?*
Che cosa?			
Cosa?	*What?*	**Cos'**è un pronome?	*What is a pronoun?*
Che?			
Come?	*How? Like what?*	**Com'**è Firenze?	*What is Florence like?*
Dove?	*Where?*	**Dov'**è Palermo?	*Where is Palermo?*
Quando?	*When?*	**Quando** sei a casa?	*When are you at home?*

Cosa, come, and **dove** are elided before **è.**

Cos'è?	*What is it?* or *What is he/she?*
Dov'è?	*Where is it?* or *Where is he/she?*

Pratica

A. Quiz. With a partner, take turns asking and answering questions following the examples.

Esempi
Filippo / studente
— *Chi è Filippo?*
— *È uno studente.*
Venẹzia / città
— *Che cos'è Venẹzia?*
— *È una città.*

1. Andrea Bocelli / tenore
2. Il Duomo di Milano / chiesa
3. Harvard / università
4. Leonardo da Vinci / pittore
5. La *Pietà* / scultura (*sculpture*) di Michelạngelo
6. *Giulietta e Romeo* / tragẹdia di Shakespeare
7. La Scala / teatro
8. Marcello / ragazzo italiano

Sapete che...

Il trạffico in centro

With the new millennium, a new trend has emerged in many Italian cities. The historic city-centers (**centri storici**) have been closed off to traffic except for vehicles with special permission. The decision has met with the approval of the general population. Pedestrians have taken possession of the **centro** and enjoy walking around without the disruption, noise, and air pollution caused by motor vehicles. With limited traffic, restaurants and cafes have also been able to move more tables outdoors.

Courtesy of the authors

B. Qual è la domanda? With a partner, ask questions that would elicit the following answers. Take turns reading the statements and asking the questions using **chi, che (che cosa, cosa), come, dove,** or **quando.**

Esempio
— Pạdova è una città.
— *Che cos'è Pạdova?*

1. (Io) sono in classe oggi.
2. Gẹnova è un porto in Itạlia.
3. Piazza San Marco è a Venẹzia.
4. Bene, grạzie.
5. Oggi Francesca è all'università.
6. Capri è un' ịsola.
7. Dante Alighieri è un poeta.
8. Siamo a casa domani.
9. Sono Loredana.

C. Adesso parliamo!

1. With a partner, take turns asking about and describing the cities that you are from. You can ask each other questions, such as: **Di dove sei? Com'è la città? Com'è il trạffico? C'è uno zoo?** Etc.

2. With a partner, take turns describing what you see in the photograph on page 34.

Traffico in centro a Milano

Cosa c'è in una città? 🔊 CD1-12

Ecco una conversazione **fra** due **ragazzi.** — *between / boys*

ALBERTO Dove **abiti?** — *do you live*

PAOLO Abito a Milano, e tu?

ALBERTO Io abito a Rapallo. **Com'è** Milano? — *What is . . . like?*

PAOLO Milano è una grande città, con **molti** edifici: — *many*
i negozi, le banche, i ristoranti, i caffè, i monumenti,
le chiese, i musei e un teatro famoso, La Scala. C'è
anche un **castello,** in un grande parco, con gli alberi, — *also / castle*
i fiori e le fontane.

ALBERTO Ci sono molte automobili?

PAOLO Sì, ci sono molte automobili. Ci sono gli autobus, i
tram e le stazioni **dei** treni. Com'è Rapallo? — *of the*

ALBERTO Rapallo è una piccola città, **però** è una città — *but*
molto bella. — *very beautiful*

A. Alla lettura. After you have read the dialogue in «Cosa c'è in una città?», with a partner, underline the masculine nouns with a definite article.

B. Comprensione

1. Dove abita Paolo?
2. Milano è una città piccola o grande?
3. Cosa c'è a Milano?
4. Come si chiama il famoso teatro di Milano?
5. Cosa c'è in un parco?
6. A Milano ci sono molte automobili?
7. Com'è Rapallo, secondo *(according to)* Alberto?

C. Conversazione With a classmate, ask each other the following questions.

1. Dove abiti?
2. La città dove abiti è grande o piccola?
3. C'è molto traffico?
4. C'è un'università?
5. Che altro *(What else)* c'è?

Gli studenti prima di *(before)* una lezione.

Adesso scriviamo!

Un incontro tra due studenti

Strategy: Basic introductions

The task here is to use the few words of Italian that you have already learned, to introduce yourself and the town or city where you live to an exchange student from Italy. The best way to organize your thoughts is to review the vocabulary introduced in this chapter. You may also want to refer to the preceding *Adesso leggiamo! Incontri* dialogue in this chapter, «**Cosa c'è in una città?**» as a model for your dialogue.

Follow the outline suggested when you write out the dialogue (6–8 sentences) using words and phrases you have already learned.

A. Begin by greeting each other and introducing yourselves.

B. Tell each other which cities you are from.

C. Ask each other and answer a couple of questions about your hometowns.

D. Conclude by saying good-bye.

When the dialogue is completed, double-check it and make sure that you have spelled all the words correctly.

A. The reading below is about how Italy is divided geographically and politically. There are two independent states in Italy, the Republic of San Marino and Vatican City.

Un benvenuto a tutti

L'Italia è divisa *(divided)* geograficamente in Italia settentrionale *(northern)*, Italia centrale, Italia meridionale *(southern)* e Italia insulare *(of the islands)*. Politicamente l'Italia è divisa in venti regioni. La città più *(most)* importante della regione è il capoluogo *(regional capital)*. Le regioni sono divise in province. Nel territorio italiano ci sono due stati indipendenti: la Repubblica di San Marino, il più piccolo *(the smallest)* stato indipendente del mondo *(world)*, situato tra *(between)* l'Emilia-Romagna e le Marche, e la Città del Vaticano, a Roma.

B. After you have read the paragraph on **Un benvenuto a tutti,** complete and read the following statements:

1. L'Italia è divisa geograficamente in Italia _____, _____, _____ e _____.

2. Politicamente l'Italia è divisa in _____ _____.

3. La città più importante della regione è il _____.

4. Le regioni sono divise in _____.

5. I due stati indipendenti nel territorio italiano sono _____ e _____.

C. With a partner, look at the photos below and match them with the cities that you locate on the map.

Esempio 1. La Basilica di San Francesco
— *La Basilica di San Francesco è a Assisi.*

1. La Basilica di San Francesco

2. Le gondole

3. Il Duomo

4. Il Colosseo

5. La torre pendente *(leaning tower)*

6. Il *David* di Michelangelo

7. La Basilica di San Pietro

8. La pizza

9. Il formaggio parmigiano

Erica

Enrico

Presentazioni

A. Watch the segment of the video **Gli Italiani**. Then complete the following sentences with the missing words.

1. Mi chiamo Erica Camurri e sono della provincia di _____.
2. Sono Giorgio Caniato, nato *(born)* a _____.
3. Mi chiamo Alessandro e vengo *(I am from)* da _____.
4. Sono Davide Onnis e abito a _____.
5. Ciao! Sono Emanuele, sono nato a _____.
6. Mi chiamo Federico Guzman e abito a _____.
7. Mi chiamo Grazia e vengo da _____.
8. Mi chiamo Risarisi Roberta e sono nata a _____.

B. Domande sul video. Answer the following questions.

1. Erica Camurri studia matematica o archeologia?
2. Quanti anni ha *(How old is)* Erica?
3. Quanti anni ha Enrico?
4. Quanti anni ha Federico Guzman?

Attività sul vocabolario

C. Watch the segment of the video **Gli Italiani** a second time. Then complete the sentences with the appropriate words from the following list.

casa, è, è, famiglia, Milano, ragazzo, sono

1. Giorgio Caniato e Federico Guzman _____ di Milano.
2. Emanuele _____ un _____ italiano.
3. Federico Guzman dice: Abito a _____ in questa *(this)* _____.
4. La _____ di Risarisi Roberta _____ di Firenze.

D. Partecipazione. In pairs, take turns asking each other the following questions.

- Come ti chiami?
- Di dove sei?
- C'è un'università nella tua *(in your)* città? Nella mia *(In my)*...
- C'è molto traffico?
- Cos'altro *(What else)* c'è nella tua città?
- E nella tua *(in yours)*?

Vocabolario 🔊

Nomi

l'affresco	fresco
l'albero	tree
l'amico/l'amica	friend
l'animale (m.)	animal
l'autostrada	freeway
la casa	house, home
il castello	castle
la città	city, town
la conversazione	conversation
il dottore/la dottoressa	doctor; university graduate
l'esame (m.)	examination
il fiore	flower
l'impiegato	clerk
l'informazione (f.)	information
l'Italia	Italy
lo studio	study
il (la) turista	tourist

Aggettivi

americano(a)	American
buono	good
famoso(a)	famous
grande	big, large, wide; great
intelligente	intelligent
italiano(a)	Italian
molti/molte	many

Verbi

essere	to be

Preposizioni

a	in, at, to
con	with
di, d'	of, from
in	in
per	for

Altre espressioni

anche	also, too, as well
c'è, ci sono	there is, there are
che?, che cosa?, cosa?	what?
chi?	who?, whom?
come? com'è?	how? What is . . . like?
dove?	where?
e, ed	and (often before a vowel)
ecco!	here (there) is (are)!
in centro	downtown
ma	but
quando?	when?
stasera	tonight
però	but

Ripasso (Review)

1. Che cosa sono? Identify the nouns associated with the words listed.

Esempio   Yale, Stanford, MIT
             Sono università.

1. Venezia, Firenze, Torino
2. Uffizi, Louvre, Prado
3. Navona, Trafalgar, San Marco
4. Ferrari, Fiat, Alfa Romeo
5. il Duomo di Milano, la Basilica di San Francesco, la Basilica di San Pietro
6. Marriott, Intercontinental, Four Seasons
7. ___ Condotti, ___ Montenapoleone, ___ del Corso

2. Articoli indeterminativi *(Indefinite articles).* Fill in the correct indefinite article for the words on the list.

1. ___ edificio
2. ___ stadio
3. ___ cinema
4. ___ banca
5. ___ zero
6. ___ ristorante
7. ___ amica

3. Articoli determinativi *(Definite articles).* Fill in the correct definite article and then pluralize both nouns and articles, according to the example.

Esempio   libro   *il libro*   *i libri*

1. stadio   _____   _____
2. banca   _____   _____
3. ufficio   _____   _____
4. monumento   _____   _____
5. amico   _____   _____
6. caffè   _____   _____
7. sport   _____   _____
8. stazione   _____   _____
9. studente   _____   _____
10. autostrada   _____   _____

4. Dove sono? Complete with a logical location and the indefinite article according to the example.

Esempio gli studenti
Gli studenti sono in una scuola.

1. gli animali
2. i pazienti *(patients)*
3. i treni
4. gli autobus
5. i turisti
6. gli spettatori *(audience)*
7. le fontane

5. Il verbo essere. Complete each sentence with the correct form of the present tense of essere.

Esempio Laura _____ in classe.
Laura è in classe

1. Tu _____ a casa.
2. Antonio e io _____ a Roma.
3. Verona e Pisa _____ in Italia.
4. Tu e Margherita _____ in macchina.
5. I turisti _____ in centro.

6. C'è e ci sono. Fill in each sentence with either **c'è** or **ci sono** and finish with two original sentences.

In centro _____ edifici e strade. In piazza _____ un monumento, non _____ una chiesa. In città _____ parchi e negozi e _____ anche uno zoo. A Firenze non _____ la metropolitana, ma a Roma sì. In città ci sono anche _____ e c'è _____.

7. Qual è la domanda? Write the questions that would elicit the following answers using one of the **espressioni interrogative** on page 32.

Esempio Siena è in Toscana.
Dov'è Siena?

1. Non c'è male, grazie.
2. Giotto è un pittore italiano.
3. Torino è grande.
4. Domani (io) sono a casa.
5. Gli studenti sono in classe.
6. Il Credito Italiano è una banca.

Persone e personalità

Communicative goals

Describing someone's physical appearance and personality
Talking about physical and emotional states

Le regioni d'Italia | La Valle d'Aosta

Studio di parole | La descrizione

Punti grammaticali

2.1 L'aggettivo
2.2 **Buono** e **bello**
2.3 **Avere** *(To have)*
2.4 Frasi idiomatiche con **avere**

Vedute d'Italia | Tre italiani famosi

Attività video | *Buon compleanno!*

Ripasso

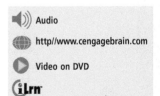

◀ La personalità si rivela
dall'infanzia.

Courtesy of the authors

La Valle d'Aosta

La Valle d'Aosta è la più piccola regione d'Italia. Confina con la Francia e la Svizzera. Nella Valle d'Aosta si trova il Monte Bianco, la montagna più alta in Europa (15 780 piedi o 4 810 metri). La Valle d'Aosta è una regione di incomparabile bellezza: è una vallata circondata *(surrounded)* da alte montagne coperte di neve *(covered with snow)* e ghiacciai *(glaciers)*. Tra le montagne più alte ci sono il Monte Rosa (4 634 metri o 15 203 piedi) e il monte Cervino *(Mattenhorn)* (4 478 metri o 14 691 piedi) dalla caratteristica forma piramidale. Il traforo del Monte Bianco, una galleria *(tunnel)* che attraversa il Monte Bianco, collega l'Italia con la Francia. Migliaia *(Thousands)* di turisti italiani e stranieri *(foreign)* visitano ogni anno i parchi nazionali del Gran San Bernardo e del Gran Paradiso.

▲ Ecco il massiccio *(massif)* del Monte Bianco, con la vetta *(peak)* più alta d'Europa.

La Valle d'Aosta ha molti castelli, costruiti principalmente per la difesa. Un esempio caratteristico è il castello di Fénis. ▼

Marco Barone/Shutterstock.com

◀ Lo stambecco *(ibex)* è un esemplare caratteristico della fauna alpina della Valle d'Aosta. Animale protetto, non è più in pericolo di estinzione *(no longer an endangered species)* ed è il simbolo del Parco Nazionale del Gran Paradiso.

In Valle d'Aosta si producono ottimi formaggi, e la fonduta *(cheese fondue)* valdostana è un piatto tipico della regione. ▼

donstock/iStockphotos

La città di Aosta, ai piedi delle montagne risale *(dates back)* all'epoca romana. Tra le vestigia *(remains)* romane c'è l'Arco di Augusto, del primo secolo a.C. *(first century B.C.E)*. ▼

Courtesy of the authors: Photo Paola Pesante

L'alpinismo *(Mountaineering)* è una grande attrazione turistica. In Valle d'Aosta ci sono molti itinerari alpinistici. Le scalate *(Climbing)* alle grandi vette *(peaks)* alpine sono tra le più impegnative *(challenging)*. ▶

ROBERTO CAUCINO/iStockphoto.com

Rita e Luciano, studenti universitari

Com'è il tuo compagno di stanza? 🔊 CD1-13   *roommate*

Rita e Luciano sono compagni di classe. Oggi
s'incontrano dopo le lezioni.   *they meet after*

RITA Ciao, Luciano. Come va?

LUCIANO Non c'è male, e tu?

RITA **Abbastanza bene. Quanti** compagni di stanza hai   *Fairly well. / How*
  quest'anno?   *many / this*

LUCIANO Ho **solo** un compagno di stanza. Si chiama   *Only*
  Claudio. È romano.

RITA Com'è? È un ragazzo simpatico?

LUCIANO Sì, è un ragazzo molto simpatico. È anche un
  bel ragazzo—alto, biondo, con gli occhi verdi.

RITA È un bravo studente?

LUCIANO Sì, è molto studioso e **parla** quattro lingue.   *he speaks*

RITA Sono curiosa di **conoscerlo.**   *to meet him*

LUCIANO Bene. Domani sera c'è una **festa** a casa di Marco. *party*
  Sei **invitata.**   *invited*

RITA Grazie. A domani sera.

Comprensione

1. Chi è Rita? **2.** Quando s'incontrano Rita e Luciano? **3.** Quanti compagni
di stanza ha Luciano quest'anno? **4.** Come si chiama? **5.** Di che città è?
6. È uno studente mediocre? **7.** Quante lingue parla? **8.** Che cosa c'è
domani sera? **9.** È invitata Rita?

Studio di parole La descrizione

magro   grasso

alto   basso

contenta   triste

giovane   vecchio

© Cengage Learning

Come sei(tu)?

biondo(a) blond
bruno(a) dark-haired
bello(a) beautiful, handsome
brutto(a) ugly
carino(a) cute, pretty
ricco(a) (*pl.* **ricchi**) rich
povero(a) poor
fortunato(a) lucky
sfortunato(a) unlucky
buono(a) good
cattivo(a) bad
bravo(a) good, talented
intelligente intelligent
stupido(a) stupid
sportivo(a) athletic
studioso(a) studious
pigro(a) lazy
simpatico(a) nice, charming

antipatico(a) unpleasant
generoso(a) generous
avaro(a) stingy
interessante interesting
divertente amusing
noioso(a) boring
timido(a) shy
socievole sociable, outgoing
calmo(a) calm
nervoso(a) nervous

Hai i capelli... ? (*Is your hair . . . ?*)
neri black
biondi blond
bianchi white
castani brown
rossi red
corti short
lunghi long   *lungo*

pelo - fur

Hai gli occhi... ? *(Are your eyes . . . ?)*

castani brown	**grigi** gray
azzurri blue	**neri** black
verdi green	

NOTE

a. Although the adjectives **bravo** and **buono** are both translated in English as *good*, **bravo** should be used when *good* means "talented."

b. **Basso** and **corto** are both translated as *short*. However, **basso** refers to someone's or something's height, while **corto** refers to the length of objects: **capelli corti.**

c. **Castano** refers only to the color of eyes and hair: **capelli castani;** for everything else, *brown* is translated as **marrone.**

Informazioni

Fare bella figura

It is very important for Italians to **fare bella figura**. *Fare bella figura* means "to make a good impression." It means to dress appropriately for any occasion, to know how to handle oneself in any situation, and to know how to manage personal and family finances. At a young age, children learn the rules of **fare bella figura** from their parents, who themselves dress well not only for work at the office, but even when they go shopping. When you visit friends or acquaintances, for instance, you dress well out of respect.

Fare bella figura is a norm that is respected among all social classes, as appropriate to their finances. Even the youngest children have to be well dressed, with jeans and well-ironed shirts; they always have to be presentable. This is also true among young Italians, who wear the latest fashion even when they go to class.

Fare bella figura also means that students are prepared for exams and able to answer questions in class, in order to avoid a **brutta figura** in front of the teacher and other students.

Applicazione

A. I contrari (Opposites). Write the adjectives that are opposite in meaning.

1. studioso
2. divertente
3. generoso
4. simpatico
5. basso
6. giovane
7. buono
8. ricco
9. bello
10. stupido
11. lungo
12. grasso

Un cane è piccolo, l'altro *(the other)* cane è grande.

B. Domande. With a partner, take turns asking the following questions. Answer using an appropriate adjective.

1. Come sono i capelli di Babbo Natale (*Santa Claus*)?
2. È generoso Scrooge?
3. Com'è Miss America?
4. Ha gli occhi castani Leonardo DiCaprio?
5. Com'è un topo di biblioteca (*bookworm*)?
6. È noiosa, in generale, la lezione d'italiano?
7. È brutto Brad Pitt?

C. Come sono i compagni di classe? In groups of four, take turns asking and answering questions to find out what your classmates are like. When finished, be ready to share your findings with the class.

Esempio   sportivo/pigro   Tu: *Anna, sei sportiva o pigra?*
                              Anna: *Sono sportiva, non sono pigra.*
                              Tu: *Anna è sportiva, non è pigra.*

1. calmo/nervoso
2. avaro/generoso
3. timido/socievole
4. studioso/pigro
5. fortunato/sfortunato

D. Adesso parliamo! With a partner, take turns asking each other about a roommate or a good friend.

1. Hai un compagno/una compagna di stanza o un amico/un'amica?
2. Come si chiama?
3. Di dov'è?
4. È bruno(a) o biondo(a)? alto(a) o basso(a)? Ha gli occhi castani o azzurri?
5. È simpatico(a)?
6. È intelligente? È studioso(a) o pigro(a)?
7. È avaro(a) o generoso(a)?
8. Quante lingue parla? Una? Due? Tre?

Ascoltiamo!

La sera della festa   CD1-14

It is the evening of Marco's party. Marco is greeting Rita and introducing her to Claudio. Listen to the exchange, and then answer the following questions.

Comprensione

1. Dove sono Claudio e Rita?
2. Di dov'è Claudio?
3. Come si chiama l'amica di Claudio? È inglese?
4. Di quale (*which*) città è Marilyn?
5. Come sono, in generale, i giovani americani?

Dialogo

Imagine that you are at a party and are describing to your best friend a person you have just met. Your friend wants to know where your new acquaintance is from, if he/she is a student, and what he/she is like. Act out this conversation with a classmate. You can begin by saying: **Ho conosciuto** (*I met*)… Your friend can then ask questions.

Punti grammaticali

2.1 L'aggettivo

Com'è Roberta? Ha i capelli lunghi o corti? Ha gli occhi azzurri o castani?

1. An adjective **(aggettivo)** must agree in gender and number with the noun it modifies. When an adjective ends in **-o,** it has four endings: **-o** (*m. sing.*), **-i** (*m. pl.*), **-a** (*f. sing.*), and **-e** (*f. pl.*).

	Singular	Plural
Masculine	il bambino biond**o**	i bambini biond**i**
Feminine	la bambina biond**a**	le bambine biond**e**

Luigi è alto e biondo.	*Luigi is tall and blond.*
Maria è bassa e bruna.	*Maria is short and brunette.*
Luigi e Carlo sono generosi.*	*Luigi and Carlo are generous.*
Maria e Laura sono belle.	*Maria and Laura are beautiful.*

When an adjective ends in **-e,** it has two endings: **-e** (*m. & f. sing.*) and **-i** (*m. & f. pl.*).

	Singular	Plural
Masculine	il ragazzo intelligent**e**	i ragazzi intelligent**i**
Feminine	la ragazza intelligent**e**	le ragazze intelligent**i**

Luigi è felice.	*Luigi is happy.*
Maria è felice.	*Maria is happy.*
Maria e Luigi sono felici.	*Maria and Luigi are happy.*
Maria e Laura sono felici.	*Maria and Laura are happy.*

2. An adjective usually follows the noun it modifies. However, the following common adjectives usually precede the noun:

bello	*beautiful, handsome, fine*
brutto	*ugly*
buono	*good*
bravo	*good, talented*
cattivo	*bad, mean, naughty*
giovane	*young*
vecchio	*old*
grande	*big, large; great*
piccolo	*small, short*
stesso	*same*
nuovo	*new*
altro	*other*
caro* *	*dear*
vero	*true*
primo	*first*
ultimo	*last*

---

*If an adjective modifies two nouns of different gender, the masculine plural ending is used: **Lisa e Paolo sono simpatici.** *Lisa and Paolo are nice.*
Caro, after the noun, means *expensive:* **un'automobile cara,** *an expensive car.*

l'**altro** giorno	*the other day*
un **caro** amico	*a dear friend*
una **grande** casa	*a big house*
un **grande** artista	*a great artist*
gli **stessi** ragazzi	*the same boys*

When an adjective precedes the noun, the form of the article depends on the first letter of the adjective.

gli studenti   BUT **i** bravi studenti

NOTE: All adjectives follow the noun when they are modified by the adverb **molto** (*very*), **poco** (*little, not very*), **abbastanza** (*enough, rather*), **un po'** (*a little*).

un amico **molto caro**	*a very dear friend*
una casa **abbastanza** grande	*a rather big house*

3. Adjectives denoting *nationality* or *color* always follow the noun:

africano	*African**	**inglese**	*English*
americano	*American*	**irlandese**	*Irish*
canadese	*Canadian*	**italiano**	*Italian*
cinese	*Chinese*	**messicano**	*Mexican*
europeo	*European*	**russo**	*Russian*
francese	*French*	**spagnolo**	*Spanish*
giapponese	*Japanese*	**svizzero**	*Swiss*
greco	*Greek*	**tedesco**	*German*

una signora **inglese**	*an English lady*
la lingua **cinese**	*the Chinese language*
una macchina **tedesca**	*a German car*
due belle donne **americane**	*two beautiful American women*

I colori

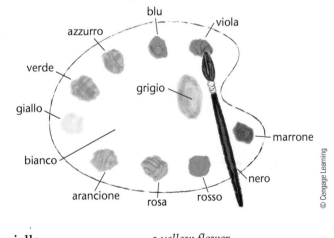

un fiore **giallo**	*a yellow flower*
due fogli **bianchi**	*two white pieces of paper*
due biciclette **verdi**	*two green bicycles*

---

*In Italian, adjectives denoting nationality are not capitalized, while nouns often are: **gli Italiani, gli Americani,** etc. Also, these adjectives are not used to describe ethnic origin. In that case, Italian uses the expression **essere di origine…** followed by the nationality adjective: un ragazzo di origine **messicana,** *a boy of Mexican heritage.*

NOTE

a. Like nouns ending in **-ca** and **-ga,** adjectives ending in **-ca** and **-ga** change in the plural to **-che** and **-ghe.**

due strade **lunghe**   *two long streets*

b. The adjectives **rosa, blu, viola,** and **marrone** are invariable.

due biciclette **blu**   *two blue bicycles*
due fogli **rosa**   *two pink papers*

Pratica

A. Com'è? Come sono? Ask each other about the following people and things, as in the examples.

Esempi   piazza / grande   ragazzi / sportivo
— Com'è la piazza?   — Come sono i ragazzi?
— È grande.   — Sono sportivi.

1. città di Firenze / bello
2. ragazze italiane / bruno
3. compagne di classe / simpạtico
4. gelati italiani / buono
5. lezioni d'italiano / interessante
6. professore(ssa) d'italiano / buono, bello, bravo
7. Bill Gates / ricco
8. mạcchine tedesche / caro
9. studenti d'italiano / intelligente

B. Dal singolare al plurale. Give the plural of the following names and adjectives.

Esempio   una pịccola casa bianca
due pịccole case bianche

1. una pịccola automọbile verde 2. una grande casa rossa 3. una ragazza intelligente e simpạtica 4. uno studente bravo e studioso 5. una lezione interessante e divertente 6. una signora ricca e generosa 7. una giọvane ragazza inglese 8. una studentessa simpạtica ma pigra 9. una nuova Ferrari verde

C. Di che colore è (sono)... *(What color is/are . . .)?* Ask each other questions, following the example.

Esempio   gli ạlberi
— Di che colore sono gli ạlberi?
— Sono verdi.

1. i tassì *(taxis)* di New York
2. la bandiera *(flag)* americana
3. la bandiera italiana
4. la neve *(snow)*
5. gli occhi della compagna di classe vicino a te *(near you)*
6. i capelli del compagno di classe vicino a te
7. il cielo *(sky)* quando piove *(it rains)*
8. il cielo quando è sereno *(it is clear)*

D. Che fortunata! Explain why Donata Belli, an Italian businesswoman, is a lucky person. Complete each sentence with the suggested adjective(s).

Esempio (tedesco) Donata Belli lavora *(works)* per una compagnia
— *Donata Belli lavora per una compagnia tedesca.*

1. (intelligente) Donata Belli è una persona
2. (grande) Lavora in un ufficio
3. (bravo) Ha una segretaria
4. (simpatico) Lavora con colleghi *(colleagues)*
5. (giovane, dinamico) Ha impiegati
6. (interessante) Ha un lavoro *(job)*
7. (nuovo, rosso) Ha anche un'Alfa Romeo
8. (fortunato) È davvero *(really)* una persona

E. Come sono le lezioni? Two students exchange comments about their classes. Complete their dialogue.

ANDREA Marc, com'è il corso d'italiano?

MARC _____. Com'è il corso di filosofia?

ANDREA _____. Il professore d'italiano è severo *(strict)*?

MARC _____, e la professoressa di filosofia?

ANDREA _____. Com'è la lingua italiana?

MARC _____.

ANDREA Ci sono molti compiti?

MARC _____. Gli esami sono _____.

ANDREA Come sono gli studenti?

MARC _____.

F. Domande personali. Find out how your classmates would describe themselves. Ask each other questions using the adjectives on page 47, and respond using the adverbs **molto, poco,** and **abbastanza.**

Esempio fortunato
— *Mary, sei fortunata?*
— *Sì, sono abbastanza fortunata.*

G. Adesso parliamo! Il nuovo volto *(face)* degli Italiani. With a partner, look at the Italians depicted in the photos below and describe their appearance, including hair and eyes.

Cristiana

Marco

Emma

Susanna

2.2 *Buono* e *bello*

Buon Natale
Buone Feste
Buon Compleanno
BUONE VACANZE
buon appetito
Buon Viaggio
Buon Capodanno
buona fortuna
Buona Pasqua

Courtesy of the authors

Sapete che...

During Easter time Italians wish each other "**Buona Pạsqua** *(Happy Easter)*." In Italy it is also customary to buy large chocolate eggs like the one you see in the picture. Inside the eggs are little "surprises," small toys and other trinkets for boys and girls who crack open their eggs in eager anticipation of what they are going to find inside.

1. When the adjective **buono** *(good)* precedes a singular noun, it has the same endings as the indefinite article **un**.

un libro, un **buon** libro	*a book, a good book*
un'amica, una **buon**'amica	*a friend, a good friend*

NOTE: **Buono** in its plural forms has regular endings:

due **buoni** amici	*two good friends*
due **buone** ragazze	*two good girls*

2. When the adjective **bello** *(beautiful, handsome)* precedes a noun, it has the same endings as the definite article **il**.

il ragazzo, il **bel** ragazzo	*the boy, the handsome boy*
i fiori, i **bei** fiori	*the flowers, the beautiful flowers*
l'ạlbero, il **bell**'ạlbero	*the tree, the beautiful tree*
la casa, la **bella** casa	*the house, the beautiful house*
l'amica, la **bell**'amica	*the friend, the beautiful friend*
gli occhi, i **begli** occhi	*the eyes, the beautiful eyes*
le parole, le **belle** parole	*the words, the beautiful words*
lo stato, il **bello** stato	*the state, the beautiful state*

NOTE: When the adjective **bello** follows the noun, it has regular forms:
bello, bella, belli, belle.

Maria ha due bambini **belli** e **buoni**. BUT Maria ha due **bei** bambini.

Pratica

A. Buono. Ask each other questions, following the examples.

Esempi   caffè
— *Com'è il caffè?*
— *È un buon caffè.*
compagni
— *Come sono i compagni?*
— *Sono buoni compagni.*

1. ristorante **2.** lezione **3.** automobile **4.** libro **5.** idea **6.** amici **7.** cane
8. consigli (*advice*) **9.** ragazze

B. Che bella vita! Complete the paragraph wih the correct form of the adjective **bello.**

Gabriella è una _____ ragazza di Roma. Ha _____ capelli lunghi e bruni e _____ occhi castani. Abita in un _____ appartamento in centro con altre tre _____ ragazze, compagne di università e un _____ gatto arancione che si chiama Tigre. Vicino all'appartamento di Gabriella c'è un _____ parco con _____ fiori di tanti colori e _____ alberi alti e verdi. Gabriella ha anche un _____ ragazzo, Enrico. Enrico è simpatico, intelligente e generoso.

C. Che belle foto! With a partner, pretend that you are looking at some photos that you took in Italy. Take turns and comment on each photo, using **bello.**

Esempio   Fontana di Trevi
— *Ecco la Fontana di Trevi.*
— *Che bella fontana!*

1. chiesa di San Marco   **5.** stadio olimpico

2. negozio Gucci   **6.** giardino di Villa Borghese

3. Albergo Centrale   **7.** Teatro alla Scala

4. giardini di Tivoli   **8.** piazza della Signoria

D. Adesso parliamo! Gli animali domestici *(Pets).*
With a partner, look at the photos of the pets and describe each one with at least four adjectives (including **bello** and **buono**). Think about their color, size, and age. Can you guess what their personalities are like?

A casa di Alessandro ci sono a tre animali domestici:
due cani, Argo e Pluto, e un gatto, Micio.

2.3 Avere (To have)

The present tense (**presente**) of **avere** is conjugated as follows:

Person	Singular	Plural
1st	io **ho** (*I have*)	noi **abbiamo** (*we have*)
2nd	tu **hai** (*you have, familiar*)	voi **avete** (*you have, familiar*)
3rd	lui **ha** (*he has*)	loro **hanno** (*they have*)
	lei **ha** (*she has*)	Loro **hanno** (*you have, formal*)
	Lei **ha** (*you have, formal*)	

Pinocchio ha il naso lungo perché dice molte bugie *(lies)*.
Un provèrbio italiano dice: «Le bugie hanno le gambe *(legs)* corte».

Courtesy of the authors: Benevento

Io **ho** un cane. E tu?	*I have a dog. And you?*
Gianni non **ha** i capelli neri.	*Gianni does not have black hair.*
Voi non **avete** il libro.	*You don't have the book.*
Ha una màcchina americana Lei?	*Do you have an American car?*
I signori Scotti **hanno** una bella casa?	*Do Mr. and Mrs. Scotti have a nice house?*
Hai una bicicletta, (non è) vero?	*You have a bicycle, don't you?*
Marcello **ha** gli occhi verdi, (non è) vero?	*Marcello has green eyes, doesn't he?*

NOTE

a. To use the verb **avere** in the negative or interrogative form, follow the general rules presented for the verb **èssere** in **Capitolo 1.**

b. Another way to ask a question of fact or to request confirmation is to add **(non è) vero?** at the end of a statement.

Pratica

A. I giòvani italiani e i mezzi (means) di trasporto. Complete the paragraph with the correct form of the verb **avere.**

Alessandro _____ una bella màcchina nuova, ma Marisa e io non _____ la màcchina. Marisa _____ uno scooter rosso e io _____ un vècchio motorino blu. Chiara e Giovanna _____ una bicicletta, e tu che cosa _____ ?

B. Una conversazione. Lilli, Tina, and her sister Lisa are talking about their friends. Complete their dialogue with the correct forms of the verb **avere** and add the missing words, using your imagination.

TINA _____ molti amici tu?

LILLI Sì, _____ molti amici, e tu e Lisa?

TINA Noi _____.

LISA Il mio *(My)* amico Gianni _____ un'Alfa Romeo rossa.

LILLI Voi _____ amici ricchi.

TINA Il papà e la mamma di Gianni _____ molti soldi *(money)*.

LILLI Tu e Lisa _____ la màcchina?

TINA Noi _____, e tu?

LILLI Anch'io *(I do too)*.

C. Contraddizione. Ask each other questions and respond in a contradictory way, following the example.

Esempio   voi / amici pigri
— *Voi avete amici pigri?*
— *No, non abbiamo amici pigri. Abbiamo amici studiosi.*

1. i professori / una professione noiosa
2. tu / compagni timidi
3. Franco / parenti *(relatives)* poveri
4. voi / professori antipatici
5. tu / grande stanza

D. Non è vero? Work with a partner and take turns asking and answering questions following the example. Include **non è vero?** in each question and make all the appropriate adjective / noun agreements.

Esempio   Francesca/una macchina (tedesco/italiano)
— *Francesca ha una macchina tedesca, non è vero?*
— *No, ha una macchina italiana.*

1. tu / un appartamento (grande / piccolo)
2. voi / due compagni di classe (francese / canadese)
3. Lorenzo / una ragazza (messicano / argentino)
4. i compagni / compiti (facile / difficile)
5. Franco e Luigi / una nonna *(grandmother)* (avaro / generoso)

E. Un'intervista. With a partner, take turns asking each other the following questions. Then report to the class what you have learned.

Esempio   — *David, hai un grande appartamento?*
— *No, ho un piccolo appartamento...*
— *David ha un piccolo appartamento...*

1. Hai una macchina o una bicicletta? Di che colore è? È italiana? Com'è?
2. Hai un cane o un gatto? Come si chiama? Com'è?
3. Hai un compagno/una compagna di stanza? Com'è? Di che colore sono i suoi *(his/her)* capelli? E gli occhi?

F. Adesso parliamo! Il ragazzo o la ragazza ideale. In small groups, discuss the qualities of an ideal boyfriend or girlfriend. Think about physical and personality attributes and also things he/she should possess. Discuss the flaws that you cannot stand. When finished share your thoughts with the rest of the class.

2.4 Frasi idiomatiche con *avere*

In Italian, the following idiomatic expressions (**espressioni idiomatiche**) are formed using **avere** + *noun*. In English, by contrast, they are formed in most cases using *to be* + *adjective*.

avere fame	*to be hungry*	**avere ragione**	*to be right*
avere sete	*to be thirsty*	**avere torto**	*to be wrong*
avere caldo	*to be hot*	**avere paura (di)**	*to be afraid (of)*
avere freddo	*to be cold*	**avere voglia (di)**	*to feel like*
avere sonno	*to be sleepy*	**avere bisogno (di)**	*to need*
avere fretta	*to be in a hurry*	**avere... anni**	*to be . . . years old*

— Cara, non hai paura, vero?

Hai paura di un esame difficile?	*Are you afraid of a difficult exam?*
Ha bisogno di un quaderno?	*Do you need a notebook?*
Ho caldo e **ho** anche **sete.**	*I am hot and I am also thirsty.*
Hai ragione: è un ragazzo simpatico.	*You are right: he is a nice boy.*
Hai voglia di mangiare un buon gelato?	*Do you feel like eating a good ice cream?*
Quanti anni ha Marco?	*How old is Marco?*
Marco **ha diciannove anni.**	*Marco is nineteen years old.*

NOTE: When referring to an object as hot or cold, use **essere: Il caffè è caldo.** *(The coffee is hot.)*

Pratica

A. Cosa desideri *(What do you want)*? With a partner, take turns asking and answering the questions, using the cues provided.

Esempio   — *Cosa desideri quando hai fame?*
— *Vorrei* (I would like) *una pizza*

Cosa desideri quando...

1. hai fame? **2.** hai sete? **3.** hai sonno? **4.** hai caldo? **5.** hai freddo? **6.** hai paura? **7.** non hai voglia di studiare?

Risposte possibili: avere un po' di coraggio *(courage)*, l'aria condizionata, un'acqua minerale fresca, parlare con gli amici, un piatto di spaghetti, un bel letto *(bed)*, un maglione *(a sweater)*

B. Perché? Perché? With a partner, take turns asking and answering the following questions. Use idioms with **avere.** See how many different answers to each question you can come up with.

1. Ho voglia di mangiare *(to eat)* una pizza. Perché?
2. Non abbiamo tempo di parlare con gli amici. Perché?
3. Avete voglia di dormire *(to sleep)*. Perché?
4. Andrea ha voglia di bere *(to drink)* molta acqua. Perché?
5. È agosto e hai voglia di nuotare *(to swim)*. Perché?
6. Federica e Virginia non hanno voglia di guardare *(to watch)* il film dell'orrore. Perché?

C. Hanno ragione o hanno torto? In pairs, take turns saying the statements. The one responding should agree or disagree, using **avere ragione / avere torto.**

Esempio   — *Il tuo* (Your) *compagno/La tua compagna di stanza dice che sei disordinato(a)* (messy).
— *Ha torto.* o *Ha ragione.*

1. Il professore d'italiano pensa *(thinks)* che tu studi molto.
2. Il dottore dice: «Mangi molta frutta e poca carne *(meat)*».
3. Il tuo amico dice che tu sei pigro(a).
4. I compagni di classe dicono che è l'italiano è una bella lingua.
5. Diciamo che la lezione di oggi è difficile.
6. Un compagno dice: «Il professore/La professoressa d'italiano ha 30 anni».

D. Adesso parliamo! Associazioni visive (*visual*). With a partner, decide which idiomatic expression with **avere** you associate with each of the images below.

Esempio *Ho paura.*

1

2

3

4

5

Courtesy of the authors: Photo by Gianni Pais Becker

Courtesy of the authors

Courtesy of the authors

Courtesy of the authors

Courtesy of the authors

Courtesy of the authors

Nota linguistica

The conjunctions "e" and "ed".

The conjunction "e" translates as *"and"*.

Carlo è alto e bello.   *Carlo is tall and handsome.*

When the word that follows begins with a vowel, the conjunction "ed" is often used to avoid difficulty in pronunciation. The added "d" occurs in both written and spoken Italian, but the use is not mandatory.

Marco ed io siamo studenti.   *Marco and I are students.*

Verifica. Complete the sentences with "e" or "ed" according to the context.

1. Giovanni ___ed Elisa sono a lezione.
2. Tu ___e Luigi avete sonno e sete.
3. Francesco ___ed io abbiamo fretta.
4. Francesca è una ragazza bella ed elegante.

Ecco Fido, il vecchio cane di Antonio.

Due compagni di stanza 🔊 CD1-15

Marcello Scotti e Antonio Catalano sono compagni
di stanza e sono buoni amici.

Marcello ha diciannove anni.

È un bel ragazzo, alto e **snello.** Ha gli occhi e i capelli castani.　　*slender*

Il padre di Marcello è ricco, e Marcello ha una bella
Ferrari rossa.

Marcello è studente **all'**università. **Non studia** molto,　　*at the / He does*
ma è un ragazzo molto generoso.　　*not study*

Anche Antonio è studente. Ha la stessa **età** di Marcello.　　*age*

Antonio è basso, ha i capelli biondi e gli occhi azzurri.
È un ragazzo molto simpatico e uno studente molto
bravo. Antonio non è ricco, è povero. Non ha la
macchina, ha una vecchia bicicletta e un vecchio cane
che si chiama Fido. Oggi i due amici hanno bisogno
di studiare molto perché domani hanno un esame.

Marcello Antonio, io ho fame e sete, e tu?

Antonio Anch'io ho fame.

Marcello **Andiamo** a mangiare in un buon ristorante!　　*Let's go*

Antonio Perché non andiamo a mangiare un bel gelato?

Marcello **Ma** io ho molta fame! Un gelato non è　　*But*
abbastanza.

Antonio Ma io, oggi, non ho abbastanza **soldi.**　　*money*

Marcello **Non importa.** Oggi **offro io.**　　*It does not matter. /*
　　I offer (it's my treat)

A. Alla lettura. After you have read "Due compagni di stanza", with a partner, underline all the adjectives.

B. Comprensione

1. Chi sono Marcello e Antonio?
2. Sono vecchi?
3. È vero che Marcello è un brutto ragazzo?
4. Di che colore sono gli occhi di Marcello?
5. Che macchina ha?
6. È un amico avaro?
7. È un ragazzo simpatico Antonio? È alto?
8. Di che colore sono gli occhi di Antonio?
9. Ha la macchina? Che cos'ha?
10. Com'è Antonio in classe?
11. È un bravo studente Marcello?
12. Perché Marcello offre il pranzo a Antonio?

C. Conversazione. In pairs, ask each other the following questions.

1. Hai un buon amico (una buon' amica)? Come si chiama?
2. Quanti anni ha? Di che nazionalità è?
3. Com'è?
4. È molto studioso(a)?
5. E tu sei studioso(a)?
6. Hai una macchina? Se *(If)* hai una macchina, di che colore è?
7. Hai voglia di andare *(to go)* a mangiare un gelato con me?

Adesso scriviamo!

La descrizione di una persona

Strategy: Writing a biographical profile

An effective profile highlights the most defining characteristics of the person in just a few sentences. If you know the person well, it is especially important to include what makes the person interesting or unique. With this in mind, write a brief paragraph (6–8 sentences) describing a friend. Use the descriptions of Marcello and Antonio in **Due compagni di stanza** as models.

A. Before you begin to write, organize your information by completing the chart below with appropriate words and phrases that you have learned.

Nome e cognome *(last name)*: _____

Età: _____

Descrizione fisica: _____

La personalità: _____

Le cose che possiede *(he/she owns, he/she has)*, per esempio la macchina, un animale domestico *(a pet)*, ecc.: _____

B. Next, write your description based on the information in your chart. Start with the introductory sentence: **Ho un buon amico/Ho una buona amica.**

C. Make sure that you have spelled all the words correctly in your completed description and double-check subject–verb agreement and noun–adjective agreement. Consider illustrating your description with a photo and sharing it with a classmate.

Tre Italiani famosi

A. You are going to read about three famous Italians: Umberto Eco, writer; Laura Pausini, singer; and Renzo Piano, architect.

Umberto Eco è uno scrittore e saggista *(essayist)* italiano di fama internazionale. Umberto Eco è nato *(was born)* ad Alessandria, in Piemonte. Nel 1975 è diventato *(he became)* professore di semiotica all'Università di Bologna. Umberto Eco ha collaborato a vari giornali *(several newspapers)*, come *Il Corriere della Sera* e *la Stampa*, ed ha pubblicato molti libri ed articoli di critica letterari. Umberto Eco ha ottenuto un grande successo internazionale con il suo romanzo *(novel) Il nome della Rosa*, seguito *(followed)* da altre pubblicazioni, accolte *(received)* con entusiamo dal pubblico e dalla critica letteraria, come *Il pendolo di Foucault*. Umberto Eco è uno dei più celebri autori contemporanei.

Marc Brasz/Corbis

Laura Pausini, popolare cantante e cantautrice *(songwriter)* italiana, è famosa in tutto il mondo per le sue canzoni *(songs)* romantiche. Laura Pausini è nata *(was born)* in Romagna ed ha cominciato *(began)* a cantare a otto anni. È diventata *(She became)* famosa nel 1993 con la canzone *(song) La solitudine* che ha vinto *(won)* al Festival di Sanremo. Gli album e concerti di Laura sono dei bestsellers. Laura canta in italiano, spagnolo, francese, portoghese ed inglese, e le sue canzoni sono popolari in Europa, nell'America Latina e in Australia. Nel 1995 Laura ha ricevuto un «World Music Award», e nel 2006 ha vinto un «Grammy Award» per il suo album latino *Escucha*. Laura Pausini è una delle più *(most)* famose cantanti del mondo.

Stephane Cardinale/People Avenue/Corbis

Fotografico: Stefano Goldberg

© _ultraforma_/iStockphoto.com

Renzo Piano, nato a Genova nel 1937, è uno dei più geniali architetti del nostro tempo. Renzo Piano ha collaborato al grande progetto del «Centre George Pompidou» a Parigi (Paris) che l'ha reso (made him) famoso. I suoi progetti rivelano lo studio della trasparenza e della semplicità classica nella costruzione degli edifici. Alcuni (Some) degli edifici che ha progettato: il «Menil Collection» a Houston, il Museo della Scienza e della Tecnologia ad Amsterdam, l'aeroporto internazionale Kansai in Giappone.

A San Francisco Renzo Piano ha progettato la magnifica costruzione dell' «Academy of Science». Un suo progetto recente, inagurato a Londra (London) nel luglio del 2012, è «The Shard» (la scheggia), un grattacielo (skyscraper) a forma di piramide (shaped like a pyramid) e rivestito (covered) interamente di vetro (glass). Con un altezza (height) di 310 metri è l'edificio più alto (tallest) d'Europa. Renzo Piano è considerato uno dei più famosi architetti del mondo.

B. Complete the following statements with the information contained in the readings.

1. Laura Pausini è _____.
2. Renzo Piano è _____.
3. Umberto Eco è _____.

C. Vero o falso? Read the following statements and decide whether they are true or false. If false, replace them with the correct statement.

1. Laura Pausini canta solo in italiano.
2. Laura ha ricevuto un Grammy Award.
3. *La solitudine* è un romanzo di Umberto Eco.
4. Umberto Eco è professore all'Università di Bologna.
5. *Il pendolo di Foucault* è una canzone di Laura Pausini.
6. Renzo Piano ha collaborato al progetto del Centre George Pompidou a Parigi.
7. Renzo Piano non ha progettato nessun edificio negli Stati Uniti (in the US).

Attività video ▶

A. Attività sul vocabolario. Watch the segment of the video *Buon compleanno!* Then complete the following sentences with the words given.

bella, buon, cinquanta, fortunato, generoso, grande

1. Zio Jerry è andato in America _____ anni fa *(ago)*.
2. Marco ha una _____ macchina.
3. Zio Jerry è _____ *(lucky)* e _____ *(generous)*.
4. Zio Jerry e la sua *(his)* famiglia fanno una _____ festa per il suo compleanno.
5. Giovanni è un _____ amico di Marco.

B. Domande sul video

1. Marco telefona a suo zio. Perché?
2. Dove abita lo zio Jerry?
3. Lo zio festeggia *(celebrates)* il compleanno a casa o al ristorante?
4. Marco e Giovanni sono in giro per *(travel around)* l'Italia. Viaggiano *(Do they travel)* in macchina o in treno?

C. Attività sulla grammatica. Watch the segment of the video *Buon compleanno!* a second time. Then complete the sentences below with the following verbs, verbal expressions, nouns, or adjectives.

è, ha, ha bisogno, nuova, simpatico

1. Marco _____ una macchina _____: è una Mini Cooper.
2. Marco è un ragazzo _____.
3. Marco _____ di Roma.
4. Marco _____ _____ della macchina per viaggiare *(to travel)* da Roma a Venezia.

Vocabolario 🔊

Nomi

l'anno	year
il cane	dog
il colore	color
il cognome	last name
il compagno/ la compagna di stanza, di scuola	roommate, classmate
il corso	class, (academic) course
l'età	age
il film	movie
il gatto	cat
il lavoro	work, job
la lingua	language
il nome	name, noun
la parola	word
la persona	person
la professione	profession
la sera	evening
i soldi	money
la stanza	room
il tempo	time

Aggettivi

africano	African
altro	other
azzurro	light blue
bianco (pl. bianchi)	white
blu (inv.)	dark blue
canadese	Canadian
caro	dear; expensive
castano	brown (for eyes and hair)
cinese	Chinese
corto	short (in length)
difficile	difficult
europeo	European
facile	easy
francese	French
giallo	yellow
giapponese	Japanese
greco	Greek
grigio	gray
inglese	English
irlandese	Irish
lungo	long
marrone (inv.)	brown (for objects)
messicano	Mexican
nero	black
nuovo	new
paziente	patient
primo	first
rosa (inv.)	pink
rosso	red
russo	Russian
spagnolo	Spanish
stesso	same
svizzero	Swiss
tedesco (pl. tedeschi)	German
ultimo	last
vero	true

Verbi

avere	to have

Altre espressioni

abbastanza	quite, rather
avere... anni	to be . . . years old
avere bisogno (di)	to need
avere caldo	to be hot
avere fame	to be hungry
avere freddo	to be cold
avere fretta	to be in a hurry
avera paura (di)	to be afraid (of)
avere ragione	to be right
avere sete	to be thirsty
avere sonno	to be sleepy
avere torto	to be wrong
avere voglia (di)	to feel like; to want
ma	but

Ripasso

1. **Dal singolare al plurale.** Rewrite the following sentences in the plural. Make sure to make all parts agree: articles, nouns, verbs, adjectives.

   Esempio   La ragazza è intelligente.
   Le ragazze sono intelligenti.

   1. La banca è grande.
   2. La via è lunga.
   3. Lo studente è bravo.
   4. La città è antica.
   5. Il fiore è giallo.
   6. Il gatto è bianco.
   7. La macchina è verde.
   8. L'edificio è moderno.
   9. La signora è ricca.
   10. Il professore è inglese.

2. **I contrari.** Complete the sentences with the *opposite* adjective. Focus on the subject–adjective agreements.

   Esempio   Giovanni è simpatico, ma Patrizia è…
   *Giovanni è simpatico, ma Patrizia è **antipatica**.*

   1. Francesca è bionda, ma Fabio e Mauro sono…
   2. Rita è bassa, ma Laura e Lucia sono…
   3. Il compito è facile, ma gli esami sono…
   4. I gelati sono buoni, ma la medicina è…
   5. Le biciclette sono vecchie, ma la macchina è…
   6. Maria ha i capelli lunghi, ma Franca ha i capelli…
   7. Paola è triste ma Maria e Grazia sono…
   8. Silvia è pigra, ma Laura e Piero sono…
   9. Venezia è una bella città, ma Mestre è…
   10. Milano è grande, ma Lucca e Arezzo* sono…

3. **Aggettivi di nazionalità.** Complete the sentences using nationality adjectives. Focus on the subject–adjective agreements.

   Esempio   Kurt è un ragazzo di Berlino,…
   *Kurt è un ragazzo di Berlino, **è tedesco**.*

   1. Giuseppe e Antonio sono di Roma,…
   2. Lupe è una ragazza di Acapulco,…
   3. Monique e Amélie sono due signorine di Parigi,…
   4. José è di Barcellona,…
   5. Le studentesse sono di Mosca *(Moscow)*,…
   6. Johnny e Bill sono di Toronto,…

---

*Cities are generally feminine in gender.

4. *Avere.* Complete the sentences with the correct form of the verb **avere.**

1. Luciano _____ una bicicletta rossa.
2. (tu) _____ un gatto grasso e pigro.
3. (Io) non _____ un esame oggi.
4. Franco ed io _____ molti amici simpatici.
5. Voi _____ un professore/una professoressa d'italiano molto simpatico/a.

5. **Espressioni con *avere*.** Complete the sentences with the correct form of the verb **avere** and one of the idiomatic expressions you learned in this chapter.

1. La temperatura è a –10° (*ten below zero Celsius*). Non _____ (voi)?
2. Ho una lezione fra (in) cinque minuti; non ho tempo: (io) _____.
3. Tre acque minerali per favore! (Noi) _____.
4. (Tu) _____ di mangiare un gelato? Offro io (*My treat*)!
5. Che belle pizze! (voi) _____, non è vero?
6. Molti bambini _____ del buio (*of the dark*).

All'università

Communicative goals

Talking about classes and school
Indicating where people and things are
Describing everyday activities

Le regioni d'Italia | La Lombardia

Studio di parole | Il sistema italiano degli studi

Punti grammaticali

3.1 Verbi regolari in **-are:** il presente
3.2 Le preposizioni
3.3 Le preposizioni avverbiali
3.4 **Quale?** e **Che?** *(Which? and What?)*

Vedute d'Italia | L'università in Italia

Attività video | *Gli studenti universitari*

Ripasso

)) Audio
http//www.cengagebrain.com
Video on DVD
iLrn

◀ Una cerimonia di laurea al
Politecnico di Milano

Courtesy of the authors

La Lombardia

La Lombardia è una regione dell'Italia settentrionale che confina a nord con la Svizzera. Con una popolazione di quasi 10 milioni di abitanti, la Lombardia è la regione più popolata d'Italia. Il suo nome viene da *(comes from)* «Longobardi», una popolazione di origine germanica che si stabilì *(settled)* in Italia nel sesto *(sixth)* secolo. Il capoluogo della Lombardia è Milano. La regione si estende dalle Alpi centrali alla fertile valle del fiume Po, che ha dato *(gave)* il nome alla Pianura Padana, la più vasta pianura *(plain)* in Italia, che si estende dal Piemonte alla Romagna. Nella Lombardia ci sono molti laghi: il Lago Maggiore, il lago di Como e il lago di Garda, che offrono panorami di grande bellezza.

La Lombardia ha una grande diversità di industrie: tessili *(textile)*, chimiche, elettroniche e farmaceutiche. Milano è la più grande città dopo Roma, e il più importante centro finanziario in Italia.

© Cengage Learning

© oilale72/iStockphoto.com

Courtesy of Magia Moda

▲ Il Duomo *(Cathedral)* di Milano è il simbolo della città. Costruito in stile gotico, ha 135 guglie *(pinnacles)* e più di 3 000 statue.

▲ Milano è un centro importante per la moda *(fashion)*. Tra gli stilisti *(fashion designers)* più famosi ci sono Giorgio Armani, Prada e Dolce & Gabbana. Milano è anche all'avanguardia per il design industriale e grafico.

L'affresco *L'Ultima cena (The Last Supper)*, dipinto da Leonardo da Vinci, si trova nel refettorio del convento della chiesa di Santa Maria delle Grazie.

Il Teatro alla Scala è uno dei più famosi teatri del mondo per le sue rappresentazioni di opera lirica, balletto e musica classica. Fu costruito *(It was built)* nel 1778 in stile neoclassico sul luogo dove era stata demolita la chiesa di Santa Maria alla Scala, da cui *(hence)* deriva il nome del teatro. ▼

Il lago di Como, ai piedi delle Alpi, con i suoi paesaggi suggestivi *(beautiful landscapes)*, le antiche ville e i pittoreschi paesini *(little villages)* in riva al lago *(on the lake shores)*, è una meta *(destination)* preferita dai turisti italiani e stranieri.

Il risotto alla Milanese con lo zafferano è il piatto tipico della regione.

A Milano ci sono due squadre di calcio *(soccer teams)*: il Milan e l'Inter. La rivalità tra le due squadre è intensa, ed entusiasma gli appassionati *(fans)* di calcio. ▶

71

Gina studia per l'esame di chimica con due compagni.

Oggi studio per gli esami 🔊 CD1-16

I study

Gina e Pietro parlano **dei loro** corsi.

their

GINA Pietro, quante lezioni hai oggi?

PIETRO Ho una lezione di biologia e un'altra di fisica. E tu?

GINA Io ho un esame di chimica e ho bisogno di studiare perché gli esami **del** professor Riva sono sempre difficili.

of (the)

PIETRO Non hai gli **appunti**?

notes

GINA No, ma Franca, **la mia** compagna di classe, è una ragazza studiosa e ha molte pagine di appunti.

my

PIETRO Gina, io ho fame, e tu?

GINA Anch'io. C'è una paninoteca vicino alla biblioteca. Perché non mangiamo **lì?**

there

PIETRO Sì, **va bene,** perché non ho molto tempo. **Dopo** le lezioni **lavoro** in biblioteca.

it's OK / After
I work

GINA La vita **dei** poveri studenti non è facile!

of the

Comprensione

1. Quante lezioni ha Pietro oggi?
2. Che cosa studia Gina oggi? Perché?
3. Chi è Franca?
4. Com'è?
5. Perché Gina e Pietro mangiano vicino alla biblioteca?
6. Dove lavora oggi Pietro?
7. Com'è la vita degli studenti?

Studio di parole Il sistema italiano degli studi

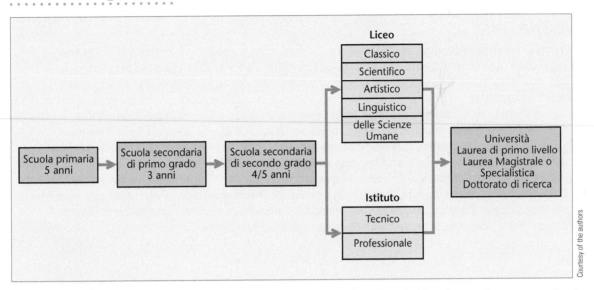

NOTE: The great majority of Italian students attend public schools. Children begin elementary school at the age of six. At the end of the **terza media** *(eighth grade)*, students begin high school. There are different types of high schools and programs are controlled by the state. Students who want to study humanities or the sciences choose a **liceo classico** or **scientifico.** Those who want to start working soon, without going on to a university, go to an **istituto** where they can learn a practical trade.

la biologia biology
la chimica chemistry
l'economia economics
la filosofia philosophy
la fisica physics
l'informatica computer science
la letteratura literature
la matematica mathematics
la materia school subject
la musica music
la psicologia psychology
la sociologia sociology
la storia dell'arte art history
la storia history
le lingue straniere foreign languages
le relazioni internazionali international relations
le scienze naturali natural sciences
le scienze politiche political sciences
la Facoltà di … School of . . . (at a university)
la Facoltà di Giurisprudenza (d'Ingegneria, di Medicina, di Lettere e Filosofia, di Economia, ecc.) School of Law (of Engineering, of Medicine, of Humanities, of Business, etc.)

il titolo di studio degree
la laurea university degree
la borsa di studio scholarship
il corso course; class
l'aula classroom
la biblioteca library
gli appunti notes
la lettura reading
il compito homework
l'esame orale, scritto oral, written exam
il voto grade
il trimestre quarter
il semestre semester
l'insegnante *(m. & f.)* teacher
il maestro/la maestra elementary school teacher
presente present
assente absent
studiare to study
frequentare to attend
insegnare to teach
imparare to learn
iscriversi to enroll
diplomarsi to graduate (from high school)
laurearsi to graduate (from university)

L'università

At the end of their secondary education, Italian students must pass a comprehensive examination called **l'esame di maturità** in order to be eligible to enroll in a **facoltà universitaria**. Currently some university programs require an additional entry exam. About 75 percent of high school graduates go on to university but a much lower percentage actually graduate.

Most Italian students attend **università statali** *(public universities)* where tuition costs are generally low and based on the student's family income. University curricula are focused on specific areas of studies from the beginning. Classes are large, with attendance often not required, and contact between students and professors is minimal. Almost all universities are located in big cities where there is no centralized campus like in the United States, and the different departments are often widely separated from each other. Universities offer limited student housing. Dormitories, **case dello studente**, are generally reserved for low-income students who usually are from out of town. Most students live with their families and attend local universities, and those who decide to study in a different town, rent a room or an apartment with other students.

Applicazione

A. Studenti. Complete the following sentences with the vocabulary in **Studio di parole**.

1. In un anno accadęmico, ci sono due _____ o tre _____.
2. Marisa stụdia il tedesco e il russo: frequenta la Facoltà di _____.
3. In un trimestre, ci sono esami _____ e _____.
4. Gianni non sta bene e oggi è _____ (non è a lezione).
5. Alla fine del liceo molti studenti s'iscrịvono *(enroll)* all'_____.
6. Alla fine dell'università gli studenti ricęvono la _____.
7. _____ insegna alla scuola primaria.
8. In una _____ ci sono molti libri, computer e zone stụdio *(study areas)*.
9. Dopo un esame, gli studenti ricęvono un _____.
10. John è uno studente molto bravo e non ha bisogno di pagare *(to pay)* le tasse universitarie. John ha una _____.

B. Liceo o istituto? Based on their inclinations, match the Italian students with the types of high schools they would choose to attend.

Esempio   Marco vuole *(wants)* studiare meccạnica.
                 Marco s'iscrive (enrolls) *a un Istituto Tęcnico.*

1. Franco vuole studiare le lịngue straniere.	Istituto Professionale
2. Giovanna preferisce *(prefers)* studiare il latino e il greco.	Liceo Linguịstico
3. Luisa vuole studiare fịsica e matemạtica.	Liceo Artịstico
4. Mạssimo ama la pittura *(painting)*.	Liceo Clạssico
5. Gina vuole diventare *(to become)* un operatore tęcnico *(technician)*.	Liceo Scientịfico

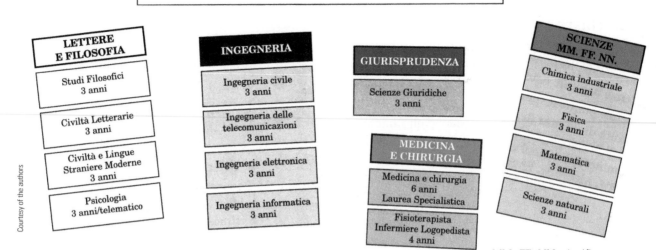

FACOLTÀ E DIPLOMI DI LAUREA

LETTERE E FILOSOFIA
- Studi Filosofici 3 anni
- Civiltà Letterarie 3 anni
- Civiltà e Lingue Straniere Moderne 3 anni
- Psicologia 3 anni/telematico

INGEGNERIA
- Ingegneria civile 3 anni
- Ingegneria delle telecomunicazioni 3 anni
- Ingegneria elettronica 3 anni
- Ingegneria informatica 3 anni

GIURISPRUDENZA
- Scienze Giuridiche 3 anni

MEDICINA E CHIRURGIA
- Medicina e chirurgia 6 anni Laurea Specialistica
- Fisioterapista Infermiere Logopedista 4 anni

SCIENZE MM. FF. NN.
- Chimica industriale 3 anni
- Fisica 3 anni
- Matematica 3 anni
- Scienze naturali 3 anni

Courtesy of the authors

MM. FF. NN. significa Matematiche, Fisiche e Naturali

This partial listing from *Università degli Studi di Parma (Emilia)* shows some of the *facoltà*, as well as some of the majors, *corsi di laurea*.

C. In quale facoltà? With a partner, take turns asking and answering the questions. Look at the **Facoltà e Diplomi di laurea** listed above to find the answers.

Esempio ingegneria elettronica
—*In quale facoltà s'insegnano* (are taught) *corsi d'ingegneria elettronica?*
—*Nella Facoltà d'Ingegneria.*

1. lingue straniere
2. chimica industriale
3. informatica
4. scienze giuridiche
5. fisioterapia
6. psicologia
7. filosofia

D. Adesso parliamo! With a partner, ask each other the following questions.

1. Quanti corsi hai questo (*this*) semestre / trimestre? Quali (*Which*) sono?
2. Quale corso è interessante? Hai un corso noioso?
3. Che lezioni hai oggi?
4. Quali materie ti piace (*do you like*) studiare? Quali materie non ti piace studiare? (*Answer:* Mi piace (*I like*) studiare l'italiano e… *or* Non mi piace studiare… e…)
5. Hai molti compiti?
6. Hai bisogno di un computer per fare (*to do*) i compiti?
7. Hai esami scritti o orali questa settimana?

Ascoltiamo!

In classe 🔊 CD1-17

A teacher is greeting his students in a **liceo** in Rome and asking and answering a variety of questions at the beginning of class. Listen to the exchanges and then answer the following questions.

Comprensione

1. Che *(What)* scuola frequentano gli studenti?
2. Hanno un esame d'informatica oggi?
3. Sono tutti presenti?
4. Quanti minuti hanno gli studenti per l'esame?
5. Gli studenti hanno tre esami orali questo *(this)* trimestre?
6. Secondo *(According to)* il professore, è difficile l'esame?
7. Gli studenti hanno bisogno di concentrazione. Una studentessa ha bisogno di un miracolo. Secondo voi, è preparata per l'esame?

Dialogo

With a partner, act out the following dialogue. You are thinking of signing up for a class but want to know more about it from a friend who took it last year. Ask questions about the professor, homework, exams, etc.

E. Dati personali. You are applying for a part-time job. With a partner, play the roles of the applicant and the employer, asking the questions and filling out the form. When finished, reverse roles.

The employer will ask: **Nome? Cognome? Come si scrive, per favore? Indirizzo** *(Address)***? Posta elettronica?**

NOTE: The symbol @ in Italian is: **chiocciola** (which means *snail*, because of its shape). For example, the following e-mail: Franco@libero.it is read in Italian: **Franco chiocciola libero punto it**

NOME	
COGNOME	
PROFESSIONE	
INDIRIZZO	
CITTÀ	
CODICE POSTALE	*ZIP CODE*
NUMERO DI TELEFONO (con prefisso)	
POSTA ELETTRONICA	*e-mail*

Punti grammaticali

3.1 Verbi regolari in -are: il presente   *are, ere, ire*

cantare (to sing)			
io	cant **o**	noi	cant **iamo**
tu	cant **i**	voi	cant **ate** *ete, ite*
lui/lei/Lei	cant **a** *e*	loro *oro*	cạnt **ano** *ono*

La mamma e Nino suọnano.
Il papà canta.

1. Verbs that end in **-are**, known as first-conjugation verbs, are the most frequently used. With few exceptions, they are regular. The infinitive of a regular verb, such as **cantare**, consists of the stem **cant-** (invariable) and the ending **-are**. To conjugate the present tense **(presente)** of **cantare**, we replace **-are** with a different ending for each person: **-o, -i, -a, -iamo, -ate, -ano.**

2. The present tense in Italian is rendered in English in different ways:

Io canto.	*I sing.*
	I am singing.
	I do sing.
Canta Maria?	*Does Maria sing?*
	Is Maria singing?
Maria non canta.	*Maria does not sing.*
	Maria is not singing.

I tre ragazzi giọcano: a golf, a tennis, a cạlcio.

Suoni uno strumento?	*Do you play an instrument?*
Desịdero guardare la TV.	*I want to watch TV.*
Quante lịngue **parli?**	*How many languages do you speak?*
(Loro) **Ạbitano** in una pịccola città.	*They live in a small city.*

3. The present tense is often used to express the future tense.

I corsi **comịnciano** domani.	*Classes will begin tomorrow.*

4. Here is a list of some common **-are** verbs:

abitare	*to live*	**incontrare**	*to meet*
ascoltare	*to listen (to)*	**imparare**	*to learn*
aspettare	*to wait (for)*	**(in)cominciare**	*to begin*
cantare	*to sing*	**lavorare**	*to work*
cercare	*to look for*	**mangiare**	*to eat*
comprare	*to buy*	**parlare (a) / (di)**	*to speak (to) / (about)*
desiderare	*to wish, to want*	**pensare (a) / (di)**	*to think (about)*
domandare	*to ask*	**spiegare**	*to explain*
giocare (a)	*to play (a game)*	**suonare**	*to play (an instrument)*
guardare	*to watch, look at*	**trovare**	*to find*

Giochiamo a tẹnnis oggi?	*Are we playing tennis today?*
Quando parli a Franco?	*When are you speaking to Franco?*
Non **parliamo** di polịtica.	*We don't talk about politics.*

a. Verbs ending in **-iare** drop the **i** of the infinitive stem before adding the endings **-i** and **-iamo.**

> stud**iare:** stud**i**, stud**iamo**
> incominc**iare:** incominc**i**, incominc**iamo**

 b. Verbs ending in **-care** and **-gare** add an **h** before the endings **-i** and **-iamo** to preserve the hard sounds of /k/ and /g/.

> gio**care:** gio**chi**, gio**chiamo**
> spie**gare:** spie**ghi**, spie**ghiamo**

5. Unlike their English equivalents, the verbs **ascoltare, aspettare,** and **guardare** take a direct object and therefore are *not* followed by a preposition.

Aspettiamo l'autobus.	*We are waiting for the bus.*
Perché non **ascolti** la radio?	*Why don't you listen to the radio?*
Guardate le foto?	*Are you looking at the photographs?*

6. **Imparare, (in)cominciare,** and **insegnare** take the preposition **a** before an infinitive.

Incomincio a parlare in italiano.   *I'm beginning to speak Italian.*

For a list of verbs that take a preposition (**a** or **di**) before an infinitive, see Appendix 2.

7. **Pensare** takes the preposition **a** or **di** depending on the meaning of the clause that follows.

a. **Pensare a** means "to think about something" or "to think about someone."

Penso alla mamma.	*I think about my mom.*
Pensiamo agli esami.	*We think about our exams.*

b. **Pensare di** is always followed by an infinitive and means "to think about doing something."

Penso di studiare oggi.	*I am thinking about studying today.*
Pensiamo di giocare a calcio stasera.	*We are thinking about playing soccer tonight.*

8. To express purpose *(in order to)*, Italian uses **per** + *infinitive.*

Studio **per imparare.**   *I study (in order) to learn.*

Pratica

A. Attività. Tell what Lucio is doing today by matching a verb from column A with an expression from column B.

Esempio   **A**   **B**
suonare   il violino
Lucio suona il violino.

A	**B**
1. ascoltare	**a.** l'autobus
2. pensare	**b.** a pallavolo *(volleyball)*
3. aspettare	**c.** alla sua ragazza
4. mangiare	**d.** il professore di scienze
5. giocare	**e.** al ristorante
6. guardare	**f.** un vecchio film

B. Trasformazioni. Replace the subject of each sentence with those in parentheses and change the verb form accordingly.

1. (Io) studio l'italiano. (noi / loro / Lisa / tu)
2. Aspettiamo la professoressa. (io / gli studenti / voi due / Paolo)
3. Mangiate a casa. (noi / tu / gli altri [the others])
4. Marco gioca a calcio. (gli amici / tu e Gino / io e Roberto)

Sapete che...

I voti all'università

Italian universities use a 30-point grading scale, with 18 being the minimum passing grade. Most university exams include an oral portion, **l'esame orale,** where the final grade is decided. In order to keep a high GPA, Italian students have the option to refuse a low passing grade and to retake the final examination at a later date in hopes of receiving a better score. How would you like to have the same opportunity?

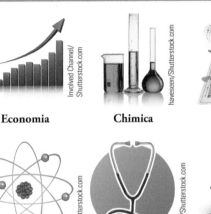

Economia   Chimica   Architettura

Fisica   Medicina   Giurisprudenza

C. Un giorno di vacanza. Tino, Marco, and Lisa have one day of vacation from school. They are talking about their plans. In groups of three, complete their dialogue. Choose from the verbs listed below and put them in the right form.

ascoltare, giocare, guardare, lavorare, mangiare, studiare, suonare

MARCO Oggi Lisa ed io _____ a tennis. Perché (tu) non _____ con noi?

TINO No, oggi (io) _____ per l'esame d'italiano di domani. Voi non _____ per l'esame?

LISA Noi _____ stasera, dopo cena (dinner).

TINO Nel pomeriggio (afternoon) (voi) _____ la TV?

MARCO No, io _____ la musica, e stasera io e Lisa _____ in un piccolo gruppo rock. E tu?

TINO Io ho un lavoro part-time. Oggi pomeriggio _____ due ore in un negozio di articoli sportivi.

MARCO A mezzogiorno noi _____ da McDonald's, e tu dove _____?

TINO _____ a casa.

quaderno
quaderno
quaderno
quaderno

Dizionario

cartoline
(*postcards*)

Courtesy of the authors

D. Cosa compriamo? Franco, Gino, and his sister Maria need a few items for school. In groups of three, complete their dialogue with the correct forms of **comprare** and with the items you choose from those illustrated above.

FRANCO   Io _____ una _____, e voi, cosa _____?

GINO   Maria ed io _____ sei _____ e anche quattro _____.

MARIA   Per Natale mio papà _____ _____ per Gino e per me.

GINO   Franco, tu _____ altre cose?

FRANCO   Sì, ho bisogno di _____ cinque _____.

MARIA   I miei (*My*) compagni di classe _____ sempre in questo negozio perché i prezzi (*prices*) sono buoni.

E. Le attività dei compagni. In groups of four, take turns asking and answering questions according to the example. When finished, be ready to share your finding with the class.

Esempio   ascoltare la musica rap   Tu: *John, ascolti la musica rap?*
                                          JOHN: *No, non ascolto la musica rap.* or
                                                   Sì ascolto la musica rap.
                                          Tu: *John ascolta la musica rap.*

1. parlare spagnolo
2. suonare uno strumento musicale
3. giocare a tennis
4. abitare alla casa dello studente (*dorms*)
5. guardare la televisione ogni giorno (*every day*)
6. lavorare almeno (*at least*) dieci ore alla settimana (*10 hrs/week*)
7. ascoltare musica mentre (*while*) studia
8. studiare spesso (*often*) in biblioteca
9. comprare molti CD
10. mangiare la pizza con l'ananas (*pineapple*)

F. Adesso parliamo! Un'intervista. You want to find out more about your classmate's activities. First write down five questions using the verbs that you learned in this section. You may start with: **dove, come, quando, cosa, chi,** etc. With a partner, take turns asking each other questions.

Esempio   — *Studi a casa o in biblioteca?*

Nota linguistica

I falsi amici

False friends are words or phrases in two languages that look similar and have a similar origin but differ in meaning.

An example of false friends are *educato* and educated.

Educato means well–mannered, polite. The opposite of educato is *maleducato* (bad-mannered).

Educated translates as *istruito*. The opposite of istruito is *ignorante*.

The same difference applies to the nouns:

Educazione means good manners or upbringing.

Education translates as *istruzione*.

Verifica. Complete the sentences with the correct forms of *educato, istruito, maleducato* and *ignorante* according to the context.

1. Marina è una bambina _____. Dice sempre (*always*) "grazie" e "per favore".
2. I signori Ponti sono molto _____. Hanno due lauree e studiano per un dottorato di ricerca.
3. Le persone _____ non desiderano imparare.
4. Gino è _____ perché non saluta il professore.

3.2 Le preposizioni

Oggi siamo all'università.
Il professore è alla lavagna.

I libri sono sugli scaffali della biblioteca.

1. **Simple prepositions.** You have already learned the simple prepositions (**preposizioni semplici**) **a, di, in,** and **per**. The following chart lists all the simple prepositions and their usual meanings.

Sono di Brunswick

di (d')	*of / from*	con	*with*
a	*at, to, in*	su	*on, over, above*
da	*from, by*	per	*for, in order to*
in	*in*	tra (fra)	*between, among*

Ecco il professore **d'**inglese.	*There is the English professor (the professor of English).*
Abitiamo **a** New York.	*We live in New York.*
Il treno arriva **da** Roma.	*The train is arriving from Rome.*
Siamo **in** America.	*We are in America.*
Giochi **con** Gino?	*Are you playing with Gino?*
Il dizionario è **su** uno scaffale.	*The dictionary is on a shelf.*
La bicicletta è **per** Lia.	*The bicycle is for Lia.*
Il quaderno è **tra** due libri.	*The notebook is between two books.*

NOTE: Di is used to express:

a.	possession:	**Di chi** è il dizionario?	*Whose dictionary is it?*
		È **di** Antonio.	*It is Antonio's.*
b.	place of origin:	**Di dov'è** il signor Smith?	*Where is Mr. Smith from?*
		È **di** Londra.	*He is from London.*

Punti grammaticali **81**

2. When the prepositions **a, da, di, in,** and **su** are used with a definite article, the preposition and the article combine to form one word **(preposizione articolata)**, as follows:

	il	lo	l′*(m.)*	la	l′*(f.)*	i	gli	le
a	al	allo	all′	alla	all′	ai	agli	alle
da	dal	dallo	dall′	dalla	dall′	dai	dagli	dalle
di	del	dello	dell′	della	dell′	dei	degli	delle
in	nel	nello	nell′	nella	nell′	nei	negli	nelle
su	sul	sullo	sull′	sulla	sull′	sui	sugli	sulle

Studiamo **all′**università.   *We are studying at the university.*
Partiamo **dalla** stazione.   *We'll leave from the station.*
Ecco l'ufficio **del** professore.   *Here is the office of the professor.*
Lavorano **negli** Stati Uniti.   *They work in the United States.*
Lisa aspetta **nello** studio.   *Lisa is waiting in the study.*
La penna è **sul** tavolo.   *The pen is on the table.*

The preposition **con** is seldom contracted. Its most common contractions are **col** and **coi; con il (col) professore, con i (coi) bambini.**

NOTE: Contraction with the definite article occurs when a noun is preceded by the definite article. First names and names of cities do not have an article.

È il libro **di** Luca?   *Is it Luca's book?*
No, è il libro **della** professoressa. *No, it is the professor's book.*
Loro abitano **a** Verona.   *They live in Verona.*

Pratica

A. Fulvio studia. Describe what is going on as Fulvio studies for a biology exam by completing each sentence with an appropriate simple preposition: **a, di, in, con, su, per, tra.**

1. Oggi Fulvio è _____ biblioteca.
2. La biblioteca è _____ due alti edifici.
3. Fulvio studia _____ un compagno.
4. Studia _____ l'esame di biologia.
5. Mentre *(While)* studia, Fulvio pensa _____ una ragazza bruna.
6. Dov'è il libro _____ biologia? Il libro è _____ una sedia.

B. Contrazioni. Provide the article and combine it with the preposition given, following the example.

Esempio   È il libro (di) / studente
              È il libro (di) lo studente. → È il libro dello studente.

1. Il professore spiega (a) / studenti
2. Siamo (a) / lezione d'italiano
3. Il dizionario è (su) / tavolo
4. Ho bisogno (di) / appunti di storia
5. Oggi parliamo (a) / impiegato
6. I quaderni sono (su) / scaffale *(shelf) (m.)*
7. Pietro lavora (in) / ristorante vicino (a) / università
8. Ecco la macchina (di) / ragazzo di Gabriella
9. Ci sono due semestri (in) / anno accademico
10. C'è un virus (in) / computer (di) / mio compagno di stanza

C. Sostituzioni. Form new sentences by replacing the italicized expressions with the words indicated and the correct prepositions.

1. Sandra va *(goes) al parco.* (museo / concerti rock / feste / cinema)
2. Ho bisogno *del dizionario.* (spiegazione *(f.)* del professore / macchina / appunti / computer)
3. I libri di Francesco sono *sul letto.* (tavolo / televisore *(TV set)* /scrivania / sedie)
4. Oggi Franco e Luisa sono *nell'aula di fisica.* (negozio di biciclette / studio / libreria dell'università / edificio di lingue straniere)

D. Di chi *(Whose)* è…? With a partner, take turns asking and answering to whom various things belong.

Esempio   libro / bambino
          —*Di chi è il libro?*
          —*È del bambino.*

1. casa con il bel giardino / signori Giusti
2. macchina rossa / dottor Galli
3. zaino *(backpack)* marrone / Antonio
4. quaderno nero / studentessa di medicina
5. due computer / ingegner Scotti
6. belle fotografie di Venezia / Lucia

3.3 Le preposizioni avverbiali

The following adverbs are often used as prepositions:

sopra	*above, on (top of)*	**davanti (a)**	*in front (of), before*
sotto	*under, below*	**dietro**	*behind, after*
dentro	*in, inside*	**vicino (a)**	*near, beside, next to*
fuori	*out, outside*	**lontano (da)**	*far (from)*

Il giardino è **dietro** l'università.
L'edificio d'ingegneria è **vicino alla** biblioteca.
Abiti **lontano dall'**università?

The garden is behind the university.
The engineering building is near the library.
Do you live far from the university?

Courtesy of the authors

Milano – La Pinacoteca *(art gallery)* di Brera, una delle più famose in Europa, si trova vicino ai Giardini e non lontano dal Castello Sforzesco. Dentro la Pinacoteca ci sono capolavori *(masterpieces)* di grandi artisti, come Raffaello, Caravaggio, Andrea Mantegna e molti altri.

Pratica

A. Dov'è... ? With a partner, look at the drawings and then take turns asking each other the related questions. Use **sotto, sopra, dentro, davanti (a), dietro, vicino (a), lontano (da),** or other prepositions in your responses.

1. Dov'è la lạmpada? E il cane?

2. Dov'è la fotografia? E il gatto?

3. Dov'è la sẹdia? E la ragazza?

4. Dov'è il tạvolo? E la tazza *(cup)*? E il caffè?

B. Un po' di geografia. With a partner, look at the maps of Italy at the beginning of the book and take turns asking each other the following questions.

1. Nạpoli si trova *(is located)* vicino all'ịsola di Capri?

2. Torino si trova lontano dal fiume *(river)* Po?

3. Pompei si trova lontano dal vulcano Vesụvio?

4. La Sardegna si trova sotto la Cọrsica o sopra la Cọrsica?

5. Pisa si trova vicino al mare Lịgure o al mare Adriạtico?

6. Quale regione si trova vicino all'ịsola d'Elba?

7. Quale regione si trova vicino alla Sicịlia?

C. Adesso parliamo! **Cerco un compagno/una compagna di stanza.** In pairs, take turns playing the part of the interviewer and the prospective roommate. You want to know his/her habits: where he/she studies, if he/she listens to music, if he/she has a part-time job, if he/she smokes **(fumare)**, etc. The person interviewed will enquire how much rent is **(Quant'è l'affitto?)**, if the apartment is close or far from the university, if it is OK to have a cat, etc.

3.4 *Quale?* e *Che?* (Which? and What?)

Quale and **che** are interrogative adjectives. **Quale,** like *which,* implies a choice among alternatives. It usually drops the **-e** before **è** and, like other adjectives ending in **-e,** has only two forms: **quale** and **quali.**

Ho bisogno di un libro.	*I need a book.*
Quale libro?	*Which book?*
Il libro di biologia.	*The biology book.*
Hai gli appunti?	*Do you have the notes?*
Quali appunti?	*Which notes?*
Gli appunti di chịmica.	*The chemistry notes.*

Che indicates *what kind* and is an invariable adjective.

Che mạcchina hai?	*What (kind of) car do you have?*
Che mụsica suoni?	*What (kind of) music do you play?*

NOTE: The expression **che** is also used in exclamations. In this case, it means *What . . . !* or *What a . . . !*

Che bravo studente!	*What a good student!*
Che bei bambini!	*What beautiful children!*

Pratica

A. Quale... ? Ask a friend where some places and things are located. He/She will ask you to specify which place or thing you mean. Follow the example.

Esempio   libro / italiano
— *Dov'è il libro?*
— *Quale libro?*
— *Il libro d'italiano.*

1. compiti / altro giorno
2. fotografie / ragazzi
3. aula / corso di letteratura inglese
4. biblioteca / Facoltà di Medicina

B. Che... ? A friend is thinking of making several purchases today. Request more specifics by asking **Che... ?,** following the example.

Esempio   macchina / Fiat
— *Oggi compro una macchina.*
— *Che macchina?*
— *Una (macchina) Fiat.*

Che macchina simpatica! È la nuova Fiat Cinquecento.

1. motocicletta / Honda
2. bicicletta / Bianchi
3. cane / setter
4. dizionario / italiano-inglese
5. computer / portatile (*laptop*)

C. Che... ! React to the following statements with an exclamation, as in the example.

Esempio   Lucia ha una stanza *disordinata.*
— *Che stanza disordinata!*

1. La signora Maria ha due *belle* bambine.
2. Marco non studia perché è un ragazzo *pigro.*
3. Il professore/La professoressa è *paziente* quando spiega.
4. Questa (*This*) pizza è molto *buona.*
5. Stefano è un ragazzo molto *generoso* con gli amici.

D. Adesso parliamo! Alberto Bratti, neolaureato. Look at the photo and in groups of two or three students, answer and discuss the following questions. Be creative.

1. Che avvenimento (*event*) festeggia (*celebrates*) Alberto? Quanti anni ha?
2. Che laurea ha? Una laurea in ingegneria? Una laurea in…?
3. Con chi festeggia questo avvenimento importante? Dove festeggiano?
4. Che regali (*present*) riceve Alberto da parenti (*relatives*) e amici?
5. Che cosa desidera fare (*to do*) Alberto dopo la laurea?

Alberto, il giorno della laurea

SI AFFITTA

Affitto camera singola arredata con cucina e bagno, vicino stazione dei treni. Zona tranquilla.
TEL. 049 0658405

Affittasi a ragazze posto libero in stanza indipendente bagno privato e uso cucina.
TEL. 049 6527007

Offro camera ammobiliata con uso di cucina. Vicinanze università. Quinto piano. No animali domestici. E. 450. Disponibile subito.
TEL. 049 4599098

Affitto stanza spaziosa a insegnante o studente. E. 300. Bagno personale. Posto auto. Referenze.
TEL. 049 5064221

Courtesy of the authors

Una stanza per Mariella ◀)) CD1-18

Mariella è studentessa nella Facoltà di Economia e Commercio all'Università di Padova. La sua famiglia abita a Bassano, e ha bisogno di trovare una stanza in **affitto** a Padova per il nuovo anno accademico. Mariella trova un **annuncio** sul giornale, **telefona** al numero indicato, va a vedere la stanza e a parlare con la **proprietaria** dell'appartamento. La stanza è al **quinto piano** di un edificio **senza ascensore**.

for rent
ad / makes a phone call / owner
fifth floor
without elevator

MARIELLA Buon giorno, signora. Sono Mariella Corte. **Le ho telefonato** questa mattina.

I called you

A. PEDRETTI Molto piacere. Io sono Adriana Pedretti. Entri, entri, signorina. Ecco la stanza.

*La stanza è abbastanza grande. Nella stanza ci sono: un letto, una vecchia **scrivania** con una lampada, due sedie e un piccolo sofà. Ci sono due finestre che **danno** sulla strada.*

desk
overlooking

MARIELLA La stanza mi piace. **Posso appendere** poster alle pareti?

May I / to hang

A. PEDRETTI Sì, certamente. Ha altri **mobili**?

furniture

MARIELLA No, solo un computer e una piccola televisione.

A. PEDRETTI: Bene. La stanza è **disponibile** immediatamente.

available

MARIELLA **Allora** domani mattina porto le **mie cose**.

Then / my things

A. PEDRETTI Benissimo. Arrivederci a domani mattina.

MARIELLA Arrivederci e grazie.

A. Alla lettura. After you have read the dialogue, with a partner, underline all the regular verbs in **-are**.

B. Comprensione

1. In quale facoltà è studentessa Mariella? In quale città? **2.** Di cosa ha bisogno Mariella? **3.** Dove trova l'annuncio Mariella? **4.** A che piano è la stanza? Com'è? **5.** Cosa c'è nella stanza? **6.** Dov'è la lampada? **7.** Dove desidera appendere i poster Mariella? **8.** Che cosa desidera portare nella stanza? Quando?

C. Conversazione. Take turns with a classmate asking about your rooms and study habits.

1. Hai una stanza grande? È ordinata?

2. Cosa c'è nella tua *(in your)* stanza? Ci sono poster alle pareti?

3. Studi solo(a) o con un compagno/una compagna di classe quando hai un esame? Dove studi?

4. Quando sei stanco(a) *(tired)* di studiare, guardi la TV, telefoni *(call)* a un amico, mangi qualcosa *(something)* o scarichi *(download)* la musica sul tuo iPod?

Cerco una stanza

Strategy: Write an e-mail with clear, concise sentences, organized in a sequence.

Read this advertisement for student housing downloaded from an Italian university website. Notice that it offers, as is typical in Italy, **posti letto,** beds in shared rooms. Students, in other words, usually have roommates. Imagine that you are studying abroad in Bologna for a semester and are looking for an accommodation. Write an e-mail in response, expressing interest in a **posto letto** and introducing yourself.

> **Offresi a studenti/studentesse 4 posti letto in 2 stanze doppie per 250 euro a posto letto. L'appartamento situato in via Irnerio, (centralissimo, nelle immediate vicinanze dell'università), è disponibile dal 01/09/2012. Per informazioni chiamare i seguenti numeri 3284769392– 3207754860 o scrivere a pieragiordano2@unibo.it**

Courtesy of the authors

A. Begin your e-mail response with the phrase: **Sono uno studente/una studentessa universitario(a) americano(a)** and express interest in a place in one of the two rooms in the apartment: **Sono interessato(a) a un posto letto nell'appartamento in via Irnerio.**

B. Then, introduce yourself briefly by providing the following information about yourself: **nome / età / che cosa studi negli Stati Uniti / perché sei a Bologna.**
   Describe some of your personal habits: **quando studi (la mattina, la sera), dove studi (a casa, in biblioteca), se ascolti musica, se fumi** *(if you smoke),* etc.

C. End your e-mail with the phrase: **Cordiali saluti** *(Best regards),* and sign your name.

D. Make sure that you have spelled all words correctly in your completed e-mail and double-check subject–verb agreement and noun–adjective agreement. Share your e-mail with a classmate.

L'università in Italia

Università Cattolica di Milano – Uno studente difende la tesi di laurea davanti ai professori.

A. You are going to read the opinions of three young Italian men and one woman about their experiences as university students in Italy.

Mi chiamo Arianna Tibuzzi. Sono di Roma e ho studiato *(I studied)* all'Università di Torvergata, nella Facoltà d'Ingegneria Elettronica. Ho frequentato *(I took)* dei corsi anche in un'università americana. Secondo me *(In my opinion)*, una grande differenza tra l'università in America e l'università in Italia è che l'insegnamento in Italia è più teorico, mentre negli Stati Uniti l'insegnamento è più pratico, e gli studenti americani vanno di più *(go more often)* in laboratorio.

Mi chiamo Davide Tommasi. Sono di Milano e ho studiato all'Università degli Studi di Milano, nella Facoltà di Scienze, Matematica e Fisiche Naturali, e, in particolare, ho studiato informatica. In Italia gli studenti universitari che vengono *(are coming)* da un'altra città, hanno molte difficoltà quando cercano un appartamento. L'affitto è molto caro e non ci sono molti appartamenti. In generale, gli studenti condividono *(share)* l'appartamento con altri studenti.

Mi chiamo Luca Rossettini ed ho studiato al Politecnico di Milano. Ho studiato ingegneria aerospaziale. In Italia per molti neolaureati è difficile trovare lavoro. È più facile *(easier)* trovare lavoro per gli studenti che hanno studiato ingegneria o informatica. Molti studenti, dopo l'università, desiderano avere un'esperienza all'estero *(abroad)*, per imparare le lingue straniere e per avere più possibilità di trovare un lavoro.

Sono Cosimo Palmisano e sono di Bari. Ho studiato al Politecnico di Milano. Ho studiato ingegneria elettronica. Secondo me, una grande differenza tra le università in Italia e le università in America è che la maggior parte delle *(most of)* università in Italia sono pubbliche, mentre *(while)* negli Stati Uniti molte università sono private. Gli studenti italiani sono molto occupati con i corsi, ma trovano anche il tempo di divertirsi *(to have fun)*. Dopo le lezioni vanno in palestra *(gym)*, specialmente se ci sono delle belle ragazze, incontrano gli amici e il weekend vanno a ballare *(they go dancing)* in discoteca.

© Cengage Learning

B. Answer the following questions.

1. Di dov'è Arianna Tibuzzi? Secondo Arianna, l'insegnamento è più teorico in Italia o negli Stati Uniti?

2. Dove ha studiato Davide Tommasi? Che cosa ha studiato? Perché gli studenti hanno difficoltà quando cercano un appartamento?

3. Dove ha studiato Luca Rossettini? Per quali studenti è più facile trovare lavoro? Perché gli studenti desiderano avere un'esperienza all'estero?

4. Di dov'è Cosimo Palmisano? Che cosa ha studiato? Dove? La maggior parte delle *(most of)* università in Italia sono pubbliche o private? Dopo le lezioni, dove vanno *(do they go)* gli studenti?

Attività video ▶

A. Attività sul vocabolario. Watch the video segment *Gli studenti universitari*. Then complete the sentences with the words that follow.

anạlisi, corsi, Facoltà, fịsica, grandi, informạtica (x2), ingegneria, lạurea, semestre, trimestre

1. Arianna: I corsi più *(more)* frequentati del primo anno d'ingegneria sono _____, _____ e _____.

2. Arianna: In Itạlia si ottiene una _____ breve in tre anni.

3. Cosimo: Le università sono concentrate nelle _____ città.

4. Cosimo: Ho studiato presso *(at)* la _____ di Scienze, e in particolare ho studiato _____.

5. Cosimo: Nel passato *(In the past)* i _____ durạvano *(lasted)* un _____ o un anno accadẹmico, ora *(now)* alcuni *(some)* dụrano un _____.

6. Cosimo: Per gli studenti che si lạureano in _____ e informạtica è più fạcile trovare un lavoro.

B. Domande sul video

1. In Itạlia tutti i corsi universitari dụrano *(last)* un anno accadẹmico?

2. In quanto tempo si può *(one can)* ottenere una lạurea breve in Itạlia?

3. Quali sono i corsi più frequentati dagli studenti del primo anno d'ingegneria?

4. Per quali neolaureati è più fạcile trovare lavoro?

C. Attività sulla grammatica. Watch the segment of the video *Gli studenti universitari* a second time and complete the sentences with the correct form of the verbs in parentheses.

1. Gli studenti del primo anno di università *(to attend)* _____ corsi di fisica, informạtica e anạlisi.

2. Per ottenere una lạurea breve (gli studenti) *(to study)* _____ per tre anni.

3. Molti studenti *(to live)* _____ lontano dall'università e loro *(to have)* _____ un problema quando loro *(to look for)* _____ un allọggio. Gli appartamenti *(to cost)* _____ molto.

4. In Itạlia i neolaureati non *(to find)* _____ lavoro facilmente.

﹖ D. Partecipazione. In groups of three, talk about the following topics.

- Quali sono le matẹrie che preferite studiare? (Preferisco…)
- In cosa vi laureate? (Mi lạureo in…)
- Dove è più fạcile trovare lavoro negli Stati Uniti (nel commẹrcio, nell'indụstria, nell'insegnamento, nei servizi sociali)?
- Desiderate lavorare negli Stati Uniti o in un altro paese *(country)*?

Nomi

la cosa	thing
la festa	party
l'indirizzo	address
la lampada	lamp
il letto	bed
la libreria	bookstore
i mobili	furniture
l'oggetto	object
l'ora	hour
la parete	wall
il pavimento	floor
lo scaffale	shelf
la TV (televisione)	television
la vita	life
lo zaino	backpack

Aggettivi

che	what kind of
disordinato	messy
freddo	cold
libero	free
il mio/la mia	my
molto	much, a lot of (*pl.* many)
occupato	busy
ordinato	neat
pronto	ready
quale... ?	which . . . ?
solo	alone
stanco (*pl.* stanchi)	tired

Verbi

abitare	to live
ascoltare	to listen to
aspettare	to wait for
cantare	to sing
cercare	to look for
comprare	to buy
desiderare	to wish
domandare	to ask
giocare (a)	to play (a game)
guardare	to look at, to watch
imparare	to learn
(in)cominciare	to begin
incontrare	to meet
lavorare	to work
mangiare	to eat
parlare (a) / (di)	to speak (to) / (about)
pensare (a) / (di)	to think (about) / (of)
spiegare	to explain
suonare	to play (an instrument); to ring (a bell, etc.)
trovare	to find

Altre espressioni

che (*pronoun*)	who/whom; that/which
da	from, by
davanti (a)	in front (of)
dentro	in, inside
dietro	behind
dopo	after
fuori	out, outside
lontano (da)	far (from)
la mattina	in the morning
o	or
sempre	always
sopra	on, on top of
sotto	under
spesso	often
su	on, over, above
tra (*or* fra)	between, among
va bene	OK
vicino (a)	near
@	chiocciola
punto	dot

1. Che materie insegnano? Write sentences with the correct school subject, according to the example. Notice all the cognates.

Esempio Il professor Santini: grammatica inglese e vocabolario
Il professor Santini insegna le lingue straniere.

1. La professoressa Mattei: l'Impero Romano e la rivoluzione francese
2. Il professor Cattaneo: la vita *(life)* di piante e animali
3. La professoressa Sorrenti: Platone e Socrate
4. La professoressa Monti: l'algebra e la geometria
5. Il professor Giusti: gli elementi, come l'ossigeno e l'idrogeno
6. La professoressa Valenti: il mercato e l'inflazione

2. Azioni *(Actions).* Complete the sentences with the correct form of the verbs in **-are,** listed below. Use each verb only once.

abitare, aspettare, comprare, guardare, giocare, incontrare, mangiare, parlare, spiegare, studiare, suonare

Esempio Enrico _____ gli spaghetti al ristorante.
*Enrico **mangia** gli spaghetti al ristorante.*

1. Gli studenti _____ per un esame in biblioteca.
2. Tu _____ il treno alla stazione di Milano.
3. Andrea ed io _____ a tennis.
4. (Io) _____ gli amici al bar.
5. Annalisa _____ con i compagni di classe prima della lezione.
6. Lucia studia musica e _____ il pianoforte molto bene.
7. Alessandro _____ i libri per i corsi in libreria *(bookstore).*
8. Noi _____ la televisione la sera.
9. Il professore _____ la lezione di ingegneria agli studenti.
10. Antonella frequenta l'università e _____ con la famiglia.

3. Che cosa fanno *(What are they doing)*? Complete the sentences with the correct form of a logical verb, according to the example.

Esempio Antonio è in ufficio e…
Antonio è in ufficio e lavora.

1. Tu sei in biblioteca e…
2. Noi siamo al ristorante e…
3. Tu e Paolo siete alla lezione di musica e…
4. Carlo e Antonio sono al supermercato e…
5. La professoressa di chimica è alla lavagna e…
6. Roberto e i suoi compagni di squadra *(teammates)* sono allo stadio e…
7. Io sono alla stazione e…
8. Voi siete al concerto e…
9. Gli studenti sono all'università e…

4. Le preposizioni articolate. Fill in the blanks with the correct form of the prepositions in parentheses + the articles.

1. Gli studenti seguono una lezione (in) _____ aula (di) _____ università.

2. I quaderni (di) _____ studenti sono (su) _____ tavoli.

3. (In) _____ zaini (*backpacks*) ci sono i libri per gli altri corsi.

4. Il professore è (a) _____ lavagna.

5. Parla (di) _____ esame finale.

6. Gli studenti hanno bisogno (di) _____ appunti di chimica per studiare.

7. Davide non ascolta il professore. Guarda (da) _____ finestra e pensa (a) _____ amici.

5. Altre preposizioni. Look at the drawing below and write complete sentences that describe where people and things are. Use three **preposizioni avverbiali** and one simple preposition.

1. libri / tavolo
2. professoressa / studenti
3. lavagna / professoressa
4. studentessa bionda / studenti bruni

A tavola

Communicative goals

Talking about food and eating habits
Ordering food and drinks at a restaurant
Buying groceries
Specifying quantities

Le regioni d'Italia | Il Trentino-Alto Adige

Studio di parole | Pasti e piatti

Punti grammaticali

4.1 Verbi regolari in **-ere** e **-ire:** il presente
4.2 Verbi in **-ire** con il suffisso **-isc-**
4.3 Il partitivo (*some, any);* **alcuni, qualche, un po' di**
4.4 **Molto, tanto, troppo, poco, tutto, ogni**

Vedute d'Italia | Dove andiamo a mangiare?

Attività video | *Piatti preferiti*

Ripasso

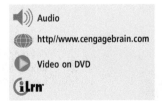

◀ Una salumeria a Bologna, in Emilia-Romagna, una regione dove la cucina è particolarmente rinomata.

© Comune di Bologna

Il Trentino-Alto Adige

Il Trentino-Alto Adige è una regione dell'Italia settentrionale. Confina con l'Austria e con la Svizzera. È una delle regioni meno *(less)* popolate d'Italia, con circa un milione di abitanti. La regione è formata da due aree differenti, l'Alto Adige a nord, con la città di Bolzano, e il Trentino a sud, con la città di Trento. La regione è stata *(has been)* causa di contesa *(contention)* fra l'Italia e l'Austria e la popolazione dell'Alto Adige è oggigiorno *(nowadays)* prevalentemente di lingua tedesca *(German speaking)*.

Rigenerati nella valle più bella, assapora una vacanza attiva che profuma di verde e d

▲ La val di Fassa è una splendida valle nel Trentino. Si trova nel cuore delle Dolomiti (le Alpi orientali), circondata da maestose *(majestic)* vette, come il Sassolungo e la Marmolada. È una delle mete *(destinations)* favorite per le vacanze estive *(summer)* e invernali *(winter)* degli Italiani. La val di Fassa offre una varietà di piste da sci *(ski slopes)* per sciatori *(skiers)* esperti e per principianti *(beginners)* e oltre *(more than)* 50 chilometri di piste per lo sci da fondo *(cross country ski)*.

La città di Trento è circondata da montagne e dista due ore dal confine *(border)* con l'Austria. È una città moderna, dinamica e cosmopolita, con un grande influsso di visitatori italiani e stranieri. ▶

Bolzano – La Piazza Walther, circondata da edifici in stile austriaco è «il salotto» *(the living room)* della città. Bolzano è il capoluogo dell'Alto Adige ed ha una popolazione di circa 100 000 abitanti. Bolzano faceva parte *(was part of)* dell'Impero Austro-Ungarico; venne annessa *(was annexed)* all'Italia dopo la prima guerra mondiale *(WWI)*. La popolazione dell'Alto Adige parla due lingue: l'italiano e il tedesco. L'economia si basa sull'agricoltura, sul turismo e sui prodotti artigianali *(artifacts)*.

nord → north
sud → south

La produzione delle mele è molto importante per l'economia del Trentino-Alto Adige, e lo strudel di mele è il dolce tipico della regione. ▶

Il lago di Resia è un lago alpino artificiale. Con la *hrica* costruzione di una diga *(a dam)* per l'energia idroelettica un piccolo paese *(village)* fu sommerso *(was submerged)* dalle acque e ricostuito più a monte *(rebuilt at higher elevation)*. Il campanile *(the bell tower)* che spunta *(rising)* dall'acqua è diventato il simbolo della vallata. ▼

▲ I cartelli *(signs)* dimostrano il bilinguismo italiano / tedesco che esiste nella regione.

Mark Bowden/iStockphoto.com

Al ristorante 🔊 CD1-19

Linda e Gianni sono al ristorante.

LINDA È un **locale** piccolo ma carino, no? Io non ho molta   *place*
    fame, e tu?

GIANNI **Ho una fame da lupo.** Ma che menù povero!   *I'm as hungry as a wolf.*
    Non ci sono **né** lasagne **né** scaloppine!   *neither . . . nor*

CAMERIERE **Desiderano** un antipasto? Abbiamo del   *Would you like*
    prosciutto **squisito.**   *delicious*

GIANNI Non per me, grazie. **Non mi piace** il prosciutto.   *I don't like*
    Io vorrei degli spaghetti al pomodoro. Anche tu, Linda?   *I would like*

LINDA **Scherzi?** Ho bisogno di vitamine, io,   *Are you joking?*
    non di calorie. Per me, una zuppa di verdura.

CAMERIERE E come secondo, che cosa **ordinano?**   *are you ordering*
    Oggi abbiamo un arrosto di vitello molto buono,
    con piselli.

GIANNI **D'accordo.**   *OK.*

CAMERIERE E Lei, signorina?

LINDA Io vorrei una bistecca con insalata verde.

CAMERIERE Vino bianco o vino rosso?

GIANNI Vino rosso, per favore. **Mezzo litro.**   *A half-liter.*

LINDA Per me acqua minerale, per favore.

Comprensione

1. Com'è il ristorante? **2.** Chi desidera mangiare molto? Perché? **3.** Che cosa raccomanda il cameriere come antipasto? **4.** Che primo e secondo ordina Gianni? E Linda? Perché? **5.** Che cosa ordinano da bere *(to drink)* Gianni e Linda?

Studio di parole Pasti e piatti *(Meals and dishes)*

(handwritten notes in right margin:)
Io non ordino
Nulla/Niente

I ~~do~~ ordered
nothing

I clienti *(customers)* **cẹnano** *(are having dinner)* al ristorante. **I camerieri** *(waiters)* pọrtano **i piatti** *(dishes)* in tạvola e sẹrvono il vino. Alla fine del pasto i clienti **pạgano il conto** *(pay the bill)* e lạsciano **una mạncia** *(tip)*.

I pasti in Itạlia

La colazione *(breakfast)*

La mattina gli Italiani fanno una colazione leggera *(have a light breakfast)*.
A casa generalmente mạngiano:

il pane *(bread)* o il **pane tostato** *(toast)* con il **burro** *(butter)* e la **marmellata** *(jam)*, **i cereali, lo yogurt** o i **biscotti** *(cookies)*.

Di sọlito *(Usually)* bẹvono *(drink)*: il **caffè, il caffelatte, il latte** *(milk)*, **il tè, il succo d'arancia o di pompelmo** *(orange or grapefruit juice)*.

Molti Italiani ẹscono *(go out)* e fanno colazione al bar. Lì mạngiano **un cornetto** *(a croissant)*, o **una brioche** *(pastry)* e bẹvono **un espresso, un cappuccino** o un **succo di frutta** *(fruit juice)*. Gli Italiani usualmente *(usually)* non fanno una colazione sostanziosa con le **uova** *(eggs)* e **le salsicce** *(sausages)*.

Il pranzo *(lunch)* e **la cena** *(dinner)*

Il pranzo non è più *(is no longer)* il pasto principale degli Italiani. Molte persone che lavọrano non ritọrnano a casa per **pranzare** *(to have lunch)*. Al bar mạngiano: **un tramezzino** *(crustless sandwich)* con **i gamberetti** *(shrimp)* o con **la mozzarella e pomodoro** *(mozzarella and tomato)*, **un panino** *(sandwich)* [**al prosciutto** *(ham sandwich)* **al formạggio** *(cheese)* o con **salame**] o **una pizzetta.** Se hanno più tempo, vanno al ristorante, in **trattoria** o a una **tạvola calda** *(cafeteria)*. Soprattutto tra i giọvani è popolare il fast food con **gli hamburger** e **le patatine fritte** *(French fries)*.

A pranzo o a cena

l'antipasto *(appetizer)*: **prosciutto e melone** *(cured ham and cantaloupe)*, **la bruschetta, il carpaccio** *(very thinly sliced raw meat or fish)*

Il primo piatto *(First course)*

i cannelloni (alla napoletana)
stuffed pasta with tomato
sauce and cheese

gli gnocchi potato dumplings

le lasagne (alla bolognese)
. . . with tomato, meat, and white sauce

i ravioli (alla panna) . . . with
cream sauce

il risotto

gli spaghetti (al pomodoro)
. . . with tomato sauce

la minestra di verdure vegetable soup

Il secondo piatto (Second course)
di carne (meat)

la bistecca (ai ferri) grilled steak

le scaloppine di vitello veal cutlets

Il secondo piatto (Second course)
di pesce (fish)

il pesce fritto fried fish

la sogliola ai ferri grilled sole

Il contorno (Le verdure)

i broccoli

le carote

l'insalata mista

le melanzane eggplant

i piselli peas

le patate potatoes

i peperoni bell peppers

gli spinaci

le zucchine/gli zucchini

Le bevande (Drinks)

l'acqua minerale mineral water

l'aranciata orange soda

la birra beer

lo spumante sparkling wine

il vino wine

il ghiaccio ice

I formaggi (Cheeses)

il gorgonzola, il parmigiano
(*Parmesan cheese*), **il pecorino**
(*sheep milk cheese*)

Il dessert

Il dolce: il gelato (al cioccolato, alla fragola [*strawberry*]**, al limone** [*lemon*]**), le paste** (*pastries*)**, il tiramisù, la torta al cioccolato** (*chocolate cake*)**, la torta di mele** (*apple tart*)

La frutta: l'arancia, la banana, la macedonia di frutta (*mixed marinated fruit*)**, la mela** (*apple*)**, la pera** (*pear*)**, la pesca** (*peach*)**, l'uva** (*grapes*)

Applicazione

A. Abbinamenti (Matching). Match the definitions/phrases on the left column with the words on the right.

1. il pasto del mattino:	**a.** antipasto
2. un primo piatto a base di patate:	**b.** la birra
3. una verdura che non piace ai bambini:	**c.** i cannelloni
4. il pasto della sera:	**d.** la colazione
5. una cena elegante incomincia con l'…	**e.** il gelato
6. un dessert cremoso e freddo:	**f.** gli spinaci
7. un frutto che si accompagna al prosciutto:	**g.** la cena
8. una bevanda alcolica:	**h.** panino
9. un… al prosciutto e formaggio	**i.** gli gnocchi
10. un primo piatto di pasta:	**j.** il melone

B. L'intruso. Read the words listed, decide which one does not belong with the others, and explain why.

Esempio   i broccoli   gli spinaci   le scaloppine   le zucchine
Le scaloppine, perché sono un secondo, non un contorno.

1. il caffè	lo spumante	il pane	il succo di frutta
2. i peperoni	le fragole	i piselli	le carote
3. la bistecca	il risotto	la minestra	le lasagne
4. il tiramisù	il gelato	la torta di mele	il burro
5. le pesche	le melanzane	l'uva	le arance

C. Mi piace. Non mi piace. Take turns with a partner asking if he/she likes the following foods. He/She will respond:

Mi piace or **Non mi piace** (+ *singular noun*)**…, Mi piacciono** or **Non mi piacciono** (+ *plural noun*)**…**

Esempi   il gelato   i broccoli
— *Ti piace il gelato?*   — *Ti piacciono i broccoli?*
— *Sì, mi piace.* o *No,*   — *Sì, mi piacciono.* o *No, non mi*
non mi piace.   *piacciono.*

1. i gamberetti 2. la bistecca ai ferri 3. gli hamburger 4. la torta di mele
5. il succo di pompelmo 6. i piselli 7. le zucchine

D. A tavola. With a partner, take turns asking and answering the following questions.

1. Quanti e quali sono i pasti del giorno?
2. Che cosa mangiano e bevono gli Italiani la mattina?
3. Al ristorante, che cosa porta in tavola il cameriere come prima cosa *(first thing)*?
4. Gli spaghetti sono un primo o un secondo piatto?
5. Che cosa prendiamo come contorno?
6. Se abbiamo ancora *(still)* fame dopo il secondo, che cosa ordiniamo?
7. Che cosa porta il cameriere alla fine *(at the end)* del pranzo?

E. Cena al ristorante. Lisa and Francesco are in a restaurant, ready to order. The waiter brings the menus and takes their orders. In groups of three, play their parts and complete the dialogue.

CAMERIERE   Buona sera, signorina. Buona sera, signore. Ecco il menù.

LISA   _____

FRANCESCO   _____

CAMERIERE   Ecco la lista dei vini. Porto una bottiglia di acqua mineral? Come la preferiscono, frizzante o naturale?

FRANCESCO   _____

LISA   Per me un bicchiere di vino bianco, per favore.

CAMERIERE   Desiderano un antipasto?

LISA   Sì, io vorrei *(I would like)* _____.

CAMERIERE   Benissimo. E Lei, signore?

FRANCESCO   _____

CAMERIERE   Come primo cosa desiderano?

LISA   _____

FRANCESCO   _____

CAMERIERE   Come secondo abbiamo del branzino, molto buono, con contorno di spinaci al burro.

LISA   _____, e tu Francesco?

FRANCESCO   Io preferisco _____.

CAMERIERE   Questa sera c'è la panna cotta.

LISA   Per me una porzione piccola, per favore.

FRANCESCO   Per me _____.

Finita la cena, Francesco chiede il conto.

FRANCESCO   Cameriere, _____

CAMERIERE   _____

Quantità	Natura e qualità dei servizi		CORRISPETTIVO IVA INCLUSA
2	Coperto	L.	6,00
1	Vino	»	30,00
1	Acqua minerale	»	3,00
2	Antipasti	»	12,00
2	Minestre	»	20,00
2	Secondi Piatti	»	28,00
1	Contorni	»	5,00
	Formaggi	»	
	Frutta	»	
2	Dessert	»	10,00
2	Caffé	»	3,00
		»	

CONTEGGIO			TOTALE (IVA compresa)	117,00
IVA %				
IMPONIBILE			Servizio	
IMPOSTA			TOTALE	

Al bar

Il bar in Italia è differente dal bar negli Stati Uniti. È una combinazione di caffè, tavola calda e cocktail bar dove si servono bevande alcoliche. È un ambiente luminoso *(well lit)*, frequentato da adulti e bambini. In un bar è possibile ordinare qualcosa *(something)* da mangiare o da bere a tutte le ore del giorno.

Quando un cliente entra al bar, prima paga alla cassa *(cashier)* e riceve uno scontrino *(a receipt)*. Con lo scontrino chiede al banco *(counter)* quello che desidera, per esempio un caffè, una brioche, un aperitivo.

In un bar è possibile comprare anche i biglietti dell'autobus e le carte telefoniche.

Digital Vision Ltd./SuperStock

F. Adesso parliamo! Le tue abitudini. In pairs, ask each other the following questions.

1. Dove fai colazione? Che cosa mangi e bevi *(drink)* a colazione?
2. Di solito hai molto tempo per il pranzo? Dove pranzi? Con chi? Che cosa mangi a pranzo?
3. Che cosa ti piace mangiare a cena?
4. Che cosa ordini in un ristorante italiano?
5. Al ristorante ordini spesso *(often)* un dessert? Quale?
6. Sei vegetariano(a)? Compri molti prodotti biologici *(organic)*?
7. Che cosa non mangi se *(if)* sei a dieta?

Ascoltiamo!

Una colazione CD1-20

Mr Wilson is staying at an elegant hotel in Florence. After admiring the view of the city from his window, he has come down to have breakfast. Listen to his conversation with the waitress who takes his order; then answer the following questions.

Comprensione

1. Dov'è il signor Wilson?
2. Per che cosa è pronto?
3. Sono freddi i panini e le brioche? Perché?
4. Che cosa desidera mangiare il signor Wilson?
5. Che succo di frutta ordina? Ordina anche caffè e latte?
6. Di che frutta sono le marmellate sul tavolo?
7. È contento il signor Wilson? Perché?

Dialogo

Colazione in albergo. In groups of three, play the roles of two customers and a waiter/waitress. It's 8 A.M. and you are ordering breakfast at your hotel.

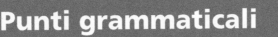

Punti grammaticali

4.1 Verbi regolari in *-ere* e *-ire*: il presente

Giovanna scrive al computer.
Il papà legge il giornale.
Il gatto dorme.

scrivere *(to write)*					dormire *(to sleep)*				
io	scriv **o**	noi	scriv **iamo**		io	dorm **o**	noi	dorm **iamo**
tu	scriv **i**	voi	scriv **ete**		tu	dorm **i**	voi	dorm **ite**
lei/lui/Lei	scriv **e**	loro	scriv **ono**		lui/lei/Lei	dorm **e**	loro	dọrm **ono**

1. Verbs ending in **-ere** (second conjugation) and verbs ending in **-ire** (third conjugation) differ only in the ending of the **voi** form: **scrivete, dormite.**
   Both **-ere** and **-ire** verbs differ from **-are** verbs in the endings of the **lui, voi,** and **loro** forms:

   parlare → parla, parlate, parlano.

   Scrivo una lettera a Gino. $\begin{cases} \textit{I write a letter to Gino.} \\ \textit{I am writing a letter to Gino.} \\ \textit{I do write a letter to Gino.} \end{cases}$

   Dormi in classe? $\begin{cases} \textit{Do you sleep in class?} \\ \textit{Are you sleeping in class?} \end{cases}$

2. Some common verbs ending in **-ere** are:

chiedere	*to ask*	ricevere	*to receive*
chiudere	*to close*	ripetere	*to repeat*
credere	*to believe*	**rispondere (a)**	*to answer*
leggere	*to read*	scrivere	*to write*
mettere	*to put*	vedere	*to see*
perdere	*to lose; to miss (the bus, etc.)*	vivere	*to live*
prendere	*to take*		

   Ricevete molte telefonate?
   Oggi **prendo** l'autobus.
   Gli studenti non **rispondono** alla domanda.

   Do you receive many phone calls?
   Today I'm taking the bus.
   The students don't answer the question.

3. Some common verbs ending in **-ire** are:

aprire	*to open*	**seguire**	*to follow; to take a course*
dormire	*to sleep*	**sentire**	*to hear*
offrire	*to offer*	**servire**	*to serve*
partire (da)	*to leave (a place)*		
partire (per)	*to leave for (a place)*		

   Quanti corsi **segui?**
   Dorme soltanto cinque ore.
   Sentite il telefono?
   Parto da Roma in treno.
   Parto per l'Italia domani.

   How many courses are you taking?
   He sleeps only five hours.
   Do you hear the phone?
   I leave Rome by train.
   I leave for Italy tomorrow.

(handwritten notes:) I order ordino / che cosa ordini per ___ / to drink da bere al ristorante

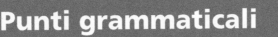

Nota linguistica

The verbs prendere and portare

Prendere translates as:

a. to take: *Prendiamo il treno.*

b. to pick up someone or something at a place: *Vado a prendere un amico all'aeroporto.*

c. to have something to eat or drink: *Che cosa prendi? Prendo un caffè.*

Portare translates as:

a. to carry: *Porto due valigie* (suitcases).

b. to take (accompany) someone to a place: *Porto i bambini a scuola.*

c. to bring: *Porto una torta alla festa.*

d. to wear: *Gabriella porta sempre vestiti* (clothes) *eleganti.*

The sentence "I'm driving a friend to the airport" translates as: *Porto/Accompagno un amico all'aeroporto in macchina.*

Verifica. Complete the sentences with the correct form of *prendere* or *portare*.

1. A Milano (noi) _____ la metropolitana, ma a Firenze _____ l'autobus.

2. I giovani italiani _____ spesso *(often)* i jeans.

3. A colazione (tu) _____ un cappuccino?

4. Oggi (io) _____ un amico alla stazione in macchina.

Pratica

A. Trasformazioni. Replace the subjects of each sentence with those in parentheses and change the verb forms accordingly.

1. Chiedo un favore agli amici. (noi / tu e Antonio / il ragazzo)

2. Quando hai caldo, apri la finestra. (io / i compagni / Renzo ed io)

3. La signora Sorrenti offre un aperitivo agli ospiti *(guests)*. (noi / io / i signori Rossi)

4. Chiudiamo il libro perché non abbiamo voglia di studiare. (tu / gli studenti / tu e i compagni)

B. Che cosa fanno? What are the following people doing? With a partner, take turns asking and answering the questions with the correct forms of the verbs in parentheses.

1. (tu / chiedere) _____ dei soldi al papà o alla mamma quando hai bisogno di soldi?

2. Gli studenti d'italiano (seguire) _____ attentamente le spiegazioni del professore?

3. Il professore/La professoressa d'italiano (perdere) _____ spesso *(often)* la pazienza?

4. Cosa (vedere) _____ i compagni dalla finestra?

5. Cosa (tu / offrire) da bere _____ quando inviti gli amici?

6. (tu / rispondere) _____ immediatamente quando (tu / ricevere) _____ un sms *(text message)*? [sms = esse emme esse]

7. Quanti corsi (tu / seguire) _____ questo trimestre?

C. Le attività dei compagni. In groups of three or four, take turns asking and answering questions according to the example. When finished, be ready to share your finding with the class.

Esempio   leggere una rivista (*magazine*)

1. ricevere molte e-mail
2. scrivere sms durante le lezioni
3. credere all'oroscopo
4. prendere il caffè senza (*without*) zucchero
5. seguire quattro corsi questo (*this*) trimestre / semestre
6. dormire almeno (*at least*) sette ore ogni notte
7. perdere spesso le chiavi (*keys*)

Tu: John, leggi una rivista?
JOHN: No, non leggo riviste.
     o
JOHN: Sì, leggo la rivista *Newsweek*.
Tu: John legge una rivista, *Newsweek*.

D. Adesso parliamo! Al ristorante. In groups of three or four students, imagine that you are at the restaurant *Le quattro stagioni*. One student plays the role of the waiter/waitress and brings the menus. The other students order a meal Italian style: antipasto, first course, second course, etc.

Vocabolario utile: salumi *cold cuts;* frutti di mare *seafood;* costolette d'agnello *lamb chops*

Nota: I ristoranti e le trattorie aprono a mezzogiorno (*at noon*) per il pranzo, chiudono nel pomeriggio (*afternoon*) e aprono di nuovo (*again*) per la cena verso (*at about*) le sette e mezzo di sera.

Le Quattro Stagioni
Menù

Antipasti

Bruschetta classica
Carpaccio
Prosciutto e melone
Salumi misti

Primi piatti

Gnocchi di patate al pomodoro e basilico
Spaghetti al tonno e olive
Tagliatelle con panna prosciutto e piselli
Linguine ai frutti di mare
Risotto alla Milanese
Minestrone di verdura

Secondi piatti

Filetto alla griglia
Costolette d'agnello
Branzino al vapore
Calamari fritti con polenta
Sogliola alla mugnaia
Scaloppine di vitello

Contorni

Insalata mista di stagione
Carciofi alla romana
Patate al forno
Spinaci alla parmigiana

Formaggi

Piatto misto di formaggi
Pecorino con pere e miele

Dolci della casa

Tiramisù
Panna cotta
Semifreddo al torroncino
Frutta fresca di stagione

Via Manzoni 5 Padova
Tel. 049 775243

Aperto da martedì a domenica, chiuso il lunedì.

4.2 Verbi in *-ire* con il suffisso *-isc-*

Many **-ire** verbs add **-isc-** between the stem and the endings of the **io, tu, lui,** and **loro** forms. In the vocabulary lists of this book and in some dictionaries, these verbs are indicated in this way: **finire (-isc-).**

finire* (*to finish*)	
fini**sc**o	fini**amo**
fini**sc**i	fin**ite**
fini**sc**e	fin**iscono**

Some common verbs that follow this pattern are:

capire	*to understand*	pulire	*to clean*
preferire	*to prefer*	restituire	*to give back*

Quando **finisci** di studiare?
Preferiamo un esame facile.
Pulisco la casa il sabato.

When do you finish studying?
We prefer an easy exam.
I clean the house on Saturdays.

— Preferisce con l'anestesia o senza?

---

*Finire takes **di** before an infinitive.

Pratica

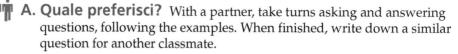 **A. Quale preferisci?** With a partner, take turns asking and answering questions, following the examples. When finished, write down a similar question for another classmate.

Esempio i cani o i gatti — *Preferisci i cani o i gatti?*
— *Preferisco i cani / i gatti, e tu?*
— *Anch'io preferisco… / Io invece (instead) preferisco…*

1. la carne o il pesce
2. il cibo italiano o il cibo messicano
3. il gelato al limone o al cioccolato
4. i cereali o le uova, a colazione
5. cenare a casa o al ristorante
6. mangiare una pizza o un hamburger con le patatine fritte
7. …

B. Progetti (Plans) per il weekend. Complete the dialogues between Gianni and Alberto using the correct form of **preferire**.

ALBERTO Gianni, cosa (tu) _____ fare *(to do)* durante il weekend?

GIANNI _____ giocare a calcio *(soccer)* o andare in palestra *(go to the gym)*. E tu e il tuo compagno di stanza, cosa _____?

ALBERTO Noi _____ andare in montagna con la mountain bike. Anna e Laura invece _____ vedere un film al cinema. E Antonella?

GIANNI _____ incontrare gli amici in centro e cenare in pizzeria.

C. È sabato! Paolo, Toni, and Giulia are talking about their plans for the day. Complete their conversation with the correct form of the verbs: **finire, capire, restituire, preferire,** and **pulire.**

PAOLO Ragazzi, che bella giornata *(day)*. Cosa _____ fare *(to do)* (voi) oggi?

TONI Io _____ andare al mare *(go to the beach)*, però prima *(first)* ho bisogno di studiare perché non _____ bene il compito di chimica. E tu, Giulia?

GIULIA Questa mattina devo *(must)* _____ un libro in biblioteca e poi la mia compagna di stanza ed io abbiamo bisogno di _____ l'appartamento.

PAOLO Toni, se tu _____ di studiare presto *(early)*, io prendo la macchina e andiamo *(we'll go)* tutti al mare.

GIULIA D'accordo. Ci vediamo a mezzogiorno. Cosa _____ portare (voi)?

TONI _____ portare le bevande, e tu?

GIULIA Allora *(Then)* io porto dei panini al prosciutto e della frutta.

PAOLO Perfetto! A presto.

ṪṪ D. Adesso parliamo! Una festa di compleanno. Student 1 calls Student 2 on the phone and invites him/her to the birthday party of (*choose the name of a student in the class*).

Student 1 begins the phone call with:

— **Pronto? Sono… Come stai? … Organizzo una festa per il compleanno di… e vorrei invitarti.**

Student 2 asks when and where the party is and is willing to bring something to eat and drink.

— **Vorrei portare…**

Sapete che…

I cibi etnici

Con il recente fenomeno dell'immigrazione, i cibi (*foods*) etnici sono arrivati sulla tavola degli Italiani e la loro popolarità è in costante aumento (*is steadily growing*). In molte città ci sono diversi ristoranti cinesi e mediorientali (*Middle Eastern*) che offrono anche servizio di asporto (*take out*) o a domicilio (*delivery*).

Gli involtini primavera (*spring rolls*) e i dim sum, o i kebab e i falafel sono oggi piatti familiari a molti Italiani. Anche nei supermercati ci sono sezioni riservate a cibi provenienti (*coming*) da altre culture, come il sushi e i prodotti indiani, messicani e sudamericani. Il panorama alimentare italiano è diventato (*has become*) veramente cosmopolita.

Courtesy of the authors

4.3 Il partitivo (*some, any*); alcuni, qualche, un po' di

la torta

della torta

il formaggio

del formaggio

il pollo

del pollo

Lisa F. Young/www.shutterstock.com © Pete Saloutos/iStockphoto.com © Ursula Alter/iStockphoto.com © milanfoto/iStockphoto.com © Elena Gaak/istockphoto.com

1. The partitive (**partitivo**) is used to indicate a part of a whole or an undetermined quantity or number. In English, it is expressed by *some* or *any*. In Italian, it is expressed by the contraction of the preposition **di** and the definite article in all its forms (**del, dello, dell'; della, dell'; dei, degli; delle**).

Vorrei **dell'**acqua minerale.	*I would like some mineral water.*
Abbiamo **del** vino francese.	*We have some French wine.*
Ho **degli** amici simpatici.	*I have some nice friends.*

NOTE

a. The plural forms of the partitive may be thought of as plural forms of the indefinite article **un, uno, una.**

Ho **un** amico a Roma e **degli** amici a Napoli.	*I have a friend in Rome and some friends in Naples.*

b. The partitive is omitted in negative statements and is frequently omitted in interrogative sentences.

Comprate (**delle**) mele?	*Are you buying (some) apples?*
No, non compriamo frutta, compriamo **del** gelato.	*No, we are not buying (any) fruit, we're buying (some) ice cream.*

Punti grammaticali **107**

2. **Alcuni, qualche,** and **un po' di** are other forms that translate as *some*. The adjective **alcuni (alcune)** is *always followed by a plural noun*. The adjective **qualche** is invariable and is *always followed by a singular noun*. Both may replace the partitive when *some* means *a few*.

Invitiamo	**alcuni** amici. **qualche** amico. **degli** amici.	*We invite some (a few) friends.*
Pio porta	**alcune** bottiglie. **qualche** bottiglia. **delle** bottiglie.	*Pio brings some (a few) bottles.*

NOTE: With nouns that designate substances that can be measured but not counted, such as **pane, latte, carne, caffè, minestra,** etc., the partitive article **del, della, dello** cannot be replaced by **qualche** or **alcuni.**

3. **Un po' di (Un poco di)** may replace the partitive only when *some* means *a little, a bit of.*

Desidero	**un po' di latte.** **del** latte.	*I would like some milk.*
Mangio	**un po' di pollo.** **del** pollo.	*I eat some chicken.*

— Hai fame? Ci sono delle paste. C'è anche un po' di torta.

© Cengage Learning

Pratica

A. Che cosa preferisci? You and your classmate are at the supermarket. In pairs, take turns asking each other questions about what you prefer to purchase.

Esempio   acqua minerale / Coca-Cola
— *Preferisci dell'acqua minerale o della Coca-Cola?*
— *Preferisco dell'acqua minerale.*

1. gelato / torta **2.** spinaci / zucchine **3.** tè / caffè **4.** spaghetti / linguine **5.** vino / birra **6.** pollo / pesce **7.** insalata verde / pomodori **8.** biscotti / paste

B. I generi alimentari*. Three friends are at the supermarket and are buying three things each. Play their roles and tell what they are buying, looking at the pictures and using the **partitivo.**

Esempio   *Io compro delle banane, del pane, dell'olio.*

Courtesy of the authors

***Nota:** the word for *food* is **cibo,** but the expression **generi alimentari** is used to mean *groceries*. A *grocery store* is **un negozio di generi alimentari.**

C. Che cosa compri?

In pairs, take turns asking each other questions about what you are buying. Follow the example and use **qualche** and the singular noun in your replies.

Esempio   patate
— *Compri delle patate?*
— *Sì, compro qualche patata.*

1. panini
2. bistecche
3. mele

4. biscotti
5. bottiglie di acqua minerale
6. scatole (*boxes*) di spaghetti

D. Hai fame? Vorresti... ?

You and your friend are thinking about dinner. In pairs, take turns asking and answering questions, following the example.

Esempio   pane
— *Vorresti del pane?*
— *Sì, vorrei un po' di pane.*

1. formaggio Bel Paese
2. insalata di pomodori
3. pollo ai ferri
4. spinaci al burro

5. pesce fritto
6. macedonia di frutta
7. minestra di verdure

E. Adesso parliamo! Un picnic al parco.

You and your friends are organizing a picnic at the park. Take turns telling what you are bringing using the **partitivo.** Look at the items suggested, but feel free to be creative. You will also need to bring the drinks of your choice and plastic cups and dishes (**bicchieri e piatti di plastica**).

Esempio
— Che cosa porti al picnic?
— Io porto della frutta e delle lattine (*cans*) di Coca-Cola, e tu?
— Io porto delle paste e dei tovaglioli (*napkins*) di carta.

Courtesy of the authors

4.4 *Molto, tanto, troppo, poco, tutto, ogni*

1. The following adjectives express quantity:

molto, molta; molti, molte	*much, a lot of; many*
tanto, tanta; tanti, tante	*much, so much; so many*
troppo, troppa; troppi, troppe	*too much; too many*
poco, poca; pochi, poche	*little; few*

Lavorate **molte** ore?
Pensiamo a **tante** cose.
I bambini mangiano **troppo** gelato.
Lui invita **pochi** amici.

Do you work many hours?
We are thinking about (so) many things.
Children eat too much ice cream.

He invites few friends.

— Hai molta fame?
— Sì, ma ho pochi soldi.

© Cengage Learning

2. When **molto, tanto, troppo,** and **poco** modify an adjective or a verb, they are *adverbs* (**avverbi**). As adverbs, they are invariable.

L'Italia è **molto** bella.	*Italy is very beautiful.*
Gli studenti sono **tanto** bravi!	*The students are so good!*
Tu parli **troppo.**	*You talk too much.*

3. When the adjective **tutto** is used in the singular, **tutto, tutta,** it means *the whole;* when it is used in the plural, **tutti, tutte,** it means *all, every.* The adjective **tutto** is followed by the definite article.

Studi **tutto il** giorno?	*Are you studying the whole day?*
Tutti i ragazzi sono là.	*All the boys are there.*
Studio **tutti i** giorni.	*I study every day.*

4. Ogni *(Each, Every)* is an *invariable* adjective. It is *always* followed by a singular noun.

Lavoriamo **ogni** giorno.	*We work every day.*
Ogni settimana gioco a tennis.	*Every week I play tennis.*

NOTE: Tutto and **ogni** are often used interchangeably.

tutti i giorni ⎫
ogni giorno ⎬ *every day*

Tanto and **molto** can also be used interchangeably: **Ho molti amici** or **Ho tanti amici.** However, to express *so much!* or *that much!* **tanto** is used instead of **molto.**

Costa così **tanto!**	*It costs so much!*

Pratica

A. Quanto? Complete the sentences with the correct forms of the adjectives in parentheses.

1. (troppo) Tu mangi _____ lasagne.
2. (molto) Comprano _____ birra.
3. (tutto) Guardiamo _____ i regali *(gifts).*
4. (tutto) _____ le ragazze parlano inglese.
5. (poco) Ci sono _____ camerieri.
6. (tutto) Nino suona la chitarra _____ il giorno.
7. (poco) Desidero _____ cose.

B. La piramide alimentare. With a partner, look at the food pyramid and decide what you would eat using the correct forms of the adjectives **molto** and **poco** in each of the following circumstances.

Esempio — Hai bisogno di vitamine.
— *Mangio molta frutta e pochi dolci.*

1. Sei a dieta.
2. Sabato prossimo corri *(you are running)* una maratona.
3. Hai bisogno di calcio *(calcium).*
4. Hai bisogno di proteine.

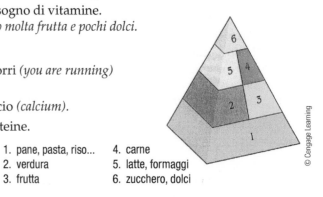

1. pane, pasta, riso...	4. carne
2. verdura	5. latte, formaggi
3. frutta	6. zucchero, dolci

© Cengage Learning

C. Scambi rapidi. With a partner, complete the dialogues using **molto** as an adverb or as an adjective according to the context. When used as an adjective, make the appropriate agreement.

1. Fra compagni: — Scrivi _____ cartoline (*postcards*) agli amici quando sei in viaggio (*on a trip*)?

— Affatto (*Not at all*), perché non mi piace _____ scrivere.

2. Fra amiche: — Paola, oggi sembri (*you seem*) _____ preoccupata (*worried*). Perché?

— Cara mia, ho _____ carte di credito, ma ho anche tanti debiti (*debts*).

3. Fra colleghi: — Come mai (*How come*) dormi in ufficio? Non dormi _____ di solito la notte?

— No, dormo poche ore la notte, e di giorno ho _____ sonno.

D. Tutti(e) – Ogni. In pairs, take turns asking each other questions about your daily activities. Follow the example.

Esempio studiare / sere
— *Studi tutte le sere?*
— *Sì, studio ogni sera. O No, non studio ogni sera.*

1. preparare la colazione / mattine
2. mangiare a casa / giorni
3. guardare la televisione / sere
4. finire / esercizi

E. Adesso parliamo! Dal salumiere (*At the deli*). In pairs, first read the dialogue and then role play a similar conversation. You can select the items listed on the side of the photo or choose your own.

Courtesy of the authors

Dal salumiere in Italia si comprano molti generi alimentari come, per esempio: prosciutto, salame, salsicce, molti tipi di formaggio (parmigiano, ricotta, mozzarella, gorgonzola, fontina), uova, burro, olive, funghi sott'olio (*in oil*), acciughe (*anchovies*), eccetera.

— Buon giorno. Mi dica!
— Del grana padano, per favore.
— Mezzo chilo (*half a kilogram*)?
— No, è troppo! Tre etti. E anche due etti di gorgonzola.
— Ha bisogno d'altro?
— Sì, del prosciutto di Parma tagliato fine (*sliced thin*), alcune uova, un po' di burro e delle olive verdi. Le uova sono fresche?
— Sì, molto fresche. Sono di ieri mattina. Basta così (*Anything else*)?
— Sì, grazie. Quanto fa (*How much is it*)?
— 35 euro e 50 centesimi.
— Va bene, ecco a Lei, arrivederci.
— ArrivederLa e grazie!

un chilo = 2.2 lbs
un etto = .1 kilogram

F. Conversazione. In pairs, ask each other the following questions.

1. Quali verdure ti piacciono e quali non ti piacciono?
2. Mangi molta frutta? Quale preferisci?
3. Ti piacciono i dolci? Preferisci il tiramisù o la torta al cioccolato?
4. Quale tipo di cibo preferisci (italiano, messicano, cinese…)? Hai un ristorante preferito (*favorite*)? Dov'è e com'è? Che specialità hanno?

Ventun rose rosse per Gabriella

Courtesy of the authors

Una festa di compleanno 🔊 CD1-21

Domani Gabriella **compie** ventun anni. Lucia organizza una festa e invita Filippo, il ragazzo di Gabriella, e tutti gli altri amici.

turns

LUCIA Marcello, tu **che** hai sempre **un sacco di soldi,** che cosa porti?

who / a lot of money

MARCELLO **Macché** un sacco di soldi! Se aspetto i soldi di papà… Io compro alcune bottiglie di spumante Asti. E porto Liliana e Antonio con me.

No way

LUCIA E loro, cosa portano?

MARCELLO Liliana ha intenzione di portare dei panini al prosciutto perché non ama cucinare. Antonio, sempre **al verde,** porta Fido e la chitarra.

broke

LUCIA Filippo, che cosa porti tu?

FILIPPO Del vino rosso e una torta Motta*. Va bene?

MARCELLO Molto bene. Con ventun **candeline,** vero? E tu, Lucia, che sei una **cuoca** molto brava, che cosa prepari?

small candles
cook

LUCIA Vorrei preparare un arrosto con delle patate fritte.

MARCELLO Perché non offriamo un regalo **insieme?** Qualche CD, per esempio, **dato che** a Gabriella piace la musica.

together
since

LUCIA D'accordo. E tu, Filippo, **che cosa regali?** Che cos'è? Siamo curiosi.

what present are you bringing?

FILIPPO Ho due **biglietti** per l'opera, ma **silenzio,** per piacere. È una sorpresa! Ho anche il **biglietto di auguri.** Perché non scrivete qualche parola anche voi?

tickets / silence
birthday card

La sera della festa tutti gli amici sono a casa di Lucia e aspettano Gabriella e Filippo. Quando i due aprono la porta gli amici **augurano:** «Buon compleanno, Gabriella!»

wish her

A. Alla lettura. After you have read the dialogue, with a partner, underline the forms of the partitive.

B. Comprensione

1. Perché organizza una festa Lucia? **2.** Chi invita Lucia? **3.** Chi è Filippo? **4.** Che cosa porta Marcello? E Antonio? **5.** Con chi arriva alla festa Marcello? **6.** Perché Liliana porta dei panini? **7.** Che cosa porta Filippo? **8.** Quante candeline ci sono sulla torta? **9.** Che piatto prepara Lucia? **10.** Che cosa regala Filippo? Perché? **11.** Che cosa augurano tutti gli amici quando Gabriella e Filippo aprono la porta?

_____
*A popular brand of pastries and cakes.

C. Conversazione

1. Che regalo desideri per il tuo (*your*) compleanno?
2. Di solito, dove festeggi (*do you celebrate*) il tuo compleanno? Che cosa desideri mangiare in questo (*this*) giorno?
3. Organizzi molte o poche feste per gli amici?
4. Che cosa portano gli amici?
5. Dimentichi il compleanno di un amico/un'amica o compri sempre un regalo?

Nota linguistica

The verbs *desiderare* and *augurare*

Desiderare is used to express what we would like to happen.

a. Desidero fare una crociera (*a cruise*).
b. Desidero trovare un buon lavoro.
c. Desideriamo che le vacanze arrivino (*arrive*) presto.

Augurare is used to wish something to someone.

a. Auguro buon viaggio ai miei amici.
b. Auguriamo tanta felicità (*happiness*) agli sposi (*newlyweds*).

Verifica. Complete the sentences with the correct form of **desiderare** or **augurare**.

1. I bambini _____ un cane.
2. Gli amici _____ buona fortuna (*good luck*) a Riccardo perché oggi ha un esame.
3. — Che cosa _____ (tu) per il tuo compleanno?
   — _____ un computer nuovo.
4. Antonio ha un nuovo posto di lavoro (*job*). (Noi) _____ molto successo (*success*) ad Antonio!

Adesso scriviamo!

Il compleanno di un amico/un'amica

Strategy: Structuring a good paragraph

A good paragraph begins with a clear and relevant topic sentence. This alerts the reader to the subject of your paragraph and allows you to develop the key idea it introduces in subsequent sentences. In this task, you will make and describe plans for a birthday celebration for one of your friends at your place.

A. To begin to organize your thoughts, make notes in response to the following questions.

1. Chi compie gli anni?
2. Che giorno della settimana è la festa?
3. Quante persone inviti? Chi sono?
4. Che cosa pensi di servire?
5. Che cosa portano gli altri invitati (*guests*)?
6. Che cosa regali al festeggiato/alla festeggiata (*the guest of honor*)?

B. Now, on the basis of your notes, write a paragraph describing your plans for the birthday celebration, based on the strategy noted above.

C. Make sure that you have spelled all words correctly in your completed paragraph and double-check subject-verb agreement and noun-adjective agreement.

Dove andiamo a mangiare?

A. Following are descriptions of different types of restaurants that are common in Italy. As you read, try to determine what the main characteristics of each type of restaurant are and to make comparisons. Consider, for example, how formal or informal each type of restaurant is, and what kind of food each serves.

Al ristorante

place Un ristorante è un **locale** elegante, dove gli Italiani ordinano un pasto completo: un primo piatto, un secondo piatto con uno o due contorni, della frutta, del dolce e un caffè.

Verona, un ristorante all'aperto

In trattoria

Questo è un locale dove lavora tutta la famiglia. Gli Italiani vanno in una trattoria per mangiare i piatti tipici della regione. Non è necessario ordinare un pranzo completo ma anche solo un primo piatto o un secondo piatto e il dolce. L'atmosfera è **di solito meno** formale e i prezzi sono **inferiori a quelli** *usually less / lower than those* di un ristorante.

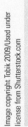

In pizzeria

Questo è un locale dove gli Italiani mangiano di solito solo la pizza. La pizza italiana è *thin* molto più **sottile** di quella americana ed *cooked / wood-burning stone oven* è **cucinata** in un **forno di pietra a legna.** L'atmosfera è molto informale e gli Italiani, di solito, bevono una Coca-Cola o una birra quando mangiano la pizza.

Alla tavola calda

Questo è un locale dove gli Italiani vanno quando hanno fretta. C'è molta **varietà di cibi** che sono **già pronti** e i clienti **scelgono** i piatti che preferiscono, **vanno** alla **cassa** a pagare e poi vanno a sedersi a un tavolo.

Una tavola calda di solito si trova in centro, vicino alle banche e ad altri uffici.

choice of dishes / already prepared / choose / go / cash register

Courtesy of the authors

Oggi, pollo!

© Giuseppe Porzani/fotolia.com

Quale panino preferisci?

In paninoteca

Questo è un locale che serve una grande varietà di panini caldi o freddi, e anche pizzette o insalate. Gli Italiani, soprattutto i giovani, mangiano in una paninoteca quando hanno fretta o non hanno molti soldi. Vicino alle università ci sono molte paninoteche, dove gli studenti vanno durante **l'intervallo** del pranzo o **prima di** andare a casa, nel pomeriggio.

break

before

B. Dove andiamo a mangiare? On the basis of the information you have gathered, suggest where the following people are likely to go for a meal.

Esempio I signori Bianchi hanno tre bambini e non hanno molti soldi.
Mangiano in una trattoria.

1. Il signor Rossi pranza in centro a Milano con i colleghi della banca.
2. Giorgio e Alessandra sono studenti universitari e le lezioni sono finite.
3. I signori Moretti festeggiano l'anniversario di matrimonio (*wedding anniversary*).
4. Marco e Alessia hanno voglia di un piatto tipico e di un buon dolce.
5. È domenica sera, Paolo incontra gli amici per andare al cinema, ma prima mangiano qualcosa insieme.

A. Attività sul vocabolario. Watch the video segment *Piatti preferiti,* then complete the sentences with the following words.

cotoletta   gnocchi   lasagne   pasta (x2)
pesce   tagliatelle   tortellini   verdure

1. Il piatto preferito della prima intervistata è decisamente la _____.

2. Per il secondo intervistato, il piatto preferito è la _____.

3. A una intervistata piace molto la paella con il _____.

4. Un'intervistata dice che i piatti tipici di Bologna sono i _____. e anche le _____ e le _____.

5. L'ultima intervistata dice che preferisce la _____. al pomodoro, gli _____ e le _____.

B. Domande sul video

1. Quali sono le bevande che si menzionano *(are mentioned)* nel video?

2. Quali sono alcuni primi piatti preferiti dagli intervistati?

C. Attività sulla grammatica

a. Complete each sentence with the correct form of one of the following verbs: **finire, preferire, servire.**

1. In generale gli Italiani _____ i piatti a base di pasta.

2. Marco _____ il pranzo con un buon caffè.

3. Il cameriere _____ un liquore che si chiama «ammazzacaffè».

b. Complete the following sentences with the correct form of the **partitivo.**

1. Durante il pasto gli Italiani bevono _____ vino e _____ acqua minerale.

2. Il secondo piatto si serve *(is served)* con _____ verdure cotte o crude *(cooked or raw).*

3. Il pranzo comincia con _____ antipasti misti.

4. A Bologna mangiamo _____ tortellini fatti in casa *(home made).*

D. Partecipazione. In group of three, talk about the following topics.

• Come festeggiate il compleanno? (in casa o al ristorante? con la famiglia o con gli amici?)

• Immaginate di essere con Marco in un ristorante a Roma. Ordinate un pasto completo.

antipasto _____   contorni _____

primo piatto _____   dolci _____

secondo piatto _____   bevanda _____

Vocabolario 🔊

Nomi

il bicchiere	glass
la bottiglia	bottle
la candelina	little candle
il cibo	food
il compleanno	birthday
la cucina	kitchen; cooking, cuisine
il cuoco/la cuoca	cook
i generi alimentari	groceries
il piatto	dish, course
il regalo	gift, present
i soldi	money
la sorpresa	surprise
la spiegazione	explanation
la tazza	cup
lo zucchero	sugar

Aggettivi

alcuni(e)	some, a few
ogni *(inv.)*	each, every
poco *(pl.* pochi)	little; few
qualche *(sing.)*	some
quanto, a, i, e	how much , how many
squisito	delicious
tanto	much, so much
troppo	too much
tutto	the whole; all, every
vegetariano	vegetarian
biologico	organic

Verbi

amare	to love
aprire	to open
arrivare	to arrive
augurare	to wish (somebody)
bere	to drink
capire (-isc)	to understand
chiedere	to ask
chiudere	to close
compiere... anni	to have a birthday
credere	to believe
cucinare	to cook
dimenticare	to forget
dormire	to sleep
festeggiare	to celebrate
finire (-isc)	to finish
invitare	to invite
leggere	to read
mandare	to send
offrire	to offer
ordinare	to order
organizzare	to organize
pagare	to pay
partire (da)	to leave (a place)
perdere	to lose
portare	to bring, to carry; to wear
preferire (-isc)	to prefer
prendere	to take, to catch
preparare	to prepare
pulire (-isc)	to clean
regalare	to give a present
ricevere	to receive
ripetere	to repeat
rispondere	to answer
restituire (-isc)	to give back
scrivere	to write
seguire	to follow
sentire	to hear
servire	to serve
vedere	to see
vivere	to live

Altre espressioni

d'accordo	OK, agreed
di solito	usually, generally
essere a dieta	to be on a diet
Ti piace (piacciono)... ?	Do you like . . . ? *(informal)*
Mi piace (piacciono)...	I like . . .
un po' di (un poco di)	some, a bit of
un sacco di	a lot of
Quanto? *(adverb, inv.)*	How much?
se	if
senza	without
solo *(inv.)*	only
volentieri	with pleasure
vorrei	I would like

1. L'anniversario di matrimonio (Wedding anniversary).
Giovanni's parents are deciding on the menu for their wedding anniversary.
Put each dish that they are considering in the right category.

fragole alla panna	arrosto di vitello	bruschetta al pomodoro
carpaccio di branzino	gnocchi alla romana	insalata mista
risotto ai funghi	spumante	sogliola ai ferri
spinaci al burro	acqua minerale	torta al cioccolato

Bevande: _____   _____

Antipasti: _____   _____

Primi piatti: _____   _____

Secondi piatti: _____   _____

Contorni: _____   _____

Dessert: _____   _____

2. Una macedonia di frutta. You need to buy different types of fruit
to make a **macedonia.** Look at the images below and make a list of the fruit
you need using the **partitivo.**

1. _____

2. _____

3. _____

4. _____

5. _____

6. _____

3. Verbi in -ere e -ire. Complete each sentence with the correct form of one of the verbs on the list. Use each verb once.

aprire   chiudere   finire   leggere   perdere
preferire   prendere   rispondere   scrivere   servire

1. I giovani __scrive__ molti sms agli amici.
2. —Che cosa __prende__ (tu)?
   —Un cappuccino e una brioche.
3. (noi) __respondiamos__ sempre in italiano alle domande del professore/della professoressa.
4. (voi) __aprite__ le finestre perché avete caldo.
5. Dopo cena Antonella ~~prese~~ __legge__ un libro, non guarda la televisione.
6. Alla fine del pranzo i camerieri __servono__ il caffè.
7. Quando c'è traffico Giorgio arriva alla stazione tardi (late) e __perde__ il treno.
8. In Italia i ristoranti __chiudono__ nel pomeriggio (afternoon).
9. Roberto __prefere__ sempre tutti i compiti prima di cena.
10. (tu) __finici__ il tè o il caffè?

4. Molto. Complete each sentence using **molto** as an adjective or an adverb, according to the context.

1. Donatella ha __molti__ compiti per domani.
2. Gli esami d'italiano sono __molto__ difficili?
3. Riccardo parla lo spagnolo __molto__ bene.
4. Compriamo __molta__ frutta.
5. Ci sono __molte__ macchine in centro?
6. Rita è __molto__ magra perché non mangia ~~~~ __molte__
7. Maria e Bruna sono due ragazze __molto__ intelligenti.

5. Ogni e tutti/tutte. Rewrite each sentence using the alternative expression, according to the example.

Esempio   Ceniamo al ristorante ogni settimana.
   Ceniamo al ristorante tutte le settimane.

1. Studiamo ogni giorno. __tutte i giorne__
2. I ragazzi hanno lezione tutte le mattine. __ogni mattina__
3. Guardi la televisione ogni sera? __tutte le sere__
4. Finisci tutti gli esercizi in classe? __ogni esercio.__
5. Frequentate ogni lezione. __tutti le lezioni__

Tempi moderni

Communicative goals

Making and receiving phone calls
Talking about computer technology and the Internet
Discussing activities in one's calendar

Le regioni d'Italia | Il Veneto

Studio di parole | Il telefono e il computer

Punti grammaticali

5.1 Verbi irregolari in **-are**
5.2 I giorni della settimana
5.3 **Quanto?** e i numeri cardinali
5.4 I mesi e la data

Vedute d'Italia | Dialetti, accenti e pronuncia

Attività video | *Gli Italiani e il telefonino*

Ripasso

Toby Burrows/Digital Vision/Thinkstock

◄ Una conversazione interessante – Il giovane signore
che parla al telefonino attira molti sguardi *(looks)*.

🔊)) Audio

🌐 http//www.cengagebrain.com

▶ Video on DVD

iLrn™

Il Veneto

Il Veneto è una regione dell'Italia settentrionale che confina a nord con l'Austria. Ha una popolazione di circa cinque milioni di abitanti e il capoluogo è Venezia, la città più visitata d'Italia e nominata Patrimonio dell'umanità dall'Unesco. Nel passato *(In the past)* il Veneto era *(was)* una regione povera e molti dei suoi abitanti emigravano *(would emigrate)*. Oggi, grazie a *(thanks to)* un considerevole sviluppo *(development)* industriale e economico, il Veneto è una regione con un alto tenore di vita *(standard of living)*.

Le aree intorno a Verona, Vicenza e Vittorio Veneto sono le zone agricole e vinicole, mentre nella zona alpina è fiorente *(flourishes)* il turismo. Cortina d'Ampezzo ha ospitato *(hosted)* i giochi olimpici invernali nel 1956. Anche la zona del lago di Garda, il lago più grande d'Italia, è molto frequentata.

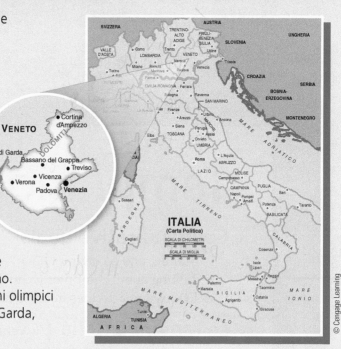

© Cengage Learning

Courtesy of the authors

▲ Venezia, la bellissima città sull'acqua, con i canali, i ponti *(bridges)*, le gondole e i palazzi pittoreschi – Venezia fu *(was)* costruita su una laguna per ragioni *(reasons)* strategiche. I primi abitanti trovarono *(found)* rifugio nella laguna per sfuggire *(to escape)* alle invasioni dei barbari *(barbarians)* nel V secolo d.C. In seguito *(later)*, Venezia diventò *(became)* una potente repubblica marinara.

Venezia è spesso inondata *(flooded)* a causa *(because of)* dell'alta marea *(tide)* in combinazione con l'azione dei venti *(winds)*. La città rischia *(is risking)* di affondare *(sink)* e gli studiosi cercano di trovare soluzioni per salvaguardare *(to safeguard)* il suo futuro.

Wild Arctic Pictures/Shutterstock.com

▲ Le Dolomiti – Le Tre Cime di Lavaredo, nelle Alpi orientali, si elevano ad un'altezza di 3 000 metri *(almost 10,000 feet)*. Le Dolomiti sono un luogo ideale di vacanza per turisti italiani e stranieri.

Timur Kulgarin/Shutterstock

L'isola di Murano, vicino a Venezia, è nota per la lavorazione del vetro: dalla bigiotteria *(custom jewelry)* ai vasi e ai lampadari *(chandeliers)*. La lavorazione del vetro ha una storia antichissima. Il vetro veneziano è esportato in tutto il mondo. Ogni pezzo *(piece)* è unico perché è fatto a mano *(hand made)*.

Claudio Giovanni Colombo/iStockphoto.com

▲ L'Università di Padova, fondata *(founded)* nell'anno 1222, è una delle più antiche università in Europa. Nel 1399 l'Università di Padova offriva corsi in astronomia, filosofia e medicina. Galileo Galilei fu uno degli studiosi di astronomia in questa università, che oggi è una delle più prestigiose in Italia.

Il baccalà alla vicentina è un piatto tipico del Veneto. Si prepara con lo stoccafisso *(dried cod)* e si serve con la polenta. ▼

fcarucci/Shutterstock.com

Thomas M Perkins/Shutterstock.com

Vicenza – Villa Almerico Capra, detta *(called)* «la Rotonda» è una delle opere *(works)* di Andrea Palladio, architetto del XVI secolo che influenzò l'architettura degli Stati Uniti (due esempi: la Casa Bianca e Monticello). ▶

Marisa parla al telefono con Gianna.

Courtesy of the authors

Pronto? Chi parla? 🔊 CD1-22

Gianna telefona all'amica Marisa. La mamma di Marisa, la signora Pini, risponde al telefono.

SIGNORA PINI Pronto?

GIANNA Buon giorno, signora. Sono Gianna. C'è Marisa, per favore?

SIGNORA PINI Sì, un momento, è qui.

MARISA Pronto? Ciao, Gianna!

GIANNA **Finalmente! Il tuo** telefono è sempre occupato! *Finally / Your*

MARISA Da dove telefoni?

GIANNA Sono vicino alla farmacia, e **faccio** una telefonata *I am making*
breve perché i minuti del mio telefonino **stanno per** *are about to end*
finire e **devo** comprare una **ricarica.** *I have to / recharge*

MARISA **Allora, andiamo** al cinema oggi *So, are we going*
pomeriggio? *afternoon*

GIANNA **Veramente** io preferisco giocare a tennis. *Actually*

MARISA Va bene. Perché non andiamo in bicicletta al
campo da tennis? E quando ritorniamo, **andiamo** a *tennis court / we'll go*
prendere un gelato.

GIANNA Perfetto. Sono a casa tua **per le due.** *by two (o'clock)*

Comprensione

1. A chi telefona Gianna? **2.** Chi risponde al telefono? **3.** Perché Gianna dice (*says*) «Finalmente!»? **4.** Gianna usa un telefono pubblico? **5.** Da dove telefona Gianna? **6.** È lunga la telefonata? **7.** Cosa desidera fare Marisa? E Gianna cosa preferisce? **8.** Che cosa pensano di prendere quando ritornano a casa?

Studio di parole Il telefono e il computer

Courtesy of the authors

— Pronto chi parla?
— Sono Roberta. C'è Stefano per favore?
— No, mi dispiace *(I'm sorry)*, non è in casa.
— Posso *(May I)* lasciare un messaggio?
— Sì, certo.
— Per favore, dica *(tell)* a Stefano di telefonarmi questa sera a casa.
— Va bene.
— Grazie, buona sera.
— Prego, buona sera.

il telefono pubblico public phone

il telefono cellulare (telefonino) cellular phone

un sms (esse emme esse) text message

la ricarica recharge for cellular phones

il numero di telefono phone number

il prefisso area code

libero free

occupato busy

la telefonata interurbana long-distance phone call

la carta telefonica prepaid phone card

la segreteria telefonica answering machine

fare una telefonata
telefonare
chiamare } to make a phone call, to phone, to call

parlare al telefono to talk on the phone

rispondere al telefono to answer the phone

lasciare un messaggio to leave a message

Qual è il numero di telefono di... ? What is the phone number of . . . ?

chiocciola @

il computer portatile laptop

l'e-mail *(f)* email message

l'Internet

il mouse mouse

la posta elettronica electronic mail

il sito web website

la stampante printer

cancellare to delete

cliccare to click

mandare to send

scaricare to download

stampare to print

Il telefonino

L'Italia è al primo posto tra i paesi europei per quanto riguarda l'uso del telefono cellulare (il telefonino). Il numero di telefonini in Italia è superiore *(higher)* al numero di abitanti. Ci sono quasi 100 000 000 di telefonini per circa 60 000 000 di abitanti. Non c'è dubbio *(doubt)*, agli Italiani piace parlare! Gli smartphone sono i telefonini più popolari perché permettono anche di accedere all'Internet e alla posta elettronica, di ascoltare musica, guardare i video e usare il navigatore satellitare *(GPS)*.

Gli Italiani generalmente usano telefonini con le ricariche prepagate *(pre-paid)* e i giovani italiani, come quelli americani, preferiscono mandare sms e sono così in continuo contatto con gli amici. Per mandare un messaggio il più rapidamente possibile è nato il linguaggio degli sms, con una nuova ortografia *(spelling)* e molte abbreviazioni. Molte parole perdono le vocali. Per esempio:

grz = grazie	qnt = quanto	tt = tutto/tutti	qnd = quando
asp = aspettare (in tutte le forme)		[Così non avete bisogno di coniugare il verbo!]	

La lettera «x» significa *per*; si scrive «k» invece *(instead of)* di «ch»:

xke = perché   ki = chi

Ecco due abbreviazioni romantiche:

tvb = ti voglio bene *(I love you)*   tvtb = ti voglio troppo bene *(I love you too much)*

Che cosa significano i seguenti *(following)* sms? Scegli la risposta corretta.

1. Dv 6 t asp   a) Dove sei? Ti aspetto.   b) Dove vai alle sei?
2. Cs fai xke nn risp   a) Cosa fai? Perché non ritorni?   b) Cosa fai? Perché non rispondi?
3. Tt ok cn ki 6   a) Tutto bene, con chi sei?   b) Tutto bene, dove sei?

Applicazione

A. Domande. Rispondete alle seguenti domande.

1. Che espressione usano gli Italiani quando rispondono al telefono?
2. Quando abbiamo bisogno del prefisso?
3. Dove lasciamo un messaggio quando telefoniamo e nessuno *(no one)* è a casa?
4. Quando il telefono non è libero è…
5. Quando abbiamo bisogno di comunicare velocemente e senza parlare mandiamo un…
6. Antonio scrive tutto al computer, ma ha bisogno di _____ il compito per dare una copia al professore.
7. (Noi) _____ le e-mail che non sono importanti.
8. Il _____ Internet dell'università ha tutte le informazioni sui corsi di laurea.
9. Molti studenti portano il _____ a lezione, per prendere appunti.
10. Preferisci comprare i CD o _____ la musica dall'Internet?

B. Il tuo numero di telefono? In coppie, domandate al compagno/alla compagna vicino a voi, il suo (*his/her*) numero di telefono con il prefisso.

C. Pronto? In coppie, praticate (*act out*) le seguenti brevi telefonate.

Esempio Telefoni a un amico/un amica per organizzare la giornata di domani.

— *Pronto! Sono…*   — *Perché non andiamo al cinema?*
— *Oh, ciao,…*   — *D'accordo. A domani.*
— *Cosa facciamo domani?*   — *Ciao.*

1. Telefoni a un amico/un'amica. Il compagno/La compagna che risponde al telefono dice che l'amico/l'amica non è in casa. Tu lasci un messaggio.

2. Telefoni ad un compagno/una compagna di classe perché oggi tu eri assente (*Oggi ero assente.*) e desideri informazioni sui compiti.

3. Telefoni a un amico/un'amica perché hai voglia di cenare al ristorante. Decidete a che tipo di ristorante andare.

Ascoltiamo!

Una telefonata d'affari (*a business call*) 🔊 CD1-23

L'architetto Gino Paoli telefona all'ingegner Rusconi. Ascoltate la conversazione con la segretaria di Rusconi e rispondete alle seguenti (*following*) domande.

Comprensione

1. L'architetto Paoli telefona a casa o all'ufficio dell'ingegner Rusconi?

2. C'è l'ingegnere?

3. Che cosa lascia l'architetto Paoli?

4. Per quand'è l'appuntamento?

5. L'ufficio dell'ingegner Rusconi è nella stessa città da dove telefona Paoli? Perché no?

6. La telefonata è una telefonata personale o d'affari?

Dialogo

Telefonate al dottore per fissare (*to make*) un appuntamento per domani. La persona che risponde al telefono dice che il dottore non c'è. Lasciate un messaggio con il vostro (*your*) numero di telefono. In coppie, fate la parte del/della paziente e del segretario/della segretaria del dottore.

D. Adesso parliamo! Conversazione

1. Fai molte telefonate? (Faccio…) Sono brevi o lunghe? Chi chiami più (*more*) spesso? Perché?

2. Telefoni oppure scrivi un biglietto d'auguri (*a birthday card*) a un amico/un'amica per il suo compleanno?

3. Fai molte telefonate interurbane? Perché? (Perché no?) Usi le carte telefoniche?

4. Hai un telefono cellulare (telefonino)? Lo usi solo per fare telefonate? Per che altro (*what else*) lo usi?

5. Che tipo di computer preferisci? Hai un computer portatile?

6. Quando hai bisogno del computer? (Pensa a tre usi possibili.)

Punti grammaticali

— Cosa fai oggi?
— Faccio lo shopping.

5.1 Verbi irregolari in -are

1. The following **-are** verbs are irregular in the present tense:

andare* (to go)		fare (to do; to make)		dare (to give)		stare (to stay; to feel)	
vado	andiamo	faccio	facciamo	do	diamo	sto	stiamo
vai	andate	fai	fate	dai	date	stai	state
va	vanno	fa	fanno	dà	danno	sta	stanno

Cosa **fai** stasera?	*What are you doing tonight?*
Faccio una telefonata interurbana.	*I am making a long-distance phone call.*
Vado a vedere un film.	*I am going to see a movie.*
Quando **danno** una festa?	*When are they giving a party?*
Come **sta** Maria?	*How is Maria?*
Maria **sta** a casa perché **sta** male.	*Maria stays (is staying) home because she feels ill.*

2. Fare is used in many idiomatic expressions, some of which are listed below:

fare attenzione	*to pay attention*	**fare una passeggiata**	*to take a walk*
fare il bagno, la doccia	*to take a bath, a shower*	**fare una pausa**	*to take a break*
fare colazione	*to have breakfast*	**fare un regalo**	*to give a present*
fare una domanda	*to ask a question*	**fare la spesa**	*to buy groceries*
fare una foto	*to take a picture*	**fare le spese**	*to go shopping*
fare una gita	*to take a short trip*	**fare un viaggio**	*to take a trip*
fare un giro	*to take a walk or a ride*		

Facciamo un viaggio in Italia.	*We are taking a trip to Italy.*
Faccio una passeggiata prima di mangiare.	*I take a walk before eating.*
Lui non **fa domande.**	*He does not ask questions.*
Perché non **fate attenzione?**	*Why don't you pay attention?*

3. Dare is used in the following idiomatic expressions:

dare del «tu»	*to address someone informally*
dare del «Lei»	*to address someone formally*
dare la mano	*to shake hands*

Diamo del «tu» agli amici, ma **diamo del «Lei»** ai professori.	*We use tu with friends, but we use Lei with professors.*

4. Stare is used in the following idiomatic expressions:

stare bene (male)	*to feel well (badly, ill)*
stare attento(a)	*to be careful; to pay attention*
stare zitto(a)	*to be quiet*

Stare per + *infinitive* translates as *to be about to (do something).*

I corsi **stanno per** finire.	*Classes are about to end.*

5. Unlike in English, **andare** is not used to express the immediate future. To convey this idea, Italian uses the present (or future) tense: **Parto.** = *I am going to leave.* **Andare a** + *infinitive* expresses motion:

Di solito **vado a mangiare** alla mensa.	*Usually I go to the cafeteria to eat.*

NOTE: Andare a piedi translates as *to go on foot, to walk.*

I bambini vanno a scuola a piedi.	*The children walk to school.*

*_____
*Andare** is followed by the preposition **a** before an infinitive.

Nota linguistica

The verbs *andare a trovare* and *visitare*

The expression **andare a trovare** means to visit a person or people.

a. Vado a trovare la mia famiglia. Andiamo a trovare gli amici.

Visitare means to visit a place.

a. Oggi visitiamo la città di Roma.

b. I turisti visitano la Galleria degli Uffizi.

Verifica. Complete the sentences with the correct form of **andare a trovare** or **visitare**.

1. Domenica Aldo _____ degli amici che abitano a Verona.
2. Molti turisti _____ le ville venete del Palladio.
3. Preferisci _____ i musei o fare un giro per la città?
4. Oggi (io) _____ dei vecchi compagni di scuola.

Pratica

A. Buon viaggio! Dite dove vanno queste persone e cosa visitano.

Esempio   Marco (Roma / il Foro romano)
Marco va a Roma.
Va a visitare il Foro romano.

1. Tiziana (Firenze / la Galleria degli Uffizi)
2. Gina e Piero (Milano / il Duomo)
3. Io (Roma / il giardino di Villa Borghese)
4. Noi (Venezia / l'isola *(island)* di Murano)
5. Tu e Mario (Torino / la Mole Antonelliana)

B. Espressioni con *fare*. Completate ogni frase con la forma corretta di una delle espressioni con **fare.**

1. I signori Brambilla vanno al parco e _____ con il cane.
2. Giulia va in centro e _____ nei negozi più eleganti.
3. Quando non capiamo la grammatica, _____ al professore/ alla professoressa.
4. Andrea non ha più voglia di studiare. Adesso *(Now)* _____ e fa una telefonata alla sua ragazza *(his girlfriend)*.
5. Non avete bisogno di una macchina fotografica *(a camera)* perché _____ con il telefonino.
6. Molti Italiani _____ al bar la mattina. Prendono un caffè e una brioche.
7. Tu non mandi sms durante le lezioni di italiano perché _____ alle spiegazioni del professore/della professoressa.
8. I signori Jones, di New York, _____ di due settimane in Italia. Visitano le città principali, Roma, Firenze e Venezia.
9. I signori Jones sono a Firenze e oggi _____ a San Giminiano. Partono la mattina e ritornano la sera.

C. Frasi da completare. Formate delle frasi con la forma corretta del verbo **andare** e completate le frasi in modo originale.

Esempio   noi / stazione   *Noi andiamo alla stazione e prendiamo un treno per Napoli.*

1. Antonio / bar
2. Anna e Luca / cinema
3. tu e gli amici / stadio
4. io / lezione d'italiano
5. i turisti / ufficio informazioni
6. un compagno / negozio di elettronica *(electronics)*
7. un amico ed io / supermercato

D. Quale verbo? Con un compagno/una compagna, a turno (*taking turns*), fate le domande che seguono e rispondete usando le forme corrette di **andare, fare, dare** e **stare.**

Esempio   Dove _____ voi stasera?
— *Dove* **andate** *voi stasera?*
— *Andiamo al cinema.* o…

1. Come _____ (tu)?
2. Quando _____ una festa tu e gli amici dell'università?
3. Perché _____ in biblioteca gli studenti?
4. Tu _____ i compiti da solo(a) o con dei compagni?
5. Preferite _____ una passeggiata o giocare a tennis?
6. Tu _____ a casa o _____ fuori sabato sera?
7. Dopo le lezioni tu ed io _____ a comprare un gelato?
8. A chi _____ del «tu»?
9. Voi _____ a letto (*to bed*) presto o tardi (*early or late*) la sera?

E. Descrizione. In gruppi di tre studenti, descrivete cosa fanno queste persone. Usate le espressioni con il verbo **fare.** Ogni studente collabora alla descrizione con dettagli (*details*). Per esempio, nel numero 1: Chi sono le due persone? Dove sono? Cosa fanno? Chi paga il conto? Ecc.

1.   2.   3.   4.   5.

F. Cosa facciamo stasera? Marco, Lisa e Gino fanno programmi (*plans*) per la sera. In gruppi di tre studenti, fate la loro parte (*play their role*) e completate il dialogo usando i verbi **fare, stare, andare** e **dare.**

GINO: Marco, cosa _____ tu stasera?
MARCO: È sabato, perché non telefoniamo a Lisa e a Franca e _____ con loro in discoteca?
GINO: OK, se (*if*) tu mi _____ il numero di telefono di Lisa, io le telefono (*I call her*).
[…]
GINO: Pronto? Lisa? Cosa _____ tu e Franca stasera?
LISA: Franca non _____ bene. Preferisce _____ a casa stasera, perché ha l'influenza.
GINO: Anche tu _____ a casa?
LISA: No, io non vorrei _____ a casa. Dove _____ tu e Marco?
GINO: Pensiamo di _____ in discoteca. Vieni (*Are you coming*) con noi?
LISA: Perché no? Se voi mi _____ un passaggio (*lift*) in macchina, vengo (*I'm coming*) con voi.
GINO: Bene. Passiamo a prenderti alle otto (*We'll pick you up at eight*).

G. Adesso parliamo! Conversazione

1. Fai il bagno o la doccia? La mattina o la sera?
2. Fai sempre colazione? Cosa mangi?
3. Cosa fai quando hai bisogno di frutta, carne e verdura?
4. Cosa fai quando hai bisogno di vestiti (*clothing*)?
5. Cosa fai il pomeriggio dopo le lezioni?
6. Che cosa fai il venerdì sera?
7. Che cosa fai il weekend?

Sapete che...

Gli Italiani e i social network

I social network sono molto popolari tra gli Italiani di tutte le età. Facebook domina al primo posto (*first place*), seguito da Myspace e Twitter, ma ci sono anche dei social network italiani, come «ciaopeople.com». Gli utenti (*users*) italiani sono particolarmente «socievoli», con il numero medio (*average*) di amici più elevato in Europa: 88. Sono anche utenti particolarmente assidui (*regular*), con il 76% che accede ai social media una o più volte al giorno. Come per gli sms, il fenomeno dei social network dà origine (*creates*) a un linguaggio particolare.

Con un compagno/una compagna, accoppia (*match*) le parole di Facebook in italiano con le corrispondenti in inglese.

bacheca	*update status*	trova i tuoi amici	*what's on your mind?*
mi piace	*tag photo*	a cosa stai pensando?	*settings*
aggiorna stato	*profile picture*	caricamenti dal cellulare	*find friends*
tagga la foto	*like*	impostazioni	*mobile uploads*
immagine del profilo	*wall*		

5.2 I giorni della settimana

Agosto

lunedì	martedì	mercoledì	giovedì	venerdì	sabato	domenica
			1 s Alfonso de'Liguori	2 s Eusebio di Vercelli	3 s Lidia v.	4 s Giov. M. Vianney
5 s Sisto II. p.	6 Trasfig. N. Signore	7 s Gaetano Thiene	8 s Domenico cf.	9 ss Fermo e Rustico	10 s Lorenzo	11 s Chiara v.
12 s Macario v.	13 ss Ippolito e Ponziano	14 s Alfredo m.	15 Assunzione Maria Vergine	16 s Rocco cf.	17 s Giacinto sac.	18 s Elena imp.
19 s Giovanni Eudes	20 s Bernardo ab.	21 s Pio X. p.	22 Maria SS Regina	23 s Rosa da Lima	24 s Bartolomeo ap.	25 s Ludovico re
26 s Alessandro m.	27 s Monica v.	28 s Agostino v.	29 Martirio s Giov. Batt.	30 s Gaudenzia m.	31 s Aristide m.	

Sul calendario italiano, quasi ogni giorno è dedicato ad un santo. Se una persona si chiama Alessandro o Alessandra, per esempio, celebra il suo onomastico (*his/her saint's day*) il 26 agosto e in quel giorno riceve un biglietto di auguri e dei regali.

The days of the week, which you learned in the **Primo incontro**, are masculine except **domenica**, which is feminine. **Sabato** and **domenica** are the only two days whose plural form differs from the singular (**ogni sabato, tutti i sabati; ogni domenica, tutte le domeniche; ogni lunedì, tutti i lunedì**).

1. The preposition *on* is not expressed in Italian when used in expressions, such as *on Monday, on Tuesday,* and so on.

Lunedì il Prof. Bini dà una conferenza.

On Monday Prof. Bini is giving a lecture.

2. The singular definite article is used before the days of the week to express a habitual event.

Il sabato gioco a golf.   *On Saturdays (Every Saturday) I play golf.*

BUT

Sabato invito degli amici.   *(This) Saturday I am inviting some friends.*

3. The expressions **una volta a, due volte a,** etc., + *definite article* translate into English as *once a, twice a,* etc.

Vado al cinema **una volta alla settimana.**   *I go to the movies once a week.*

Mangiamo **due volte al giorno.**   *We eat twice a day.*

Andiamo a teatro **quattro volte all'anno.**   *We go to the theater four times a year.*

Pratica

A. Abitudini. Ripetete le frasi usando la forma corretta dell'aggettivo **tutto.**

Esempio   La domenica telefono a casa.
                Tutte le domeniche telefono a casa.

1. Il lunedì Marco va a scuola in autobus. **2.** Il martedì noi andiamo al supermercato. **3.** Il mercoledì e il giovedì Lella lavora in un negozio del centro. **4.** Il venerdì sera vai fuori con gli amici. **5.** Il sabato il signor Galli fa un giro in bicicletta.

B. Quante volte... ? In coppie, chiedetevi a turno (take turns asking) quante volte **al giorno (alla settimana, al mese, all'anno)** fate le seguenti cose.

Esempio   studiare in biblioteca
                — *Quante volte alla settimana (al mese, o…) studi in biblioteca?*
                — *Studio in biblioteca tre o quattro volte alla settimana.*

1. andare all'università   **4.** fare una telefonata a casa
2. andare su Facebook   **5.** mandare un sms
3. fare la spesa   **6.** leggere le e-mail

C. Gli appuntamenti di Cristina. Guardate il calendario di Cristina e rispondete a turno alle domande che seguono.

1. Quando pranza con Lucia?
2. Dove va martedì sera?
3. Quando ha un appuntamento con il dentista?
4. Quante volte va in palestra (gym)?
5. Quando porta la gatta dal veterinario?
6. Quando fa la spesa?
7. Quando fa le ultime spese?
8. Quando ha l'appuntamento con la parrucchiera (hairdresser)?

19 Lunedì — Dicembre
Palestra
Pranzo con Lucia

20 Martedì — Dicembre
dentista
Pranzo con Papà
Shopping regali
teatro

21 Mercoledì — Dicembre
Jogging con Monica
veterinario con gatta Eva
parrucchiera
cena da Carlo

22 Giovedì — Dicembre
fare la spesa
shopping con mamma

23 Venerdì — Dicembre
ultime spese
Pranzo con Carlo

24 Sabato — Dicembre
cena da mamma e papà

25 Domenica

Dicembre

D. Conversazione

1. Quali giorni della settimana hai lezione?
2. Venerdì sera stai a casa per studiare?
3. Che cosa fai il sabato?
4. Qual è il tuo giorno della settimana preferito? Perché?
5. Cosa fai domenica?

E. Adesso parliamo! Immaginate di avere una settimana di vacanza.

Con un compagno/una compagna, parlate dei progetti che avete per ogni giorno della settimana.

5.3 *Quanto? (How much?) e i numeri cardinali*

O dividiamo i cento milioni o chiamo mio marito *(my husband).*

1. **Quanto (Quanta, Quanti, Quante)** used as an interrogative adjective agrees in gender and number with the noun it modifies.

   Quante lezioni hai oggi?   *How many classes do you have today?*
   Quanto tempo hai?   *How much time do you have?*

2. **Quanto** is invariable when it precedes a verb and is used as an indefinite interrogative expression.

   Quanto costa la torta? ⎫
   Quant'è la torta?   ⎭   *How much is the cake?*
   Sette dollari.   *Seven dollars.*
   Quanto fa quaranta meno sette?   *How much is forty minus seven?*
   Fa trentatré.   *It is thirty-three.*

   To express age, Italian uses **avere** + *number* + **anni**.

   Quanti **anni ha** Pietro?   *How old is Pietro?*
   Pietro **ha diciannove anni.**   *Pietro is 19 (years old).*

3. You have already learned the cardinal numbers from 0 to 49. Here is a more complete list, showing the cardinal numbers from 0 to 100:

0 zero	8 otto	16 sedici	24 ventiquattro	40 quaranta
1 uno	9 nove	17 diciassette	25 venticinque	50 cinquanta
2 due	10 dieci	18 diciotto	26 ventisei	60 sessanta
3 tre	11 undici	19 diciannove	27 ventisette	70 settanta
4 quattro	12 dodici	20 venti	28 ventotto	80 ottanta
5 cinque	13 tredici	21 ventuno	29 ventinove	90 novanta
6 sei	14 quattordici	22 ventidue	30 trenta	100 cento
7 sette	15 quindici	23 ventitré	31 trentuno	

   a. All these numbers are invariable except **zero** and **uno**. **Uno** has the same forms **(un, uno, una, un')** as the indefinite article **un** when it precedes a noun. (**Un amico** translates as *a friend* or *one friend*.)

   C'è una fontana in piazza Navona?   *Is there one fountain in Piazza Navona?*
   No, ci sono **tre** fontane.   *No, there are three fountains.*
   In 100 (cento), ci sono **due zeri.**   *In 100, there are two zeros.*

   b. The numbers **venti, trenta, quaranta,** up to **novanta**, drop the final vowel before adding **uno** and **otto**.

   trentuno   *thiry-one*
   quarantotto   *forty-eight*

   c. The numbers **ventuno, trentuno, quarantuno,** up to **novantuno,** drop the final **o** before a noun.

   Lisa ha **ventun** anni.   *Lisa is twenty-one years old.*

   d. The numbers **venti, trenta, quaranta,** up to **cento,** usually drop the final vowel before the word **anni**.

   La nonna ha **ottant'anni.**   *Grandma is eighty.*

   e. **Tre** takes an accent when it is added to **venti, trenta,** and so on: **ventitré, trentatré,** etc.

   f. In decimal numbers, Italian uses a comma **(virgola)** where English uses a period **(punto):** $3,25 **tre dollari e venticinque centesimi.**

4. The numbers above 100 are:

101	centouno	1 001	milleuno	100 000	centomila	1 000	mille
200	duecento	1 100	millecento	1 000 000	un milione	3 000	tremila
300	trecento	2 000	duemila	2 000 000	due milioni	1 000 000 000	un miliardo

   a. Note that in writing numbers of four or more digits, Italian uses a period or a space instead of a comma.

b. The plural of **mille** is **mila**.

duemila chilometri   *two thousand kilometers*

c. In Italian, **cento** and **mille** are not preceded by the indefinite article **un**.

cento euro   *a hundred euros*
mille persone   *a thousand people*

d. When **milione** (*pl.* **milioni**) and **miliardo** (*pl.* **miliardi**) are immediately followed by a noun, they take the preposition **di**.

Ci sono **due milioni di** abitanti   *Are there two million inhabitants*
a Roma?   *in Rome?*

Pratica

A. Quanto fa... ? Con un compagno/una compagna, a turno, dettate (*dictate*) e risolvete queste operazioni.

1. 11 + (**più**) 30 = (**fa**) _____
2. 80 − (**meno**) 22 = _____
3. 10 × (**per**) 7 = _____
4. 100 ÷ (**diviso**) 4 = _____

B. Quiz. In coppie, fatevi a turno le seguenti domande.

1. Quanti minuti ci sono in un'ora (*hour*)?
2. Quante ore ci sono in un giorno?
3. Quanti giorni ci sono nel mese di aprile?
4. Quanti anni ci sono in un secolo (*century*)?
5. Quante stelle (*stars*) ci sono sulla bandiera (*flag*) americana?
6. Quante libbre (*pounds*) ci sono, approssimativamente, in un chilogrammo?
7. Quanti zeri ci sono in 1 000 dollari?
8. Quanti studenti ci sono nella classe d'italiano?
9. Quante sillabe ci sono nella parola più lunga (*longest*) della lingua italiana: «precipitevolissimevolmente» (*very fast*)?

C. Quanto costa? Un tuo amico italiano/Una tua amica italiana in visita a Los Angeles ti domanda quanto costano le seguenti cose in dollari. Tu rispondi con i prezzi suggeriti. Un compagno/Una compagna fa la parte dell'amico italiano/dell'amica italiana.

Esempio   bicicletta / 450
               — *Quanto costa una bicicletta?*
               — *Costa quattrocentocinquanta dollari.*

La Ferrari 458 Spider

1. motocicletta / 7 500
2. computer / 1 600
3. frigorifero / 1 170

4. casa / 650 000
5. Ferrari / 200 000
6. televisore / 990

D. Adesso parliamo! Nel negozio di elettronica. Immagina di andare in un negozio di elettronica. In coppie, decidete quanto possono (*may*) costare le seguenti cose in dollari.

1. un computer portatile
2. uno smartphone
3. un iPad
4. un grande televisore a schermo piatto (*flat screen*)
5. una stampante
6. una macchina fotografica digitale (*digital camera*)

5.4 I mesi e la data

1. The months of the years are: **gennaio, febbraio, marzo, aprile, maggio, giugno, luglio, agosto, settembre, ottobre, novembre, dicembre.** They are masculine and are *not* capitalized.

2. Dates are expressed according to the following pattern:

definite article	+	number	+	month	+	year
il		**20**		**marzo**		**2012**

Courtesy of the authors

Una foto insolita *(unusual)* – In un paesino delle Dolomiti festeggiano il 4 luglio.

The abbreviation of the above date would be written **20/3/2012.** Note that in Italian the day comes *before* the month (compare both March 20, 2012 and 3/20/2012).

3. To express days of the month, *cardinal* numbers are used except for the first of the month, which is indicated by the ordinal number **primo.**

Oggi è il **primo** (di) aprile.	*Today is April first.*
È il **quattordici** (di) luglio.	*It is July fourteenth.*
Lia è nata il **sedici** ottobre.	*Lia was born on October sixteenth.*
Abito qui dal **tre** marzo 2007.	*I have been living here since March 3, 2007.*

Igor Plotnikov/Shutterstock.com

In Italia si festeggia la Festa della Repubblica il 2 giugno.

4. To ask the day of the week, the day of the month, and the date, the following questions are used:

Che giorno è oggi?	*What day is today?*
Oggi è venerdì.	*Today is Friday.*
Quanti ne abbiamo oggi?	*What day of the month is it today?*
Oggi ne abbiamo tredici.	*Today is the thirteenth.*
Qual è la data di oggi?	*What is the date today?*
Oggi è il tredici (di) dicembre.	*Today is the thirteenth of December.*

5. The article **il** is used before the year.

Il 1996 è stato un anno bisestile.	*1996 was a leap year.*
Siamo nati **nel** 1984.	*We were born in 1984.*

NOTE: In Italian, the year cannot be expressed the same way as in English (1999: nineteen ninety-nine). One can say either "in one thousand one hundred ninety-nine" **(nel millenovecentonovantanove)** or just "ninety-nine" **(nel novantanove).**

Pratica

A. Qual è la data di oggi? In coppie, chiedetevi a turno qual è la data.

Esempio 15/8
— *Qual è la data di oggi?*
— *Oggi è il quindici (di) agosto.*

1. 13/4	**3.** 5/5	**5.** 31/7	**7.** 8/9	**9.** 12/10
2. 23/2	**4.** 1/1	**6.** 11/6	**8.** 28/12	**10.** 16/3

B. Un quiz su date importanti. In gruppi di tre studenti, uno studente/ una studentessa fa le domande agli altri due studenti che *(who)* hanno il libro chiuso *(closed).* Se la risposta è corretta, lo studente/la studentessa dice: «Giusto!» Se la risposta non è corretta, dice: «Sbagliato!» Se uno studente non sa rispondere, dice: «Non lo so *(I don't know it)*».

1941	1776	1492	1946	1861	1969

1. Qual è l'anno della scoperta *(discovery)* dell'America?
2. Qual è l'anno della fondazione della Repubblica Italiana?
3. Qual è l'anno della dichiarazione dell'indipendenza americana?
4. Qual è l'anno dell'unificazione dell'Italia?
5. Qual è l'anno in cui *(when)* gli Stati Uniti sono entrati nel conflitto della seconda guerra mondiale *(World War II)*?
6. In che anno è sbarcato sulla luna Neil Armstrong?

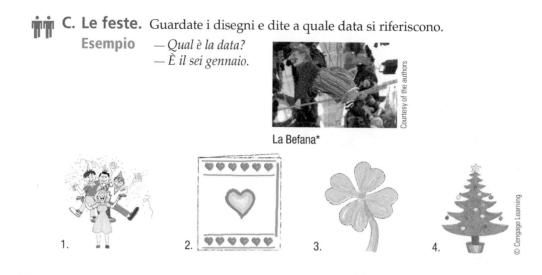

C. Le feste. Guardate i disegni e dite a quale data si riferiscono.

Esempio
— *Qual è la data?*
— *È il sei gennaio.*

La Befana*

1.   2.   3.   4.

*Sapete che...

La figura della Befana fa parte delle tradizioni natalizie *(the holidays)* italiane. Non è una strega *(witch)*, ma è una vecchia generosa che, secondo il folklore, porta regali ai bambini la notte dell'Epifania *(Epiphany)*, il sei gennaio. La sera precedente i bambini lasciano una calza *(sock)* vicino alla finestra e il mattino dopo la trovano piena di dolci e piccoli regali se sono stati buoni o carbone *(coal)* se sono stati cattivi. Per fare uno scherzo *(As a joke)* in alcune pasticcerie si comprano *(one can buy)* dei dolci di zucchero che sembrano *(look like)* carbone.

D. Conversazione

1. Che giorno è oggi?
2. Qual è la data di oggi?
3. Quanti ne abbiamo oggi?
4. Quand'è il tuo compleanno?

5. In che anno sei nato(a) *(were you born)*? Sono nato(a) nel…
6. In che anno pensi di finire gli studi?

E. Adesso parliamo! In gruppi di tre o quattro studenti, dite a turno cosa fate per festeggiare i seguenti giorni dell'anno: Natale, Pasqua, il giorno di San Valentino e il vostro compleanno.

Babbo Natale

Suggerimenti *(suggestions)*:

Natale: *shopping; presents* **(regali),** *cards* **(biglietti di auguri),** *family dinners; decorate the Christmas tree* **(fare l'albero di Natale),** *Santa Claus* **(Babbo Natale),** ecc.

Le uova di Pasqua

Pasqua: *picnic, color Easter eggs* **(colorare le uova di Pasqua),** *chocolate eggs, call relatives* **(parenti),** ecc.

Il giorno di San Valentino: *chocholates* **(cioccolatini)** *to or from girlfriend/ boyfriend* **(alla mia ragazza/al mio ragazzo),** *cards, romantic dinners,* ecc.

Compleanno: *presents and cards, party* **(festa)** *with relatives and friends, rock concert,* ecc.

La settimana di Antonella 🔊 CD1-24

Antonella si consola con un gelato.

Lunedì Antonella va all'università. Dopo le lezioni gioca a tennis con Francesco. Quando ritorna a casa fa la doccia, prepara la cena e studia per l'esame di storia moderna.

Martedì L'esame va benissimo! Trenta e lode. È contenta e telefona a casa per dare la **bella notizia**. Va a fare le spese con Elena e compra una **bella borsetta di marca**.

good news
designer's purse

Per cena, le due amiche incontrano Francesco e Gianni in pizzeria.

Mercoledì Va a fare la spesa al supermercato. Poi manda un sms a Francesco, ma non riceve risposta. Decide di restare a casa e leggere un libro.

Giovedì Pulisce l'appartamento con Alessandra, la sua compagna di stanza, e nel pomeriggio vanno al cinema a vedere un film romantico e divertente.

Venerdì Riceve un sms di Francesco. È molto occupato perché ha un esame lunedì e ha bisogno di studiare. Antonella va in palestra.

Sabato Antonella va su Facebook e vede una foto di Francesco che, venerdì sera, balla con un'altra ragazza in discoteca. Antonella è triste e **arrabbiata**.

angry

Telefona a Elena perché ha bisogno di parlare con un'amica. Le due ragazze si incontrano e vanno a mangiare un enorme gelato per **consolarsi**.

to console herself

Domenica Antonella prende una decisione. Va su Facebook e sul profilo di Francesco clicca «**rimuovi dagli amici**».

unfriend

A. Alla lettura. Leggete *La settimana di Antonella* con un compagno/una compagna e sottolineate (*underline*) i verbi irregolari in **-are**.

B. Comprensione

1. Cosa fa Antonella lunedì, dopo le lezioni?
2. Quando ha l'esame di storia moderna? Che voto riceve?
3. Con chi va a fare le spese?
4. Chi incontrano a cena Antonella e Elena? Dove?
5. Va fuori mercoledì sera? Che cosa fa?
6. Quando pulisce l'appartamento?
7. Francesco sta a casa per studiare venerdì sera?
8. Perché Antonella telefona a Elena? Cosa fanno?
9. Che decisione prende Antonella alla fine?

C. Conversazione

1. Come preferisci comunicare con gli amici?
2. Quando sei triste o arrabbiato(a) chi chiami? A chi mandi un sms?
3. Ti piace Facebook? Vai spesso sulle social network? Cosa fai?

Una settimana molto occupata

Strategy: Writing complex sentences

As your vocabulary in Italian expands, you are able to write more complex sentences. In this e-mail writing task, you will describe your schedule and suggest activities that you can do given your schedule.

With this in mind, imagine that an old friend is going to be in town next week. Bring your appointment calendar up to date so that you can figure out when you will be able to spend time with him/her. Then write an e-mail to your friend explaining your schedule and suggesting when you can get together.

A. Begin by making notes on your calendar to show what you are scheduled to do each day next week.

Esempio

B. Looking at your completed calendar, list the times when you will be able to see your friend and the activities you can suggest.

Esempio *lunedì, dopo le lezioni: prendiamo un caffè al bar.*

C. Now, draft your e-mail, telling your friend about your schedule and suggesting what you might do when you are not tied up.

Esempio *Ciao… Quando sei libero(a) tu? Ecco la mia settimana. Lunedì vado all'università. Dopo le lezioni prendiamo un caffè al bar? Martedì…*

D. Conclude your e-mail by saying good-bye and signing your name. Make sure that you have spelled all words correctly, and double-check subject-verb agreement and noun-adjective agreement. Share your e-mail with a classmate. Does he/she think you and your friend are going to have an enjoyable week?

Dialetti, accenti e pronuncia

Sergey Ryzhov/Shutterstock.com

A. You are going to read about the Italian dialects, accents, and the system Italians commonly use to spell words.

Anne e il suo amico Alessandro sono al caffè in piazza San Babila, a Milano. Anne è di origine italiana e vive a Miami. È a Milano per seguire dei corsi al Politecnico.

ANNE	Ale, quando i miei **parenti** parlano in dialetto io non capisco neanche una parola.	*relatives*
ALESSANDRO	Anne, ogni regione ha il suo dialetto, conseguenza della divisione politica dell'Italia, frazionata in molte città-stato fino alla seconda metà del **diciannovesimo** secolo. I dialetti sono vere e proprie variazioni linguistiche: gli abitanti di ogni regione hanno difficoltà a capire i dialetti delle altre regioni, specialmente i dialetti di regioni lontane dalla loro. **Oggigiorno** però i dialetti tendono gradualmente a **sparire**. Gli Italiani di regioni differenti comunicano tra di loro solo in italiano, con accenti differenti.	*nineteenth* *Nowdays* *to disappear*
ANNE	Accenti?	
ALESSANDRO	Sì, l'accento è un modo differente di pronunciare le parole, e varia da regione a regione. Molto spesso gli Italiani **individuano** la regione da cui una persona proviene dal suo accento.	*identify*
ANNE	Ale, mi spieghi come funziona in Italia «lo spelling»? **Parlando** al telefono **ho chiesto** come si scrive una parola, e mi **hanno fatto una litania** di nomi di città italiane. Come si dice in italiano «to spell»?	*speaking / I asked* *they recited* *a littany*

ALESSANDRO	Mah… in italiano non esiste una traduzione letterale per «to spell». Se cerchi nel dizionario trovi: «pronunciare una lettera alla volta». La lingua italiana ha una scrittura fonetica: ogni lettera rappresenta un suono, che è sempre costante. Per comunicare come si scrive una parola, ed **evitare** errori di pronuncia, gli Italiani usano, per ogni lettera della parola, la lettera **iniziale** del nome di una città italiana. Per esempio, per la parola «Garibaldi», l'equivalente italiano dello «spelling» è: Genova, Ancona, Roma, Imola, Bologna, Ancona, Livorno, Domodossola, Imola. È importante quando si parla al telefono comunicare correttamente i nomi propri o di località, specialmente in situazioni di emergenza.
ANNE	E per la parola «Earthlink»?
ALESSANDRO	Empoli, Ancona, Roma, Torino, hotel, Livorno, Imola, Napoli, cappa.
ANNE	Hotel?
ALESSANDRO	Sì, perché non esiste una città italiana che inizia con la «acca».
ANNE	E per le lettere: *j, k, w, x, y,* che non esistono nell'alfabeto italiano?
ALESSANDRO	I lunga, kappa, doppia vu, ics, ipsilon (oppure i greca). In genere usiamo sempre lo stesso nome di città: *r* è sempre Roma, *a* è sempre Ancona, eccetera. Gli Italiani sono molto rapidi in questo «gioco delle lettere».
ANNE:	Qual è la parola più lunga della lingua italiana?
ALESSANDRO	Precipitevolissimevolmente.
ANNE	**Ci vuole** un'ora per fare «lo spelling»!

avoid

beginning

It takes

B. Rispondete alle domande.

    1. Dove sono Anne e Alessandro?

    2. Perché Anne è in Italia?

    3. Perché Anne non capisce quando i suoi parenti parlano in dialetto?

    4. Qual è l'equivalente in italiano di «to spell»?

    5. Quali lettere non esistono nell'alfabeto italiano?

    6. Potete trovare i nomi delle città italiane per pronunciare ogni lettera della parola «precipitevolissimevolmente»?

Attività video ▶

A. Attività sul vocabolario. Guardate la sezione del video *Gli Italiani e il telefonino*, e completate le frasi con le seguenti parole: **segreteria telefonica, messaggi sms, cellulare, sms, cellulari, telefonare, telefonate interurbane**

1. Anna, la prima intervistata ha un _____ e manda gli _____.

2. Alessandro, il secondo intervistato ha due _____.

3. Anna, per le Feste di Natale, preferisce _____.

4. Anna fa molte _____ _____.

5. Irene, la quarta intervistata, ha la _____ _____.

6. Maria, l'ultima intervistata, non manda molti _____ _____.

B. Domande sul video

1. Anna, ha un cellulare. Ha anche il telefono in casa?

2. Quanti cellulari ha Alessandro?

3. Cosa fa Anna per le feste di Natale?

4. Quale degli intervistati fa molte telefonate interurbane?

5. A chi manda gli sms Irene?

6. Maria, l'ultima intervistata, ha la segreteria telefonica? Ha anche il cellulare?

C. Attività sulla grammatica. Completate le frasi con la forma corretta dei verbi in parentesi.

1. Anna *(to make)* _____ molte telefonate interurbane.

2. Alessandro e sua moglie *(his wife)* *(to go)* _____ a vedere i parenti in Inghilterra.

3. Tutti gli intervistati *(stay)* _____ a casa per le feste di Natale.

4. Alessandro desidera *(to take a trip)* _____ in America.

5. Anna usa il cellulare *(every day of the week)* _____.

6. In Italia ci sono circa _____ *(100, in letters)* milioni di telefonini.

D. Partecipazione. In groups of three students, talk about the following topics.

- Quali sono i vantaggi del telefonino? (è utile? pratico? necessario per emergenze?)
- Quali sono gli svantaggi del telefonino? (costa molto? troppo uso? dipendenza?)
- Quanto spesso *(often)* usate il telefonino?
- Usate Skype? Quando?

Vocabolario ◀))

Nomi

l'abitante	inhabitant
l'appuntamento	appointment, date
la borsetta	purse
il dollaro	dollar
l'euro	euro
il fine settimana	weekend
l'ingegnere	engineer
il mese	month
la notizia	news
la palestra	gym
la parrucchiera	hairdresser
il pomeriggio	afternoon
il progetto	project
la risposta	answer
la settimana	week

Aggettivi

breve	brief, short
pubblico	public

Verbi

andare	to go
bastare	to be enough, to suffice
bere	to drink
costare	to cost
dare	to give
fare	to do; to make
nuotare	to swim
ritornare	to return
stare	to stay; to feel

Altre espressioni

allora	so, then
andare al cinema	to go to the movies
andare a piedi	to go on foot
dare del «tu»	to address somebody in the **tu** form
dare del «Lei»	to address somebody in the **Lei** form
dare la mano	to shake hands
fare attenzione	to pay attention
fare colazione	to have breakfast
fare il bagno, la doccia	to take a bath, a shower
fare una domanda	to ask a question
fare una foto	to take a picture
fare un giro	to go for a spin (in the car or on foot)
fare una gita	to take a short trip
fare una passeggiata	to take a walk
fare una pausa	to take a break
fare un regalo	to give a present
fare la spesa	to go shopping (for groceries)
fare le spese	to go shopping
fare un viaggio	to take a trip
finalmente	finally
insieme	together
mi dispiace	I'm sorry
Quante volte... ?	How many times . . . ?
Quanto fa... ?	How much is . . . ?
Quanti anni hai?	How old are you?
una volta, due volte	once, twice
stare attento(a)	to be careful, to pay attention
stare bene (male)	to feel well (badly, ill)
stare per...	to be about to . . .
stare zitto(a)	to be quiet
veramente	actually, truly

Ripasso

1. Vocabolario. Completate le frasi con le parole della lista.

chiocciola	pronto	sms
mandare	lasciare un messaggio	il prefisso

1. Il professore/La professoressa non è contento/a quando gli studenti leggono o scrivono _____ durante le lezioni.
2. — _____, chi parla?
3. Mi dispiace, Marco non è in casa. Desidera _____?
4. — Come si dice «@» in italiano?
   — Si dice _____
5. — Qual è _____ di Napoli?
   — 081.
6. Ho bisogno di _____ un'e-mail al professore di chimica perché oggi non vado a lezione.

2. I verbi *andare/dare/fare/stare*. Completate con la forma corretta di uno dei verbi irregolari.

1. Il sabato sera Francesco _____ al cinema con gli amici.
2. — Dove _____ (tu) domenica mattina?
   — Caterina ed io _____ un giro in bicicletta.
3. (Io) non _____ del «tu» ai professori.
4. Oggi Nicoletta è assente perché _____ male.
5. — Cosa _____ stasera (*tonight*) tu e Lisa?
   — _____ in pizzeria.

3. Espressioni con *fare*. Completate le frasi con la forma corretta del verbo *fare* e una delle espressioni.

fare una telefonata	fare le spese	fare un regalo
fare colazione	fare una gita	fare la spesa

1. Paola e Bruna _____ nei negozi del centro.
2. La signora Ricci _____ ogni giorno per comprare il pane, la frutta e le verdure fresche.
3. — (tu) _____ a tutti gli amici per Natale?
   — No, perché non ho abbastanza soldi…
4. — Che cosa fate tu e Riccardo sabato prossimo?
   — _____ in montagna con Cristina.
5. Ogni domenica (io) _____ e parlo con mamma e papà.
6. Tu e Federico _____ a casa o al bar?

4. Un listino prezzi *(price list)*. Scrivete in lettere i seguenti prezzi.

1. uno smartphone: € 319
2. una stampante: € 128
3. un computer portatile € 615
4. un televisore a schermo piatto € 1210
5. una ricarica per il telefonino € 50
6. un iPad € 484

5. I mesi e la data. Scrivete in lettere le date di alcune feste italiane *(Italian holidays)*.

1. 1/1 _____ Capodanno
2. 8/3 _____ Festa della donna *(Women's day)*
3. 1/5 _____ Festa del lavoro *(Labor Day)*
4. 2/6 _____ Festa della Repubblica
5. 15/8 _____ Ferragosto
6. 24/12 _____ Vigilia di Natale *(Christmas Eve)*

La famiglia

Communicative goals

Talking about family and family relationships
Describing wishes, obligations, and abilities

Le regioni d'Italia | Il Friuli-Venezia Giulia

Studio di parole | L'albero genealogico

Punti grammaticali

6.1 Aggettivi e pronomi possessivi
6.2 Verbi irregolari in **-ere** e in **-ire**
6.3 **Sapere** e **conoscere**
6.4 I pronomi diretti

Vedute d'Italia | La famiglia in Italia

Attività video | *La mia famiglia*

Ripasso

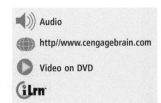

🔊 Audio
🌐 http//www.cengagebrain.com
▶ Video on DVD
iLrn

◀ Una tipica famiglia italiana di oggi: padre, madre e due figli

Courtesy of the authors

Il Friuli-Venezia Giulia

Il Friuli-Venezia Giulia è una regione dell'Italia settentrionale con circa 1 200 000 abitanti. È formata da due parti culturalmente molto diverse: il Friuli e la Venezia Giulia. Confina con l'Austria e con la Slovenia. È una regione dalla geografia eterogenea che si estende dalle Alpi fino al mare Adriatico. Il capoluogo è Trieste, una città dalla storia complessa che ha fatto parte dell'Impero Austro-Ungarico ed è passata dall'Austria all'Italia alla fine della prima guerra mondiale (*WWI*). Tra la popolazione della Venezia Giulia c'è una forte componente slovena (*Slovenian*) e le amministrazioni pubbliche tutelano (*protect*) il bilinguismo: l'italiano e lo sloveno. Tra le industrie è importante il settore artigianale e l'industria cantieristica (*shipbuilding*). In agricoltura predomina la coltivazione del mais (*corn*) e la viticoltura (*vinyards*). Trieste è anche sede della società Illycaffè che esporta caffè in tutto il mondo.

© Cengage Learning

Courtesy of Agenzia turismo FVG Photo: Alessandro Savella

▲ Il castello di Miramare, circondato da un esteso parco, fu costruito verso la metà dell'Ottocento per Massimiliano d'Asburgo, arciduca d'Austria e poi imperatore del Messico. Vicino al castello oggi ha sede il Centro Internazionale di Fisica Teorica che attrae ricercatori (*researchers*) e scienziati da tutto il mondo.

Udine – La Loggia del Lionello del XV secolo si affaccia (*overlooking*) sulla centrale Piazza della Libertà. ▶

Courtesy of the Agenzia Turismo FVG

bepsy/Shutterstock.com

◀ Trieste, con le rive *(seashore)* e Piazza Unità d'Italia – Il nome della piazza che si affaccia sul mare celebra l'appartenenza *(belonging)* della città all'Italia. Trieste è un centro di commercio marittimo e in molti dei palazzi che circondano la piazza hanno sede importanti compagnie assicurative *(insurance companies)*.

travellinglight/iStockphoto.com

I cevapcici, un piatto tipico della Venezia Giulia, hanno origini balcane. Sono delle polpettine cilindriche *(cylindrical meatballs)* di carne tritata *(ground meat)* e spezie *(spices)*. Si preparano alla griglia e si servono con cipolla e una salsa piccante *(spicy)* a base di peperoni rossi. ▶

Courtesy of the authors

◀ In Friuli, come in altre regioni alpine, ci sono le malghe, i pascoli *(pastures)* ad alta quota *(high elevation)*, dove si conducono *(they bring)* le mucche *(cows)* dai mesi di maggio-giugno fino alla fine dell'estate *(end of summer)*. Nelle malghe si producono anche ottimi formaggi con il latte di mucca, come il Montasio e la ricotta affumicata *(smoked ricotta)*.

Una volta la famiglia italiana era molto numerosa.

Oggi la famiglia è più piccola con uno o due figli.

Una famiglia numerosa 🔊 CD1-25

È sabato, e Ornella **va a trovare** gli zii che abitano **in campagna.** Va in macchina, e la sua amica va con lei. *goes to visit / in the country*

BIANCA Quante persone ci sono nella tua famiglia?

ORNELLA Mio padre, mia madre, mio fratello, le mie due sorelle ed io.

BIANCA Hai una famiglia numerosa.

ORNELLA **Abbastanza.** *Quite.*

BIANCA Come si chiama tuo fratello e quanti anni ha?

ORNELLA Marco ha venticinque anni, e **fa l'ultimo anno di medicina** all'Università di Bologna. È un bel ragazzo, intelligente. I suoi professori hanno un'opinione eccellente di lui. **Vuoi conoscerlo?** *he is in his last year of medical school* / *Do you want to meet him? / with pleasure*

BIANCA Sì, **volentieri!** Quando?

ORNELLA Domani sera. **Possiamo uscire** insieme; tu con mio fratello e io con il mio ragazzo. *We can go out*

BIANCA Splendido!

Comprensione

1. Che giorno è? **2.** Con chi va a trovare gli zii Ornella? **3.** Quanti figli (*children*) ci sono nella famiglia di Ornella? **4.** Come si chiama suo fratello? **5.** Che opinione hanno di lui i suoi professori? **6.** Bianca vuole conoscere Marco? **7.** Secondo te, Bianca ha un ragazzo? **8.** Con chi esce (*goes out*) Bianca domani sera?

Studio di parole L'albero genealogico

descrivi tua

il **nonno** grandfather
la **nonna** grandmother
i **genitori** parents
il **padre** father
la **madre** mother
il **figlio** son
la **figlia** daughter
il **figlio/la figlia unico/a** only child
i **gemelli/le gemelle** twins
il **marito** husband
la **moglie** wife
il **fratello** brother
la **sorella** sister
lo **zio** uncle
la **zia** aunt
il **cugino/la cugina** cousin
il **nipote** grandson; nephew
la **nipote** granddaughter; niece
il/la **parente** relative

i **parenti** relatives
i **figli** children
il **suocero** father-in-law
la **suocera** mother-in-law
il **genero** son-in-law
la **nuora** daughter-in-law
il **cognato** brother-in-law
la **cognata** sister-in-law
nubile / single unmarried,
  single female
celibe / single unmarried,
  single male
fidanzato(a) fiancé(e)
sposato(a) married
separato(a) separated
divorziato(a) divorced
vedovo(a) widower, widow
il **mio ragazzo** my boyfriend
la **mia ragazza** my girlfriend

NOTE: Benché i nomi corrispondenti per *stepfather/mother, stepson/daughter* siano *(are)*: patrigno/matrigna, figliastro/figliastra, questi nomi sono raramente usati, perché hanno una connotazione negativa. Riferendosi al «figliastro» o alla «figliastra», gli Italiani preferiscono usare: il figlio/la figlia di mio marito/mia moglie. I figli, generalmente, si rivolgono *(address)* al patrigno/alla matrigna usando il loro primo nome.

Informazioni

I parenti

In molte famiglie italiane entrambi *(both)* i genitori lavorano fuori casa, spesso per necessità economiche, e padre e madre condividono la cura *(care)* dei figli e le responsabilità domestiche. Spesso gli Italiani preferiscono non allontanarsi *(move away)* dalla città o regione in cui sono cresciuti *(where they were raised)* e pertanto *(therefore)* i nonni aiutano a badare *(to take care)* ai nipoti quando i genitori sono al lavoro. Molte coppie però devono spostarsi *(move)* per motivi *(reasons)* di lavoro e creano la loro famiglia altrove *(elsewhere)*. Gli anziani *(elderly)* si ritrovano pertanto *(therefore)* soli e a volte sono costretti ad andare nelle case di riposo *(nursing homes)*.

Nella maggior parte dei casi *(In most cases)* la famiglia italiana resta comunque *(nonetheless)* unita da forti legami *(ties)* e i parenti si riuniscono spesso per festeggiare compleanni, matrimoni, lauree e altre feste, religiose o civili.

Applicazione

A. Chi è? Completate le seguenti frasi con l'espressione appropriata.

1. Il fratello di mio padre è mio _____.
2. La madre di mia madre è mia _____.
3. I nonni hanno un debole (*a weak spot*) per i loro _____.
4. La moglie di mio fratello è mia _____.
5. Rina non ha marito; è _____.
6. La figlia dello zio Piero è mia _____.

B. L'albero genealogico. Guardate l'albero genealogico a pagina 149 e rispondete a turno alle seguenti domande con una frase completa.

1. Luigi e Maria sono marito e moglie. Chi sono i loro due figli? Chi è il loro genero? Chi sono i loro nipoti?
2. Anna è la moglie di Paolo. Chi è suo padre? Chi è suo fratello? Chi è sua cognata?
3. Chi è la suocera di Luisa? Chi sono i suoi due nipoti?
4. Enzo è il fratello di Marina. Chi è suo nonno? Chi è sua zia? Chi sono i suoi cugini?

C. Conversazione. In coppie, fatevi a turno le domande che seguono sulle vostre famiglie.

1. Hai fratelli o sorelle?
2. Quante persone ci sono nella tua famiglia? (Nella mia famiglia...) Hai una famiglia numerosa?
3. Come si chiama tuo padre? E tua madre?
4. Dove abitano i tuoi genitori?
5. Vai spesso a trovare i parenti?
6. Hai molti cugini?

D. Adesso parliamo! In coppie, descrivete alcuni membri della vostra famiglia. Date le informazioni più importanti: nome, età, descrizione fisica, personalità, occupazione, attività preferite, ecc.

Ascoltiamo!

A casa degli zii CD1-26

Ornella va a trovare gli zii con la sua migliore (*best*) amica, Bianca. Ascoltate la conversazione e rispondete alle domande.

Comprensione

1. Dove arrivano Ornella e la sua amica Bianca?
2. Cosa dice lo zio quando Ornella presenta la sua amica?
3. Come stanno i genitori di Ornella?
4. Dove lavora suo padre?
5. Qual è la professione di sua madre?
6. Cosa prepara la zia?

Dialogo

In gruppi di tre studenti, immaginate una conversazione simile. Ecco le parti:

il nipote/la nipote
il nonno/la nonna
un amico del nipote/della nipote

a. Saluti: La persona che va a trovare il nonno/nonna presenta il suo amico o la sua amica.
b. Il nonno/la nonna fa due domande al/alla nipote e altre due all'amico/a.

6.1 Aggettivi e pronomi possessivi

Possessor	Singular		Plural	
	Masculine	Feminine	Masculine	Feminine
io *my*	il mio	la mia	i miei	le mie
tu *your (familiar sing.)*	il tuo	la tua	i tuoi	le tue
lui/lei *his/her, its*	il suo	la sua	i suoi	le sue
Lei *your (formal sing.)*	il Suo	la Sua	i Suoi	le Sue
noi *our*	il nostro	la nostra	i nostri	le nostre
voi *your (familiar pl.)*	il vostro	la vostra	i vostri	le vostre
loro *their*	il loro	la loro	i loro	le loro
Loro *your (formal pl.)*	il Loro	la Loro	i Loro	le Loro

La mamma porta a passeggio la sua bambina.
La bambina gioca con i suoi giocattoli *(toys)*.

1. Possessive adjectives express ownership or relationship (*my, your, his,* etc.). They agree in gender and number with the noun they modify, *not* with the possessor, and they are preceded by an article.

   > È **la famiglia** di Antonio? Sì, è **la sua** famiglia.
   > Sono **i fratelli** di Antonio? Sì, sono **i suoi** fratelli.
   > Sono **le sorelle** di Antonio? Sì, sono **le sue** sorelle.

Il mio ragazzo, **la mia** ragazza	*My boyfriend, my girlfriend*
I nostri nonni	*Our grandparents*
Signor Riva, **la Sua** macchina è pronta.	*Mr. Riva, your car is ready.*

   NOTE

   a. Remember that whenever certain prepositions precede a definite article, the two words contract (see **Capitolo 3**): *Nella mia* **famiglia ci sono sei persone.**

Telefona **dal Suo** ufficio?	*Are you calling from your office?*
Ritornano **dal loro** viaggio.	*They are returning from their trip.*

   b. The article is *not* used when a possessive adjective precedes a singular noun that refers to a relative. The article is used, however, if the noun referring to relatives is plural or if it is modified by an adjective or a suffix.

mio zio Baldo	*my uncle Baldo*
nostra cugina Nella	*our cousin Nella*
suo fratello	*his/her brother*

   BUT

i miei zii e **le mie** cugine	*my uncles and my cousins*
la mia bella cugina Lia	*my beautiful cousin Lia*
il tuo fratellino	*your little brother*

   c. **Loro** is invariable and is *always* preceded by the article.

la loro sorella	*their sister*
i loro vicini	*their neighbors*

   d. Phrases, such as *a friend of mine* and *some books of yours* translate as **un mio amico** and **alcuni tuoi libri.**

   e. The idiomatic constructions **a casa mia, a casa tua,** etc., mean *at (to) my house, at (to) your house,* etc.

2. The *possessive pronouns* have the same forms as the possessive adjectives. They are preceded by an article, even when they refer to relatives.

mia madre e **la sua**	*my mother and his/hers*
la tua casa e **la nostra**	*your house and ours*
i suoi amici e **i miei**	*his/her friends and mine*
Ecco mio fratello; dov'è **il Suo**?	*There is my brother; where is yours?*

— Mio figlio si chiama Luigi. E i vostri?
— I nostri si chiamano Mina, Lina, Tino, Gino e Nino.

Pratica

A. Cosa cerchi? Tu e il tuo compagno/la tua compagna siete un po' disorganizzati e cercate alcune cose. In coppie, fatevi a turno le domande che seguono usando gli aggettivi possessivi.

Esempio quaderni
— *Cosa cerchi?*
— *Cerco i miei quaderni.*

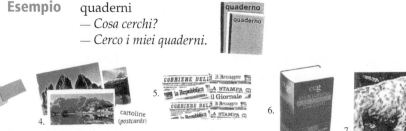

orologio   giornali

B. Chi portate? La tua università celebra il centenario della sua fondazione. Alla celebrazione gli studenti possono invitare due persone, oltre *(besides)* ai loro genitori. Dite chi porta ogni studente/studentessa.

Esempio cugino / amico Marco
— *Io porto mio cugino e il mio amico Marco.*

1. sorella / fratellino
2. zio / zia
3. fratello / compagno(a) di liceo
4. nonni
5. nonna / migliore *(best)* amica
6. cugine di Roma

C. Di chi sono? Usate gli aggettivi possessivi per indicare di chi sono le seguenti *(following)* cose. Seguite l'esempio.

Esempio la macchina (Riccardo)
la sua macchina

1. il computer (io e mia sorella)
2. il ragazzo (Elisa)
3. le matite (tu e il tuo compagno)
4. la famiglia (tu)
5. i motorini (Adriano e Franca)
6. la città (io)
7. i giocattoli (Davide e Roberta)

D. Domande. Domandate ad un altro studente/un'altra studentessa di chi sono i seguenti oggetti.

Esempio — È la bicicletta di tuo fratello? / sì
— *Sì, è la sua bicicletta.*

1. Sono i compagni di tua sorella? / no
2. Sono i CD del tuo amico? / sì
3. È l'Alfa Romeo di tuo zio? / no
4. Sono gli indirizzi dei tuoi amici? / sì
5. È il telefonino di tuo cugino? / no
6. È la ragazza di tuo fratello? / sì

E. Un'amica curiosa. Una compagna di stanza desidera sapere molte cose. In coppie, fatevi a turno le domande che seguono, usando nella risposta la preposizione articolata + aggettivo possessivo. Seguite l'esempio.

Esempio — Dove sono le chiavi? / (my) borsa (*bag*)
— *Sono nella mia borsa.*

1. A chi scrivi? / (my) parenti
2. Di chi è la foto? / (my) nonni
3. Dov'è l'indirizzo di Luigi? / (his) scrivania
4. Dov'è la macchina di Fiona? / (her) garage
5. Dove sono gli appunti di storia? / (your) scaffale (*m.*)
6. Di chi è l'iPad? / (my) amica
7. Dove sono i libri di Luisa e Marco? / (their) zaini (*backpacks*).

F. Una telefonata interurbana. Completate la conversazione telefonica tra Milena e Gianna. Usate gli aggettivi possessivi preceduti dalla preposizione articolata corretta.

MILENA   Ciao, Gianna! Come va? Quando ritorni _____ viaggio?

GIANNA   _____.

MILENA   Io festeggio la mia laurea e vorrei invitarti _____ festa.

GIANNA   Molto volentieri. Posso venire (*May I come*) _____ ragazzo?

MILENA   Certamente. Vorrei invitare anche Gino e Franco. Ma ho bisogno _____ numeri di telefono.

GIANNA   Mi dispiace, ma non ho i loro numeri di telefono. Domani li cerco _____ agenda del telefono.

MILENA   Bene, allora (*then*) tu puoi (*can*) telefonare a Gino e Franco ed invitarli _____ festa.

GIANNA   Bene. Grazie dell'invito e a presto (*I'll see you soon*).

G. A turno. In coppie, completate con il pronome possessivo corretto: **il tuo, la tua, i tuoi, le tue.** Usate la preposizione quando è necessario.

Esempio Io scrivo a mio padre e tu scrivi _____.
*Io scrivo a mio padre e tu scrivi **al tuo.***

1. Io faccio i miei compiti e tu fai _____.
2. Io parlo alla mia insegnante e tu parli _____.
3. Io vedo mio cugino e tu vedi _____.
4. Io invito le mie sorelle e tu inviti _____.
5. Io scrivo a mio fratello e tu scrivi _____.
6. Io pago i miei conti e tu paghi _____.

H. Come si chiama… ? Come si chiamano… ? In coppie, fatevi a turno le seguenti domande. Seguite l'esempio.

Esempio il padre
— *Come si chiama tuo padre?*
— *Mio padre si chiama…, e il tuo?*
— *Il mio si chiama…*

1. la madre
2. il migliore amico/la migliore amica
3. il liceo
4. i nonni
5. il ristorante preferito
6. gli animali che hai

ISTITUTO DI PSICOLOGIA

Se hai dei problemi con

- la tua vita coniugale
- i tuoi figli
- le tue relazioni personali
- la tua timidezza
- il tuo lavoro
- lo stress

I. Adesso parliamo! Consigli pratici. In coppie, fate la parte di uno psicologo/una psicologa che dà dei consigli (*advice*) e della persona che ha dei problemi, come quelli (*those*) nell'annuncio (*ad*). Nella conversazione usate i pronomi possessivi formali.

Esempio — *Dottore, ho dei problemi con il mio lavoro.*
— *Allora deve* (you must) *lasciare il suo lavoro e cercare un nuovo lavoro.*

Vocabolario utile: avere un dialogo (*to communicate*) con la moglie, avere più pazienza con i figli, parlare con gli amici, cercare l'anima gemella (*soul mate*); avere una relazione personale (*personal rapport*) con i compagni di lavoro, aumentare le attività sportive

6.2 Verbi irregolari in *-ere* e in *-ire*

The following verbs ending in **-ere** are irregular in the present tense:

bere *(to drink)*		dovere *(to have to, must; to owe)*		potere *(can, may, to be able to)*		volere *(to want)*	
bevo	beviamo	devo	dobbiamo	posso	possiamo	voglio	vogliamo
bevi	bevete	devi	dovete	puoi	potete	vuoi	volete
beve	bevono	deve	devono	può	possono	vuole	vogliono

Davide vuole uscire dalla neve, ma non può, perché la neve è troppo alta.

Dovere and **potere** are followed by an infinitive. **Volere** may be followed by an infinitive or a noun.

Oggi **beviamo** del Chianti.	*Today we are drinking Chianti.*
Stasera **devo** uscire.	*Tonight I have to go out.*
Possiamo fare molte cose.	*We can do many things.*
Cosa **vuoi** mangiare?	*What do you want to eat?*
Vuole un succo d'arancia?	*Do you want (a glass of) orange juice?*

NOTE

a. **Dovere,** followed by a noun, corresponds to the English *to owe.*

   Devo cento euro a mia zia.   *I owe my aunt one hundred euro.*

b. The expression **voler(e) bene** translates as *to love (to have affection for someone).*

Voglio bene a mia mamma e a mio papà.	*I love my mom and my dad.*
Mia sorella **vuole bene** al suo gattino.	*My sister loves her kitten.*

   In closing a letter, the expression *Love* is translated as **Con affetto.**

c. The expression **voler(e) dire** translates as *to mean.*

Cosa **vuol dire** questa parola?	*What does this word mean?*
Non capisco. Cosa **vuoi dire?**	*I don't understand. What do you mean?*

Nota linguistica

The verbs *amare* and *voler bene*

Amare (*To love*) implies romantic or abstract feelings: *Gino ama Lucia. Io amo la letteratura. Noi amiamo viaggiare.*

Voler bene (*To love*) implies feelings of affection: *Io voglio bene ai miei zii.* Note that **voler bene** is followed by the preposition **a** before the noun(s).

Verifica. Completate le frasi con la forma corretta di **amare** o **volere bene.**

1. I fratelli di Marco ~~Amare amano~~ la musica classica.
2. La mamma di Antonio non ~~ama~~ cucinare.
3. Antonio ~~vuole v vo~~ alla sua mamma.
4. I nipoti ~~vogliono~~ ai loro nonni.

The following verbs ending in **-ire** are irregular in the present tense:

dire *(to say, to tell)*		**uscire*** *(to go out)*		**venire** *(to come)*	
dico	diciamo	esco	usciamo	vengo	veniamo
dici	dite	esci	uscite	vieni	venite
dice	dịcono	esce	ẹscono	viene	vẹngono

I genitori **dicono** «Buon compleanno!»
The parents are saying "Happy birthday!"

Veniamo domani.
We'll come tomorrow.

Esce tutte le sere.
He/She goes out every night.

Lia **riesce** bene a scuola.
Lia is very successful in school.

Un proverbio dice: «Dopo la pioggia viene il sole». Che cosa vuol dire? C'è un proverbio simile in inglese?

Pratica

A. Cosa beviamo? Usando il verbo **bere,** fate a turno le seguenti domande e date le risposte.

1. Cosa _____ (tu) quando hai molta sete?
2. Quando _____ dello spumante tu e i tuoi amici?
3. Cosa _____ gli Italiani, in generale, a cena?
4. Cosa _____ (tu) la mattina, a colazione?

B. Una bevanda per ogni occasione. Con un compagno/una compagna, formate delle frasi complete con il verbo **bere** e uno degli elementi nella lista.

a Capodanno	perché avete freddo	al bar	a colazione
con il pesce	quando ho sete		

1. Tua sorella _____ un caffè _____.
2. (io) _____ dell'acqua minerale _____.
3. (noi) _____ il succo di pompelmo _____.
4. I parenti _____ lo spumante _____.
5. Tu e i tuoi amici _____ una cioccolata calda _____.
6. (tu) _____ del vino bianco _____.

C. Cosa possiamo fare con 1 000 euro? In coppie, tu dici ad un amico/un'amica quello che *(what)* le seguenti persone vogliono fare con 1 000 euro. L'amico(a) esprime *(expresses)* la sua opinione: se le persone possono o non possono fare con 1 000 euro quello che desiderano.

Esempio i miei genitori / andare in Italia
— *I miei genitori vogliono andare in Italia.*
— *I tuoi genitori non possono andare in Italia.*

1. io / comprare una macchina fotografica
2. mio fratello / fare un viaggio a New York
3. mia sorella ed io / portare i nostri genitori all'opera
4. i miei cugini / comprare una barca *(boat)*
5. tu ed io / dare una festa per tutti gli studenti
6. la mia famiglia / affittare *(to rent)* una villa in Toscana per un mese
7. tu / comprare un computer portatile

---

*The verb **riuscire** *(to succeed)* is conjugated like **uscire.**

D. Cosa fate se... ? In coppie, fatevi a turno le seguenti domande. Nella risposta usate la forma corretta del verbo **dovere** e un po' d'immaginazione.

Esempio — *Cosa fai se hai un problema con la macchina?*
— *Devo portare la macchina dal meccanico.*

1. Cosa fai se hai bisogno di soldi?
2. Cosa fate tu e i tuoi compagni quando non capite una spiegazione?
3. Cosa fanno gli studenti se ricevono un brutto voto in italiano?
4. Cosa fai se hai fame?
5. Cosa facciamo quando abbiamo sonno?

E. Quanto dobbiamo a... ? Tu e il tuo compagno/la tua compagna avete preso in prestito *(borrowed)* dei soldi quando avete affittato insieme un appartamento. Chiedetevi a turno quanti soldi dovete restituire.

Esempio Quanto devi a tuo fratello? / 50 euro
— *Devo 50 euro a mio fratello.*

1. Quanto devi ai tuoi genitori? / 575 euro
2. Quanto devi a tua nonna? / 100 euro
3. Quanto devi ai tuoi zii? / 200 euro
4. Quanti euro dobbiamo restituire in totale?

F. Cosa diciamo? In coppie, fatevi a turno le seguenti domande. Seguite l'esempio e usate una delle espressioni della lista.

Esempio tu / quando arrivi in classe
— *Cosa dici tu quando arrivi in classe?*
— *Dico «Buon giorno». o…*

Tanti auguri!	**Buona fortuna! / In bocca al lupo!**	**Pronto!**
Buona notte!	**Salute! / Cin cin!**	**Grazie!**
Bravo/a!		

1. voi / al compleanno di un amico
2. noi / quando rispondiamo al telefono
3. i tuoi genitori / quando vedono i tuoi voti (si spera *[hopefully]*…)
4. tu / quando un amico ti dà un regalo
5. tu / a un compagno prima di un esame difficile
6. voi / agli amici la sera tardi *(late)* dopo una festa
7. gli Italiani / quando fanno un brindisi *(they make a toast)*

G. Qual è il verbo corretto? Completate con le forme corrette di **uscire** e **venire**, secondo il caso *(according to the context)*.

1. Questa sera io non _____ perché i miei nonni _____ a cena.
2. Tu e il tuo compagno _____ tutte le sere! Dove andate?
3. Oggi mia madre non _____ di casa perché aspetta sua sorella che _____ dall'Italia.
4. Se noi _____ presto *(early)* dall'ufficio, possiamo fare una passeggiata.
5. Quando _____ a casa mia voi?
6. Se volete, possiamo _____ insieme stasera.

H. Progetti. Enrico e Francesca parlano del weekend. Completate il dialogo usando i verbi **uscire** e **venire** nella forma corretta.

ENRICO   Francesca, _____ al cinema con me stasera?

FRANCESCA   Stasera dovrei (*I should*) stare a casa a studiare.

             Preferisco _____ domani sera.

ENRICO   Perché (noi) non _____ stasera, e domani, che è domenica, hai più tempo per studiare?

FRANCESCA   D'accordo, possiamo _____ stasera.

ENRICO   Benissimo, (io) _____ a casa tua verso (*at about*) le otto.

I. Conversazione

1. Esci spesso il sabato sera?

2. Esci solo(a) o con gli amici?

3. Quando tu e i tuoi amici uscite, dove andate di solito?

4. Chi viene alla tua festa di compleanno?

J. Adesso parliamo! Progetti per il weekend.

In coppie, fate dei progetti per il weekend. Dite tre cose che volete fare, tre cose che dovete fare e tre cose che non potete fare.

Esempio   Questo (*This*) weekend **voglio** fare una gita.
               Domenica **devo** studiare per l'esame d'italiano.
               Domani sera non **posso** uscire con gli amici.

6.3 *Sapere* e *conoscere*

In Italian there are two verbs that both translate as *to know* in English: **sapere** and **conoscere.** They are conjugated as follows:

sapere		conoscere	
so	sappiamo	conosco	conosciamo
sai	sapete	conosci	conoscete
sa	sanno	conosce	conoscono

1. **Sapere** is an irregular verb. It means *to know how to do something, to know a fact.*

   Sai la lezione?   *Do you know the lesson?*
   Nino **sa** suonare il piano.   *Nino knows how to play the piano.*
   Sai che domani è vacanza?   *Do you know that tomorrow is a holiday?*

   NOTE

   Sapere takes the direct-object pronoun **lo** to replace a dependent clause.

   Sai chi è Sophia Loren?   *Do you know who Sophia Loren is?*
   Sì, **lo** so. È un'attrice.   *Yes, I know (it). She is an actress.*
   Sapete **quando è morto JFK?**   *Do you know when JFK died?*
   No, non **lo** sappiamo.   *No, we do not know (it).*

— Pietro! Cosa fai? Mia madre non sa nuotare!

2. **Conoscere** is a regular verb. It means *to be acquainted with a person or a place* and *to meet someone for the first time.*

   Non **conosco** il sig. Paoli.   *I don't know Mr. Paoli.*
   Conosciamo bene Venezia.   *We know Venice well.*
   Desidero **conoscere** i tuoi genitori. *I would like to meet your parents.*

Chiara sa cucinare molto bene.
Oggi cucina la minestra di verdure.

Pratica

A. Che bravi! Enrico parla di cosa sanno fare alcuni dei suoi familiari. Completate le frasi con la forma corretta del verbo **sapere**.

1. Mio fratello _____ suonare il clarinetto.
2. Mia madre e mia zia _____ cucinare (*cook*) molto bene.
3. Mio padre è un vero poliglotta; _____ parlare tre lingue straniere: l'inglese, il francese e il tedesco.
4. Io _____ giocare a tennis.

B. Sapete... ? In coppie, fatevi a turno le seguenti domande.

1. Quante lingue sai parlare?
2. Tu e i tuoi compagni sapete sempre quando c'è un esame o qualche volta è una sorpresa?
3. Tuo padre e tua madre sanno che voti ricevi? Cosa dicono?
4. Nella tua famiglia, chi sa suonare uno strumento musicale?
5. Sai dov'è nato (*was born*) tuo nonno? E il tuo bisnonno (*great grandfather*)?

C. Un padre preoccupato. Il padre di Gabriella fa molte domande su (*about*) Filippo (il ragazzo di Gabriella) a un conoscente (*acquaintance*). In coppie, fate la parte del padre di Gabriella e della persona che risponde. Incominciate le domande con **Sa... ?** o **Conosce... ?** Elaborate le risposte.

Esempio   suo padre
— *Conosce suo padre?*
— *Sì, conosco suo padre. È un uomo simpatico.*
    o *No, non conosco suo padre.*

1. quanti anni ha
2. dove abita
3. che cosa studia all'università
4. i suoi genitori
5. se ha fratelli o sorelle
6. i suoi amici
7. quando si laurea

D. Lo sai o non lo sai? In gruppi di tre studenti, uno studente/ una studentessa fa le seguenti domande agli altri due studenti. Se uno studente/una studentessa non sa rispondere, dice: «**Non lo so**».

Esempio   — *Sai chi ha inventato la radio?*
— *Lo so. Guglielmo Marconi.*

1. Sai qual è la capitale d'Italia? Sai in quale regione si trova (*is*)?
2. Sai quante regioni ci sono in Italia?
3. Sai se Torino è nell'Italia settentrionale o meridionale?
4. Sai come si chiamano le montagne a nord dell'Italia?
5. Sai in quale città ci sono le gondole?
6. Sai cos'è *La Divina commedia*?
7. Sai chi è l'autore?
8. Sai in quale isola si trova Palermo?
9. Sai cosa vuol dire «in bocca al lupo»?

E. Adesso parliamo! Che compagni dotati (*talented*)! In gruppi di quattro studenti, scoprite (*discover*) che cosa sanno fare i compagni e che abilità avete in comune. A turno, fate cinque domande ciascuno (*each*) e alla fine dite al resto della classe che cosa avete scoperto (*discovered*).

Vocabolario utile: ballare, giocare a bridge, andare in motocicletta, sciare (*to ski*), pattinare (*to skate*).

6.4 I pronomi diretti

The direct-object pronouns are used to replace direct-object nouns. The direct object of a sentence answers the questions *whom?* or *what?*

Chiamo **il cameriere. Lo** chiamo.	Visito **il museo. Lo** visito.
Chiamo **la signora. La** chiamo.	Visito **la chiesa. La** visito.
Chiamo **gli amici. Li** chiamo.	Visito **i giardini. Li** visito
Chiamo **le ragazze. Le** chiamo.	Visito **le città. Le** visito.
Mi chiami? Sì, **ti** chiamo.	**Ci** chiami? Sì, vi chiamo.

Here is a chart showing all of the direct-object pronouns:

Singular		Plural	
mi (m') *me*	**mi** chiamano	**ci** *us*	**ci** chiamano
ti (t') *you* (familiar)	**ti** chiamano	**vi** *you* (familiar)	**vi** chiamano
lo (l') *him, it*	**lo** chiamano	**li** *them (m.)*	**li** chiamano
la (l') *her, it*	**la** chiamano	**le** *them (f.)*	**le** chiamano
La (L')* *you* (formal, m. & f.)	**La** chiamano	**Li, Le** *you* (formal, m. & f.)	**Li/Le** chiamano

— Compri il panettone a Natale?
— Sì, lo compro ogni Natale?

Sai che cos'è il panettone? È Il dolce tradizionale di Natale che gli Italiani regalano a parenti, amici e colleghi di lavoro. È un dolce farcito *(filled)* con frutta candida *(candied)* e uva passa *(raisins)*. Hai mangiato *(have you eaten)* il panettone qualche volta? In quale occasione? Ti piace?

1. A direct-object pronoun immediately precedes the conjugated verb even in the negative form.

Leggo le lettere. **Le** leggo.	*I read the letters. I read them.*
Buona sera, dottore. **La** chiamo domani.	*Good evening, Doctor. I'll see you tomorrow.*
Non **ci** invitano mai.	*They never invite us.*

2. Usually the singular pronouns **lo** and **la** drop the final vowel before a verb beginning with a vowel sound.

Inviti **Lucia?**	Ascolti **la radio?**
Sì, **l'**invito.	No, non **l'**ascolto.

3. Unlike their English equivalents, Italian verbs, such as **ascoltare** *(to listen to)*, **guardare** *(to look at)*, **cercare** *(to look for)*, and **aspettare** *(to wait for)* are not followed by a preposition; they therefore take a direct object.

Cerchi la ricetta?	*Are you looking for the recipe?*
Sì, **la** cerco.	*Yes, I am looking for it.*
Vi aspetto stasera alle otto.	*I will be waiting for (expecting) you at eight o'clock tonight.*

Lisa: Guarda Gina, è Luigi che ti fa la proposta di matrimonio!
Gina: Oh! Che romantico!
Lisa: Vuoi sposarlo?
Gina: Sì, voglio sposarlo! E tu, vuoi farmi da testimone *(be my maid of honor)?*
Lisa: Con molto piacere!

---

*The formal pronoun **La (L')** is both masculine and feminine, as in **arrivederLa.**

4. When a direct pronoun is the object of an infinitive, it is attached to the infinitive, which drops the final **-e.**

Non desidero veder**la**.   *I don't wish to see her.*
Preferisco aspettar**ti** al caffè.   *I prefer to wait for you at the coffee shop.*

NOTE: With the verbs **potere, volere, dovere,** and **sapere,** the object pronoun may either be placed before the conjugated verb or attached to the infinitive.

Ti posso chiamare? ⎫
Posso chiamarti? ⎭   *May I call you?*

5. A direct-object pronoun attaches to the expression **ecco!**

Ecco**lo**!   *Here (There) he is!*
Ecco**mi**!   *Here I am!*

Pratica

A. Abitudini. In coppie, fatevi a turno le seguenti domande. Rispondete sostituendo le parole sottolineate *(underlined)* con un pronome diretto.

Esempio   — *Dove aspetti il <u>tuo amico</u>?*
                — *L'aspetto al caffè.* o ...

1. Fai <u>colazione</u> la mattina? Cosa mangi?
2. Prendi <u>il caffè</u>? Con zucchero o senza?
3. Dove incontri i <u>tuoi compagni</u>?
4. Fai sempre <u>tutti i compiti</u>?
5. <u>Mi</u> chiami stasera dopo cena?
6. Quando guardi <u>la TV</u>?
7. Quando pulisci <u>la tua stanza</u>?
8. I tuoi genitori <u>ti</u> chiamano spesso?

B. Quando? Un amico ti chiede quando fai le seguenti cose. In coppie, fatevi a turno le domande, e rispondete usando i pronomi, secondo l'esempio.

Esempio   fare i compiti
                — *Quando fai i compiti?*
                — *Li faccio dopo le lezioni.* o...

1. mandare sms   4. incontrare gli amici
2. fare le spese   5. usare il computer
3. mangiare il gelato   6. fare la doccia

C. Scambi rapidi. I nonni parlano con il nipote Aldo, studente universitario, che è ritornato a casa dopo aver passato *(having spent)* sei mesi a Londra con il programma Erasmus *(study abroad program in Europe)*. Completate il dialogo con i pronomi appropriati e leggete le parti di Aldo e i nonni.

ALDO   Carissimi nonni, finalmente _____ rivedo (*I see you again*)! Come state?

NONNO   Noi stiamo benone. Ma tu, come _____ trovi (*do you find us*)? Tristi e vecchi forse?

ALDO   Anzi (*On the contrary*), _____ trovo in ottima forma, (*great shape*) e _____ rivedo con tanto piacere!

NONNA   Anche noi _____ rivediamo con tanta gioia. Siamo tanto contenti quanto tu _____ chiami e vieni a trovarci. Noi _____ aspettiamo sempre.

ALDO   Purtroppo domani devo ritornare all'università! Stasera però _____ vedo a casa di mamma e papà, vero?

NONNO   Sì, tuo padre _____ viene a prendere in macchina alle sette.

D. Una festa. Volete organizzare una festa per la fine dell'anno scolastico. In coppie, fatevi a turno le domande che seguono e rispondete usando i pronomi diretti.

> **Esempio** — Vuoi invitare *i nostri compagni del corso d'italiano*?
> — *Sì, voglio invitarli.*

1. Preferisci dare *la festa* venerdì o sabato sera?
2. Devo mandare *gli inviti*?
3. Possiamo preparare *gli spaghetti*?
4. Quando vuoi fare *la spesa*?
5. Abbiamo bisogno di comprare *le bevande*?
6. Puoi chiamar*mi* domani prima di uscire?

E. Dove sono? Il tuo compagno/La tua compagna domanda dove sono alcune cose nella classe. Tu rispondi usando **ecco** e il pronome appropriato.

> **Esempio** — *Dov'è la penna?*
> — *Eccola!*

F. Un vero amico. Completate la conversazione tra Gino e Marco. Usate i pronomi diretti e la vostra immaginazione per individuare le parole che mancano *(missing)*.

GINO	Marco, capisci le formule di chimica?
MARCO	Sì, _____, e tu no?
GINO	No, io non _____, e la settimana prossima devo dare l'esame. Mi puoi aiutare *(help)*?
MARCO	Sì, posso _____ questo pomeriggio *(afternoon)*. Ci vediamo in centro? Puoi prendere la macchina di tuo padre?
GINO	No, _____, ma l'autobus passa vicino a casa mia.
MARCO	Allora ci incontriamo in centro, al Caffè Verona.
GINO	Grazie, Marco. Io _____ aspetto davanti al Caffè Verona. A proposito *(By the way)*, puoi portare i tuoi appunti? Io non so dove sono i miei.
MARCO	Sì, posso _____, se _____ trovo.
GINO	Grazie mille! Allora ci vediamo questo pomeriggio.

G. Adesso parliamo! Scegliamo *(Let's chose)* il marito. Attività in gruppi di tre studenti/studentesse. Uno/Una di voi ha una cugina di 32 anni che cerca marito. Leggete i quattro annunci e decidete insieme qual è il miglior partito *(the best choice)* per la cugina nubile e come deve essere, secondo voi, il partner «ideale». In gruppo, descrivete le qualità più importanti.

MATRIMONIALI

33ENNE bella presenza, romantico, buon lavoro, sposerebbe ragazza carina, affettuosa, lavoratrice, anchè nullatenente massimo trentenne, possibilmente residente in Torino. Gradito tel. Scrivere: Publikompass 8602 - 10100 Torino.

30ENNE bella presenza alto 1,85, diplomato, cerca scopo matrimonio bella e diplomata. Scrivere: Publikompass 8601 - 10100 Torino.

ATTRAENTE, sportivo, 55enne, ottimo livello socio/culturale, sposerebbe signora/ina, snella, fine, pulita, 30/50enne, anche straniera. Scrivere: Publikompass 8549 - 10100 Torino.

51ENNE vedovo cerca signora/ina o vedova 40/48enne seria scopo matrimonio max serietà, no perditempo. Scrivere: Publikompass 7022 - 10100 Torino.

Courtesy of the authors

Vocabolario utile:

nullatenente
scopo
pulita
no perditempo
poor
purpose
clean
no waste of time

Courtesy of the authors

Il fidanzamento 🔊 CD1-27

Stasera c'è una festa a casa di Gabriella. Gabriella festeggia il suo fidanzamento con Filippo.

Gabriella è figlia unica. È studentessa universitaria. Suo padre lavora in **una ditta di assicurazioni.** Sua madre è professoressa di musica ed è una bravissima cuoca.

insurance firm

Alla festa ci sono anche i nonni di Gabriella, suo zio Aldo e sua zia Milena con i loro due figli: Nino e Franco, due ragazzini di otto anni. Nino e Franco sono gemelli. Viene anche Betulla, la cugina di Gabriella che abita a Brescia. Filippo viene con i suoi genitori. Gabriella e sua madre hanno preparato una cena squisita.

Dopo cena tutti **sono seduti** in **salotto.** Betulla ammira **l'anello** di fidanzamento di Gabriella: un anello in oro bianco con tre piccoli **brillanti.**

are sitting / living room / ring

diamonds

LA ZIA MILENA Gabriella, dove hai conosciuto Filippo?

GABRIELLA L'ho conosciuto all'università.

BETULLA Quando pensate **di sposarvi**?

to get married

GABRIELLA Speriamo l'anno prossimo.

FILIPPO Prima dobbiamo prendere la laurea **tutt'e due.**

both

LO ZIO ALDO Quando finite gli studi?

GABRIELLA Li finiamo quest'anno.

FILIPPO **Poi** dobbiamo trovare un lavoro.

Then

LA MADRE DI GABRIELLA Devono anche cercare un appartamento.

GABRIELLA Speriamo di trovarlo vicino ai miei genitori.

NINO Possiamo venire anch'io e Franco al matrimonio?

GABRIELLA Certamente, voi siete tutti invitati.

A. Alla lettura. Leggete il dialogo con un compagno/una compagna e sottolineate i pronomi diretti e gli aggettivi possessivi.

B. Comprensione

1. Che cosa festeggia Gabriella questa sera? **2.** Che cosa fa Gabriella? Lavora? **3.** Dove lavora suo padre? **4.** Che cosa sa fare molto bene la mamma di Gabriella? **5.** Chi viene alla festa di stasera? **6.** Dove ha conosciuto il suo fidanzato Gabriella? **7.** Cosa devono fare Gabriella e Filippo prima di sposarsi? **8.** Quando finiscono gli studi? **9.** Dove vogliono trovare un appartamento? **10.** Che cosa chiede Nino?

C. Conversazione

1. Quando vedi i tuoi parenti? Spesso o solo in occasioni speciali (Festa del Ringraziamento, Natale, Hannukah, compleanni, anniversari, …)?
2. Quali parenti vedi più spesso?
3. I tuoi parenti vivono vicino o lontano?
4. Hai parenti che vivono in altri paesi? Quali?
5. Qual è il tuo (la tua) parente più simpatico(a)? Perché?

Adesso scriviamo!

La descrizione di una famiglia

Strategy: Writing more elaborate descriptions

In this activity, you will write three short paragraphs, each with a topic sentence: the first paragraph will be a short general description of your family; the second, a brief but more specific description of particular family members; and the third concludes with a general thought about your family.

A. Prima descrivi tutta la famiglia insieme: È numerosa? Quante persone ci sono?

B. Poi descrivi ogni membro: Quanti anni ha? Qual è la sua professione o attività scolastica? Com'è il suo aspetto fisico e il suo carattere? Quali sono i suoi passatempi preferiti?

C. Concludi con uno o due commenti: Passate *(Do you spend)* molto tempo insieme? Siete una famiglia divertente? Unita? Affettuosa *(Warm)*?

D. Adesso controlla la tua descrizione. Tutte le parole sono scritte correttamente? Hai controllato l'accordo tra l'aggettivo possessivo e il nome? Controlla in modo particolare la forma degli aggettivi possessivi con i termini di parentela: Hai sempre bisogno dell'articolo?

La famiglia in Italia

Alessandro Casagrande

A. You are about to read how the Italian family has evolved historically and socially. In 1970 the Italian Parliament passed a law permitting divorce. In 1975 the new **Diritto di famiglia** declared moral and judicial equality between husband and wife. The family nucleus has changed.

lasted — Il concetto patriarcale della famiglia è **perdurato** a lungo nella società italiana.
he was supposed to make — Il marito-padre era il capofamiglia: a lui **spettavano** tutte le decisioni importanti
choice — per la famiglia (la **scelta** della residenza, l'educazione dei figli) e la
woman / had to — **donna**-moglie-madre **doveva** rispettare la sua autorità.

Certamente anche in Italia incominciavano i primi movimenti femministi,
man — che rivendicavano la parità tra **uomo** e donna. Nel 1946 le donne italiane
obtained the right to vote / — **hanno ottenuto il diritto al voto. La ripresa economica degli anni sessanta**
The economic recovery of the sixties — ha portato ulteriori cambiamenti sociali e nel 1970 il Parlamento italiano
ha approvato la legge sul divorzio. In quella occasione il *New York Times*
wrote / had come out from the — **aveva scritto** che con quella legge anche l'Italia **era uscita dal Medioevo.**
Middle Ages / did not give up — La componente cattolica del paese non **si arrese** e nel 1974 domandò un
against — referendum abrogatorio. La popolazione, in grande maggioranza, votò **contro** il
equality — referendum. Nel 1975 il nuovo Diritto di famiglia dichiarò **l'uguaglianza** morale
judicial — e **giuridica** del marito e della moglie.

Nowdays — **Oggigiorno** i cambiamenti sociali ed economici sono evidenti nella
composizione del nucleo familiare, una volta molto numeroso, oggi con uno
o due figli solamente. Molte coppie italiane scelgono inoltre di non sposarsi,
to live together / to protect — ma di **convivere.** È di data recente una proposta del Governo di **tutelare** i

diritti delle «coppie di fatto», cioè non sposate, ma **conviventi.** In aumento *living together*
sono anche i nuclei **allargati,** che comprendono **coniugi** già divorziati e *extended / spouses*
risposati o conviventi, **sia** con nuovi figli, **sia** con i figli di matrimoni precenti. *both . . . and*
Con l'immigrazione, il numero di «famiglie miste», cioè con un partner
straniero, arriva oggi a circa mezzo milione. È un fenomeno che ha un
profondo impatto etnico e culturale sulla società italiana.

B. Completate le seguenti frasi con le informazioni necessarie.

1. Al _____ spettavano tutte le decisioni più importanti.
2. Nel 1946 _____
3. Nel 1970 il Parlamento Italiano _____
4. Nel 1975 il nuovo Diritto di famiglia dichiarò _____
5. I cambiamenti sociali ed economici sono evidenti _____
6. Molte coppie scelgono di _____ invece di sposarsi.

> **Famiglie italiane: 21 503 080 con un numero medio di componenti di 2,6**
> **Coppie con figli: 45%; Coppie senza figli: 26%; Persone sole 23%**
> **Coppie miste sposate o conviventi nel 1991: 65 000; nel 2006: 600 000.**
> **Dati statistici da censimenti decennali e da indagini ISTAT.**

Attività video ▶

A. Attività sul vocabolario. Guardate la sezione del video *La mia famiglia* e completate le frasi con le parole seguenti.

famiglia, figli (x3), madre, mamma, moglie, padre, sorelle, sposata

1. Marco telefona a sua _____.
2. La prima intervistata ha due _____ gemelli.
3. Un'intervista ha una famiglia di cinque persone. Chi sono?
   _____
4. Un intervistato preferisce solo due cose al mondo: _____ e
   _____.
5. La ragazza che è figlia unica vorrebbe *(would like)* avere una
   _____ numerosa.
6. L'ultima intervistata non ha _____, ma ha due cani bellissimi.

B. Domande sul video

1. Quanti anni hanno i gemelli della prima intervistata? Dove studiano?
2. C'è un'intervistata che non ha fratelli o sorelle. Come lo dice?
3. Dove vive la giovane signora che è sposata con un ragazzo tedesco di Leipzig?
4. L'ultima *(last)* intervistata è sposata e non ha figli. Che cos'ha invece *(instead)*?

C. Attività sulla grammatica. Guardate la sezione del video *La mia famiglia* una seconda volta e in coppie, inserite la forma corretta dei seguenti verbi: **dovere, potere, volere, dire, sapere.**

1. Marco chiede a sua mamma se _____ chiamarlo dopo *(later)* perché sta guidando *(he is driving)*.
2. Marco non _____ (o non ricorda) che dopodomani è il compleanno dello zio Jerry.
3. Marco _____ telefonare a suo zio per fargli gli auguri.
4. Marco _____ che la famiglia è molto importante per gli Italiani.
5. Marco _____ comprare un portachiavi *(keychain)*

D. Partecipazione. In gruppi di tre studenti, fatevi a turno le seguenti domande sulla vostra famiglia.

- Quante persone ci sono
- Chi sono
- Cosa fanno (lavoro, scuola, attività)

Nomi

la campagna	countryside
il carattere	temperament
la donna	woman
la famiglia	family
il fidanzamento	engagement
il fratellino	little brother
la sorellina	little sister
la giornata	(the whole) day
i giovani	young people
il matrimonio	marriage, wedding
il membro	member
la montagna	mountain
la nascita	birth
le nozze	wedding ceremony
l'opinione (f.)	opinion
due o tre persone	two or three people
la riunione	reunion
la serata	(the whole) evening
lo sposo	groom
la sposa	bride
gli sposi	newlyweds
la storia	story
l'uomo (pl. gli uomini)	man

Aggettivi

eccellente	excellent
felice	happy
importante	important
meraviglioso	wonderful
numeroso	numerous
preoccupato	worried, preoccupied

strano	strange
tranquillo	quiet

Verbi

accompagnare	to accompany
aiutare	to help
bere	to drink
conoscere	to know, to be acquainted with
descrivere	to describe
dire	to say, to tell
dovere	to have to, must; to owe
fumare	to smoke
presentare	to introduce
potere	to be able to, can
raccontare	to tell (a story)
riuscire	to succeed
sapere	to know, to know how
sperare	to hope
usare	to use
uscire	to go out
venire	to come
volere	to want

Altre espressioni

andare a trovare	to visit (people)
a proposito	by the way
meravigliosamente	wonderfully
voler(e) bene	to love
voler(e) dire	to mean
Cosa vuole dire... ?	What does . . . mean?

Ripasso

1. La famiglia e gli aggettivi possessivi. Completate le frasi in modo appropriato. usando gli aggettivi possessivi.

1. La madre di mia madre è _____.
2. Il fratello di tuo padre è _____.
3. Nostro padre e nostra madre sono _____.
4. I figli di mia sorella sono _____.
5. Il figlio di suo figlio è _____.
6. La figlia di suo figlio è _____.
7. I figli dei vostri zii sono _____.
8. I loro zii, nonni, cugini, nipoti, ecc. sono _____.

2. Altri aggettivi possessivi. Rispondete alle domande secondo l'esempio.

Esempio   Dov'è il libro di Antonella? *Ecco il suo libro!*

1. Dov'è il telefonino di Marisa?
2. Dove sono i miei appunti?
3. Dov'è il tuo computer portatile?
4. Dove sono i motorini degli studenti?
5. Dov'è il vostro professore?
6. Dov'è la casa di Marco?
7. Dov'è la zia di Roberto?
8. Dov'è l'ufficio della professoressa?

3. *Volere / potere / dovere.* Completate le frasi secondo l'esempio.

Esempio   (io) _____ andare al cinema, ma non
_____ perché _____ lavorare.

    *Io **voglio** andare al cinema, ma non **posso**, perché **devo** lavorare.*

1. Gli studenti _____ dare una festa, ma non _____
perché _____ studiare.
2. Antonella _____ vedere il suo ragazzo, ma non
_____ perché _____ andare a trovare i nonni.
3. Noi _____ fare una passeggiata, ma non _____
perché _____ frequentare le lezioni.
4. Tu _____ uscire con gli amici, ma non _____
perché _____ pulire la tua stanza.
5. Tu e i tuoi compagni _____ cenare al ristorante, ma non
_____ perché _____ finire i compiti.

4. *Dire / venire / uscire.* Completate con la forma corretta di uno dei tre verbi.

   1. Quando arriva a lezione Giorgio _____ «buon giorno» al professore.

   2. — Chi _____ a cena stasera?

      — Tutti i parenti _____ per festeggiare il compleanno di Lucia.

   4. — Tu e i tuoi amici _____ il venerdì sera?

      — Sì _____. Andiamo a una festa o al cinema.

   5. — Che cosa _____ (voi) prima di andare a letto la sera?

      — _____ «buona notte».

5. *Sapere* e *conoscere.* **Che amica curiosa!** Due ragazze parlano del nuovo ragazzo di un'amica. Completate i dialoghi con la forma corretta di **sapere** o **conoscere**.

   — Ciao, _____ che Margherita ha un nuovo ragazzo?

   — Sì, si chiama Riccardo.

   — Lo _____?

   — Non lo _____ molto bene.

   — _____ quanti anni ha?

   — Non sono sicura, ma penso venti.

   — _____ alcuni dei suoi amici?

   — No, ma _____ suo fratello Alberto.

6. I pronomi diretti. Rispondete alle domande con il pronome diretto appropriato.

   1. Bevi il caffè la mattina?

   2. I giovani italiani mangiano le patatine fritte al McDonalds?

   3. Dove scriviamo gli appunti?

   4. Dove incontrate i vostri compagni?

   5. I tuoi genitori ti vedono spesso?

   6. Ascolti la musica in macchina?

Buon viaggio!

Communicative goals

Making and discussing travel plans
Describing past events
Telling time

Le regioni d'Italia | La Liguria NW

Studio di parole | Arrivi e partenze

Punti grammaticali

7.1 Il passato prossimo con **avere**
7.2 Il passato prossimo con **essere**
7.3 L'ora
7.4 Usi di **a, in, da** e **per**

Vedute d'Italia | Il Rinascimento

Attività video | *Le vacanze*

Ripasso

🔊)) Audio

🌐 http//www.cengagebrain.com

▶ Video on DVD

(iLrn

Courtesy of the authors; Photo Valdemarin

◀ Trieste, la statua di James Joyce sul Ponterosso – Lo scrittore irlandese ha viaggiato per tutta l'Europa e ha vissuto per molti anni a Trieste.

La Liguria

La Liguria è una regione dell'Italia settentrionale che confina con la Francia. È una striscia di terra *(a strip of land)* compresa tra le montagne e il mare. La Liguria è una delle più piccole regioni d'Italia ed una delle più densamente popolate: ha circa 1 600 000 abitanti. Il capoluogo è Genova, il più importante porto industriale in Italia, centro di cantieri navali *(shipyards)* e di industrie meccaniche e petrolchimiche. L'economia della regione è basata anche sul turismo, l'agricoltura e la pesca *(fishing)*.

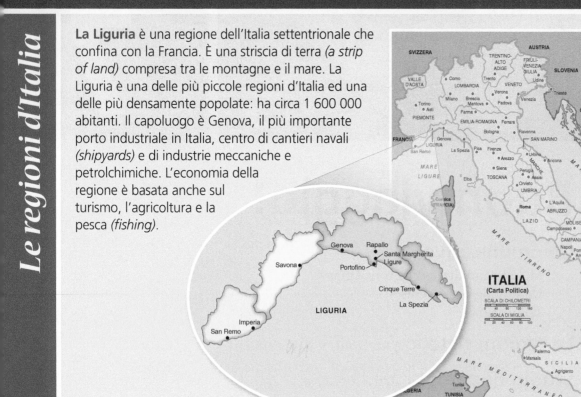

▲ Genova, panorama del porto con la Lanterna, l'antico faro *(lighthouse)* – Genova era *(was)* una potente *(powerful)* repubblica marinara *(maritime)* ed è la città dove sono nati grandi navigatori, tra cui *(among which)* Cristoforo Colombo.

Le linguine al pesto sono il piatto tipico della Liguria. Il pesto tradizionalmente si prepara pestando *(crushing)* gli ingredienti: il basilico *(basil)*, l'aglio *(garlic)* e i pinoli *(pinenuts)*, e condendo il tutto *(dressing it)* con olio di oliva e formaggio parmigiano o pecorino. ▶

Santi Rodriguez/Shutterstock

◄ Vernazza, una delle Cinque Terre *(Five Lands),* a strapiombo *(overhanging)* sul mare – Un sentiero *(trail)* lungo 12 chilometri collega *(connects)* i cinque paesi. È un percorso a piedi *(a walk)* di circa cinque ore, ma offre panorami straordinari della costa e dei terrazzamenti *(terraced fields)* dove si coltivano vigneti *(vineyards).*

Courtesy of the authors

Portofino, pittoresca cittadina della riviera ligure – È un centro turistico esclusivo di fama mondiale: nella sua baia *(bay)* approdano *(anchor)* lussuosi yacht e nella «Piazzetta» ci sono le boutique dei più famosi stilisti *(fashion designers).* ►

Valeria Cantone/iStockphoto.com

I terrazzamenti *(terraced fields)* – La Liguria ha un terreno molto collinoso *(hilly)* e gli agricoltori hanno creato i terrazzamenti per sfruttarlo *(to better utilize it)* per la contivazione di vigneti, oliveti e fiori. Dalle Cinque Terre provengono dei vini pregiati come il Vino Doc delle 5 Terre e un ottimo olio d'oliva. ▼

▲ Sanremo – La località turistica è celebre per la coltivazione dei fiori e per il Festival della Canzone Italiana, un'importante competizione canora *(a singing competition)* che ha luogo *(takes place)* a Sanremo ogni anno.

Courtesy of the authors. Photo: Lindsay Hammons

Provided by the author; Courtesy of SANTA MARGHERITA TOURIST OFFICE

◄ Santa Margherita Ligure – Situata a soli cinque chilometri da Portofino, Santa Margherita Ligure è un'altra importante località turistica e balneare *(beach resort),* favorita dagli sportivi della vela *(sailing).*

173

Milano, la stazione Centrale

Alla stazione 🔊 CD1-28

La famiglia Betti, padre, madre e un ragazzo, sono alla stazione di Milano. I Betti vanno a **Rapallo** per il weekend. La stazione è **affollata.**

resort town on the Italian Riviera / crowded

SIG.RA BETTI Rodolfo, hai i biglietti, vero?

SIG. BETTI Sì, ho i biglietti, ma **non ho fatto** le prenotazioni.

I didn't make

SIG.RA BETTI Oggi è venerdì. Ci sono molti viaggiatori. Perché **non hai comprato** i biglietti di prima classe?

didn't you buy

SIG. BETTI Perché c'è una **bella** differenza di **prezzo** tra la prima e la seconda classe. E **poi,** non è un viaggio lungo.

big / price besides

SIG.RA BETTI Ma l'impiegato dell'agenzia di viaggi **ha detto** che il venerdì i treni sono molto affollati.

said

SIG. BETTI Sì, è vero, ma uno o due posti ci sono sempre.

PIPPO Mamma, **hai messo** la mia racchetta da tennis nella valigia?

did you put

SIG.RA BETTI Sì, e anche il tuo libro di storia.

PIPPO Papà, il treno per Rapallo **è arrivato** sul **binario** 6.

has arrived / track

SIG. BETTI Presto, **andiamo!**

let's go

Comprensione

1. Dove vanno i Betti? **2.** Da dove partono? **3.** Perché il padre non ha comprato i biglietti di prima classe? **4.** Come sono i treni il venerdì? **5.** Perché la madre è preoccupata? **6.** Che cosa vuole sapere Pippo? Perché? **7.** Su quale binario è arrivato il treno?

Studio di parole Arrivi e partenze *(Arrivals and departures)*

La stazione ferroviaria

la carrozza *(car)* il treno

l'orologio

l'orario

BIGLIETTERIA

PARTENZE

lo zaino

la valigia

la viaggiatrice

il controllore

il binario *(track)*

il viaggiatore

in ritardo *(late)*

i bagagli

—A che ora parte il treno
  per Roma?
—Parte alle 8.25.
—Non c'è un altro treno
  che parte alle 9?
—No, signora, il treno
  successivo *(next)* parte
  alle 9.15.

---

l'agenzia di viaggi travel agency
prenotare to reserve
la prenotazione reservation
fare il biglietto to buy
   the ticket
viaggiare to travel
il viaggio trip
la gita short trip, excursion
il pullman tour bus
la carta d'identità I.D. card
il passaporto passport
all'estero abroad
la nave ship
la crociera cruise
la dogana customs
la fermata del treno (dell'autobus, del tram) train (bus, street car) stop

il biglietto di andata e ritorno
   round-trip ticket
confermare to confirm
annullare to cancel
la prima (seconda) classe first
   (second) class
il posto seat
salire to get on
scendere to get off
la coincidenza connection
in orario on time
in ritardo late
perdere il treno (l'aereo, ecc.)
   to miss the train (plane, etc.)
il cartello sign

— **Scusi, sono liberi questi posti?** Excuse me, are these seats free?
— **No, sono occupati.** No, they are taken.
— **Dove scende Lei?** Where do you get off?
— **Scendo a Bologna.** I get off in Bologna.

L'aeroporto

la linea aerea airline
la classe turistica economy class
il volo flight
l'assistente di volo flight attendant
il passeggero/la passeggera passenger

L'interno dell'aeroporto Marco Polo,
a Venezia

Espressioni di tempo al passato

Here are some expressions that may be used to refer to actions or events that occurred recently or some time ago.

Quando?	When?	Quanto tempo fa?	How long ago?
stamattina	this morning	poco tempo fa	a little while ago, not long ago
ieri	yesterday		
ieri mattina	yesterday morning	due ore fa	two hours ago
ieri pomeriggio	yesterday afternoon	tre giorni fa	three days ago
ieri sera	yesterday evening / last night	quattro settimane fa	four weeks ago
l'altro ieri	the day before yesterday		
la notte scorsa	last night		
la settimana scorsa	last week		
l'anno scorso	last year		

Applicazione

A. Guardate il disegno a pagina 175. In coppie, fatevi a turno le seguenti domande.

1. Cosa fanno le persone in fila *(in line)* davanti alla biglietteria?
2. Un viaggiatore guarda l'orologio e corre *(runs)*: di cosa ha paura?
3. Se i viaggiatori vogliono essere sicuri *(sure)* di trovare un posto in treno (o in aereo), che cosa devono fare?
4. Per viaggiare comodamente *(comfortably)*, in quale classe devono viaggiare?
5. Che cosa guarda il viaggiatore che vuole sapere quando parte il treno?
6. Dove mettono le loro cose i viaggiatori?
7. Di quale documento hanno bisogno se vanno all'estero?

B. Conversazione

1. Come preferisci viaggiare: in treno, in macchina o in aereo? Perché?
2. Quando viaggi in aereo, viaggi in prima classe? Perché?
3. Di solito, viaggi con molte valigie?
4. Con chi viaggi di solito?
5. Quando sei in aereo dormi, leggi, ascolti musica, parli con altri viaggiatori o guardi un film?
6. Hai paura di viaggiare in aereo?
7. Che cosa dicono i tuoi amici quando parti per un viaggio?

C. Il biglietto del treno. In coppie, fatevi a turno le seguenti domande.

	AV 9291089	BIGLIETTO CON PRENOTAZIONE EUROSTAR ITALIA FLEXI	N. 2 ADULTI
AG			

Data	Ora	Partenza	Arrivo	Data	Ora	Classe
10.12	15.00	MILANO CENTRALE	FIRENZE S.M.N.	10.12	17.45	1

TRENO 9443   CARROZZA 003   POSTI 84,83 CORRIDOIO
SALOTTINO

TARIFFA FLEXI

EUR ***120,40

1. Dove vanno i viaggiatori che hanno comprato questo biglietto?
2. Da quale città partono?
3. Hanno una prenotazione?
4. Su quale carrozza viaggiano?
5. Quali sono la data e l'ora della partenza?
6. Viaggiano in prima o in seconda classe?
7. Quanto costa il biglietto?

I treni

Il sistema ferroviario *(railway system)* in Italia è gestito *(run)* dallo Stato: è efficiente e i treni sono generalmente in orario. Trenitalia offre diversi servizi: i treni regionali che collegano i piccoli centri urbani e fanno molte fermate, i treni Intercity che collegano oltre 200 città e infine le Freccie *(arrows)*, i treni più veloci. Il treno Frecciarossa collega Milano a Roma in tre ore a una velocità di 200 miglia *(miles)* all'ora. I treni ad alta velocità fanno concorrenza *(competition)* alle linee aeree.

Prima di salire sul treno, i viaggiatori devono convalidare *(validate)* i loro biglietti ad una macchinetta (di solito gialla) situata vicino ai binari del treno. I viaggiatori che non convalidano i biglietti prima della partenza ricevono una multa *(fine)* dal controllore sul treno.

D. Adesso parliamo! Viaggiamo insieme! In gruppi di tre o quattro studenti, guardate la cartina *(the map)* e discutete insieme come organizzate un viaggio in macchina. Partite da Genova. Ogni studente/studentessa contribuisce con le sue idee.

- Noleggiate *(Do you rent)* una macchina o uno/una di voi ha la macchina? In quanti siete?
- Viaggiate in autostrada o attraversate *(go through)* piccoli paesi *(towns)*? Perché?
- A mezzogiorno dove pranzate? In una trattoria dove si mangia bene e si spende poco? O portate con voi la colazione al sacco *(lunch bag)*? Cosa preferite fare e perché?
- Guardate la cartina: dove fermate la macchina? Andate al mare e fate un giro in barca o cercate una gelateria perché avete caldo? Che altro *(else)* volete fare?
- Ritornate a Genova la sera o pernottate *(spend the night)* in un albergo? Qual è la ragione della vostra scelta *(choice)*? Dove cenate? Pagate «alla romana»*?
- Comprate cartoline da mandare agli amici o mandate degli sms?

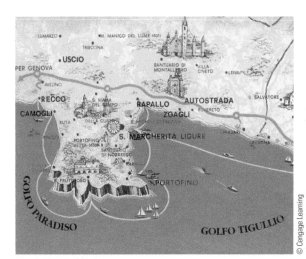

Ascoltiamo!

In treno 🔊 CD1-29

I Betti salgono sul treno per Rapallo e trovano tre posti. Ascoltate la loro conversazione con un altro viaggiatore e rispondete alle domande.

Comprensione

1. Di quanti posti hanno bisogno i Betti?
2. Dove scendono?
3. Con chi iniziano una conversazione?
4. Il loro compagno di viaggio va a Genova per un viaggio di piacere *(pleasure)* o per un viaggio d'affari *(business)*?
5. Che cosa domanda la signora Betti al viaggiatore?
6. Perché è contenta la signora Betti?

Dialogo

Immaginate di incontrare una persona su un treno in Italia. Fate la parte dei due passeggeri. Nel dialogo includete:

a. le presentazioni
b. il vostro itinerario di viaggio
c. i saluti prima di scendere

---

*«Pagare alla romana» è un'espressione idiomatica: vuol dire che ognuno *(each one)* paga la sua parte. *Stasera paghiamo alla romana.*

Punti grammaticali

7.1 Il passato prossimo con *avere*

Jane ha comprato un biglietto per Roma.

A Roma ha visto il Colosseo.

Ha dormito in un albergo vicino a Piazza Navona.

1. The **passato prossimo** (*present perfect*) expresses an action completed in the recent past. Today, however, many Italians also use it informally to indicate an action or an event that occurred either in the recent or not-so-recent past. Like the present perfect tense in English, the **passato prossimo** is a compound tense. For most Italian verbs and all transitive verbs (verbs that take a direct object), the **passato prossimo** is conjugated with the present tense of the auxiliary verb **avere** + the *past participle* (**participio passato**) of the main verb.

   The **participio passato** of regular verbs is formed by replacing the infinitive endings **-are, -ere,** and **-ire** with **-ato, -uto,** and **-ito,** respectively.

comprare	*comprato*	ricevere	*ricevuto*	dormire	*dormito*

comprare		ricevere		dormire	
ho hai ha abbiamo avete hanno	comprato	ho hai ha abbiamo avete hanno	ricevuto	ho hai ha abbiamo avete hanno	dormito

2. The **passato prossimo** is expressed in English in the following ways, depending on the context:

   Ho portato due valigie.

   I have carried two suitcases.
   I carried two suitcases.
   I did carry two suitcases.

3. The *negative form* is expressed by placing **non** in front of the auxiliary verb.

Hai telefonato all'agenzia di viaggi?	*Did you call the travel agency?*
Non ho avuto tempo.	*I did not have time.*
Non hai viaggiato con l'Alitalia?	*Haven't you traveled with Alitalia?*
Non ha finito i suoi studi.	*He did not finish his studies.*

4. The past participle of the **passato prossimo** conjugated with the auxiliary **avere** must agree in gender and number with the direct-object pronouns **lo, la, li,** and **le** when they precede the verb.

   Hai comprato **il giornale?** Sì, l'ho **comprato.** No, non l'ho **comprato.**
   Hai comprato **la rivista?** Sì, l'ho **comprata.** No, non l'ho **comprata.**
   Hai comprato **i biglietti?** Sì, li ho **comprati.** No, non li ho **comprati.**
   Hai comprato **le vitamine?** Sì, le ho **comprate.** No, non le ho **comprate.**

La prenotazione? L'ho già **fatta!**	*The reservation? I already made it!*
Quando hai visto **i tuoi cugini?**	*When did you see your cousins?*
Li ho **visti** ieri.	*I saw them yesterday.*

5. Many verbs, especially those ending in **-ere,** have an irregular past participle. Here are some of the most common:

fare (*to make*)	*fatto*	**prendere** (*to take*)	*preso*
bere (*to drink*)	*bevuto*	**rispondere** (*to answer*)	*risposto*
chiedere (*to ask*)	*chiesto*	**scrivere** (*to write*)	*scritto*
chiudere (*to close*)	*chiuso*	**spendere** (*to spend*)	*speso*
conoscere (*to know*)	*conosciuto*	**vedere*** (*to see*)	*veduto (visto)*
leggere (*to read*)	*letto*	**aprire** (*to open*)	*aperto*
mettere (*to put, to wear*)	*messo*	**dire** (*to say, to tell*)	*detto*
perdere* (*to lose*)	*perduto (perso)*	**offrire** (*to offer*)	*offerto*

Hai letto il giornale di ieri?	*Did you read yesterday's newspaper?*
Abbiamo scritto ai nonni.	*We wrote to our grandparents.*
Hanno preso un tassì.	*They took a cab.*

NOTE: Some verbs that are irregular in the present have a regular past participle: **dare:** *dato;* **avere:** *avuto;* **volere:** *voluto;* **potere:** *potuto;* **dovere:** *dovuto;* **sapere:** *saputo.*

In Italia, durante il mese di agosto, sulle porte di molti negozi si vedono cartelli *(signs)* con la scritta *(that reads)* «Chiuso per ferie». Molti Italiani vanno in ferie *(take paid vacation time)* durante il mese di agosto. Le città sono semideserte perché la gente *(people)* è in vacanza.

CHIUSO PER FERIE
dal 28 luglio al 24 agosto

Courtesy of the authors

Nota linguistica

La gente/le persone

La gente is a singular, feminine noun with a plural meaning that translates as *people.*

La gente va in vacanza in agosto.	*People go on vacation in August.*
Non c'è mol**ta** gente in centro.	*There are not many people downtown.*

La persona is a feminine noun, and the adjectives that modify it are in the feminine forms, be the person male or female.

Marco è una persona simpatic**a.**	*Marco is a nice person.*
Carlo e Antonio sono delle person**e** educat**e.**	*Carlo and Antonio are polite people.*
Ci sono venti pèrsone sul pullman.	*There are twenty people on the bus.*

Verifica. Traducete (*Translate*) le seguenti frasi.

1. There are many people on the flight.
2. People in Italy eat dinner late.
3. Luigi is a generous person.
4. I invite thirty people to my party.

***Perdere** and **vedere** have a regular and an irregular past participle. The two forms are interchangeable, but the irregular ones, **perso** and **visto,** are more frequently used.

Pratica

A. Scambi rapidi. Completate i dialoghi con la forma corretta del passato prossimo dei verbi seguenti.

1. comprare — Marco, che cosa _____ (voi) a Peppino per Natale?

   — Io _____ un orologio Swatch e i miei genitori _____ una bicicletta nuova.

2. ricevere — Mirella, che regali _____ tu per il tuo compleanno?

   — _____ un profumo di Armani da mia madre e una macchina fotografica da mio padre.

3. dormire — Che festa divertente sabato sera! E anche lunga!

   — È vero! Ieri mattina noi _____ fino alle (until) undici.

   — Anche mio marito _____ fino a tardi, ma io _____ solo quattro ore.

B. Un viaggio in Sardegna. Avete organizzato un viaggio in Sardegna con un amico. Seguendo (Following) una sequenza logica, dite cosa avete fatto prima della partenza. Usate il passato prossimo.

1. salutare la mia famiglia
2. preparare la valigia
3. incontrare il mio amico all'aeroporto
4. chiedere dei soldi a papà
5. prendere l'aereo
6. fare le prenotazioni su Internet
7. comprare i biglietti

C. Tutti sono molto occupati. Completate le frasi con il participio passato irregolare di uno dei seguenti verbi: **aprire, chiudere, dire, fare, leggere, mettere, perdere, prendere, scrivere, spendere, vedere.**

1. Avete _____ un film sull'aereo?
2. Hai _____ un'email al professore?
3. I signori Ricci hanno _____ un viaggio all'estero.
4. Ho freddo. Chi ha _____ le finestre?
5. I viaggiatori hanno _____ molti soldi per i biglietti di prima classe.
6. Noi abbiamo _____ il treno per Napoli.
7. Le assistenti di volo hanno _____ la porta dell'aereo.
8. Alessandro ha _____ il passaporto nello zaino.
9. Il passeggero ha _____ «grazie» all'assistente di volo.
10. Giorgio e Marina hanno _____ un libro durante il volo.
11. Il treno da Venezia è arrivato (arrived) in ritardo e abbiamo _____ la coincidenza per Genova.

ŤŤ D. Quando? Un compagno/Una compagna vuole sapere quando pensi di fare le seguenti cose. Tu rispondi che le hai già fatte. A turno, fate la domanda e usate un'espressione di tempo al passato nella risposta.

Esempio telefonare alla tua famiglia
— *Quando telefoni alla tua famiglia?*
— *Ho telefonato alla mia famiglia ieri sera* o…

1. vedere i tuoi genitori
2. comprare un computer nuovo
3. incontrare gli amici
4. scrivere un sms al tuo ragazzo/alla tua ragazza
5. finire i compiti
6. offrire un pranzo agli amici

E. Che cosa hai fatto a Milano? Marco è andato a Milano e l'amico Fulvio vuole sapere che cosa ha fatto a Milano. In coppie, fatevi a turno le domande e rispondete usando i pronomi diretti.

> **Esempio**   vedere il Teatro alla Scala
> — *Hai visto il Teatro alla Scala?*
> — *Sì, l'ho visto.*

1. visitare la Pinacoteca di Brera
2. prendere il caffè in Galleria
3. incontrare gli amici in centro
4. mangiare il risotto alla milanese
5. prendere la metropolitana
6. ordinare le pappardelle ai funghi al ristorante
7. mandare le cartoline
8. comprare i ricordini *(souvenirs)* per gli amici

Milano – La Galleria è un passaggio che collega piazza del Duomo con il Teatro alla Scala. I milanesi la chiamano «il Salotto» per i suoi eleganti negozi e ristoranti. È coperta da un tetto di vetro *(glass ceiling)* e decorata con marmo *(marble)* e mosaici.

F. Adesso parliamo! Cosa avete fatto... ? In gruppi di tre studenti, a turno fate le domande e rispondete, seguendo l'esempio. Uno studente fa la domanda e gli altri due rispondono con due attività differenti.

> **Esempio**   in cucina
> — *Cosa avete fatto in cucina?*
> — *Abbiamo preparato un'insalata mista.*
> — *Abbiamo anche preparato il tiramisù.*

1. al supermercato
2. all'aeroporto
3. al ristorante
4. in biblioteca
5. alla stazione dei treni
6. al parco
7. al caffè
8. alla lezione d'italiano
9. al cinema
10. al campo da tennis

7.2 Il passato prossimo con *essere*

Roma: piazza del Campidoglio progettata da *(designed by)* Michelangelo, con il palazzo del Senato

I turisti sono andati a Roma e sono saliti in piazza del Campidoglio.

1. Most intransitive verbs (verbs that do not take a direct object) are conjugated with the auxiliary **essere.** In this case, the past participle *must agree with the subject* in gender and number.

andare			
sono		siamo	
sei	andato(a)	siete	andati(e)
è		sono	

2. Most verbs that take the auxiliary **essere** are verbs of coming and going. Here is a list of the most common ones:

andare (to go)	**è andato(a)**	**restare** (to remain)	**è restato(a)**
arrivare (to arrive)	**è arrivato(a)**	**(ri)tornare** (to return)	**è (ri)tornato(a)**
cadere (to fall)	**è caduto(a)**	**rimanere** (to remain, to stay)	**è rimasto(a)**
diventare (to become)	**è diventato(a)**	**salire** (to go up, to climb)	**è salito(a)**
entrare (to enter)	**è entrato(a)**	**scendere** (to go down)	**è sceso(a)**
essere (to be)	**è stato(a)**	**stare** (to be, to stay)	**è stato(a)**
morire (to die)	**è morto(a)**	**uscire** (to go out)	**è uscito(a)**
nascere (to be born)	**è nato(a)**	**venire** (to come)	**è venuto(a)**
partire (to leave)	**è partito(a)**		

Note that **essere, morire, nascere, rimanere, scendere,** and **venire** have irregular past participles.

Ieri noi **siamo andati** al cinema.	*Yesterday we went to the movies.*
Maria non **è uscita** con il suo ragazzo.	*Maria didn't go out with her boyfriend.*
Siete partiti in treno o in aereo?	*Did you leave by train or by plane?*
Dove **sei nata?**	*Where were you born?*
Giovanni **è stato** in Italia tre volte.	*Giovanni has been to Italy three times.*
Ieri **siamo stati** a Fiesole.	*Yesterday we were in Fiesole.*

NOTE: The verbs **camminare** (*to walk*), **viaggiare,** and **passeggiare** are conjugated in the past tense with **avere.**

Ho viaggiato in treno.	*I traveled by train.*
Abbiamo camminato per due ore.	*We walked two hours.*

Pratica

A. Scambi rapidi. Completate i dialoghi con la forma corretta del passato prossimo dei verbi seguenti.

1. nascere
— Paolo, tu e i tuoi genitori _____ in Toscana?

— Io _____ a Siena, ma mio padre e mia madre _____ in Calabria, a Cosenza.

2. andare
— Io _____ in montagna durante le vacanze di Natale. E tu, Graziella, dove _____?

stare
— Io purtroppo (*unfortunately*) _____ a casa perché ho avuto l'influenza.

3. uscire
— Ieri sera io e Marco _____ e siamo andati in pizzeria. E tu, Chiara?

— Anch'io _____. Io e Mara _____ dopo cena e siamo andate a prendere un gelato.

B. Un breve tour di Roma. Ieri avete fatto il tour di Roma in pullman con una guida. Immaginate di raccontare il tour agli amici.

Esempio
la guida e l'autista (*driver*) / arrivare all'albergo alle 9
La guida e l'autista sono arrivati all'albergo alle 9.

1. io e gli altri turisti / uscire dall'albergo
2. noi / salire in pullman
3. il pullman / partire la mattina
4. noi / passare davanti al Colosseo
5. noi / arrivare al foro romano
6. la guida / scendere con noi per visitare le rovine
7. l'autista / restare sul pullman
8. noi tutti / ritornare all'albergo la sera
9. l'autista e la guida / andare a pranzare in una trattoria lì vicino

Il foro romano: Situato ai piedi dei colli romani, era *(was)* il cuore *(heart)* dell'antica Roma, dove i cittadini s'incontravano *(would meet)* per discutere degli affari pubblici e giudiziari.

Stephen Studd/Stone/Getty Images

C. Il primo giorno a Firenze. Che cosa hanno fatto i signori Jones dopo il loro arrivo all'aeroporto?

Esempio   prendere un tassì
           Hanno preso un tassì.

1. dare l'indirizzo dell'albergo al tassista
2. salire in camera *(room)*
3. fare la doccia
4. chiedere informazioni sulla città
5. visitare Santa Maria del Fiore
6. arrivare in Piazza della Signoria
7. ammirare le vetrine dei negozi sul Ponte Vecchio
8. scrivere delle cartoline *(postcards)* ad alcuni amici
9. cenare in una buona trattoria
10. ritornare in albergo

D. Un appuntamento. Luisa è uscita con Roberto e oggi un'amica particolarmente curiosa vuole sapere molti particolari sul loro appuntamento. Create il loro dialogo seguendo l'esempio. Usate l'ausiliare **essere** o **avere**, secondo il verbo.

Esempio   (voi) quando uscire
           — *Quando siete usciti?*
           — *Siamo usciti sabato sera.*

1. (Roberto) prendere la macchina di suo padre o la moto
2. (Roberto) portare dei fiori
3. (voi) dove andare a cena
4. (voi) cosa mangiare
5. (voi) cosa ordinare da bere
6. (Roberto) offrire la cena
7. (voi) dove andare dopo cena
8. (voi) passare una bella serata
9. (tu) ritornare a casa tardi

Nota linguistica

The verbs *spendere* and *passare*

Spendere means *to spend money:*

Ho speso troppi soldi questo mese. *I spent too much money this month.*

Passare means *to spend time:*

Abbiamo passato due giorni in campagna. *We spent two days in the countryside.*

Verifica. Completate le frasi con la forma corretta del passato prossimo di **spendere** o di **passare**.

1. L'anno scorso Mary _____ mille dollari per il biglietto aereo.
2. (voi) _____ una bella serata *(evening)* in discoteca.
3. (io) _____ tre ore all'aeroporto perché il volo era *(was)* in ritardo.
4. Antonio e sua moglie _____ molto per una crociera sul Mediterraneo.

E. Incontro tra due amici. In coppie, completate la conversazione tra Gigi e Tino usando il passato prossimo dei verbi elencati (*listed*). Completate con le parti mancanti (*missing*), usando la vostra immaginazione.

andare   fare   invitare   mangiare   passare   portare   uscire   vedere

TINO   Ciao, Gigi. Come _____ il fine settimana?

GIGI   Benissimo! Ieri io e Mirella _____ insieme.

TINO   Voi _____ una gita?

GIGI   No, _____ al cinema.

TINO   Quale film _____?

GIGI   _____, con Johnny Depp.

TINO   Dopo il film, voi _____ al ristorante?

GIGI   No, la mamma di Mirella ci _____ a cena.

TINO   Cosa _____?

GIGI   _____.

TINO   E tu, cosa _____ alla mamma di Mirella?

GIGI   Io _____ una scatola (*box*) di cioccolatini e _____.

F. Adesso parliamo! Il viaggio di Marisa. In gruppi di tre o quattro studenti, guardate i disegni e dite dove è andata e che cosa ha fatto Marisa. Mettete i verbi al passato prossimo.

1.   2.   3.   4.   5.

6.   7.   8.   9.   10.

7.3 L'ora (*Time*)

1. The hour and its fractions are expressed in Italian as follows:

È l'una.

È l'una e dieci.

È l'una e un quarto (*or* e quindici).

È l'una e mezzo (*or* e trenta).

Sono le due meno venti.

Sono le due meno un quarto (*or* meno quindici).

2. To ask what time it is, either of two expressions can be used:

Che ora è? *or* **Che ore sono?**

To answer, **è** is used in combination with **l'una, mezzogiorno,** and **mezzanotte. Sono le** is used to express all other hours.

È l'una.	*It is one o'clock.*
È mezzogiorno.	*It is noon.*
È mezzanotte.	*It is midnight.*
Sono le due, le tre, ecc.	*It is two o'clock, three o'clock, etc.*

La viaggiatrice controlla gli orari dei treni in partenza. Il treno per Bologna parte dal binario 4 alle 13.50.

To distinguish A.M. and P.M., the expressions **di mattina, del pomeriggio, di sera,** and **di notte** are added after the hour.

Sono le cinque **di mattina.** *morning 5-11*	*It is 5:00 A.M.*
Sono le tre **del pomeriggio.** *afternoon*	*It is 3:00 P.M.*
Sono le dieci **di sera.** *evening 6-12*	*It is 10:00 P.M.*
È l'una **di notte.** *night 12-5*	*It is 1:00 A.M.*

3. The question **A che ora?** *(At what time?)* is answered as follows:

A mezzogiorno (o mezzanotte).	*At noon (or midnight).*
All'una e mezzo.	*At 1:30.*
Alle sette di sera.	*At 7:00 P.M.*

4. Italians use the 24-hour system for official times (travel schedules, museum hours, theater times).

La Galleria degli Uffizi apre **alle nove** e chiude **alle diciotto.**	*The Uffizi Gallery opens at 9:00 A.M. and closes at 6:00 P.M.*
L'aereo da Parigi arriva **alle diciassette.**	*The plane from Paris arrives at 5:00 P.M.*

5. The following expressions are associated with time:

la mattina	*in the morning*	**in anticipo**	*ahead of time, early*
il pomeriggio	*in the afternoon*	**in orario**	*on time*
la sera	*in the evening*	**in ritardo**	*late*
la notte	*at night*	**presto**	*early*
in punto	*sharp, precisely*	**tardi**	*late*

La mattina vado in biblioteca.	*In the morning I go to the library.*
La sera guardiamo la TV.	*In the evening we watch TV.*
Il treno è **in orario.**	*The train is on time.*
Sono le due **in punto.**	*It is two o'clock sharp.*
Franco è uscito **presto** ed è arrivato a scuola **in anticipo.**	*Franco left early and arrived at school ahead of time.*
Gina si è alzata **tardi** e ora è **in ritardo** all'appuntamento.	*Gina got up late and now she is late for her appointment.*

The adverbs **presto** and **tardi** are used with **essere** only in impersonal expressions.

È presto (tardi).	*It is early (late).*
BUT:	
Lui è in anticipo (in ritardo).	*He is early (late).*

6. The English word *time* is translated as **tempo, ora,** or **volta,** depending on the context.

Non ho **tempo.**	*I don't have time.*
Che **ora** è?	*What time is it?*
Tre **volte** al giorno.	*Three times a day.*

Pratica

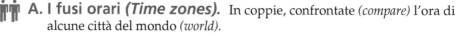

A. I fusi orari (Time zones). In coppie, confrontate (*compare*) l'ora di alcune città del mondo (*world*).

Esempio   — *Quando a Roma è l'una di notte, che ore sono a Londra?*
           — *È mezzanotte.*

LONDRA (A.M.)	ROMA (A.M.)	SAN PIETROBURGO (A.M.)	NAIROBI (A.M.)	PECHINO (A.M.)	TOKYO (A.M.)	SYDNEY (A.M.)	LOS ANGELES (P.M.)

© Cengage Learning

B. Orari. In treno o in aereo? Siete a Torino e volete andare a Napoli. Leggete l'orario ferroviario (dei treni) e delle linee aeree. Poi formate delle frasi complete trasformando l'ora ufficiale in ora normale e dite quanto dura (*lasts*) il viaggio.

Esempio   treno Intercity Torino–Napoli 11.10–20.40 (durata) 9,30
           Il treno Intercity Torino–Napoli parte alle undici e dieci di mattina e arriva alle nove meno venti di sera. Il viaggio dura nove ore e mezzo.

1. treno Frecciarossa   Torino–Napoli 8.25–14.20 (durata) 5,55
2. volo   Torino–Napoli 13.55–15.20 (durata) 1,25
3. treno Frecciarossa   Torino–Napoli 14.25–20.20 (durata) 5,55
4. volo   Torino–Napoli 19.40–21.05 (durata) 1,25

VOLI DIRETTI

Volo	Partenza	Arrivo	Durata	Promo
AZ2037	Milano, Linate 12:00	Roma, Fiumicino 13:10	1h 10'	○ 48,92 EUR
AZ2049	Milano, Linate 14:00	Roma, Fiumicino 15:10	1h 10'	○ 48,92 EUR
AZ2069	Milano, Linate 14:30	Roma, Fiumicino 15:40	1h 10'	○ 48,92 EUR

VOLI DIRETTI

Volo	Partenza	Arrivo	Durata	Promo
AZ2088	Roma, Fiumicino 17:20	Milano, Linate 18:30	1h 10'	○ 49,82 EUR
AZ2096	Roma, Fiumicino 17:40	Milano, Linate 18:50	1h 10'	○ 49,82 EUR
AZ2050	Roma, Fiumicino 18:00	Milano, Linate 19:10	1h 10'	○ 49,82 EUR

From Flight Schedules

C. Un fine settimana a Roma.

a. Siete a Milano e volete passare un fine settimana a Roma. A coppie, guardate l'orario e dite a che ora partono e arrivano i voli.

Esempio   Il volo AZ 2037 parte alle dodici e arriva alle tredici e dieci.

b. Adesso rispondete alle seguenti domande.

1. Quanto dura il volo Milano-Roma?
2. Quanto costa un biglietto di andata con la tariffa (*fare*) «promo»? E uno di ritorno?

Sapete che…

Christopher Panya/Shutterstock.com

L'Alitalia, che ha sede a Roma, è la principale linea aerea italiana, con voli domestici e internazionali. Negli ultimi vent'anni sono diventati sempre più popolari in Italia, come nel resto d'Europa, i voli «low cost». Sono nate compagnie aeree come l'irlandese Ryanair, la spagnola Vueling e l'italiana Meridiana che offrono tariffe (*fares*) economiche rispetto alle compagnie tradizionali. Hanno eliminato tutti i servizi extra (come i pasti a bordo) e non servono gli aeroporti principali, ma quelli secondari, più distanti dalle grandi città. Molti Italiani, soprattutto i giovani, preferiscono risparmiare (*to save*) sul prezzo del biglietto ed avere la possibilità di raggiungere (*reach*) velocemente molte destinazioni in Europa. Il numero di passeggeri che viaggiano con le compagnie «low cost» è in costante aumento.

D. Situazioni. Rispondete usando l'espressione appropriata.

1. La lezione di matematica comincia alle nove. Oggi Gianna è arrivata alle nove e un quarto. È arrivata in anticipo?
2. Devi essere dal dentista alle tre del pomeriggio e arrivi alle tre in punto. Sei in ritardo?
3. È sabato. Noi siamo a letto e guardiamo l'orologio: sono le sei di mattina. Restiamo ancora (*still*) a letto. Perché?
4. Ieri sera Pippo è andato al cinema ed è ritornato alle due di mattina. È ritornato presto?

E. A che ora? Domandate a un compagno/una compagna a che ora fa di solito le seguenti attività.

1. fare colazione
2. uscire di casa
3. arrivare al lavoro o a scuola
4. ritornare a casa
5. cenare
6. andare a letto

F. Adesso parliamo! Un breve viaggio in Italia. Formate un gruppo di tre studenti. Ogni studente racconta una parte del viaggio usando il passato prossimo (e un po' d'immaginazione). Usate i verbi alle prima persona plurale.

Esempio   *Noi abbiamo fatto un viaggio… siamo partiti/e dall'aeroporto di….*

Primo studente racconta (*tells*): l'inizio (*the beginning*) del viaggio, le prenotazioni, la partenza con gli orari, il viaggio in aereo, l'arrivo all'aeroporto di Linate (Milano) con gli orari

Secondo studente racconta: il taxi, l'arrivo all'albergo (Hotel Michelangelo), doccia, cena, ritorno in albergo; il secondo giorno: visita della città, shopping

Terzo studente racconta: il terzo giorno, viaggio a Portofino in treno, gita in barca, trattoria locale, ritorno a Milano, partenza e arrivo negli Stati Uniti (con gli orari)

Portofino

7.4 Usi di *a, in, da* e *per*

I turisti vanno in pullman da Napoli a Pompei per vedere le rovine.

1. The prepositions **a, in,** and **da** are used to indicate location or means of transportation. Each is used as follows:

   a. The preposition **a:**
   - before the names of cities and small islands
   - before nouns, such as **casa, scuola, teatro, piedi** (*on foot*), **letto,** and **tavola**

Abitano **a** Venezia.	*They live in Venice.*
Siamo andati **a** Capri.	*We went to Capri.*
Sei venuta **a** scuola ieri?	*Did you come to school yesterday?*
No, sono restata **a** casa.	*No, I stayed (at) home.*
Andiamo a casa **a** piedi?	*Are we going home on foot?*
Vado **a** letto.	*I'm going to bed.*

b. The preposition **in**:

- before the names of continents, countries, states, regions, and large islands

- before nouns, such as **classe, biblioteca, ufficio, chiesa, città, montagna, campagna, viaggio, crociera,** and **vacanza**

- before nouns indicating means of transportation, such as **treno, aereo, macchina, bicicletta, autobus, tassì,** and **pullman** (*tour bus*)

Siete stati **in** Europa?	*Have you been to Europe?*
Vorrei abitare **in** Toscana.	*I would like to live in Tuscany.*
Vai **in** montagna?	*Are you going to the mountains?*
Vivono **in** città o **in** campagna?	*Do they live in the city or in the country?*
Avete viaggiato **in** treno o **in** aereo?	*Did you travel by train or by plane?*
Siamo venuti **in** macchina.	*We came by car.*
Sono andati **in** vacanza **in** Sicilia.	*They went on vacation to Sicily.*

c. The preposition **da**:

- before a person's name, title, or profession to refer to that person's home or workplace

- before a disjunctive pronoun to represent a person's home or workplace:

Stasera andiamo **da** Pietro.	*Tonight we are going to Pietro's.*
Vado **dalla** dottoressa Pini.	*I'm going to Doctor Pini's office.*
Mangiate **da** Maria stasera?	*Are you eating at Maria's house tonight?*
Venite **da** me domani?	*Are you coming to my house tomorrow?*

NOTE: If the *definite article* is expressed, it contracts with **da**.

Vai **dal** tuo amico?	*Are you going to your friend's house?*

2. To indicate purpose, Italian uses **per** + *infinitive*. This construction corresponds to the English (*in order*) *to* + *infinitive*.

Studio **per** imparare.	*I study (in order) to learn.*
Lavoro **per** vivere.	*I work (in order) to live.*

Pratica

A. Dove e come vanno queste persone? Dite dove e come vanno le seguenti persone.

Esempio   Pietro / scuola / bicicletta
Pietro va a scuola in bicicletta.

1. Gabriella e Filippo / teatro / tassì
2. la signora Giacomi / chiesa / piedi
3. i signori Betti e il figlio / Rapallo / treno
4. il signor Agnelli / montagna / aereo

B. Dove sono andate queste persone? L'anno scorso le seguenti persone hanno fatto un viaggio. In coppie, chiedetevi dove sono andate.

Esempio   Liliana / Inghilterra
— *Dove è andata Liliana?*
— *Liliana è andata in Inghilterra.*

1. tu / Austria
2. voi / Alaska
3. Gabriella e Filippo / Toscana, Roma, Napoli e Capri
4. i signori Betti / Liguria
5. la famiglia Catalano / Sicilia
6. Marcello e suo zio / Africa

C. Da chi è andato Marcello la settimana scorsa? In coppie, chiedetevi a turno da chi è andato Marcello.

Esempio lunedì mattina / signor Vari
— *Da chi è andato Marcello lunedì mattina?*
— *Lunedì mattina è andato dal signor Vari.*

1. martedì pomeriggio / Filippo
2. martedì sera / nonni
3. mercoledì / sua zia
4. giovedì pomeriggio / dottore

D. In vacanza. Completate il seguente paragrafo con le preposizioni corrette.

L'anno scorso sono andata _____in_____ vacanza _____in_____ Italia. Ho viaggiato _____ aereo. Sono arrivata _____ Milano. Sono andata _____ macchina _____ mia madre. Sono restata _____ mia madre per tre settimane. Ho visitato la città _____ piedi e _____ autobus. Sono andata _____ miei nonni che abitano _____ campagna, e sono andata _____ sciare _____ montagna. Dopo tre settimane, sono ritornata _____ California _____ aereo.

E. Perché… ? Con un compagno/una compagna, fatevi a turno delle domande. Spiegate il perché *(the reason)* delle vostre azioni. Nelle risposte usate **per** + l'infinito.

Esempio telefonare all'agenzia di viaggi
— *Perché hai telefonato all'agenzia di viaggi?*
— *Ho telefonato all'agenzia di viaggi per chiedere informazioni. O…*

1. ritornare a casa presto ieri sera
2. andare al supermercato
3. comprare i biglietti di prima classe
4. chiedere dei soldi a tuo padre
5. stare a casa ieri sera
6. leggere l'orario dei treni

F. Conversazione. In coppie, fatevi a turno le domande che seguono.

1. Sei stato(a) in Europa? Quanto tempo fa? Con chi sei andato(a)? Per quanto tempo?
2. Quali Paesi stranieri hai visitato? Qual è la tua città europea preferita?
3. Come hai viaggiato in Europa? Hai comprato l'Eurail pass? Hai guidato *(drive)* una macchina in Europa?
4. Hai avuto dei problemi con le lingue straniere? Quante lingue parli? Hai incontrato dei giovani turisti americani in Europa? Degli studenti americani? In quale città?

G. Adesso parliamo! Il viaggio di Jenny in Italia. Jenny ha fatto un viaggio di dieci giorni in Italia. In gruppi di tre studenti, descrivete il suo viaggio usando il passato prossimo. Descrivete il volo e l'arrivo in Italia. Quali città ha visitato? Come ha viaggiato? È andata a trovare dei parenti? Ha incontrato degli amici o è rimasta sempre da sola *(on her own)*? Cosa ha visto? Cosa ha mangiato e bevuto? Siate creativi.

Alberto Pomares/iStockphoto.com

L'isola di Capri, nel golfo di Napoli.

Un viaggio di nozze CD1–30

Ieri Lucia ha ricevuto un'e-mail da Gabriella. L'amica
si è sposata alcuni giorni fa e ora è in viaggio di nozze. *got married*

Cara Lucia, ho scritto solo due giorni **fa** dal computer *ago*
dell'albergo qui a Capri, ma oggi Filippo ha fatto una
passeggiata nel pomeriggio e ha trovato questo posto che
si chiama Internet Point, molto comodo, vicino al porto.
Così, ora, **mentre** aspettiamo **l'aliscafo** per Napoli, scrivo *while / hydrofoil*
le ultime notizie. Capri è bellissima, ieri pomeriggio
abbiamo visitato la grotta azzurra e abbiamo conosciuto
due turisti americani molto simpatici e abbiamo parlato
inglese. È stata una conversazione un po' difficile perché
abbiamo dimenticato molte delle espressioni che abbiamo
studiato a scuola. **Ricordi?** *Do you remember?*

Ieri sera, **invece** di mangiare la solita pizza, siamo *instead*
andati in un piccolo ristorante qui vicino al porto, molto
romantico. Io ho mangiato una **zuppa ai frutti di mare** *seafood soup*
buonissima. Filippo, invece, non ha voluto mangiare pesce
e ha preso una bistecca con delle verdure. Mah! Forse
non ha capito che a Capri il pesce è squisito. Poi abbiamo
trovato una gelateria e io ho preso un gelato gigante con
tanta frutta mentre Filippo ha bevuto solo un caffè. Scusa,
devo scappare perché è arrivato l'aliscafo. *I must go*

A presto, Gabriella

A. Alla lettura. Dopo che avete letto l'email di Gabriella, con un compagno/una compagna, sottolineate i verbi al passato prossimo.

B. Comprensione

1. A chi ha scritto l'e-mail Gabriella?
2. Perché è in viaggio?
3. Da quale città scrive Gabriella?
4. Che cosa hanno visitato lei e Filippo ieri pomeriggio?
5. Chi hanno conosciuto?
6. Perché la loro conversazione in inglese è stata un po' difficile?
7. Che cosa hanno mangiato al ristorante ieri sera?
8. Dove sono andati dopo la cena? Che cosa hanno preso?
9. Come finisce il messaggio Gabriella? Perché ha fretta?

C. Conversazione

1. Tu hai fatto un viaggio recentemente? Dove sei andato(a)? Come hai viaggiato?
2. Hai viaggiato in treno? Quando?
3. Quali sono, secondo te, le città più belle che hai visitato all'estero o negli Stati Uniti?
4. Preferisci fare un viaggio in Europa o una crociera nel mare dei Caraibi *(Caribbean)*?
5. Dove vuoi andare in luna di miele *(honeymoon)*?

Adesso scriviamo!

Un viaggio interessante

Strategy: Writing a good, brief paragraph

Sometimes you only have a short space within which to describe something or give an account of an activity. In this task you will do this in a postcard to a friend, so here are some suggestions to follow:

- Begin with an interesting or evocative sentence to get the readers' attention.
- Highlight something distinctive or memorable that you did.

A. Adesso *(Now)* scrivi una cartolina ad un amico/un'amica. Descrivi un viaggio o una gita interessante che hai fatto recentemente. Includi le seguenti informazioni:

1. dove sei andato(a) e con chi
2. alcune cose che hai fatto o visto
3. che cosa non hai fatto

B. Adesso rileggi la cartolina. Tutte le parole sono scritte correttamente? Hai controllato l'accordo tra il verbo e il soggetto e tra il nome e l'aggettivo? Controlla in modo particolare la forma del passato prossimo: è un verbo con **avere** o con **essere?** Il participio è regolare o no?

Il Rinascimento

A. The following is a reading about Italian Renaissance, a broad humanistic movement lasting from the mid-fifteenth to the end of the sixteenth centuries. It was financed by Florence's wealthy patrons, most notably the Medici. It broke from the prevailing religiosity of the Medieval period and brought forth a rebirth of humanistic values. The Renaissance ushered a renewed interest in classical humanism, as well as a commitment to secularism, to scientific inquiry, and to naturalism in art. These principles found expression in the works of great artists, and embodied the central claim of the Renaissance: a world organized by God was now premised on doubt; man has free will, but is confronted by the laws of nature and reality in creating his own destiny.

The Art Archive/Musée du Louvre Paris/Gianni Dagli Orti/Picture Desk

Il Rinascimento è un movimento umanistico che si è affermato *(took place)* tra la metà del quindicesimo *(15th)* secolo e la fine del sedicesimo secolo. È nato in Toscana, favorito dalla ricchezza economica di una classe di mercanti: le grandi famiglie toscane. La più famosa è la famiglia de' Medici, protettori delle arti.

Il Rinascimento porta un ritorno a una classica *humanitas,* una nuova visione dell'uomo e del mondo. È una visione laica, che si manifesta in una sete di conoscere, di investigare tutti i rami *(branches)* della scienza. Il Rinascimento rappresenta un distacco *(detachment)* dalla religiosità del Medioevo e una «rinascita» *(rebirth)* dei valori umani, nell'arte, nella letteratura e nelle scienze. Il Rinascimento ha dato origine alla moderna civiltà occidentale.

Questa nuova visione si manifesta in tutte le espressioni della cultura e dell'arte. Nell'arte c'è un ritorno ai principi umanistici dei classici dell'antichità. Con Masaccio, la realtà diventa arte e l'arte diventa realtà: Masaccio dipinge *(paints)* la vita com'è, con le sue brutture e i suoi difetti, un'innovazione nella pittura *(painting)* che sbalordì *(astonished)* i concittadini del suo tempo. Donatello esalta la bellezza del corpo umano nel suo *Davide* scolpito per i giardini privati dei signori di Firenze. Per ritrovare le statue nude bisogna risalire al periodo ellenistico.

Con il trionfo della sua indipendenza, l'uomo ha perso qualcosa *(something)*: il dubbio *(doubt)* è entrato nella sua vita. Il *David* di Michelangelo è libero di scegliere *(to choose)*, ma è solo davanti alle forze incontrollabili della natura. La certezza *(certainty)* di un mondo organizzato secondo le leggi divine è sostituita dal dubbio, dall'incertezza. L'uomo è libero, ma è solo di fronte al suo destino.

La letteratura, arrivata alla perfezione nel trecento *(1300)* con le opere *(works)* di Dante, Petrarca e Boccaccio, è diventata nel Rinascimento un modello da seguire per gli scrittori *(writers)* italiani e dei Paesi occidentali.

B. Domande

1. In che periodo si è affermato il Rinascimento?

2. Il Rinascimento è una rinascita. Di che cosa?

3. La visione laica del mondo porta una sete di cosa?

4. Perché Masaccio ha sbalordito i concittadini del suo tempo?

5. L'uomo ha perso qualcosa: che cosa è entrato nella sua vita?

6. Dov'è nato il Rinascimento? Favorito da cosa?

7. Qual è una delle più famose famiglie toscane, protettrici delle arti?

A. Attività sul vocabolario.

Guardate la sezione del video *Le vacanze,* e completate le frasi con le seguenti espressioni: **ha fatto un giro, valigia, viaggio, aereo, pullman, scorsi, all'estero.**

1. Marco continua il suo _____ verso Venezia.

2. Marco vorrebbe prendere l'_____ e volare in un'isola tropicale.

3. Il primo intervistato dice che è stato in Turchia e _____ con la macchina.

4. La prima signora intervistata è arrivata con un gruppo a Orvieto. Sono venuti in _____.

5. L'ultimo intervistato dice che negli anni _____ è andato _____, in Spagna e in Tunisia.

6. Giovanni dice che se dovesse andare *(if he had to go)* su un'isola deserta metterebbe *(he would put)* nella sua _____ il suo iPod.

B. Domande sul video

1. Il tempo *(weather)* è ancora brutto. Dove ha deciso di andare Marco?

2. Dov'è andato in vacanza il primo intervistato? Come hanno viaggiato?

3. Con chi ha passato le vacanze il giovane che è andato in Sardegna?

4. Quanto tempo sono rimasti in Sardegna?

C. Attività sulla grammatica.

Guardate la sezione del video *Le vacanze* una seconda volta e completate le frasi con il verbo in parentesi al passato prossimo, e con le preposizioni semplici appropriate.

1. Poiché il tempo è brutto, Marco (pensare) _____ di proseguire verso est.

2. Quando Marco (arrivare) _____ _____ Venezia, il tempo era *(was)* ancora brutto.

3. Il primo intervistato (stare) _____ un mese _____ Turchia.

4. Un'intervistata, con gli altri turisti, (venire) _____ _____ Orvieto _____ pullman.

5. Un intervistato e la sua ragazza (passare) _____ una settimana _____ Sardegna.

6. Negli anni scorsi un intervistato (andare) _____ all'estero: _____ Spagna e _____ Tunisia.

👤👤👤 D. Partecipazione.

In gruppi di tre studenti, fatevi a turno le domande seguenti.

- Dove siete andati(e) in vacanza l'anno scorso (o...)?
- Dove preferite passare le vacanze e come preferite viaggiare?
- Avete fatto un viaggio all'estero? Se sì, dove?

Vocabolario 🔊

Nomi

la camera	room
la cartolina	postcard
il documento	document
la gente	people
l'itinerario	itinerary
la mezzanotte	midnight
il mezzogiorno	noon
l'ora	time, hour
il prezzo	price
la racchetta da tennis	tennis racket
il tassì	taxi
la trattoria	restaurant
la vacanza	vacation

Aggettivi

comodo	comfortable
scorso	last

Verbi

ammirare	to admire
cadere	to fall
correre (*p.p.* corso)	to run
diventare	to become
durare	to last
entrare	to enter
lasciare	to leave (someone, something)
mettere (*p.p.* messo)	to put; to wear
morire (*p.p.* morto)	to die
nascere (*p.p.* nato)	to be born
passare	to spend (time)
restare	to remain
ricordare	to remember
rimanere (*p.p.* rimasto)	to remain
salire	to climb, to go up, to get on
salutare	to greet; to say good-bye
scendere (*p.p.* sceso)	to descend, to go down, to get off
spendere (*p.p.* speso)	to spend (money)
spedire (-isc)	to mail
visitare	to visit (a place)

Altre espressioni

A presto	See you soon
Buon viaggio!	Have a nice trip!
comodamente	comfortably
durante	during
fa	ago
ieri	yesterday
in anticipo	early, ahead of time
in punto	sharp, precisely (time)
lì	there
presto; Presto!	early, fast, soon; Hurry up!
prima	before
purtroppo	unfortunately
tardi	late
viaggio d'affari	business trip
di nozze	honeymoon trip
di piacere	pleasure trip

1. Parole incrociate.
Risolvete il cruciverba (*puzzle*) con il vocabolario di *Studio di parole*.

Orizzontali

3. È dove facciamo il biglietto.
6. Lo guardiamo per sapere quando parte o arriva il treno.
8. Per essere sicuri di trovare un posto è una buona idea _____ il volo in anticipo (*early*).
9. È dove aspettiamo l'autobus.
10. Il contrario di «partenza»

Verticali

1. Il documento necessario per viaggiare all'estero
2. Un viaggio in aereo
3. Le valigie o gli zaini dei viaggiatori
4. Un viaggio di piacere (*pleasure*) in nave
5. Il contrario di «salire».
7. Il contrario di «libero».

© Cengage Learning

2. Il fine settimana degli amici italiani.
Scrivete che cosa hanno fatto le persone nei disegni.

1–2 3 4–6

© Cengage Learning

1. La mamma e Nino _____
2. Il papà _____
3. Alessandra _____
4. Roberta _____
5. Il signor Fabbri _____
6. Il gatto _____

3. Trasformazioni.
Cambiate il soggetto delle frasi e le trasformazioni necessarie. Attenzione all'accordo del participio passato!

1. A che ora sono arrivati gli amici? (Francesco / tu, Angela / tu e Antonio / Gabriella)
2. Marco è andato alla stazione e ha preso un treno per Bologna. (io / noi / le ragazze, Alice)
3. Abbiamo fatto una gita a Pisa e siamo saliti sulla Torre. (io / voi / Laura / le due amiche)

4. Abbinamenti (Matching). Abbinate (Match) le frasi della colonna a sinistra con una continuazione logica a destra.

1. Bill ha fatto un viaggio in Lombardia
2. I turisti hanno preso un pullman
3. Abbiamo aspettato tre ore
4. Avete speso molti soldi
5. Hai chiuso la porta a chiave

a. perché avete comprato un biglietto di prima classe.
b. perché il volo è arrivato in ritardo.
c. quando sei uscito?
d. e ha visitato Milano e Como.
e. e hanno fatto il giro della Sicilia.

5. Un viaggio in Liguria. Margherita scrive un e-mail ad una amica. Completate con la forma corretta dei verbi in parentesi al passato prossimo.

Ciao Donatella,
ti scrivo dalla Liguria. Lucia ed io (partire) _____ venerdì scorso da Milano. (viaggiare) _____ in treno e (arrivare) _____ a Genova alle nove di sera. (passare) _____ la notte a casa degli zii di Lucia. La mattina dopo (io, andare) _____ a visitare la città, ma Lucia (rimanere) _____ a casa. Nel pomeriggio (noi, prendere) _____ la macchina e (fare) _____ un giro della riviera ligure. (Vedere) _____ dei panorami stupendi. (Essere) _____ una bella giornata. Bacioni, Margherita

6. Un viaggio all'estero. Siete in partenza per l'Italia. Rispondete alle domande e usate i pronomi diretti come nell'esempio e, se necessario, anche un'espressione di tempo al passato.

Esempio   Quando hai fatto le prenotazioni?
— *Le ho fatte due mesi fa.*

1. Quando hai comprato i biglietti?
2. Quando hai fatto la valigia?
3. Dove hai messo il passaporto?
4. Hai salutato tua madre?

7. Una gita da Firenze. Scrivete a che ora partono e arrivano gli autobus da Firenze.

Autobus	Parte	Arriva
San Gimignano	12.30	14.45
Siena	13.00	14.00
Fiesole	13.32	14.35
Pisa	15.11	16.15
Viareggio	11.40	13.55

Esempio   L'autobus per San Gimignano *parte a mezzogiorno e mezzo e arriva alle tre meno un quarto del pomeriggio.*

1. L'autobus per Siena _____.
2. L'autobus per Fiesole _____.
3. L'autobus per Pisa _____.
4. L'autobus per Viareggio _____.

8. La vacanza di Ann e Katie. Completate il paragrafo con le preposizioni appropriate.

Lo scorso settembre, Ann e Katie, due ragazze di Los Angeles, sono andate _____ vacanza _____ Europa. Sono state _____ Italia e _____ Francia.

Quando sono arrivate _____ Firenze sono andate _____ la loro amica Lindsay che è _____ Toscana _____ studiare la storia dell'arte. In Italia hanno viaggiato _____ treno e _____ macchina.

Il mondo degli affari

Communicative goals

Talking about daily routines
Placing and receiving phone calls
Making hotel reservations and bank transactions

Le regioni d'Italia | L'Emilia-Romagna

Studio di parole | Albergo e banca

Punti grammaticali

8.1 I verbi riflessivi e reciproci
8.2 Il passato prossimo con i verbi riflessivi e reciproci
8.3 I pronomi indiretti

Vedute d'Italia | L'economia in Italia

Attività video | *In viaggio e a casa*

Ripasso

Courtesy of the authors

◀ Hotel Continental, Santa
Margherita Ligure

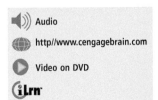

◀))) Audio
🌐 http//www.cengagebrain.com
▶ Video on DVD
iLrn

L'Emilia-Romagna

L'Emilia-Romagna è una regione dell'Italia settentrionale. È una delle regioni più ricche d'Italia (la seconda dopo la Lombardia). L'industria agroalimentare è molto sviluppata *(very developed)* grazie alla fertilità del suolo *(soil)* e all'allevamento *(livestock farming)* dei bovini e dei suini *(cattle and pigs)*. I formaggi e i salumi *(cold meats made with pork)* dell'Emilia-Romagna, tra cui il Parmigiano reggiano e il prosciutto di Parma, sono esportati in tutto il mondo. Oltre alle industrie alimentari ci sono industrie meccaniche, tessili e automobilistiche, come la Ferrari, la Maserati e la Lamborghini. Bologna, il capoluogo della regione, è una città dall'alto tenore di vita *(standard of living)* e con uno dei più bassi tassi di disoccupazione *(unemployment rate)*.

▲ Vista panoramica della città di Bologna – Bologna è una città dinamica, ricca culturalmente ed economicamente. Si estende dalla fine della Pianura Padana alle prime pendici *(foothills)* dell'Appennino Tosco-Emiliano. Al centro della città sono visibili le due torri *(towers)* medioevali, la Torre degli Asinelli e la Garisenda, simboli della resistenza della città contro le invasioni. Bologna è chiamata «la dotta» *(cultured)* per la sua tradizione universitaria e «la grassa» per la sua cucina opulenta *(rich cuisine)*.

I salumi sono tra i prodotti tipici dell'Emilia-Romagna. La provincia di Parma è rinomata per la produzione del prosciutto, conosciuto in tutto il mondo. Il prosciutto di Parma è chiamato prosciutto dolce per il basso contenuto di sale *(low salt)* e non contiene altri conservanti *(preservatives)*. Altri gustosi *(delicious)* salumi emiliani sono la coppa, il culatello e la mortadella. Tra i salumi bolliti *(boiled)* ci sono il cotechino e lo zampone che fanno parte della tradizione gastronomica natalizia *(Christmas dishes)*. ▼

jbor/Shutterstock

◀ La biblioteca Sala Borsa dell'Università di Bologna – L'Università di Bologna, Alma Mater Studiorum, è la più antica università del mondo occidentale. La data di fondazione della prima scuola giuridica *(law school)* risale al 1088. Attualmente l'Università di Bologna ha 23 facoltà e oltre 80 000 studenti ed è considerata tra le migliori in Italia.

Courtesy of © Comune di Bologna

Ravenna, conosciuta come la città dei mosaici, è un importante centro della Romagna. Dal V all' VIII secolo d.C. è stata capitale dell'Impero Romano d'occidente, del regno dei goti *(Goths)* e infine dell'Impero Bizantino. Nella foto si vede uno dei mosaici della chiesa di San Vitale che rappresenta l'imperatore bizantino Giustiniano e il suo seguito *(cortege)*. ▼

▲ La pasta ripiena *(filled pasta)* è una tradizione della cucina emiliana. I ripieni *(fillings)* possono essere a base di carne, verdura o formaggio. La pasta ripiena è servita con un sugo *(sauce)* o in brodo *(in a broth)*. Oltre alla varietà di ricette esiste anche una grande varietà di forme: tortellini, tortelloni, tortelli, agnolotti, cappelletti e ravioli.

mountainpix/Shutterstock.com

Sjoerd van der Wal/iStockphoto.com

La Ferrari ha sede a Maranello in provincia di Modena. Oltre *(Besides)* a produrre automobili sportive di alta qualità, la Scuderia Ferrari compete nelle gare *(races)* automobilistiche di Formula 1. Il fatturato *(sales)* della Ferrari non ha risentito *(has not suffered)* della crisi del settore automobilistico e continua a registrare un aumento. A Maranello è possibile visitare il Museo Ferrari di Maranello che espone le automobili, le immagini e i trofei *(trophies)* di oltre *(more than)* ottant'anni di storia. ▶

L'Hotel Excelsior si trova in via Veneto, una delle principali strade di Roma, rinomata per i suoi caffè, ristoranti, alberghi e negozi di lusso. Via Veneto ha fatto da sfondo *(background)* al famoso film di Federico Fellini, *La dolce vita*.

Un viaggio d'affari 🔊 CD1-31

John White è un uomo d'affari americano. È arrivato a
Roma e **soggiorna** all'albergo Excelsior, in via Veneto,   *stays*
dove ha prenotato una **camera singola** con doccia.   *single room*
Dall'albergo telefona a Davide, un collega che lavora alla
filiale di Roma.   *branch*

JOHN Pronto, Davide? Sono John White. Come stai?

DAVIDE **Salve,** John! Come va? Hai fatto un buon viaggio?   *Hello*

JOHN Sì, **abbastanza,** però è stato un viaggio lungo e   *good enough*
    mi sono annoiato parecchio.   *I got bored a lot*

DAVIDE In che albergo stai? Hai una macchina?

JOHN Sono all'Excelsior. No, **non ho noleggiato** la macchina.   *I haven't rented*
    A Roma preferisco prendere il tassì.

DAVIDE **Allora, ci vediamo** per il pranzo? Al Gladiatore?   *Well, shall we meet*

JOHN Sì, certo, però prima devo **farmi la doccia** e poi   *to take a shower*
    andare in banca per cambiare dei dollari.

DAVIDE Allora, **ci incontriamo** al ristorante all'una. Va bene? *we will meet*

JOHN D'accordo. A presto.

Comprensione

1. Chi è John White? **2.** È venuto a Roma per un viaggio di piacere? **3.** Cos'ha prenotato all'albergo? **4.** Perché John si lamenta *(complain)* del viaggio? **5.** Ha noleggiato una macchina? Perché? **6.** Prima di vedere Davide, John deve…

Studio di parole Albergo e banca

Viaggiatore	Vorrei prenotare una camera doppia per tre notti, dal 14 al 17 giugno.
Impiegato	Preferisce una camera per fumatori o per non fumatori?
Viaggiatore	Per non fumatori.
Impiegato	Una camera doppia è 150 euro per notte, con la prima colazione.
Viaggiatore	Va bene, grazie.

Turista	Buon giorno, vorrei cambiare 500 dollari in euro. Qual è il cambio dell'euro oggi?
Impiegato	L'euro è a 1,3 dollari. Ha un documento d'identità?
Turista	Ecco il passaporto.
Impiegato	Una firma qui, per favore.
Turista	Grazie.

In albergo

un albergo hotel
economico moderately priced
di lusso exclusive
una pensione guesthouse
un ostello della gioventù youth hostel
prenotare to reserve
una camera room
singola single room

In banca

una banca bank
il denaro, i soldi money
il bancomat ATM machine
cambiare to change, to exchange money
il cambio exchange rate
Qual è il cambio del dollaro oggi?
What is the exchange rate for the dollar today?

Proverbi

1. Il tempo è denaro.
2. Il tempo è buon maestro.
3. I soldi non fanno la felicità.

noleggiare una macchina to rent a car
doppia double room
con bagno with bath
con doccia with shower
con aria condizionata with air conditioning
per fumatori smoking
per non fumatori non smoking
confortevole comfortable
alloggiare to stay in a hotel

mostrare un documento d'identità to show an ID
firmare to sign
la firma signature
la ricevuta receipt
pagare in contanti to pay cash
con carta di credito with credit card
risparmiare to save (money)

Informazioni

Dove alloggiare in Italia

Gli alberghi in Italia sono classificati in categorie da una a cinque stelle *(stars)*. Una pensione è generalmente più piccola e più economica di un albergo. La colazione è spesso inclusa nel prezzo. Molti alberghi e pensioni offrono la pensione completa *(full board)* con i tre pasti o la mezza pensione (colazione e pranzo o cena). Per i giovani che viaggiano, specialmente gli studenti, gli ostelli della gioventù sono la soluzione più economica. Negli ultimi anni, molti conventi e monasteri in tutta Italia hanno aperto le porte ai turisti ed ai viaggiatori ed offrono alloggio a prezzi modici *(very low)*. In Italia non esistono i motel, ma molti alberghi fanno parte di catene alberghiere internazionali *(international hotel chains)*.

Pensione Giustina, per una vacanza in montagna

Applicazione

A. Cerca la parola! Completate con la parola corretta della lista.

la banca, l'ostello della gioventù, una camera singola, in contanti, l'aria condizionata, noleggiano una macchina, al bancomat, la ricevuta

1. La firmiamo quando paghiamo con una carta di credito: _____
2. La prenota un turista che viaggia da solo: _____
3. Lo fanno i turisti che non vogliono viaggiare in treno o in aereo: _____
4. C'è sempre negli alberghi di lusso, è utile quando fa caldo: _____
5. È molto economico per i giovani che non hanno molti soldi quando viaggiano: _____
6. È il luogo dove andiamo per cambiare dei soldi: _____
7. Paghiamo così (this way) quando non accettano carte di credito: _____
8. Qui (here) preleviamo (withdraw) dei soldi senza entrare in banca: _____

B. Conversazione. In coppie, fatevi a turno le seguenti domande.

1. Quando vuoi prenotare una camera in un albergo, che cosa fai? Telefoni all'albergo? Usi l'Internet?
2. Quando vai in vacanza con gli amici, dove alloggi? E quando vai con la tua famiglia?
3. Sei mai stato/a all'estero? Dove hai alloggiato?
4. Sei mai stato/a in un ostello della gioventù?
5. Come preferisci pagare quando viaggi, in contanti o con una carta di credito?
6. Hai mai cambiato del denaro in un Paese straniero? Dove?

— Devo prelevare dei soldi.
— Oh, ecco un bancomat!

C. Un fine settimana al mare. Guardate il listino prezzi dell'Hotel Miramare e decidete quanto pagano le seguenti persone per due notti.

1. La famiglia Rossi (quattro persone), in maggio
2. I signori Sorrenti (più il cane), una camera con vista in giugno
3. I signori Tinelli con un bebè (a baby), una camera senza vista in settembre
4. I signori Marini, con il figlio di dieci anni, una camera senza vista in ottobre

D. Adesso parliamo! Vorrei prenotare...
In coppie, fate la parte del/della turista e dell'impiegato/a dell'Hotel Miramare. Il/La turista vuole prenotare una camera. Specificate il tipo di camera e le date della prenotazione. L'impiegato dice quant'è il costo totale.

▣ CAMERA	BASSA STAGIONE Marzo · Aprile · Maggio · Ottobre	ALTA STAGIONE Pasqua · Giugno · Luglio · Agosto · Settembre
▣ DOPPIA VISTA MARE	€ 260,00	€ 280,00
▣ DOPPIA STANDARD SENZA VISTA MARE	€ 222,00	€ 240,00
▣ SINGOLA VISTA MARE	€ 230,00	€ 250,00
▣ SINGOLA SENZA VISTA MARE	€ 165,00	€ 195,00
▣ SPECIALE FAMIGLIA 4 PERSONE 2 CAMERE	€ 385,00	€ 430,00

SUPPLEMENTO TERZO LETTO € 75,00	SUPPLEMENTO CULLA* € 26,00	SUPPLEMENTO CANE € 11,00

*crib

Ascoltiamo!

In banca, allo sportello del cambio (exchange window) 🔊 CD1-32

John White è andato in banca per cambiare dei traveler's checks in euro. Parla con l'impiegato allo sportello del cambio. Ascoltate la loro conversazione e rispondete alle domande.

Comprensione

1. Perché è andato in banca il signor White?
2. Secondo l'impiegato, è una settimana fortunata per il dollaro. Perché?
3. Perché parla bene l'italiano il signor White?

Dialogo

Immaginate di essere in una banca italiana per cambiare dei dollari. Domandate quant'è il cambio del dollaro e decidete quanti dollari volete cambiare. L'impiegato(a) vi chiede un documento d'identità e poi di firmare la ricevuta.

Punti grammaticali

8.1 I verbi riflessivi e reciproci

1   2   3   4

1. Mi chiamo Gino. Mi alzo alle sette.
2. Mi lavo e mi vesto.
3. Mi fermo in banca.
4. La sera, mi riposo.

1. I verbi riflessivi

a. A verb is reflexive when the action expressed by the verb refers back to the subject. Only transitive verbs (verbs that take a direct object) may be used in the reflexive construction.

Lavo la macchina.	*I wash the car.* (transitive)
Mi lavo.	*I wash myself.* (reflexive)
Vedo la ragazza.	*I see the girl.* (transitive)
Mi vedo nello specchio.	*I see myself in the mirror.* (reflexive)

The infinitive of a reflexive verb is formed using the infinitive of the non-reflexive form without the final **-e** + the reflexive pronoun **si** *(oneself)*: **lavar-si, metter-si, vestir-si.**

lavarsi *(to wash oneself)*			
mi lavo	*I wash myself*	ci laviamo	*we wash ourselves*
ti lavi	*you wash yourself*	vi lavate	*you wash yourselves*
si lava	*he/she/it washes himself/herself/itself*	si lavano	*they wash themselves*
Si lava	*you wash yourself (formal sing.)*	Si lavano	*you wash yourselves (formal pl.)*

The reflexive pronouns are **mi, ti, ci, vi,** and **si.** They must always be expressed and must agree with the subject, since the object and subject are the same. Usually the pronoun precedes the reflexive verb. Some common reflexive verbs are:

chiamarsi	*to be called*	**mettersi**	*to put on*
svegliarsi	*to wake up*	**lavarsi**	*to wash (oneself)*
alzarsi	*to get up*	**divertirsi**	*to have fun, to enjoy oneself*
vestirsi	*to get dressed*	**annoiarsi**	*to get bored*
prepararsi	*to get ready*	**arrabbiarsi**	*to get angry*
pettinarsi	*to comb one's hair*	**innamorarsi**	*to fall in love*
radersi	*to shave*	**sposarsi**	*to get married*
truccarsi	*to put on makeup*	**laurearsi**	*to graduate from university*
fermarsi	*to stop (oneself)*	**diplomarsi**	*to graduate from high school*
riposarsi	*to rest*	**scusarsi**	*to apologize*
addormentarsi	*to fall asleep*	**sentirsi**	*to feel*

Mi sveglio tutti i giorni alle otto.	*I wake up every day at eight.*
Ci alziamo tardi.	*We get up late.*
Alessandra **si prepara** per andare al lavoro.	*Alessandra gets ready to go to work.*
Vi pettinate prima di uscire.	*You (plural) comb your hair before you go out.*
Gli studenti **si scusano** quando arrivano tardi a scuola.	*Students apologize when they are late to class.*
Lorenzo **si laurea** a giugno.	*Lorenzo is graduating in June.*

NOTE: Many Italian reflexive verbs are idiomatic and do not translate literally into English. Some verbs also change their meaning when they are reflexive.

Teresa **chiama** Rosa.	*Teresa calls Rosa.*
Mi chiamo Rosa.	*My name is Rosa.*
Sento la musica.	*I hear the music.*
Mi sento meglio.	*I feel better.*

b. If a reflexive verb is used in an infinitive form, the appropriate reflexive pronoun is attached to the infinitive after dropping the final **-e.**

Voglio divertir**mi.**	*I want to enjoy myself (have a good time).*
Non dobbiamo alzar**ci** presto.	*We do not have to get (ourselves) up early.*
Oggi preferisce riposar**si.**	*Today she prefers to rest (herself).*

NOTE: With **dovere, potere,** and **volere,** the reflexive pronoun may be placed *before* the conjugated verb:

Devo alzar**mi.**
Mi devo alzare. } *I have to get (myself) up.*

Vogliono laurear**si.**
Si vogliono laureare. } *They want to graduate.*

c. When an action involves parts of the body or clothing, Italian uses the reflexive construction and the definite article instead of the possessive adjective.

Mi lavo **le** mani.	*I wash my hands.*
Mi metto **i** jeans.	*I put on my jeans.*

d. **Sedersi** *(To sit down)* has an irregular conjugation.

mi siedo	**si siede**	**vi sedete**
ti siedi	**ci sediamo**	**si siedono**

Passato prossimo: *mi sono seduto(a)*

Arturo ha risparmiato per andare in vacanza e adesso può riposarsi in riva al mare.

2. I verbi reciproci

Carlo e Maria si telefonano.   Gino e Luigi si salutano.   Franco e Lisa si baciano.

When a verb expresses reciprocal action (we know *one another,* you love *each other*), it follows the pattern of a reflexive verb. In this case, however, only the plural pronouns **ci, vi,** and **si** are used.

Here are some verbs commonly used to express reciprocal actions:

salutarsi	**telefonarsi**	**scriversi**	**parlarsi**
vedersi	**incontrarsi**	**conoscersi**	**baciarsi**
abbracciarsi *(to hug)*	**amarsi**	**volersi bene**	

Gino e Luigi **si salutano.** (Gino saluta Luigi e Luigi saluta Gino.)	*Gino and Luigi greet each other.*
Noi **ci scriviamo** spesso, ma voi non **vi scrivete** mai.	*We write to each other often, but you never write to each other.*

As with reflexive verbs, when the reciprocal verbs are used in the infinitive form, the pronoun is attached to the infinitive after dropping the final **-e.**

Possiamo veder**ci** stasera?	*Can we see each other tonight?*

Pratica

A. Una questione di abitudini (habits). Completate il paragrafo.

Io (chiamarsi) _____ Alberto e il mio compagno di stanza
(chiamarsi) _____ Stefano. Lui (svegliarsi) _____
molto presto la mattina, ma io (svegliarsi) _____ tardi. Lui
(lavarsi) _____ e (vestirsi) _____ rapidamente e
io (lavarsi) _____ e (vestirsi) _____ lentamente
(slowly). Io (divertirsi) _____ quando gioco a tennis, ma
Stefano non (divertirsi) _____. Io (annoiarsi) _____
quando guardo la TV e lui (annoiarsi) _____ quando è solo. Io
(innamorarsi) _____ delle ragazze bionde e lui (innamorarsi)
_____ delle ragazze brune. Io (arrabbiarsi) _____
perché Stefano è sempre in ritardo, e lui (arrabbiarsi) _____
perché io dimentico sempre i miei appuntamenti. A mezzogiorno Stefano
ed io (fermarsi) _____ alla tavola calda e mangiamo insieme.
La sera noi (addormentarsi) _____ presto perché siamo stanchi
morti *(dead tired)*.

B. Trasformazioni. Leggete le frasi ad alta voce e sostituite «Laura» con
i soggetti in parentesi (io / tu / i miei amici / noi). Attenzione, non tutti i
verbi sono riflessivi!

1. La mattina Laura *si alza* presto per andare a lezione.
2. *Si lava* e *si veste* velocemente.
3. *Si ferma* al bar per fare colazione: *mangia* una brioche e *beve* un caffè.
4. *Arriva* all'università alle nove e *si siede* vicino ad un compagno.
5. Nel pomeriggio *torna* a casa e *si riposa* per un po'.
6. Normalmente *si addormenta* tardi perché *studia* ogni sera.
7. Per fortuna il fine settimana *si diverte* di più!

C. Conversazione. A coppie, fatevi a turno le seguenti domande e
preparatevi a presentare le risposte del vostro compagno/della vostra
compagna al resto della classe.

> **Esempio** svegliarsi / presto o tardi
> Studente 1: *Ti svegli presto o tardi?*
> Studente 2: *Mi sveglio presto, alle sette.*
> Studente 1: *Johnny si sveglia presto, alle sette.*

1. a che ora / addormentarsi il sabato sera
2. a che ora / alzarsi la domenica mattina
3. a che ora e dove / fermarsi per pranzare
4. annoiarsi o divertirsi a lezione
5. truccarsi tutti i giorni (ad una compagna)
6. radersi tutti i giorni (ad un compagno)

D. Che cosa fate quando... ? Rispondete alle domande con il verbo
riflessivo appropriato.

> **Esempio** la sveglia suona *(the alarm goes off)* svegliarsi
> — *Cosa fate quando la sveglia suona?*
> — *Ci svegliamo.*

1. avete freddo
2. andate a una festa
3. aspettate un amico che è in ritardo
4. siete stanchi/e di camminare
5. vedete un amico/un'amica per la strada

a. divertirsi
b. arrabbiarsi
c. sedersi e riposarsi
d. fermarsi a salutare
e. mettersi un golf *(sweater)*

E. In altre parole. Riformulate le frasi usando la costruzione reciproca.

Esempio   Voglio bene ai miei genitori e anche loro mi vogliono bene.
I miei genitori ed io ci vogliamo bene.

1. Vedi i tuoi compagni a lezione e anche loro ti vedono.
2. Conosco molto bene i miei amici e anche loro mi conoscono bene.
3. Paola scrive molti sms al suo ragazzo e anche lui scrive molti sms a Paola.
4. Saluto la professoressa e la professoressa mi saluta.

F. Scambi rapidi. Completate con la forma corretta del verbo in parentesi.

1. (sposarsi)   — Allora *(So)*, Lisa, quando _____ tu e Piero?
   — Se tutto va bene, _____ fra due mesi.
2. (vedersi)   — Franco, è tardi e io devo andare. (Noi) _____ domenica?
3. (scriversi)   — Laura e Davide _____ spesso?
   (telefonarsi) — No, ma loro _____ ogni settimana.

G. Conversazione. Rispondete usando la costruzione reciproca.

1. Dove vi incontrate, tu e i tuoi compagni?
2. Tu e i tuoi genitori vi telefonate spesso?
3. Tu e i tuoi amici vi mandate sms?
4. Quando tu e i tuoi amici vi vedete, come vi salutate?
5. Quando tu e il tuo ragazzo/la tua ragazza vi vedete, come vi salutate?

H. Adesso parliamo! All'hotel. Uno studente/ Una studentessa immagina di essere appena arrivato(a) in un albergo di Ravenna dove vuole pernottare *(spend the night)*. Un compagno/Una compagna fa la parte dell'impiegato(a) dell'albergo.

Specificate che tipo di camera volete (è agosto e non fumate) e per quante notti; chiedete l'assistenza dell'impiegato(a) per noleggiare una macchina; dite a che ora volete svegliarvi e chiedete quali sono gli orari della colazione.

Courtesy of the authors

Sapete che...

Da qualche anno i conventi e i monasteri hanno aperto le porte ai turisti. La ragione? Per motivi economici, in quanto le spese di manutenzione *(upkeep)* sono diventate troppo elevate. Sempre più spesso i turisti, italiani e stranieri, scelgono di alloggiare in questo tipo di strutture *(facilities)*. Quali sono i vantaggi? I prezzi sono modici *(low)*, l'ambiente è molto pulito *(clean)* e tranquillo, specialmente per le famiglie. Inoltre i conventi sono spesso vicino al centro città. Gli svantaggi? Le camere sono piccole e arredate *(furnished)* con molta semplicità perché erano *(they used to be)* le antiche celle del convento. Non sono fornite di televisione, aria condizionata o collegamento wi-fi e la sera si deve rientrare entro una determinata ora *(by a certain time)* o si rischia *(one risks)* di rimanere chiusi fuori *(locked out)*.

I. Cosa preferite? In piccoli gruppi, discutete la possibilità di alloggiare in un antico convento o monastero. Volete fare questo tipo di esperienza o preferite un albergo, una pensione o un ostello della gioventù? Spiegate la ragione della vostra preferenza.

8.2 Il passato prossimo con i verbi riflessivi e reciproci

All reflexive and reciprocal verbs are conjugated with the auxiliary **essere** in the **passato prossimo.** The past participle must agree with the subject in gender and number.

Courtesy of the authors

lavarsi *(to wash oneself)*	
mi sono lavato(a)	*I washed myself*
ti sei lavato(a)	*you washed yourself*
si è lavato(a)	*he/she washed himself/herself*
ci siamo lavati(e)	*we washed ourselves*
vi siete lavati(e)	*you washed yourselves*
si sono lavati(e)	*they washed themselves*

Laura e Massimo si sono sposati stamattina.

Lia, **ti sei divertita** ieri?	*Lia, did you have fun yesterday?*
Ci siamo alzati alle sei.	*We got up at six.*
Il treno **si è fermato** a Parma.	*The train stopped in Parma.*

Verbi reciproci: incontrarsi

Ci siamo incontrati(e).	*We met each other.*
Vi siete incontrati(e).	*You (plural) met each other.*
Si sono incontrati(e) ieri.	*They met each other.*
Le due ragazze **si sono salutate** e **si sono baciate.**	*The two girls greeted each other, and they kissed each other.*

Pratica

A. Di solito... Completate le seguenti frasi con il verbo riflessivo al **passato prossimo.**

Esempio Di solito Riccardo si alza presto, ma questa mattina
_____ tardi.
Di solito Riccardo si alza presto, ma questa mattina ***si è alzato*** *tardi.*

1. Di solito ti fermi a fare colazione al bar, ma stamattina non

_____.

2. Di solito mi annoio alla lezione di chimica, ma alla lezione di ieri non _____.

3. Di solito ci svegliamo presto, ma ieri _____ tardi.

4. Tu e i tuoi amici vi incontrate ogni sabato, ma sabato scorso non _____.

B. Vacanze romane. Completate il seguente paragrafo usando il **passato prossimo.**

Raffaella (arrivare) _____ a Roma ieri sera per incontrare l'amica Marina. Stamattina Raffaella (svegliarsi) *si è svegliata* presto, (alzarsi) _____ e (telefonare) _____ all'amica. Poi (lavarsi) _____ e (vestirsi) _____. Quando le due ragazze (incontrarsi) _____, (salutarsi) _____ con molto affetto e (uscire) _____ dall'albergo. Marina e Raffaella (visitare) _____ la città e (divertirsi) _____ molto. A mezzogiorno le due ragazze (sentirsi) _____ stanche e (fermarsi) _____ a una tavola calda *(snack bar),* dove (riposarsi) _____ per un'ora. Dopo il pranzo, Marina e Raffaella (fare) _____ le spese nei negozi e (comprare) _____ delle cartoline e dei francobolli *(postage stamps).* Poi le due amiche (sedersi) _____ a un caffè e (scrivere) _____ le cartoline ai loro parenti e amici.

Courtesy of the authors

Piazza del Popolo con le chiese gemelle, in stile barocco – Piazza del Popolo, situata ai piedi del Pincio (uno dei setti colli di Roma), è una delle più celebri piazze del centro di Roma. Via del Babuino e via del Corso, fiancheggiate *(flanked by)* da eleganti negozi, collegano Piazza del Popolo a Piazza di Spagna.

C. Conversazione

1. A che ora ti sei svegliato(a) stamattina?
2. Ti sei alzato(a) subito *(immediately)*?
3. Ti sei fermato(a) in mensa *(cafeteria)* o al caffè a fare colazione?
4. Ti sei annoiato(a) in classe?
5. Tu e i tuoi genitori vi siete visti o vi siete telefonati il fine settimana scorso?
6. Dove vi siete incontrati tu e i tuoi amici il fine settimana scorso? Vi siete divertiti?

D. Un colpo di fulmine *(Love at first sight).*

Guardate il disegno e a turno, raccontate la storia d'amore di Laura e Francesco al passato prossimo. Usate i verbi reciproci: **conoscersi, innamorarsi, fidanzarsi, sposarsi.** Con un po' di immaginazione, aggiungete dei dettagli *(add some details)* alla storia.

E. Adesso parliamo! Che sorpresa!

Un amico/Una amica vi telefona e vi dice che in pochi mesi si è innamorato(a), si è sposato(a) ed è ritornato(a) dal viaggio di nozze *(honeymoon)*. In coppie, immaginate una conversazione tra i due amici/le due amiche. Il primo/La prima fa almeno cinque domande sulla storia d'amore, le nozze *(wedding)* e il viaggio di nozze e l'altro/altra risponde con le informazioni necessarie.

Verbi suggeriti: conoscersi, innamorarsi, fidanzarsi, sposarsi, divertirsi

Oggi è il 14 febbraio. Stefano incontra Antonella, la sua ragazza, e le dà una rosa.

8.3 I pronomi indiretti

1. An indirect object designates the person *to whom* an action is directed. It is used with verbs of *giving*: **dare, prestare, offrire, mandare, restituire, regalare, portare,** etc., and with verbs of *oral* and *written communication*: **parlare, dire, domandare, chiedere, rispondere, telefonare, scrivere, insegnare, spiegare, consigliare,** etc. The preposition **a** follows these verbs and precedes the name of the person to whom the action is directed.

Scrivo **una lettera.**   *(direct object)*
Scrivo una lettera **a Lucia.**   *(indirect object)*

An indirect-object pronoun replaces an indirect object. Here are the forms of the indirect-object pronouns:

Singular			Plural		
mi (m')	*(to) me*	**mi** scrivono	**ci**	*(to) us*	**ci** scrivono
ti (t')	*(to) you (familiar)*	**ti** scrivono	**vi**	*(to) you (familiar)*	**vi** scrivono
gli	*(to) him*	**gli** scrivono	**loro** or **gli**	*(to) them (m. & f.)*	scrivono **loro**
le	*(to) her*	**le** scrivono			(**gli** scrivono)
Le*	*(to) you (formal, m. & f.)*	**Le** scrivono	**Loro** or **Gli***	*(to) you (formal, m. & f.)*	scrivono **Loro** *(very formal)*

*The capital letter in **Le, Loro,** is optional and is used to avoid ambiguity.

2. Note that the pronouns **mi**, **ti**, **ci**, and **vi** can be used as both direct- and indirect-object pronouns. With the exception of loro, which always follows the verb, indirect-object pronouns, like direct-object pronouns, precede the conjugated form of the verb. In negative sentences, **non** precedes the pronouns.

Mi dai il libro per favore?	*Will you give the book to me, please?*
Chi **ti** manda sms?	*Who sends sms to you?*
Non **gli** parlo.	*I am not speaking to him.*
Perché non **ci** scrivete?	*Why don't you write to us?*
Signorina, **Le** offro un caffè.	*Miss, I'm offering you a cup of coffee.*

NOTE: In contemporary Italian, the tendency is to replace **loro** with the plural **gli.**

Gli parlo. *or* Parlo **loro.**	*I am speaking **to them.***

3. In the **passato prossimo,** the past participle *never* agrees with the indirect-object pronoun.

Le ho parla**to** ieri.	*I spoke to her yesterday.*
Non **gli** abbiamo telefona**to.**	*We did not call them.*

4. Unlike in English, **telefonare** and **rispondere** take an indirect-object pronoun.

Quando telefoni a Lucia?	*When are you going to call Lucia?*
Le telefono stasera.	*I'll call her tonight.*
Hai risposto a Piero?	*Did you answer Piero?*
No, non **gli** ho risposto.	*No, I didn't answer him.*

5. As with direct-object pronouns, when the indirect-object pronoun is the object of an infinitive, it—with the exception of **loro**—is attached to the infinitive, which drops the final **-e.**

Preferisco scriver**le.**	*I prefer to write to her.*
Voglio parlar**gli.**	*I want to speak to him.*

NOTE: With the verbs **potere, volere, dovere,** and **sapere,** the object pronoun may either be placed before the conjugated verb or attached to the infinitive.

Ti posso parlare? ⎫
Posso parlar**ti**? ⎭ *May I speak to you?*

—Vuole darmi quel salame, per favore?

The chart below presents all the forms of the direct- and indirect-object pronouns. Note that they differ only in the third-person singular and plural forms.

Direct-Object Pronouns	Indirect-Object Pronouns
mi	mi
ti	ti
lo, la, La ⟷	⟶ gli, le, Le
ci	ci
vi	vi
li, le, Li, Le ⟷	⟶ gli (loro), Loro

Pratica

A. Sostituzioni. Sostituite le parole in corsivo con i pronomi appropriati.

1. Scrivo *a mia cugina.* le scrivo
2. Perché non telefoni *a tuo nonno?*
3. Il professore spiega la grammatica *agli studenti.*
4. Presto la macchina *a mio fratello.*
5. Do venti dollari *a mia sorella.*
6. I due fratelli chiedono un favore *al padre.*
7. Liliana scrive un biglietto di auguri *a sua zia.*
8. Date spesso dei consigli *ai vostri amici?*
9. Paolo manda dei fiori *alla sua ragazza.*

B. Una persona generosa. Per Natale il signor Bini ha comprato regali per tutti i parenti ed amici. Che cosa gli ha regalato? In coppie, fatevi le domande e rispondete a turno.

Esempio   figlio / un computer portatile
— *Che cosa ha regalato a suo figlio?*
— *Gli ha regalato un computer portatile.*

1. moglie / una macchina per fare il cappuccino
2. sorelle / alcuni CD di musica classica
3. figlia / un telefonino nuovo
4. fratello / un libro giallo *(a mystery book)*
5. zia Maria / una scatola di cioccolatini Perugina

C. Quando? Una persona curiosa vuole sapere quando tu fai le seguenti cose. In coppie, fate a turno la parte della persona curiosa e pensate a delle risposte originali.

Esempio   — *Quando dai dei consigli al tuo amico?*
— *Gli do dei consigli quando ha dei problemi.*

1. Quando telefoni *ai tuoi amici?*
2. Quando *mi* mandi una cartolina?
3. Quanto presti il libro d'italiano *al tuo compagno di classe?*
4. Quando scrivi un'e-mail *al professore/alla professoressa d'italiano?*
5. Quando *ci* offri un gelato?
6. Quando porti un regalo *a tua madre?*
7. Quando dici «Ciao» *ai tuoi compagni?*

D. Diretto o indiretto? In coppie, fatevi a turno le domande e rispondente usando il pronome corretto (diretto o indiretto) e un po' d'immaginazione.

Esempio   — *Quando scrivete agli zii?*
— *Gli scriviamo per Pasqua. (o…)*

1. Quando fai *i compiti?*
2. Dove aspetti *il tuo amico?*
3. Quando telefoni *a tua madre?*
4. *Mi* presti la macchina stasera?
5. Quando parlate *al professore?*
6. Dove *ci* aspetti stasera?
7. Hai invitato *gli amici* alla festa?

E. Un invito a cena. Tu e il tuo compagno/la tua compagna di casa volete invitare gli amici a cena. Fatevi a turno le domande e sostituite le espressioni in corsivo con il pronome appropriato.

Esempio   — *Vuoi invitare **gli amici** a cena sabato sera?*
               — *Sì, voglio invitarli.*

1. Vuoi mandare un'e-mail *agli amici*?
2. Dobbiamo chiamare *Tony*?
3. Pensi di telefonare *a Luisa*?
4. Abbiamo bisogno di fare *la spesa*?
5. Dobbiamo comprare *le bibite*?
6. Possiamo chiedere la ricetta per il pesto *a Carla*?
7. Sai cucinare *il pollo arrosto*?
8. Vuoi preparare tu *il dolce*?

F. Una scampagnata *(a picnic).* Tu e il tuo compagno/la tua compagna organizzate una scampagnata. Il tuo compagno/La tua compagna doveva fare alcune cose e tu vuoi sapere se le ha fatte. Rispondete alle domande, secondo l'esempio.

Esempio   chiamare *Luisa*
               — *Hai chiamato Luisa?*
               — *Sì, l'ho chiamata.*

1. telefonare *agli amici*
2. fare *la spesa*
3. comprare *i panini*
4. invitare anche *Anna e Laura*
5. chiedere *a Luisa* di portare la frutta
6. comprare *l'acqua minerale*
7. mettere *tutte le cose* in macchina

G. In banca. Il Sig. Johnson è entrato in una banca a Vicenza per cambiare dei dollari in euro. In coppie, fate la parte del Sig. Johnson e dell'impiegato(a) della banca. Completate il loro dialogo con i pronomi mancanti *(missing).*

SIG. JOHNSON	Buon giorno.
IMPIEGATO(A)	Buon giorno.
SIG. JOHNSON	Scusi, può cambiar __mi__ 1 500 dollari in euro?
IMPIEGATO(A)	Mi dispiace, __le__ posso cambiare solo 1 000 dollari questa mattina.
SIG. JOHNSON	Quando __mi__ può cambiare il resto?
IMPIEGATO(A)	Posso cambiar __le__ il resto domani.
SIG. JOHNSON	Va bene. Ritorno domani.
IMPIEGATO(A)	Può mostrar __le__ un documento d'identità per favore?
SIG. JOHNSON	__le__ posso mostrare il passaporto. Eccolo.
IMPIEGATO(A)	Ecco gli euro. Lei __mi__ deve firmare la ricevuta.
SIG. JOHNSON	Ecco fatto. Grazie e arriveder __la__.
IMPIEGATO(A)	Grazie a Lei e buona permanenza in Italia.

La torre Hines – Cesar Pelli a Milano è il grattacielo più alto d'Italia.

A Milano, per affari 🔊 CD1-33

Anna è arrivata all'aeroporto di Linate. La sua **ditta** l'ha mandata a Milano per assistere ad una conferenza delle Industrie Farmaceutiche. Massimo, un amico di Anna, che lavora per la stessa ditta, è andato all'aeroporto ad **accoglierla** e ad accompagnarla all'albergo. Anna e Massimo s'incontrano all'uscita dei passeggeri. *firm*

to greet her

MASSIMO Ciao Anna, benvenuta a Milano! Com'è andato il viaggio?

ANNA È stato lungo: undici ore, ma la business class non è male, e non mi sono annoiata troppo. Mi sono anche addormentata ed ho dormito per un paio di ore.

MASSIMO Ti accompagno all'Hotel Michelangelo, così puoi riposarti e **rilassarti.** *relax*

ANNA OK, grazie. Però domani vorrei noleggiare una macchina, così mi sento più indipendente, e posso muovermi più liberamente a Milano, e poi **magari** posso farmi un viaggetto al lago di Como. *perhaps*

MASSIMO Ottimo. Posso darti **una mano** per il noleggio della macchina e magari venire con te a Como, se ti fa piacere la mia compagnia. *a hand*

ANNA Certamente, mi fa piacere.

MASSIMO Se non sei troppo stanca, possiamo incontrarci stasera per cena. Conosco un ristorantino vicino all'Hotel Michelangelo, dove fanno un risotto alla milanese squisito.

ANNA Benissimo, **ho già l'acquolina in bocca!** *My mouth is watering already!*

A. Alla lettura. Dopo che avete letto il dialogo, con un compagno/una compagna, sottolineate i verbi riflessivi e reciproci.

B. Comprensione

1. Perché Anna è andata a Milano?
2. Chi è andato all'aeroporto ad accoglierla?
3. Dove si sono incontrati Anna e Massimo?
4. Com'è andato il viaggio di Anna? Si è annoiata?
5. Cosa le suggerisce di fare all'hotel, Massimo?
6. Perché Anna vuole noleggiare una macchina?
7. Dove ha intenzione di farsi un viaggetto?
8. Perché s'incontrano Anna e Massimo stasera?
9. Dove ha intenzione di portarla Massimo? Perché?

Anna ha noleggiato la macchina per andare a Como

C. Conversazione

1. Ti diverti o ti annoi quando viaggi in aereo?
2. Hai mai fatto un viaggio in aereo di molte ore? Dove? Quando?
3. Sei mai stato(a) a Milano?
4. Quando hai fatto un viaggio sei stato(a) in albergo o a casa dei parenti?
5. Preferisci stare in un albergo in centro o in una pensione in un luogo tranquillo?
6. Se vai a Milano, cosa vuoi vedere?

Adesso scriviamo!

In partenza!

Strategy: Effective use of a dictionary.

When writing in Italian you often need to use a dictionary to add to your vocabulary and to make your account more interesting. Here are some suggestions for the best use of an English–Italian dictionary.

- You may find more than one Italian equivalent for the word you are searching, so make sure that you choose one that corresponds most closely (e.g., make sure it is a noun, adjective, adverb, or as appropriate).

- Make sure that if it is a noun, you check to see whether it is feminine or masculine so that your adjectives can correspond.

- Sometimes you may find that the dictionary provides brief examples of the word in context; these are very useful and may give you a sense of how to use it in your own writing.

Task: Writing an e-mail

Immagina di essere all'aeroporto a Milano e di aspettare il volo di ritorno agli Stati Uniti. Scrivi un'e-mail ad un amico/un'amica e descrivi il tuo ultimo giorno in Italia.

A. In un paragrafo descrivi le attività della giornata, usando (using) il passato prossimo.

Attività suggerite: **svegliarsi, alzarsi, lavarsi e vestirsi, fare colazione, pagare il conto dell'albergo, andare dall'albergo all'aeroporto.**

B. Racconta (Tell) al tuo amico/alla tua amica com'è stato il tuo viaggio in Italia. Ti sei divertito/a? Che cosa hai fatto? Hai speso molto? Che cosa hai comprato? Come hai pagato i tuoi acquisti (purchases)? Finisci con dei saluti.

C. Leggi l'e-mail ancora una volta (again). Tutte le parole sono scritte correttamente? Controlla l'accordo tra il verbo e il soggetto e tra il nome e l'aggettivo. Controlla in modo particolare la forma del passato prossimo: ti sei ricordato(a) che con i verbi riflessivi devi usare **essere** al passato prossimo?

L'economia in Italia

A. The following reading highlights certain features of the contemporary Italian economy. It notes that the government debt in Italy is higher than in other European countries. With the introduction of the euro, the cost of living in Italy rose, while income remained steady. Those hardest hit were the elderly and the retirees on fixed incomes. The recent global economic and financial crisis has made the situation in Italy even more difficult: individual savings were harmed, small businesses struggled to get credit, and the unemployment, already quite high, increased even further. Since Italy has universal health care that is not tied to employment, some of the worst effects of unemployment have been avoided. Italians on the whole believe that they are resilient and that they can come through this financial crisis.

Courtesy of the authors

to reduce

Il *deficit* del governo italiano è da molti anni superiore a quello degli altri Paesi europei. Per adottare l'euro, il governo italiano ha dovuto **ridurre** la spesa pubblica ed aumentare le tasse. Questo ha creato delle difficoltà per la popolazione. Con l'introduzione dell'euro il costo della vita è aumentato, *while / salaries* **mentre** gli **stipendi** e le pensioni sono rimasti gli stessi. Le persone che *the elderly* pagano di più le conseguenze di questa crisi sono **gli anziani,** che hanno *to make ends meet* delle difficoltà **a farcela** con la loro pensione.

La situazione economica in Italia si è aggravata quando la crisi finanziaria e bancaria, iniziata negli Stati Uniti nel 2008, è diventata una crisi economica globale. I cittadini, piccoli o grandi risparmiatori, hanno visto la loro sicurezza *disappear / bought* economica **svanire** quando le polizze, **acquistate** con «capitale garantito» e *had instead / worthless paper* «senza rischio», **avevano invece** il valore della **carta straccia.** Un'altra con- *companies* seguenza della crisi è la difficoltà che le **aziende** hanno ad ottenere il credito, *lay off / employees* e devono **licenziare** dei **dipendenti.** La disoccupazione aumenta, e chi ha un lavoro, non spende i suoi soldi perché ha paura di perdere il lavoro.

È un bene che il SSN (**Sistema Sanitario Nazionale**) provveda l'assistenza medica e sanitaria a tutti i cittadini, indipendentemente dalla loro condizione economica: perdere il lavoro non significa perdere l'assistenza medica.

It is a good thing / National Health System

Gli Italiani sono sicuri che supereranno questa crisi: sanno di avere le **capacità di recupero**, grazie a lezioni imparare e ben assimilate nel passato. Molti dicono, **scherzando**, che metteranno i loro soldi nei materassi o nei sacchi della **farina**, come hanno fatto i loro nonni fino a quando le banche hanno **sparso la voce** di un'invasione di **topi**.

that they are resilient
as a joke
flour
spread the rumor / mice

La sede della Borsa a Milano

B. Domande

1. Quale è stata la conseguenza dell'introduzione dell'euro?
2. Chi paga di più le conseguenze dell'alto costo della vita?
3. Che cosa ha aggravato la situazione economica in Italia?
4. Perché le aziende devono licenziare dei dipendenti?
5. Perché la gente (*people*) non spende i soldi?
6. Chi perde il lavoro perde anche l'assistenza medica?
7. Cosa dicono gli Italiani scherzando (*as a joke*)?

Attività video ▷

A. Attività sul vocabolario. Guardate la sezione del video *In viaggio e a casa* e completate le frasi con le seguenti parole: **albergo, autobus, carta di credito, contanti, metropolitana, mezzi pubblici, treno**

Cosa dicono le persone intervistate?

1. (Anna) Quando vado in vacanza preferisco stare in _____.

2. (Maria) Quando sono in un paese straniero preferisco usare i _____

3. (Irene) Quando viaggio all'estero… mi piace prendere l' _____, la _____ e viaggiare in _____

4. (Anna) Uso i _____ per le piccole spese.

5. (Adriana) Di solito pago con la _____

B. Domande sul video

1. Che cosa fa Maria quando non può usare i mezzi pubblici?

2. Che cosa usa Alessandro per i suoi acquisti *(purchases)* quando viaggia?

3. A che ora si alza Anna?

4. Che cosa mangia e che cosa beve Irene a colazione?

C. Attività sulla grammatica. Guardate la sezione del video *In viaggio e a casa* una seconda volta; poi, completate le frasi con la forma corretta dei verbi e delle espressioni in parentesi.

1. Anna dice: *(I wake up)* _____ presto la mattina; *(I have to get up)* _____ presto per essere al lavoro alle otto.

2. Maria dice: Se non ho un appuntamento presto *(I like to get up)* _____ un pochino più tardi.

3. Irene dice: *(I do not stop)* _____ al bar per fare colazione.

4. Irene dice: Qualche volta *(I fall asleep)* _____ davanti alla televisione.

D. Partecipazione. In gruppi di tre studenti, fatevi a turno le domande.

- A che ora ti alzi di solito?
- A che ora ti sei alzato(a) questa mattina?
- Hai fatto colazione a casa o ti sei fermato(a) a prendere qualcosa a un caffè?

Vocabolario 🔊

Nomi

l'abbraccio	hug
l'affare (m.)	business
l'affetto	affection
il bacio	kiss
il (la) collega (pl. i colleghi, le colleghe)	colleague
il consiglio	advice
la coppia	couple
la ditta	company, firm
il francobollo	postage stamp
la giornata	day
il mare	sea
la mensa	cafeteria
la stella	star
lo stipendio	salary
la sveglia	alarm clock
la tavola calda	snack bar
la vista	view

Aggettivi

abbondante	abundant
arrabbiato	mad
straniero	foreign

Verbi

abbracciarsi	to hug each other
accettare	to accept
addormentarsi	to fall asleep
alzarsi	to get up
annoiarsi	to get bored
arrabbiarsi	to get mad
baciarsi	to kiss each other
chiamarsi	to be called
divertirsi	to have fun, to enjoy oneself

fermarsi	to stop
fidanzarsi	to get engaged
innamorarsi (di)	to fall in love (with)
laurearsi	to graduate (from a university)
lavarsi	to wash (oneself)
mettersi	to put on, to wear
pettinarsi	to comb one's hair
prepararsi	to prepare oneself, to get ready
rilassarsi	to relax
radersi	to shave
riposarsi	to rest
risparmiare	to save
salutarsi	to greet each other; to say good-bye
scambiarsi	to exchange
scusarsi	to apologize
sedersi	to sit down
sentirsi	to feel
sposarsi	to get married
suonare	to ring
svegliarsi	to wake up
truccarsi	to put on makeup
vestirsi	to get dressed

Altre espressioni

alta/bassa stagione	high/low season
darsi la mano	to shake hands
per affari	on business
per fortuna	luckily
prima	first; before
tutt'e due	both
un uomo/una donna d'affari	a businessman/woman

1. Parole incrociate. Risolvete il cruciverba con il vocabolario in *Studio di parole.*

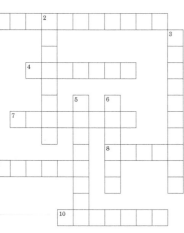

Orizzontali

1. Vogliamo _____ e non spendiamo tutti i soldi che abbiamo.
4. È un alloggio economico per i viaggiatori giovani.
7. È il posto dove possiamo prelevare *(withdraw)* del denaro senza entrare nella banca.
8. Andiamo in _____ per cambiare dei dollari in euro.
9. I signori Bianchi prenotano una camera per due persone.
10. Quando paghiamo con una carta di credito dobbiamo _____ la ricevuta.

Verticali

2. Costa meno di un albergo.
3. I turisti che vogliono essere indipendenti dagli orari dei treni, possono _____ una macchina.
5. Paghiamo in _____, con banconote e monete *(coins).*
6. È il valore *(value)* del dollaro in euro.

2. I verbi riflessivi. Completate le frasi con la forma corretta del presente di uno dei verbi riflessivi della lista.

alzarsi	annoiarsi	divertirsi	laurearsi
lavarsi	sedersi	sentirsi	

1. Gli studenti _____ dopo quattro anni di studio all'università.
2. Ogni mattina, (io) _____ alle sette.
3. Quando Riccardo esce con gli amici, _____ sempre molto.
4. Quando le lezioni non sono interessanti, (tu) _____?
5. (Noi) _____ i capelli con lo shampoo.
6. Gli studenti entrano nell'aula, _____ e aspettano che il professore cominci la lezione.
7. Oggi Rita resta a casa e non va a lavorare perché non _____ bene.

3. I verbi reciproci: Il mio migliore amico/La mia migliore amica (My best friend). Usate almeno quattro dei verbi suggeriti in forma reciproca per descrivere la vostra amicizia *(friendship):* **abbracciarsi (to hug), conoscersi, incontrarsi, parlarsi, rispettarsi, salutarsi, scriversi, telefonarsi, vedersi, volersi bene.**

Esempio Il mio migliore amico/La mia migliore amica si chiama _____. Noi ci conosciamo molto bene, da _____ anni.

4. La giornata di Massimo. Massimo è un impiegato di banca. Sulla base dei disegni descrivete la sua routine, con i verbi riflessivi al presente.

1. _____
2. _____
3. _____
4. _____

5. Che cosa ha fatto Massimo ieri? Adesso riscrivete le frasi usando i verbi al passato prossimo.

1. _____
2. _____
3. _____
4. _____

6. Al passato. Completate le frasi con un verbo riflessivo logico al passato prossimo.

1. Dopo il viaggio in aereo sono arrivato(a) in albergo, sono andato(a) a letto e _____ subito *(immediately)*.
2. Bambini, è ora di cenare, _____ le mani *(hands)*?
3. — Paola, perché _____ un golf?
   — Perché ho freddo!
4. Stamattina noi _____ presto per andare all'aeroporto.
5. Dopo il lavoro, Donatella e Cinzia _____ in banca per prelevare dei soldi.
6. Lucia _____ in economia lo scorso giugno e adesso cerca un lavoro.

7. Riflessivi all'infinito. Completate le frasi con il verbo riflessivo corretto. Attenzione all'accordo del pronome!

arrabbiarsi, prepararsi, radersi, riposarsi, truccarsi

1. Quando siamo stanchi(e), vogliamo _____.
2. Antonio non vuole avere la barba *(beard)* e preferisce _____ tutti i giorni.
3. Roberto, non devi _____, devi avere più pazienza!
4. Siete in ritardo, dovete _____ rapidamente.
5. Sandra vuole _____ per essere più bella.

8. I pronomi indiretti. Il Natale si avvicina e la madre di Maria le fa tante domande. Rispondete con i pronomi di oggetto indiretto.

1. Hai telefonato *alla zia*?
2. Hai comprato un regalo *per tuo fratello*?
3. Hai scritto un biglietto di auguri *ai nonni*?
4. Hai fatto un regalo *alle tue amiche*?

9. Diretto o indiretto? Riscrivete le frasi e sostituite le espressioni in corsivo con il pronome appropriato.

1. Antonio studia *l'italiano*.
2. Parliamo *a Tonino*.
3. Scriviamo un sms *a Luisa*.
4. Prendi *la macchina*?
5. Invitiamo *gli amici*.
6. Ho dimenticato di comprare *le patate*.
7. Quest'anno non posso fare molti regali *ai miei amici*.
8. Voglio vedere *le mie amiche* sabato sera.
9. Sapete parlare bene *lo spagnolo*?
10. Dobbiamo trovare *le chiavi*!
11. Non posso aspettare *mio fratello*.
12. Devi prendere *l'aereo*.

Mezzi di diffusione

Communicative goals

Talking about mass media: television, newspapers, films, and books
Talking about reading habits
Talking about one's childhood
Describing ongoing and habitual actions in the past
Telling a story in the past

Le regioni d'Italia | La Toscana

Studio di parole | Stampa, televisione, cinema

Punti grammaticali

Vedute d'Italia | Gli umanoidi del futuro

Attività video | *La televisione*

Ripasso

◀ Un'edicola a Milano – In un'edicola si vendono giornali, riviste, piante della città *(city maps)*, la guida TV, le ricariche del telefonino e i biglietti dell'autobus. Gli Italiani si fermano a comprare il giornale prima di andare al lavoro.

Courtesy of the authors

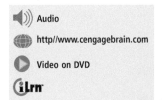

◀)) Audio

🌐 http//www.cengagebrain.com

▶ Video on DVD

iLrn

La Toscana

La Toscana è una regione dell'Italia centrale e, con oltre tre milioni e mezzo di abitanti, è una delle più popolate d'Italia. Il suo antico nome, «Tuscia», si riferisce alla misteriosa civiltà etrusca che occupava la regione prima dell'avvento di Roma. Il capoluogo è Firenze, fondata in epoca romana sul fiume Arno e diventata poi la culla (*cradle*) dell'arte e dell'architettura rinascimentale. L'attuale (*modern*) lingua italiana deriva dal volgare (*vernacular*) fiorentino del Trecento. La Toscana è celebre per la bellezza bucolica del suo paesaggio, con le colline coltivate a vigneti (*vinyards*) e oliveti (*olive trees*). L'economia della regione si basa sul turismo, l'agricoltura e la viticultura. Tra le industrie artigianali, sono importanti la ceramica (*pottery*) e l'oreficeria (*goldsmith's art*).

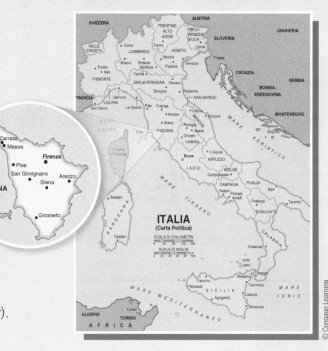

© Cengage Learning

Sailorr/Shutterstock.com

San Gimignano, in provincia di Siena, conserva l'architettura e l'urbanistica (*city layout*) medievale. La vista della città in cima a un colle (*hill*) con le sue caratteristiche torri, ha un fascino (*charm*) indimenticabile. Oggigiorno restano tredici torri, ma nel Trecento ce n'erano più di settanta. Sulle colline toscane, tra Firenze e Siena, si produce il vino Chianti, uno dei vini rossi italiani più conosciuti e apprezzati. La Toscana è anche rinomata per la produzione di dolci, come i biscotti di Prato e il panforte di Siena, tipico dolce del Natale. ▼

▲ Firenze, città d'arte per eccellenza, è stata nominata Patrimonio dell'umanità dall'Unesco. Nel Quattrocento, sotto il governo della famiglia de' Medici, Firenze era una delle più potenti e prospere città in Europa. Nella foto si vede il Duomo di Santa Maria del Fiore con la cupola del Brunelleschi e il campanile di Giotto. La torre sulla sinistra è un altro simbolo della città, il Palazzo Vecchio del 1200, sede del comune (*city hall*) di Firenze.

Heinle Image Resource Bank/Cengage Learning

Liz Leyden/iStockphoto

◀ La Torre Pendente *(Leaning Tower)* in Piazza del Duomo – La sua costruzione, iniziata nel 1173, fu *(was)* sospesa per il cedimento del terreno *(the ground level had subsided)* e completata nel quattordicesimo *(14th)* secolo. Da questa torre Galileo Galilei ha condotto *(carried out)* i suoi esperimenti sulla legge di gravità.

Janet and Charles Mcgary

Siena è conosciuta in tutto il mondo per la sua architettura e il suo patrimonio artistico. Nella foto si vede Piazza del Campo, la piazza principale della città. Qui ha luogo *(takes place)* il palio di Siena, la famosa corsa dei cavalli *(horses race)*. ▶

M. Rohana/Shutterstock

◀ Il palio di Siena ha luogo nella Piazza del Campo due volte all'anno, in luglio e in agosto. Questa manifestazione *(event)* ha origini antiche e continua ancor oggi *(to this day)* con lo stesso entusiasmo. Per saperne di più *(to learn more),* leggete «Il palio di Siena» nelle Vedute del Capitolo 14.

m.bonotto / shutterstock

In provincia di Carrara, sulle Alpi Apuane, si trovano circa 300 cave di marmo *(marble quarries)*. Il famoso marmo bianco di Carrara, di qualità molto pregiata *(valuable),* è esportato in tutto il mondo. Molti capolavori *(masterpieces)* di Michelangelo sono stati scolpiti *(were sculpted)* dai blocchi di marmo di Carrara, che Michelangelo veniva a scegliere personalmente alle cave. ▶

Dopo la cena e il telegiornale delle 8.00, gli Italiani hanno un'ampia scelta *(choice)* di programmi alla TV, su canali nazionali o su canali esteri.

Una serata alla TV 🔊 CD2-2

Giovanni e Marina hanno finito di cenare e pensano di passare una serata tranquilla in casa. Giovanni accende la televisione.

GIOVANNI Sono le 8.00, possiamo vedere il telegiornale.

MARINA Veramente, abbiamo già letto le notizie di oggi sul giornale, quando eravamo in treno.

GIOVANNI Allora, cambio canale e vediamo le notizie sportive.

MARINA No, perché **non mi va** di sentire che pagano cifre astronomiche per i **giocatori di calcio.**

I don't feel like soccer players

GIOVANNI Allora, cosa vuoi vedere?

MARINA Vediamo la guida della TV. T'interessa un documentario sulle foreste tropicali? È su canale 5.

GIOVANNI Per carità! In cinque minuti mi addormento. Non c'è per caso un bel film, un classico? Quando eravamo fidanzati, andavamo al cinema ogni domenica.

MARINA Sì, infatti, c'è un bel film: *La vita è bella!*, con Roberto Benigni, su Rete 4. Ti va?

GIOVANNI D'accordo. L'ho già visto, ma lo rivedo volentieri.

Comprensione

1. Hanno voglia di uscire Giovanni e Marina questa sera?
2. Cosa pensano di fare?
3. Perché Marina non vuole vedere il telegiornale?
4. A Marina interessano le notizie sportive? Perché no?
5. Perché Giovanni non vuole vedere il documentario?
6. Che cosa facevano Marina e Giovanni quando erano fidanzati?
7. Che programma ha trovato Marina su Rete 4?
8. Giovanni vede questo film per la prima volta? È contento di rivederlo?

Studio di parole **Stampa, televisione, cinema**

Stasera andiamo al cinema

La stampa *(The press)*

il (la) giornalista reporter
il giornale newspaper
la rivista magazine
le notizie news
l'edicola newsstand
l'autore/l'autrice author
lo scrittore/la scrittrice writer
il racconto short story
il romanzo novel
—giallo mystery
—di fantascienza science fiction
il riassunto summary
la trama plot
il personaggio character
il titolo title

La televisione (tivù) *(Television)*

il televisore TV set
il canale channel
l'annunciatore anchorman, newscaster
l'annunciatrice anchorwoman, newscaster

il telegiornale TV news
il programma TV program
il documentario documentary
il lettore DVD DVD player
accendere (*p.p.* **acceso**) to turn on
spegnere (*p.p.* **spento**) to turn off
il telecomando remote control
il videogioco video game

Il cinema

girare un film to make a movie
l'attore actor
l'attrice actress
il (la) regista director
lo spettatore/la spettatrice viewer, spectator
i sottotitoli subtitles
il cartone animato cartoon
l'articolo (il libro, il film) tratta di... the article (book, movie) deals with . . . is about . . .
fare la parte to play the role
dare un film to show a movie

NOTA: Un romanzo poliziesco *(mystery or detective story)* si chiama «un giallo» per il colore della copertina *(cover)*. Durante il periodo fascista la pubblicazione di questo genere di romanzi era proibita. Dopo la seconda guerra mondiale, la casa editrice Mondatori *(a major publisher in Italy)* riprese *(resumed)* a pubblicare libri polizieschi nella collana *(series)* Il Giallo Mondadori, usando il colore giallo per le copertine, che ancora oggi sono gialle. Per analogia, anche un film poliziesco o *noir* si chiama «un giallo».

Informazioni

La televisione

La RAI (Radiotelevisione italiana) gestisce *(runs)* il servizio pubblico radiotelevisivo italiano. Nuovi canali si sono aggiunti *(were added)* ai tre principali, RAI 1, RAI 2 e RAI 3, e trasmettono una varietà di programmi. Oltre alla televisione pubblica, in Italia ci sono anche i canali privati, come Canale 5, Italia 1 e Rete 4, che trasmettono programmi commerciali: telefilm *(drama and sitcom series)* soap opera, reality e giochi. Con il sistema SKY, a pagamento, si ricevono via satellite canali da tutto il mondo. I programmi televisivi americani sono particolarmente popolari e sono spesso imitati. Esistono infatti le soap italiane, come «Un posto al sole», i reality e i talent shows, come «Il grande fratello» e «Ballando con le stelle». RAI Scuola e RAI Storia offrono trasmissioni culturali e RAI Gulp trasmette spettacoli *(shows)* istruttivi e divertenti per i bambini.

Courtesy of the authors

Applicazione

A. Completate le frasi con il vocabolario in *Studio di parole*.

1. Roberto Benigni è un famoso _____ italiano. Il suo film *La vita è bella* ha vinto tre premi Oscar nel 1999.
2. *Time* e *Newsweek* sono due _____ americane.
3. *Il re leone* è un _____ di Walt Disney.
4. Usiamo il telecomando per _____ il televisore quando abbiamo finito di guardare un programma.
5. Un romanzo è lungo, ma un _____ è corto.
6. Lo compriamo tutti i giorni per leggere le notizie: _____.
7. Sono le persone che guardano un film o un programma di televisione: _____
8. Molti giovani si divertono con i _____ per PlayStation o XBox.
9. È un programma di notizie alla televisione: _____.
10. John Steinbeck è lo _____ statunitense che ha vinto il premio Nobel per la letteratura nel 1962.
11. *La marcia dei pinguini* è un _____ sulla vita degli animali.
12. Usiamo il telecomando per _____ il televisore quando vogliamo guardare un programma.
13. *L'assassinio sull'Orient Express* è il titolo di un romanzo _____ di Agatha Christie.

LE NOSTRE INDICAZIONI

- sentimentale
- avventura
- giallo
- drammatico
- commedia

Courtesy of the authors

GIUDIZI

★★★★★	Memorabile
★★★★	Molto bello
★★★	Bello
★★	Così così
★	Brutto

Courtesy of the authors

B. Per i patiti *(fans)* del cinema

1. In coppie, leggete i titoli dei film in italiano e trovate il corrispondente titolo in inglese sulla colonna a destra.

   1. *A qualcuno piace caldo* g
   2. *Bianca Neve e i sette nani* f
   3. *Guerre stellari* j
   4. *Harry Potter e i doni della morte* i
   5. *Toro scatenato* d
   6. *Il signore degli anelli* b
   7. *La finestra sul cortile* c
   8. *Il padrino* h
   9. *Vacanze romane* e
   10. *Via col vento* a

   a. *Gone with the Wind*
   b. *Lord of the Rings*
   c. *Rear Window*
   d. *Raging Bull*
   e. *Roman Holiday*
   f. *Snow White and the Seven Dwarves*
   g. *Some Like it Hot*
   h. *The Godfather*
   i. *Harry Potter and the Deathly Hallows*
   j. *Star Wars*

2. Conoscete tutti questi film? Li avete visti? Quale è sentimentale? Drammatico? Un giallo? Una commedia? Di fantascienza? Ricordate chi sono gli attori principali?

3. Leggete i giudizi dei critici. Come giudicate *(judge)* i film della lista? Qual è un film memorabile? Molto bello? Bello? Così così? Brutto? Quante stelle dareste *(would you give)* ad ogni film?

Oggi si gira *Via col vento*.

© Cengage Learning

Il doppiaggio *(Dubbing)*

In Italia, la tradizione del doppiaggio risale agli anni '30, con l'arrivo dei primi film sonori *(with sound)* americani. Il doppiaggio era originalmente necessario per motivi politici (il nazionalismo fascista) e culturali, visto *(considering)* il numero di analfabeti *(illitterate)* che non potevano leggere i sottotitoli. La pratica è continuata fino ai nostri giorni e si è estesa *(extended)* anche ai programmi di televisione. Vista la popolarità delle serie televisive americane il doppiaggio rimane un'industria fiorente. Le nuove puntate *(episodes)* che arrivano via satellite dagli Stati Uniti hanno i sottotitoli in italiano, ma la settimana seguente *(next)* le serie sono ritrasmesse *(are shown again)*, doppiate in italiano.

C. Conversazione. In coppie, fatevi le seguenti domande e rispondete in frasi complete.

1. Vai spesso al cinema? Che genere di film ti piace?
2. Chi è il tuo attore/la tua attrice preferito(a)?
3. Noleggi spesso dei DVD? Preferisci noleggiare un film o andarlo a vedere al cinema?
4. Quali programmi guardi alla TV: telegiornale, telefilm e serie televisive *(drama and sitcoms)*, programmi di sport, musica, politica, scienze, film, cartoni animati?
5. A che ora guardi la TV di solito? Registri i programmi di televisione o li guardi in Internet?
6. Come ti tieni informato/a *(How do you stay informed)*? Leggi il giornale? Quale? Guardi il telegiornale? Leggi le notizie in Internet?

D. Adesso parliamo! Le letture *(Reading)*. In gruppi di tre studenti, rispondete alle seguenti domande e parlate dei vostri gusti *(tastes)* letterari.

In Italia come negli Stati Uniti, i libri di *Harry Potter*, la saga di *Twilight* e la trilogia di *Hunger Games* hanno avuto molto successo tra i giovani. Hai letto questi *(these)* romanzi? Ti piacciono? Perché sì o no? Che tipi di libri ti piacciono? Che autore/autrice preferisci?

Hai tempo per leggere? Quando leggi? Hai un tablet? Scarichi i libri digitali?

Ascoltiamo!

Un weekend al mare CD2-3

Antonio e Luciano hanno dato gli ultimi esami e sono in partenza per Santa Margherita Ligure. Ascoltate la loro conversazione e rispondete alle domande.

Vocabolario utile: Non vedo l'ora di... *I cannot wait to . . .* ; Che barba! *What a drag!*

Comprensione

1. Perché i due amici vogliono passare un weekend tranquillo?
2. Che cosa lascia a casa Luciano?
3. Perché Antonio dice «Che barba!»? Che cosa gli consiglia Luciano?
4. Che tipo di romanzo ha comprato Luciano? Che cosa offre al suo amico Antonio?
5. Dove vuole fermarsi Antonio prima di partire? Che cosa pensa di comprare?
6. Ai due amici piacciono le automobili? Perché?

Dialogo

Basta con *(Enough with)* la tecnologia!
Immaginate di passare un fine settimana senza telefonino, computer, tablet o televisore. Fate un dialogo con un compagno/una compagna che:

- vuole sapere che cosa vi portate da leggere
- vi chiede che genere di libri preferite leggere
- vi consiglia un libro che ha letto recentemente

9.1 L'imperfetto

1. The **imperfetto** (from the Latin *imperfectum*) means *imperfect*, that is, incomplete. It is used to express an action that took place in the past but whose duration cannot be specified. Its endings are identical in all three conjugations.

parlare → parla-**vo** = *I was speaking, I used to speak, I spoke*

parlare	ricevere	dormire
parla**vo**	riceve**vo**	dormi**vo**
parla**vi**	riceve**vi**	dormi**vi**
parla**va**	riceve**va**	dormi**va**
parla**vamo**	riceve**vamo**	dormi**vamo**
parla**vate**	riceve**vate**	dormi**vate**
parla**vano**	riceve**vano**	dormi**vano**

C'era una volta una bella bambina che si chiamava Cappuccetto Rosso, perché portava sempre una mantellina *(a little cape)* con un cappuccio *(hood)* rosso.

2. The following verbs are irregular in the imperfect tense:

essere: **ero, eri, era, eravamo, eravate, erano**
fare: **facevo, facevi, faceva, facevamo, facevate, facevano**
bere: **bevevo, bevevi, beveva, bevevamo, bevevate, bevevano**
dire: **dicevo, dicevi, diceva, dicevamo, dicevate, dicevano**

3. The imperfect tense is used to describe:

a. environment, time, weather; physical and mental states, and age in the past.

Erano le sette di sera.	*It was 7:00 P.M.*
Fuori **faceva** freddo e **pioveva**.	*Outside it was cold and it was raining.*
La gente **aveva** fame.	*People were hungry.*
L'attrice **era** preoccupata.	*The actress was worried.*
Nel 1996 **avevo** dieci anni.	*In 1996 I was ten years old.*

b. habitual actions in the past.

Da bambino **andava** spesso al teatro dei burattini.	*As a child he often went (used to go / would go) to the marionette theater.*
Leggeva favole tutte le sere.	*He read (used to read/would read) fables every night.*

c. an action in progress while another action was taking place or was completed.

Mentre **scrivevo** una lettera, Nino **suonava** il piano.	*While I was writing a letter, Nino was playing the piano.*
Luisa **pranzava** quando Marcello è entrato.	*Luisa was having dinner when Marcello walked in.*

Pratica

A. Vacanze veneziane. Che cosa faceva tutti i giorni Franca quand'era a Venezia?

Esempio   visitare la città   *Visitava la città.*

1. prendere il vaporetto *(motorboat)* sul Canal Grande
2. ammirare i palazzi veneziani
3. camminare lungo le calli *(narrow Venetian streets)* e i ponti *(bridges)*
4. entrare nelle chiese e nei negozi
5. la sera, sedersi a un caffè in piazza San Marco

Il Canal Grande a Venezia

B. Frammenti di ricordi. Sostituite l'infinito con la forma appropriata dell'imperfetto.

Ricordo che quand'ero bambino, io (passare) _____ ogni estate con i nonni. I nonni (abitare) _____ in una piccola casa in collina *(hill)*. La casa (essere) _____ bianca, con un tetto *(roof)* rosso. Davanti alla casa (esserci) _____ un bel giardino. Ogni giorno, quando (fare) _____ caldo, io (stare) _____ in giardino, e se (avere) _____ sete, la nonna (portare) _____ delle bevande fresche. Il pomeriggio io (guardare) _____ i cartoni animati alla tivù, (divertirsi) _____ a giocare a palla o (fare) _____ lunghe passeggiate nei campi con il vecchio cane dei nonni. Alle sette, la nonna (chiamarmi) _____ per la cena, ed io (aiutarla) _____ ad apparecchiare *(to set)* la tavola. La sera noi (stare) _____ fuori a guardare il cielo stellato *(starry)*.

C. Da ragazzini *(As young children).* Tommaso, Luca e suo fratello Rico parlano di quand'erano ragazzini. Completate il loro dialogo con i verbi suggeriti, all'imperfetto.

andare (2x), fare passeggiate, giocare a tennis, giocare, preferire

TOMMASO Dove andavate in vacanza tu e Rico?

LUCA Noi _____ in montagna, e tu?

TOMMASO Io _____ al mare. Come vi divertivate?

LUCA Io _____.

RICO Io, invece *(instead)*, _____.

TOMMASO E la sera, cosa facevate?

LUCA Qualche volta noi _____ con i videogiochi.

TOMMASO Io, invece, _____ guardare i cartoni animati alla tivù.

D. Conversazione. Com'eri da piccolo/a *(as a child)*? In coppie, rispondete alle seguenti domande in frasi complete.

1. Dove abitavi quando avevi otto anni?
2. Com'eri? Tranquillo(a) o vivace?
3. Che scuola frequentavi? Qual era la tua materia preferita?
4. Come si chiamava il tuo migliore amico/la tua migliore amica?
5. Che attività facevi dopo scuola? Facevi dello sport? Suonavi uno strumento? Giocavi in casa o fuori?
6. Che programmi guardavi alla televisione? Quando guardavi la televisione? Giocavi con i videogiochi?
7. Avevi un animale domestico? Come si chiamava/chiamavano?
8. Ogni estate andavi in vacanza con la tua famiglia? Dove?

E. Adesso parliamo! I ricordi del liceo. Vuoi sapere cosa faceva il tuo compagno/la tua compagna durante gli anni del liceo. Pensa a cinque domande e poi intervista il tuo compagno/la tua compagna. Hai scoperto *(did you discover)* qualcosa d'interessante?

Argomenti *(Topics)* **di possibili domande:** le materie, i professori e i voti, le attività sportive, la vita sentimentale, il rapporto con i genitori e la famiglia, i mezzi di trasporto, ecc.

Vocabolario utile: andare d'accordo con *to get along with*

Mentre andava a trovare la nonna e camminava da sola nel bosco *(woods)* Cappuccetto Rosso ha incontrato il lupo cattivo che le ha domandato «Dove vai bella bambina?».

9.2 Contrasto tra imperfetto e passato prossimo

1. Both the **passato prossimo** and the **imperfetto** present events and facts that took place in the past. However, they are not interchangeable.

   a. If a past action took place only *once,* was repeated a *specific* number of times, or was performed within a *definite* time period, the **passato prossimo** is used.

   b. If a past action was *habitual,* was repeated an *unspecified* number of times, or was performed for an *indefinite* period (with no beginning or end indicated), the **imperfetto** is used. It is also used to *describe circumstances* surrounding a past action or event (time, weather, physical appearance, age, feelings, attitudes, etc.).

The following pairs of sentences illustrate further the contrast between these two tenses.

Ieri sera **ho ascoltato** la radio.	*Last night I listened to the radio.*
Tutte le sere **ascoltavo** la radio.	*Every evening I would (used to) listen to the radio.*
La settimana scorsa Gianni mi **ha telefonato** tre volte.	*Last week Gianni phoned me three times.*
Prima mi **telefonava** molto spesso.	*Before he used to phone me very often.*
L'estate scorsa **ho giocato** a tennis tutti i giorni.	*Last summer I played tennis every day.*
Quando **ero** giovane, **giocavo** a tennis tutti i giorni.	*When I was young I would (used to) play tennis every day.*
Gina **ha preso** l'impermeabile ed **è uscita.**	*Gina took her raincoat and went out.*
Gina **ha preso** l'impermeabile perché **pioveva.**	*Gina took her raincoat because it was raining.*

2. Certain verbs, such as **dovere, potere, sapere, volere,** and **conoscere,** have different meanings depending on whether they are used in the **imperfetto** or in the **passato prossimo;** the **imperfetto** describes circumstances and states of being, while the **passato prossimo** describes actions.

Doveva lavorare, ma non stava bene.	*He/She was supposed to work, but he/she was not well.*
Ha dovuto lavorare anche se non stava bene.	*He/She had to work even if he/she was not well.*
Potevo uscire, ma non ne avevo voglia.	*I was able to go out, but I did not feel like it.*
Ho potuto finire il lavoro in un'ora.	*I was able to finish the job in one hour.*
Sapevamo che le elezioni erano in giugno.	*We knew the elections were in June.*
Abbiamo saputo che i socialisti non hanno vinto.	*We found out that the Socialists didn't win.*
Lui **voleva** divertirsi, ma non aveva soldi.	*He wanted to have fun, but he did not have any money.*
Maria **ha voluto** comprare una casa in Riviera.	*Maria wanted to buy a house on the Riviera (and she did).*
Conoscevo il senator Fabbri.	*I knew Senator Fabbri.*
Ieri **ho conosciuto** suo padre.	*Yesterday I met his father (for the first time).*

Pratica

inverno – winter
estate – summer
primavera – spring
autunno fall

A. Discussioni pericolose *(dangerous).* Sei stato(a) testimone *(witness)* a una discussione di politica e adesso la racconti a un amico/un'amica. Usa il passato prossimo o l'imperfetto, a seconda del caso *(according to the context).*

1. È il primo giugno.
2. Sono le otto di sera.
3. Piove *(It's raining).*
4. Entro al Caffè Internet.
5. Ordino un espresso.
6. Un giovane arriva al bar.
7. Ha circa vent'anni.
8. Porta un vecchio impermeabile.
9. Incomincia a parlare male del Governo.
10. Un cliente s'arrabbia.
11. I due litigano *(fight).*
12. La confusione è grande.
13. Un cameriere telefona alla polizia.

B. Di solito..., ma una volta... In coppie, fatevi a turno le domande su quello che facevate una volta e su quello che avete fatto questa volta.

Courtesy of Donna Moderna

Esempio tu e la tua ragazza *andare* al cinema la domenica / sì, ma ieri noi *andare* alla partita di calcio *(soccer game)*
— *Tu e la tua ragazza **andavate** al cinema la domenica?*
— *Sì, ma ieri **noi siamo andati** alla partita di calcio.*

1. tu una volta *annoiarsi* ai film di fantascienza / sì, ma *divertirsi* al film di ieri sera
2. tu di solito non *guardare* i programmi culturali / no, ma ieri io *guardare* un documentario molto interessante sulla natura
3. tu prima non *accendere* mai la TV prima delle 9 / sì, ma ieri sera io *volere* vedere il telegiornale delle 8
4. tu non *comprare* mai le riviste di moda / sì, ma la settimana scorsa io *decidere* di comprare *Donna Moderna*

C. Passato prossimo o imperfetto? Sostituite all'infinito la forma corretta dell'imperfetto o del passato prossimo, a seconda del significato.

1. Questa mattina mia moglie ed io (svegliarsi) _____ presto e (uscire) _____ di casa alle 7.30.
2. Poiché la nostra macchina non (funzionare) _____, noi (andare) _____ a prendere l'autobus.
3. Alla fermata dell'autobus (esserci) _____ molte persone che (aspettare) _____.
4. Un uomo (venire) _____ e (dire) _____ che (esserci) _____ lo sciopero *(strike)* degli autobus fino alle 11.00.
5. Mia moglie (dire) _____ che lei (volere) _____ andare al lavoro a piedi, perché il suo ufficio (essere) _____ vicino.
6. Così io (pensare) _____ di prendere un tassì, anche se (costare) _____ molto.
7. Ma a causa dello *(because of)* sciopero degli autobus, io non (trovare) _____ un tassì e (tornare) _____ a casa a piedi.
8. Prima di andare a casa io (noleggiare) _____ un DVD: un vecchio film giallo, *Il silenzio degli innocenti (Silence of the Lambs).* Così io (passare) _____ un bel pomeriggio in casa mentre (io, aspettare) _____ il ritorno di mia moglie.

Nota linguistica

The verbs lavorare and funzionare

Lavorare means *to work, to have a job: La segretaria lavora in ufficio.*

Funzionare means *to work* but refers to the functioning of instruments and devices: *La macchina non funziona e devo prendere l'autobus.*

Verifica. Completate le frasi con la forma corretta di **lavorare** o **funzionare**.

1. Vorrei comprare un computer nuovo, perché il mio non _____.
2. Quando era all'università Matteo studiava e _____.
3. Antonio è molto stanco perché ieri _____ per dieci ore.
4. Quando non c'è una buona ricezione, i telefonini non _____.

D. Conversazione. Completate la conversazione tra Silvia e Marina usando i verbi in parentesi all'imperfetto o al passato prossimo.

SILVIA	Ciao Marina, come va?
MARINA	Oggi va abbastanza bene, ma ieri ero proprio (*really*) stressata.
SILVIA	Perché, cos'è successo (*what happened*)?
MARINA	Il mio computer (*was not working*) _____. (*I had to*) _____ telefonare a Massimo. Lui è un mago (*wizard*) con i computer e (*he repaired it* = **riparare**) _____.
SILVIA	Che tipo di computer è?
MARINA	È un computer portatile.
SILVIA	(*Did it cost*) _____ molto quando (*it was*) _____ nuovo?
MARINA	(*I bought it*) _____ usato da un amico. Lui (*wanted*) _____ 300 euro.
SILVIA	Con la stampante?
MARINA	No, senza. Gli ho detto che (*I could*) _____ dargli solo 250 euro e lui _____ (*accepted* = **accettare**).
SILVIA	Adesso funziona?
MARINA	Per il momento.
SILVIA	Hai dato dei soldi a Massimo?
MARINA	(*I wanted*) _____ dargli dei soldi, ma lui (*did not want them*) _____. La prossima settimana gli offro una cena.

E. Adesso parliamo! Al ritorno dall'Italia. In gruppi di quattro: due di voi sono appena tornati(e) dall'Italia e gli altri due vogliono sapere come è andato il viaggio e fanno molte domande.

Esempio   la durata del viaggio
Quanto tempo siete rimasti(e) in Italia?

1. la gente che hanno conosciuto
2. le città che hanno visitato (alberghi, monumenti, musei)
3. i mezzi di trasporto che hanno usato
4. il cibo che hanno mangiato
5. le spese che hanno fatto

9.3 Il trapassato prossimo

The **trapassato prossimo** (*pluperfect tense*) expresses an action that took place prior to another action in the past (**avevo ascoltato** = *I had listened*). It is a compound tense formed with the *imperfect tense* of the auxiliary (**avere** or **essere**) + *the past participle* of the main verb. It is conjugated as follows:

parlare		partire		alzarsi	
avevo		ero		mi ero	
avevi		eri	partito(a)	ti eri	alzato(a)
aveva	parlato	era		si era	
avevamo		eravamo		ci eravamo	
avevate		eravate	partiti(e)	vi eravate	alzati(e)
avevano		erano		si erano	

Te l'avevo detto che il tuo piano non era perfetto!

Non aveva fame perché **aveva** già **mangiato.**

Non siamo andati a San Remo perché c'**eravamo** già **stati** l'anno scorso.

She wasn't hungry because she had already eaten.

We didn't go to San Remo because we had already been there last year.

Pratica

A. A Cinecittà. Un vostro amico romano ha visitato il set dove si girava *(they were shooting)* un film con un'attrice americana. Ora vi parla del suo incontro con questa attrice. Completate il paragrafo, usando il trapassato prossimo.

La signorina X parlava abbastanza bene l'italiano perché lo (studiare) _____ al liceo. Prima di venire in Italia, (leggere) _____ molte volte il copione *(script)*. Mi ha detto che (accettare) _____ con piacere di girare quel film. Quando io l'ho conosciuta, (finire) _____ di girare una scena importante. Mi ha raccontato che (venire, già) _____ in Italia, ma che ora voleva conoscerla meglio *(better)*.

B. Amici curiosi. In coppie, fatevi a turno le seguenti domande. Usate il passato prossimo e il trapassato prossimo, come nell'esempio.

Esempio   non andare al cinema / andare al cinema la sera prima
— *Perché non sei andato(a) al cinema?*
— *Perché ero andato(a) al cinema la sera prima.*

1. non fare colazione / fare colazione la mattina presto
2. non guardare il programma alla TV / guardare lo stesso programma il mese scorso
3. non ascoltare le notizie alle 8 / ascoltare le notizie alle 6
4. non uscire / uscire la sera prima

C. Perché? Completate le frasi in modo logico, con un verbo al trapassato prossimo. Alla fine, confrontate *(compare)* le vostre frasi con quelle di un compagno/una compagna.

Esempio   Riccardo ha preso un bel voto perché _____
*Riccardo ha preso un bel voto perché **aveva studiato molto**.*

1. Stamattina ti sei alzato(a) tardi perché _____.
2. Antonio non è andato al cinema con i suoi amici perché _____.
3. Avevo molta fame perché _____.
4. I genitori di Paola erano arrabbiati perché _____.
5. Eravamo molto stanchi perché _____.

9.4 Avverbi

1. You have learned several adverbs (**molto, troppo, ora, presto,** etc.) in earlier chapters. In Italian, many adverbs are formed by adding **-mente** to the feminine form of the adjective. The suffix **-mente** corresponds to the English adverbial suffix *-ly.*

attento	attenta	**attentamente** *(carefully)*
fortunato	fortunata	**fortunatamente** *(fortunately)*
lento	lenta	**lentamente** *(slowly)*
rapido	rapida	**rapidamente** *(rapidly)*

Adjectives ending in **-e** add **-mente** without changing the final vowel.

paziente	**pazientemente** *(patiently)*
semplice	**semplicemente** *(simply)*
veloce	**velocemente** *(fast, quickly)*

Adjectives ending in **-le** and **-re** drop the final **-e** before **-mente**.

facile	**facilmente** *(easily)*
particolare	**particolarmente** *(particularly)*
probabile	**probabilmente** *(probably)*

2. The following are some useful adverbs of time:

adesso, ora *now*	≠	**dopo** *later*
prima *first, before*	≠	**poi** *then*
presto *early, soon*	≠	**tardi, più tardi** *late, later*
spesso *often*	≠	{ **raramente** *seldom*
		{ **qualche volta** *sometimes*
già *already*	≠	**non... ancora** *not . . . yet*
ancora *still, more, again*	≠	**non... più** *not . . . any longer, not . . . anymore*
sempre *always*	≠	**non... mai** *never*

(**Mai** in an affirmative question means *ever*: **Hai *mai* visto Roma?**)

3. Adverbs generally follow the verb.

Viaggio **spesso** per affari.	*I often travel on business.*
Vado **sempre** in aereo.	*I always go by plane.*
Scrivono **raramente**.	*They seldom write.*

With *compound tenses*, however, the following adverbs of time are placed *between* the auxiliary verb and the past participle: **già, non... ancora, non... più, non... mai, sempre.**

Non sono **mai** andata in treno.	*I've never gone by train.*
Non ho **ancora** fatto colazione.	*I have not had breakfast yet.*
Sei **già** stata in banca?	*Have you already been to the bank?*
Tina **non** è **più** ritornata a Perugia.	*Tina didn't return to Perugia anymore.*

Pratica

A. Come... ? Rispondete con un avverbio, seguendo l'esempio.

> **Esempio**   Sei una persona cordiale: come saluti?
> — *Saluto cordialmente.*

1. Sei molto rapido a leggere: come leggi?
2. Stai attento quando il professore spiega: come ascolti?
3. Fai una vita tranquilla: come vivi?
4. Per te *(you)* è facile scrivere: come scrivi?
5. Sei sempre pronto a rispondere: come rispondi?
6. I tuoi vestiti *(clothes)* sono sempre eleganti: come ti vesti?

B. Conversazione. In coppie, fatevi a turno le seguenti domande e usate nella risposta una delle espressioni suggerite in parentesi.

> **Esempio**   Sei già stato(a) in Italia? *(not yet)*
> — *Sei già stato(a) in Italia?*
> — *Non sono ancora stato(a) in Italia.*

1. Hai già visitato Roma? *(not yet)*
2. Sei andato(a) in metropolitana? *(sometimes)*
3. Vai spesso al cinema? *(seldom)*
4. Guardi ancora i cartoni animati? *(not . . . anymore)*
5. Ti sei alzato(a) presto stamattina? *(late)*
6. Hai già cenato? *(not yet)*
7. Hai mai viaggiato in nave? *(never)*
8. Vai adesso in biblioteca? *(later)*

C. Adesso parliamo! Esperienze di vita. In coppie, pensate a quattro esperienze che non avevate mai fatto prima di cominciare l'università e altre quattro che invece avevate già fatto.

> **Esempio**   *Prima di cominciare l'università non avevo mai studiato tutta la notte per un esame. E tu?*
> *Prima di cominciare l'università ero già andato(a) in Europa. E tu?*

Matteo: Papà hai già visto la foto della nuova Ferrari?

Papà: No, non ancora.

Matteo: Da grande *(When I'm grown up)*, comprerò *(I will buy)* sicuramente una macchina sportiva, una Ferrari o una Lamborghini!

Papà: Certamente! Prima però devi lavorare seriamente, risparmiare continuamente e spendere moderatamente…

Matteo: Ho cambiato idea *(I changed my mind)*… Non voglio più la Ferrari.

9.5 *Da quanto tempo? Da quando?*

1. To ask *how long?* (**da quanto tempo?**) something has been going on, the following construction is used:

Da	+	(quanto tempo)	+	*present tense*
Da		**quanti anni**		**abiti** qui?
(For) How		*many years*		*have you been living here?*

To answer, the following construction is used:

present tense	+	**da**	+	(tempo)
Abito qui		**da**		**dieci anni.**
I have been living here		*(for)*		*ten years.*

Da quanti giorni sei a Roma?   *How many days have you been in Rome?*
Sono a Roma **da tre giorni.**   *I have been in Rome (for) three days.*
Da quanto tempo siete sposati?   *How long have you been married?*
Siamo sposati **da due anni.**   *We have been married (for) two years.*

— Da quando hai la patente
  (driver's licence)?
— Da stamattina.

2. If the question is **da quando?** *(since when?)*, **da** means *since.*

Da quando studi l'italiano?   *Since when have you been studying Italian?*
Studio l'italiano **dall'anno scorso.**   *I have been studying Italian since last year.*

Pratica

A. Da quanto tempo? In coppie, chiedetevi a turno le seguenti informazioni.

Esempio   abitare in questa città
— *Da quanto tempo abiti in questa città?*
— *Abito in questa città da sei mesi (un anno, due anni, ecc.).*

1. frequentare l'università
2. studiare l'italiano
3. essere alla lezione d'italiano
4. non vedere la tua famiglia
5. avere la patente *(driver's license)*

B. Date importanti. Completate le seguenti frasi, che rispondono alla domanda **Da quando**?

Esempio   l'Italia è una nazione unita, 1871
L'Italia è una nazione unita dal 1871.

1. l'Italia è una repubblica, 1946
2. l'Italia fa parte del Mercato Comune Europeo, 1957
3. l'Italia usa l'euro, 2002
4. il divorzio esiste in Italia, 1970

Sapete che...

Il giallo all'italiana

Negli ultimi anni si è visto il successo di un nuova ondata *(wave)* di scrittori italiani di romanzi gialli. Questi romanzi spesso trattano i temi della corruzione politica e della criminalità organizzata. Gianrico Carofiglio, avvocato *(lawyer)*, e Giancarlo de Cataldo, giudice *(judge)*, basano molte storie sulla loro esperienze legali. Il più celebre degli scrittori contemporanei è il siciliano Andrea Camilleri che dal 1994 ha pubblicato una serie di romanzi (più di venti) che hanno come protagonista il commissario *(police chief)* Montalbano. Moltalbano è un personaggio popolarissimo, un commissario con un debole *(a soft spot)* per la buona cucina e le belle donne, ma dal carattere integerrimo *(upright)*. Lo sfondo *(background)* dei romanzi di Camilleri è la criminalità e la corruzione che sono una parte della realtà sociale e politica dell'Italia.

Jeff Chiasson/Crazytang/iStockphoto.com

Andiamo al cinema 🔊 CD2-4

Lucia chiama l'amica Gabriella al telefonino per invitarla
ad andare al cinema.

LUCIA Pronto? Ciao Gabriella come va?

GABRIELLA Bene, sono appena uscita dall'università e
aspetto l'autobus per tornare a casa.

LUCIA Senti, se non hai **impegni** per stasera, hai voglia di
andare al cinema?

commitments

GABRIELLA Pensavo di incontrare Filippo, perché
volevamo andare a cena insieme, ma mi ha appena
mandato un sms: deve andare a cena dai suoi perché suo padre ha bisogno di aiuto con il computer di
casa che non funziona bene. Come sai Filippo studia
ingegneria elettronica e **non si è fatto certo pregare…**

*jumped at the chance
to help*

LUCIA Allora se sei libera, possiamo andare al cinema
insieme.

GABRIELLA Ma sì, perché no, vado così poco al cinema.
Finisco sempre per noleggiare i DVD o guardare i film
in Internet. Cosa ti va di vedere?

LUCIA Al cinema Odeon c'è una rassegna di film classici
americani in lingua originale. Stasera danno *Il buio oltre
la siepe*. Il titolo in inglese è *To Kill a Mocking Bird*, con
Gregory Peck.

GABRIELLA Sì, l'ho visto un sacco di tempo fa. I miei
avevano la videocassetta. Ti ricordi che al liceo
avevamo anche letto il romanzo? Ma vuoi dire che il
film non è doppiato?

LUCIA Non ti preoccupare, ci sono i sottotitoli in italiano.
Senti, sono le sei e mezzo, perché invece di andare
a casa non prendi l'autobus e in venti minuti sei in
centro. Io ti aspetto davanti alla Rinascente, mangiamo
qualcosa insieme, poi andiamo al cinema.

GABRIELLA D'accordo. Allora ti vedo tra venti minuti.

LUCIA Bene, ti aspetto, ciao!

A. Alla lettura. Dopo che avete letto il dialogo, con un compagno/una compagna sottolineate i verbi al passato prossimo, i verbi all'imperfetto e i verbi al trapassato prossimo.

B. Comprensione

1. Perché Lucia chiama l'amica Gabriella?
2. Dov'è Gabriella e che cosa aspetta?
3. Che cosa le chiede Lucia?
4. Che cosa avevano intenzione di fare Gabriella e Filippo?
5. Perché non hanno potuto fare quello che (*what*) volevano fare?
6. Quale film decidono di andare a vedere le due amiche?
7. Gabriella lo aveva già visto? Quando?
8. Il film è doppiato? Come possono capire il dialogo?
9. Come finisce la sera?

C. Conversazione

1. Ti piacciono i film classici? Perché sì o no?
2. Hai mai visto il film *Il buio oltre la siepe*? Hai letto il romanzo? Di che cosa tratta?
3. Quali film italiani hai visto? Com'erano? Parla con un compagno/una compagna di un film italiano che hai visto.
4. Qual è l'ultimo film che hai visto al cinema? Di che cosa trattava?

Adesso scriviamo!

La recensione (*review*) di un film

Strategy: Telling a story using the past tenses

You will write a review of a movie you have recently seen, including the plot and your opinions about the movie. In your narration pay particular attention to the use of verb tenses. Did the action take place once or within a definite time period? In that case, use the *passato prossimo*. Are you describing circumstances surrounding a past action or event? In that case, use the *imperfetto*.

A. Nel primo paragrafo, presenta informazioni specifiche sul film rispondendo alle seguenti domande:

1. Era americano o straniero?
2. Qual era il titolo?
3. Chi erano il regista e gli attori principali?
4. Dove ha luogo la storia?
5. Chi sono i personaggi principali?
6. Che genere di film era (avventuroso, comico, poliziesco, romantico, ecc.)?

B. Nel secondo paragrafo, descrivi brevemente la trama e la fine.

C. Nel terzo paragrafo, parla della tua reazione, rispondendo alle seguenti domande:

1. È stato un film interessante? Noioso? Divertente? Drammatico? Romantico?
2. Inviti un amico/un'amica ad andare a vedere questo film?

D. Leggi di nuovo la tua descrizione. Tutte le parole sono scritte correttamente? L'accordo tra il verbo e il soggetto e tra il nome e l'aggettivo sono corretti? Hai usato il passato prossimo e l'imperfetto correttamente?

A. You are about to enter the world of the "humanoids of the future!" The Cicerobot, one of the robots created by the University of Palermo's Facoltà di Ingegneria informatica, guides tourists through the Archeological Museum of Agrigento. Using semantic analysis, Cicerobot can also answer tourists' questions as it glides around the museum's artifacts. Round and red in color, and measuring a meter and a half, Cicerobot is always in good spirits and full of energy! Professor Antonio Chella and his Department of Engineering faculty have created other "humanoids of the future": Robotanic and NAO, robots that can babysit, do office work, and assist the elderly.

Gli umanoidi del futuro

wheels / dexterity

round / in a good mood

carry out
the elderly

chat with

that is

Il **Cicerobot** è uno dei robot creati dalla Facoltà di Ingegneria informatica dell'Università di Palermo. È un robot che fa da guida ai turisti al Museo Archeologico di Agrigento. È un robot su **ruote** che si muove con **destrezza** nel museo evitando gli ostacoli. Usando la tecnica di analisi semantica, il Cicerobot può rispondere alle domande dei turisti. È alto un metro e mezzo, è rosso e **rotondo** ed è instancabile e sempre **di buon umore**. È una vera attrazione per i turisti.

Sotto la direzione del professor Antonio Chella, il Dipartimento di Ingegneria informatica ha ideato e creato altri «umanoidi del futuro»: dei robots che possono **svolgere** altri servizi, come babysitting, lavori d'ufficio e assistenza agli **anziani**.

Robotanic è un robot che gira nell'Orto Botanico dell'Università di Palermo e **intrattiene** i visitatori e funziona come Cicerobot. Il Dipartimento di Ingegneria informatica di Palermo sta iniziando un nuovo progetto: i **NAO**, dei robots che riproducono i famosi «pupi siciliani», **cioè** le marionette.

Il Cicerobot nel Museo Archeologico di Agrigento

Courtesy of University of Palermo

Secondo il professore Chella i robot **potranno** svolgere molte attività, sostituiranno gli umani in molti lavori, e potranno anche insegnare l'italiano in un futuro non lontano, **almeno** ad un livello elementare.

will be able to

at least

The faculty of engineering University of Palermo

I NAO

B. Domande

1. Chi ha creato il Cicerobot?
2. Che cosa fa il Cicerobot? Dove?
3. Come si muove? Com'è?
4. Perché è una vera attrazione per i turisti?
5. Chi è il professor Antonio Chella?
6. Che funzione hanno «gli altri umanoidi del futuro» creati dal Dipartimento di Ingegneria informatica dell'Università di Palermo?
7. Cosa fa «Robotanic»?
8. Potranno (*Will be able*) insegnare l'italiano «gli umanoidi del futuro»?

A. Attività sul vocabolario. Guardate la sezione del video *La televisione*; poi completate le frasi con le seguenti espressioni: **programma, televisione, talk show, Canale, film, telegiornali, sport, documentari, trasmissione.**

1. Marco vuole guardare la partita di calcio alla _____.
2. Cerca su Rete 4, niente, su _____ 5, niente.
3. La _____ della partita è solo sulla TV satellitare.
4. Alla prima intervistata piace guardare qualche _____ culturale, qualche dibattito politico e i _____.
5. Il secondo intervistato dice che preferisce guardare lo _____ e anche i _____ romantici.
6. Al terzo intervistato piacciono i varietà e i _____.
7. L'ultimo intervistato dice che guarda solo i _____, e basta.

B. Domande sul video

1. Per quale squadra *(team)* di calcio fa il tifo *(is a fan)* Marco? Contro quale squadra gioca la Roma?
2. Riesce Marco a vedere la partita Roma–Siena alla televisione? Perché no?
3. Quale soluzione trova Marco per seguire la partita?

C. Attività sulla grammatica. Guardate la sezione del video *La televisione* una seconda volta; poi completate le frasi con il verbo in parentesi all'imperfetto o al passato prossimo.

1. Marco (volere) _____ guardare la partita di calcio in TV.
2. La partita di calcio (essere) _____ tra la Roma e il Siena.
3. Purtroppo Marco non (potere) _____ guardare la partita perché la trasmettevano solo sulla TV satellitare.
4. Poiché *(Since)* Marco (volere) _____ seguire la partita, (dovere) _____ accendere la radio della macchina.

D. Partecipazione. In gruppi di tre studenti, conversate sui seguenti argomenti.

- Dite, in ordine di preferenza, quale di questi programmi volete guardare alla TV: telefilm, sport, telegiornali, reality, film, musica, documentari.
- Dite se preferite noleggiare i DVD o vedere i film al cinema, e perché.
- Dite quale genere di film preferite tra i seguenti: film di azione, film sentimentali, film gialli, film di fantascienza.

Vocabolario 🔊

Nomi

la cifra	amount
la copertina	book cover
il discorso	speech
la discussione	discussion
il doppiaggio	dubbing
l'edicola	newsstand
la fine	end
la gente	people
il giudizio	judgment
l'inizio	beginning
l'intervista	interview
la nazione	nation
la politica	politics
la polizia	police
il premio	award, prize
lo spettacolo	show

Aggettivi

culturale	cultural
diverso	various; different
doppiato	dubbed
estero	foreign
politico	political
romantico	romantic

Verbi

andare d'accordo con	to get along with
decidere (*p.p.* deciso)	to decide
discutere (*p.p.* discusso)	to discuss
esprimere (*p.p.* espresso)	to express
funzionare	to work (car, equipment, watches, etc.)
giudicare	to judge
interessarsi (di)	to be interested (in)
litigare	to argue, to quarrel
noleggiare	to rent
partecipare	to participate
piovere	to rain
raccontare	to tell
succedere (*p.p.* successo)	to happen

Altre espressioni

a causa di	because
adesso, ora	now
allora	so
ancora	still, yet
c'era una volta	once upon a time
Che barba!	What a drag!
circa	about
Cos'è successo?	What happened?
un classico	a classic
così così	so so
Da quando?	Since when?
Da quanto tempo?	How long?
fino a	until
già	already
invece	instead
non... ancora	not yet
non... mai	never
non... più	not any longer
non vedere l'ora di...	cannot wait to . . .
per caso	by chance
più tardi	later
poi	then
poiché	since
raramente	seldom

Ripasso

1. Vocabolario. Completate le frasi con una della parole della lista.

acceso, canali, cartoni animati, edicola, fantascienza, giornalisti, girato, personaggio, rivista, spento

1. Stamattina Giorgio si è fermato all'_____ per comprare il giornale.

2. *Donna Moderna* è una _____ di moda che esce ogni settimana.

3. *Avatar* è un film di _____.

4. I _____ scrivono gli articoli per giornali e riviste.

5. Il protagonista di un romanzo è il _____ principale.

6. Alessandro ha _____ il televisore ed è andato a letto perché aveva sonno.

7. Pixar ha prodotto molti _____ di successo, come la serie di *Toy Story*.

8. Ho preso il telecomando e ho _____ il televisore per guardare il mio programma favorito.

9. Via satellite possiamo ricevere _____ televisivi da tutto il mondo.

10. Non tutti sanno che Martin Scorsese ha _____ il film *Gangs of New York* negli studi di Cinecittà, in Italia.

2. Imperfetto. Un'amica del cuore (*A best friend*). Completate i dialoghi con l'imperfetto dei verbi tra parentesi.

— Giulia, quando (tu) (essere) _____ piccola (avere) _____ un'amica del cuore?

— Certo, (chiamarsi) _____ Antonella.

— (Voi) (andare) _____ a scuola insieme (*together*)?

— No, ma (noi) (vedersi) _____ dopo scuola. I suoi genitori (lavorare) _____ e Antonella (venire) _____ da me ogni pomeriggio.

— Che cosa (voi) (fare) _____?

— (Noi) (giocare) _____ con le bambole (*dolls*) e (guardare) _____ la televisione. (Io) (volere) _____ fare l'attrice da grande e con Antonella (organizzare) _____ degli spettacoli. Gli spettatori (essere) _____ le nostre bambole!

3. Passato prossimo e imperfetto. Completate le frasi con il passato prossimo o l'imperfetto dei verbi tra parentesi.

1. Da bambino Riccardo (guardare) _____ i cartoni animati.

2. Domenica scorsa Riccardo (vedere) _____ un film giallo con la sua ragazza.

3. Due anni fa (noi) (andare) _____ in vacanza in Italia.

4. I signori Lucarelli (andare) _____ al mare tutte le estati.

5. Da giovane Antonella (essere) _____ molto magra.

6. — Dove (essere) (tu) _____ ieri sera?
   — Al cinema.

4. Un venerdì sera. Completate il paragrafo con il passato prossimo o l'imperfetto del verbo tra parentesi.

Venerdì scorso Federico non (andare) _____ al cinema con gli amici perché non (avere) _____ voglia di uscire. (Essere) _____ stanco e (rimanere) _____ a casa a leggere un bel giallo. Mentre (leggere) _____, il telefonino (cominciare) _____ a squillare (ring). (Essere) _____ suo fratello, Enrico, che (volere) _____ sapere come (stare) _____. I due fratelli (parlare) _____ per qualche minuto. Enrico (chiedere) _____ a Federico se (potere) _____ prestargli la macchina. Federico (rispondere) _____ di sì perché (avere) _____ fretta di continuare a leggere il suo giallo. Il libro (avere) _____ una trama molto interessante e Federico (finire) _____ di leggerlo in poche ore. (Addormentarsi) _____ quando (essere) _____ le tre di notte.

5. Prima e dopo. Descrivete le situazioni usando il passato prossimo e il trapassato prossimo come nell'esempio.

Esempio   Quando entro nell'aula, la lezione è già cominciata.
Quando sono entrato(a) nell'aula, la lezione era già cominciata.

1. Quando accendiamo il televisore, il programma è già finito.
2. Quando ritornano a casa, la mamma non ha preparato ancora la cena.
3. Dici «Grazie» a un amico perché ti ha fatto un regalo.
4. Filippo legge un romanzo di fantascienza che suo fratello gli ha consigliato.
5. Arrivate in stazione a mezzogiorno e il treno non è ancora partito.

6. Avverbi. Completate ogni frase con l'avverbio che corrispondente a uno degli aggettivi della lista.

facile	fortunato	onesto	probabile	raro	regolare

1. Daniela non è in casa perché _____ è uscita con il suo ragazzo.
2. Siamo molto occupati e guardiamo _____ la televisione.
3. Gli studenti frequentano le lezioni _____, non sono mai assenti.
4. Tu dici sempre la verità e rispondi _____ ai tuoi amici.
5. Eravate in ritardo, ma _____ non avete perso il treno.
6. Ho una buona memoria (memory) per i numeri e imparo _____ le date storiche.

7. Da quando? Da quanto tempo? Per quanto tempo?
Completate le frasi con la preposizione **da** o **per**, secondo il caso.

1. Studiate l'italiano _____ lo scorso settembre.
2. Antonella ha studiato l'inglese al liceo _____ cinque anni.
3. Abitiamo a Roma _____ dieci anni.
4. John parla bene l'italiano perché ha vissuto in Italia _____ alcuni anni.

La moda

Communicative goals

Identifying and describing articles of clothing
Talking about shopping for clothes
Describing the weather and seasonal activities
Giving instructions and commands

Le regioni d'Italia | L'Umbria

Studio di parole | Articoli d'abbigliamento

Punti grammaticali

10.1 L'imperativo
10.2 L'imperativo con un pronome (diretto, indiretto o riflessivo)
10.3 Aggettivi e pronomi dimostrativi
10.4 Le stagioni e il tempo

Vedute d'Italia | La moda in Italia

Attività video | *Quanto costa?*

Ripasso

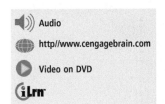

◀ I tessuti e i colori di Benetton, che ha negozi
di abbigliamento in tutto il mondo

◀)) Audio

🌐 http//www.cengagebrain.com

▶ Video on DVD

iLrn

© Benetton

L'Umbria

L'Umbria è una regione dell'Italia centrale con meno di un milione di abitanti. È una delle regioni più piccole e il capoluogo è Perugia. È l'unica regione dell'Italia centrale senza uno sbocco sul mare *(landlocked)*. La regione è prevalentemente collinare e il paesaggio è simile a quello della Toscana, con vigneti ed oliveti. L'economia si basa sull'agricoltura, sull'artigianato e sul turismo. Anche l'industria è fiorente *(flourishing)*, particolarmente nel settore dolciario, con la Nestlè-Perugina, nel settore tessile e della lavorazione del cuoio *(leather)*. La regione è nota per l'arte della ceramica.

© Cengage Learning

newphotoservice/Shutterstock

▲ Perugia. Nella foto si vede Piazza 4 Novembre con la Fontana Maggiore, opera di Nicola e Giovanni Pisano. Perugia ospita molti studenti stranieri che studiano la lingua, l'arte e la cultura italiana all'Università per Stranieri, la più antica università in Italia per studenti stranieri, fondata nel 1925.

Assisi è la mistica città di San Francesco (patrono d'Italia) e Santa Chiara. Assisi è visitata ogni anno da pellegrini *(pilgrims)* e da appassionati d'arte. Nella foto si vede la Basilica di San Francesco che contiene gli affreschi di Giotto. ▼

Zvonimir Atletic/Shutterstock

248

Roger-Viollet/The Image Works

▲ *San Francesco che predica agli uccelli,*
uno degli affeschi di Giotto nella Basilica
di San Francesco ad Assisi.

Courtesy of Podere Pomartino

▲ Un agriturismo *(farm where tourists can lodge and eat local produce)*
vicino a Terni – In Umbria, negli ultimi anni, sono sorti *(were opened)*
molti agriturismi che attirano *(attract)* chi desidera trovare pace *(peace)*
nelle verdi colline umbre. I turisti alloggiano in piccole aziende agricole
(farms) che servono cibi preparati con i prodotti locali.

Courtesy of the authors

La pittoresca città di Orvieto, costruita su una rupe di tufo
vulcanico *(a large butte of vulcanic tuff)*, domina la valle sottostante
(underneath). Nella foto si vede il duomo di Orvieto, un capolavoro
in stile gotico italiano con la facciata ricca di mosaici. Nella zona si
produce uno dei più famosi vini bianchi italiani: l'Orvieto. ▼

Pierluigi D'Eramo/Black-Crow/iStockphoto.com

La ceramica di Deruta – L'arte della ceramica in Umbria ha
una tradizione antica e uno dei principali centri è Deruta,
una cittadina vicino a Perugia. Qui si trova la Scuola d'Arte
Ceramica dove si tramandano *(pass on)* le tecniche e le
tradizioni di quest'arte tipicamente umbra. ▼

Courtesy of the authors

◄ La Perugina, che fa parte del gruppo svizzero Nestlè, è una azienda
specializzata nella produzione del cioccolato. Il cioccolatino più conosciuto è
il Bacio *(kiss)* Perugina, dalla caratteristica forma a cupola *(dome shaped)*
con in cima una nocciola *(hazelnut)*. La carta che avvolge il cioccolatino
(the wrapper) contiene sempre una breve frase d'amore.

Courtesy of the authors

Che vestiti metto in valigia? 🔊 CD2-5

Lucia e la sua amica Marina abitano a Perugia e oggi studiano insieme nella stanza di Lucia. Lucia ha appena ricevuto un'e-mail da Lindsay, una ragazza americana di Boston, figlia di un amico di famiglia. Lindsay viene a Perugia in primavera per studiare all'Università per Stranieri e vuole sapere che vestiti deve portare.

LUCIA Devo rispondere all'e-mail di Lindsay; **dammi** un consiglio. *give me*

MARINA Scrivi che in primavera fa fresco a Perugia; ha bisogno di una giacca di lana, di un maglione, dei pantaloni e di una gonna pesante. Dille di portare anche un impermeabile perché piove spesso in primavera.

LUCIA *(mentre scrive)*... e porta anche delle scarpe comode, perché nelle città italiane si gira a piedi e non in macchina. Non mettere in valigia troppa roba. Metti due o tre magliette e dei jeans.

    (a Marina) Cos'altro devo dirle di portare?

MARINA Dille di portare un vestito elegante per le occasioni speciali.

LUCIA *(mentre scrive)*... porta anche un vestito elegante per quando andiamo a una festa o a teatro. **Non vedo l'ora** che tu arrivi: io   *I can't wait* e la mia amica Marina vogliamo farti vedere la città e portarti fuori a cena. E non dimenticare che a Perugia puoi mangiare tanti Baci Perugina!

Comprensione

1. Chi è Lindsay? **2.** Dove vuole andare a studiare Lindsay? **3.** Perché ha scritto un'e-mail a Lucia? **4.** Perché Marina suggerisce di dirle di portare una giacca di lana? E perché un impermeabile? **5.** Perché Lucia suggerisce di portare scarpe comode? E perché un vestito elegante? **6.** Cosa hanno intenzione di fare Lucia e Marina quando Lindsay arriva? **7.** Come si chiamano i cioccolatini che sono la specialità di Perugia?

Studio di parole Articoli d'abbigliamento (clothing)

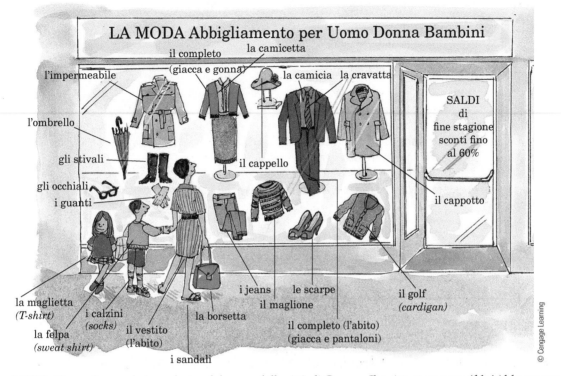

NOTA: I jeans. La parola *jeans* deriva dal nome della città di Genova. Il resistente tessuto (*fabric*) blu era prodotto nella città francese di Nîmes, da cui (*hence*) l'altro nome: *denim*. Il tessuto era particolarmente adatto (*suitable*) per la fabbricazione delle vele (*sails*) delle navi e per coprire le merci (*for covering merchandise*). Il tessuto era inviato negli Stati Uniti imballato in casse (*packaged in crates*); sulle casse era scritto, in francese, il porto di origine: Gênes (Genova), che pronunciavano *Jeans*.

la moda fashion
la sfilata di moda fashion show
mettersi (*p.p.* **messo**) to put on
portare to wear
provare to try on
i vestiti clothes
la taglia size
il numero shoe size
i pantaloncini shorts
il costume da bagno swim suit
un paio di calze (scarpe, pantaloni)
  a pair of stockings (shoes, pants)
il portafoglio wallet
la pelle leather
la seta silk

la lana wool
il cotone cotton
leggero light
pesante heavy
pratico practical
sportivo casual
elegante elegant
a buon mercato inexpensive
in svendita on sale
i saldi sales
lo sconto discount
il commesso/la commessa
  salesperson
la vetrina shop window, display
  window

Nota linguistica

Usi delle preposizioni *di* e *da*

In inglese diciamo «*cotton dress*» e «*gym shorts*». I nomi «*cotton*» e «*gym*» sono usati con la funzione di aggettivo. In italiano per indicare **di che cosa è fatto un oggetto** si usa la preposizione *di*: un vestito **di** cotone, un maglione **di** lana.

Per descrivere **la funzione** di un oggetto, si usa la preposizione *da*: pantaloncini **da** ginnastica, costume **da** bagno.

Verifica. Provate a tradurre le seguenti parole.
1. *a silk tie*   **2.** *sunglasses*   **3.** *tennis shoes*   **4.** *a leather purse*

Informazioni

Uno stile per i giovani

Il gruppo Benetton è una delle compagnie italiane di abbigliamento più conosciute nel mondo. L'attività di questo gruppo, iniziata nel 1965, si è estesa oggi in più di 120 paesi del mondo, con negozi nelle maggiori città.

    L'abbigliamento prodotto da Benetton ha uno stile tipicamente italiano: pratico ma elegante, con tessuti *(fabrics)* di qualità. Benetton offre un'ampia scelta *(choice)* nell'abbigliamento per uomo, donna e bambini: abiti eleganti, da portare in città, e abiti casual per le vacanze e lo sport. Benetton è anche conosciuta per il suo impegno sociale *(social engagement)* e per le campagne pubblicitarie, a volte controverse, che promuovono *(promote)* la pace e il rispetto della diversità.

Che taglia porti?

Abiti da donna						Abiti da uomo				
Italia	40	42	44	46	48	44	46	48	50	52
USA	4	6	8	10	12	34	36	38	40	42

Applicazione

A. Che cosa ci mettiamo? In coppie, rispondete alle seguenti domande.

1. Che cosa portiamo quando piove *(it rains)*?
2. Che cosa ci mettiamo per proteggere *(to protect)* gli occhi dal sole?
3. Che cosa ci mettiamo quando fa freddo *(it is cold)*?
4. Se vogliamo stare comodi *(comfortable)*, ci mettiamo dei pantaloni eleganti o dei jeans?
5. Che cosa ci mettiamo quando andiamo al mare?
6. Dove mettiamo i soldi e le carte di credito?
7. Che cosa si mette un uomo d'affari *(businessman)* per andare al lavoro?
8. Che cosa si mette una signora per andare ad una cena elegante?

B. In svendita! In coppie, guardate i seguenti articoli *(items)* d'abbigliamento. Dite cosa sono, di che colore sono e quanto costano.

    Esempio   3. *Le scarpe marrone costano 120 euro.*

1. 85 €	3. 120 €	5. 180 €	7. 32,50 €	9. il berretto *(cap)* 33 €
2. 55 €	4. 220 €	6. 48 €	8. 90 €	10. 71 €

C. Che cosa portate? Descrivete il vostro abbigliamento di oggi.

D. Conversazione

1. Cosa ti piace indossare il weekend? E quando esci con gli amici?
2. Porti vestiti eleganti o pratici quando viaggi? Che vestiti porti?
3. Compri i vestiti in Internet o preferisci comprarli al negozio? Perché?
4. Come ti vesti per un'occasione speciale (un matrimonio, per esempio)?
5. Vuoi comprare un regalo per un amico italiano/un'amica italiana. Sai che a lui/lei piace l'abbigliamento sportivo americano. Cosa compri per lui/lei?

Ascoltiamo!

Che vestiti compriamo? 🔊 CD2-6

Lindsay è a Perugia da alcune settimane. Oggi è andata a fare lo shopping con la sua amica Lucia. Sono in un negozio d'abbigliamento in corso Vannucci. Ascoltate la conversazione tra le due amiche e la commessa e rispondete alle seguenti domande.

Comprensione

1. Che cosa ammirano le due ragazze?
2. Perché Lucia consiglia di non comprare la camicetta di seta?
3. C'è uno sconto sulla camicetta di cotone? Di quanto?
4. Qual è il prezzo finale?
5. Che taglia porta Lindsay?
6. Come paga?

Dialogo

In un negozio d'abbigliamento. Avete bisogno di comprare un articolo di abbigliamento: quale? In coppie, fate la parte del cliente (della cliente) e del commesso (della commessa). Discutete che cosa preferite: il colore, il tessuto (*fabric*), la taglia. Domandate il costo dell'articolo che vi piace e se è in svendita. L'articolo è troppo caro; vi scusate e uscite.

E. Oggetti da toilette. Tu e un compagno/una compagna vi preparate per un viaggio. A turno, chiedetevi se avete messo in valigia gli oggetti nella foto.

Esempio — *Hai messo il deodorante in valigia?*
— *Sì l'ho messo.*

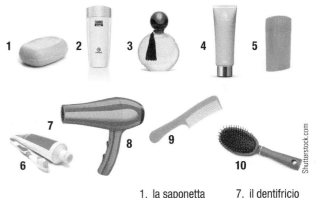

1. la saponetta
2. lo shampoo
3. il profumo
4. la crema
5. il deodorante
6. lo spazzolino da denti
7. il dentifricio
8. l'asciugacapelli
9. il pettine
10. la spazzola

F. Adesso parliamo! La moda italiana. Ai giovani italiani piace molto la moda «sportiva» americana: le T-shirt e le felpe, i jeans, le scarpe da tennis, ecc. In gruppi di tre o quattro studenti, parlate della moda italiana. Dite per esempio:

- che cosa piace agli Americani della moda italiana. Quali sono le marche (*makes*) e gli stilisti più famosi?
- se avete comprato alcuni dei loro vestiti o accessori.
- se siete stati in Italia, o avete amici italiani, quali sono le vostre impressioni sul modo (*manner*) di vestire dei giovani italiani. È differente dal vostro?
- che cosa volete comprare la prossima volta (o la prima volta) che andate in Italia: dei capi di abbigliamento firmato (*designer clothes*), delle scarpe, degli oggetti di pelle o dei gioielli d'oro (*gold jewelry*)? O preferite spendere i vostri soldi nelle gelaterie e nei ristoranti?

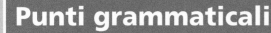
10.1 L'imperativo

1. The **imperativo** (*imperative mood*) is used to express a command, an invitation, an exhortation, or advice. Here are the imperative forms of the regular **-are, -ere,** and **-ire** verbs. Note that the **noi** and **voi** forms are identical to the forms of the present tense.

		aspettare	rispondere	sentire
Familiar	(tu)	aspetta!	rispondi	senti
	(noi)	aspettiamo!	rispondiamo!	sentiamo!
	(voi)	aspettate!	rispondete!	sentite!
Formal	(Lei)	aspetti	risponda!	senta!
	(Loro)	aspettino!	rispondano!	sentano!

— Questi pantaloni sono un po' larghi.
— *Non comprare* i vestiti in Internet!

The pattern of the imperative for **-isc-** verbs is as follows:

	finire
Familiar	fin**isci**!, fin**iamo**!, fin**ite**!
Formal	fin**isca**! fin**iscano**!

NOTE

a. Subject pronouns are ordinarily *not* expressed in imperative forms.

b. The imperative **noi** form corresponds to the English *Let's . . .* (**Guardiamo!** = *Let's look!*).

c. The *negative* imperative of the **tu** form uses **non** + *infinitive* (**Non mangiare troppo!** = *Don't eat too much!*).

Mangia con noi stasera!	*Eat with us tonight!*
Prendi la macchina!	*Take the car!*
Non prendere l'aereo!	*Don't take the plane!*
Finisci i compiti!	*Finish your homework!*
Non aspettare troppo tempo!	*Don't wait too long!*
Partiamo domani!	*Let's leave tomorrow!*
Rispondete alla sua e-mail!	*Answer his/her e-mail!*
Non guardate la TV!	*Don't watch TV!*
Aspetti un momento, per favore!	*Wait a moment, please!*
Non parta in treno, signora!	*Don't leave by train, madam!*
Entrino, signorine!	*Come in, young ladies!*

2. Here are the imperative forms of some irregular verbs:

	tu	noi	voi	Lei	Loro
andare	va' (vai)	andiamo	andate	vada	vadano
dare	da' (dai)	diamo	date	dia	diano
fare	fa' (fai)	facciamo	fate	faccia	facciano
stare	sta' (stai)	stiamo	state	stia	stiano
dire	di'	diciamo	dite	dica	dicano
avere	abbi	abbiamo	abbiate	abbia	abbiano
essere	sii	siamo	siate	sia	siano
venire	vieni	veniamo	venite	venga	vengano

Di' la verità!	*Tell the truth!*
Venite a casa mia!	*Come to my house!*
Non avere paura!	*Don't be afraid!*
Andiamo insieme!	*Let's go together!*
Sta' a casa oggi!	*Stay home today!*
Vada alla cassa!	*Go to the cashier!*
Facciano attenzione!	*Pay attention!*
Venga domani!	*Come tomorrow!*

NOTE: The forms **va'**, **da'**, **fa'**, and **sta'** are abbreviations of the regular forms. Either form may be used.

Fa' (Fai) presto!	*Hurry up!*
Sta' (Stai) attenta!	*Be careful!*

Pratica

A. Un compagno/Una compagna di stanza terribile!
Che cosa direste *(What would you say)* a un compagno/una compagna di stanza che si comporta *(acts)* così? Usate l'imperativo.

Ecco cosa non vuole mai fare:

1. pulire la stanza
2. chiudere la porta a chiave *(to lock)*
3. lavare i piatti
4. spegnere il televisore
5. pagare l'affitto *(rent)* in orario
6. restituire i soldi agli amici

Le sue brutte abitudini *(bad habits)* non sono finite. Cosa gli dite di non fare?

7. Suona la chitarra elettrica mentre tu studi.
8. Usa il tuo computer senza chiedere il permesso.
9. Mangia la pizza che hai lasciato in frigo *(fridge)*.
10. Lascia i vestiti sul pavimento *(floor)*.
11. Passa la notte a giocare ai videogiochi.
12. Chiede sempre dei soldi in prestito. *(loan)*

— Non scrivere il nome della tua ragazza! Scrivi «amore mio», così non devi cambiare ogni volta.

B. Quanta pazienza con i bambini piccoli!
Tu devi badare *(take care)* ai bambini di una coppia italiana, e devi costantemente dirgli cosa fare.

1. Enrico / avere pazienza
2. Marina / fare presto a vestirsi
3. Enrico / dire la verità
4. Marina / stare attenta di non cadere
5. bambini / fare attenzione al traffico
6. Marina / dare la mano a Enrico
7. Enrico / andare a prendere un golf
8. bambini / dire quando avere fame

C. Le raccomandazioni dei genitori.
I nostri genitori ci dicevano tante cose quando eravamo piccoli. Seguite l'esempio e scrivete frasi positive o negative all'imperativo nella forma **voi**.

Esempio Quando non volevamo mangiare le verdure, i nostri genitori ci dicevano:
Mangiate le verdure!

1. Quando non volevamo finire i compiti, i nostri genitori ci dicevano: _____!
2. Quando litigavamo con gli amici, i nostri genitori ci dicevano: _____!
3. Quando non eravamo buoni, i nostri genitori ci dicevano: _____!
4. Quando non avevamo pazienza, i nostri genitori ci dicevano: _____!

D. Siamo ospitali (hospitable)! Ecco cosa diciamo a un ospite che viene a trovarci. Completate con l'imperativo formale.

1. (entrare) _____!
2. (prendere) _____ una tazza di tè!
3. (mangiare) _____ una fetta di torta!
4. (fare) Non _____ complimenti!
5. (stare) _____ comodo!
6. (venire) _____ con me in giardino!
7. (salutare) _____ sua moglie da parte mia!

E. Facciamo le spese. Giulia e Marina sono in centro a fare le spese ed entrano in un negozio d'abbigliamento. Completate il dialogo tra le due amiche e la commessa del negozio. Usate l'imperativo dei verbi suggeriti.

GIULIA Scusi signorina, posso provare questa giacca?

COMMESSA Certamente. *(Enter)* _____ nel camerino, dove c'è lo specchio *(mirror)*. *(Try on)* _____ anche questa gonna. Va benissimo con la giacca.

GIULIA Sì, grazie. Marina, *(come inside)* _____ con me.

MARINA Ti stanno benissimo! *(Buy)* _____ tutt'e due.

GIULIA Sei matta *(Are you nuts)*? Non posso spendere tutti questi soldi! *(Look)* _____ il prezzo della giacca! E anche della gonna.

MARINA *(Let's see)* _____! La giacca costa 300 euro e la gonna 150 euro… Questo negozio ha della bella roba *(stuff)* ma i prezzi sono cari e salati*! Ma… *(wait)* _____ un momento! La commessa ha detto che c'è uno sconto.

GIULIA *(Ask)* _____ alla commessa quant'è lo sconto.

MARINA È del 20 per cento. Ti preoccupi per Gianni?

GIULIA No. Gianni dice sempre: «*(Spend)* _____ i soldi e *(buy)* _____ quello che ti serve *(what you need)*». Gianni è buono come il pane. Ma ho solo duecento euro nel portafoglio.

MARINA Allora *(do)* _____ una cosa: *(pay)* _____ la gonna in contanti e *(put)* _____ il costo della giacca sulla carta di credito. Poi per un po' *(don't buy)* _____ altri vestiti.

GIULIA Eh! Questa non è una cattiva idea!

F. Parliamo via Skype. Immaginate di parlare via Skype con un ragazzo italiano/una ragazza italiana che si prepara per fare un viaggio di due settimane negli Stati Uniti e ha molte domande. Rispondete alle sue domande con un consiglio. In coppie, fate a turno le domande e le risposte.

Esempio — *Arrivo a New York il 15 novembre. Che vestiti devo portare?*
— *Metti in valigia qualche felpa o maglione e una giacca, e non dimenticare un ombrello.*

Il ragazzo italiano/La ragazza italiana vuole dei consigli su:

1. i vestiti da mettere in valigia.
2. tre città da visitare sulla costa atlantica *(East Coast)*.
3. i mezzi di trasporto.
4. gli alberghi.
5. i musei e punti di interesse a New York e Washington, D.C.
6. dove fare lo shopping e che cosa comprare (negozi e marche popolari).
7. i ristoranti dove spendere poco e mangiare bene.
8. cosa fare la sera per divertirsi.

_____
*cari e salati = *very expensive*

10.2 L'imperativo con un pronome (diretto, indiretto o riflessivo)

— Scusami, mamma! Non l'ho fatto apposta (on purpose)!

1. Object and reflexive pronouns attach to the end of the familiar imperative forms (**tu, noi, voi**) and precede the formal forms (**Lei, Loro**). **Loro** always follows the imperative form (familiar or formal). The following chart illustrates the position of the pronouns with the imperative.

	Affirmative		Negative	
Familiar	(tu) Chiama**mi**!	*Call me!*	Non chiamar**mi**!	*Don't call me!*
	(tu) Parla**gli**!	*Talk to him! (to them!)*	Non parlar**gli**!	*Don't talk to him! (to them!)*
	(noi) Parliamo**le**!	*Let's talk to her!*	Non parliamo**le**!	*Let's not talk to her!*
	(voi) Aspettate**mi**!	*Wait for me!*	Non aspettate**mi**!	*Don't wait for me!*
Formal	(Lei) **Mi** chiami!	*Call me!*	Non **mi** chiami!	*Don't call me!*
	(Lei) **Gli** parli!	*Talk to him! (to them!)*	Non **gli** parli!	*Don't talk to him! (to them!)*
BUT				
Parla **loro**!	Parli **loro**!	*(Talk to them!)*		

Note the imperative construction with reflexive and reciprocal verbs:

fermarsi (riflessivi)		**scriversi** (reciproci)	
(tu) Ferma**ti**!	*stop!*		
(noi) Fermiamo**ci**!	*let's stop!*	Scriviamo**ci**!	*let's write to each other!*
(voi) Fermate**vi**!	*stop!*	Scrivete**vi**!	*write to each other!*
(Lei) **Si** fermi!	*stop!*		
(Loro) **Si** fermino!	*stop!*	**Si** scrivano!	*write to each other!*

2. When a pronoun attaches to the monosyllabic **va'**, **da'**, **fa'**, **sta'**, and **di'**, the initial consonant of the pronoun—except **gli**—is doubled.

Dammi il libro!	*Give me the book!*
Dicci qualcosa!	*Tell us something!*
Falle un regalo!	*Give her a gift!*
BUT	
Digli la verità!	*Tell him the truth!*

3. In the familiar forms of the *negative imperative,* the pronouns may precede or follow the verb. With the **tu** form, the infinitive drops the final **-e**.

Non **gli** dite niente! *or* Non dite**gli** niente!   *Don't tell him anything!*
Non **ti** alzare! *or* Non alzar**ti**!   *Don't get up!*

Pratica

👥 **A. In una nuova città.** Vi siete appena trasferiti in Italia e avete bisogno d'informazioni. Chiedete consiglio a uno studente italiano/ a una studentessa italiana che avete conosciuto all'università.

Dimmi, Luigi, cos'è questo «coso*»?

  a. In coppie, a turno chiedete le informazioni e rispondete con un po' d'immaginazione.

    Esempio   dire dov'è l'ufficio postale
             — Per favore, dimmi dov'è l'ufficio postale.
             — L'ufficio postale è qui vicino, in Piazza Garibaldi. o...

1. consigliare una buona banca
2. dire dov'è un buon ristorante
3. mostrare dov'è la biblioteca
4. aiutare a trovare una stanza
5. dare il tuo numero telefonico
6. mandare le informazioni

****Coso** = *familiar word, talking about an object of undetermined nature or purpose*

b. Adesso immaginate di chiedere le stesse informazioni a un conoscente (*acquaintance*) delle vostra famiglia usando l'imperativo formale.

> **Esempio**   *Per favore, mi dica dov'è l'ufficio postale.*

B. Consigli e suggerimenti.
Degli amici italiani sono venuti a trovarti per alcuni giorni. Tu dai loro dei consigli e dei suggerimenti.

> **Esempio**   gli suggerisci (*suggest*) di *alzarsi* presto se vogliono vedere molte cose
> — *Alzatevi presto se volete vedere molte cose.*

1. gli suggerisci di *vestirsi* con abiti leggeri perché fa molto caldo
2. li inviti a *prepararsi* la colazione che preferiscono
3. li inviti a *sentirsi* come a casa loro
4. li incoraggi a *divertirsi*
5. gli dici di *non arrabbiarsi* se c'è molto traffico
6. gli dici di *non preoccuparsi* se ritornano tardi la sera
7. gli dici di *fermarsi* ancora qualche giorno

C. Che fare?
Aldo ha litigato con la sua ragazza e adesso vuole fare la pace (*to reconcile*). Vi domanda se fare o non fare certe cose. In coppie, fate a turno le parti di Aldo e del suo amico/della sua amica che risponde di sì o di no.

> **Esempio**   telefonarle / sì   telefonarle / no
> — *Le telefono?*   — *Le telefono?*
> — *Sì, telefonale!*   — *No, non telefonarle!*

1. chiederle scusa / sì
2. scriverle un sms / no
3. mandarle un mazzo di fiori / sì
4. regalarle dei cioccolatini / no
5. invitarla a cena / sì

D. Adesso parliamo! Il compleanno della mamma.
Tuo padre vuole comprare un gioiello (*a piece of jewelry*) per il compleanno della mamma. Fate a turno la parte del padre e rispondete.

> **Esempio**   — *Compro una spilla?*
> —*Sì, comprala! / No, non comprarla!*

1. una collana d'oro
2. una collana di perle
3. un anello
4. gli orecchini
5. un braccialetto

Sapete che...

La via della seta

Nell'antichità la seta arrivava a Roma dalla Cina attraverso (*through*) l'Asia minore e il mare Mediterraneo: questo lungo percorso era chiamato «la via della seta». La bellezza dei tessuti (*fabric*) di seta era molto ammirata e non si sapeva come venisse prodotta (*was produced*). Solo più tardi si scoprì (*was discovered*) il segreto della produzione della seta: il baco da seta (*silk worm*). Secondo la leggenda, fu (*was*) un monaco (*monk*) italiano, per ordine dell'imperatore Giustiniano, a portare in Italia le uova del baco da seta nascoste (*hidden*) all'interno del suo bastone (*cane*).

L'industria della seta si sviluppò (*developed*) in Italia in diverse città: Como è una delle più rinomate per la produzione della seta. Oggi l'industria della seta in Italia è in declino, a causa della (*because of*) forte concorrenza (*competition*) della Cina. Tuttavia (*However*), secondo gli esperti, la qualità della seta italiana è la migliore del mondo.

10.3 Aggettivi e pronomi dimostrativi

1. The demonstrative adjectives (**aggettivi dimostrativi**) are **questo/questa** (*this*) and **quello/quella** (*that*). A demonstrative adjective always precedes the noun. Like all other adjectives, it must agree in gender and number with the noun.

   Questo has the singular forms **questo, questa, quest'** (before a noun beginning with a vowel); the plural forms are **questi, queste** and mean *these*.

Quanto hai pagato **questa** maglietta?	*How much did you pay for this T-shirt?*
Quest'anno vado in montagna.	*This year I'll go to the mountains.*
Queste scarpe sono larghe.	*These shoes are wide.*

   Quello/Quella have the same endings as the adjective **bello** and the partitive (see *Punti grammaticali 4.2*). The singular forms are **quel, quello, quella, quell'**; the plural forms are **quei, quegli, quelle** and mean *those*.

Ti piace **quel** completo?	*Do you like that outfit?*
Preferisco **quell'**impermeabile.	*I prefer that raincoat.*
Quella gonna è troppo lunga.	*That skirt is too long.*
Quegli stivali non sono più di moda.	*Those boots are no longer fashionable.*
Guarda **quei** vestiti!	*Look at those dresses!*
Quelle borsette sono italiane.	*Those handbags are from Italy.*

— Guarda! In questo negozio ci sono le svendite!
— Quei prezzi sono veramente convenienti!

2. **Questo(a)** and **quello(a)** are also pronouns when used alone. **Questo(a)** means *this one* and **quello(a)** means *that one, that of,* or *the one of.* Both have regular endings (**-o, -a, -i, -e**).

Compra questo vestito; **quello** rosso è caro.	*Buy this dress; the red one is expensive.*
Questa macchina è **quella** di Renzo.	*This car is Renzo's (that of Renzo).*
Ho provato queste scarpe e anche **quelle.**	*I tried on these shoes and also those.*

Pratica

A. Come sono... ? Siete in un negozio d'abbigliamento e domandate l'opinione del vostro amico/della vostra amica sui seguenti articoli. Usate l'aggettivo **questo** nelle forme corrette.

Esempio   scarpe / comodo
— Come sono queste scarpe?
— Queste scarpe sono comode.

1. gonna / pratico   2. borsetta / elegante   3. scarpe / stretto
4. impermeabile / leggero   5. pantaloncini / corto

B. Quello... Completate con la forma corretta dell'aggettivo **quello.**

1. Vorrei _____ stivali e _____ scarpe marrone.
2. Preferisci _____ gonna o _____ vestito?
3. Ho bisogno di _____ impermeabile e di _____ calzini.
4. Dove hai comprato _____ occhiali da sole?
5. _____ negozio d'abbigliamento è troppo caro.
6. _____ commesse sono state molto gentili.

C. È il tuo... ? In coppie, fatevi a turno le domande e rispondete usando il pronome **quello** nella forma corretta.

Esempi   cappotto / mio cugino
— È il tuo cappotto?
— No, è **quello** di mio cugino.

scarpe / mio fratello
— Sono le tue scarpe?
— No, sono **quelle** di mio fratello.

1. sandali / mio amico   2. felpa / sorellina   3. occhiali / mio padre
4. chiavi (*f. pl.*) / ...   5. golf / ...   6. riviste / ...   7. telefonino / ...

D. Adesso parliamo! Facciamo le spese. Siete in un grande magazzino *(department store)* con un amico/un'amica. L'amico/amica vi chiede quali dei due articoli vi piacciono, usando la forma corretta degli aggettivi **questo** e **quello**. Voi rispondete usando il pronome **quello** nella forma corretta.

Esempi   giacca verde / giacca marrone
  — Ti piace questa giacca verde o quella giacca marrone?
  — Mi piace quella marrone.

  guanti di pelle / guanti di lana
  — Ti piacciono questi guanti di pelle o quei guanti di lana?
  — Mi piacciono quelli di lana.

1. cravatta rossa / cravatta azzurra
2. stivali eleganti / stivali sportivi
3. impermeabile bianco / impermeabile nero
4. occhiali piccoli / occhiali grandi
5. zaino verde / zaino giallo
6. scarpe con il tacco *(heel)* alto / scarpe con il tacco basso

10.4 Le stagioni e il tempo

In primavera fa bel tempo. Ci sono molti fiori.   In estate fa caldo. C'è molto sole.   In autunno fa fresco. Tira vento e piove.   In inverno fa freddo e nevica.

1. The seasons are **la primavera** *(spring)*, **l'estate** *(f.)* *(summer)*, **l'autunno** *(autumn)*, and **l'inverno** *(winter)*. The article is used before these nouns except in the following expressions: **in primavera, in estate, in autunno, in inverno.**

   L'autunno è molto bello.   *Fall is very beautiful.*
   In estate vado in montagna.   *I go to the mountains in the summer.*

2. **Fare** is used in the third-person singular to express many weather conditions.

Che tempo fa?	*How is the weather?*	**Fa caldo.**	*It is hot.*
Fa bel tempo.	*The weather is nice.*	**Fa freddo.**	*It is cold.*
Fa brutto tempo.	*The weather is bad.*	**Fa fresco.**	*It is cool.*

3. Other common weather expressions are:

Piove (piovere).	*It is raining.*	**È nuvoloso.**	*It is cloudy.*
Nevica (nevicare).	*It is snowing.*	**È sereno.**	*It is clear.*
Tira vento.	*It is windy.*	**la pioggia**	*the rain*
C'è il sole.	*It is sunny.*	**la neve**	*the snow*
C'è nebbia.	*It is foggy.*	**il vento**	*the wind*

   NOTE: Piovere and **nevicare** may be conjugated in the **passato prossimo** with either **essere** or **avere.**

   Ieri ha piovuto *or* è piovuto.
   Ieri ha nevicato *or* è nevicato.

Pratica

A. Che tempo fa? In coppie, fatevi a turno delle domande sul tempo in alcuni luoghi (*places*).

Esempio   estate / New York
        — *Che tempo fa d'estate a New York?*
        — *Fa molto caldo.*

1. agosto / Sicilia
2. primavera / California
3. inverno / montagna
4. novembre / Chicago
5. dicembre / Florida
6. autunno / Londra

B. Variabilità del tempo. In coppie, fate la parte di Gino e Franco nei loro dialoghi, usando la vostra immaginazione.

Esempio   GINO   *Perché ti metti il berretto* (cap)?
          FRANCO *Perché fa fresco.*

1. **In città** (inverno)

    GINO   Perché ti metti il cappotto?

    FRANCO Perché _____.

    GINO   Ti metti anche gli stivali?

    FRANCO Sì, perché _____, e tu?

    GINO   Io invece _____ l'ombrello.

2. **Al mare** (estate)

    GINO   Perché ti metti i pantaloncini corti e la maglietta leggera?

    FRANCO _____. Tu, cosa ti metti?

    GINO   Sì, oggi fa caldo, io _____.

    FRANCO Ti metti le scarpe da tennis?

    GINO   No, _____, e tu?

    FRANCO Anch'io.

3. **In campeggio a Yosemite** (autunno)

    GINO   Che vestiti metti nel tuo zainetto (*backpack*)?

    FRANCO _____, e tu?

    GINO   _____.

    FRANCO Cosa dicono le previsioni del tempo (*weather forecast*)?

    GINO   Dicono che oggi _____ e domani _____.

    FRANCO Con la tenda (*tent*) non abbiamo problemi.

    GINO   Abbiamo problemi se _____.

    FRANCO Allora torniamo a casa!

C. Che tempo fa dove abiti tu? In coppie, fatevi a turno le domande che seguono.

1. Che tempo fa nella tua città?
2. Nevica qualche volta?
3. In che stagione piove?
4. In quali mesi fa molto caldo?
5. C'è nebbia in inverno?
6. Quale stagione preferisci e perché?
7. Che tempo ha fatto l'estate scorsa?

D. Adesso parliamo! Attività preferite. In gruppi di tre studenti, discutete che cosa vi piace fare a seconda (*according to*) del tempo e della stagione: in primavera, in estate, in autunno in inverno; quando fa fresco, caldo, freddo, quando piove, nevica o tira vento.

Esempio   *In estate, quando fa caldo, mi piace magiare un gelato…*

Courtesy of the authors

Courtesy of the authors

Alla Rinascente 🔊 CD2-7

Questa mattina Antonio è andato alla **Rinascente** per comprarsi un completo nuovo. Di solito, Antonio porta jeans, camicia e maglione, ma venerdì ha un **colloquio** importante e ha bisogno di un completo nuovo. **Eccolo** ora nel reparto *(department)* Abbigliamento maschile. Un commesso **si avvicina.**

name of a department store

interview

Here he is

is approaching

COMMESSO Buon giorno. Posso aiutarLa?

ANTONIO Vorrei vedere un completo.

COMMESSO Pesante o leggero? Chiaro o scuro?

ANTONIO Di **mezza stagione**, scuro.

between seasons

COMMESSO Che taglia porta?

ANTONIO La 52 o la 54.

COMMESSO Ecco un completo che **fa per lei**, grigio scuro.

suits you

ANTONIO OK. *(Dopo la prova)* La giacca mi va bene, ma i pantaloni sono lunghi.

COMMESSO Non si preoccupi! Li **accorciamo.**

we will shorten

ANTONIO Sono pronti per giovedì? Ho un colloquio importante...

COMMESSO Oggi è lunedì... sì, **senz'altro**! Mi lasci il suo numero di telefono. Se sono pronti prima, Le do **un colpo di telefono.**

of course

quick phone call

ANTONIO Quanto costa il completo?

COMMESSO Trecentoventi euro.

ANTONIO Così caro?! Costa **un occhio della testa**!

a fortune

COMMESSO Ma Lei compra un abito di ottima qualità.

ANTONIO Avrei bisogno anche di un paio di scarpe.

COMMESSO Per le scarpe scenda al primo piano, al **reparto calzature**. Per pagare il completo si accomodi alla cassa.

shoe department

ANTONIO Grazie. ArrivederLa.

COMMESSO Grazie a Lei e... auguri per il suo colloquio.

A. Alla lettura. Individuate nella lettura i quattro verbi all'imperativo. Trasformate le forme dell'imperativo da formale a familiare.

B. Comprensione

1. Perché Antonio è andato in un negozio d'abbigliamento?
2. Perché ha bisogno di un completo nuovo?
3. Come vuole il completo Antonio?
4. Il completo che Antonio prova va bene? Perché sì? Perché no?
5. Perché il commesso chiede ad Antonio il numero di telefono?
6. Antonio trova il completo a buon mercato? Cosa pensa?
7. Di cos'altro ha bisogno Antonio? Trova quello che cerca nello stesso reparto?

C. Conversazione

1. Ti piace fare lo shopping? Che cosa hai comprato recentemente?
2. Preferisci fare le spese in un grande magazzino (*department store*) o in negozi specializzati?
3. Preferisci andare a fare le spese da solo(a) o con amici? Spendi molto per vestirti?

Adesso scriviamo!

Consigli per un amico/un'amica

Cosa devo portare? Un amico/Un'amica che hai conosciuto in Italia la scorsa estate viene a trovarti durante le vacanze di Pasqua, in primavera. Lui/Lei ti chiede dei consigli su cosa mettere in valigia. Descrivi che tempo fa nella tua città e che attività pensi di fare con lui/lei (feste, gite, attività sportive, ecc.)

A. Per organizzare la tua risposta, completa la seguente tabella:

Clima: _____	
Vestiti: _____	
Accessori: _____	
Attività: _____	

B. Ora che hai completato la tabella, scrivi un' e-mail al tuo amico/alla tua amica. Alla fine dille che sei contento/a di vederlo/vederla e salutalo/la.

C. Quando hai finito di scrivere l'email, controlla tutte le parole: hai scritto tutto correttamente? Hai usato la forma del **tu** dell'imperativo?

La moda in Italia

Courtesy of the authors

A. The following paragraph presents the world of contemporary Italian fashion. Italian fashion continues to be world-renowned, with Milan, Florence, and Rome as the main fashion centers. Every season designers introduce new collections, from *haute couture* to *prêt a porter*. The "Made in Italy" brand is most popular because of the high quality fabrics and expert workmanship of the design. In part for this reason, Italian women tend to prefer quality over quantity. They usually purchase one or two fashionable items each season.

taste
designers

La moda italiana è nota in tutto il mondo grazie al buon **gusto** e alla creatività di **stilisti** famosi come Armani, Versace, Valentino, Trussardi, Moschino, Prada, Roberto Cavalli, Dolce e Gabbana, Laura Biagiotti, Bulgari e Bottega Veneta.

renowned

In ogni stagione ci sono sfilate di moda nei maggiori centri: Milano, Firenze e Roma sono le città più **rinomate** per la moda. Molto suggestiva è la sfilata d'estate «Donna sotto le stelle», a Roma, in piazza di Spagna.

high fashion / ready to wear

to discover
buyers / place

Alle sfilate, le «top models» presentano le creazioni degli stilisti: abiti **«haute couture»**, e abiti di linea **«prêt à porter»** di costo più accessibile al pubblico generale. Alle sfilate sono presenti stilisti italiani e stranieri, i primi a **scoprire** le novità nella moda della nuova stagione. Sono presenti anche **gli acquirenti** che **piazzano** le loro ordinazioni.

fabric
boasts

Molti stilisti hanno abbinato alla loro collezione di abiti la creazione di accessori: scarpe e borsette, oltre a gioielli e a profumi. Il «Made in Italy» si è imposto anche grazie alla qualità dei **tessuti**, molto apprezzati dagli stilisti stranieri. La lavorazione della lana, della seta e della pelle **vanta** una tradizione di molti secoli.

well made / to own
designer's clothes / closet

Le donne italiane, in generale, preferiscono la qualità alla quantità: meno abiti ma di **ottima fattura**. È il desiderio di ogni donna di **possedere** almeno uno o due **capi firmati** nel loro **guardaroba**.

B. Domande

1. Per quali ragioni la moda italiana si è affermata nel mondo?
2. Quali sono le città italiane più rinomate per la moda?
3. Dove ha luogo la sfilata «Donna sotto le stelle»?
4. Qual è la differenza fra gli abiti «haute couture» e quelli «prêt à porter»?
5. Chi è presente alle sfilate di moda?
6. Che cosa hanno abbinato gli stilisti alla collezione dei loro abiti?
7. Che cosa preferiscono le donne italiane?
8. Che cosa vorrebbero avere nel loro guardaroba?

Attività video ▶

A. Attività sul vocabolario.
Guardate la sezione del video *Quanto costa?* Poi in coppie, completate le frasi con le seguenti espressioni.

abbigliamento, blu scuro, commesso, contanti, felpa, giacca, saldo, scarpe, shopping, vestiti

1. Marco ha bisogno di _____ puliti. Perciò deve fare lo _____.
2. Marco entra in un negozio di _____.
3. Il _____ mostra dei vestiti a Marco.
4. La maglietta di colore _____ costa 32 euro.
5. Le _____ nere a strisce bianche costano 65 euro.
6. La _____ grigio scuro costa 232 euro. «Però», dice il commesso, «è in _____!»
7. Marco compra una _____ e paga in _____.

B. Domande sul video

1. Di cosa ha bisogno oggi Marco? Cosa decide di fare?
2. Che cosa ha visto nella vetrina di un negozio d'abbigliamento?
3. Perché le scarpe nere a strisce bianche non gli vanno bene?
4. Che cosa compra Marco? Come paga?

C. Attività sulla grammatica.
Guardate la sezione del video *Quanto costa?* una seconda volta e in coppie, ricreate le seguenti frasi mettendo il verbo in corsivo *(italic)* all'imperativo (discorso diretto).

Esempio   Marco dice a Giovanni che hanno bisogno di *andare* a fare lo shopping.
Andiamo a fare lo shopping!

1. Marco dice a Giovanni che devono *fermarsi* ad un negozio d'abbigliamento.
2. Marco chiede al commesso di *dargli* un consiglio.
3. Il commesso gli dice di *guardare* i maglioni, le magliette e le felpe.
4. Il commesso consiglia a Marco e a Giovanni di *cercare* se c'è qualcosa che gli piace.
5. Il commesso invita Marco a *provare* una giacca.
6. Il commesso consiglia a Marco di *comprare* la giacca perché è in saldo.

👤👤👤 D. Partecipazione.
In gruppi di tre studenti, discutete:

- in che tipo di negozio vi piace fare lo shopping (abbigliamento, calzature).
- se preferite scegliere *(to choose)* gli articoli da soli *(by yourself)* o con l'assistenza di un commesso/una commessa.
- se andate in Italia, che articoli d'abbigliamento desiderate comprare.
- quali articoli potete comprare in ognuno *(each one)* di questi negozi:

PROFUMERIA	PELLETTERIA	CALZOLERIA	ABBIGLIAMENTO
_____	_____	_____	_____
_____	_____	_____	_____

Vocabolario 🔊

Nomi

l'acquisto	purchase
l'anello	ring
l'articolo	item
l'asciugacapelli	hairdryer
l'autunno	autumn, fall
il berretto	cap
il braccialetto	bracelet
la cassa	cash register
il (la) cliente	customer
la collana	necklace
il dentifricio	toothpaste
il deodorante	deodorant
l'estate (f.)	summer
il grande magazzino	department store
il gusto	taste
l'inverno	winter
la misura	size (for clothes and shoes)
la nebbia	fog
la neve	snow
l'oro	gold
gli orecchini	earrings
la Pasqua	Easter
le perle	pearls
il pettine	comb
la pioggia	rain
la primavera	spring
il profumo	perfume
il reparto	department
la roba	stuff, things
la sfilata	fashion show
lo shampoo	shampoo
il sole	sun
la spazzola	brush
lo spazzolino da denti	toothbrush
lo specchio	mirror
la spilla	brooch
la stagione	season
lo (la) stilista	designer
il tempo	weather
il tessuto	fabric
il vento	wind

Aggettivi

largo (pl. larghi)	large; wide
quello	that
questo	this
stretto	narrow, tight

Verbi

consigliare	to advise
nevicare	to snow
piovere	to rain
preoccuparsi	to worry

Altre espressioni

andare bene	to fit
C'è il sole.	It is sunny.
C'è nebbia.	It is foggy.
Che tempo fa?	What is the weather like?
costare un occhio della testa	to cost a fortune
Ma va!	Come on!
di mezza stagione	between seasons
di moda	fashionable
È nuvoloso.	It is cloudy.
È sereno.	It is clear.
le previsioni del tempo	weather forecast
Fa bel tempo.	It is nice weather.
Fa brutto tempo.	It is bad weather.
Fa caldo.	It is hot.
Fa freddo.	It is cold.
Fa fresco.	It is cool.
fare le valigie	to pack (suitcases)
Ho sentito dire che...	I heard that . . .
scarpe da tennis	tennis shoe
Tanti auguri!	Best wishes!
Tira vento.	It is windy.

1. Parole incrociate. Completate il cruciverba con il vocabolario in *Studio di parole*.

Orizzontali

2. In estate portiamo questo tipo di scarpe.

6. Può essere giacca e pantaloni o giacca e gonna.

9. Li porta chi non vede bene.

10. È il materiale di scarpe, stivali, portafogli e anche giacche.

11. Lo portiamo per nuotare *(swim)*.

Verticali

1. È il tessuto di maglioni, golf e cappotti per l'inverno.

3. Lo mettiamo quando piove.

4. John oggi porta una _____ grigia con il nome della sua università.

5. È dove una signora mette il portafoglio, le chiavi *(keys)* e tante altre cose.

7. È il tessuto *(fabric)* delle magliette e dei calzini.

8. Lavora in un negozio d'abbigliamento.

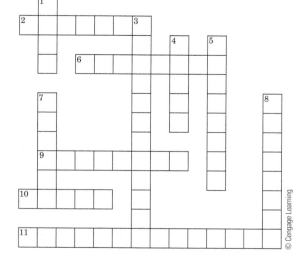

2. Malata di shopping (Shopaholic)? Alessandra ama fare lo shopping e spende troppo per i vestiti. Datele dei consigli usando l'imperativo familiare di uno dei verbi della lista.

cercare   comprare   entrare   fare   guardare   leggere   pagare   usare

1. Non _____ tante riviste di moda!

2. Quando sei in centro, _____ le vetrine e non _____ nei negozi!

3. Non _____ solo vestiti firmati *(designer's clothes)*!

4. _____ un lavoro se vuoi avere più soldi da spendere!

5. _____ le spese quando ci sono le svendite.

6. _____ in contanti, non _____ sempre la carta di credito!

3. Povero Pierino! Pierino ha otto anni e dovunque vada *(wherever he goes)*, tutti gli dicono cosa deve fare. Rispondete alle domande con delle frasi all'imperativo familiare.

1. Che cosa gli dice la maestra a scuola?

_____! Non _____!

2. Che cosa gli dice la mamma in un negozio?

_____! Non _____!

3. Che cosa gli dice il papà in chiesa?

_____! Non _____!

4. Che cosa gli dice la nonna al ristorante?

_____! Non _____!

4. Impariamo l'italiano! Scrivete cinque consigli per gli studenti che vogliono seguire il vostro corso d'italiano, imparare la lingua e prendere anche un bel voto. Usate la forma dell'imperativo familiare **voi**.

Esempio   *Frequentate sempre tutte le lezioni.*

1. _____
2. _____
3. _____
4. _____
5. _____

5. Una commessa gentile (*helpful*). Gabriella fa lo shopping in una boutique di via Montenapoleone a Milano. Parla con la commessa che le dà dei consigli usando l'imperativo formale.

Esempio   guardare questo vestito di seta
          — *Guardi questo vestito di seta!*

1. entrare nel camerino (*dressing room*)
2. provare il vestito
3. guardarsi allo specchio (*mirror*)
4. mettersi queste scarpe con il tacco alto
5. comprare anche la borsetta dello stesso colore
6. venire con me alla cassa

6. Aggettivi e pronomi dimostrativi.

A. Completate con la forma corretta di **questo**.

— Ti piace _____ impermeabile beige?

— Preferisco _____ nero.

— Vorrei comprare anche _____ stivali neri.

— Belli! Perché non compri anche _____ borsetta di pelle?

— Ottima idea!

B. Completate con la forma corretta di **quello**.

— _____ golf grigio è molto bello!

— Sì, ma non preferisci _____ felpa rossa?

— A Milano fa freddo in gennaio, devo mettere in valigia _____ maglioni di lana e _____ giacche pesanti.

— Sì, ma non dimenticare _____ occhiali da sole, se vuoi andare a sciare!

7. Che tempo fa? Completate le frasi in forma logica.

1. Non dimenticare l'ombrello, ha appena cominciato a _____.
2. Portatevi un golf, perché di sera _____.
3. In estate, quando _____, possiamo nuotare in piscina (*swimming pool*).
4. Vuoi andare a sciare domenica? _____ molto e adesso c'è molta neve (*snow*).
5. Quando _____, ci piace andare in barca a vela (*go sailing*).
6. Quando _____, ci mettiamo il cappotto e i guanti.

Le vacanze

Communicative goals

Describing vacation and other outdoor activities
Talking about plans for the future
Expressing likes and dislikes

Le regioni d'Italia | Le Marche e la Repubblica di San Marino

Studio di parole | In vacanza

Punti grammaticali

11.1 Il futuro
11.2 I pronomi tonici
11.3 Piacere
11.4 Il **si** impersonale

Vedute d'Italia | Gli Italiani e le vacanze

Attività video | *Al mare e in montagna*

Ripasso

◀)) Audio

🌐 http//www.cengagebrain.com

▶ Video on DVD

iLrn

Joerg Mueller/Visum/The Image Works

◀ Alcuni giovani amici giocano a pallavolo sulla spiaggia.

Le Marche e la Repubblica di San Marino

Le Marche sono una regione dell'Italia centrale con circa un milione e mezzo di abitanti. Il capoluogo è Ancona. All'interno il territorio è montagnoso e collinare, mentre la costa adriatica ha belle spiagge, lunghe e sabbiose. Tra le industrie ci sono quella navale, dei mobili e della pesca *(fishing)*. Il turismo è molto importante per l'economia della regione.

La Repubblica di San Marino è un piccolo stato indipendente. Si trova tra l'Emilia-Romagna e le Marche ed è situata su una roccia altissima che si vede a grande distanza. Secondo la leggenda, la repubblica fu fondata nell'anno 301 e ha sempre conservato la sua indipendenza. Conta circa trentamila abitanti, la capitale è la città di San Marino e la lingua è l'italiano. Il turismo è la fonte principale delle sue risorse. La sua indipendenza ha un valore soprattutto simbolico, poiché di fatto è legata *(tied)* all'Italia.

© Cengage Learning

▲ Il palazzo ducale di Urbino, costruito nel XV secolo, è un importante esempio dell'architettura rinascimentale e rappresenta l'ideale umanistico di un «palazzo-città», aperto e accogliente *(welcoming)*.

▲ Ancona – Fondata dai Greci nel III secolo a.C. è il capoluogo delle Marche ed uno dei maggiori porti italiani. Ad Ancona vivono molti Albanesi *(Albanians)*: arrivano con facilità grazie ai traghetti *(ferry boats)* che fanno servizio tra Ancona e l'Albania. Dal porto di Ancona partono anche traghetti per la Croazia e la Grecia.

Roberto A Sanchez/THEPALMER/iStockphoto.com

◀ Panorama della costa adriatica con la punta rocciosa del Monte Conero – Il promontorio del Monte Conero interrompe la costa sabbiosa *(sandy)* del mar Adriatico. Ricoperto di boschi, si può esplorare a piedi, in bicicletta e anche a cavallo.

Vladimir Sazonov/Shutterstock

La bandiera della Repubblica di San Marino – Lo stemma *(coat of arms)*, con le tre rocche *(castles)*, il motto «Libertas» (libertà) e la corona *(crown)*, simboleggia l'indipendenza e la sovranità della piccola repubblica. ▼

▲ Veduta panoramica di San Marino, che conserva un aspetto medioevale con l'antica fortezza *(fortress)* della Gualta e le mura di cinta *(city walls.)*

Nicku/Shutterstock.com

studiogi/Shutterstock

Le olive all'ascolana sono un piatto tipico delle Marche. ▶ Le olive snocciolate *(pitted)* sono riempite *(filled)* di carne macinata *(ground)*, impanate *(breaded)*, fritte in olio bollente e servite calde come antipasto.

I bagnanti *(Beachgoers)* prendono il sole e si rilassano sulla spiaggia.

Al mare 🔊 CD2-8

Due **bagnini** su una spiaggia dell'Adriatico parlano fra di loro.   *lifeguards*

GIOVANNI Hai visto quanti turisti ci sono quest'anno?

LORENZO Sì, e molti altri arriveranno nelle prossime settimane.

GIOVANNI Arrivano con le loro tende e i loro camper da tutta l'Europa.

LORENZO Il campeggio è un modo economico di fare le vacanze.

GIOVANNI Molti non hanno la tenda, ma solo uno zaino e un **sacco a pelo.**   *sleeping bag*

LORENZO E hai visto come sono **attrezzati**? Hanno **tutto l'occorrente** per passare l'estate in Italia.   *equipped / all they need*

GIOVANNI Sì, e viaggiano con le loro carte geografiche. Molti conoscono l'Italia **meglio di** noi.   *better than*

LORENZO Quest'estate saremo più occupati **del solito.** Non ho mai visto tanta gente!   *than usual*

GIOVANNI È vero. Ma mi piace questo lavoro perché posso ammirare lo spettacolo magnifico del mare.

UNA VOCE Bagnino, **aiuto**! Aiuto!   *help*

LORENZO **Addio** spettacolo!   *Good-bye*

Comprensione

1. Chi sono e dove sono i protagonisti del dialogo? **2.** Come viaggiano e cos'hanno molti turisti europei che vengono in Italia? **3.** Si perdono facilmente? Perché? **4.** Dove e come dormono? **5.** Chi interrompe la conversazione dei due bagnini?

Studio di parole In vacanza

AL MARE

la villeggiatura summer vacation
passare le vacanze to spend a vacation
  in montagna in the mountains
  al mare at the beach
  al lago at the lake
  in campagna in the country
  all'estero abroad
nuotare to swim
andare in barca a vela to sail

prendere il sole to sunbathe
abbronzarsi to tan
scottarsi to burn
la crema solare suntan lotion
il/la bagnino(a) lifeguard
salvare to rescue
annegare to drown
pericoloso dangerous
fare una crociera to go on a cruise

fare
  il campeggio to go camping, to camp
  un'escursione *(f.)* to take an excursion
  l'alpinismo to climb a mountain
montare la tenda to pitch a tent
il sentiero trail
il sacco a pelo sleeping bag
la giacca a vento windbreaker

IN MONTAGNA

Informazioni

La villeggiatura

Andare in villeggiatura significa «passare un periodo di riposo e di svago *(relaxation)* fuori città, in una località di campagna, di montagna, di lago o di mare». **Andare in ferie** è l'espressione usata per le vacanze dei lavoratori. Gli Italiani hanno diritto a un minimo di quattro settimane di vacanze retribuite *(paid vacation)*. Di solito agosto è il mese preferito per le ferie e in quel periodo tanti Italiani sono in vacanza e le città sono semideserte. Molti negozi sono chiusi e i mezzi di trasporto riducono il servizio.

Nelle località di mare sull'Adriatico, il Mar Ligure e il Mar Tirreno, le spiagge sono in genere occupate da stabilimenti balneari *(beachfront establishments)*. Si deve pagare un biglietto d'ingresso per accedere alla spiaggia e ai servizi necessari. Si noleggiano gli ombrelloni, le sedie a sdraio *(beach chairs)* e i lettini *(lounge chairs)*. Le spiagge sono affollate *(crowded)* e i tratti di spiaggia libera sono pochi.

Negli ultimi tempi gli amanti del mare si dirigono, sempre più numerosi, verso il Sud d'Italia: in Puglia, Calabria, Sicilia e Sardegna. In queste regioni, lunghi tratti di costa sono ancora liberi e le acque sono più pulite *(clean)*.

Gli Italiani sono diventati sempre più curiosi e avventurosi e molti preferiscono le vacanze «esotiche». Molte agenzie turistiche organizzano vacanze tutto compreso *(all inclusive)* su isole e località in altri paesi e continenti.

Applicazione

A. Domande

Al mare

1. Dove sono le persone nel primo disegno a pagina 275?
2. Il signore in alto a sinistra prende il sole? Che cosa fa?
3. Che cosa porta la signora che cammina sulla spiaggia?
4. Che cosa fa la coppia a destra?
5. Che cosa si sono messi per non scottarsi?
6. Chi salva le persone che stanno per annegare?

In montagna

7. Dove si dorme quando si fa il campeggio?
8. Che tipo di scarpe ci mettiamo per fare un'escursione in montagna?
9. Di che cosa abbiamo bisogno se non vogliamo perderci?
10. Le previsioni del tempo (*weather forecast*) annunciano vento e pioggia: come ci vestiamo?

Sapete che...

I rifugi alpini

I rifugi (letteralmente «*shelters*») alpini accolgono (*welcome*) chi fa escursioni in montagna. Un rifugio può essere la meta (*destination*) di una gita di un giorno o anche la tappa (*leg*) di un'escursione di trekking ad alta quota (*high elevation*). Nei rifugi gli escursionisti (*hikers*) possono consumare un pasto caldo e passare la notte in stanze comuni. Nella foto si vede il Rifugio Locatelli, inaugurato nel 1886, ai piedi delle Tre Cime di Lavaredo, sulle Dolomiti.

B. Conversazione

1. Preferisci andare in vacanza al mare, in montagna o al lago? Perché?
2. Quando vai al mare che attività fai? Sei attivo(a) o preferisci rilassarti?
3. Che attività fai in montagna in estate?
4. Hai mai fatto il campeggio? Dove e con chi?
5. Preferisci fare il campeggio o alloggiare in un bell'albergo? Perché?
6. Con chi vai in vacanza generalmente?
7. Preferisci una vacanza a contatto con la natura o un viaggio turistico in qualche città europea? Perché?

Vacanze in montagna: che divertente!

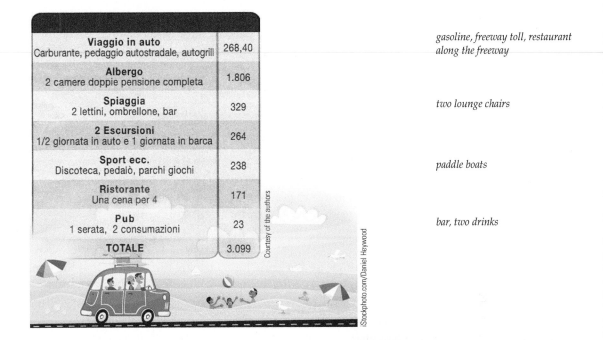

C. Adesso parliamo! Il costo di una settimana di vacanza.

La tabella (*chart*) indica il costo di una vacanza al mare per quattro persone (due adulti e due bambini). In gruppi di quattro studenti, date un'occhiata (*take a look*) alla tabella e elaborate quanto può costare una vacanza simile per quattro persone negli Stati Uniti. Paragonate (*Compare*) i due costi.

Viaggio in auto Carburante, pedaggio autostradale, autogrill	268,40	*gasoline, freeway toll, restaurant along the freeway*
Albergo 2 camere doppie pensione completa	1.806	
Spiaggia 2 lettini, ombrellone, bar	329	*two lounge chairs*
2 Escursioni 1/2 giornata in auto e 1 giornata in barca	264	
Sport ecc. Discoteca, pedalò, parchi giochi	238	*paddle boats*
Ristorante Una cena per 4	171	
Pub 1 serata, 2 consumazioni	23	*bar, two drinks*
TOTALE	3.099	

Courtesy of the authors
iStockphoto.com/Daniel Heywood

Viaggio in auto (300 miglia) Costo _____
Albergo (sei notti, pensione completa) Costo _____
Ristorante (una cena per quattro) Costo _____
Varie (bar, escursione in barca, ecc.) Costo _____

Costo di una vacanza di una settimana per quattro persone
  negli Stati Uniti _____ dollari
Costo della babysitter: extra

Losevsky Pavel/Shutterstock.com

Grandi e piccoli si divertono sul pedalò.

Ascoltiamo!

Un salvataggio 🔊 CD2-9

Due bagnini, Giovanni e Lorenzo, si buttano (*rush*) in acqua per salvare una ragazza che sta per annegare. Quando la riportano sulla spiaggia, la ragazza non respira (*is not breathing*). Ascoltate la conversazione e rispondete alle seguenti domande.

Comprensione

1. Chi hanno salvato i due bagnini?
2. Perché Giovanni deve praticarle la respirazione artificiale?
3. Dopo qualche minuto, che cosa fa la ragazza?
4. È riconoscente (*grateful*) la ragazza? Che cosa dice a Giovanni?
5. Ha avuto paura di annegare perché non sa nuotare?
6. Dove l'accompagna Lorenzo?

Dialogo

In coppie, progettate (*plan*) di passare una giornata al mare. Decidete come andare, cosa portare, come vestirvi e cosa fare sulla spiaggia.

11.1 Il futuro

Quest'estate farò il campeggio in montagna.

1. The future (**futuro**) is a simple tense expressing an event that will take place in the future. It is formed by adding the endings of the future to the infinitive after dropping the final **-e.**

rispondere → risponderò = *I will answer*

The future is conjugated as follows:

parlare	rispondere	partire
parler**ò**	risponder**ò**	partir**ò**
parler**ai**	risponder**ai**	partir**ai**
parler**à**	risponder**à**	partir**à**
parler**emo**	risponder**emo**	partir**emo**
parler**ete**	risponder**ete**	partir**ete**
parler**anno**	risponder**anno**	partir**anno**

The endings are the same for all conjugations. Note that the **-a** of the first conjugation infinitive ending changes to **-e** before adding the future endings.

I turisti **prenderanno** il pullman.	*The tourists will take the tour bus.*
Noi **visiteremo** un castello.	*We will visit a castle.*
Quando **finirai** gli studi?	*When will you finish your studies?*

2. The following groups of verbs are irregular in the future tense:

a. Verbs that end in **-are** but do not undergo a stem change

dare:	**darò, darai,** ecc.
fare:	**farò, farai,** ecc.
stare:	**starò, starai,** ecc.

b. Verbs that end in **-care, -gare, -ciare,** and **-giare** and undergo a spelling change for phonetic reasons

dimenticare:	**dimenticherò, dimenticherai,** ecc.
pagare:	**pagherò, pagherai,** ecc.
cominciare:	**comincerò, comincerai,** ecc.
mangiare:	**mangerò, mangerai,** ecc.

c. Verbs that drop a stem vowel

andare:	**andrò, andrai,** ecc.
avere:	**avrò, avrai,** ecc.
cadere:	**cadrò, cadrai,** ecc.
dovere:	**dovrò, dovrai,** ecc.
potere:	**potrò, potrai,** ecc.
sapere:	**saprò, saprai,** ecc.
vedere:	**vedrò, vedrai,** ecc.
vivere:	**vivrò, vivrai,** ecc.

— Dove cadrà?
— Chi vivrà, vedrà!

d. Verbs that have an irregular stem

essere:	**sarò, sarai,** ecc.
bere:	**berrò, berrai,** ecc.
venire:	**verrò, verrai,** ecc.
volere:	**vorrò, vorrai,** ecc.

Saremo pronti alle otto. — *We will be ready at eight.*
Dovrà studiare se **vorrà** riuscire. — *He will have to study if he wants to succeed.*
Pagherai tu il conto? — *Will you pay the bill?*
A che ora **mangerete**? — *At what time will you eat?*
Verrò domani mattina. — *I will come tomorrow morning.*

3. When the main verb of a sentence is in the future, the verb of a subordinate clause introduced by **se, quando,** or **appena** (*as soon as*) is also in the future.

Andremo al mare se **farà** bello. — *We will go to the beach if the weather is nice.*

Ti **racconterò** tutto quando ti **vedrò**. — *I will tell you everything when I see you.*

Mi **scriverà** appena **arriverà** a Roma. — *He will write to me as soon as he arrives in Rome.*

NOTE: Colloquial Italian often uses the present tense to express the near future.

Quando **parti**? — *When are you leaving?*
Parto la settimana prossima. — *I am leaving next week.*

4. **Futuro di probabilità.** The future tense is also used to convey probability or conjecture.

Dov'è la guida? **Sarà** al bar. — *Where is the tour guide? He/She is probably (He/She must be) in the bar.*

Che ore sono? **Saranno** le tre. — *What time is it? It is probably (It must be) 3:00.*

Quanto costa una Ferrari? **Costerà** 200 000 dollari. — *How much does a Ferrari cost? It probably costs $200,000.*

5. Here are a few expressions of time used with the future tense:

domani	*tomorrow*
dopodomani	*the day after tomorrow*
la settimana prossima	*next week*
l'anno (il mese) prossimo	*next year (month)*
fra un anno	*one year from now*
fra tre giorni (una settimana, ecc.)	*in three days (a week, etc.)*
fra poco	*in a little while*

Nota linguistica

Il futuro immediato

La costruzione **stare per** + *infinito* corrisponde alla costruzione inglese «*to be about to do something*».

Il treno sta per partire.   *The train is about to leave.*

Verifica. Traducete le seguenti frasi:

1. I am about to go out.   _____
2. We are about to eat.   _____
3. The students are about to finish the exams.   _____
4. I am about to make a phone call.   _____

Pratica

A. Le vacanze di Riccardo. Riccardo scrive un'e-mail a un amico e parla dei suoi progetti per le vacanze. Completate l'e-mail con i verbi in parentesi al futuro.

Ciao Carlo!

Come va? Fra tre giorni io (dare) _____ l'ultimo esame e poi finalmente (essere) _____ in vacanza. Non vedo l'ora!

Mario, Francesco ed io (andare) _____ al mare per una settimana. (Stare) _____ nell'appartamento dei genitori di Mario a due passi *(very close to)* dalla spiaggia! Mario ed io (prendere) _____ il sole e (abbronzarsi) _____, ma sono sicuro che Francesco (restare) _____ tutto il giorno sotto l'ombrellone perché ha paura di scottarsi…

Sono certo che (noi) non (annoiarsi) _____: (nuotare) _____ e se non (fare) _____ troppo caldo, probabilmente (noi) (giocare) _____ anche a tennis. Anna e Giulia (venire) _____ a trovarci il weekend e (portare) _____ le tavole *(boards)* da windsurf. Sicuramente io (cadere) _____ un sacco di volte, mentre gli altri (essere) _____ dei veri campioni.

E tu che lavori, quanti giorni di ferie (avere) _____ quest'estate? (Andare) _____ in montagna, come al solito?

Ci sentiamo, io (chiamarti) _____ prima di partire.

Saluti, Riccardo

B. Cosa faranno? In coppie a turno, completate le frasi con il futuro del verbo tra parentesi e una continuazione logica.

Esempio   Domani sera io (andare) _____ a una festa e…
Domani sera *andrò* a una festa e *mi divertirò con tutti i miei amici.*

1. Il prossimo fine settimana i miei amici ed io (andare) _____ in montagna e…
2. Fra due ore tu (andare) _____ in biblioteca e…
3. Dopodomani Roberto (andare) _____ al mare e…
4. L'estate prossima voi (andare) _____ in Italia e…
5. Stasera io (stare) _____ a casa e…
6. La prossima estate Antonella (andare) _____ al lago e…

C. Progetti di vacanze. Attività in piccoli gruppi. Un vostro compagno/ Una vostra compagna di classe andrà in vacanza in Italia e voi volete sapere cosa farà. Ogni studente del gruppo gli/le rivolge una domanda.

Esempio   dove andare / …
— *Dove andrai?*
— *Andrò in Italia.*

1. con che mezzo viaggiare / …
2. quanti giorni stare / …
3. dove dormire / …

4. cosa mangiare / …
5. che attività fare / …

D. Il campeggio. Attività in piccoli gruppi. Tu ed alcuni amici andrete in campeggio sulle montagne del Trentino, in Italia. Gli studenti del gruppo sono curiosi di sapere cosa farete.

Esempio　in quanti essere / ...
— *In quanti sarete?*
— *Saremo in cinque.*

1. viaggiare in treno o in macchina / ...
2. portare la tenda o comprarla in Italia / ...
3. montare la tenda nel bosco o vicino a un fiume / ...
4. cosa portare da mangiare / ...
5. dormire nel sacco a pelo / ...
6. che attività fare / ...
7. cosa fare se piovere / ...

E. Il futuro di probabilità. In coppie, rispondete a turno alle domande usando il futuro di probabilità.

Esempio　Sai quanto costa noleggiare un ombrellone?
Costerà 15 euro al giorno.

1. Oggi Marco non è a lezione, sai dov'è?
2. L'orologio non funziona, sai che ora è?
3. Quanti anni ha Mick Jaggar?
4. Di chi è questo libro?
5. Quanto costa una Vespa?

La prossima volta faremo attenzione alle previsioni del tempo *(weather forecast)*.

F. Vacanze in Europa. Marina, Gianni e Marco fanno progetti per le vacanze. Completate il loro dialogo con i verbi suggeriti al futuro.

andare	costare	dare	divertirsi	chiedere
essere	fare (2x)	lavorare	prendere	stare
viaggiare	visitare (2x)			

MARINA　Dove _____ tu e Gianni quest'estate?

MARCO　Noi _____ un viaggio in Europa per tre settimane.

MARINA　Quali paesi europei _____?

GIANNI　_____ la Francia e la Spagna.

MARINA　Quest'anno i biglietti dell'aereo _____ cari, con il prezzo della benzina.

MARCO　Lo so. Mio nonno mi ha promesso che mi _____ i soldi per il viaggio. E poi ho anche dei risparmi *(savings)*.

MARINA　E tu, Gianni, li hai i soldi?*

GIANNI　Penso di sì. Prima di partire, io _____ per due mesi.

MARINA　Come _____ in Europa? In macchina? In treno? In aereo?

GIANNI　_____ il treno e i trasporti pubblici. Perché non vieni con noi?

MARINA　Non credo di avere abbastanza soldi. Gli alberghi costano molto.

GIANNI　(Noi) _____ il campeggio e _____ in ostelli per la gioventù.

MARINA　OK, stasera io _____ a mio padre il permesso di venire con voi.

MARCO　Ottimo. Vedrai che noi _____ e il viaggio _____ un'esperienza fantastica.

_____
*Frase colloquiale con un uso enfatico del pronome oggetto diretto.

In sciopero *(On strike)*

Gli scioperi dei mezzi di trasporto pubblici sono uno degli inconvenienti per i viaggiatori. Spesso l'annuncio (alla TV o sui giornali) viene dato poche ore prima dell'inizio dello sciopero e i viaggiatori che non ne sono al corrente *(who are not aware of it)* restano bloccati per ore ed ore nelle stazioni ferroviarie o negli aeroporti.

In caso di sciopero, Trenitalia garantisce *(ensures)* dei servizi speciali per i pendolari *(commuters)* durante le ore di punta *(rush hours)*.

L'agitazione fino alle 21 di domani. Aumentano del 2,5 % i biglietti
Macchinisti in sciopero, da stasera treni a rischio

Courtesy of the authors

G. Adesso parliamo! L'oroscopo telefonico. Immaginate di telefonare all'«Oroscopo telefonico» per sapere che cosa succederà *(will happen)* nel vostro futuro. Uno studente/Una studentessa fa la parte dell'indovino *(fortune teller)*.

— Pronto? Oroscopo telefonico?
— Sì, dica.
— Vorrei sapere cosa ci sarà nel mio futuro.
— Qual'è la sua data di nascita?
_____
— A che ora è nato(a)?
_____
— Che cosa desidera sapere?

— Cosa vede nel mio futuro?
— Le arriverà presto una grossa sorpresa

Adesso dovete fare cinque domande sul vostro futuro all'indovino e ascoltare le sue risposte.

— La ringrazio molto.
— Prego. Sono 150 euro. Per favore, mi dia il numero della sua carta di credito.

Ascolti me o guardi lei?

11.2 I pronomi tonici

1. Disjunctive pronouns (**I pronomi tonici**) are personal pronouns that are used after a verb or a preposition. They are:

Singular		Plural	
me	*me, myself*	**noi**	*us, ourselves*
te	*you (familiar), yourself*	**voi**	*you (familiar), yourselves*
lui	*him*		
lei	*her*	**loro**	*them*
Lei	*you (formal)*	**Loro**	*you (formal)*
sé	*himself, herself, yourself*	**sé**	*themselves, yourselves*

2. As a direct or indirect object, a disjunctive pronoun is used after the verb for emphasis, to avoid ambiguity, and when the verb has two or more objects.

Vedo **te**!	*I see you!*
Parlo **a lui**, non **a lei**.	*I'm speaking to him, not her.*
Ha scritto a Franco e **a me**.	*He wrote to Franco and me.*

3. A disjunctive pronoun is also used as the object of a preposition.

Parto **con loro.**	*I'm leaving with them.*
Abita vicino **a noi.**	*He lives near us.*
Sono arrivati **prima di me.**	*They arrived before me.*
Siamo andati **da lei.**	*We went to her house.*
Luisa impara il francese **da sé.**	*Luisa is learning French by herself.*
Pensa solo **a sé stesso.**	*He thinks only of himself.*

4. This chart summarizes the pronouns you have now learned:

Subject pronouns	Direct-object pronouns	Indirect-object pronouns	Reflexive pronouns	Disjunctive pronouns
io	mi	mi	mi	me
tu	ti	ti	ti	te
lui/lei, Lei	lo/la, La	gli/le, Le	si	lui/lei, Lei, sé
noi	ci	ci	ci	noi
voi	vi	vi	vi	voi
loro, Loro	li/le, Li/Le	gli (loro), Loro	si	loro, Loro, sé

Pratica

A. Tra compagni. Immaginate di conoscere un nuovo compagno/una nuova compagna di classe e di fargli(le) delle domande. Seguite l'esempio e fatevi le domande a turno.

> **Esempio** — Abiti con *i tuoi genitori*?
> — *Sì, abito con loro.* o *No, non abito con loro. Abito solo(a).*
> o *Abito con...*

1. Io abito... E tu, abiti vicino a *me*?
2. Hai già parlato con *il professore/la professoressa d'italiano*?
3. Hai bisogno di *me* per fare le attività in coppie?
4. A mezzogiorno vado a mangiare in mensa con due compagni. Vieni con *noi*?
5. Mi sembri distratto(a)... Ascolti *me* o pensi *al tuo ragazzo/alla tua ragazza*?

B. Da chi? In coppie, fatevi a turno le seguenti domande. Rispondete usando **da** con il pronome tonico.

> **Esempio** — Andrai a casa dei tuoi genitori il prossimo weekend?
> — *No, non andrò da loro... Andrò...*

1. Se hai bisogno di soldi, vai da tuo padre?
2. Se hai bisogno di un consiglio, vai da tua madre?
3. Vieni a casa mia a studiare questo pomeriggio?
4. Vieni da noi stasera? Guardiamo un DVD.
5. Vai dal dottore oggi?

C. Adesso parliamo! Graffiti romantici su un muro *(wall)* di Roma. In gruppi di tre studenti, leggete la frase, individuate il pronome tonico e a turno, fatevi le domande e rispondete con un po' d'immaginazione.

Courtesy of the authors

- Chi ha scritto quelle parole?
- A chi le ha scritte?
- Quanti anni hanno gli innamorati?
- Come si sono conosciuti e da quanto tempo stanno insieme?
- Che futuro avrà la loro relazione?

11.3 *Piacere*

Ai due piccoli montanari *(mountain climbers)* piace ammirare il panorama.

1. The irregular verb **piacere** means *to please*. It is used mainly in the third-person singular and plural (present: **piace, piacciono**) and in an indirect construction that corresponds to the English phrase *to be pleasing to*.

mi piace		ci piace	
ti piace	leggere	vi piace	cantare
gli piace		piace loro, Loro	
le, Le piace		(gli piace)	

Participio passato: *piaciuto*

Mi piace la pasta.   *I like pasta. (Pasta is pleasing to me.)*
Ci piace l'appartamento.   *We like the apartment.*
  (The apartment is pleasing to us.)

Le piacciono queste scarpe?   *Do you like these shoes? (Are these shoes pleasing to you?)*

NOTE

a. In Italian, the word order is *indirect object + verb + subject;* in English it is *subject + verb + direct object.*

b. The singular form **piace** is followed by a singular noun; the plural form **piacciono** is followed by a plural noun.

2. **Piacere** is singular when followed by an infinitive.
   Ti piace fare il campeggio?   *Do you like to go camping?*
   Vi piacerà andare al mare.   *You will like to go to the beach.*

3. When the indirect object is a noun or a disjunctive pronoun, the preposition **a** is used.
   Ai bambini piace il gelato.   *Children like ice cream.*
   Ad Antonio piacerà la Sardegna.   *Antonio will like Sardinia.*
   A me piacevano le feste.   *I used to like parties.*

4. The opposite of **piacere** is **non piacere. Dispiacere** has the same construction as **piacere,** but it translates as *to be sorry, to mind.*
   Non mi piace la birra.   *I don't like beer.*
   Non mi piacevano gli spinaci.   *I didn't like spinach.*
   Non sta bene? **Mi dispiace.**   *You are not well? I am sorry.*
   Le dispiace se fumo?   *Do you mind if I smoke?*

5. The **passato prossimo** of **piacere** is conjugated with **essere.** Therefore, the past participle **(piaciuto)** agrees in gender and number with the subject.
   Ti **è piaciuta** la sala?   *Did you like the living room?*
   Non mi **sono piaciuti** i mobili.   *I did not like the furniture.*

Pratica

A. Cosa ci piace? Completate le frasi con la forma corretta di **piacere.**

1. Ti _____ fare il campeggio?
2. Vi _____ le vacanze all'estero?
3. Ci _____ nuotare nel lago.
4. Le _____ abbronzarsi al sole.
5. Mi _____ le escursioni in montagna.
6. Non mi _____ montare la tenda.
7. Ti _____ questi scarponi da montagna?
8. Non mi _____ la mia giacca a vento.

B. Tutti i gusti sono gusti! In coppie, formulate le domande con il verbo **piacere** e rispondete, affermativamente o negativamente, usando i pronomi indiretti.

Esempio   i bambini / fare castelli di sabbia *(sand castles)*
— *Ai bambini piace fare castelli di sabbia?*
— *Sì, gli piace fare castelli di sabbia.*

1. i tuoi amici / le feste
2. tu / il cappuccino
3. voi / fare una crociera
4. voi / i concerti rock
5. tu / alzarsi presto la mattina
6. gli studenti / i bei voti in italiano
7. tu / scaricare la musica
8. i giovani / prendere il sole
9. i ragazzi / giocare a pallavolo sulla spiaggia

C. Vacanze in Italia. Immaginate di essere tornati da poco dall'Italia. A turno, fatevi le domande e rispondete secondo l'esempio.

Esempio   il viaggio in aereo
— *Ti è piaciuto il viaggio in aereo?*
— *Sì mi è piaciuto molto (abbastanza, moltissimo). o No, non mi è piaciuto perché…*

1. le città che hai visitato
2. i ristoranti dove hai mangiato
3. l'albergo di Roma
4. i negozi di via del Corso a Roma
5. Piazza San Marco a Venezia
6. i musei che hai visitato
7. la spiaggia di Monterosso nelle Cinque Terre
8. il panorama delle Dolomiti

Vacanze alle Cinque Terre: ci è piaciuto passare la giornata sulla spiaggia di Monterosso al Mare.

D. Conversazione. In piccoli gruppi, ogni persona nomina due cose che gli/le piacciono e due cose che non gli/le piacciono. Pensate ai seguenti argomenti: **il cibo, le bevande, i colori, i programmi di televisione, i film, i romanzi, i vestiti.**

Esempio   — *Mi piacciono gli spaghetti al pomodoro. Non mi piace il fegato* (liver).
— *Mi piace il tè. Non mi piace l'aranciata.*

E. Preferenze. Quali sono i gusti delle seguenti persone? Usate **piacere** e il pronome tonico.

Esempio   Preferisco giocare a frisbee.
A me piace giocare a frisbee.

1. Mio padre preferisce i ristoranti di lusso.
2. Preferiamo divertirci con i videogiochi.
3. I miei cugini italiani preferiscono le spiagge del mare Adriatico.
4. Preferisco andare in vacanza al mare.
5. I miei genitori preferiscono le vacanze all'estero.
6. So che tu preferisci viaggiare in pullman.
7. Tu e il tuo amico preferite fare il campeggio.

PER ME SI VA NELLA CITTÀ DOLENTE,
PER ME SI VA NELL'ETERNO DOLOR,
PER ME SI VA TRA LA PERDUTA GENTE.

Dante – *Divina Commedia, Inferno, Canto III**

F. Adesso parliamo! Che cosa vi piace? In gruppi di tre studenti, discutete che cosa vi piace o non vi piace fare in queste situazioni. Ogni studente deve contribuire con una frase personale.

Esempio　Che cosa vi piace fare il fine settimana?
　　　　　STUDENTE UNO　*Mi piace dormire fino a tardi.*
　　　　　STUDENTE DUE　*Mi piace andare al cinema.*
　　　　　STUDENTE TRE　*Mi piace fare lo shopping.*

1. Che cosa vi piace fare in estate?
2. Che cosa vi piace fare in inverno?
3. Che cosa vi piace mangiare quando avete molta fame?
4. Che cibi non vi piacciono?
5. Che bevande vi piacciono quando fa molto caldo? E quando fa freddo?
6. Che cosa vi piace fare durante le lezioni d'italiano? Che cosa non vi piace?
7. Che cosa vi piaceva fare da piccoli quando tornavate a casa da scuola?
8. Che cosa vi piaceva fare il sabato sera quando eravate al liceo?

11.4 Il *si* impersonale

The impersonal **si** + *verb* in the third-person singular is used:

1. in general statements corresponding to the English words *one, you, we, they,* and *people* + verb.

Come **si dice** «...»?	*How do you say, " . . . "?*
Se **si studia, s'impara.**	*If one studies, one learns.*

2. conversationally, meaning **noi.**

Che **si fa** stasera?	*What are we doing tonight?*
Si va in palestra?	*Are we going to the gym?*

3. as the equivalent of the passive construction. In this case, the verb is singular or plural depending on whether the noun that follows is singular or plural.

In Francia **si parla** francese.	*In France, French is spoken.*
In Svizzera **si parlano** diverse lingue.	*In Switzerland several languages are spoken.*

Pratica

A. Si dice anche così. Ripetete le seguenti frasi usando il **si** impersonale.

1. Mangiamo bene in quel ristorante.
2. Se tu studi, impari.
3. In montagna, la gente va a dormire presto.
4. Se vuoi mangiare, devi lavorare.
5. Andiamo al cinema stasera?
6. Oggi la gente non ha più pazienza.
7. Mangiamo per vivere, non viviamo per mangiare.

---

*At the beginning of his mystical journey, Dante comes to the gate of hell and reads the following solemn inscription: "Through me one goes to the grieving city, Through me one goes to the eternal sorrow, Through me one goes among the lost souls."

B. Dove... ? Immaginate di essere in viaggio in Italia e di rivolgere molte domande alle persone del luogo per avere informazioni.

> **Esempio**   comprare le carte geografiche / (in) libreria
> — *Scusi, dove si comprano le carte geografiche?*
> — *Si comprano in una libreria.*

1. comprare i francobolli (*stamps*) / (a) ufficio postale o (in) tabaccheria
2. affittare un ombrellone e una sedia a sdraio (*beach chair*) / (a) spiaggia
3. comprare le ricariche del telefonino / (da) giornalaio
4. chiedere informazioni sui tour / (a) ufficio turistico
5. pagare il conto delle bevande / (a) cassa

C. Che cosa si fa quando... ? In coppie, fatevi a turno le domande. Rispondete con il **si** impersonale e con la vostra immaginazione.

> **Esempio**   si va in vacanza
> — *Cosa si fa quando si va in vacanza?*
> — *Si fa il campeggio. Si dorme sotto una tenda.* o...

1. si ricevono brutti voti a scuola
2. il frigorifero è vuoto (*empty*)
3. si è senza soldi
4. si è stanchi e si ha sonno
5. si perde il treno
6. si è stressati

D. Adesso parliamo! Differenze culturali. Uno studente italiano/una studentessa italiana vi descrive alcune attività del suo paese e vuole sapere se anche negli Stati Uniti si hanno le stesse usanze (*habits*). A coppie, rispondete alle sue affermazioni con una frase con il **si** impersonale.

> **Esempio**   — In Italia prendiamo l'autobus o il motorino per andare a lezione.
> — *Negli Stati Uniti si va a lezione a piedi. Quando si abita lontano dal campus, si prende la macchina o la bicicletta.*

1. All'università diamo sempre gli esami orali.
2. Al ristorante, quando il servizio è incluso nel conto, non lasciamo la mancia.
3. Facciamo spesso colazione al bar.
4. In Italia non compriamo tanti vestiti.
5. In Italia i giovani spendono molto per il telefonino.
6. Al mare dobbiamo pagare l'ingresso in spiaggia e noleggiare un ombrellone.
7. In montagna dormiamo nei rifugi.
8. Molti Italiani seguono le partite di calcio (*soccer games*).

Soyhan Erim/iStockPhoto

Uno dei magnifici templi costruiti dai Greci a Siracusa

Panorama della campagna siciliana, con il vulcano Etna sullo sfondo *(background)*

Vacanze in Sicilia 🔊 CD2-10

L'estate è vicina e Antonio scrive una lettera ai nonni in Sicilia.

4 giugno

Carissimi nonni,

Come state? Noi in famiglia stiamo tutti bene e così speriamo di voi. Le mie vacanze arriveranno presto e io verrò a trovarvi per qualche settimana. Arriverò prima di Ferragosto, **verso** il 2 o il 3 del mese. Purtroppo non potrò fermarmi **a lungo** perché incomincerò a lavorare la prima settimana di settembre.   *around*
for a long time

Vorrei chiedervi un favore: vorrei portare con me il mio amico Marcello. Durante il viaggio, ci fermeremo sulla costa amalfitana e visiteremo Ercolano e Pompei. Resteremo là una settimana, poi partiremo per la Sicilia. Viaggeremo con la macchina di Marcello.

Siccome ha paura di **disturbarvi**, Marcello starà in un albergo o in una pensione. Ma gli ho detto che per mangiare potrà venire da voi. Sono certo che Marcello vi piacerà. Non vedo l'ora di venire in Sicilia per rivedere voi, cari nonni, e tanti posti che amo. Visiterò certamente la Valle dei Templi e Siracusa. Sono sicuro che Marcello preferirà visitare la spiaggia di Taormina, perché è innamorato del sole e del mare. Ma saliremo **tutti e due** sull'Etna e ci divertiremo **da matti**.   *Since / to bother you*

both
a lot

Aspetto una vostra telefonata per sapere se posso portare Marcello con me. Saluti **affettuosi** anche **da parte dei** miei genitori.   *affectionate / from*

Antonio

A. Alla lettura. Dopo che avete letto la lettera di Antonio, con un compagno/una compagna, sottolineate tutti i verbi al futuro.

B. Comprensione

1. A chi scrive Antonio? Perché?
2. Potrà fermarsi per molto tempo dai nonni? Perché no?
3. Che favore vuole chiedere loro?
4. Antonio e Marcello andranno subito in Sicilia? Dove andranno prima?
5. Antonio non vede l'ora di arrivare in Sicilia. Per quale ragione?
6. Perché Marcello non visiterà con lui la Valle dei Templi?
7. Dove saliranno i due amici?
8. Si annoieranno in Sicilia?

C. Conversazione

1. Quali aspetti dell'Italia del Sud vi interessano in particolare? Perché?
2. Immaginate di visitare un giorno la Sicilia: andrete al mare o vedrete le antichità dell'isola? Perché?
3. Avete mai fatto un lungo viaggio in auto con amici? Dove siete andati? Lungo il viaggio, vi siete mai fermati in qualche posto per visitare le attrazioni del luogo? Che cosa? Siete passati a salutare parenti o amici? Chi?

Adesso scriviamo!

Vacanze in Italia

Scegli una regione italiana dove passerai le vacanze e scrivi una lettera ai parenti o agli amici che andrai a trovare in Italia. Leggi le pagine sulle regioni nel tuo libro di testo o cerca, su Internet o in biblioteca, informazioni sulla regione che hai scelto.

A. Parla delle varie attività che farai, usando il futuro. Rispondi alle seguenti domande.

1. Quando partirai?
2. Quanto tempo sarai in vacanza e dove andrai?
3. Quali posti visiterai?
4. Che mezzi di trasporto userai?
5. Dove alloggerai?
6. Dove mangerai?

B. Includi almeno due frasi con il verbo **piacere**.

C. Leggi di nuovo la tua lettera. Hai usato i saluti convenevoli (*appropriate salutations*)? Controlla in modo particolare l'uso del verbo **piacere** e del futuro.

Gli Italiani e le vacanze

Una graziosa casetta per le vacanze

Courtesy of Francesca Benevento

A. You are going to read about the vacations of Italian people. Their right to four weeks of paid vacation is guaranteed by the Constitution. During the months of July or August, Italian families go on vacation to the mountains or to the beaches. Many own or rent vacation homes, others stay in hotels or *pensioni*. Young people often prefer to vacation abroad, to explore new places. During the months of July, and especially August, cities are almost deserted and stores are closed. By contrast, resort locations are very crowded, and their economy is flourishing.

right

managers

Le vacanze, per la maggior parte degli Italiani, coincidono con le ferie, cioè un periodo di giorni di astensione dal lavoro. Le ferie sono un **diritto** garantito ai lavoratori dalla Costituzione italiana, e sono in generale, di quattro settimane. In alcuni casi, per i **dirigenti**, le settimane di ferie possono essere sei e anche sette.

own

Gli Italiani aspettano con impazienza le vacanze (o le ferie) per riposarsi dopo un anno di lavoro. Molte famiglie **possiedono** una casetta o un appartamentino in montagna o al mare. Altre famiglie preferiscono cambiare posto ogni anno e prenotano in anticipo alberghi, pensioni o appartamenti. Spesso i giovani, più avventurosi, scelgono di fare le vacanze all'estero e di esplorare nuovi posti, mentre i loro genitori preferiscono la vita tranquilla dei paesini di montagna o al mare.

In genere il periodo **scelto** per le vacanze è tra i mesi di luglio ed agosto, quando le città restano semideserte, molti negozi sono chiusi e tutto **rallenta**. Per molti paesini scelti come luogo di vacanza, con l'arrivo dei **villeggianti** durante i mesi di luglio ed agosto, arriva il **benessere** economico; infatti l'economia di moltissimi paesi si basa sul turismo. Un paesino di montagna che conta, per esempio, quattromila abitanti, durante l'estate può arrivare fino a quarantamila abitanti. Le autorità locali fanno tutto il possibile per rendere **accoglienti** i loro paesi e per far divertire i loro **ospiti**: organizzano feste, balli e divertimenti per i grandi e per i piccini.

chosen

slows down

vacationers / well-being

welcoming

guests

Courtesy of the authors

Nei paesi di villeggiatura si organizzano divertimenti per i bambini.

Dopo un periodo di vacanza si ritorna a casa e si riprende il lavoro, riposati e rilassati. A molte cose gli Italiani **rinuncerebbero,** ma alle vacanze non rinuncerebbero mai.

would give up

B. Domande

1. Cosa sono «le ferie»?
2. Dove vanno in vacanza gli italiani?
3. Dove preferiscono andare in vacanza molti giovani?
4. In quale periodo dell'anno in generale gli Italiani prendono le ferie?
5. Perché le ferie sono un beneficio economico per molti paesini?
6. Cosa fanno le autorità locali per intrattenere i villeggianti?

A. Attività sul vocabolario. Guardate la sezione del video *Al mare e in montagna*, poi completate le frasi con le espressioni che seguono.

barca, campeggio, estero, mare, ombrellone, spiaggia, tenda

1. Anna: L'estate prossima andrò in vacanza al _____.
   Prenderemo una _____ a noleggio e andremo all'
   _____, in Croazia.

2. Alessandro: Non ho mai fatto le vacanze in _____ e non le
   voglio fare.

3. Adriana: L'estate prossima andrò al mare con la _____.
   Mi piace moltissimo dormire e vivere all'aria aperta.

4. Maria: Per le mie vacanze al mare mi piace passare le giornate alla
   _____ sotto l'_____ e leggere un libro.

B. Domande sul video

1. Che tipo di vacanza preferisce Anna?

2. Dove andrà l'estate prossima Irene? Con chi? Cosa prenderanno a noleggio?

3. Dove andranno Maria e i suoi amici?

4. Perché Alessandro non vuole mai fare le vacanze in campeggio?

C. Attività sulla grammatica. Guardate la sezione del video *Al mare e in montagna* una seconda volta e completate le frasi con il futuro del verbo in parentesi.

1. Anna l'estate prossima *(to go)* _____ al mare; lei e i suoi amici
   (to take) _____ una barca e *(to go)* _____ in Croazia.

2. Irene e suo marito *(to leave)* _____ in aereo e in Costa Rica
   (to rent) _____ una macchina.

3. Adriana *(to bring)* _____ la sua tenta e *(to camp)*
   _____ al mare, a Grado.

4. Maria l'estate prossima *(to visit)* _____ la Spagna con degli
   amici. Forse loro *(to decide)* _____ di viaggiare in macchina,
   perché così loro *(to be able to)* _____ spostarsi più facilmente.

D. Partecipazione. In gruppi di tre studenti, conversate sui seguenti argomenti.

- Dove preferite passare le vostre vacanze: al mare, in montagna, in campeggio, all'estero e la ragione della vostra scelta.
- Se siete andati(e) in campeggio; quando e dove.
- Quali sono i vostri progetti per l'estate prossima.

Vocabolario 🔊

Nomi

il calcio	soccer
le comodità	comfort
il diritto	right
le ferie	annual vacation
il Ferragosto	August holidays
il fiume	river
l'indovino	fortune teller
il lago	lake
il lettino	lounge chair
il luogo	place
il mezzo di trasporto	means of transportation
il rifugio	mountain hut
la pallavolo	volleyball
la partita	game (in sports)
il pedalò	paddle boat
il pendolare	commuter
il saluto	greeting
la sedia a sdraio	beach chair

Aggettivi

accogliente	welcoming
affettuoso	affectionate
affollato	crowded
attrezzato	equipped
economico	economical
lussuoso	deluxe
prossimo	next
pulito	clean
stressato	stressed

Verbi

accogliere	to welcome
dispiacere	to be sorry; to mind
disturbare	to disturb, to bother
gridare	to scream
perdersi	to get lost
piacere	to like
progettare	to plan
respirare	to breathe

Altre espressioni

Addio!	Good-bye (forever)!
a due passi da...	very close to . . .
Aiuto!	Help!
da matti	a lot
da parte di	from
del solito	than usual
dopodomani	the day after tomorrow
fra (tra) poco	in a little while
fra (tra) un mese (un anno)	in a month (a year)
in sciopero	on strike
le ore di punta	rush hours
non vedo l'ora di (+ *inf.*)...	I can't wait to . . .
ottimo!	excellent!
prima di	before
siccome	since

1. **Quali parole?** Completate le frasi con il vocabolario di *Studio di parole*.
    1. Alessandra prende il sole perché vuole _____.
    2. Ieri il bagnino _____ una persona che stava per annegare.
    3. Le _____ dell'Adriatico hanno una bella sabbia dorata *(golden)*.
    4. Ci siamo messi il _____ per andare al mare perché vogliamo nuotare.
    5. Anna non ama molto il sole e preferisce restare sotto l'_____.
    6. Non abbiamo noleggiato un lettino o una sedia sdraio; abbiamo messo un _____ sulla sabbia e ci siamo distesi *(lay down)*.
    7. Cappuccetto Rosso *(Red Riding Hood)* ha attraversato il _____ per andare a trovare la nonna.
    8. Abbiamo fatto un'escursione in montagna e abbiamo portato la tenda e il _____ per dormire.
    9. Quando si cammina in montagna è necessario seguire il _____ ed è meglio portare una _____ per non perdersi.

2. **Usiamo il futuro.** Completate l'e-mail di Lorenzo alla sua amica Lucia con i verbi al futuro.

    Sabato prossimo (io / andare) _____ in montagna con due cari amici. (Noi / fare) _____ un'escursione sulle Dolomiti. Antonio (prendere) _____ la macchina di suo padre e (portarci) _____ fino a Dobbiaco. Da lì (noi / salire) _____ lungo il sentiero n. 102 fino al rifugio Locatelli. (Camminare) _____ per circa tre ore. (io / mettersi) _____ gli scarponi da montagna e una giacca a vento perché siamo in settembre e (fare) _____ fresco, ma non (portare) _____ la tenda, solo il sacco a pelo, perché (noi / dormire) _____ nel rifugio. Da lì Antonio e Franco (avere) _____ la possibilità di fare molte foto del panorama e delle Tre Cime di Lavaredo. E tu, Lucia, (restare) _____ a Padova questo weekend? Antonella mi ha detto che probabilmente voi due (andare) _____ al mare. Attenta a non scottarti come l'ultima volta!
    Un abbraccio,
    Lorenzo

3. **Siamo tutti temporeggiatori *(procrastinators)*!** Rispondete al futuro usando una delle espressioni di tempo e i pronomi oggetto diretto, come nell'esempio.

    Fra poco, fra un'ora, fra due giorni, domani, dopodomani, la settimana prossima, fra un anno, ecc.

    Esempio   Ragazzi, fate i compiti!
                    Li faremo fra poco.

    1. Laura, lava la macchina!
    2. Bambini, pulite le vostre stanze!
    3. Ragazzi, studiate i verbi con il futuro irregolare!
    4. Davide, cerca un lavoro!
    5. Signorina, mandi questa lettera all'avvocato Anselmi.

4. Indovinello (Guessing game). Con il futuro di probabilità, immaginate dove saranno e cosa faranno le persone della lista. Scegliete i luoghi della colonna di destra che vi sembrano appropriati e completate le frasi in modo originale.

Esempio   *Il bagnino sarà sulla spiaggia e starà attento ai bagnanti.*

1. i turisti americani	in ufficio
2. gli studenti il giorno prima dell'esame	in Italia
3. il gatto	alla Casa Bianca
4. il professore/la professoressa	in giardino
5. il presidente degli Stati Uniti	in biblioteca
6. il bagnino	sulla spiaggia

5. Piacere. Cambiate le frasi usando il verbo **piacere** al posto di **amare** e **preferire**.

Esempio   Guido ama mangiare le verdure e preferisce le insalate miste.
A Guido piace mangiare le verdure e gli piacciono le insalate miste.

1. Amo ascoltare la musica e preferisco le canzoni dei Beatles.
2. Ami andare in montagna e preferisci le escursioni lunghe.
3. I giovani italiani amano gli sport e preferiscono il calcio.
4. Amiamo il mare e preferiamo andare in ferie in estate.
5. Amate le comodità e preferite gli alberghi di lusso.

6. Che cosa vi è piaciuto? Formate delle frasi con il verbo **piacere** al passato prossimo.

Esempio   Voi / l'ultimo film di Nanni Moretti
Vi è piaciuto l'ultimo film di Nanni Moretti.

1. Io / la cena di ieri sera
2. Noi / le vacanze sulle Dolomiti
3. Federica / i fiori che ha ricevuto dal suo ragazzo
4. John / i monumenti di Firenze
5. Tu / le spiagge dell'Adriatico

7. I pronomi tonici. Completate le frasi con i pronomi tonici.

1. Tutti gli amici sono venuti da _____ sabato sera, perché ho fatto una festa per il compleanno di Federico.
2. Sandra, la ragazza di Federico, è arrivata con _____. Federico mi aveva parlato molto di _____, ma non l'avevo ancora conosciuta.
3. Gli altri amici sono arrivati prima di _____ per aiutarmi.
4. Antonella ha portato una bella torta per tutti _____.
5. Abbiamo detto: «Tanti auguri, Federico! Ecco i regali per_____»!

8. Il *si* impersonale. Completate le frasi con la forma corretta del **si** impersonale di uno dei verbi della lista.

andare, comprare, dormire, fare attenzione, fare escursioni, mangiare (2x), parlare (2x)

Esempio   — Dove _____ quando fa molto caldo?
— Al mare!
— Dove *si va* quando fa molto caldo?

1. In quel ristorante _____ molto bene. _____ dei risotti squisiti.
2. In Italia _____ italiano, ma _____ anche molti dialetti differenti.
3. In montagna _____.
4. Durante la lezione d'italiano non _____, ma _____ sempre!
5. All'edicola _____ i biglietti dell'autobus.

La casa

Communicative goals

Talking about housing
Identifying rooms and furniture in a home
Describing appliances, kitchen, and tableware

Le regioni d'Italia | Il Lazio e lo Stato del Vaticano

Studio di parole | La casa e i mobili

Punti grammaticali

12.1 Ne
12.2 Ci
12.3 I pronomi doppi
12.4 I numeri ordinali

Vedute d'Italia | La cucina italiana

Attività video | *La mia casa mi piace*

Ripasso

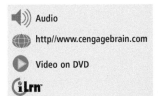

Audio

http//www.cengagebrain.com

Video on DVD

iLrn

Courtesy of Francesca Benvento

◄ Una tipica casa
di campagna

Il Lazio e lo Stato del Vaticano

Il Lazio è una regione dell'Italia centrale con oltre cinque milioni e mezzo di abitanti. Roma è il capoluogo della regione e la capitale d'Italia. Il Lazio offre un enorme patrimonio artistico, archeologico e culturale. Roma è la sede *(seat)* del Governo italiano e dei maggiori enti pubblici *(public corporations)*. Le industrie sono varie: farmaceutiche, chimiche e meccaniche.

Lo Stato del Vaticano è il più piccolo stato indipendente del mondo. Si trova nella città di Roma. Il suo centro è piazza San Pietro, con la Basilica di San Pietro. Il Vaticano è diventato uno stato indipendente nel 1929. Lo Stato della Chiesa controllava gran parte dell'Italia centrale da secoli e quando Roma divenne *(became)* parte del Regno d'Italia nel 1870, il Papato non accettò di perdere la sua indipendenza. Per eliminare l'attrito *(friction)* tra il Regno d'Italia e la Chiesa cattolica, le due parti firmarono *(signed)* i Patti Lateranensi, che stabilivano *(establishing)* l'indipendenza dello Stato del Vaticano.

ITALIA
(Carta Politica)

© Cengage Learning

Il Pantheon, che originalmente era un tempio romano dedicato dall'imperatore Adriano a tutti gli dei dell'Olimpo, è diventato in seguito *(later)* una basilica cristiana. L'edificio è considerato un capolavoro dell'ingegneria romana e la sua cupola è la più grande che sia stata mai costruita *(ever built)*. ▼

Courtesy of the authors

▲ Roma, la Città Eterna, attraversata dal fiume Tevere, attira i visitatori da tutto il mondo per vedere quella che fu *(was)* la capitale dell'Impero Romano, «Roma, caput mundi» *(head of the world)*, e il centro spirituale della religione cattolica. La civiltà dell'antica Roma ha avuto un profondo impatto sulla storia e la cultura del mondo occidentale, nell'arte, nella filosofia, nel diritto *(law)* e nella lingua. Con quasi tre milioni di abitanti, Roma è la più grande città in Italia.

Nella foto si vedono l'arco di Costantino e, sulla destra, il Colosseo. L'arco fu costruito nel 315 d.C. per celebrare una vittoria militare dell'imperatore Costantino.

Lijljana Pavkov/shishic/iStock photo.com

◀ Piazza San Pietro, davanti alla Basilica, è il cuore della Città del Vaticano. La piazza fu progettata dal Bernini nel 1656. Il Bernini, creatore dello stile barocco, esaltò la curva romana dell'ellisse nel colonnato che abbraccia piazza San Pietro. Al centro della piazza si trova un obelisco egiziano.

La fontana di Trevi è una delle più celebri fontane del mondo. ▶ Costruita nel Settecento, ha come tema il mare e al centro spicca *(stands out)* la statua di Oceano, il dio del mare. Secondo la leggenda, il turista che desidera ritornare a Roma deve gettare *(to throw)* una moneta nella fontana voltandole le spalle *(turning his back to it)*.

Le guardie svizzere *(Swiss Guards)*, con le uniformi colorate, sono al servizio del Papa dal 1500: si occupano della sicurezza del Pontefice e della Città del Vaticano. Sono 110 uomini celibi, dai 18 ai 30 anni. Devono essere cittadini svizzeri, di religione cattolica, e aver fatto il servizio militare nell'esercito *(army)* svizzero. ▼

▲ La scuola di Atene, affresco di Raffaello, nei Musei Vaticani. – Al centro della composizione, i due filosofi Platone e Aristotele. I Musei Vaticani conservano un enorme patrimonio artistico, dall'epoca greco-romana all'arte moderna, e comprendono la Cappella Sistina, con gli affreschi di Michelangelo.

◀ I bucatini all'amatriciana sono un piatto tipico del Lazio. I bucatini sono grossi *(thick)* spaghetti con il buco *(hole)*. Per il sugo *(sauce)* si usano: il guanciale *(dried pork cheek)*, i pomodori, la cipolla *(onion)* e l'aglio. Si cucinano i bucatini e si condiscono *(add)* con il sugo e con il formaggio pecorino grattuggiato *(grated)*.

Courtesy of the authors

Il nuovo appartamento 🔊 CD2-11

Emanuela e Franco abitano a Napoli in un piccolo
appartamento e da qualche mese ne cercavano uno più
grande. Finalmente ne hanno trovato uno che piace a tutti e
due. È in via Nazionale, al terzo piano. Ha una camera da
letto, soggiorno, cucina, bagno e una piccola **anticamera**.   *entrance*
Ora sono nell'appartamento con il padrone di casa.

PADRONE DI CASA L'appartamento ha molta **luce**: ci   *light*
    sono tre finestre e un balcone. La cucina è abbastanza
    grande.

FRANCO Sì, l'appartamento ci piace, ma nell'annuncio non
    è indicato quant'è l'affitto.

PADRONE DI CASA Sono 600 euro al mese, più le spese: ac-
    qua, luce, gas, **spazzatura**. Avete già i mobili?   *garbage*

EMANUELA Li abbiamo per la camera da letto e la cucina,
    ma dovremo comprare divano e poltrone perché dove
    abitiamo adesso non abbiamo il soggiorno.

PADRONE DI CASA Dovete firmare il contratto per un anno.

FRANCO Non ci sono problemi, possiamo firmarglielo.

PADRONE DI CASA Benissimo. Allora se venite domani
    verso quest'ora a firmare il contratto, vi darò le chiavi.

FRANCO Grazie e arrivederci a domani.

Comprensione

1. Perché Emanuela e Franco vogliono cambiare casa? **2.** Com'è l'appartamento
che piace a tutti e due? Dov'è? **3.** Oltre all'affitto, che altre spese ci sono?
4. L'appartamento è vuoto o ammobiliato (*furnished*)? **5.** Di quali nuovi mobili
hanno bisogno? Perché? **6.** Perché devono tornare il giorno dopo?

Studio di parole La casa e i mobili *(furniture)*

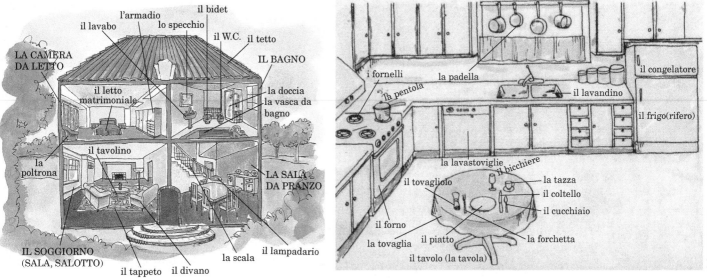

- l'armadio
- il lavabo
- lo specchio
- il bidet
- il W.C.
- il tetto
- LA CAMERA DA LETTO
- IL BAGNO
- il letto matrimoniale
- la doccia
- la vasca da bagno
- il tavolino
- la poltrona
- LA SALA DA PRANZO
- IL SOGGIORNO (SALA, SALOTTO)
- il tappeto
- il divano
- la scala
- il lampadario

- i fornelli
- la padella
- il congelatore
- la pentola
- il lavandino
- il frigo(rifero)
- la lavastoviglie
- il bicchiere
- il tovagliolo
- la tazza
- il coltello
- il cucchiaio
- il forno
- la forchetta
- la tovaglia
- il piatto
- il tavolo (la tavola)

© Cengage Learning

L'alloggio *(Housing)*

il monolocale studio apartment
il palazzo building
la villetta single family house
il giardino garden
il padrone/la padrona di casa landlord/landlady
l'inquilino(a) tenant
l'affitto rent
affittare to rent
traslocare to move
il trasloco move
il pianterreno ground floor

il primo (secondo, terzo) piano first (second, third) floor
l'ascensore elevator
la roba household goods, stuff
le chiavi keys

In cucina

cucinare to cook, to prepare (food)
  al forno to bake
  alla griglia to grill
le posate silverware
apparecchiare la tavola to set the table

Informazioni

Case e appartamenti

Nei centri urbani la gente vive generalmente in appartamenti che si trovano in palazzi antichi o moderni a più piani. Il piano a livello della strada è chiamato pianterreno ed è occupato da negozi o uffici, mentre gli altri piani sono occupati da appartamenti. Nella maggior parte dei casi, gli Italiani sono proprietari dell'appartamento dove vivono.

Dal secondo dopoguerra *(After WWII)* i centri urbani hanno avuto una notevole espansione. Intorno alla vecchia città è sorta *(developed)* un'estesa periferia *(suburbs),* con edifici a molti piani. In provincia e nei paesi di campagna, sono comuni le case singole a due piani: ville, villette a schiera *(row houses)* e case coloniche *(farmhouses).*

Molti Italiani che abitano in città possiedono *(own)* anche una casetta o un appartamento in montagna o al mare, dove vanno a passare le vacanze o le ferie. In montagna, d'inverno, vanno a passare la settimana bianca *(ski week).*

Giorgio Magini/iStockphoto

Una seconda casa *(vacation home)* in montagna: i proprietari, che di solito vivono in città, ci passano le vacanze o l'affittano per i mesi estivi.

Applicazione

A. In che stanza siamo? Completate le frasi.

1. Prepariamo la cena in _____.
2. Ci sediamo e parliamo con gli ospiti in _____.
3. Ci facciamo la doccia in _____.
4. Dormiamo in _____.
5. Ceniamo con tutta la famiglia in _____.

B. Definizioni. Con un compagno/una compagna, accoppiate le definizioni con la parola corretta della colonna a destra.

1. È un edificio con molti appartamenti.
2. Si usa per salire al quinto (5th) piano.
3. L'inquilino lo paga ogni mese.
4. È dove teniamo i vestiti (camicie, pantaloni, maglie ecc.)
5. Si fa quando si cambia casa.
6. È il piano allo stesso livello della strada.
7. Si usa per salire al piano superiore.
8. Sono necessarie per aprire la porta di casa.
9. È dove ci sediamo per guardare la TV.
10. Riflette le immagini.

a. lo specchio
b. il palazzo
c. il pianterreno
d. il trasloco
e. l'affitto
f. l'armadio
g. l'ascensore
h. la scala
i. le chiavi
j. il divano

C. In cucina. Trovate le parole.

1. Ci mettiamo l'acqua per cucinare gli spaghetti.
2. Si usa per mangiare la minestra.
3. Si usa per mantenere fresco il cibo.
4. Si usa per cucinare le uova strapazzate (scrambled).
5. Si usa per tagliare (to cut) la bistecca.
6. Si usa per bere l'acqua e il vino.
7. Si usa per bere il tè e il caffè.
8. Si mette sulla tavola quando si comincia ad apparecchiarla.
9. Se non c'è, dobbiamo lavare i piatti nel lavandino.
10. È dove teniamo il gelato e il ghiaccio.
11. Lo usiamo per cucinare una torta.

D. Dove li mettiamo? Tu e il tuo compagno/la tua compagna avete traslocato. A turno, domandatevi dove mettere questi mobili.

Esempio

— Dove devo mettere questa sedia?
— Mettila in cucina.

1

2

3. lo scaffale

4. la lampada

5

6

7

8. il quadro

9

Courtesy of the authors

E. Conversazione. Casa dolce casa! A turno, fatevi le seguenti domande.

1. Dove abiti durante l'anno accademico?
2. Cosa ti piace, o non ti piace, del tuo alloggio?
3. Puoi tenere *(keep)* animali domestici *(pets)*? Ne hai? *(Do you have any?)*
4. Preferisci abitare in un appartamento o in una casa? Perché?
5. Preferisci abitare da solo(a) o con altre persone? Quali sono i vantaggi e gli svantaggi?
6. Se tu affitti un appartamento, lo preferisci ai primi piani o ai piani alti?
7. In generale, gli studenti preferiscono affittare un appartamento vuoto o ammobiliato?
8. Nel soggiorno preferisci i tappeti orientali o la moquette *(wall-to-wall carpet)*?
9. Ti piacciono di più i mobili antichi o i mobili moderni?

F. In cucina. In coppie, fatevi a turno le domande che seguono.

1. Ti piace cucinare? Qual è la tua specialità?
2. Cucini spesso? Per chi?
3. Quando hai degli invitati, prepari tu il dolce o lo compri in pasticceria *(bakery)*?
4. Hai una cucina grande? È ben attrezzata *(well-equipped)*? Hai un forno a microonde *(microwave)*? Una lavastoviglie?
5. Quando eri piccolo(a), aiutavi in cucina? Che cosa facevi?

G. Adesso parliamo! Una cucina ben attrezzata *(well–equipped)*. In coppie, descrivete la cucina nella foto. Com'è? Che cosa c'è? Vi piace? Perché sì o no? Com'è la vostra cucina? Quali elettrodomestici usate di più *(the most)*?

Ascoltiamo!

Il giorno del trasloco CD2-12

Emanuela e Franco hanno appena traslocato *(have just moved)* nel nuovo appartamento. Parlano del trasloco e di tutte le spese *(expenses)* che hanno avuto. Ascoltate la loro conversazione e rispondete alle seguenti domande.

Comprensione

1. Emanuela e Franco hanno dimenticato qualche cosa nel vecchio appartamento? Hanno portato tutta la loro roba?
2. Chi è Mimi? Dove sarà?
3. Perché Franco sembra preoccupato? Che cosa ha dovuto dare al padrone di casa?
4. Mentre loro parlano, chi arriva? Sembra contento o scontento lui? Perché, secondo te?

Dialogo

In coppie, immaginate di avere affittato insieme un appartamento vuoto di due locali *(rooms)*; ora dovete arredarlo *(furnish it)*. Discutete insieme quali mobili comprare e dove metterli.

Courtesy of the authors

Punti grammaticali

— Buon giorno, signora Filomena.
— Buon giorno signora. Cosa Le do oggi?
— Vorrei delle pere, per favore.
— Quante ne vuole?
— Ne vorrei un chilo.
— Vuole anche delle banane?
— No, grazie, ne ho ancora tre o quattro.
— Arrivederci signora. Buona giornata.
— Buona giornata anche a Lei, signora Filomena.

12.1 *Ne*

1. **Ne** is an invariable pronoun with several meanings: *some (of it, of them); any (of it, of them); about it, about them; of it, of them.* **Ne** can replace a noun used in a partitive sense or a noun introduced by a number or expression of quantity, such as **poco, molto, tanto, chilo, litro,** etc.

Hai **del vino bianco?**	*Do you have some white wine?*
No, non **ne** ho.	*No, I don't have any (of it).*
Volevo **delle pesche.**	*I wanted some peaches.*
Ne volevo alcun**e.**	*I wanted some (of them).*
Quante **stanze hai**?	*How many rooms do you have?*
Ne ho tre.	*I have three (of them).*
Hai molti **vestiti**?	*Do you have many outfits?*
Sì, **ne** ho molti.	*Yes, I have many (of them).*

Notice the following examples:

Compri **le** mele?	Sì, **le** compro.
Compri **delle** mele?	Sì, **ne** compro.
Compri **alcune** mele?	Sì, **ne** compro.
Compri **qualche** mela?	Sì, **ne** compro.
Quante mele compri?	**Ne** compro tre o quattro.

2. **Ne** replaces the noun or infinitive used after verbs, such as **avere bisogno di, avere paura di, essere contento(a) di, parlare di,** and **pensare di** (when asking for an opinion).

Hai bisogno **di lavorare?**	*Do you need to work?*
No, non **ne** ho bisogno.	*No, I do not need to.*
Che pensi **di quel film?**	*What do you think of that movie?*
Che **ne** pensi?	*What do you think of it?*

3. Like object pronouns, **ne** attaches to the end of the infinitive and the **tu, noi,** and **voi** forms of the imperative.

Desideri comprare **delle arance?**	*Do you want to buy some oranges?*
Desidero comprar**ne** quattro o cinque.	*I want to buy four or five (of them).*
Compra**ne** due chili!	*Buy two kilos (of them)!*

4. When **ne** is used with the **passato prossimo,** the past participle agrees with the noun replaced by **ne** only when this noun is a direct object.

Quanti **annunci** hai letto?	*How many ads have you read?* (direct object)
Ne ho lett**i** molti.	*I have read many (of them).*
BUT: Avete parlato **dei vostri problemi**?	*Did you talk about our problems?*
Sì, **ne** abbiamo parlato.	*Yes, we talked about them.*

Pratica

A. In un negozio di frutta. In coppie, fate la parte del fruttivendolo e del cliente. Usate il pronome **ne.**

Esempio arance
— *Vorrei delle arance.*
— *Quante ne desidera?*
— *Ne vorrei quattro (mezzo chilo, un chilo).* o...

1. zucchini	**3.** pomodori	**5.** uva	**7.** funghi
2. patate	**4.** fragole	**6.** mele	**8.** pere

B. Quando hai bisogno di... ? In coppie, fatevi a turno le seguenti domande. Usate **ne** nella risposta e seguite l'esempio.

Esempio   computer
— *Quando hai bisogno del computer?*
— *Ne ho bisogno quando voglio fare una ricerca su Internet.*

1. passaporto
2. carta telefonica
3. soldi
4. occhiali da sole
5. carta geografica
6. impermeabile
7. telecomando
8. chiave

C. A colazione. Ti sei fermato(a) a dormire a casa di un amico/una amica. La mattina dopo l'amico/l'amica ti prepara la colazione. Rispondi alle sue domande usando i pronomi **ne** o **lo, la, li, le.**

L'amico(a) Bevi del latte?
Tu   Sì, _____.
L'amico(a) Quante fette *(slices)* di pane vuoi?
Tu   _____.
L'amico(a) Vuoi le fette con la marmellata o con il miele *(honey)*?
Tu   _____.
L'amico(a) Mangi la frutta?
Tu   Sì, _____.
L'amico(a) Quante uova vuoi?
Tu   _____.
L'amico(a) Come preferisci le uova: strapazzate *(scrambled)* o all'occhio di bue *(sunny side up)*?
Tu   _____.
L'amico(a) Ho del succo d'arancia. Ne vuoi?
Tu   No, grazie, _____.

D. L'hai fatto? Hai fatto quello che il tuo compagno/la tua compagna di stanza ti ha chiesto di fare? In coppie, fatevi a turno le domande e usate, nella risposta, i pronomi **lo, la, li, le** o **ne,** secondo il caso.

Esempio   — Hai comprato i fagiolini *(green beans)*?   — *Sì, li ho comprati.*
               — Hai comprato dei fagiolini?   — *Sì, ne ho comprati.*

1. Hai cucinato le lasagne?
2. Hai preso delle banane?
3. Hai pulito il frigo?
4. Hai trovato delle forchette di plastica?
5. Hai cercato i tovaglioli?
6. Hai messo la torta in forno?
7. Hai messo delle lattine *(cans)* di Coca-Cola in frigo?

E. La crostata di mele *(apple pie)*. Anna e Lisa hanno deciso di preparare insieme una crostata di mele. In coppie, fate la loro parte mentre parlano in cucina. Usate i pronomi **lo, la, li, le** o **ne** e fate attenzione all'accordo del participio passato.

Anna Hai misurato la farina?
Lisa Sì, _____, e tu hai preso le uova?
Anna Sì, _____.
Lisa Quante uova hai messo nell'impasto *(dough)*?
Anna _____. Hai preso il burro dal frigo?
Lisa _____. Quanti cucchiai di zucchero hai messo?
Anna _____.
Lisa Quante mele hai tagliato *(cut)* a pezzetti?
Anna _____, e tu hai messo la cannella *(cinnamon)*?
Lisa _____.
Anna Hai acceso il forno?
Lisa Sì, _____. La crostata sarà pronta in 45 minuti.
Anna Questa è la prima crostata che faccio.
Lisa Anche per me.

La ricetta del tiramisù

Il tiramisù è un buonissimo dolce, facile da preparare per i vostri amici. Ecco la ricetta:

Ingredienti:

2 pacchi (*packages*) di biscotti savoiardi
4 uova
500 grammi di mascarpone (*Italian cream cheese*)
100 grammi (*1/3 cup*) di zucchero
¼ di litro (*1 cup*) di caffè espresso; 40 cc (*1/3 cup*) di rum
¼ di litro di Marsala (*Italian fortified wine*);
  1 cucchiaio di estratto di vaniglia (*vanilla*)

Il tiramisù (*literally "pick me up"*)

Preparazione:

Disponete (*Lay*) metà (*half*) dei biscotti in una pirofila (11 × 13 *Pyrex pan*).
Mescolate (*Mix*) caffè, marsala e estratto di vaniglia.
Versate (*Pour*) metà del liquido sui biscotti.
Separate il bianco e il giallo delle uova. Montate il bianco a neve (*Beat the whites stiff*).
Mescolate il giallo con lo zucchero.
Mescolate il bianco, il giallo, il mascarpone e il rum. Avete così una crema densa (*thick*).
Spalmate (*Spread*) metà di questa crema sui biscotti. Disponete sopra il resto dei biscotti.
Versate il resto del liquido (caffè, marsala, vaniglia). Spalmate il resto della crema.
Il tiramisù è pronto. Mettetelo in frigo dodici ore prima di servirlo. Se volete, cospargetelo (*sprinkle it*)
  con polvere (*powder*) di cioccolato semi-dolce.

F. Conversazione. Rispondete usando **ne.**

1. Quanti corsi segui questo trimestre (semestre)?
2. Hai dei fratelli? Quanti?
3. Quanti anni avevi quando hai incominciato a guidare (*to drive*)?
4. Fai molti viaggi in macchina?
5. Spendi molti soldi per i divertimenti?
6. Fai molte o poche feste? Perché?

G. Adesso parliamo! Cerchiamo casa. In coppie fate la parte di un padrone/una padrona di casa e un eventuale (*probable*) inquilino(a). Voi cercate un appartamento in affitto e leggete nel giornale i seguenti annunci. Sceglietene (*Choose*) uno e telefonate al numero indicato: specificate l'appartamento che cercate e discutete le condizioni dell'affitto con il padrone/la padrona di casa.

ristrutturato (*remodeled*) / ripostiglio (*walk-in closet*) / cantina (*storage area in basement*)

signorile (*elegant*)
box posto auto (*parking space*)

AFFITTASI

Vicino al centro affitto appartamento ristrutturato, ultimo piano: grande soggiorno, cucina, due camere, bagno, balcone, ripostiglio e cantina. Vicinanza metropolitana.
Euro 1.200 + spese.
Fax 02/47127896

Appartamento ammobiliato, in zona signorile, terzo piano, con ascensore, composto da: soggiorno-cucina, camera, bagno, ripostiglio, box posto auto.
Euro 950 + spese, solo referenziati. Telefonare dopo le ore 17.30 allo 02/2954578

Monolocale con balcone, grande bagno e ripostiglio; secondo piano; giardino condominiale; senza ascensore; ben servito da mezzi di trasporto pubblici.
Euro 780 + spese tel. ore pasti 02/3567897

12.2 *Ci*

1. The adverb **ci** means *there* when it is used in the expressions **c'è** and **ci sono.**

Scusi, **c'è** una galleria d'arte qui vicino?	*Excuse me, is there an art gallery nearby?*
Ci sono due lampade in sala.	*There are two lamps in the living room.*

2. **Ci** is also used to replace an expression indicating location and introduced by **a, in, su,** or **da.** Its position is the same as that of object pronouns.

Quando vieni **da me**?	*When are you coming to my house?*
Ci vengo stasera.	*I am coming (there) tonight.*
Sei stato(a) **in Italia**?	*Have you been to Italy?*
No, non **ci** sono mai stato(a).	*No, I have never been there.*
Voglio andar**ci**. } **Ci** voglio andare.	*I want to go there.*

— Ci sono dei begli oggetti in quel negozio?
— Sì, ce ne sono molti.

3. **Ci** may also replace a prepositional phrase introduced by **a** after verbs, such as **credere** (*to believe in*) and **pensare** (*to think about*).

Credi **all'astrologia**?	*Do you believe in astrology?*
No, non **ci** credo.	*No, I don't believe in it.*
Devi pensare **al futuro**!	*You have to think about the future!*
Pensa**ci** bene!	*Think hard about it!*

4. **Ci + vuole** or **vogliono** has the idiomatic meaning *it takes* or *one needs.* **ci vuole +** *singular noun:*

Ci vuole un'ora per andare da Bologna a Firenze.	*It takes one hour to go from Bologna to Florence.*

ci vogliono + *plural noun:*

Ci vogliono venti minuti per andare da Firenze a Fiesole.	*It takes twenty minutes to go from Florence to Fiesole.*

5. When **ci** is followed by a direct-object pronoun or **ne,** it becomes **ce.**

Ci sono quadri in sala?	*Are there paintings in the living room?*
Sì, **ce ne** sono quattro.	*Yes, there are four.*

— C'è un'asta *(auction)* di mobili. Volete andarci?

Pratica

A. Piccoli e grandi viaggi. Quando sei stato(a) in questi posti? In coppie, fatevi a turno le domande che seguono. Usate **ci** nella risposta.

Esempio　　a Los Angeles
　　　　　— *Quando sei stato(a) a Los Angeles?*
　　　　　— *Ci sono stato(a) l'estate scorsa.* o *Non ci sono mai stato(a).*

1. al cinema
2. dal medico (dottore)
3. in montagna
4. in Italia
5. a teatro
6. al mare
7. dal dentista
8. in Europa

B. Quanti? Quante? A turno, fatevi le seguenti domande.

Esempio　　— *Quanti giorni ci sono a dicembre?*
　　　　　— *Ce ne sono 31.*

1. Quanti studenti ci sono nella classe d'italiano?
2. Quanti abitanti ci sono nella tua città?
3. Quante finestre ci sono nella tua stanza?
4. Quante camere da letto ci sono a casa tua?
5. Quanti bagni ci sono a casa tua?

C. Quanto tempo ci vuole? In coppie, fatevi a turno le seguenti domande.

1. Quanto tempo ci vuole per arrivare all'università da casa tua?
2. Quante ore di aereo ci vogliono per andare da San Francisco a New York?
3. Quanti anni ci vogliono per laurearsi?
4. Quanti minuti ci vogliono per fare i compiti d'italiano?
5. Quanto tempo ci vuole per prepararsi per l'esame d'italiano?
6. Quanto tempo ci vuole per trovare un lavoro per l'estate?

D. Adesso parliamo! Proprietari o in affitto? In gruppi di tre o quattro, guardate la cartina e leggete il trafiletto *(excerpt)* al lato *(on the side)* della cartina.

LA MAPPA

LA CASA NELL'UNIONE EUROPEA

Europa, continente di proprietari immobiliari

ITALIA DA RECORD

Quasi due terzi delle famiglie europee possiedono una casa e solo un terzo vive in affitto. Stando ai dati dell'Eurostat, l'ufficio statistico dell'Unione Europea, i proprietari sono maggioranza in tutti i paesi Ue. Fa eccezione la Germania: unico paese nel quale la maggioranza dei nuclei familiari (55,7 per cento) vive in un appartamento in affitto. Anche in Francia i proprietari di casa superano di poco il 58 per cento.

In Italia ha una casa di proprietà il 71,9 per cento (ben al di sopra della media Ue pari al 62,7). Sopra la media anche inglesi e spagnoli. In vetta alla classifica l'Estonia: possiede una casa propria l'88 per cento delle famiglie. *(A.M:A.)*

Paese	Proprietari	In affitto
G. BRETAGNA	68,5%	31,5%
DANIMARCA	58,2%	41,8%
SVEZIA	60,6%	39,4%
ESTONIA	88%	12%
POLONIA	54,4%	45,6%
GERMANIA	44,3%	55,7%
IRLANDA	77,7%	22,3%
SLOVENIA	81,6%	18,4%
FRANCIA	58,3%	41,7%
MEDIA UE 25	62,7%	37,3%
SPAGNA	83,3%	16,8%
ITALIA	71,9%	28,1%

PROPRIETARI

IN AFFITTO

Fonte: Eurostat

Panorama

Vocabolario utile

costi di riparazione *(maintenance costs)*, aumento *(increase)* dell'affitto, aumento del valore *(value)* della casa, facilità o difficoltà di vendere la casa, problemi con il padrone di casa

1. A turno, trovate le seguenti informazioni:
   - Il paese con la percentuale più alta *(the highest percentage)* di proprietari immobiliari
   - Il paese dell'Unione Europea dove la maggioranze dei cittadini sono in affitto
   - In quali paesi i proprietari superano la media europea del 62,7

2. Dite se, secondo voi, è meglio *(it is better)* essere proprietari di una casa (o di un appartamento) o essere in affitto, e perché.

12.3 I pronomi doppi

1. When two object pronouns accompany the same verb, the word order as the follows:

indirect object + direct object + verb

| **Me** | **lo** | **leggi?** |

(**Mi** leggi il giornale?)

Me lo leggi? — *Will you read it to me?*
Sì, **te lo** leggo. — *Yes, I'll read it to you.*

— Mi dai la tua ricetta per la crostata di mele?
— Sì, te la do volentieri!

Floortje/iStockphoto

Here are all the possible combinations:

mi			me lo, me la, me li, me le, me ne
ti			te lo, te la, te li, te le, te ne
ci	}	+ lo, la, li, le, ne =	ce lo, ce la, ce li, ce le, ce ne
vi			ve lo, ve la, ve li, ve le, ve ne
gli	}	+ lo, la, li, le, ne =	glielo, gliela, glieli, gliele, gliene
le (Le)			

NOTE

a. **Mi, ti, ci,** and **vi** change to **me, te, ce,** and **ve** before **lo, la, li, le,** and **ne** (for phonetic reasons).
b. **Gli, le,** and **Le** become **glie-** in combination with direct-object pronouns.
c. **Loro** does *not* combine with direct-object pronouns and always follows the verb.

2. The position of double-object pronouns is the same as that of the single-object pronouns. The following chart illustrates the position of the double-object pronouns.

with present tense:	Dai il libro a Luigi? **Glielo** do.	**with imperative:** Do la penna a Marco? Da**gliela**! Non dar**gliela**!
with past tense:	Hai dato le chiavi a Pietro? **Gliele** ho date.	Non dar**gliela**! **Gliela** dia! *(formal)*
with infinitive:	Vuoi dare i regali ai bambini? Voglio dar**glieli**.	

NOTE

a. If the infinitive is governed by **dovere, volere,** or **potere,** the double pronouns may either precede these verbs or attach to the infinitive.

Posso dare il libro a Gino?　　　*Puoi darglielo.* OR: *Glielo puoi dare.*

b. **Ne** has the same position as that of object pronouns. In the **passato prossimo** the past participle agrees with the noun replaced by **ne** only when this noun is a direct object.

Dai i soldi a Pietro?	*Glieli do.*
Dai dei soldi a Pietro?	*Gliene do.*
Hai dato dei soldi a Pietro?	*Gliene ho dati.*
BUT: Hai parlato della situazione a Pietro?	*Gliene ho parlato.*

3. With reflexive verbs, the reflexive pronouns combine with the direct-object pronouns **lo, la, li, le,** and **ne,** and follow the same word order as double-object pronouns.

Mi metto		**Me lo** metto.
Ti metti		**Te lo** metti.
Si mette	} il vestito. =	**Se lo** mette.
Ci mettiamo		**Ce lo** mettiamo.
Vi mettete		**Ve lo** mettete.
Si mettono		**Se lo** mettono.

Mi lavo la faccia.	*I wash my face.*
Me la lavo.	*I wash it.*

If the reflexive verb is in a compound tense, the past participle must agree with the *direct-object pronoun* that precedes the verb.

Gino si è lavato **le mani.**	*Gino washed his hands.*
Gino **se le** è lava**te.**	*Gino washed them.*

Pratica

A. Subito (Right away)! Siete in una trattoria, durante l'ora del pranzo. Fate a turno la parte del cameriere/della cameriera e del/della cliente e ordinate i piatti secondo l'esempio. Aggiungete altri piatti a quelli suggeriti.

Esempio   gelato al caffè
— *Scusi, mi può portare il gelato al caffè?*
— *Gielo porto subito, signore (signora, signorina)!*

1. ravioli alla panna **2.** tagliatelle alla bolognese **3.** spinaci al burro
4. scaloppine al marsala **5.** insalata di pomodori **6.** formaggio Bel Paese
7. frutta di stagione **8.** … **9.** … **10.** …

B. Volentieri! In gruppi di tre o quattro studenti, fatevi a turno le seguenti domande.

Esempio   — *Ci presti il DVD?*
— *Sì, ve lo presto volentieri!*

1. Mi presti il libro?
2. Ci offri il caffè dopo la lezione?
3. Mi mostri la tua macchina?
4. Ci dai il tuo nuovo indirizzo e-mail?
5. Ci presti l'aspirapolvere (m.) (vacuum cleaner)?
6. Mi regali il tuo vecchio tavolino?

C. Una persona generosa. Il tuo compagno/La tua compagna ha vinto un sacco di soldi alla lotteria, e tu vuoi sapere se ha intenzione di essere generoso con i parenti e gli amici. In coppie, fatevi a turno le domande e rispondete con i pronomi doppi.

Esempio   — *Offri la cena a tutti gli amici?*
— *Sì, gliela offro.*
— *Regali dei vestiti nuovi al tuo migliore amico/alla tua migliore amica?*
— *Sì gliene regalo.*

1. Fai dei regali a tutti i parenti?
2. Compri la macchina al tuo ragazzo/alla tua ragazza?
3. Compri tanti giocattoli per i bambini poveri?
4. Paghi le spese dell'università a tuo fratello/tua sorella?
5. Regali il televisore al tuo compagno/alla tua compagna di stanza?
6. Dai molti soldi ai poveri?
7. Mi compri _____?

D. Conversazione. A turno, fatevi le domande che seguono. Usate i pronomi doppi e il passato prossimo.

Esempi   — Quando hai spedito *le cartoline ai parenti?*
— *Gliele ho spedite per Natale.* o…
— Quando hai mandato *dei regali ai tuoi zii?*
— *Gliene ho mandati per Pasqua.* o…

1. Quando hai regalato *dei fiori a tua mamma?*
2. Quando hai mandato *degli sms ai tuoi amici?*
3. Hai lasciato *il messaggio al tuo professore* quando non sei andato(a) a lezione?
4. Hai portato *il regalo al tuo ragazzo/alla tua ragazza* per il suo compleanno? Che cosa?
5. Hai mandato *delle cartoline ai tuoi genitori* quando hai fatto un viaggio? Da dove?
6. Hai dato *dei soldi ai senzatetto (homeless)?*

E. Gli elettrodomestici (Appliances). Tu e il tuo amico/la tua amica avete affittato un appartamento ammobiliato vicino all'università. Di soldi ne avete pochi e i tuoi genitori (troppo generosi) hanno deciso di comprarvi alcuni elettrodomestici. In coppie, fate la parte dei genitori e seguite l'esempio.

Esempio   — Hanno bisogno del forno a microonde?
— Sì, ne hanno bisogno.
— Allora compriamoglielo!

1. Il forno a microonde	2. Il ferro da stiro	3. Il tostapane
4. La macchina per l'espresso	5. L'asciugacapelli *(m.)*	
6. Il forno	7. La lavatrice	8. L'aspirapolvere *(m.)*

Courtesy of the authors

F. Quando? Rispondete alle domande usando i pronomi doppi.

Esempio   — Quando ti lavi i capelli?
— Me li lavo ogni mattina quando faccio la doccia.

1. Quando ti metti il cappotto? **2.** Quando ci laviamo i denti? **3.** Quando si mettono le scarpe da ginnastica i tuoi amici? **4.** Quando ti fai la doccia, la mattina o la sera?

G. Che curioso! Rispondete alle domande di un amico curioso usando i pronomi doppi. Attenzione all'accordo del participio!

Esempio   — Perché Valentina si è messa un bel vestito?
— Se lo è messo perché è andata a una festa.
— Perché Marco si è messo i pantaloncini corti?
— Se li è messi per andare a correre.

1. Perché Antonella si è messa l'impermeabile? **2.** Perché Giovanni si è messo la cravatta stasera? **3.** Quando ti sei lavato(a) i capelli? **4.** Perché vi siete messi il costume da bagno?

H. Adesso parliamo! Alla bancarella della frutta (fruit stand). Immaginate di essere al mercato a comprare frutta e verdura. Uno studente/Una studentessa fa la parte del fruttivendolo (greengrocer). Prima leggete il dialogo e poi create un dialogo nuovo usando la vostra immaginazione.

(1 chilo = 2.2 *pounds*; 1 etto = .1 *kilo*)

— Buon giorno. Dica!
— Vorrei delle pesche, per favore.
— Quante gliene do?
— Me ne dia un chilo, e mi dia anche dei pomodori. Me ne dia tre o quattro, ma ben maturi *(ripe)*.
— Ha bisogno d'altro?
— Sì, tre o quattro banane.
— Mi dispiace, oggi non ne ho. Ne avrò domani mattina. Ho dei mandarini. Guardi come sono belli, sono dolcissimi. Ne assaggi uno.
— Sì, sono buoni. Me ne dia un chilo e anche tre etti di fagiolini *(green beans)*.
— Basta così?
— Sì, grazie. Quant'è?
— Sono ventisette euro e cinquanta centesimi.
— Ecco a Lei e grazie.
— Grazie a Lei e arrivederLa!

Preferisci abitare in un appartamento al secondo o al quarto piano?

12.4 I numeri ordinali

1. Ordinal numbers (*first, second, third*, etc.) are adjectives and must agree in gender and number with the noun they modify. From *first* through *tenth*, they are:

primo(a, i, e)	**quarto**	**settimo**
secondo	**quinto**	**ottavo**
terzo	**sesto**	**nono**
		decimo

From **undicesimo** (*eleventh*) on, ordinal numbers are formed by dropping the final vowel of the cardinal number and adding the suffix **-esimo (a, i, e).** Exceptions: Numbers ending in **-tré** (**ventitré, trentatré,** etc.) and in **-sei** (**ventisei, trentasei,** etc.) preserve the final vowel.

quindici	quindic**esimo**	trentatré	trentatre**esimo**
venti	vent**esimo**	ventisei	ventisei**esimo**
trentuno	trentun**esimo**	mille	mill**esimo**

Ottobre è il **decimo** mese dell'anno.	*October is the tenth month of the year.*
Hai letto le **prime** pagine?	*Did you read the first pages?*
Ho detto di no, per **la millesima** volta.	*I said no, for the thousandth time.*

2. Ordinal numbers precede the noun they modify except when referring to popes and royalty. When referring to centuries, they may follow or precede the noun.

Papa Giovanni XXIII (ventitreesimo)	*Pope John XXIII*
Luigi XIV (quattordicesimo)	*Louis XIV*
il secolo XXI (ventunesimo) *or* il ventunesimo secolo	*the twenty-first century*

Pratica

A. Nomi nella storia. Completate le frasi con il numero ordinale appropriato.

1. Machiavelli è vissuto (*lived*) nel (XVI) _____ secolo.
2. Il Papa Giovanni (XXIII) _____ ha preceduto il Papa Paolo (VI) _____.
3. Enrico (VIII) _____ ha avuto sei mogli.
4. Dante è nato nel (XIII) _____ secolo.

B. Lo sai o non lo sai? A turno, fatevi le seguenti domande.

Esempio — *In quale capitolo di questo libro ci sono gli articoli?*
— *Nel primo capitolo.*

1. A quale capitolo siamo arrivati?
2. Quale giorno della settimana è mercoledì? E venerdì?
3. Aprile è il sesto mese dell'anno? E dicembre?
4. In quale settimana di novembre festeggiamo il Thanksgiving?
5. In che secolo siamo?

Courtesy of the authors

Nel negozio di mobili 🔊 CD2-13

Lilli e Marina si sono laureate l'anno scorso. **Poiché** hanno trovato un buon **impiego,** hanno affittato insieme un elegante appartamentino semiarredato in centro. Le due amiche hanno bisogno di alcuni mobili. **Purtroppo** l'affitto è **piuttosto** caro, e non possono spendere molti soldi per i mobili. Ora sono in un negozio di arredamento e parlano con il proprietario.

Since

job

*Unfortunately /
quite*

MARINA Abbiamo bisogno di alcuni mobili, ma non vogliamo spendere troppo.

PROPRIETARIO Non è un problema: ne abbiamo di tutti i prezzi. Posso mostrarvene alcuni belli e a buon prezzo. Quale stile preferite? Moderno? Tradizionale? Mobili antichi?

LILLI No, mobili moderni. Quelli antichi costano **un patrimonio.**

a fortune

MARINA Quanto costa questo divano?

PROPRIETARIO Posso farvi un prezzo speciale: 580 euro. È in pelle.

MARINA E la poltrona?

PROPRIETARIO Posso vendervela per 220 euro.

LILLI Ci serve anche un tavolino. Questo mi piace.

PROPRIETARIO Se comprate il divano e la poltrona, ve lo regalo.

MARINA Allora in totale sono 800 euro. Non c'è uno sconto?

PROPRIETARIO Ve l'ho già fatto: vi ho regalato il tavolino.

LILLI Quando può **consegnarceli**?

deliver them to us

PROPRIETARIO Domani pomeriggio. Lasciatemi il numero del cellulare. A che piano abitate?

MARINA Al terzo piano. C'è l'ascensore.

PROPRIETARIO Non è importante. Il divano **non entrerebbe comunque** nell'ascensore.

*would not fit
anyway*

LILLI Possiamo pagarglieli adesso?

PROPRIETARIO No. Me li pagherete alla **consegna.**

delivery

A. Alla lettura. Dopo che avete letto il dialogo, con un compagno/una compagna sottolineate tutti i pronomi doppi. Quanti sono in totale?

B. Comprensione

1. Quando si sono laureate Lilli e Marina?
2. Cosa hanno affittato in centro?
3. Perché non possono spendere molto per i mobili?
4. Che tipo di mobili può mostrargli il proprietario del negozio?
5. Quant'è il costo totale per il divano e la poltrona?
6. Perché il proprietario dice che gli ha già fatto lo sconto?
7. Quando può consegnarglieli?
8. A che piano abitano le due ragazze?
9. Quando pagheranno i mobili al proprietario del negozio?

C. Conversazione

1. Tu abiti in un appartamento, in una casa o in un dormitorio?
2. Com'è? Che mobili ci sono?
3. Abiti da solo(a) o condividi la tua abitazione con un compagno/una compagna?
4. Preferisci vivere da solo(a) o con un compagno/una compagna? Perché?
5. Che tipo di persona deve essere il compagno/la compagna che cerchi per condividere la tua abitazione?
6. Quando decidi di scegliere *(to choose)* un compagno/una compagna, metti un annuncio sul giornale, metti un cartello *(sign)* sulla bacheca *(notice-board)* all'università o chiedi agli amici se conoscono qualcuno che vuole condividere un appartamento?

Adesso scriviamo!

La casa ideale

A. Pensa alla tua casa ideale e descrivila in due o tre brevi paragrafi. Per mettere in ordine le tue idee, rispondi alle seguenti domande.

1. Dove si trova la casa? In città (quale?), in campagna, in montagna... ?
2. È una casa moderna, tradizionale o in uno stile particolare? Che mobili ci sono?
3. Quanti piani ci sono?
4. Quali stanze ci sono? Quante camere? Quanti bagni?
5. C'è un giardino?
6. Come passi il tempo nella tua casa ideale?
7. Abiti da solo in questa casa ideale? Chi vive con te? Hai degli animali domestici?

B. Ora scrivi la tua descrizione. Usa gli appunti che hai scritto.

C. Leggi di nuovo la tua descrizione. Tutte le parole sono scritte correttamente? Controlla l'accordo tra il verbo e il soggetto e tra il nome e l'aggettivo.

La cucina italiana

A. You are going to read about the Italian cuisine and the eating habits of Italians. For weeks A.C. Nielsen, a market research company, monitored the eating habits of 17,000 men and women older than 14 from all parts of Italy and reported the findings in an article in the magazine *Panorama*. One of the objectives of the research was to determine which foods Italians prefer.

La gastronomia italiana **vanta** una delle tradizioni più illustri d'Europa. La cucina italiana si distingue per la varietà dei suoi primi piatti, a base di pasta. Il burro è il condimento predominante nel Nord, che è ricco di latte di **mucca.** È usato con generosità nella gastronomia dell'Emilia–Romagna, forse la cucina più opulenta d'Italia. L'olio d'oliva è invece il condimento principale nelle regioni dove cresce **l'olivo.**

boasts

cow

olive tree

La pasta al forno, come le lasagne e i cannelloni

Gli altri due protagonisti della tavola italiana sono il riso e la **polenta.** Il riso è coltivato nella Pianura Padana, dove è consumato in gran quantità. L'ingrediente principale della polenta è il mais, che è arrivato dall'America, ed è coltivato specialmente nel Veneto con il nome di «granoturco»*.

cooked corn meal (similar to grits)

Polenta e funghi

* I Veneziani chiamavano «turco» *(Turkish)* tutto quello che veniva da lontano.

research

Che cosa preferiscono mangiare oggi gli Italiani? Per alcuni mesi la A.C. Nielson, società leader nel campo delle **indagini** di mercato, ha monitorato le abitudini alimentari di 17 000 Italiani (primi piatti, secondi piatti, dolci, salumi, formaggi, bevande) con l'obiettivo di stabilire quali sono i loro piatti preferiti. La classifica dei «top ten», i cibi più amati dagli Italiani, vede il trionfo assoluto della tradizione. Le prime posizioni sono occupate da prodotti tipici: parmigiano reggiano, prosciutto crudo, gelato, pizza, lasagne, cannelloni, pasta al forno. Per i secondi piatti, si preferiscono quelli alla griglia: di carne o di pesce. **Quanto al** bere, gli Italiani preferiscono l'acqua minerale, il vino, il caffè, il tè e **persino** la camomilla.

As to

even

L'immigrazione in Italia su larga scala ha introdotto nel paese cibi etnici: ristoranti cinesi, indiani, africani e di altre nazionalità sono stati aperti specialmente nelle grandi città. I ristoranti halal servono le comunità musulmane. Agli Italiani piacciono questi nuovi cibi e i ristoranti che li servono sono molto frequentati.

La scritta *(writing)* KMØ significa chilometro zero e indica che questi formaggi sono di produzione locale.

aware

They choose

organic

Gli Italiani della nuova generazione sono più **consapevoli** dell'importanza di un'alimentazione sana. **Scelgono** dunque piatti a base di salse e condimenti meno grassi, comprano molti prodotti **biologici** e mangiano più verdure. Non rinunciano però a un buon gelato alla fine del pasto o a un gelato da passeggio.

B. Rispondete alle seguenti domande.

1. Qual è il condimento predominante nel Nord d'Italia?
2. Dove si usa di più l'olio d'oliva?
3. Quanti altri ingredienti sono comuni nella cucina italiana?
4. Dove si consuma molto riso?
5. Qual è l'ingrediente principale della polenta?
6. Quali sono i prodotti che occupano i primi posti nella classifica delle preferenze gastronomiche degli Italiani?
7. Quali secondi piatti preferiscono gli Italiani?
8. Cosa gli piace bere?
9. Come hanno accolto *(received)* i cibi etnici gli Italiani?
10. Quali piatti scelgono gli Italiani della nuova generazione? Che prodotti comprano?
11. A cosa non rinunciano?

Attività video ▶

A. Attività sul vocabolario: Cosa dicono gli intervistati?

Guardate la sezione del video *La mia casa mi piace*. Poi completate le frasi con le seguenti espressioni.

camere da letto, centrale, lavastoviglie, bagni, appartamenti, pianterreno, salotto, scale, traffico, quinto

1. (Anna) Abito in una piccola casa. Ci sono quattro _____.
2. (Alessandro) Abito in un appartamento di proprietà di famiglia. Ho tre camere, _____, cucina, sala da pranzo, due _____.
3. (Adriana) Abito al _____ di un condominio. Ho il giardino.
4. (Irene) Abitiamo al secondo piano. C'è l'ascensore. Ci sono anche le _____.
5. (Maria) Il mio appartamento è al _____ piano e ha due _____ e i doppi servizi.
6. (Anna) La mia cucina è attrezzata. Ho il forno a microonde e anche la _____.
7. (Alessandro) La mia casa è lontano dal _____. È in una zona molto tranquilla.
8. (Maria) Il mio appartamento è abbastanza _____, perché mi piace poter scendere e trovare tutti i negozi. È anche molto luminoso.

B. Domande sul video

1. Chi abita in un appartamento vicino a quello di Anna?
2. Chi abita in un appartamento vicino a quello di Alessandro?
2. Perché ad Alessandro piace il paese dove abita?
3. Che elettrodomestico non usano molto due delle intervistate?

C. Attività sulla grammatica.

Guardate la sezione del video *La mia casa mi piace* una seconda volta e rispondete alle frasi usando: **un pronome doppio, ci,** o **ce ne e le parole mancanti** *(missing)*.

1. Quanti *appartamenti ci sono* nella casa dove abita Anna? _____
2. Quante *camera da letto ci sono* nell'appartamento di Irene? _____
3. Chi prepara *la cena ad Anna*? _____
4. Quanti *bagni ci sono* nell'appartamento di Adriana? _____

D. Partecipazione.

Conversate insieme sui seguenti argomenti *(topics)*.

- Preferite abitare in una casa o in un appartamento e perché.
- Descrivete la vostra casa o il vostro appartamento.
- Quali elettrodomestici ci sono nella vostra cucina.
- Preferite abitare in centro o in periferia *(outskirts)* e perché.

Vocabolario 🔊

Nomi

l'animale domestico	pet
l'annuncio pubblicitario	ad
l'arredamento	furnishing
l'ascensore	elevator
l'aspirapolvere *(m)*	vacuum cleaner
la consegna	delivery
il contratto	contract
il costo	cost
l'elettrodomestico	appliance
il forno a microonde	microwave oven
la lavatrice	washing machine
la lampada	lamp
il locale	room
la luce	light
il mobile	piece of furniture
il monolocale	studio apartment
la moquette	wall-to-wall carpet
la periferia	suburbs
il proprietario	owner
il quadro	painting, picture
la scelta	choice
la spazzatura	garbage
il tostapane	toaster

Aggettivi

ammobiliato	furnished
arredato	furnished
antico	antique; ancient
disponibile	available
moderno	modern
vuoto	vacant, empty

Verbi

arredare	to furnish
condividere	to share
(*p.p.* condiviso)	
consegnare	to deliver
mescolare	to mix
ristrutturare	to remodel
scegliere (*p.p.* scelto)	to choose
sembrare	to seem; to look like
tenere	to keep
trovarsi	to find oneself;
	to be located
versare	to pour
vivere (*p.p.* vissuto)	to live

Altre espressioni

immediatamente	immediately
in affitto	for rent
in vendita	for sale
penso di sì, penso	I think so, I don't
di no	think so

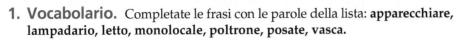

Ripasso

1. Vocabolario. Completate le frasi con le parole della lista: **apparecchiare, lampadario, letto, monolocale, poltrone, posate, vasca.**

1. Le forchette, i coltelli e cucchiai sono le _____.
2. In salotto ci sediamo sul divano o sulle _____.
3. I signori Rossi dormono in un _____ matrimoniale.
4. È in sala da pranzo e fa luce sopra il tavolo: il _____.
5. Prima di sedersi a mangiare, si deve _____ la tavola con la tovaglia, i piatti, ecc.
6. Nel bagno di Antonio c'è solo la doccia e non c'è la _____ da bagno.
7. È un appartamento con una sola stanza: il _____.

2. *Ci* e *ne*. Completate le frasi con le particelle **ci** o **ne**, secondo il contesto.

1. Per fare gli gnocchi hai bisogno delle patate. _____ devi comprare un chilo.
2. Gli studenti d'italiano vanno sempre a lezione. _____ vanno per imparare e praticare la lingua.
3. — Sei mai stato in Italia, Bill?
   — No, ma _____ andrò l'anno prossimo.
4. — In Italia vuoi visitare dei musei?
   — Sì _____ voglio visitare molti.

3. Ancora *ci* e *ne*. Rispondete alle domande con le particelle **ci** o **ne**, secondo il caso.

1. Hai bevuto del caffè stamattina?
2. Sei stato(a) in biblioteca ieri?
3. Credi al destino?
4. Secondo te, gli Italiani mangiano molta pasta?
5. Quante volte all'anno vai dal dentista?
6. Hai degli esami questa settimana?

4. Domande, domande... Rispondete usando **i pronomi doppi**.

1. Presti la macchina agli amici?
2. I tuoi amici ti scrivono degli sms durante le lezioni?
3. I professori vi danno molti compiti?
4. Scusa, mi presti il telefonino per fare una breve chiamata?
5. I tuoi amici ti mostrano le foto delle vacanze?
6. Quando ci mettiamo il cappotto?

5. Tutto fatto! Riscrivete le frasi con i pronomi doppi e un espressione di tempo al passato. Attenzione all'accordo dei participi!

Esempio   Enrico ha offerto la pizza ai suoi amici. *Gliel'ha offerta ieri sera.*

1. Anna ha fatto le lasagne per suo marito.
2. I vostri genitori hanno comprato i mobili del soggiorno per voi.
3. Ho dato il cibo al gatto.
4. Paolo ha mandato le cartoline a me e a mio fratello.
5. Ho preparato la polenta con i funghi per te.

6. I numeri ordinali. Completate con il numero ordinale appropriato.

1. Gennaio è _____ mese dell'anno.
2. Antonio è al (3) _____ anno dell' università.
3. Abitate all' (8) _____ piano.
4. In Italia, il martedì è il _____ giorno della settimana.

Il mondo del lavoro

Communicative goals

Talking about professions
Discussing career goals
Expressing aspirations and hopes

Le regioni d'Italia | L'Abruzzo e il Molise

Studio di parole | Il mondo del lavoro

Punti grammaticali

13.1 Il condizionale presente
13.2 Il condizionale passato
13.3 Uso di **dovere**, **potere** e **volere** nel condizionale
13.4 Esclamazioni comuni

Vedute d'Italia | L'immigrazione in Italia

Attività video | *Il mio lavoro*

Ripasso

Courtesy of Università di Trento

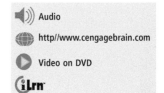

◀ Giovani donne che si preparano al lavoro.
Un giorno potrebbero diventare dirigenti.

L'Abruzzo e il Molise

L'Abruzzo è una regione dell'Italia meridionale con circa 1 400 000 abitanti, situata tra il mare Adriatico e gli Appennini. Il capoluogo è L'Aquila. È una regione in gran parte montuosa, con il monte più alto degli Appennini: il Gran Sasso (2 900 metri). Le coste lungo l'Adriatico hanno spiagge basse e sabbiose. L'economia si basa sull'agricoltura, sulla pastorizia *(sheepfarming)* e su industrie di vario tipo. Un'importante risorsa è il turismo, sia estivo che invernale.

Il Molise fino *(until)* al 1963 formava una regione unica con l'Abruzzo. Con la separazione è diventato la seconda più piccola regione d'Italia dopo la Valle d'Aosta. Il Molise ha una popolazione di circa 300 000 abitanti e il capoluogo è Campobasso. La regione è in gran parte montuosa. L'economia si basa sulla pastorizia e sull'agricoltura. In Molise si produce un ottimo olio di oliva. Le industrie sono poche e l'economia, depressa nel passato, è in via di miglioramento.

© Cengage Learning

ITALIA
(Carta Politica)
SCALA DI CHILOMETRI
SCALA DI MIGLIA

ABRUZZO

MOLISE

Claudio Giovanni Colombo/clodio/iStockphoto

▲ L'Aquila è una città medievale con un ricco patrimonio architettonico: chiese, castelli, monumenti. La città e la regione si trovano in una zona di forte attività sismica. Il 6 aprile del 2009 un violento terremoto *(earthquake)* ha devastato la città e molti paesi della regione. Nella foto: la chiesa di Santa Maria del Suffragio in stile barocco, com'era prima del terremoto.

Il Parco Nazionale del Gran Sasso e la vetta *(peak)* del Corno Grande con l'unico ghiacciaio *(glacier)* dell'Europa meridionale. Il parco offre una gran varietà di paesaggi ed ecosistemi e ospita esemplari di fauna protetta come il lupo *(wolf)*, l'orso *(bear)* e l'aquila reale *(eagle)*. ▼

Danin Tulic/ToolX/iStockphoto.com

Termoli (Molise) – Veduta della città in riva al mare Adriatico con la spiaggia e le antiche mura *(walls)* che circondano *(surround)* il centro storico.

I pastori conducono *(lead)* il loro gregge *(flock)* sui monti dell'Appennino. Il formaggio pecorino è uno dei principali prodotti della regione. L'Abruzzo è noto anche per altre due prelibatezze *(delicacies)*: lo zafferano *(saffron)* e il tartufo *(truffle)*, il pregiato *(rare, valuable)* fungo sotterraneo *(underground mushroom)*. ▼

◀ Un panorama del centro storico di Scanno, uno degli incantevoli *(enchanting)* paesini medioevali disseminati *(scattered)* in Abruzzo.

▲ Un trabucco è un'antica macchina da pesca *(fishing)* usata sulle coste dell'Abruzzo e del Molise che permette di pescare senza entrare in alto mare.

▲ Paesaggio invernale di San Giovanni in Galdo, piccolo paese in provincia di Campobasso. Il clima del Molise è continentale, con inverni molto freddi ed estati calde ed afose *(muggy)*.

323

AI BAMBINI NON ACCOMPAGNATI REGALIAMO UN CUCCIOLO E DIAMO UN CAFFÈ ESPRESSO.

Dal veterinario, cartello sulla parete *(wall)*

non accompagnati *unattended*
cucciolo *puppy*

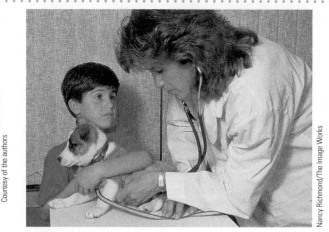

— Ti piacerebbe fare il veterinario?
— Sì, perché vorrei lavorare con gli animali.

Una scelta difficile 🔊 CD2-14

Laura e Franco frequentano l'ultimo anno di liceo e parlano del loro futuro.

FRANCO Non so a quale facoltà **iscrivermi.** Tu cosa mi consigli, Laura? *to enroll*

LAURA Cosa **ti piacerebbe** fare nella vita? *would you like*

FRANCO Mi piacerebbe insegnare matematica.

LAURA Devi considerare che ci sono vantaggi e svantaggi nell'insegnamento, come nelle altre professioni. I vantaggi? **Faresti** un lavoro che ti piace e d'estate *You would do*
avresti tre mesi di vacanza. **Potresti** viaggiare, riposarti *You could*
o dedicarti ad altre attività.

FRANCO Ma gli stipendi degli insegnanti sono bassi.

LAURA È vero, e inoltre non è facile trovare lavoro nell'insegnamento.

FRANCO Hai ragione. E tu hai deciso a quale facoltà iscriverti?

LAURA Sì, farò il veterinario.

FRANCO **Davvero?** Ti piacciono così tanto gli animali? *Really?*

LAURA Oh, sì, moltissimo! A casa mia ho un piccolo zoo: due cani, quattro gatti, un **coniglio** e due **porcellini d'India.** *rabbit / guinea pigs*

Comprensione

1. Che anno di liceo frequentano Laura e Franco?
2. Che cosa deve decidere Franco?
3. Che cosa gli piacerebbe fare?
4. Quali sono i vantaggi dell'insegnamento? Quali sono gli svantaggi?
5. Anche Laura è indecisa sulla sua professione?
6. Che cosa vuole fare? Perché?
7. Cos'ha a casa sua?

Studio di parole   Il mondo del lavoro

Un'operaia lavora in una fabbrica di prodotti tessili.

Due medici fanno ricerche in un laboratorio.

Un commercialista aspetta un cliente nel suo ufficio.

I mestieri (*Trades*)

il meccanico mechanic
l'elettricista (*m. & f.*) electrician
l'idraulico plumber
l'operaio(a) factory worker
la fabbrica factory

Le professioni

l'architetto (*m. & f.*) architect
l'avvocato (*m. & f.*) lawyer
il medico (il dottore/la dottoressa) physician
il chirurgo (*m. & f.*) surgeon
il/la dentista dentist
l'oculista (*m. & f.*) eye doctor
lo psicologo/la psicologa psychologist
l'infermiere/l'infermiera nurse
l'ingegnere (*m. & f.*) engineer
il programmatore/la programmatrice di computer computer programmer
il/la commercialista accountant, CPA
il/la dirigente executive, manager
il segretario/la segretaria secretary
l'impiegato/l'impiegata employee

la casalinga/il casalingo homemaker
il lavoratore/la lavoratrice worker
fare il/la… to be a… (*profession or trade*)
la ditta company
il datore di lavoro employer
il posto position, job
un lavoro a tempo pieno full-time job
un lavoro part-time part-time job
il curriculum (vitae) CV
fare domanda to apply
il colloquio interview
il requisito requirement
assumere (*p.p.* **assunto**) to hire
licenziare to lay off, to fire
licenziarsi to resign, to quit one's job
guadagnare to earn
lo stipendio salary
l'aumento raise
disoccupato(a) unemployed
la disoccupazione unemployment
fare sciopero to strike
andare in pensione to retire
il pensionato/la pensionata retiree
smettere di to stop (doing something)

Applicazione

A. Chi sono? Dite qual è il mestiere o la professione delle seguenti persone.

Esempio Insegna ai bambini della scuola primaria.
È un maestro/una maestra.

1. È una donna che lavora molto, ma non ha un orario e non riceve uno stipendio.
2. Lavora in una fabbrica.
3. Dirige una grande ditta.
4. Difende gli accusati in tribunale *(court)*.
5. Dopo tanti anni, ha smesso di lavorare e ora vuole riposarsi e... divertirsi.
6. Scrive i programmi di software.
7. Ripara i tubi dell'acqua in bagno e in cucina.
8. Ascolta i problemi personali (rapporti di coppia, con la famiglia, ecc.) dei suoi pazienti *(patients)* e offre dei consigli.
9. Assiste il medico in ospedale o in ambulatorio *(medical office)*; per esempio, misura la pressione e la temperatura ai pazienti.
10. Progetta ponti *(bridges)* e strade.
11. Esamina gli occhi dei suoi pazienti e prescrive gli occhiali da vista o le lenti a contatto.

B. Cosa fanno? Date una definizione di quello che fanno le seguenti persone.

Esempio medico
Il medico visita i suoi pazienti.

1. meccanico
2. architetto
3. segretario/segretaria
4. casalinga

Vocabolario utile: riparare *(to repair, to fix)*, progettare *(to design)*

C. Domande

CORRIERE DELLA SERA

I metalmeccanici annunciano lo sciopero generale

1. Che cosa ricevono i lavoratori alla fine del mese?
2. Che cosa fa chi arriva ai sessantacinque anni e smette di lavorare?
3. Che cosa devono fare molte ditte nei momenti di crisi economica per ridurre i costi?
4. Se i lavoratori non sono soddisfatti delle condizioni di lavoro, cosa fanno?
5. Che cosa deve fare un giovane laureato per trovare lavoro?
6. Che cosa fa una ditta in crescita *(growing)* che ha bisogno di personale?
7. Che tipo di lavoro cerca chi vuole lavorare quaranta ore alla settimana?

D. Quali saranno i motivi? In coppie, leggete il titolo del giornale *Corriere della Sera* e ipotizzate *(speculate)* quali possono essere i motivi dello sciopero organizzato dai metalmeccanici.

Vocabolario utile: meno *(less)*, più *(more)*, migliore *(better)*

E. Conversazione

1. Che professione o mestiere fai o pensi di fare dopo la laurea? Che fattori influenzano la tua decisione?
2. Se hai la possibilità di scegliere, in quale stato degli Stati Uniti preferisci lavorare? Perché?
3. Se hai la possibilità di lavorare all'estero, quale paese preferisci? Perché?
4. Che lavoro volevi fare quando eri più giovane? È lo stesso che vuoi fare attualmente *(at present)* o hai cambiato idea? Perché?
5. Ti preoccupa la disoccupazione? Secondo te, dov'è più facile trovare un impiego: nell'industria, nel commercio, nel governo, nell'insegnamento?

La Repubblica Italiana

L'Italia è un paese con una storia e una civiltà antiche. Come stato, tuttavia *(nevertheless)*, è nata solamente nel 1861 con il nome di Regno d'Italia. La dittatura fascista, iniziata nel 1922, ha centralizzato il potere nelle mani di Benito Mussolini. La fine della seconda guerra mondiale ha visto la fine del fascismo e della monarchia. Nel 1946 gli Italiani hanno votato e scelto la nuova forma di governo: la Repubblica. Oggi l'Italia è una Republica parlamentare. Il Parlamento è formato dalla Camera dei Deputati e da quella dei Senatori. Le due Camere fanno le leggi ed eleggono il presidente della Repubblica, che è il capo dello Stato e resta in carica per sette anni. Il potere esecutivo è nelle mani del Governo. Il capo del Governo è il presidente del Consiglio *(Prime Minister)*, nominato dal presidente. Il presidente del Consiglio sceglie i suoi collaboratori, cioè i membri del Consiglio dei Ministri. In Italia ci sono diversi partiti politici; questa pluralità di partiti è una delle cause principali dell'instabilità del governo italiano.

Roma – Piazza Montecitorio con l'antico obelisco egiziano e Palazzo Montecitorio, sede della Camera dei Deputati.

Ascoltiamo!

Una decisione pratica 🔊 CD2-15

Paola incontra Luigi, un vecchio compagno di liceo. Non si vedono da molto tempo e parlano del loro lavoro. Ascoltate la conversazione e rispondete alle seguenti domande.

Comprensione

1. Com'è vestito Luigi? Perché?
2. Che cosa voleva fare Luigi quand'era al liceo? Perché ha cambiato idea *(did he change his mind)*?
3. Che cosa cerca Paola? Perché?
4. Adesso che cosa vorrebbe fare anche Paola?
5. Secondo Lei, Paola parla seriamente o scherza *(is joking)*?

Dialogo

Quanto tempo è passato! Immaginate di incontrare il vostro compagno/la vostra compagna di classe tra dieci anni. Parlate del vostro lavoro e della vostra carriera.

F. Adesso parliamo! Un colloquio. In coppie, fate la parte del candidato/della candidata che ha risposto all'annuncio e del datore di lavoro. Il candidato/la candidata chiede informazioni sullo stipendio, l'orario di lavoro, la data di inizio, ecc. Il datore di lavoro vuole sapere quali sono le sue qualifiche (titolo di studio, esperienza, referenze, conoscenza delle lingue straniere, ecc.).

AGENZIA LAVOROTEMP S.p.A
Sede Milano

SELEZIONA

ASSISTENTI AL COMMERCIO

Mansioni: coordinazione, gestione e supervisione di gruppo FILIALI

Si richiede: cultura universitaria, abilità organizzative e relazionali, ottimo uso Pc. resistenza allo stress, capacità di problem solving.

Età: 25/30 anni.
Assunzione: 9 mesi con possibilità di occupazione permanente.
Inquadramento: basato sull'esperienza e titolo universitario
Sede: Milano

I candidati sono pregati di inviare il curriculum a Meroni@lavorotemp.it

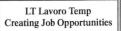

LT Lavoro Temp
Creating Job Opportunities

Il muratore preferirebbe riposarsi.

Al postino piacerebbe andare in macchina.

13.1 Il condizionale presente

1. The present conditional (**condizionale presente**) expresses an intention, a preference, a wish, or a polite request; it is the equivalent of the English *would* + verb. Like the future, it derives from the infinitive form, and its stem is always the same as the future stem. Also, like the future, **-are** verbs change the **-a** to **-e** before adding the endings.

partire → **partirei** = *I would leave*

It is conjugated as follows:

parlare	rispondere	partire
parler**ei**	risponder**ei**	partir**ei**
parler**esti**	risponder**esti**	partir**esti**
parler**ebbe**	risponder**ebbe**	partir**ebbe**
parler**emmo**	risponder**emmo**	partir**emmo**
parler**este**	risponder**este**	partir**este**
parler**ebbero**	risponder**ebbero**	partir**ebbero**

NOTE: The endings of the present conditional are the same for all conjugations.

Mi **piacerebbe** essere ricco.	*I would like to be rich.*
Preferirebbe lavorare.	*She would prefer to work.*
Ci **aiuteresti?**	*Would you help us?*

2. Verbs that are irregular in the future are also irregular in the conditional. Here is a comprehensive list.

dare:	**darei, daresti,** ecc.		sapere:	**saprei, sapresti,** ecc.
fare:	**farei, faresti,** ecc.		vedere:	**vedrei, vedresti,** ecc.
stare:	**starei, staresti,** ecc.		vivere:	**vivrei, vivresti,** ecc.
andare:	**andrei, andresti,** ecc.		essere:	**sarei, saresti,** ecc.
avere:	**avrei, avresti,** ecc.		bere:	**berrei, berresti,** ecc.
cadere:	**cadrei, cadresti,** ecc.		venire:	**verrei, verresti,** ecc.
dovere:	**dovrei, dovresti,** ecc.		volere:	**vorrei, vorresti,** ecc.
potere:	**potrei, potresti,** ecc.			

Verresti al cinema con me?	*Would you come to the movies with me?*
Mi **darebbe** alcuni consigli?	*Would you give me some advice?*
Che cosa **vorrebbe** fare Paolo?	*What would Paolo like to do?*
Io **vorrei** fare l'oculista.	*I would like to be an eye doctor.*

3. Verbs ending in **-care, -gare, -ciare,** and **-giare** undergo a spelling change for phonetic reasons, as in the future tense (see **Capitolo 11**).

cercare:	**Cercherei** un lavoro.	*I would look for a job.*
pagare:	**Pagherei** molto.	*I would pay a lot.*
cominciare:	**Comincerei** a lavorare.	*I would start working.*
mangiare:	**Mangerei** della frutta.	*I would eat some fruit.*

4. Remember that when *would* indicates a habitual action in the past, Italian uses the imperfect tense.

Da bambino, **andavo** al mare tutte le estati.	*When I was a child, I would (I used to) go to the beach every summer.*

— Papà, mi presteresti 100 euro? Esco con gli amici.

— Perché dovrei darti 100 euro?

— Perché se non ho soldi, potrebbe venirmi un complesso di inferiorità, e chissà per quanti mesi dovresti curarmi!

Pratica

A. Voglia di rilassarsi. Cosa farebbero le seguenti persone durante le vacanze? Rispondete secondo l'esempio.

Esempio   (io) vedere gli amici   *Vedrei gli amici.*

1. (noi) dormire fino a tardi
2. (tu) fare delle passeggiate
3. (i compagni) leggere molti libri
4. (il professore) mangiare al ristorante
5. (tu e i tuoi amici) divertirsi
6. (io) riposarsi
7. (il mio migliore amico/la mia migliore amica ed io) giocare a tennis

B. Che altro fareste? In coppie, pensate ad altre tre attività che fareste durante le vacanze.

Esempio   *Andremmo tutti i giorni al mare.*

C. Sogni. Un vostro amico/Una vostra amica spera di fare carriera e guadagnare molti soldi. Chiedetegli(le) se continuerebbe a fare le cose che fa adesso.

Esempio   fare il campeggio
— *Faresti ancora il campeggio?*
— *No, alloggerei in alberghi di cinque stelle o...*

1. passare i weekend a casa
2. viaggiare in treno
3. mangiare al McDonald's
4. vivere in un appartamento di due o tre stanze
5. comprare una Fiat 500
6. prestarmi mille dollari

D. Scambi rapidi. Completate con il condizionale presente.

1. A un caffè di Viareggio, in Toscana:
   — Ragazzi, io (prendere) _____ un cappuccino. E voi?
   — Con questo caldo? Noi (bere) _____ volentieri qualcosa di fresco.

2. Un turista a Milano:
   — Scusi, (Lei) (potere) _____ dirmi se c'è una farmacia aperta qui vicino?
   — A quest'ora, no. Lei (dovere) _____ ritornare nel pomeriggio.

3. In un albergo di Verona, nel Veneto:
   — Siamo i signori Pergami e (volere) _____ una camera per due notti.
   — Ne (preferire) _____ una sul davanti con vista o una più tranquilla sul retro *(back)*?
   — Sì, quella sul retro (andare) _____ bene.

E. Situazioni. In coppie, fatevi a turno delle domande. Scegliete l'espressione corretta della seconda colonna e rispondete usando il verbo al condizionale.

Esempio   Sei in ritardo a un appuntamento. scusarsi
— *Sei in ritardo a un appuntamento. Cosa faresti?*
— *Mi scuserei.*

1. La macchina non funziona.
2. Un amico ti chiede un favore.
3. Il padrone di casa aumenta l'affitto dell'appartamento.
4. Un collega d'ufficio riceve una promozione.
5. Devi spedire un pacco *(package)*, e all'ufficio postale ci sono molte persone.
6. Devi presentarti ad un colloquio.
7. Il tuo direttore ti dà un aumento di stipendio.

a. protestare (o…)
b. fargli le mie congratulazioni
c. farglielo
d. portarla dal meccanico
e. fare la fila e aspettare
f. ringraziarlo
g. preparare il mio curriculum vitae

Vado a spedire un pacco, ma preferirei non aspettare in fila *(line)* per molto tempo.

F. Cosa faresti? In gruppi di tre studenti, dite cosa fareste nelle seguenti situazioni.

1. Avete ricevuto un brutto voto nel primo esame d'italiano.
2. Avete un compagno/una compagna di stanza molto disordinato(a).
3. Dopo la laurea avete difficoltà a trovare un lavoro.
4. Avete vinto un milione di dollari alla lotteria.

G. Un lavoro per l'estate. In coppie, completate il dialogo tra Francesca e Alessandra con i verbi in parentesi al condizionale presente.

FRANCESCA Vai in vacanza quest'estate?

ALESSANDRA Io *(to go)* _____ volentieri in vacanza, ma non ho soldi.

FRANCESCA Ti *(to like)* _____ lavorare per due mesi dove lavoro io?

ALESSANDRA Che tipo di lavoro *(to be)* _____?

FRANCESCA È in una ditta che si occupa d'indagini di mercato *(market research)*.

ALESSANDRA E io cosa *(to do)* _____?

FRANCESCA Tu *(to call)* _____ molte persone e *(to gather =* **raccogliere)** _____ informazioni. È un sondaggio *(survey)*.

ALESSANDRA Pagano molto?

FRANCESCA No, non molto. Però dopo due mesi di lavoro, tu *(to have)* _____ i soldi per andare in vacanza. Se sei d'accordo *(If you agree)*, io ti *(to introduce)* _____ al mio capo *(boss)*. È una persona molto cordiale.

ALESSANDRA E mi *(to hire)* _____ anche se non ho esperienza?

FRANCESCA Penso di sì. Abbiamo bisogno di personale. Tu *(to be)* _____ veloce ad inserire i dati con Excel?

ALESSANDRA Mi arrangio *(I manage)*.

FRANCESCA OK. Tu *(to have to)* _____ preparare il tuo CV e darmelo.

ALESSANDRA OK. Tu *(to have)* _____ il tempo di passare da casa mia domani sera?

FRANCESCA Sì, dopo le otto.

ALESSANDRA Allora ci vediamo domani sera, e grazie mille.

H. Il troppo lavoro stanca. Marco ha diciannove anni. È venuto a New York a trovare gli zii e il cugino David. Marco spiega al cugino che in Italia ci sono più giorni di festa che negli Stati Uniti. In coppie, completate il loro dialogo con il condizionale del verbo in parentesi.

MARCO *(I would not like)* _____ lavorare in America. Voi Americani lavorate troppe ore!

DAVID Perché? In Italia *(there would be)* _____ più giorni di festa?

MARCO Certo! In Italia, specialmente se lavori per il Governo, *(you would not work)* _____ 52 domeniche e 52 sabati, più 11 festività religiose e civili.

DAVID Allora molti Italiani *(would go)* _____ a lavorare solo 250 giorni all'anno!

MARCO Un momento! *(There would be)* _____ anche il ponte.

DAVID Che cos'è il ponte?

MARCO Quando c'è un giorno di lavoro tra due giorni festivi, si fa il ponte: tre giorni di festa. Quindi *(Therefore)*, *(you would have)* _____ circa altri 10 giorni di festa. Poi *(there would be)* _____ quattro settimane di ferie pagate.

DAVID Facciamo i conti: 52 + 52 + 11 + 10 + 20 fa 145. Allora voi *(would work)* _____ circa 220 giorni all'anno! Mi *(would you find)* _____ un lavoro in Italia?

MARCO Eh! Non è facile!

2012 GIORNI FESTIVI
A TUTTI GLI EFFETTI CIVILI

Tutte le domeniche

1 gennaio:	Capodanno
6 gennaio:	Epifania
9 aprile:	Lunedì dell'Angelo
25 aprile:	Festa della Liberazione
1 maggio:	Festa del Lavoro
2 giugno:	Festa della Repubblica
15 agosto:	Ferragosto
1 novembre:	Ognissanti
8 dicembre:	Immacolata Concezione
25 dicembre:	Natività di Nostro Signore
26 dicembre:	Santo Stefano

© Cengage Learning

I. Quale professione mi consiglia (do you suggest)? In coppie, fate a turno la parte di qualcuno che domanda consigli sulla professione da seguire a un consulente di carriera (career counselor).

Esempio — Mi piacerebbe viaggiare e vedere paesi stranieri.
— *Allora Le consiglierei di fare l'agente di viaggi. o la guida o...*

1. Sono una persona ordinata, metodica, precisa e puntuale.
2. Mi piacerebbe studiare per tutta la vita.
3. Mi appassiono ai problemi personali e mi piacerebbe aiutare la gente ad essere felice.
4. Vorrei vedere il trionfo della giustizia (justice) e diventare ricco(a) allo stesso tempo.
5. Amo i bambini e la casa e mi piace cucinare.
6. Mi diverto a montare e smontare i motori delle macchine.

J. Adesso parliamo! Test di attitudine. Vuoi sapere quali sono le tue inclinazioni nel campo (field) del lavoro? Fai le domande al tuo compagno/ alla tua compagna e marca (fill in) le risposte. Il tuo compagno/La tua compagna fa la stessa cosa con te. Quando i due test sono stati completati, verificate i risultati e paragonateli (compare them).

1. Preferisci un lavoro con	molte responsabilità.	A ____
	poche responsabilità.	B ____
2. Fare carriera	è molto imporante	A ____
	non ti entusiasma molto.	B ____
3. Ti piacerebbe vivere	in una grande città.	A ____
	in un piccolo centro.	B ____
4. Sceglieresti alla TV	programmi di economia.	A ____
	programmi di sport.	B ____
5. Vorresti discutere con gli amici	di questioni economiche.	A ____
	di problemi ecologici.	B ____
6. Preferiresti	ascoltare conferenze su come investire i soldi.	A ____
	passare il tempo libero in campagna.	B ____
7. Ti piacerebbe	vestirti in modo elegante.	A ____
	portare abiti pratici e comodi.	B ____
8. Vorresti come regalo	un supercomputer.	A ____
	una bicicletta da montagna.	B ____

Alberto ha totalizzato 8 B nel test di attitudine e non sarebbe contento di lavorare come agente di borsa. Infatti, è un artigiano (artisan) ed è molto soddisfatto del suo mestiere. In Italia c'è una grande tradizione artigianale. Le tecniche sono tramandate da generazione in generazione e le lavorazioni (crafts) degli artigiani italiani sono ammirate in tutto il mondo.

Se hai totalizzato **molte A**, hai definitivamente le tendenze di un agente di borsa (stock broker). Se hai totalizzato **molte B**, la vita dell'alta finanza non fa per te.

13.2 Il condizionale passato

1. The conditional perfect (**condizionale passato**) is the equivalent of the English *would have* + past participle. It is formed with the present conditional of **avere** or **essere** + the past participle of the main verb.

> **avrei finito** = *I would have finished*

It is conjugated as follows:

parlare		rispondere		partire	
avrei		avrei		sarei	
avresti		avresti		saresti	partito(a)
avrebbe	parlato	avrebbe	risposto	sarebbe	
avremmo		avremmo		saremmo	
avreste		avreste		sareste	partiti(e)
avrebbero		avrebbero		sarebbero	

Chris Warde-Jones/The New York Times/Redux

Migliaia *(Thousands)* di donne straniere lavorano in Italia come colf (collaboratrici familiari) o come badanti *(assisting the sick and the elderly).*

— Chi si prende cura di tuo nonno?

— I miei genitori hanno assunto una badante: è una donna del Senegal, ed è bravissima. Avrebbero dovuto assumerla prima.

Avrei scritto, ma non avevo l'indirizzo.	*I would have written, but I did not have the address.*
Avresti accettato l'invito?	*Would you have accepted the invitation?*

2. In indirect discourse with verbs, such as **dire, rispondere, scrivere, telefonare,** and **spiegare,** Italian uses the conditional perfect to express a future action seen from a point of view in the past.

Ha detto che **sarebbe andato.**	*He said that he would go.*
Hanno scritto che **sarebbero venuti.**	*They wrote that they would come.*
Ha risposto che non **avrebbe aspettato.**	*He answered that he would not wait.*

Pratica

A. Cosa avreste fatto voi? In coppie, uno studente/una studentessa inizia con la prima frase, l'altro(a) risponde dicendo cosa avrebbe fatto e usa il condizionale passato.

> **Esempio** — *Mia sorella ha trovato un lavoro part-time.*
> — *Io, al suo posto, avrei cercato un lavoro a tempo pieno.*

1. — Mio padre ha continuato a lavorare fino a 75 anni.
— Io, al suo posto, _____.

2. — I miei colleghi hanno preferito prendere le ferie a settembre.
— Io e i miei colleghi, invece, _____.

3. — Laura non ha avuto il coraggio di chiedere un aumento di stipendio.
— Io, al suo posto, _____.

4. — Antonella si è licenziata prima di trovare un altro posto.
— Io, al suo posto, _____

B. Hanno detto che... Usate il discorso indiretto *(indirect discourse)* e il condizionale passato.

> **Esempio** Luigi / fare l'architetto o l'ingegnere
> *Luigi ha detto che avrebbe fatto l'architetto o l'ingegnere.*

1. Lorenzo / cercare un lavoro a tempo pieno **2.** mio nonno / andare in pensione alla fine dell'anno **3.** il dirigente / assumere una nuova segretaria. **4.** Liliana / uscire presto per andare al colloquio **5.** gli operai / fare sciopero

C. Desideri impossibili. Formate delle frasi complete con il primo verbo al condizionale passato e il secondo verbo all'imperfetto.

> **Esempio** Lia (fare) un viaggio / non (avere) soldi
> *Lia avrebbe fatto un viaggio, ma non aveva soldi.*

1. io (prestarti) la macchina / non (funzionare)
2. lui (cambiare) lavoro / (essere) difficile trovarne un altro
3. noi (prendere) il treno / (esserci) lo sciopero dei treni
4. lei (fare) medicina / gli studi (essere) troppo lunghi
5. il nostro amico (partire) / non (stare) bene
6. io (preferire) un lavoro a tempo pieno / (esserci) solo lavori part-time

D. Presente o passato? Completate con il condizionale presente o passato.

1. Io (andare) _____ in vacanza, ma sono al verde.
2. Noi (uscire) _____, ma pioveva.
3. (Vivere) _____ in campagna Lei?
4. Gino (partire) _____ con il treno delle sei, ma con il traffico è arrivato tardi alla stazione.
5. Che cosa (rispondere) _____ a un amico (un'amica) che ti domanda un favore?
6. A te (piacere) _____ fare il chirurgo?
7. Gli (scrivere) _____, ma lui non ha risposto alla mia ultima lettera.

E. Conversazione. Scelte (Choices) passate... In gruppi di tre o quattro studenti, rispondete alle seguenti domande.

Sei contento(a) della tua scelta dell'università?
A quale altra università saresti andato(a)?
Che cosa avresti studiato? È quello che studi adesso?
Che cosa non sarebbe successo?

F. Adesso parliamo! Nel campo del lavoro esiste la parità tra uomini e donne? Secondo voi, che lavoro avrebbe fatto Marina quarant'anni fa? In gruppi di tre studenti, conversate sugli argomenti che seguono. Dite se:

- con lo stesso titolo di studio, è più facile per le donne o per gli uomini trovare un impiego. Perché?

- le donne hanno fatto strada (*have advanced*) in alcune professioni tipicamente maschili. Quali?

- in quale campo (*field*) le donne trovano più facilmente lavoro.

- quali sono i cambiamenti che vorreste nel campo del lavoro (ore lavorative / ferie / facilitazioni per la maternità / pensioni / età pensionabile, ecc.).

Marina è proprietaria di una ditta di trasporti. Oggigiorno le donne occupano posti che nel passato erano occupati solo dagli uomini, ma in Italia sono ancora vittime di discriminazione.
— Buon giorno, cerco il proprietario, il signor Anselmi. Mi potrebbe dire dov'è?
— Vorrebbe dire la signora Anselmi. Eccola lì vicino al camion (*truck*).
— Ma va'! Una donna che si occupa di trasporti?
— Be', siamo nel ventunesimo secolo…

13.3 Uso di *dovere, potere* e *volere* nel condizionale

1. The present conditional of **dovere, potere,** and **volere** is used instead of the present indicative to make a request more polite or a statement less forceful. It has the following meanings:

> **dovrei** = *I should, I ought to*
> **potrei** = *I could, I might*
> **vorrei** = *I would like*

— Potrebbe ripararla in un'ora, prima del ritorno di mio marito?

Compare:

Devi aiutare la gente.   *You must help people.*
Dovresti aiutare la gente.   *You should (You ought to) help people.*
Non **voglio** vivere qui.   *I don't want to live here.*
Non **vorrei** vivere qui.   *I would not like to live here.*
Può aiutarmi?   *Can you help me?*
Potrebbe aiutarmi?   *Could you help me?*

2. In the conditional perfect, **potere, volere,** and **dovere** correspond to the following English constructions:

> **avrei dovuto** + *infinitive* = *I should have* + past participle
> **avrei potuto** + *infinitive* = *I could have* + past participle
> **avrei voluto** + *infinitive* = *I would have liked* + infinitive

Avrei dovuto parlare all'avvocato.   *I should have spoken to the lawyer.*
Avrebbe potuto laurearsi l'anno scorso.   *She could have graduated last year.*
Avrebbe voluto fare un viaggio.   *He would have liked to take a trip.*

Pratica

A. Belle maniere *(Good manners).* Attenuate *(Make less forceful)* le seguenti frasi, usando il condizionale presente.

1. Due turisti — Vogliamo due camere singole con doccia. Può prepararci il conto per stasera?
2. Il direttore di una ditta — Dobbiamo assumere una persona competente. Può inviarci *(send us)* il Suo curriculum vitae?
3. Il capoufficio — Deve pensare al Suo futuro. Vuole una lettera di raccomandazione?
4. Un impiegato — Oggi voglio finire prima. Devo andare dal medico.
5. Gli studenti d'italiano — Possiamo uscire dieci minuti prima? Può ripetere le spiegazioni sul condizionale domani?

B. Desideri e possibilità. Rispondete alle seguenti situazioni secondo l'esempio e confrontate *(compare)* le vostre risposte con quelle del compagno/della compagna vicino(a).

Esempio Il signor Brambilla è stanco di lavorare. Che cosa vorrebbe fare?
Vorrebbe andare in pensione. o...

1. Hai bisogno di soldi. Che cosa dovresti fare?
2. Oggi è una bellissima giornata. Avete un esame difficile, ma non siete preparati e non avete voglia di andare in classe. Cosa vorreste fare?
3. Elisa ha un appuntamento, ma non ci vuole andare. Che cosa potrebbe fare?
4. Non avete notizie di una vostra amica. Che cosa potreste fare?
5. Antonio e Francesco sono in ufficio: fa caldo e l'aria condizionata non funziona, il direttore è di cattivo umore. Cosa vorrebbero fare?

C. Troppo tardi! A turno, completate le frasi dicendo quello che *(what)* avreste voluto, potuto o dovuto fare ma che non avete fatto, e che cosa avete fatto invece.

Esempio Avevo un esame. (io / dovere)
*Avevo un esame, avrei dovuto studiare, **ma** sono uscito(a) con gli amici.*

1. Ieri ero assente. (io / dovere) _____.
2. Il mio compagno/La mia compagna aveva bisogno di soldi. (io / potere) _____
3. Io e mio fratello volevamo andare in Italia. (noi / dovere) _____
4. Io e Lisa abbiamo trovato un cane abbandonato. (noi / volere)

   _____
5. Io e la mia amica avevamo del tempo libero. (noi / potere) _____

Code di autoveicoli sull'autostrada; l'automobilista pensa: «Avrei dovuto prendere il treno».

D. Adesso parliamo! Un mondo senza tecnologia. In gruppi di tre studenti, dite cosa si dovrebbe fare e cosa non si potrebbe fare senza *(without)* la tecnologia moderna. Ogni studente deve contribuire con un'idea per ogni situazione.

Esempio Senza il computer...
— *Senza il computer dovremmo usare la macchina da scrivere (typewriter).*
— *Non potremmo guardare le foto digitali.*

1. Senza il telefono cellulare...
2. Senza l'Internet...
3. Senza la posta elettronica...
4. Senza l'aria condizionata...
5. Senza l'aereo...

13.4 Esclamazioni comuni

Here are some exclamations expressing a wish or a feeling. You have already encountered some of them.

Auguri! *Best wishes!*
Congratulazioni!, Felicitazioni! *Congratulations!*
Buon Anno! *Happy New Year!*
Buon compleanno! *Happy Birthday!*
Buon appetito! *Enjoy your meal!*
Buon divertimento! *Have fun!*
Buona fortuna! *Good luck!*
In bocca al lupo! *Break a leg!* (lit. In the wolf's mouth!)
Buona giornata! *Have a good day*
Buon Natale! *Merry Christmas!*

Buona Pasqua! *Happy Easter!*
Buone vacanze! *Have a nice vacation!*
Buon viaggio! *Have a nice trip!*
Salute!, Cin cin! *Cheers!*
Salute! *God bless you!* (when someone sneezes)
Aiuto! *Help!*
Attenzione! *Watch out!*
Bravo(a)! *Well done!*
Caspita! *Wow! Unbelievable!*
Chissà! *Who knows!*
Mah! *Bah!*

Ma va!, Macché! *No way!*
Magari! *I wish it were true!*
Meno male! *Thank goodness!*
Peccato! *What a pity!*
Che barba! *What a drag!*
Insomma *More or less*
Su, dai! *Come on!*
Va bene!, D'accordo! *OK.*
Be' (Beh)… *Well . . .*
Purtroppo! *Unfortunately!*
Uffa! *Oof!*

Pratica

Cosa si dice? A turno, reagite con un'espressione esclamativa appropriata alle seguenti situazioni.

1. Tua cugina si sposa sabato prossimo.
2. Bevi dello spumante con gli amici.
3. È l'ora di pranzo e tutti sono a tavola.
4. Vedi un pedone (*pedestrian*) che attraversa la strada in un momento di traffico.
5. Un/Una parente ha vinto cinque milioni di euro alla lotteria.
6. Ti domandano se andrai (*you will go*) in vacanza, ma tu sei incerto.
7. Tuo fratello ha perso il treno.
8. Vuoi convincere un amico/un'amica ad uscire con te.
9. Domani il tuo compagno/la tua compagna ha un esame importante.

Dai, che sei primo!

Nota linguistica

Espressioni idiomatiche

Le espressioni idiomatiche non si traducono letteralmente. Per esempio, «in bocca al lupo» (*in the mouth of the wolf*) corrisponde all'inglese *break a leg*. La risposta che si usa in italiano è «crepi il lupo» (*may the wolf die*). Le espressioni in italiano e in inglese sono molto differenti, ma hanno un valore scaramantico (*to ward off bad luck*). La lingua italiana è ricca di frasi idiomatiche che si riferiscono al mondo animale e che non corrispondono letteralmente all'inglese. Eccone alcune:

due piccioni   un orso   una volpe   un coniglio

Prendere due piccioni con una fava (*fava bean*) = *To kill two birds with one stone*
Essere un orso = *To be unsociable*
Essere una (vecchia) volpe = *To be sly, clever*
Essere un coniglio = *To be a coward, to be a chicken*

Verifica. Completate le frasi con la corretta espressione idiomatica.

1. Marco, perché non esci con noi stasera? Vuoi sempre startene a casa da solo; sei un vero _____!
2. Alberto è proprio un _____; non sa affrontare (*face*) le situazioni difficili.
3. Mentre facciamo una passeggiata in centro, fermiamoci all'ufficio postale, così prendiamo _____.
4. Francesco, quella vecchia _____! Mi ha convinto a prestargli cento euro!

In uno studio legale

In cerca di un impiego 🔊 CD2-16

In search of

Liliana ha preparato il suo curriculum vitae e oggi si è presentata nello studio dell'avvocato Rizzi per un colloquio.

Rizzi Ah, questo è il Suo curriculum. Mi dica, ha mai lavorato in un ufficio legale?

Liliana No, ho lavorato per alcuni mesi in una ditta d'import-export, ma poiché sono studentessa in legge mi piacerebbe fare esperienza in uno studio legale.

Rizzi Come Lei avrà letto nel nostro annuncio, noi avremmo bisogno di **qualcuno** solamente per un lavoro part-time di due mesi, per fare delle ricerche.

somebody

Liliana Sì, un lavoro di due mesi a orario ridotto mi andrebbe bene, perché mi permetterebbe di frequentare i miei corsi.

Rizzi Benissimo. Allora, benvenuta a bordo! **Per quanto riguarda** l'orario, si metta d'accordo con la mia segretaria.

As far as

(Liliana fa la conoscenza della segretaria.)

Marina Molto piacere, signorina.

Liliana Piacere. Mi chiami pure Liliana.

Marina Grazie. Io sono Marina. Lei è disponibile la mattina o il pomeriggio?

Liliana Il pomeriggio, due o tre ore. Posso incominciare anche domani.

Marina Ottimo. Io ho il Suo curriculum… dovrei vedere anche il Suo codice fiscale.

Liliana Eccolo!

Marina Benissimo, grazie. Allora ci vediamo domani pomeriggio alle due.

Liliana Grazie, arrivederci.

A. Alla lettura. Dopo che avete letto il dialogo «In cerca di un impiego», con un compagno/una compagna, sottolineate i verbi al condizionale.

B. Comprensione

1. Perché Liliana si è presentata in uno studio legale?
2. Per quali ragioni vorrebbe lavorare in uno studio legale?
3. Ha ottenuto (*obtained*) l'impiego? Perché è contenta?
4. Che cosa le dice l'avvocato prima di salutarla?
5. Chi conosce poi Liliana?
6. Quando incomincia a lavorare?

C. Conversazione

1. Ti sei mai presentato(a) a un colloquio tu? Com'è andato? Ti hanno chiesto il curriculum vitae?
2. Ti piacerebbe fare l'impiegato(a)? Perché?
3. Se non hai ancora un lavoro, quale mestiere o professione vorresti fare? Perché?
4. Se hai già un impiego, sei soddisfatto(a) del tuo stipendio? Lo spendi tutto o riesci a risparmiare un po' di soldi?
5. Se non hai un impiego, è perché sei disoccupato(a), molto ricco(a), in pensione o perché prima avresti intenzione di finire gli studi?

Adesso scriviamo!

Il mio lavoro ideale

Cosa vorresti diventare? È una domanda che sicuramente hai già sentito molte volte. In questa composizione devi descrivere il tuo lavoro ideale.

A. Organizza le tue idee rispondendo alle seguenti domande.

1. Qual è la tua professione ideale? Per quali ragioni?
2. Quali corsi di studio sono necessari? Ci sono altri requisiti?
3. In quale stato o città ti piacerebbe lavorare? Per chi o con chi lavoreresti?
4. Quali vantaggi e svantaggi ci sono in questa professione?

B. Adesso che hai finito la tua descrizione, controlla di aver scritto tutte le parole correttamente. Controlla l'accordo tra il verbo e il soggetto e tra il nome e l'aggettivo. Ti sei ricordato(a) di usare il condizionale?

L'immigrazione in Italia

A. You are about to read a few paragraphs on immigration in Italy. After being an immigrant-producing country for so long, today Italy receives many thousands of immigrants each year. This immigration on a large scale offers benefits as well as challenges as Italians attempt to integrate its new citizens.

face

L'Italia, che per molte generazioni ha mandato emigranti in tutto il mondo, ha dovuto **affrontare**, in un periodo relativamente breve, il fenomeno dell'immigrazione su larga scala. Molti extracomunitari (immigrati che non provengono da un paese dell'Unione Europea) continuano ad arrivare dall'Africa, dai paesi dell'Est Europeo, dall'Asia e dall'America Latina.

Molti immigrati clandestini arrivano in Italia dall' Africa del nord su imbarcazioni di fortuna *(makeshift boats)*.

willing
On the other hand / births
elderly
foreign labor

Ci sono stati casi di reazioni negative di alcuni Italiani che hanno visto il loro lavoro passare nelle mani degli immigrati, **disposti** a lavorare per un compenso inferiore. **Dall'altra parte**, con il numero delle **nascite** in diminuzione, e la popolazione degli **anziani** in aumento, l'Italia ha bisogno della **manodopera straniera**. Molti immigrati lavorano nell'agricoltura o nelle industrie. Più di centomila donne straniere hanno un lavoro permanente come domestiche o assistenti agli anziani.

I meno fortunati tra gli extracomunitari fanno i venditori ambulanti.

Nelle scuole ci sono attività culturali per facilitare l'integrazione tra i bambini italiani e quelli stranieri, anche se i bambini accettano le diversità culturali molto più facilmente degli adulti.

ATTUALITÀ

NO APARTHEID!

50 secondi di silenzio

Da Donna Moderna: N. 43, 2008

La Lega ha proposto—e la Camera ha approvato—di creare classi a parte per i bambini stranieri che non superano i testi d'italiano. Speriamo che il provvedimento non passi al Senato: non vogliamo ghetti a scuola.
Da: *Donna Moderna*, N.43, 2008

Nel 2008 l'opinione pubblica italiana ha reagito contro una mozione *(bill)* che prevedeva la separazione nelle scuole dei bambini stranieri da quelli Italiani.

B. Domande

1. Perché l'arrivo degli immigranti in Italia ha causato delle reazioni negative?

2. Perché l'Italia ha bisogno della manodopera straniera?

3. Che tipo di lavoro hanno trovato molte donne straniere?

4. Che cosa promuovono le scuole?

5. Perché la Camera dei Deputati ha proposto di separare i bambini italiani da quelli figli di immigrati recenti?

6. Che cosa chiede la popolazione italiana con le dimostrazioni?

A. Attività sul vocabolario. Guardate la sezione del video *Il mio lavoro*. Poi completate le frasi con i nomi che seguono.

avvocato, casalinga, commerciante, impiegata, insegnante, rappresentante, segretaria

Cosa dicono gli intervistati?

1. (Anna) Io faccio la _____; vendo macchine per ufficio.
2. (Alessandro) Sono _____, perciò sono autonomo.
3. (Adriana) Ecco, la mia professione attualmente è la _____. Ho fatto l'_____, ho fatto la _____ e mi sarebbe piaciuto fare la missionaria.
4. (Irene) Sono _____ in un liceo classico.
5. (Maria) La mia professione è molto importante per me: sono un _____.

B. Domande sul video

1. Che professione piacerebbe fare ad Anna?
2. Che professione non potrebbe mai fare Alessandro? Perché?
3. Quale professione non avrebbe mai potuto fare Maria?

C. Attività sulla grammatica. Guardate la sezione del video *Il mio lavoro* una seconda volta e mettere i verbi in parentesi al condizionale (presente o passato).

1. Anna fa la rappresentante, ma *(to prefer)* _____ lavorare nell'agricoltura. Le *(to like)* _____ anche fare il veterinario. Quando era giovane lei *(to want)* _____ fare il veterinario.
2. Alessandro non *(to be able)* _____ fare il medico perché è ipocondriaco.
3. Ad Adriana *(to like)* _____ fare la missionaria quando era giovane.
4. Maria non *(to want)* _____ essere un dentista.

D. Partecipazione. In gruppi di tre studenti, conversate sui seguenti argomenti.

- Quale professione vi piacerebbe fare e perché.
- Se vi piacerebbe vivere e lavorare per un periodo di tempo all'estero e in quale paese.
- Se scegliete la vostra carriera per ragioni economiche (per guadagnare molti soldi) o per seguire le vostre inclinazioni e aspirazioni.

Vocabolario 🔊

Nomi

il campo	field
il/la capoufficio	boss
il commercio	commerce
l'esperienza	experience
il Governo	Government
il fattore	factor, element
l'inclinazione (f.)	inclination
l'industria	industry
l'insegnamento	teaching
l'interesse (m.)	interest
la lettera di raccomandazione	letter of recommendation
il muratore	construction worker
il postino/la postina	mail carrier
il/la professionista	professional (person)
la promozione	promotion
la qualifica	qualification
la referenza	reference
la ricerca	research
lo/la specialista	specialist
il titolo di studio	degree
il/la veterinario(a)	veterinarian

Aggettivi

esperto	experienced, expert
finanziario	financial
grave	grave, serious
inesperto	inexperienced
puntuale	punctual
soddisfatto	satisfied

Verbi

appassionarsi (a)	to be very interested (in)
arrangiarsi	to manage
cambiare idea	to change one's mind
dirigere (p.p. diretto)	to manage
essere d'accordo	to agree
influenzare	to influence
iscriversi	to enroll, to register
migliorare	to improve
presentarsi	to introduce (present) oneself
riparare	to repair

Altre espressioni

Benvenuto(a)!	Welcome!
fare la fila	to stand in line
inoltre	besides
a orario ridotto	part time
il codice fiscale	fiscal I.D.

1. Professioni e mestieri. Identificate le professioni o i mestieri delle persone nei disegni e descrivete una loro attività.

5. **6.** **7.**

Esempio   *È un meccanico e ripara le automobili.*

1. _____
2. _____
3. _____
4. _____
5. _____
6. _____
7. _____

2. Condizionale presente. Margherita parla dei suoi progetti professionali e di quelli del suo ragazzo, Alessandro. Completate il paragrafo con il condizionale dei verbi tra parentesi.

Il mio ragazzo, Alessandro, studia economia e commercio e gli (piacere) _____ diventare un commercialista. Io invece (preferire) _____ fare la maestra. Dopo la laurea Alessandro (dovere) _____ superare l'esame di stato *(State Board Examination)* e poi (potere) _____ cercare un posto in uno studio di commercialisti. (Andare) _____ in ufficio e (stare) _____ lì a lavorare fino a tardi e noi non (avere) _____ molte opportunità di vederci. I suoi genitori (essere) _____ molto orgogliosi *(proud)* perché lui (guadagnare) _____ molti soldi. Il mio stipendio di maestra, invece, non (essere) _____ molto alto, e probabilmente non (essere) _____ tanto facile trovare lavoro, ma mi piacciono i bambini e (sapere) _____ insegnare molto bene, perché ho molta pazienza. E tu, cosa (preferire) _____ fare dopo la laurea?

3. Il condizionale passato. Che cosa avrebbero fatto di diverso?

Esempio   Alberto si è messo i jeans per andare al colloquio. (Bruno)
Bruno si sarebbe messo un completo e una cravatta.

1. Al ristorante Anna ha ordinato solo un primo. (Io)
2. I miei amici sono rimasti a casa sabato sera. (Federico)
3. Luciano è andato in pensione a 50 anni. (I suoi colleghi)
4. I turisti hanno noleggiato una macchina. (Tu e i tuoi amici)
5. Io ho cercato un lavoro part-time. (Tu)
6. Voi avete fatto domanda solo in due ditte. (Noi)

4. Il condizionale di *volere, potere* e *dovere*. Completate con la forma corretta del condizionale presente o passato.

Esempi   Cerchiamo un altro lavoro perché (volere) _____ guadagnare di più.
*Cerchiamo lavoro perché **vorremmo** guadagnare di più.*
(Volere) _____ guadagnare di più, ma non abbiamo trovato un altro lavoro.
***Avremmo voluto** guadagnare di più, ma non abbiamo trovato un altro lavoro.*

1. C'è un problema con il lavandino in cucina; (voi / dovere) _____ chiamare un idraulico.
2. Gli operai fanno sciopero perché (volere) _____ un aumento.
3. Se hai dei problemi con tua moglie, (tu / potere) _____ parlarne con uno psicologo.
4. Alessandro non (potere) _____ fare quel lavoro perché non aveva i requisiti.
5. Io (volere) _____ fare il veterinario, ma alla fine ho deciso di fare l'insegnante.
6. Abbiamo preso un brutto voto perché (dovere) _____ studiare di più.

5. Esclamazioni comuni. Scrivete un'espressione esclamativa appropriata alle seguenti situazioni.

Esempio   Oggi è il compleanno di un tuo amico.
Buon compleanno! o *Tanti auguri!*

1. I tuoi amici escono per andare ad una festa.
2. Il tuo compagno ha preso un bel voto nell'esame.
3. Carlo stava per avere un incidente, ma all'ultimo momento ha visto l'altra macchina.
4. Mentre nuoti *(you are swimming)* vedi uno squalo *(shark)*.
5. Il professore/La professoressa parte per l'Italia.
6. Devi finire i compiti e i tuoi amici ti chiedono se puoi uscire. Che cosa ti dicono? Che cosa rispondi?
7. È il primo di gennaio.
8. Un amico italiano ti domanda: «Hai la media *(GPA)* del 4.0?»
9. Il tuo compagno ha un esame difficile.
10. Il professore dice: «Per domani fate tutti gli esercizi nel libro di testo e nel quaderno degli esercizi!»

Paesi e paesaggi

Communicative goals

Identifying geographical features
Describing the countryside
Making comparisons

Le regioni d'Italia | La Campania

Studio di parole | Termini geografici

Punti grammaticali

14.1 I comparativi
14.2 I superlativi
14.3 Comparativi e superlativi irregolari
14.4 Uso dell'articolo determinativo

Vedute d'Italia | Manifestazioni folcloristiche

Attività video | *Viaggiamo insieme*

Ripasso

Courtesy of Azienda di soggiorno e turismo di Bolzano

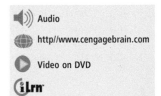

◀ Bolzano. Piazza delle Erbe
con il mercato all'aperto.

La Campania

La Campania è una regione dell'Italia meridionale. Con quasi sei milioni di abitanti, è una delle regioni con la più alta densità di popolazione. Il capoluogo è Napoli. Il territorio è vario e comprende la bellissima costiera amalfitana. L'economia si basa sull'industria alimentare, l'agricoltura, l'allevamento e il turismo. Purtroppo l'economia è depressa, a causa della corruzione e della presenza della criminalità organizzata, la Camorra, che rallenta *(slow down)* il potenziale sviluppo economico della regione.

L'isola d'Ischia, nel golfo di Napoli, è una meta turistica nota per le sue bellezze naturali e il suo patrimonio storico. Le acque termali *(hot springs)*, rinomate dai tempi dei greci, continuano ad attirare moltissimi visitatori. Nella foto si vede il Castello Aragonese del XVI secolo, che sorge *(stands)* su un isolotto roccioso *(rocky islet)*. ▼

▲ Napoli si trova all'ombra *(in the shadow)* del Vesuvio. Con circa un milione di abitanti, è una delle più popolose città italiane e il principale porto dell'Italia meridionale. Nel suo golfo ci sono le belle isole di Ischia e Capri. La città, fondata dagli antichi greci, ha subìto varie dominazioni, con periodi di splendore. In epoca normanna Napoli era un grande centro culturale. Le varie dominazioni hanno lasciato nella città diversi stili architettonici. Napoli vanta una lunga e ricca tradizione teatrale e musicale. I napoletani rivelano l'amore per la loro città con il detto *(saying)*: «Vedi Napoli e poi muori» *(See Naples and then you can die)*.

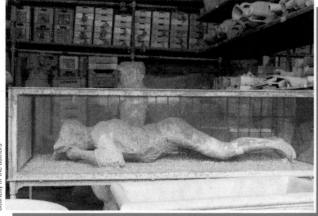
Courtesy of the authors

Pompei, ai piedi del vulcano Vesuvio, era un'importante colonia in epoca romana. Nell'anno 79 d.C. venne seppellita *(was buried)* da un'improvvisa eruzione del vulcano. Molti abitanti non fecero in tempo a fuggire *(could not run away in time)*. La città si conservò sotto le ceneri *(ashes)* e fu scoperta *(discovered)* solo nel diciassettesimo secolo. Gli scavi *(excavations)* portarono alla luce *(brought to light)* le antiche strade, i negozi e le ricche ville con affreschi e mosaici. Nella foto si vede un calco in gesso *(plaster mold)* che rivela la forma di una delle vittime dell'eruzione.

Courtesy of the authors

Durante l'eruzione del 79 d.C., la città di Ercolano scomparve *(disappeared)* sotto una massa di fango *(mud)* vulcanico. I ritrovamenti *(findings)* archeologici sono in ottimo stato di conservazione *(very well preserved)*. Nella foto si vede il mosaico di Nettuno e Anfitrite che era nella casa di un ricco mercante *(merchant)*.

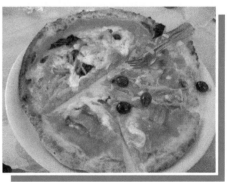
Courtesy of the authors

Tra i formaggi della Campania è rinomata la mozzarella di bufala, usata in due piatti tipici della regione: l'insalata caprese (con i pomodori e il basilico) e la pizza. Un pizzaiolo di Napoli, per celebrare l'unità d'Italia, preparò una pizza con mozzarella pomodoro, e basilico (i colori della bandiera italiana) e la servì alla regina *(queen)* Margherita, moglie di Umberto I, re *(king)* d'Italia. La regina apprezzò molto la pizza, che ancora oggi è nota come 'pizza Margherita'. ▼

Courtesy of the authors

▲ Un importante sito archeologico è Paestum, in provincia di Salerno, fondata nel VII secolo a.C. dai Greci. Nella foto si vede un particolare del tempio di Cerere (Atena) del 500 a.C., un perfetto esempio di architettura dorica.

Courtesy of the authors

Napoli – Un particolare del Chiostro di Santa Chiara, decorato da pilastri *(pillars)* e sedili *(benches)* ricoperti di maioliche *(majolica)* dipinte a mano e rappresentanti scene della vita quotidiana *(daily life)* del Settecento.

nikolpetr/Shutterstock.com

Una gita scolastica 🔊 CD2-17

Alcuni professori del liceo «M» dell'Aquila hanno
organizzato una gita scolastica a Roccaraso. Così Tina e
i compagni vanno in montagna a passare la settimana
bianca. Ora i ragazzi sono in pullman, **eccitati** e felici.   *excited*

TINA Mi piace viaggiare in pullman, e a te?

STEFANO Mi piace **di più** viaggiare in treno.   *more*

RICCARDO Viaggi spesso?

STEFANO Viaggio spesso con la mia famiglia nell'Italia
    settentrionale, ma l'estate prossima visiteremo l'Italia
    meridionale: la Campania e la Sicilia.

LISA L'anno prossimo io prenderò l'aereo per la prima volta:
    andrò con la mia famiglia negli Stati Uniti a trovare dei
    parenti.

TINA Dove andrete?

LISA Andremo prima a San Francisco e ci staremo per una
    settimana. Poi noleggeremo una macchina e visiteremo
    l'Arizona, il New Mexico e il Gran Canyon.

STEFANO Ho visto delle foto. Il Gran Canyon è uno degli
    spettacoli più belli del mondo.

LISA **Penso di sì**. Non vedo l'ora di vederlo.   *I think so.*

RICCARDO Sarà un viaggio interessantissimo.

TINA Io non prenderò mai l'aereo: **ho una paura da morire**!   *I am scared to death*
    Un viaggio in treno è molto più piacevole di un viaggio in
    aereo: dal treno puoi vedere pianure, colline, laghi, fiumi...

RICCARDO Ma va! Tu hai paura di **tutto**! Come mai non   *everything*
    hai paura di sciare?

TINA Perché sciare mi piace moltissimo. E poi mio padre
    mi ha comprato per Natale un bellissimo paio di sci.

Comprensione

1. Dove vanno Tina e i suoi compagni? **2.** A Stefano piace di più viaggiare in
treno o in pullman? **3.** Quali regioni visiterà Stefano l'estate prossima? Sono
regioni settentrionali? **4.** Perché Lisa si fermerà a San Francisco? **5.** Com'è il
Gran Canyon, secondo Stefano? Dove l'ha visto? **6.** Perché Tina non prenderà
mai l'aereo? **7.** Perché Tina non ha paura di sciare?

Studio di parole Termini geografici

Una valle tra le montagne

Le colline toscane

Positano, sulla costa del mar Tirreno

la terra earth
la montagna mountain
la catena chain
la collina hill
il vulcano volcano
la valle valley
la pianura plain
l'isola island
la penisola peninsula
la costa coast
il mare sea
l'oceano ocean
il golfo gulf
il porto port
il fiume river
il lago lake
la riva shore, river bank
in riva al mare, al lago, al fiume
   on the seashore, lakeside, riverside
il continente continent
la superficie area, surface
il paesaggio landscape
la vista view

il clima climate
il paese country; small town
la località place; resort
il cielo sky
il sole sun
l'alba dawn
il tramonto sunset
la luna moon
la stella star
il pianeta (*pl.* **i pianeti**) planet
attraversare to cross
confinare (con) to border
circondare to surround
distare to be far (from)
il nord north
il sud south
l'ovest west
l'est east
settentrionale = del nord northern
meridionale = del sud southern
orientale = dell'est eastern
occidentale = dell'ovest western

Informazioni

I vulcani in Italia

In Italia ci sono diversi vulcani. L'Etna, in Sicilia, è il vulcano più alto d'Europa (oltre tremila metri) ed anche uno dei più attivi, con frequenti e violente eruzioni che minacciano *(threaten)* i paesi vicini. Tra il 2011 e il 2012 ci sono state violente eruzioni di lava.

   Nell'arcipelago delle Isole Eolie, situate a nord est della Sicilia, si trovano altri due vulcani attivi, lo Stromboli e Vulcano. Lo Stromboli è il più attivo dei vulcani in Europa e le sue eruzioni hanno una frequenza di circa una ogni ora.

L'eruzione dell'Etna del 30 luglio 2011

Applicazione

A. Termini geografici. Completate le frasi con le parole della lista.

attraversa   circonda   confina   meridionale
occidentale   pianeti   porto   settentrionale

1. L'Italia _____ con la Francia, la Svizzera, l'Austria e la Slovenia.
2. Il fiume Po _____ la Pianura Padana.
3. Il mare Mediterraneo _____ la penisola italiana.
4. I traghetti (*ferries*) per le isole di Capri e Ischia partono dal _____ di Napoli.
5. San Francisco è sulla costa _____ degli Stati Uniti.
6. Milano e Torino sono città dell'Italia _____.
7. Napoli e Palermo sono città dell'Italia _____.
8. Nel sistema solare ci sono nove _____, tra cui (*among which*) la Terra.

B. La geografia. Rispondete alla domande che seguono. Come riferimento, guardate le due carte geografiche d'Italia all'inizio del libro.

1. La Sardegna è un'isola o una penisola?
2. Che cosa attraversiamo per andare dall'Italia all'Austria?
3. È più lunga la catena degli Appennini o quella delle Alpi?
4. Che cosa sono il Po, l'Arno e il Tevere? Quali città attraversano?
5. La città di Como si trova in riva a un fiume o a un lago?
6. Che cos'è il Cervino?

C. Quanto sappiamo sull'Italia? Attività in gruppi di tre o quattro studenti. Decidete insieme quali delle seguenti affermazioni (*statements*) sono corrette.

1. La popolazione in Italia è di   a. 60 milioni.   c. 50 milioni.
                                       b. 80 milioni.

2. In Italia ci sono   a. 20 regioni.   c. 25 regioni.
                                       b. 24 regioni.

3. Le regioni del sud d'Italia   a. settentrionali. c. meridionali.
   si chiamano   b. centrali.

4. La città in cui (*where*) c'è   a. Torino.   c. Roma.
   la sede (*seat*) del Parlamento è   b. Milano.

5. Il monte più alto delle Alpi è   a. il Cervino.   c. Il Gran Sasso.
                                       b. il Monte Bianco.

6. Il fiume più lungo d'Italia è   a. il Tevere.   c. l'Arno.
                                       b. il Po.

7. I laghi più grandi si trovano   a. al centro d'Italia. c. al sud.
                                       b. al nord.

8. Il lago più grande d'Italia è   a. il lago di Como. c. il lago di Garda.
                                       b. il Lago Maggiore.

Il lago di Garda

D. Adesso parliamo! Interessi particolari. Immaginate di aver già visitato molte città italiane; ora volete vedere alcune zone interessanti della provincia. In coppie, chiedetevi a turno cosa vi interesserebbe vedere e perché.

Esempio
— *Ti piacerebbe andare sulle Dolomiti?*
— *Sì, vorrei fare delle escursioni in montagna e salire ai rifugi.*

1. Preferiresti fare delle escursioni sulle Alpi durante l'estate o andare a sciare *(ski)* in inverno? Perché?
2. In quali delle seguenti località ti piacerebbe fermarti per qualche giorno? La costiera amalfitana, le Cinque Terre, il monte Etna, il Monte Bianco, le isole di Capri e Ischia, la valle dei Templi in Sicilia, il Lago Maggiore, il lago di Garda, il lago di Como? Perché?

Nota linguistica

Fermare/fermarsi e smettere

Fermare (fermarsi) significa *to stop (from moving)*.

Smettere (di fare qualcosa) significa *to stop (doing something)* e *to quit*.
Il verbo deriva da "mettere" e il participio passato irregolare è "smesso".

Ferma la macchina!	*Stop the car!*	Smetti di lamentarti!	*Stop complaining!*
Fermiamoci al mercato!	*Let's stop at the market!*	Ho smesso di fumare.	*I quit smoking.*

Verifica. Completate le frasi con la forma corretta di fermare, fermarsi o smettere.

1. Da bambino Antonio suonava il pianoforte, ma _____ quando aveva tredici anni.
2. Oggi devo _____ in biblioteca dopo la lezione.
3. Ieri ho visto Marco per la strada e (noi) _____ per parlare un po'.
4. Se siete stanchi _____ di studiare!
5. Rita è proprio una chiacchierona *(chatterbox)*. Non _____ mai di parlare.
6. Ieri la polizia _____ il traffico perché c'era un incidente.

Ascoltiamo!

Un incontro CD2-18

Lisa è in vacanza a Roccaraso. Quando entra in una farmacia, incontra Giovanni, un amico che non vede da molti anni. Ascoltate la conversazione e rispondete alle seguenti domande.

Comprensione

1. Che sorpresa ha avuto Lisa?
2. Con chi è venuto in montagna Giovanni?
3. In quale periodo dell'anno Lisa e Giovanni venivano in montagna con le loro famiglie?
5. Perché Giovanni non potrà vedere Lisa sugli sci domani?
6. Che cosa dà Lisa a Giovanni? Perché?

Dialogo

In coppie, immaginate di incontrare un amico/una amica che non vedevate da molto tempo. Salutatevi e scambiatevi *(exchange)* notizie e indirizzi.

14.1 I comparativi

Ecco due fiumi italiani: il Tevere e l'Arno.
Il Tevere (405 km) è più lungo dell'Arno (241 km).

Il ponte Sant'Angelo a Roma del secondo secolo d.C. Nel Settecento furono aggiunte *(were added)* le statue dei dieci angeli *(angels)*.

Il Ponte Vecchio a Firenze è uno dei simboli della città. Sul ponte ci sono botteghe *(shops)* di orafi e gioiellieri *(goldsmiths and jewelers)*.

There are two types of comparisons: comparisons of **equality** (i.e., *as tall as*) and comparisons of **inequality** (i.e., *taller than*).

1. Comparisons of equality are expressed as follows:

(così)... come	*as . . . as*
(tanto)... quanto	*as . . . as, as much . . . as*

Both constructions may be used before an adjective or an adverb; in these cases, **così** and **tanto** may be omitted. Before a noun, **tanto... quanto** must be used; **tanto** must agree with the noun it modifies and cannot be omitted.

Roma è **(tanto)** bella **quanto** Firenze.	*Rome is as beautiful as Florence.*
Studio **(così)** diligentemente **come** Giulia.	*I study as diligently as Giulia.*
Ha **tanti** amici **quanti** nemici.	*He has as many friends as enemies.*

2. Comparisons of inequality are expressed as follows:

più... di, più... che	*more . . . than*
meno... di, meno... che	*less . . . than*

a. **Più... di** and **meno... di** are used when two people or things are compared in terms of the same quality or performance.

La California è **più** grande **dell'**Italia.	*California is bigger than Italy.*
Una Fiat è **meno** cara **di** una Ferrari.	*A Fiat is less expensive than a Ferrari.*
Gli aerei viaggiano **più** rapidamente **dei** treni.	*Planes travel faster than trains.*
Tu hai **più** soldi **di** me.	*You have more money than I.*

NOTE: Di *(Than)* combines with the article. If the second term of the comparison is a personal pronoun, a disjunctive pronoun (**me, te,** etc.) must be used.

b. **Più di** and **meno di** are also used before numbers.

Avrò letto **più di trenta** annunci.   *I probably read more than thirty ads.*
Il bambino pesa **meno**   *The baby weighs less than*
  di quattro chili.   *four kilos.*

c. **Più... che** and **meno... che** are used when two adjectives, adverbs, infinitives, or nouns are directly compared with reference to the same subject.

L'Italia è **più** lunga **che** larga.   *Italy is longer than it is wide.*
Studia **più** diligentemente   *He studies more diligently than*
  che intelligentemente.   *intelligently.*
Mi piace **meno** studiare   *I like studying less than having fun.*
  che divertirmi.
Luigi ha **più** nemici **che** amici.   *Luigi has more enemies than friends.*

Pratica

A. Paragoni. Paragonate le seguenti persone (o posti o cose), usando **(tanto)... quanto** o **(così)... come.** Non dimenticate la concordanza degli aggettivi.

Esempio   (alto) Teresa / Gina
              Teresa è (tanto) alta quanto Gina.
              Teresa è (così) alta come Gina.

1. (bello) l'isola di Capri / l'isola d'Ischia
2. (elegante) le donne italiane / le donne francesi
3. (piacevole) le giornate di primavera / quelle d'autunno
4. (romantico) la musica di Chopin / quella di Tchaikovsky
5. (serio) il problema della disoccupazione / quello della crisi economica

B. Più o meno. A turno, fatevi delle domande usando **più di** o **meno di.**

Esempio   (popolato) l'Italia / la California
              — L'Italia è più popolata o meno popolata della California?
              — L'Italia è più popolata della California.

1. (caro) le Fiat / le Ferrari 2. (lungo) le notti d'inverno / le notti d'estate
3. (leggero) un vestito di lana / un vestito di seta 4. (necessario) la salute
(*health*) / i soldi 5. (pericoloso) la bicicletta / la motocicletta

C. Chi più e chi meno? A turno, fatevi le seguenti domande, usando **più... di** o **meno... di.**

Esempio   Chi ha più soldi? Bill Gates o Lei?
              — Bill Gates ha più soldi di me.
              — Ho meno soldi di Bill Gates.

1. Chi cucina più spaghetti? Gli Italiani o i Francesi?
2. Chi ha più giorni di ferie all'anno? Un lavoratore italiano o un lavoratore americano?
3. Quale paese ha più partiti politici? L'Italia o gli Stati Uniti?
4. Chi guadagna più soldi? Un professore o un idraulico?
5. Chi va a più feste? Uno studente della classe d'italiano o il professore/ la professoressa d'italiano?

D. Più... che... A turno, fatevi le domande che seguono, scegliendo (*choosing*) l'alternativa appropriata.

Esempio   *— Milano è industriale o artistica?*
              — Milano è più industriale che artistica.

1. La Maserati è sportiva o pratica?
2. Il limoncello è dolce o amaro (*bitter*)?
3. Venezia ha strade o canali?
4. A un bambino piace studiare o giocare?

E. Quale parola manca? *(Which word is missing?)* Completate le frasi usando **come, quanto, di** (con o senza articolo) o **che.**

1. La tua stanza è tanto grande _____ la mia.
2. Ho scritto più _____ dieci pagine.
3. Sua sorella è più simpatica _____ lei.
4. È meno faticoso camminare in riva al mare _____ camminare in montagna.
5. La moda di quest'anno è meno pratica _____ moda degli anni scorsi.
6. Non siamo mai stati così poveri _____ adesso.
7. In Toscana ci sono più colline _____ pianure.
8. I bambini sono più innocenti _____ adulti.
9. L'italiano è più facile _____ cinese.

F. Cosa scegliereste? Fate una scelta fra le seguenti alternative e cercate di convincervi l'un l'altro *(each other)* che la vostra scelta è la migliore *(the best).*

Esempio una settimana bianca sulle Alpi / un giro in bicicletta nella zona dei laghi
— *Io sceglierei una settimana bianca perché sarebbe più divertente e potremmo sciare o fare snowboard.*
— *Io preferirei (fare) un giro in bicicletta perché sarebbe meno costoso e potremmo vedere molti posti differenti.*

Il sogno di Caterina, opera *(artwork)* del rinomato pittore senese Enzo Santini. Riconoscete un famoso monumento della città?

1. Venezia / Roma
2. andare in montagna in estate / andare al mare in estate
3. un viaggio in aereo / un viaggio in treno
4. studiare in Italia solo per un'estate / studiare in Italia per un anno
5. andare sulla luna / andare sul fondo *(bottom)* dell'oceano

G. Adesso parliamo! Un quiz di geografia. In gruppi di tre o quattro studenti, guardate la cartina geografica dell'Italia alla pagina seguente e rispondete alle domande del quiz. Controllate le vostre risposte solo alla fine.

a. Dove si trovano queste città e località? Scrivete il loro nome al punto *(spot)* corrispondente.

Esempio Cagliari
Cagliari si trova in Sardegna. (scrivete *Cagliari* vicino al punto corrispondente)

1. Torino	6. Firenze	11. Palermo
2. Trento	7. Assisi	12. Genova
3. Cosenza	8. Venezia	13. Il vulcano Vesuvio
4. Roma	9. Napoli	14. Capri e Ischia
5. Bari	10. Milano	**A. 14 punti**

b. Dove si trovano i seguenti mari? Scrivete il loro nome al punto indicato.

1. il mare Tirreno
2. il Mare Ligure
3. il mare Adriatico **B. 3 punti**

c. Indicate dove si trovano i seguenti paesi che confinano *(border)* con l'Italia:

1. l'Austria
2. la Slovenia
3. la Svizzera
4. la Francia **C. 4 punti**

d. Collaborate insieme. Dite:

- in quale città si trova il Vaticano.
- in quale città ci sono le gondole.
- in quale città si trova il Teatro alla Scala.
- in quale città si trova la torre pendente (leaning tower).
- da quale città vengono le automobili Fiat.
- in quale città si trova il *David* di Michelangelo.
- vicino a quale città ci sono le isole di Capri e Ischia.
- in quale regione si trova il lago di Como.
- quale regione è famosa per i salami e il prosciutto.
- in quale regione è Portofino.
- come si chiama la piccola repubblica indipendente nel territorio italiano.
- come si chiamano le montagne che circondano l'Italia al nord.
- come si chiama il fiume più lungo d'Italia.
- come si chiama il lago più grande d'Italia   **D. 14 punti**

Adesso controllate le vostre risposte: se avete totalizzato 35 punti (35 risposte corrette) siete bravissimi e meritate un viaggio premio in Italia. Se avete totalizzato 27 punti siete abbastanza bravi e siete pronti per andare in Italia. Se avete totalizzato meno di 15 punti, il vostro viaggio in Italia vi presenterà dei problemi.

14.2 I superlativi

There are two types of superlatives: the relative superlative (**superlativo relativo**) and the absolute superlative (**superlativo assoluto**).

1. The relative superlative means *the most . . . , the least. . . , the (. . .)est.* It is formed by placing the definite article before the comparative of inequality.

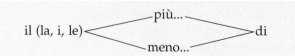

Firenze è **la più** bella città d'Italia. — *Florence is the most beautiful city in Italy.*
Pierino è **il meno** studioso della classe. — *Pierino is the least studious in the class.*
Il Monte Bianco è **il più** alto d'Europa. — *Mont Blanc is the highest mountain in Europe.*

Note that the English preposition *in* is rendered in Italian by **di** or **di +** *definite article.*

The position of the superlative in relation to the noun depends on the adjective. If the adjective follows the noun, the superlative also follows the noun. In this case, the article is placed *before* the noun.

Roma è **la più grande** città d'Italia. — *Rome is the largest city in Italy.*
  OR: Roma è **la città più grande** d'Italia.
Genova e Napoli sono **i porti più importanti** del mare Tirreno. — *Genoa and Naples are the most important ports in the Tyrrhenian Sea.*

2. The absolute superlative means *very* or *extremely* + adjective or adverb. It is formed in the following ways:

   a. By placing **molto** before the adjective or the adverb.

   Capri è un'isola **molto bella.** — *Capri is a very beautiful island.*
   Lui impara le lingue **molto facilmente.** — *He learns languages very easily.*

   b. By adding the suffix **-ssimo (-ssima, -ssimi, -ssime)** to the masculine plural form of the adjective. This form of the absolute superlative is more emphatic.

   È stata una **bellissima** serata. — *It was a very beautiful evening.*
   Ho passato delle vacanze **interessantissime.** — *I spent a very interesting vacation.*

   NOTE: The absolute superlative of the adverbs **piano**, **presto**, and **tardi** are **pianissimo**, **prestissimo**, and **tardissimo**.

Pratica

A. Più o meno? Rispondete usando il superlativo relativo, secondo l'esempio.

Esempio   lo Stromboli / attivo / vulcani italiani
   — *Lo Stromboli è il più attivo o il meno attivo dei vulcani italiani?*
   — *È il più attivo.*

1. la Valle d'Aosta / grande / regioni d'Italia
2. il baseball / popolare / sport americani
3. febbraio / lungo / mesi
4. il 21 dicembre / breve *(short)* / giorni dell'anno
5. il cane / fedele *(loyal, faithful)* / animali

Il golfo di Palermo – la Sicilia è la più grande isola del Mediterraneo.

B. Secondo te,... ? A turno, fatevi delle domande, seguendo l'esempio.

Esempio   il giorno / bello / settimana
— *Secondo te, qual è il giorno più bello della settimana?*
— *Secondo me, il giorno più bello della settimana è il sabato.*
— *Per me, invece, il giorno più bello è...*

1. il programma / popolare / televisione
2. la città / romantica / Italia
3. le attrici / brave / Hollywood
4. gli stilisti di moda / creativi / Europa
5. il film / comico / anno

C. Tutto è superlativo! A turno, fatevi delle domande. Usate il superlativo assoluto nella risposta.

Esempio   bravo / Maria
— *È brava Maria?*
— *È bravissima.*

1. bello / l'isola di Capri
2. veloce / la Lamborghini
3. alto / il monte Everest
4. vasto / lo spazio
5. profondo / l'oceano Pacifico
6. luminoso (bright) / le stelle
7. verde / le colline umbre

Un bellissimo tramonto a Venezia

D. Persone e luoghi che meritano il superlativo assoluto.
Nominate cinque persone e cinque luoghi che meritano il superlativo assoluto. Abbinate i nomi con gli aggettivi che ritenete appropriati. Poi presentate alla classe le vostre scelte, descrivendole con l'aggettivo superlativo scelto.

Esempio   *Bill Gates è ricchissimo.*
San Marino è uno stato piccolissimo.

E. Adesso parliamo! Identificate le seguenti foto. In piccoli gruppi, uno studente/una studentessa rivolge una domanda a ogni studente/studentessa del gruppo.

Foto a.: 1. Riconosci questa piazza? Si trova nel più piccolo stato del mondo. Quale? **2.** In quale regione si trova la città che lo circonda? È una regione dell'Italia settentrionale, centrale o meridionale? **3.** Come si chiama il fiume che attraversa la città? **4.** Conosci il nome di alcuni artisti che hanno contribuito alla ricchezza artistica e architettonica di questa città?

Foto b. : 1. Riconosci la città? In quale regione si trova? **2.** Come si chiama il fiume che l'attraversa? **3.** Puoi nominare una statua, una chiesa o un museo di questa città? **4.** Sai come si chiama il movimento umanistico nato nel '400 in questa città? **5.** Ricordi il nome di alcuni dei suoi più illustri cittadini nel campo dell'arte o della letteratura?

Foto c. : 1. Sai in che città si trova questa cattedrale? Come si chiama? Di che stile è? **2.** In che regione si trova questa città? **3.** La regione si trova in una pianura molto fertile che prende il nome dal fiume che l'attraversa. Sai come si chiama la pianura e come si chiama il fiume? **4.** Sai con quali altre regioni confina questa regione?

Quale delle tre città preferisci visitare e perché? Secondo te, qual è la città più industriale delle tre? Qual è la più artistica? Qual è la più antica?

14.3 Comparativi e superlativi irregolari

1. Some adjectives have both regular and irregular comparative and superlative forms. The most common irregular forms are:

Adjective	Comparative		Relative Superlative		Absolute Superlative		
					Regular	Irregular	
buono	migliore	*better*	il migliore	*the best*	buonissimo	ottimo	*very good*
cattivo	peggiore	*worse*	il peggiore	*the worst*	cattivissimo	pessimo	*very bad*
grande	maggiore	*bigger; greater*	il maggiore	*the biggest; the greatest*	grandissimo	massimo	*very big; very great*
piccolo	minore	*smaller*	il minore	*the smallest*	piccolissimo	minimo	*very small*

In Toscana si produce un ottimo olio d'oliva.

Although the regular and irregular forms are sometimes interchangeable, the choice is often determined by the context. The regular forms are generally used in a literal sense, to describe size, physical characteristics, and character traits. The irregular forms are generally used to describe less concrete qualities, such as skill, greatness, and importance.

Le autostrade italiane sono tra **le migliori** d'Europa.	*Italian highways are among the best in Europe.*
Dante è **il maggior** poeta italiano.	*Dante is the greatest Italian poet.*
Le tagliatelle alla bolognese sono **buonissime (ottime).**	*Tagliatelle alla bolognese is very good.*
D'inverno il clima di Milano è **pessimo.**	*In winter the climate in Milan is very bad.*

NOTE

a. When referring to birth order, *older (the oldest)* and *younger (the youngest)* are frequently expressed by **maggiore (il maggiore)** and **minore (il minore).**

Tuo fratello è **maggiore** o **minore** di te?	*Is your brother older or younger than you?*
Franca è **la minore** delle sorelle.	*Franca is the youngest of the sisters.*

b. When referring to food or beverages, *better (the best)* and *worse (the worst)* may be expressed with the regular or irregular form.

Il vino bianco è **migliore (più buono)** quando è refrigerato.	*White wine is better when it is chilled.*

2. The adverbs **bene, male, molto,** and **poco** have the following comparative and superlative forms:

Adverb	Comparative		Relative Superlative		Absolute Superlative	
bene	meglio	*better*	il meglio	*the best*	benissimo	*very well*
male	peggio	*worse*	il peggio	*the worst*	malissimo	*very badly*
molto	più, di più	*more*	il più	*the most*	moltissimo	*very much*
poco	meno, di meno	*less*	il meno	*the least*	pochissimo	*very little*

Anna canta **meglio** di me.	*Anna sings better than I do.*
Guadagni come me? No, guadagno **di più.**	*Do you earn as much as I (do)? No, I earn more.*
Qui si mangia **benissimo.**	*Here one eats very well.*
Ho dormito **pochissimo.**	*I slept very little.*

Proverbi. Quali sono i proverbi in inglese che hanno un significato simile a questi?

1. Meglio tardi che mai.
2. È meglio un asino *(donkey)* vivo che un dottore morto.
3. È meglio un uovo oggi che una gallina *(hen)* domani.
4. Non c'è peggior sordo *(deaf)* di chi non vuol sentire.

Pratica

A. Opinioni. A turno, domandatevi la vostra opinione sulle seguenti cose.

Esempio   il clima della California / il clima dell'Oregon
— *Secondo te, è migliore il clima della California o il clima dell'Oregon?*
— *Il clima della California è migliore del clima dell'Oregon.*

1. Quale dei due è **migliore?**
   a. una lezione alle otto del mattino / una lezione alle due del pomeriggio
   b. un gelato al cioccolato / un gelato alla vaniglia

2. Quale dei due è **peggiore?**
   a. la noia (*boredom*) / il troppo lavoro
   b. la pioggia / il vento

3. Quale dei due è **maggiore?**
   a. un figlio di vent'anni / un figlio di tredici anni
   b. la popolazione dello stato di New York / quella della California

4. Quale dei due è **minore?**
   a. i problemi di uno studente / quelli di un padre di famiglia
   b. il peso di una libbra / quello di un chilo

B. Paragoni. Formate una frase completa con il comparativo dell'avverbio in corsivo, seguendo l'esempio.

Esempio   Maria canta *bene* / Elvira   *Maria canta meglio di Elvira.*

1. un povero mangia *male* / un ricco
2. un avvocato guadagna *molto* / un impiegato
3. un barista (*bartender*) va a letto *tardi* / un elettricista
4. un neonato (*newborn*) mangia *spesso* / un ragazzo
5. uno studente pigro studia *poco* / uno studente diligente
6. una segretaria scrive al computer *velocemente* / una professoressa
7. mia madre cucina *bene* / me

C. Superlativi. Rispondete a turno, usando il superlativo assoluto dell'aggettivo o dell'avverbio.

1. Canta bene Andrea Bocelli?
2. Ti piace molto viaggiare?
3. È piccolo un atomo?
4. Si mangia poco quando si è a dieta?
5. Sono interessanti le lezioni d'italiano?
6. È lontano il pianeta Nettuno?
7. È grande l'Africa?
8. Cucina bene Giada de Laurentis?

D. Confrontando le vacanze. Al ritorno dalla loro breve vacanza sulla neve a Cortina d'Ampezzo, Tina e Riccardo parlano dell'albergo dove hanno alloggiato e fanno diversi paragoni. Completate il loro dialogo.

RICCARDO Quest'anno il nostro albergo era (*better*) _____ di quello dell'anno scorso, non ti pare?

TINA Sì, era (*more attractive*) _____, ma la mia camera era (*smaller*) _____ della tua. L'anno scorso io sono stata (*better*) _____ di questa volta.

RICCARDO Però non puoi negare (*deny*) che la cucina del ristorante era (*very good*) _____.

TINA Hai ragione. I primi piatti erano tutti (*good*) _____, ma i tortellini erano (*the best*) _____. Purtroppo, il cameriere che ci serviva era (*the worst*) _____ di tutto il ristorante.

RICCARDO Tina, cerca di criticare (*less*) _____. Il poveretto era austriaco e parlava (*very badly*) _____ l'italiano.

14.4 Uso dell'articolo determinativo

We have already seen that the definite article is used with titles, days of the week, possessive adjectives, reflexive constructions, and dates and seasons. The definite article is also required with:

a. nouns used in a general or an abstract sense, whereas in English it is often omitted.

I bambini amano **gli animali.**	*Children love animals.*
Il tempo è prezioso.	*Time is precious.*

b. names of languages (except when immediately preceded by the verb **parlare**).

Ho incominciato a studiare **l'italiano.** Parlo inglese.	*I began to study Italian. I speak English.*

c. geographical names indicating continents, countries, states, regions, large islands, and mountains. Names ending in **-a** are generally feminine; those ending in a different vowel or a consonant are masculine.

L'Everest è il monte più alto del mondo.	*Mount Everest is the highest mountain in the world.*
La capitale de**gli Stati Uniti** è Washington.	*The capital of the United States is Washington.*
L'Asia è più grande dell'**Europa.**	*Asia is larger than Europe.*
Il Texas è ricco di petrolio.	*Texas is rich in oil.*
Il Piemonte confina con **la Liguria.**	*Piedmont borders on Liguria.*
La Sicilia è una bellissima isola.	*Sicily is a very beautiful island.*

NOTE: When a feminine noun designating a continent, country, region, or large island is preceded by the preposition **in** (*in, to*), the article is omitted unless the noun is modified.

Andrete **in Italia** questa estate?	*Will you go to Italy this summer?*
Sì, andremo **nell'Italia meridionale.**	*Yes, we will go to southern Italy.*

Pratica

A. Gusti di una coppia. Mirella parla di sé e del marito. Completate il suo discorso con l'articolo determinativo, dove necessario. Dove non è necessario, mettete una X.

Io amo _____ musica classica, lui ama _____ calcio. A me piacciono _____ acqua minerale e _____ frutta; a lui piacciono _____ panini al salame e _____ vino rosso. Io preferisco _____ lettura e lui preferisce _____ TV. _____ mia stagione preferita è _____ autunno; _____ sua è _____ estate. Io ho imparato _____ francese ed anche _____ inglese; lui ha studiato solamente _____ spagnolo. _____ mio padre è fiorentino e _____ suo padre è romano. _____ Toscana è _____ mia regione; _____ Lazio è _____ sua. Io vedo sempre _____ mie amiche _____ venerdì e lui vede _____ suoi amici _____ sabato. Ma _____ domenica prossima non ci saranno differenze e partiremo insieme per _____ Grecia.

B. Dove si trova... ? A turno, fatevi delle domande, seguendo l'esempio.

Esempio   Cina / Asia   — *Dove si trova la Cina?*
              — *La Cina si trova in Asia.*

1. Portogallo / Europa
2. Brasile / America del Sud
3. Monte Etna / Sicilia
4. Calabria / Italia meridionale
5. Monte Bianco / Alpi occidentali
6. Denver / Colorado

C. I vostri gusti. In coppie, nominate a turno cinque cose che amate e cinque cose che detestate. Vi piacciono le stesse cose?

Esempio   *Amo le giornate piene di sole. Detesto la pioggia.*

La cucina italiana è una delle migliori.

Le colonne di San Lorenzo

Alla scoperta della città...

Moda

Due città: paragoni 🔊 CD2-19

Brett è uno studente americano di San Francisco che è
venuto a studiare per un anno all'Università Bocconi di
Milano. Ora è in un caffè vicino all'università e scambia
opinioni e commenti con il suo amico Matteo, di Milano,
anche lui studente alla Bocconi.

MATTEO Come ti sembra Milano, adesso che sei qui da
quasi un anno? Com'è, paragonata a San Francisco?

BRETT Meno bella, credo. È molto più vecchia di San
Francisco e le case sono più grigie. Però il centro mi
piace molto: ci sono degli edifici bellissimi. Per esempio,
mi piace in modo particolare il Teatro alla Scala.

MATTEO E come trovi il clima?

BRETT In inverno fa molto più freddo che a San Francisco.
Faceva già freddo a novembre. Ieri sera c'era una nebbia
così **fitta** che non si vedeva a un metro di distanza.   *thick*
E d'estate, in luglio e agosto, ci sono giornate caldissime,
afose: tutti sono in vacanza e la città è semideserta.   *muggy*

MATTEO E la cucina italiana ti piace?

BRETT Sì, moltissimo. Da quando sono qui, mangio molto
meglio di prima. I ristoranti sono in genere eccellenti,
anche quelli modesti e offrono una grande varietà di cibi.

MATTEO Che cos'altro ti piace qui?

BRETT La gente! È molto cordiale e ospitale.

iŤiŤ A. Alla lettura. Dopo che avete letto il dialogo, con un compagno/una compagna, sottolineate tutti i comparativi e i superlativi (relativi e assoluti). Quanti ne avete trovati?

B. Comprensione

1. Di dov'è Brett e cosa fa a Milano? **2.** Dov'è Brett oggi e con chi? Di cosa parlano? **3.** Perché Brett trova Milano meno bella di San Francisco? **4.** Che cosa gli piace di Milano? Perché? **5.** Secondo Brett, qual è la differenza tra il clima di Milano e quello di San Francisco? **6.** Perché Brett dice che in Italia si mangia benissimo? **7.** Cos'altro gli piace di Milano? Perché?

iŤiŤiŤ C. Conversazione

1. Se paragoni l'Italia al tuo stato, quali differenze noti? Per esempio, il tuo stato è più grande o più piccolo?

2. Pensa alla città più vicina a te. Come si paragona a Milano? Gli edifici sono più vecchi o più nuovi? Ci sono grattacieli *(skyscrapers)*?

3. Cosa pensi degli abitanti dove abiti? Sono poco cordiali o molto cordiali? Sono desiderosi di comunicare con gli stranieri oppure sono indifferenti?

4. Ti piacerebbe fare l'esperienza di vivere per un anno in Italia? Se sì, in quale città?

Adesso scriviamo!

Il mio posto preferito

Scrivi una breve descrizione del tuo posto preferito e spiega che cosa significa per te. Organizza le tue idee come indicato *(as shown below)*.

A. Nel primo paragrafo descrivi il tuo posto preferito in termini di paesaggio.
  1. Il mio posto preferito è _____.
  2. Dov'è il tuo posto preferito: in campagna? in città? al mare? al lago? in montagna?
  3. Scrivi almeno tre caratteristiche geografiche del tuo posto preferito.

B. Nel secondo paragrafo descrivi i motivi per cui ti piace questo posto.
  1. Scrivi almeno tre ragioni per cui ti piace questo posto. Descrivi le attività che associ con il posto.
  2. Concludi con una frase finale che riassuma perché questo posto ha un significato speciale per te.

C. Quando hai finito la tua descrizione, controlla di aver scritto tutte le parole correttamente; controlla anche l'accordo tra il verbo e il soggetto, e tra il nome e l'aggettivo. Hai usato qualche superlativo?

A. You are going to read about two events that take place in Italy. One is **il palio di Siena**, the famous horse race. Ten of Siena's city wards participate. Thousands of people attend this event. The race, preceded by the **corteo storico**, lasts only a few minutes: the horses, that are mounted by jockeys each wearing the color of a city ward, go around Siena's main square three times. Everything is allowed during the race, including throwing the competitors off their horses. The horse that crosses the finishing line first wins, even if it arrives without its jockey. The trophy **(il palio)** belongs to the ward whose horse won, and the celebration goes on for days.

Manifestazioni folcloristiche
a parade

Il palio di Siena è la famosa corsa dei cavalli che ha luogo nella piazza del Campo due volte all'anno, in luglio e in agosto. Questa manifestazione ha origini antiche e continua ancora oggi con lo stesso entusiasmo e la stessa trepidazione. Dieci delle diciassette **contrade** di Siena partecipano alla corsa, e i **fantini** portano i colori delle contrade che rappresentano. **Migliaia** di persone assistono al palio. Un corteo storico precede la corsa. La corsa **dura** solo pochi minuti: i cavalli **corrono intorno** alla piazza del Campo tre volte. Durante la corsa **tutto è lecito**, anche **disarcionare** gli altri fantini. Il cavallo che arriva per primo al **traguardo** vince **il palio** per la contrada che rappresenta, anche se arriva senza il fantino. La vittoria della contrada è celebrata con grandi festeggiamenti che continuano per alcuni giorni.

Il palio di Siena

city wards
jockeys / Thousands

lasts / run around
everything is allowed / to throw off
finishing line / the trophy

Il carroccio del corteo storico che precede la corsa dei cavalli, con il palio *(trophy)*. Il dipinto *(painting)* di Santa Caterina è opera dell'affermato pittore senese Enzo Santini.

La partita a scacchi. You are going to read about a chess match that is played with real people and horses as chess pieces. It takes place every two years in the center square of the city of Marostica (Veneto), on a paved chessboard in front of the castle. The choreography is brilliant and the fifteenth century costumes are superb. The game commemorates an event that took place in Marostica in 1454: two noble lords, both in love with the beautiful daughter of the lord of the castle, could not resolve their dispute by a duel, since dueling had been forbidden by the Republic of Venice. So they decided to play a chess game so that the winner could marry the woman he loved. The game with the living chess pieces was inaugurated in 1923 and has made the city of Marostica famous.

La partita a scacchi

of the fourteenth century / Thousands

that happened
knights / lord of the castle

La partita a scacchi ha luogo ogni due anni a Marostica, una cittadina del Veneto. La partita si svolge su una splendida scacchiera di fronte al castello di Marostica, con personaggi viventi in costumi **quattrocenteschi**. **Migliaia** di persone assistono a questo evento.

La partita commemora un evento **avvenuto** nell'anno 1454. Due nobili **cavalieri**, innamorati della bella figlia del **castellano**, non potendo risolvere la disputa con un duello, perché il duello era proibito dalla Serenissima Repubblica di Venezia, decisero di risolvere la situazione con una partita a scacchi. Il vincitore avrebbe sposato la figlia del castellano. La partita a scacchi fu presentata per la prima volta nell'anno 1923, e da allora è rappresentata ogni due anni ed ha reso famosa la città di Marostica.

Courtesy of the City of Marostica

B. Rispondete alle seguenti domande.

1. Dove ha luogo il palio di Siena? Quando?
2. Chi partecipa alla corsa dei cavalli?
3. Che cosa precede la corsa? Quanto dura la corsa?
4. Chi vince il Palio?
5. Dove ha luogo la partita a scacchi con personaggi viventi?
6. Dov'è Marostica?
7. In che anno è avvenuta la prima partita a scacchi a Marostica?
8. Perché due nobili cavalieri hanno disputato una partita a scacchi?
9. Quale premio ha ottenuto il vincitore?

Attività video ▶

A. Attività sul vocabolario: Cosa dicono gli intervistati? Guardate la sezione del video *Viaggiamo insieme*, poi completate le frasi con le espressioni che seguono.

collina, costa, laghi, meridionale, paesini, posti

1. (Anna) Ho visitato la parte _____ dell'Italia.
2. (Alessandro) ...belli i _____ del nord d'Italia, belle le Dolomiti, dove vivo.
3. (Adriana) ...vedere tutti questi paesini messi in cima alla _____ ...
4. (Adriana) Ci sono dei _____ bellissimi e dei boschi *(woods)* stupendi.
5. (Irene) Ci sono tanti luoghi a contatto con la natura: le Alpi, le Dolomiti, la _____, le Cinque Terre.
6. (Maria) Sono andata in molti _____, alcuni molto belli.

B. Domande sul video

1. Quale isola ha visitato Anna (la prima intervistata)? Perché ama viaggiare?
2. Perché Alessandro viaggia molto all'estero?
3. Quale regione d'Italia piace molto ad Adriana (la terza intervistata)?
4. Cosa dice Irene (la quarta intervistata) del suo viaggio a Pompei?
5. Quali laghi piacciono a Maria (l'ultima intervistata)?

C. Attività sulla grammatica. Completate le frasi con gli articoli appropriati (quando necessari).

1. Ho visitato _____ Sardegna. Ho visitato _____ Stati Uniti.
2. È bella _____ Venezia, bella _____ Toscana, belle _____ Dolomiti.
3. Ho visitato _____ Baviera, _____ Germania, _____ Svizzera, _____ Parigi, _____ Irlanda _____ Spagna.
4. Desidero vedere _____ Cinque Terre, _____ Firenze, _____ Capri, _____ Lago di Garda.
5. Andiamo a visitare _____ Vermont, _____ Florida e _____ New Orleans.

D. Partecipazione. In gruppi di tre studenti, fatevi a turno le seguenti domande.

- Dove desideri fare un viaggio l'estate prossima?
- Dove vai in vacanza di solito *(usually)*? In quale stagione?
- Quando fai una gita in montagna fai molte foto?
- Qual è la tua stagione preferita, e perché?

Vocabolario 🔊

Nomi

la distanza	distance
la gita scolastica	school field trip
il grattacielo	skyscraper
il miglio (*pl.* le miglia)	mile
il mondo	world
il paragone	comparison
la popolazione	population
gli sci	skis

Aggettivi

amaro	bitter
eccitato	excited
fisico	physical
maggiore	larger, greater
massimo	greatest
migliore	better
minimo	smallest
minore	smaller; younger
ottimo	very good
peggiore	worse
pericoloso	dangerous
pessimo	terrible, very bad
piacevole	pleasant

popolare	popular
popolato	populated
profondo	deep
veloce	fast

Verbi

bagnare	to flow through (river)
illuminare	to light
paragonare	to compare
sorgere	to rise (sun)
tramontare	to set (sun)

Altre espressioni

Come mai... ?	How come . . . ?
così... come	as . . . as
fare a meno di	to do without
infatti	in fact
meno... di	less . . . than
meglio (*adv.*)	better
peggio (*adv.*)	worse
più... di (che)	more . . . than
tanto... quanto	as (much) . . . as
più o meno	more or less

1. Una bussola (A compass). Scrivete al punto giusto (*on the right spot*) i quattro punti cardinali (*points of the compass*).

2. Vocabolario. Completate le frasi con uno dei termini geografici in *Studio di parole*.

1. Gli Appennini sono una catena di _____.
2. Il Tevere e l'Arno sono due _____ dell'Italia centrale.
3. Il _____ Maggiore si trova tra il Piemonte e la Lombardia.
4. Il Po attraversa la _____ Padana.
5. Ancona è nelle Marche, sul _____ Adriatico.
6. Bolzano è una città dell'Italia _____ e Bari è una città dell'Italia _____.

3. Tre fratelli. Roberto, Paolo e Francesco sono fratelli. Scrivete **tre frasi con il comparativo e tre con il superlativo** sulla base delle informazione nella lista e gli aggettivi:

giovane / vecchio o maggiore / minore, alto / basso, ricco / povero, attivo / pigro, intelligente

Roberto	Paolo	Francesco
Età: 22 anni	Età: 20 anni	Età: 18 anni
Statura 1,80 m	Statura: 1,80 m	Statura: 1,85 m
Risparmi (*Savings*): 2 000 euro	Risparmi: 5 000 euro	Risparmi 1 000 euro
Attività: calcio, palestra	Attività: videogiochi, tivù	Attività: videogiochi, tivù
Quoziente d'intelligenza (QI): 120	QI: 115	QI: 115

Esempio *Francesco è il minore (il più giovane) dei tre fratelli. Paolo è (così) alto come Roberto.*
Paolo è meno alto di Francesco.

4. Superlativi assoluti. Completate le frasi con la forma corretta del superlativo assoluto dell' aggettivo o avverbio tra parentesi.

Esempi Antonella è (simpatico) _____. *Antonella è* **simpaticissima**.
Antonella mangia (poco) _____. *Antonella mangia* **pochissimo**.

1. I genitori di Roberto sono (gentile) _____.
2. Ci piace cantare, anche se (*even though*) cantiamo (male) _____.
3. Le lezioni del professore di storia sono (interessante) _____.
4. Vostra madre sa cucinare (bene) _____.

5. Qual è corretto? Completate con gli aggettivi o avverbi **meglio / migliore(i)** *o* **peggio / peggiore(i).** Non dimenticate gli articoli, se necessari.

1. Ieri Federico è rimasto a casa perché non stava bene, ma oggi si sente _____ ed è andato a lavorare.
2. Secondo me, quello è _____ ristorante della città. Si mangia benissimo!
3. Il corso di matematica è sempre più difficile per Anna. Il primo esame è andato male, e il secondo è andato ancora _____. Povera Anna!
4. Mi diverto a giocare a tennis con mio fratello anche se lui gioca _____ di me e vince (*wins*) sempre.

6. Gli articoli determinativi. Completate il paragrafo con gli articoli determinativi, quando necessari.

Tom non è mai stato in _____ Europa, ma la sua ragazza Amy ha visitato _____ Italia e conosce bene _____ Firenze e _____ Toscana. Amy ha studiato _____ italiano all'università e lo parla bene. Amy ha dei bellissimi ricordi (*memories*) del periodo passato in _____ Italia.

Gli sport

Communicative goals

Talking about sports
Discussing leisure time activities
Describing action in progress

Le regioni d'Italia | La Puglia e la Basilicata

Studio di parole | Attività sportive

Punti grammaticali

15.1 I pronomi relativi
15.2 I pronomi indefiniti
15.3 Espressioni negative
15.4 Il gerundio e la forma progressiva

Vedute d'Italia | Gli Italiani e lo sport

Attività video | *Lo sport*

Ripasso

🔊))) Audio

🌐 http//www.cengagebrain.com

▶ Video on DVD

(iLrn™

◀ Ciclisti al giro d'Italia

La Puglia e la Basilicata

La Puglia è una regione dell'Italia meridionale con circa 4 milioni di abitanti. Il capoluogo è Bari. La Puglia ha il più lungo tratto *(stretch)* di costa di tutte le regioni. Il territorio comprende *(includes)* aree collinari e una vasta pianura, il Tavoliere delle Puglie. L'economia, basata sull'agricoltura e l'allevamento, ha visto un recente sviluppo delle industrie biotecniche e chimiche. La regione mantiene relazioni commerciali con i paesi balcani, in particolare con l'Albania, la cui costa dista meno di ottanta chilometri.

La Basilicata, un'altra regione dell'Italia meridionale, è una delle regioni più povere. È scarsamente popolata perché molti abitanti sono emigrati. Il capoluogo è Potenza. L'economia è principalmente agricola, ma la scoperta *(discovery)* di giacimenti di petrolio *(oil)* e di metano *(natural gas)* ha creato la possibilità di uno sviluppo socio-economico.

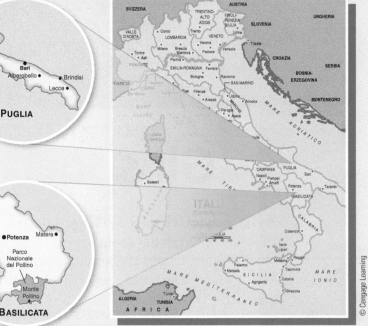

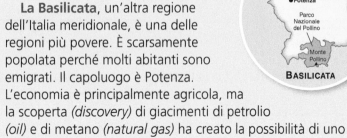

▲ Matera (Basilicata) – I Sassi di Matera sono il centro storico della città, che ha origini preistoriche. Le costruzioni, scavate *(dug)* nella roccia, sono rimaste inalterate *(unchanged)* nei tempi, creando un paesaggio suggestivo *(striking)*. Queste costruzioni sono abitate ancora oggi e sono accanto ad edifici moderni. La Chiesa della Madonna de Idris è un esempio di chiesa rupestre *(rock church)* scavata dentro la roccia.

Nel nord della Puglia una penisola si protende nel mare Adriatico: il promontorio del Gargano, noto come «lo sperone *(spur)* d'Italia», che presenta una grande varietà di ecosistemi, con scogliere *(cliffs)*, lagune e boschi.

I trulli sono antiche e strane abitazioni circolari con i tetti di pietra a forma di cono. Il paesino di Alberobello, in Puglia, conserva un gran numero di queste costruzioni ed è stato annoverato come Patrimonio dell'umanità dall'Unesco. ▼

Lecce (Puglia) – La Basilica di Santa Croce è uno dei migliori esempi dello stile barocco leccese. Durante il Seicento e il Settecento a Lecce si costruirono edifici, chiese e palazzi ricchi di decorazioni e ornamenti.

Puglia, Castel del Monte – Il castello, costruito in forma ottagonale nel XIII secolo, domina il paesaggio circostante *(the surroundings)* ed è una delle mete turistiche della regione.

In Puglia si produce un ottimo olio di oliva, usato nella preparazione dei taralli, croccanti *(crunchy)* e salati, dalla forma a ciambella *(round with hole in the middle)*. Un tempo si mangiavano al posto *(as a substitute)* del pane, ma oggigiorno si servono come spuntino *(snack)* o con un aperitivo.

Giovani sportivi 🔊 CD2-20

Marisa ha incontrato Alberto, un ragazzo **con cui** suo fratello faceva sport alcuni anni fa.
with whom

Una partita di basket

MARISA Come va, Alberto? Sempre appassionato di basket?

ALBERTO Più che mai! Ho **appena** finito di giocare contro la **squadra** torinese.
just
team

MARISA E chi ha vinto la **partita**?
game

ALBERTO La mia squadra, naturalmente! Il nostro gioco è stato migliore. E poi, siamo più alti; cosa che aiuta, **non ti pare**?
don't you think so

MARISA Eh, direi!

ALBERTO E tu, cosa c'è di nuovo?

MARISA **Nessuna novità,** almeno per me. Ma mio fratello ha ricevuto una lettera, **in cui** gli offrono un posto come istruttore sportivo per l'estate prossima.
Nothing new
in which

ALBERTO E dove lavorerà?

MARISA In uno dei villaggi turistici della Calabria.

ALBERTO Magnifico! Là potrà praticare tutti gli sport che piacciono a lui, **compresi** il surf e il windsurf.
including

MARISA Eh, sì. Sono due degli sport di maggior successo oggi.

ALBERTO Ma tu, con un fratello così attivo negli sport, non ne pratichi **qualcuno**?
any

MARISA Certo. Faccio del **footing** e molto **ciclismo.** Chissà, un giorno forse parteciperò al Giro d'Italia delle donne.
jogging / cycing

Comprensione

1. Chi è Alberto? Quale sport pratica?
2. La sua squadra ha vinto o perso contro la squadra di Torino?
3. Cosa c'è di nuovo per Marisa?
4. Che novità c'è per il fratello di Marisa?
5. In quale regione andrà a lavorare? Dove si trova questa regione?
6. Quali sport potrà praticare al mare il fratello di Marisa?
7. Quali sport pratica Marisa?
8. Che cosa spera di fare un giorno?

Studio di parole Attività sportive

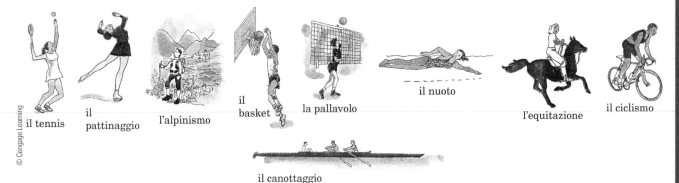

il tennis · il pattinaggio · l'alpinismo · il basket · la pallavolo · il nuoto · l'equitazione · il ciclismo · il canottaggio

© Cengage Learning

Altri sport

l'atletica leggera track and field
l'automobilismo auto racing
la pesistica weightlifting
lo sci da discesa downhill ski
lo sci da fondo cross-country ski
lo sci nautico waterskiing
la vela sailing
**fare (dello) sport, praticare uno sport
(lo sci, il calcio, ecc.)** to play a sport
la squadra team
il giocatore/la giocatrice player
l'atleta (*m. & f.*) (*pl.* **gli atleti,
le atlete**) athlete
correre (p.p. **corso**) to run
nuotare to swim
sciare to ski
allenarsi to practice, to train
la palestra gym
la piscina swimming pool
la palla ball

il campo da calcio soccer field
da basket basketball court
da tennis tennis court
da golf golf course
l'allenatore/l'allenatrice coach,
trainer
la partita match, game
la gara race, competition
l'arbitro referee
segnare un gol to score a goal
vincere (*p.p.* **vinto**) to win
perdere (*p.p.* **perso**) to lose
pareggiare to tie/to draw a game
il premio prize
lo spettatore/la spettatrice spectator
il tifoso/la tifosa (sport) fan
fare il tifo (per) to be a fan (of)
Forza! Come on!
andare a cavallo to go horseback
riding
in bicicletta to go bicycle riding

gli spettatori · lo stadio · i giocatori · il pallone

© Cengage Learning

Applicazione

A. Domande

1. Quali sport si praticano con una palla?
2. Che sport si pratica in bicicletta? E a cavallo (horse)?
3. Che sport praticano le sorelle Serena e Venus Williams?
4. In che sport si deve remare (row)?
5. Quali sono gli sport che si fanno sulla neve o sul ghiaccio?
6. Come si chiamano gli appassionati di uno sport?
7. Chi allena i giocatori nella loro preparazione sportiva?
8. Dove si allenano i giocatori di calcio?
9. Che sport si pratica in piscina?
10. Di quale sport fanno parte la corsa (100 metri, 400 metri ecc.) e il salto in alto (high jump)?

B. Conversazione

1. Giochi a basket o a calcio? Fai jogging? Che sport pratichi? Quante volte alla settimana?
2. Quali sport ti piace guardare? Fai il tifo per una squadra o per un giocatore? Quali?
3. Quali sono gli sport che non ti piacciono? Perché?
4. Sai sciare o fare snowboard? Quale sport ti piacerebbe praticare?
5. Assisti agli eventi sportivi della tua università?
6. Fai altre attività fisiche come la ginnastica aerobica, lo yoga o la danza?

SPORT	FITNESS
• basket	• body sculp
• beach tennis	• funny fitness
• calcio a 5	• ginnastica aerobica
• canoa kayak	• ginnastica dolce
• canottaggio	• soft boxe femminile
• pallanuoto	
• pallavolo	ARTI MARZIALI
• rugby	• autodifesa femminile
• scherma	• capoeira
	• haidong gumdo
	• hapkido
	• krav maga
	• kendo
	• taekwondo

Courtesy of the authors

C. Adesso parliamo! Una scelta.
Il CUS (Centro Universitario Sportivo) è un'associazione che da più di 50 anni promuove la pratica e la diffusione delle attività sportive universitarie e il turismo sportivo universitario. I CUS si trovano in 47 città italiane.

Avete del tempo libero durante la settimana e vorreste dedicarvi a una nuova attività sportiva. In coppie, consultate la pubblicità del CUS di Milano e decidete insieme quale sport scegliere e perché. La vostra università offre dei corsi simili? Ne avete mai seguiti? Parlate delle vostre esperienze con il compagno/la compagna.

Ascoltiamo!

Alla partita di basket 🔊 CD2-21

Marisa e Alberto sono a una partita di basket. Marisa fa il tifo per la squadra in cui gioca il suo ragazzo e fa una scommessa (makes a bet) con Alberto. Ascoltate la conversazione e rispondete alle seguenti domande.

Comprensione

1. Che partita c'è questa sera?
2. Perché Marisa è venuta a vedere la partita? Per chi fa il tifo Marisa?
3. Secondo Marisa, la squadra del suo ragazzo vincerà o perderà? Alberto è della stessa opinione?
4. Dove si sono allenati il ragazzo di Marisa e gli altri giocatori?
5. Che cosa pagherà Marisa ad Alberto se la squadra di Trieste perderà?
6. Come si conclude la partita?

Dialogo

Siete spettatori. In coppie, immaginate di essere a una partita e di non fare il tifo per la stessa squadra. Scambiatevi delle opinioni sui giocatori e sulle due squadre.

Punti grammaticali

15.1 I pronomi relativi

Relative pronouns are used to link two clauses. The relative pronouns are **che, cui, quello che (ciò che)**, and **chi.**

> Questa è la squadra italiana. Ha giocato a Roma.
> Questa è la squadra italiana **che** ha giocato a Roma.

La pattinatrice italiana Carolina Kostner, che ha vinto i campionati europei nel 2012

a. Che is the equivalent of the English *who, whom, that,* and *which* and is used either as a subject or as a direct object. It is invariable, cannot be omitted, and must *never* be used after a preposition.

Il ragazzo **che** gioca è brasiliano.	*The boy who is playing is Brazilian.*
La macchina **che** ho comprato è usata.	*The car (that) I bought is used.*
Le signore **che** ho visto sono le zie di Pino.	*The women (whom) I saw are Pino's aunts.*

b. Cui is the equivalent of the English *whom* and *which* as the object of prepositions. It is invariable and must be *preceded* by a preposition.

Ecco i signori **con cui** abbiamo viaggiato.	*Here are the men we traveled with (with whom we traveled).*
La squadra **di cui** ti ho parlato è la migliore.	*The team I spoke to you about (about which I spoke to you) is the best.*
L'amico **a cui** ho scritto si chiama Gianfranco.	*The friend I wrote to (to whom I wrote) is Gianfranco.*

NOTE

a. In cui translates as *when* in expressions of time and as *where* in expressions of place. In the latter case, it may be replaced by **dove.**

Il giorno **in cui** sono nato(a)...	*The day (when) I was born . . .*
La casa **in cui (dove)** sono nato(a)...	*The house in which (where) I was born . . .*

b. Per cui translates as *why* in the expression *the reason why (that).*

Ecco la ragione **per cui** ti ho scritto.	*Here is the reason (why) I wrote to you.*

c. Quello che (Quel che) or **ciò che** means *what* in the sense of *that which.* These expressions are invariable.

Quello che (Ciò che) dici è vero.	*What you are saying is true.*
Non so **quello che (ciò che)** farò.	*I don't know what I will do.*

NOTE: Quello che *(What)* is generally used in statements, while **che, che cosa** *(what)* is used in interrogative sentences.

Che cosa hai detto?	*What did you say?*
Quello che hai detto è corretto.	*What you said is correct.*

d. Chi translates as *the one(s) who, he who,* and *those who.* It is invariable.

Chi studierà avrà un bel voto.	*He who studies will receive a good grade.*
Chi arriverà ultimo avrà un premio di consolazione.	*He who arrives last will receive a consolation prize.*
Chi più spende, meno spende.	*You get what you pay for. (lit. He who spends more, spends less.)*

> **Proverbi** Chi dorme non piglia pesci.
> Chi la fa, l'aspetti.
> Chi troppo vuole, nulla stringe.

Pratica

A. Chi sono? In coppie, fatetevi le domande e nella risposta usate il pronome relativo **che**.

Esempio   — Chi è un allenatore?
— *È una persona **che** allena un atleta o una squadra.*

1. Chi è un (un') atleta?
2. Chi è un giocatore/una giocatrice di calcio?
3. Chi è uno spettatore/una spettatrice?
4. Chi è uno sciatore/una sciatrice *(skier)*?
5. Chi è un (un') alpinista?
6. Chi è un tifoso/una tifosa?

B. Quello che mi piace. In coppie, fatevi a turno le domande. Esprimete *(Express)* la vostra preferenza per le seguenti cose, secondo l'esempio.

Esempio   il nuoto / lo sport
— *Ti piace il nuoto?*
— *No, lo sport che mi piace è il canottaggio.* o...

1. il giallo / il colore...
2. le mele / la frutta...
3. le Volvo / le automobili...
4. i gatti / gli animali...
5. il pugilato *(boxing)* / gli sport...
6. Il Capodanno / la festa...

La vela è uno sport che piace molto agli Italiani. Imbarcazioni *(Boats)* italiane hanno partecipato alla famosa regata Coppa America *(America's Cup)*.

C. Un vecchio album di fotografie. Anna mostra un vecchio album alla sua amica Lucia. Completate le seguenti frasi usando **cui** preceduto *(preceded)* da una delle seguenti preposizioni: **da, di, con, in, per**.

Esempio   Questa è la casa _____ abitavamo.
*Questa è la casa **in cui** abitavamo.*

1. Queste sono le amiche _____ giocavo a basket. La nostra squadra non vinceva molto, ma ci divertivamo insieme.
2. Ecco Paolo, il mio ragazzo, _____ ti ho già parlato tante volte.
3. In questa foto Paolo ed io siamo al parco _____ andavamo a fare passeggiate.
4. Questa è Donatella, un'amica _____ andavo spesso a studiare perché abitava vicino a me.
5. Non ricordo esattamente la ragione _____ Paolo ed io ci siamo lasciati *(broke up)*.
Ah, il primo amore non si scorda *(forget)* mai!

D. A voi la scelta. Completate le frasi usando uno dei seguenti pronomi relativi: **che, cui** (preceduto da una preposizione) o **quello che**.

1. Lo sport _____ preferisco è il tennis.
2. L'anno _____ sono nato era bisestile *(leap year)*.
3. Non capisco _____ dici.
4. La festa _____ hai fatto è stata un successo.
5. Il libro _____ ti ho parlato è in biblioteca.
6. La signorina _____ abbiamo incontrato è americana.
7. La signora _____ abbiamo parlato è canadese.
8. Il pranzo _____ mi hanno invitato era al ristorante Pappagallo di Bologna.
9. È proprio il vestito _____ ho bisogno.

Avventure all'aperto
outdoors activities

TREKKING
RAFTING E CANOA
RACCHETTE DA NEVE
MOUNTAIN BIKE
ARRAMPICATA

Proposte week-end e vacanze attive
Gruppi a partire da 5 persone
Dolomiti
Fiume Adige
Monte Bianco e i 4.000 delle Alpi
Sardegna
Vulcano Etna
Marocco, Nepal, Norvegia, Austria...

RICHIEDI GRATUITAMENTE IL
CATALOGO : www.avventureallaperto.it

E. Adesso parliamo! Avventure all'aperto. Leggete insieme il foglietto pubblicitario di *Avventure all'aperto* e dite:

- se c'è uno sport che praticate o che avete praticato in passato e raccontate le vostre esperienze.
- qual è l'attività che vi piacerebbe praticare.
- chi è la persona con cui vi piacerebbe condividere quest'esperienza.
- se c'è un'attività che considerate pericolosa e perché.

15.2 I pronomi indefiniti

In **Capitolo 4,** you studied the indefinite adjectives **qualche** and **alcuni(e)** *(some)*; **tutti(e)** *(all)*; and **ogni** *(every)*. Here are some common indefinite pronouns:

alcuni(e)	*some*	**ognuno**	*everyone, each one*
qualcuno	*someone, anyone (in a question)*	**tutti(e)**	*everybody, all*
qualcosa	*something, anything (in a question)*	**tutto**	*everything*

Alcuni sono rimasti, altri sono partiti.	*Some stayed, others left.*
Conosco **qualcuno** a Roma.	*I know someone in Rome.*
Hai bisogno di **qualcosa**?	*Do you need anything?*
Ognuno ha fatto una domanda.	*Each one asked a question.*
C'erano **tutti.**	*Everybody was there.*
Ho visto **tutto.**	*I saw everything.*

NOTE: Qualcosa takes the prepositions **di** before an adjective and **da** before an infinitive.

Ho qualcosa **di** interessante **da** dirti.	*I have something interesting to tell you.*

Ecco qualcuno che ama il pericolo.

Pratica

A. È qualcosa... In coppie, domandatevi a turno che cosa sono le seguenti cose. Rispondete seguendo l'esempio.

Esempio — Che cos'è una giacca a vento?
— È qualcosa con cui si va in barca a vela.

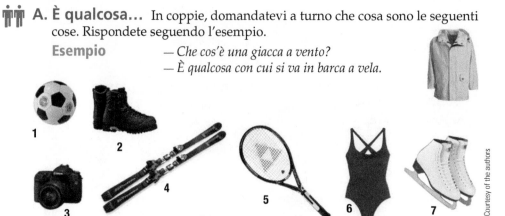

Vocabolario utile: la macchina fotografica (*camera*), **gli sci** (*skis*), **i pattini** (*ice skates*), **la racchetta da tennis** (*tennis racket*)

B. Quale scegliete? Completate le frase scegliendo tra i seguenti aggettivi e pronomi indefiniti: **qualcuno, qualcosa, alcuni/e, qualche.**

1. Dopo la partita, i giocatori hanno sete e vogliono _____ da bere.
2. _____ mi ha detto che la vostra squadra di pallavolo ha una buona possibilità di vincere e che avete anche _____ giocatrici bravissime.
3. _____ volta è difficile accettare la sconfitta (*defeat*).
4. Per Alessandra, _____ sport, come il pugilato e il football americano, sono un po' troppo violenti.

C. Il derby Inter-Milan. Lucy racconta le sue esperienze dopo aver assistito a una partita di calcio a Milano. Completate le frasi usando **ogni, ognuno, tutto** o **tutti.**

1. Prima di andare alla partita, Roberto mi ha spiegato _____ sulle due squadre di Milano.
2. Allo stadio _____ i tifosi aspettavano l'inizio della partita.
3. _____ portava i colori della sua squadra.
4. _____ volta che un giocatore segnava un gol _____ gli spettatori gridavano: o di gioia o di rabbia.

Nota linguistica

partire / lasciare

Partire è un verbo **intransitivo** che significa *to leave from a place or for a place.*
Lasciare è un verbo **transitivo** che significa *to leave someone, something or a place.*
La squadra **è partita** per Roma in aereo. *The team left for Rome by plane.*
Lascio i bambini a casa. *I leave the children home.*
Ho lasciato il portafoglio in macchina. *I left the wallet in the car.*

Verifica. Completate le seguenti frasi con il verbo corretto.

1. Anna e Rita _____ per Milano in treno stamattina.
2. Dopo la partita, gli atleti _____ lo stadio.
3. Non dimenticarti di _____ la mancia per il cameriere!
4. Il nostro volo _____ dall'aeroporto di Linate.

D. Dopo la partita di basket. Rico è ritornato al dormitorio dopo essere stato alla partita di basket e inizia una conversazione con Massimo, il suo compagno di stanza. In coppie, completate il loro dialogo scegliendo tra **ognuno, tutto, tutti** e **ogni.**

MASSIMO Sei andato alla partita di basket?

RICO Sì, ci vado _____ settimana.

MASSIMO C'erano gli studenti della nostra classe?

RICO Sì, c'erano quasi _____. E dopo abbiamo fatto una festa.

MASSIMO Hanno portato qualcosa da mangiare?

RICO Sì, _____ ha portato qualcosa.

MASSIMO C'era qualcosa di buono?

RICO _____ era buono.

MASSIMO Mi hai portato a casa qualcosa?

RICO Mi dispiace, ma abbiamo mangiato _____.

E. Adesso parliamo! Le attività sportive. In gruppi di tre studenti, descrivete il poster e commentate la frase «se fai sport, hai già vinto».

1. Siete d'accordo che tutti dovrebbero fare dello sport? Perché sì o no?
2. Da ragazzi facevate delle attività sportive? Quali? È stata un'esperienza positiva? Perché sì o no? Parlatene con il gruppo.
3. Raccontate qualcosa d'interessante o comico che vi è successo (*that happened to you*) durante un'attività sportiva.

se fai sport, hai già vinto

Courtesy of the authors

Sapete che...

Il Totocalcio è un concorso in cui si deve pronosticare (*to forecast*) il risultato di quattordici partite di calcio (italiano e anche europeo). La giocata minima (*minumum bet*) è di un euro e si riceve un punto per ogni risultato indovinato (*guessed*). Chi totalizza 12, 13 e 14 punti vince un premio monetario, a volte considerevole. Un altro premio va a chi indovina le prime nove partite della schedina (*on the list*).

15.3 Espressioni negative

1. You have already studied some negative expressions (**Capitolo 9**): **non... più, non... mai, non... ancora.** The following are other common expressions that take a *double-negative* construction:

non... nessuno	*nobody, no one, not . . . anyone*
non... niente (nulla)	*nothing, not . . . anything*
non... neanche (neppure, nemmeno)	*not even; neither*
non... né... né	*neither . . . nor*

Non è venuto **nessuno.**	*Nobody came.*
Non abbiamo visto **nessuno.**	*We did not see anyone.*
Non ho mangiato **niente.**	*I did not eat anything.*
Non c'era **neanche** Pietro.	*Not even Pietro was there.*
Io **non** posso andare, e **neanche** lui!	*I can't go, and neither can he!*
Non voglio **né** carne **né** pesce.	*I want neither meat nor fish.*

— C'è qualcuno in casa?

© Cengage Learning

2. The expressions **nessuno, niente, né... né** may precede the verb. When they do, **non** is omitted.

Nessuno vuole parlare.	*Nobody wants to talk.*
Niente è pronto.	*Nothing is ready.*
Né Giovanni **né** Maria vogliono venire.	*Neither Giovanni nor Maria wants to come.*

Note that with **né... né**, Italian uses a plural form of the verb (**vogliono**), whereas English uses a singular form (*wants*).

© Cengage Learning

Non c'è mai niente di buono da mangiare in questa casa!

3. When **nessuno** is used as an adjective, it has the same endings as the indefinite article **un.** The noun that follows is in the singular.

Non ho **nessun** amico.   *I have no friends.*
Non vedo **nessuna** sedia.   *I don't see any chairs.*

4. **Niente** takes the prepositions **di** before an adjective and **da** before an infinitive.

Non ho **niente di** buono **da** darti.   *I have nothing good to offer you.*

Pratica

A. Tutto negativo. Completate le seguenti frasi. scegliendo tra **nessuno, niente, neanche** o **né... né.**

1. _____ si è ricordato che ieri era il mio compleanno. Non ho ricevuto _____ un biglietto di auguri _____ un sms dai miei amici. _____ mio fratello mi ha fatto una telefonata.

2. Mi dispiace, ma non ho _____ da offrirti. Questa settimana non ho avuto _____ un minuto per andare a fare la spesa.

3. Non c'è _____ d'interessante alla tivù stasera, _____ sui canali RAI, _____ su quelli privati.

B. Momenti di cattivo umore *(mood).* Voi siete di cattivo umore. In coppie, fatevi a turno le seguenti domande.

Esempio   — *Uscirai con qualcuno domenica?*
                 — *Non uscirò con nessuno.*

1. Hai fatto qualcosa di bello sabato sera?
2. Hai comprato qualcosa da mangiare?
3. Vuoi qualcosa da bere?
4. Hai voglia di leggere il giornale o riposare?
5. Hai incontrato qualche amico in piscina?
6. Ti ha parlato qualcuno?

C. No! In coppie, fatevi a turno le seguenti domande e rispondete negativamente, seguendo l'esempio.

Esempio   partecipare a una gara di nuoto
          — *Hai partecipato a una gara di nuoto?*
          — *Non ho partecipato a nessuna gara di nuoto.*

1. allenarsi allo stadio o in palestra
2. capire tutto
3. conoscere qualcuno a Firenze
4. vedere alcune città italiane
5. vincere un premio
6. telefonare a qualcuno ieri sera
7. andare al cinema o alla partita
8. mangiare qualcosa di buono

D. Uno studente troppo pigro. Immaginate di essere i due studenti e completate la loro conversazione, scegliendo tra **mai, niente, neanche, nessuno** o **né... né.**

RICO   Non pratichi qualche sport?
MASSIMO   No, non pratico _____ sport.
RICO   Potresti andare in palestra o nuotare in piscina.
MASSIMO   Non mi piace _____ andare in palestra _____ nuotare.
RICO   Non ti piace _____ fare jogging?
MASSIMO   Non vado _____ a fare jogging.
RICO   Allora non vuoi fare proprio _____!
MASSIMO   No, preferisco guardare gli sport alla TV.

15.4 Il gerundio e la forma progressiva

1. The gerund (**il gerundio**) corresponds to the *-ing* form of English verbs. The gerund is formed by adding **-ando** to the stem of first-conjugation (**-are**) verbs and **-endo** to the stem of second- and third-conjugation (**-ere** and **-ire**) verbs. It is invariable.

Gerund					
parl**ando**	*speaking*	ripet**endo**	*repeating*	usc**endo**	*going out*

Note that verbs with an irregular stem in the imperfect also have an irregular stem in the gerund:

    bere: **bevendo**   dire: **dicendo**   fare: **facendo**

Un ragazzo sta sciando e l'altro sta facendo snowboard. Secondo te, si stanno divertendo?

2. **Stare** + *the gerund* expresses an action in progress in the present, past, or future, stressing the point in time at which the action occurs. This form is less commonly used in Italian than is its equivalent in English.

Che cosa **stai facendo**?	*What are you doing (at this very moment)?*
Sto leggendo.	*I'm reading.*
Che cosa **stavate facendo** ieri sera, a quest'ora?	*What were you doing last night at this time?*
Stavamo cenando.	*We were having dinner.*

3. The gerund may be used alone in a subordinate clause to express the conditions (time, cause, means, manner) that govern the main action. It corresponds to the English gerund, which is usually preceded by the prepositions *while, upon, on, in,* or *by.*

Camminando per la strada, ho visto un incidente d'auto.	*While walking on the street, I saw a car accident.*
Studiando, s'impara.	*By studying, one learns.*
Leggendo attentamente, capirete meglio.	*By reading carefully, you will understand better.*

Note that the subject of the gerund and the subject of the main verb are the same.

4. With the progressive form (**stare** + *gerund*), object and reflexive pronouns may either precede **stare** or follow the gerund. When the gerund stands alone, the pronouns are attached to it.

Mi stai ascoltando? OR Stai ascoltando**mi?**	*Are you listening to me?*
Guardando**la** attentamente, la riconobbi.	*Looking at her carefully, I recognized her.*

5. Unlike English, Italian uses an infinitive instead of a gerund as a noun (subject or object of another verb).

Nuotare (il nuoto) fa bene alla salute.	*Swimming* (subj.) *is good for your health.*
Preferisco **nuotare** (il nuoto).	*I prefer swimming* (obj.).

Pratica

A. Ora, alcune ore fa, domani. In coppie, fatevi a turno le seguenti domande. Rispondete usando **stare** + *il gerundio.*

  Esempio   — *Che lezione studiamo?*
               — *Stiamo studiando la lezione sul gerundio.*

    1. Che pagina leggiamo?
    2. Che cosa fanno gli studenti in questo momento?
    3. Che cosa fa il professore in questo momento?
    4. Alle otto di stamattina che cosa facevi?
    5. Che cosa farai domani a quest'ora?

B. Che cosa facevano? Dite che cosa facevano queste persone in determinate circostanze. Seguite l'esempio.

Esempio   I calciatori (giocare) / Un cane ha attraversato lo stadio.
I calciatori stavano giocando quando un cane ha attraversato lo stadio.

1. Tu (mandare) un sms / Il professore è entrato.
2. Il presidente (scrivere) un discorso / Il segretario di Stato gli ha telefonato.
3. Eli Manning (allenarsi) sul campo / È arrivato un giornalista per un'intervista.
4. Il ciclista che ha vinto la corsa (aprire) una bottiglia di spumante / Una ragazza gli ha dato un mazzo di fiori.
5. La sciatrice Lindsey Vonn (scendere) sulla pista *(ski run)* / Ha cominciato a nevicare.

C. Proviamo a immaginare. In coppie, domandatevi che cosa staranno facendo queste persone.

Esempio   — *Cosa starà facendo il professore di chimica?*
— *Starà spiegando le formule, per la millesima volta.*

1. Cosa starà facendo mia madre a casa?
2. Cosa starà facendo la mia ragazza/il mio ragazzo?
3. Cosa starà facendo Mark Zuckerberg?
4. Cosa staranno facendo i Globetrotters?

D. Sono d'accordo con te. In coppie, uno studente/una studentessa esprime la sua opinione, e l'altro(a) si dichiara d'accordo, usando l'infinito nella sua affermazione.

Esempio   — *Il lavoro fa bene alla salute.*
— *È vero, lavorare fa bene alla salute.*

1. — *Lo sci* è divertente, non credi? — Sono d'accordo, _____.
2. — *Il fumo* fa male ai polmoni *(lungs).* — È vero, _____.
3. — Abbiamo bisogno di *riposo*, perchè abbiamo studiato troppo. — Hai ragione, _____.
4. — Il *divertimento* è necessario quanto *lo studio*, non credi? — Molto giusto, _____.
5. — Ti piace *il nuoto?* — Sì, _____.

E. A voi la scelta. Completate le seguenti frasi, scegliendo tra il gerundio e l'infinito.

1. *(Walking)* _____ per la strada, ho incontrato un vecchio compagno di scuola.
2. *(Hearing)* _____ quella canzone, ho avuto nostalgia del mio paese.
3. Mi piace *(swimming)* _____.
4. *(Walking)* _____ tutti i giorni è un buon esercizio.
5. Pietro è andato a scuola *(running)* _____.

F. Adesso parliamo! Cosa stanno facendo? In gruppi di tre studenti, descrivete cosa stanno facendo le persone nelle due foto. Dite quale delle tre attività vi piace di più e perché. Raccontate a turno un'esperienza che avete avuto facendo una di queste attività.

Vocabolario utile:
pescare *(to fish)*
ballare *(to dance)*
tuffarsi *(to dive)*

TRENO + BICI = DOLOMITI EXPRESS

○ Noleggia la bicicletta per l'intera giornata o per cinque ore a tua scelta, e muoviti a piacimento sui percorsi da mountain bike e sul treno appositamente attrezzato per il trasporto di 40 biciclette.

○ Hai inoltre la possibilità di consegnare la bici in un punto diverso da quello in cui l'hai ritirata.

Alexander Fortelny/Saro17/iStockphoto.com

Courtesy of the authors

La mountain bike ◀)) CD2-22

Le vacanze estive stanno per arrivare. Tommaso e Lisa stanno programmando le loro attività sportive per l'estate.

TOMMASO Lo sport che mi piacerebbe fare quest'estate è l'alpinismo: **scalare** le montagne con **le corde. Da lassù** si gode una vista stupenda! *to climb / ropes / up there*

LISA **Sei impazzito?!** L'alpinismo è uno sport troppo pericoloso! *Are you nuts?!*

TOMMASO Cosa pensi del **parapendio**? Il collega con cui lavoro è un esperto e potrebbe darci alcune lezioni. *paragliding*

LISA Mi dispiace, ma non voglio fare né alpinismo né parapendio. Ma tu vuoi **proprio romperti l'osso del collo**? *really / break your neck*

TOMMASO Ma, insomma, c'è qualcosa che ti piace fare?

LISA Certo: il tennis, il nuoto, la mountain bike, il trekking...

TOMMASO Non mi piace neanche uno di questi sport... eccetto la mountain bike.

LISA Bene, allora la settimana prossima andiamo in Val di Sole e ci fermiamo lì una settimana; noleggiamo le mountain bike e andiamo sulle **piste ciclabili**. Alla fine della giornata le lasciamo al deposito e prendiamo il trenino per tornare alla pensione in Val di Sole. *bike trails*

TOMMASO Finalmente hai un'idea che mi piace!

A. Alla lettura. Dopo che avete letto il dialogo, con un compagno/una compagna, sottolineate: i pronomi relativi **(che, cui)**, i pronomi indefiniti **(qualcosa)** e le espressioni negative **(né… né, neanche).**

B. Comprensione

1. Che cosa stanno programmando Lisa e Tommaso? **2.** Quali sono i due sport che Tommaso suggerisce di praticare per l'estate? **3.** Chi potrebbe dare loro lezioni di parapendio? **4.** Cosa pensa Lisa dell'alpinismo? **5.** Quali sono gli sport che piacciono a Lisa? **6.** Piacciono anche a Tommaso? **7.** Quali sono i programmi di Lisa per la settimana?

C. Conversazione

1. Quali sport sono pericolosi secondo te? **2.** Qual è lo sport che ti piace praticare durante l'estate? E durante l'inverno? **3.** Qual è lo sport (o quali sono gli sport) che non praticherai mai? **4.** Sei una persona molto sportiva o preferisci seguire lo sport alla TV? **5.** Quale sport guardi più spesso alla TV? **6.** Pratichi qualche sport seriamente oppure sei un dilettante *(amateur)*?

efreet/iStockphoto.com

Adesso scriviamo!

Quale sport preferisci?

Scrivi un'e-mail a un amico/un'amica descrivendo le attività sportive che preferisci.

A. Prima di scrivere il tuo messaggio, organizza le tue idee rispondendo alle seguenti domande.

Primo paragrafo

1. Pratichi uno sport o fai un'altra attività fisica, come la danza, il balletto e la ginnastica *(fitness activity)*? Quale? Se non pratichi uno sport, segui uno sport in particolare alla televisione o dal vivo *(live)*?

2. Da quanto tempo pratichi (segui) questo sport o attività fisica?

3. Quante volte alla settimana lo/la pratichi (segui)? Dove? Con chi?

Secondo paragrafo

1. Per quali ragioni ti piace? (Scrivine almeno tre.)

2. Invita il tuo amico/la tua amica a praticare o a seguire la stessa attività con te.

B. Ora scrivi il tuo messaggio. Fa attenzione all'accordo tra il verbo e il soggetto e tra il nome e l'aggettivo.

A. You are going to read about a few sports very popular in Italy: soccer, whose fans are fiercely loyal to their teams; cycling and the *giro d'Italia*, the popular race throughout the Italian peninsula that takes place every year in May; car racing, with the stable *Ferrari* that often dominates the field.

Gli Italiani e lo sport

Il calcio è lo sport più popolare in Italia. Gli Italiani fanno il tifo per gli Azzurri, la squadra nazionale di calcio che ha vinto la Coppa del Mondo quattro volte, l'ultima nel 2006. Molti italiani sono anche **accaniti** tifosi delle squadre di calcio professionistico, che giocano nelle **leghe** italiane. Le migliori venti squadre competono in serie A. La stagione è molto lunga e va da settembre a maggio. La squadra che finisce al primo posto vince **lo scudetto** e le ultime tre classificate **retrocedono** in serie B. Purtroppo a volte la rivalità tra i tifosi diventa eccessiva e negli stadi ci sono episodi di violenza.

fierce
leagues

the title (literally "little shield")
are relegated

Gli Azzurri posano per la foto ufficiale prima di una partita di calcio

Il ciclismo è uno sport molto popolare in Italia. Il giro d'Italia, una gara a **tappe** che attraversa la penisola italiana e ha Milano come punto d'arrivo, entusiasma i tifosi che **si affollano** lungo le strade per veder passare i ciclisti. Al giro d'Italia partecipano campioni di diversi paesi. Il giro ha luogo ogni anno nel mese di maggio. Il vincitore di ogni tappa indossa la maglia rosa, simbolo della sua vittoria nella tappa. Dal primo giro d'Italia, organizzato nel 1909, la popolarità di questo sport è più che mai viva oggigiorno.

stages
crowd in

La tappa finale del giro d'Italia a Milano

stable   L'automobilismo è uno sport in cui **la scuderia** Ferrari domina spesso il campo, avendo vinto il Mondiale di Formula 1 quindici volte. Una gara di
Grand Prix   **gran premio** di Formula 1 si tiene ogni settembre nell'autodromo di Monza, vicino a Milano, uno dei primi costruiti in Europa (1922). Molti Italiani amano seguire le gare di automobilismo alla televisione.

Una Ferrari durante una corsa di Formula 1

Un altro campo in cui gli Italiani eccellono è quello degli sport invernali. Nei XX giochi olimpici invernali, che hanno avuto luogo a Torino nel 2006, l'Italia
gold medals   ha vinto undici medaglie tra cui cinque **medaglie d'oro** nel pattinaggio di
sledding   velocità, lo sci da fondo e lo **slittino.**

B. Domande

1. Chi sono «gli Azzurri»?
2. In quale anno gli Azzurri hanno vinto l'ultima Coppa del Mondo?
3. Quanti mesi dura la stagione calcistica?
4. Cosa vince la squadra che finisce al primo posto?
5. Cos'è il giro d'Italia? Dov'è il punto d'arrivo del giro?
6. In che mese ha luogo il giro d'Italia? Chi indossa la maglia rosa, e perché?
7. Chi ha vinto molte volte il mondiale di formula 1? Dove ha luogo il gran premio di formula 1 in Italia? Quando?
8. In quali sport invernali l'Italia ha vinto alcune medaglie d'oro ai giochi olimpici di Torino?

Attività video ▶

A. Attività sul vocabolario.
Guardate la sezione del video *Lo sport*; poi completate le frasi con le espressioni che seguono.

ha vinto, il nuoto, la pallavolo, nuotare, palestra, squadra, tifoso

1. Marco è un _____ della _____ di calcio della Roma.
2. Marco ha praticato molti sport, come il tennis, _____, il basket e _____.
3. Marco non ha più molto tempo per lo sport, ma la sera va in _____ e va anche a _____ in piscina.
4. Marco è contento perché la Roma _____ la partita.

B. Domande sul video

1. Secondo Marco, per quale sport fanno maggiormente il tifo gli Italiani?
2. Perché adesso non ha tanto tempo per praticare degli sport?
3. Perché Marco vorrebbe essere a casa?
4. Perché la ragazza intervistata non fa nessuna attività sportiva?
5. Che sport segue alla televisione la ragazza intervistata?

C. Attività sulla grammatica

a. Guardate la sezione del video *Lo sport* una seconda volta, poi completate le frasi con il verbo **stare** + il gerundio dei seguenti verbi: **giocare, ascoltare, festeggiare.**

1. Oggi la squadra della Roma _____ una partita contro il Milan.
2. Marco non può vedere la partita in TV e perciò lui _____ la partita alla radio della macchina.
3. I suoi amici _____ la vittoria della Roma.

b. Completate con le seguenti espressioni negative: **niente, neanche, nessuno** o **nessuna**.

1. Adesso Marco non pratica _____ sport, perché non ha tempo.
2. Non gioca _____ a pallone.
3. Un'intervistata dice che non pratica _____ attività sportiva e non fa proprio _____ perché è troppo pigra.

D. Partecipazione

- Dite quali sono gli sport che praticate o che seguite alla TV.
- In ordine di precedenza, quali sono gli sport preferiti dagli Americani? Quale sport ha il maggior numero di tifosi?
- Quali sport considerate pericolosi (pugilato, trekking, parapendio, rafting, alpinismo)?

Nomi

l'alpinista *(m. & f.)*	mountain climber
il ciclista/la ciclista	cyclist
la corsa	race
l'istruttore/l'istruttrice	instructor
la macchina fotografica	camera
il mazzo di fiori	bouquet of flowers
l'opinione *(f.)*	opinion
il pallone	soccer ball
il parapendio	paragliding
i pattini	ice skates
la pista	track, ski run
il pugilato	boxing
la ragione	reason
il salto in alto	high jump
gli sci	skis
lo sciatore/la sciatrice	skier
la sconfitta	defeat
la scoperta	discovery

Aggettivi

appassionato (di)	fond (of)
attivo	active
dilettante	amateur
estivo	summer
invernale	winter
olimpico	Olympic
spettacolare	spectacular
sportivo	athletic, sporty

Verbi

ammettere *(p.p.* ammesso)	to admit
ballare	to dance
considerare	to consider
essere d'accordo	to agree

esprimere *(p.p.* espresso)	to express
fare jogging	to go jogging
fare snowboard	to snowboard
partecipare (a)	to take part (in)
pescare	to fish
scalare	to climb
suggerire (-isc-)	to suggest
tuffarsi	to dive

Altre espressioni

appena	just
Chissà!	Who knows!
contro	against
insomma	all things considered, in conclusion
né... né	neither . . . nor
neanche, nemmeno	not even, neither
nessuna novità	nothing new
nessuno	nobody, no one
niente	nothing
ognuno	everyone; each one
qualcosa	something
qualcuno	someone
quello che	what
tutti	everybody
tutto	everything

Ripasso

1. Parlando di sport. Abbinate i soggetti della colonna a sinistra con le azioni corrispondenti della colonna a destra.

1. I tifosi
2. Le due squadre
3. L'allenatore
4. I giocatori
5. Gli atleti di molti paesi
6. I campioni di nuoto
7. Lo sciatore

a. è caduto prima di arrivare al traguardo (*finish line*).
b. si allenano per molte ore in piscina ogni giorno.
c. si sono dati la mano dopo la partita.
d. sono andati allo stadio a guardare la partita.
e. hanno pareggiato.
f. era contento perché la sua squadra aveva vinto.
g. partecipano ai giochi olimpici ogni quattro anni.

2. Gli sport. Identifica gli sport nelle immagini.

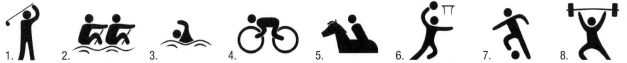

1.   2.   3.   4.   5.   6.   7.   8.

3. I pronomi relativi. Completate le frasi con uno dei seguenti pronomi relativi: **che, cui,** (preceduto da una preposizione) o **quello che.**

1. L'atleta _____ ha vinto la gara ha ricevuto una medaglia d'oro.
2. _____ dice Antonio non è sempre vero, perché spesso esagera.
3. Lo stadio _____ hanno costruito a Torino si chiama Juventus Stadium.
4. Il ragazzo _____ ti ho parlato, fa canottaggio.
5. Gli amici _____ siamo andati allo stadio ieri sera, erano dei veri tifosi.
6. Conosci il giocatore _____ ha segnato il gol?
7. I giocatori hanno ascoltato attentamente _____ l'allenatore gli ha detto prima della partita.
8. L'arbitro non può sempre vedere tutto _____ succede sul campo.

4. Qualcosa e niente. Completate con l'espressione appropriata (qualcosa o niente) e le preposizioni **di** o **da.**

1. Dopo la corsa vogliamo _____ bere.
2. Ieri sera non ho fatto _____ interessante.
3. A Rita non piace abitare in campagna perché non c'è _____ fare.
4. — C'è _____ buono in frigorifero? Ho una fame da lupo.
   — Mi dispiace non abbiamo _____ mangiare. Dobbiamo fare la spesa.

5. Espressioni negative. Cambiate le frasi da positive a negative, secondo l'esempio.

Esempio   Alcuni giocatori hanno parlato con i giornalisti.
             Nessun giocatore ha parlato con i giornalisti.

1. Anna ha visto qualcuno in palestra.
2. Mangiamo qualcosa prima di andare in bicicletta.
3. Mi piace nuotare in piscina e anche in mare.
4. Tutti sono venuti da me a guardare la partita.
5. Anche Roberto si è allenato.

6. Gerundio o infinito? Completate le seguenti frasi usando il gerundio o l'infinito.

1. Marco è caduto (*skiing*) _____.
2. (*Sailing*) _____ è molto divertente per chi ama il mare.
3. (*Playing*) _____ a calcio ho conosciuto molti amici che hanno la mia stessa passione.
4. (*Playing*) _____ a tennis in Italia è meno facile, perché bisogna pagare per accedere ai campi.

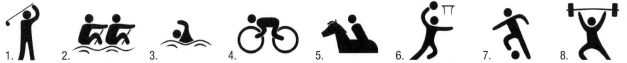

Ripasso   **389**

Il corpo e la salute

Communicative goals

Identifying parts of the body
Discussing health conditions and illnesses
Talking about a distant past

Le regioni d'Italia | La Calabria

Studio di parole | Il corpo e la salute

Punti grammaticali

16.1 Il passato remoto
16.2 Plurali irregolari
16.3 Suffissi con nomi e aggettivi
16.4 Verbi ed espressioni verbali + *infinito*

Vedute d'Italia | Il servizio sanitario in Italia

Attività video | *Dal farmacista*

Ripasso

© Alfonso Cacciola/iStockphoto.com

◀ Mantenersi in forma
a tutte le età.

◀))) Audio
🌐 http//www.cengagebrain.com
▶ Video on DVD
(iLrn

La Calabria

La Calabria è una regione dell'Italia meridionale con circa due milioni di abitanti. Lo stretto di Messina la separa dalla Sicilia e il capoluogo è Reggio Calabria. Il territorio della regione è collinare e montuoso; l'economia si basa sull'agricoltura e sull'allevamento. Particolarmente apprezzate sono le olive e gli agrumi *(citrus fruits)*. L'industria alberghiera è fiorente: le acque limpide e le spiagge pulite attirano bagnanti e turisti. In Calabria c'è un vasto altopiano ricco di boschi e di pascoli *(pastures)*: il parco nazionale della Sila. La Sila ha conservato la bellezza del passato, con la presenza di animali selvatici *(wild)*, come il lupo *(wolf)* appenninico.

© Cengage Learning

Quanthem/Shutterstock

◀ Reggio Calabria (o Reggio) è ai piedi del massiccio dell'Aspromonte ed ha circa 200 000 abitanti. Nell'antichità era una colonia greca e oggi è un importante centro archeologico. Qui si conservano i famosi bronzi di Riace. Reggio si trova in una zona sismica: nel 1908 un violento terremoto distrusse *(destroyed)* una gran parte della città.

Lo stretto *(Strait)* di Messina, largo solo tre chilometri, ▶ separa la Calabria dalla Sicilia. Navi-traghetto *(ferry-boats)* fanno servizio giornaliero tra le due regioni e trasportano persone, veicoli e merci *(goods)*.

ollirg/Shutterstock

Tropea è una nota località balneare sul mare Tirreno. La cittadina è divisa in due parti: la parte superiore costruita su una roccia e la parte inferiore in riva al mare. La cittadina ospita molti festival e manifestazioni folcloristiche, tra cui la sagra della cipolla rossa, un particolare tipo di cipolla dolce, chiamata la cipolla di Tropea.

nata_rass/iStockphoto.com

L'Aspromonte è un rilievo montuoso in provincia di Reggio ▶ Calabria, con la vetta *(peak)* più alta a circa 2000 metri. L'Aspromonte è formato a terrazze. Ha una ricca vegetazione di boschi e nella parte più bassa si coltivano viti *(vineyards)* e olivi. In inverno le piste da sci attirano sciatori dalle regioni dell'Italia meridionale.

Quanthem/iStockphoto.com

◀ La Cattolica di Stilo è una chiesa in stile bizantino, costruita nel IX secolo in provincia di Reggio Calabria. In Calabria si trovano diversi esempi di architettura bizantina che testimoniano la dominazione dell'Impero di Bisanzio.

Sandro Messina/Blueplace/iStockphoto.com

Enzo Signorelli/Cubolmages srl/Alamy

I bronzi di Riace sono due statue di bronzo che rappresentano due uomini di ▶ dimensioni leggermente superiori alla norma. Le statue sono state ritrovate nel 1972 nelle acque del mare Ionio, vicino a Riace, in provincia di Reggio Calabria. Sono in ottimo stato di consevazione dopo essere state per secoli sul fondo del mare. Molte ipotesi sono state avanzate sull'origine delle statue, ma senza conferma. Secondo gli studiosi apparterrebbero al periodo greco classico, del V secolo a.C. I bronzi di Riace sono ora conservati nel Museo Nazionale di Reggio Calabria e sono diventati il simbolo della città.

393

Courtesy of the authors

Dalla dottoressa 🔊 CD2-23

Nello studio della dottoressa Rovelli, a Bari.

Signor Pini Buon giorno, dottoressa.

La Dottoressa Buon giorno, signor Pini, come andiamo oggi?

Signor Pini Eh, non molto bene, purtroppo. Ho mal di testa, un terribile **raffreddore** e la **tosse**. *cold / cough*

La Dottoressa Ha anche la **febbre**? *fever*

Signor Pini Sì, l'ho misurata ed è alta: **trentanove**. *39° centigrade (102.2°F)*

La Dottoressa Vedo che Lei ha una bella influenza. Le scrivo una **ricetta** che Lei presenterà in farmacia. *prescription* Sono gli stessi antibiotici che Le ho dato l'anno scorso.

Signor Pini E per la tosse? La notte non posso dormire **a causa della** tosse. *because of the*

La Dottoressa Per la tosse è bene che **prenda** questa medicina. *you take*

Signor Pini **Mi fanno male** anche le spalle, le braccia e le gambe. *My . . . ache*

La Dottoressa Prenda delle aspirine e vedrà che fra due o tre giorni starà meglio.

Signor Pini Se non morirò prima... *What a chicken! / as*

La Dottoressa **Che fifone!** Lei è **sano come un pesce**! *healthy as a horse (lit. as a fish)*

Comprensione

1. In quale città si trova lo studio della dottoressa Rovelli?
2. Perché il signor Pini va dalla dottoressa?
3. Quali sono i suoi sintomi?
4. Qual è la diagnosi della dottoressa?
5. Che cosa scrive la dottoressa? Che cosa deve fare il signor Pini?
6. Perché non dorme la notte il signor Pini? Che dolori ha?
7. Che cosa prescrive la dottoressa per tutti i dolori del signor Pini?
8. Perché la dottoressa lo prende in giro (*teases him*)?

Studio di parole Il corpo e la salute *(Body and Health)*

avere il raffreddore to have a cold

avere la tosse to have a cough

avere l'influenza to have the flu

avere la febbre to have a fever

misurare la febbre to take someone's temperature

avere mal di... testa to have a . . . headache

    denti toothache

    gola sore throat

    schiena backache

    stomaco stomachache

fare male to hurt

    Mi fa male la testa (lo stomaco, ecc.) my head aches (my stomach . . . , etc.)

    Mi fanno male i denti (le gambe, ecc.) my teeth (my legs, etc.) ache

farsi male to hurt oneself

    Mi sono fatto(a) male al collo. I hurt my neck.

rompere/rompersi (p.p. rotto) to break

    Mi sono rotto (rompersi) un braccio. I broke my arm.

il dolore pain

vomitare to vomit

ammalarsi to become ill

(am)malato ill

la malattia disease

l'allergia allergy

la medicina medication, medicine

la ricetta prescription

la farmacia pharmacy

l'aspirina aspirin

l'antibiotico antibiotic

lo sciroppo per la tosse cough syrup

sentirsi meglio to feel better

guarire (-isc-) to recover

sano healthy

ingrassare to gain weight

    Sono ingrassato(a) di una libbra. I gained one pound.

essere (mettersi) a dieta to be (to go) on a diet

dimagrire (-isc-) to lose weight

    Sono dimagrito(a) di due chili. I lost two kilos.

essere (sentirsi, mantenersi) in forma to be (to feel, to stay) fit / healthy

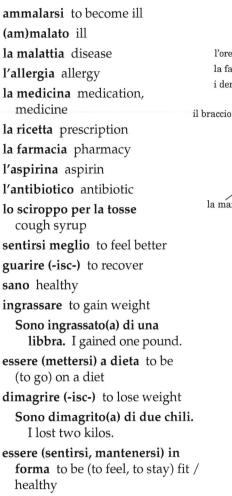
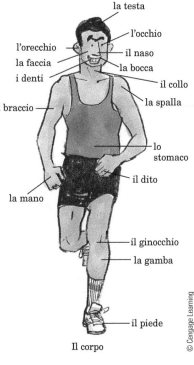

la testa · l'occhio · l'orecchio · il naso · la faccia · la bocca · i denti · il collo · il braccio · la spalla · lo stomaco · il dito · la mano · il ginocchio · la gamba · il piede

Il corpo

© Cengage Learning

Informazioni

Servizi sanitari per chi viaggia in Italia

Le farmacie in Italia non sono grandi come i *drugstores* degli Stati Uniti e vendono quasi esclusivamente prodotti per la salute e l'estetica *(cosmetics)*. Il farmacista è un laureato che può consigliare e dare medicinali in caso di malattie non gravi. In ogni città c'è sempre almeno una farmacia aperta di notte. Per una visita medica urgente è bene dirigersi al **Pronto soccorso** *(emergency room)*. In caso di un'emergenza o di un incidente, è necessario chiamare il numero **118** per richiedere soccorso *(help)*. Il trasporto in ambulanza al più vicino ospedale è gratuito.

nullplus/iStockphoto.com

Applicazione

A. Problemi di salute.
Accoppiate le frasi della colonna a sinistra con quelle della colonna a destra.

1. Antonio ha preso un'aspirina perché…
2. La mamma le ha dato lo sciroppo perché…
3. Non potevo parlare perché…
4. Dovresti fare yoga;…
5. Non abbiamo voglia di mangiare quando…
6. Avete corso la maratona e oggi…
7. Giorgio è caduto andando in bicicletta e…
8. Il mese scorso Paola ha avuto l'influenza…

a. ti aiuterebbe con il mal di schiena.
b. vi fanno male le gambe e i piedi.
c. si è rotto un braccio.
d. aveva mal di testa.
e. aveva la tosse.
f. ma adesso è guarita.
g. ci fa male lo stomaco.
h. avevo mal di gola.

B. Quanti mali!
Completate le frasi seguenti.

1. Il mese scorso sono andato(a) a sciare e *(I broke my leg)* _____.
2. Ieri sono stato(a) a casa perché *(I had a fever)* _____.
3. Mia sorella è caduta dal motorino e *(she hurt herself)* _____.
4. L'altro ieri ho camminato per quattro ore e oggi *(my feet hurt)* _____.
5. Se *(you have a toothache)* _____, perché non vai dal dentista?
6. Dottore, non mi sento bene: *(I have a cold and a sore throat)* _____.
7. Mia madre è preoccupata perché *(I lost weight)* _____ di tre chili.

C. Rispondete alle seguenti domande.

1. Perché una persona si mette a dieta?
2. Che cosa prescrive il medico a chi ha la sinusite *(sinus infection)*?
3. Che cosa deve fare il paziente con la ricetta?
4. Che cos'è il diabete?
5. Come si definisce una persona che non si ammala mai?

👥 D. Conversazione

1. In quale stagione è più facile prendere il raffreddore? Perché? Che cosa fai quando hai il raffreddore? Prendi delle medicine? Mangi o bevi qualcosa di particolare?
2. Hai mai avuto l'influenza? Quanto tempo fa? Che sintomi avevi?
3. Hai mai fatto l'iniezione per prevenire *(to prevent)* l'influenza?
4. Ti sei mai fatto(a) male praticando un'attività sportiva? Come?
5. Che cosa fai per mantenerti in forma?

👥 E. Adesso parliamo! Cosa è successo al povero signor Rossi?
In piccoli gruppi, descrivete come si sente il signor Rossi e immaginate che cosa gli è successo.

Nota linguistica

I falsi amici

In italiano e in inglese ci sono termini simili che però hanno significati differenti e perciò si chiamano «falsi amici» *(false friends)*.

1. **Succedere** e *to succeed* sono due falsi amici:

   - **succedere** (p.p. **successo**) si traduce in inglese *to happen*
   - *to succeed* si traduce in italiano **riuscire**

Cosa sta succedendo?	*What is happening?*
Cos' è successo?	*What happened?*
Maria è riuscita a laurearsi.	*Maria succeeded to graduate.*
Gino è riuscito negli affari.	*Gino succeeded in the business.*

2. **Realizzare** e *to realize* sono due falsi amici:

   - **realizzare** si traduce in inglese *to carry out, to fulfill*
   - *to realize* si traduce in italiano **rendersi conto** (p.p. **reso**)

Gino ha realizzato il suo progetto.	*Gino carried out his project.*
Mi rendo conto che abbiamo dei problemi.	*I realize we are having problems.*
Ci siamo resi conto che abbiamo speso troppo.	*We realized that we spent too much.*

Verifica. Completate le frasi con la forma corretta di uno dei due verbi.

a. realizzare / rendersi conto

1. Alberto è contento perché _____ il suo sogno di diventare medico.
2. Quando Bettina _____ che stava ingrassando, si è messa a dieta.
3. (Noi) _____ che la situazione economica è grave.

b. riuscire / succedere

1. A causa della nebbia *(fog)* _____ un grave incidente.
2. Stefano _____ a vincere il primo premio.
3. Che noia! In questo paese non _____ mai niente.

Ascoltiamo!

Una telefonata 🔊 CD2-24

Lisa riceve una telefonata da Giovanni, un vecchio amico che aveva incontrato per caso alcune settimane prima mentre era in vacanza a Roccaraso. Ascoltate la conversazione e rispondete alle seguenti domande.

Comprensione

1. Dove si sono incontrati Lisa e Giovanni?
2. Lisa ha delle buone novità?
3. Che cosa è successo a Lisa mentre sciava?
4. Si è anche fatta male alla testa?
5. Dove le hanno ingessato il braccio? Il braccio ingessato è il destro o il sinistro?
6. Perché Giovanni ha telefonato a Lisa?
7. Quando si vedranno Lisa e Giovanni?

Dialogo

Cosa vi è successo? In piccoli gruppi, raccontatevi quando e come avete avuto un incidente *(accident)*. Se non avete mai avuto un incidente, immaginate di averne avuto uno (niente di grave, però).

16.1 Il passato remoto

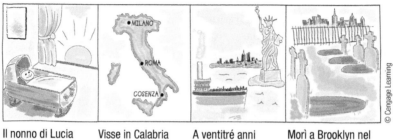

Il nonno di Lucia nacque a Cosenza nel 1910.

Visse in Calabria fino al 1933.

A ventitré anni emigrò in America.

Morì a Brooklyn nel 1975.

1. The **passato remoto**, like the **passato prossimo**, is a tense that expresses an action completed in the past. However, the **passato prossimo** is generally used to express actions that took place in a not-too-distant past. The **passato remoto** relates past actions and events completely detached from the present. It is most commonly found in narrative and historical writings. The **passato remoto** is used less frequently in spoken Italian, although this varies from region to region. Use of the **passato remoto** in conversation indicates that the speaker perceives the action described as distant from or unrelated to the present.

   Because of the importance of the **passato remoto** in both literary and spoken Italian, it is introduced here so that you will recognize it when you encounter it.

2. The **passato remoto** is formed by adding the appropriate endings to the infinitive stem.

   parlare → **parlai** = *I spoke, I did speak*

   It is conjugated as follows:

parlare	ricevere	partire
parl**ai**	ricev**ei** (ricev**etti**)	part**ii**
parl**asti**	ricev**esti**	part**isti**
parl**ò**	ricev**è** (ricev**ette**)	part**ì**
parl**ammo**	ricev**emmo**	part**immo**
parl**aste**	ricev**este**	part**iste**
parl**arono**	ricev**erono** (ricev**ettero**)	part**irono**

   Many regular **-ere** verbs have an alternate ending for the first-person singular and for the third-person singular and plural.

Dante **morì** nel 1321.	*Dante died in 1321.*
Il dottore **entrò** e **visitò** il malato.	*The doctor came in and examined the patient.*
Roma **diventò** la capitale d'Italia nel 1870.	*Rome became the capital of Italy in 1870.*

3. **Essere** and the following verbs are irregular in all their forms in the **passato remoto**.

essere:	fui, fosti, fu, fummo, foste, furono
bere:	bevvi, bevesti, bevve, bevemmo, beveste, bevvero
dare:	diedi, desti, diede, demmo, deste, diedero
dire:	dissi, dicesti, disse, dicemmo, diceste, dissero
fare:	feci, facesti, fece, facemmo, faceste, fecero
stare:	stetti, stesti, stette, stemmo, steste, stettero

4. **Avere** and the following verbs are irregular only in the **io, lei,** and **loro** forms. To conjugate these forms, add the endings **-i, -e,** and **-ero** to the irregular stem.

avere: **ebbi**, avesti, **ebbe**, avemmo, aveste, **ebbero**
cadere: **caddi**, cadesti, **cadde**, cademmo, cadeste, **caddero**

chiedere	chiesi	**leggere**	lessi	**rispondere**	risposi	**vedere**	vidi
chiudere	chiusi	**mettere**	misi	**rompere**	ruppi	**venire**	venni
conoscere	conobbi	**nascere**	nacqui	**sapere**	seppi	**vivere**	vissi
decidere	decisi	**prendere**	presi	**scrivere**	scrissi	**volere**	volli

5. The **passato remoto,** like the **passato prossimo,** may be used in combination with the imperfect tense to express an action that was completed while another action or situation was occurring.

Gli **diedi** un bacio mentre usciva.   *I gave him a kiss while I was going out.*

Scrissero al padre perché non avevano più soldi.   *They wrote to their father because they didn't have any more money.*

Pratica

A. Alcuni Italiani famosi. A quali esploratori (*explorers*) e scienziati (*scientists*) italiani si riferiscono le frasi che seguono? In coppie, indentificateli e sottolineate i verbi al passato remoto.

Galileo Galilei

Alessandro Volta

Guglielmo Marconi

Marco Polo (1254–1324)   Luigi Galvani (1737–1798)
Leonardo da Vinci (1452–1519)   Alessandro Volta (1745–1827)
Amerigo Vespucci (1454–1512)   Guglielmo Marconi (1874–1937)
Galileo Galilei (1564–1642)   Enrico Fermi (1901–1954)

1. Cinque secoli fa disegnò molte macchine moderne, fra cui l'elicottero, l'aereo e il carro armato (*tank*).
2. Con l'aiuto del telescopio, confermò la teoria che la terra gira intorno al sole. La Chiesa lo condannò come eretico.
3. Nel 1938 ricevè il premio Nobel per le sue ricerche nel campo (*field*) dell'energia nucleare.
4. Fece esperimenti sugli animali e stabilì le basi dell'elettrofisiologia.
5. Esplorò le coste del Nuovo Mondo e diede il suo nome al nuovo continente.
6. Inventò il telegrafo senza fili (*wireless*) e nel 1909 ottenne il premio Nobel per la fisica.
7. Visitò l'Asia e descrisse il suo viaggio nel famoso libro *Il Milione*.
8. Fu l'inventore della pila (*battery*) elettrica.

*I ritratti dei tre scienziati figuravano (*were featured*) sulle banconote da 2 000 e 10 000 lire che circolavano in Italia prima dell'euro.

B. La camicia dell'uomo felice. Leggete la seguente storia e sottolineate i verbi al passato remoto. Poi sostituite il passato remoto con il passato prossimo.

In un antico paese chiamato Arcadia Felice viveva un re *(king)* in una spendida corte. Un giorno il re si ammalò di una strana malattia. Molti medici vennero al palazzo, ma nessuno seppe trovare la cura. Finalmente un vecchio medico arrivò al palazzo e disse che la malattia del re si chiamava «la noia». Tutti cercarono di distrarre il re con feste e balli, ma invano. Il vecchio medico disse che il re doveva indossare la camicia di un uomo felice prima della nuova luna piena *(full moon)* o sarebbe morto.

Il primo ministro offrì una borsa piena d'oro *(gold)* in cambio di una camicia di un uomo felice. Ma nessuno si presentò alla corte. Nessuno in quel paese chiamato Arcadia Felice era felice.

Il primo ministro si mise in viaggio per monti e per valli alla ricerca di un uomo felice. Un giorno, mentre attraversava un deserto, fu colto da una tempesta di sabbia e si rifugiò in una grotta, dove trovò un eremita *(hermit)*.

«Cosa fai qui?» gli chiese l'eremita.

« Cerco un uomo felice e non riesco a trovarlo», rispose il primo ministro.

« Io sono un uomo felice», disse l'eremita.

« Tu?!», esclamò sorpreso il primo ministro, «ma come puoi essere felice di vivere in questa grotta?»

« Perché», spiegò l'eremita, «non desidero un'altra grotta, e non ho paura di perdere questa».

« Allora», gridò il primo ministro pieno di gioia, «dammi la tua camicia!»

L'eremita sorrise e sollevò il mantello *(cape)*: non aveva una camicia. L'unico uomo felice non aveva nemmeno una camicia!

Adattamento da una favola *(fairy tale)* popolare italiana.

C. Adesso parliamo! Come essere felici. L'argomento *(topic)* della lettura precedente *(above)* è la felicità *(happiness)*. In piccoli gruppi, discutete di che cosa avete bisogno per essere felici. Quali sono i fattori più importanti per voi? La salute? I soldi? L'amore?

D. Cappuccetto Rosso. Completate la seguente storia mettendo i verbi in parentesi al passato remoto.

C'era una volta una bambina che si chiamava Cappuccetto Rosso. Un giorno la mamma (preparare) _____ un cestino di cose buone da portare alla nonna che era ammalata. Cappuccetto Rosso (partire) _____, (entrare) _____ nel bosco e (fermarsi) _____ a raccogliere dei fiori. Improvvisamente un grosso lupo (uscire) _____ da dietro un albero e le (domandare) _____ dove andava. Quando (sapere) _____ che andava dalla nonna, la (salutare) _____ e (andare) _____ via. Cappuccetto Rosso (arrivare) _____ dalla nonna, (entrare) _____ e (trovare) _____ la nonna a letto.

— Nonna, nonna, che orecchie lunghe hai...— (dire) _____ la bambina.

— Per sentirti meglio!— (rispondere) _____ la nonna.

— Nonna, nonna, che bocca grande hai...

— Per mangiarti meglio!

E il lupo (saltare) _____ dal letto e la (divorare) _____.

16.2 Plurali irregolari

1. Most nouns and adjectives that end in **-co** and **-go** form the plural with **-chi** and **-ghi.**

il fuoco (*fire*)	**i fuochi**	fresco	**freschi**
il parco	**i parchi**	stanco	**stanchi**
l'albergo	**gli alberghi**	largo	**larghi**
il lago	**i laghi**	lungo	**lunghi**

NOTE: The plural of most nouns and adjectives ending in **-ico** is formed with **-ici:** l'amico, **gli amici;** il medico, **i medici;** simpatico, **simpatici;** pratico, **pratici,** BUT antico, **antichi.**

2. Nouns ending in **-io** with the stress on the last syllable form the plural with **-ii.**

lo zio	**gli zii**
l'addio	**gli addii**

3. Nouns ending in **-cia** and **-gia** keep the **i** in the plural when the **i** is stressed; otherwise the plural is formed with **-ce** and **-ge.**

la farmacia	**le farmacie**
la bugia (*lie*)	**le bugie**
BUT la ciliegia (*cherry*)	**le ciliege**
la pioggia	**le piogge**

Il turista e la turista salgono in gondola a Venezia.

4. Some masculine nouns ending in **-a** form the plural with **-i.** (They derive mainly from Greek, and most end in **-ma** or **-amma.**) The most common are:

il diploma	**i diplomi**
il problema	**i problemi**
il sistema	**i sistemi**
il programma	**i programmi**

5. Nouns and adjectives ending in **-ista** can be either masculine or feminine. They form the plural in **-isti** (masculine) and **-iste** (feminine).

il/la musicista	**i musicisti/le musiciste**
il/la turista	**i turisti/le turiste**
egoista (*selfish*)	**egoisti/egoiste**
idealista	**idealisti/idealiste**

Il monumento a Vittorio Emanuele II, re d'Italia

6. The following nouns that refer to the body are masculine in the singular and feminine in the plural.

il braccio	**le braccia** (*arms*)	la mano (*f.*)	**le mani** (*hands*)
il dito	**le dita** (*fingers*)	l'orecchio	**le orecchie** (*ears*)
il ginocchio	**le ginocchia** (*knees*)	l'osso	**le ossa** (*bones*)
il labbro	**le labbra** (*lips*)		

NOTE

- Two common nouns with irregular plurals are: **l'uovo (le uova)** and **l'uomo (gli uomini).**
- The noun **il Papa** (*the Pope*) is masculine and was formed by combining the first two letters of two latin words: Pater Patrorum (*Father of all Fathers*). The plural is **i Papi.**
- The noun **il re** (*the king*) is invariable in the plural: **i re.**

Pratica

A. Gioco dei plurali. Mettete le seguenti frasi al plurale.

1. L'ufficio turistico è chiuso oggi. **2.** Il turista e la turista hanno visitato il parco di Roma. **3.** L'acqua del lago è sporca *(dirty)*. **4.** La camera dell'albergo è abbastanza larga. **5.** Non possiamo accendere un fuoco in questo bosco. **6.** Non ho mangiato quest'arancia perché è marcia *(rotten)*. **7.** Il tuo problema non è molto serio. **8.** Ho un dolore *(pain)* al ginocchio.

B. Riflessioni di un liceale. Completate usando il plurale delle parole in parentesi.

Oggi è la fine degli esami di maturità; presto avremo (il diploma) _____. È anche il giorno (dell'addio) _____ ai vecchi (amico) _____ di liceo. Siamo tutti felici e pensiamo a (lungo) _____ vacanze (sulla spiaggia) _____ italiane e a (fresco) _____ pomeriggi (nel parco) _____ delle città. Per diversi mesi non avremo più libri tra (la mano) _____; siamo (stanco) _____ di studiare e facciamo (programma) _____ molto (ottimista) _____ per il nostro futuro. In questi giorni ci sentiamo (idealista) _____; rimandiamo a domani (il problema) _____ della vita!

C. Sai dire il plurale? In coppie, dite a turno il singolare dei seguenti nomi. Il vostro compagno/La vostra compagna dirà il plurale.

1. il re	**5.** il diploma	**9.** il Papa
2. l'uomo	**6.** il sistema	**10.** il parco
3. l'albergo	**7.** il lago	**11.** il programma
4. il turista	**8.** il problema	**12.** lo zio

D. Adesso parliamo! Le parti del corpo. In coppie, pensate alle otto parti del corpo che sono maggiormente interessate *(involved)* nelle seguenti attività. Per le parole con il plurale irregolare, a turno dite qual è il singolare.

Esempio   camminare e correre
Per camminare e correre si usano le gambe.

1. giocare a calcio	**5.** chinarsi *(bend down)*
2. giocare a golf	**6.** scrivere
3. suonare il pianoforte	**7.** baciare
4. ascoltare la musica	**8.** guidare la macchina

16.3 Suffissi con nomi e aggettivi

In Italian, the meaning of a noun or an adjective can be altered by attaching a particular suffix. The suffix is added after the final vowel of the word is dropped. The most common suffixes are:

1. -ino(a); -etto(a); ello(a), conveying smallness or endearment.

fratello	**fratellino** *(dear little brother)*
Luigi	**Luigino** *(dear little Luigi)*
casa	**casetta** *(cute little house)*
vino	**vinello** *(light but good wine)*

2. -one (-ona, -oni, -one), conveying largeness, weight, or importance.

naso	**nasone** *(huge nose)*
dottore	**dottorone** *(well-known doctor)*
pigro	**pigrone** *(very lazy)*

Lecco. Alcune casette colorate in riva al lago di Como

Una pittoresca piazzetta in un paese della Toscana

3. -accio (-accia, -acci, -acce), conveying a pejorative connotation.

parola	**parolaccia** (*dirty word*)
ragazzo	**ragazzaccio** (*bad boy*)
tempo	**tempaccio** (*very bad weather*)

NOTE: The choice of suffixes is idiomatic and cannot be made at random. It is best that you limit their use to examples you read in reliable sources or hear from native speakers.

Pratica

A. Variazioni. Aggiungete alla parola in corsivo il suffisso necessario per rendere (*to convey*) il significato di ogni frase.

1. un *tempo* con molta pioggia **2.** un *libro* di mille pagine **3.** un *ragazzo* grande e grosso **4.** due lunghe *giornate* faticose **5.** un *ragazzo* cattivo **6.** le grosse *scarpe* da montagna **7.** un *professore* molto famoso **8.** una brutta *parola*

B. Diminutivi. Completate le frasi con la parola corretta tra quelle della lista.

**gattini   giornalini   isoletta   lettino   libretto
sorellina   vinello   vecchietta**

1. Dopo cena, abbiamo bevuto un _____ dolce.
2. Vorremmo andare in vacanza su un' _____ tranquilla.
3. La mamma gatta protegge i suoi _____.
4. In edicola si vendono anche dei _____ per bambini.
5. Maria è la maggiore, la sua _____ ha tre anni di meno.
6. Non trovo il _____ dove ho scritto tutti gli indirizzi. Dove sarà?
7. La nonna di Alberto ha 97 anni, ma è proprio una _____ in gamba (*in great physical and mental form*)!
8. Tommaso dorme tranquillo e felice nel suo _____. Che angioletto (*little angel*)!

Sapete che...

La longevità in Italia

Una ricerca realizzata dal Ministero della salute britannico (*British Department of Health*) ha confermato che il popolo italiano gode (*enjoys*) di una buona aspettativa di vita. Le donne italiane, con una media (*average*) di 84,4 anni, sono al secondo posto in Europa dopo le francesi e anche gli uomini, con una media di 78,8 anni, sono i secondi per longevità dopo gli Svedesi (*Swedish*). Lo studio ha considerato diversi fattori, come l'alimentazione (*eating habits*), l'uso di tabacco ed alcol e i servizi di medicina preventiva da parte del sistema sanitario.

Due simpatici vecchietti italiani

Courtesy of the authors

C. Che cosa significa? In coppie, a turno, chiedete al compagno/alla compagna di darvi l'equivalente inglese delle frasi che gli/le leggete.

1. Hanno comprato *una macchinetta rossa*.
2. Vai alla spiaggia? *Porta l'ombrellone!*
3. Antonio ci ha raccontato *una storiella divertente*.
4. Se voglio i libri dell'ultimo scaffale, *ho bisogno della scaletta*.
5. *Era una serataccia fredda*, con vento e pioggia.
6. Ho incontrato Marcello: *era con una biondina*.
7. Un ragazzo come te non dovrebbe leggere *quel giornalaccio*.

16.4 Verbi ed espressioni verbali + *infinito*

1. Some verbs and verbal expressions are followed by an infinitive without a preposition. Among the most common are:

   a. semiauxiliary verbs: **dovere, potere, volere, sapere**

   b. verbs of *liking* and *disliking*: **piacere, desiderare, preferire**

   c. impersonal verbal expressions with the verb **essere**, such as **è facile (difficile), è possibile (impossibile), è necessario**

Potresti aiutarmi?	*Could you help me?*
Mi **piace** ascoltare i dischi di Pavarotti.	*I like to listen to Pavarotti's albums.*
È facile sbagliarsi.	*It is easy to make a mistake.*

2. Some verbs and verbal expressions require the preposition **di** + *infinitive*. Among the most common are:

   > **essere** + *adjective*: **contento(a), felice, stanco(a)**
   > **avere** + *noun*: **paura, bisogno, tempo**
   > verbs of *saying*: **dire, domandare, chiedere**
   > verbs of *thinking*: **credere, pensare, ricordarsi, sperare**
   > other verbs: **dimenticare, cercare** (*to try*)**, finire**

Sono contento di vederLa.	*I am glad to see you.*
Non ho tempo di fermarmi.	*I don't have time to stop.*
Sperava di diventare famoso.	*She was hoping to become famous.*

3. Some verbs require the preposition **a** + *infinitive*. Among the most common are:

aiutare	continuare	(in)cominciare
andare	imparare	venire

Abbiamo continuato a camminare.	*We continued walking.*
Ha imparato a usare il PC.	*He learned to use the PC.*
Vorrei **venire a** trovarti.	*I would like to come visit you.*

   NOTE: A more complete list of verbs and verbal expressions + infinitive appears in **Appendix 2**.

Pratica

A. Una visita alla nonna. Completate le frasi con le preposizioni **a** o **di** (se necessarie).

La settimana scorsa sono andato _____ trovare la mia nonna, che non stava bene. Il dottore le ha detto _____ prendere delle medicine, ma lei non vuole _____ farlo. Mia nonna era contenta _____ vedermi, e mi ha chiesto _____ aiutarla nei lavori in giardino. Io non avevo molto tempo _____ stare con lei, ma l'ho aiutata _____ raccogliere le mele. Ho anche cercato _____ convincerla _____ prendere le medicine. Lei ha detto che non le piace _____ prendere le medicine, preferisce _____ curarsi con la dieta.

B. Un po' di tutto. Cambiate le frasi seguenti secondo l'esempio e usate le preposizioni appropriate quando sono necessarie.

Esempio   Ci iscriviamo all'università. (speriamo)
              Speriamo di iscriverci all'università.

1. Beviamo un cappuccino. (vorremmo) **2.** Vai in Italia? (sei contento) **3.** I lavoratori aspettavano un aumento. (erano stanchi) **4.** Ho riparato il computer portatile. (ho cercato) **5.** Lucia guarda le vetrine. (si è fermata) **6.** Ti accompagno a casa? (posso) **7.** Lei leggeva fino a tardi. (le piaceva) **8.** Lavoriamo per vivere. (è necessario)

C. Un po' d'immaginazione. In coppie, a turno, completate oralmente le frasi con le preposizioni **a**, **di** e **per** (se sono necessarie) e con l'infinito. Potete consultare il vocabolario in *Studio di parole*.

Esempio   Il professore/La professoressa oggi non sta bene. Ha voglia…
              Ha voglia di andare a casa. o…

1. Ho mal di testa. Devo… **2.** Ho un po' di febbre. Ho paura… **3.** Io e il mio compagno/la mia compagna siamo a dieta. Vorremmo… **4.** A mio fratello non piace sciare. Ha paura… **5.** Mi fanno male i denti. Ho bisogno… **6.** Il dottore mi ha dato le medicine, ma io ho dimenticato… **7.** Ho bisogno di un termometro… **8.** Le medicine mi hanno fatto bene. Devo continuare…

D. Adesso parliamo! Le vostre abitudini. In coppie, fatevi le domande del quiz per scoprire se le vostre abitudini sono benefiche per la salute o se avete bisogno di cambiarle. Per ogni domanda marcate la lettera scelta.

1. Mangi spesso al fast-food?
   a. No, non spesso. Mi fermo a mangiare al fast-food solo due o tre volte al mese.
   b. Mangio al fast-food quando non ho tempo di prepararmi il pranzo, più o meno una volta alla settimana.
   c. Sono sempre di fretta e mi fermo al fast-food tre o quattro volte alla settimana (mi piacciono le patatine fritte).

2. Mangi frutta e verdura tutti i giorni?
   a. Sì, tutti i giorni, specialmente la frutta e le verdure che mi piacciono.
   b. Mangio solo la frutta che mi piace e poca verdura.
   c. Non mi piace molto mangiare la frutta e la verdura. Mangio le banane e detesto i broccoli.

3. Quando vai alle feste, bevi delle bevande alcoliche? Un bicchiere o due?
   a. Ne bevo solo uno o al massimo *(at the most)* due.
   b. Quando si è in compagnia degli amici, se ne bevono facilmente tre o quattro.
   c. Alla fine della festa non mi ricordo quanti ne ho bevuti.

4. Quante ore dormi, in generale, la notte?
   a. Di solito dormo almeno *(at least)* sette ore.
   b. Dipende. Qualche volta vado a letto tardi e mi devo alzare presto la mattina, perciò dormo circa cinque ore.
   c. Non ho un orario. Qualche volta vado a letto dopo la mezzanotte, ma poi mi addormento durante il giorno.

5. Pratichi regolarmente dello sport?
   a. Faccio diverse attività sportive ogni settimana: faccio jogging, vado in palestra, eccetera.
   b. Un paio di volte alla settimana.
   c. Purtroppo no. Tra le lezioni, i compiti, e il mio lavoro part-time, non ho tempo per le attività sportive.

6. Come eviti *(avoid)* lo stress?
   a. Con l'esercizio fisico, la meditazione, lo yoga, la conversazione con i miei amici.
   b. Cerco di evitare le situazioni stressanti.
   c. Lo stress è una cosa che non si può evitare: quando c'è, c'è.

Risultati: **a** vale *(it is worth)* 10 punti; **b** vale 5 punti; **c** vale 0 punti. Se hai totalizzato tra 50 e 60 punti, hai delle ottime abitudini che giovano *(are beneficial)* alla tua salute; se hai totalizzato tra 30 e 40 punti, le tue abitudini potrebbero essere migliorate; se hai totalizzato meno di 30 punti…, non pensi che sarebbe ora di preoccuparti della tua salute?

Ljupco Smokovski/Shutterstock.com

È solo un'influenza! ◀)) CD2-25

Quando Marco si è svegliato questa mattina, non si sentiva bene: aveva mal di testa, mal di gola e il raffreddore. Si sentiva anche un po' di febbre, ma non avendo il termometro, non poteva misurarsela. Dopo aver deciso che era meglio rinunciare ad andare all'università, è tornato a letto ma, un paio d'ore più tardi, stava peggio di prima. Forse, ha pensato, era il caso di farsi vedere dal dottore. Poiché non aveva la macchina, Marco ha mandato un sms al suo amico Gianni, dopo aver telefonato al dottore.

MESSAGGIO Stamattina non sto bene. Penso di avere l'influenza. Mi potresti accompagnare tu in macchina dal dottore?

RISPOSTA Sì, certo. Hai preso un appuntamento?

MESSAGGIO Sì, può ricevermi alle due.

RISPOSTA OK, passo a prenderti all'una e mezzo.

(Nello studio della dottoressa Rossi, dopo la visita.)

DOTTORESSA È solo un'influenza. Fai una vita attiva?

MARCO Sì, credo di sì. Vado a sciare, vado in palestra e faccio il cardiofit training. Ma in questi ultimi due mesi non ho fatto nessuna attività perché ho un sacco di roba da studiare.

DOTTORESSA E la tua dieta?

(Gianni si mette a ridere.)

GIANNI La sua dieta? Pizza per cena e **gli avanzi** della pizza per colazione!   *leftovers*

DOTTORESSA No, devi cambiare sistema. Devi fare attenzione alla dieta. **Tieni, prendi questo** antinfluenzale e della   *Here, take this* vitamina C e… niente pizza per colazione.

GIANNI Non si preoccupi dottoressa. Stasera cucino io per tutt'e due: brodo di pollo, carne ai ferri e succo d'arancia. In un paio di giorni lo rimetto a nuovo!

A. Alla lettura. Dopo che avete letto il dialogo, con un compagno/una compagna, sottolineate i nomi e le espressioni che indicano un cattivo stato di salute (febbre, ecc.).

B. Comprensione

1. Come si sentiva Marco stamattina, quando si è svegliato?
2. Che sintomi aveva?
3. Ha deciso di andare all'università?
4. Quando ha deciso di andare dal dottore, perché ha chiesto un passaggio al suo amico Gianni?
5. Per che ora è l'appuntamento con la dottoressa?
6. Qual è la diagnosi della dottoressa Rossi dopo che ha visitato Marco?
7. Quali attività sportive fa Marco? Perché recentemente non ha praticato nessuno sport?
8. Ha una dieta equilibrata Marco? Perché?
9. Che medicina gli ha dato la dottoressa? E che consigli?
10. Qual è la soluzione di Gianni?

C. Conversazione

1. Tu fai attenzione alla dieta o mangi solo quello che ti piace?
2. Compri molti prodotti biologici (*organic*)?
3. Fai una vita attiva o sedentaria?
4. Pratichi qualche sport? Quale?
5. Cosa fai quando hai l'influenza? Vai dal dottore? Prendi due aspirine e aspetti che ti passi (*goes away*)?
6. Vai alle lezioni (al lavoro) anche quando non ti senti bene? O stai a letto?

Adesso scriviamo!

Vivere sani e a lungo

A. Leggi le norme del «Codice europeo per la salute». Sei d'accordo con i suggerimenti? Generalmente li segui? Che cosa fai?

B. Organizza le tue idee in tre paragrafi.

1. Nel primo paragrafo spiega perché è importante mantenersi in buona salute.

2. Nel secondo paragrafo scrivi un commento per ognuna delle sette norme.

3. Nel terzo paragrafo aggiungi i tuoi suggerimenti su quello che possiamo fare per migliorare la nostra salute.

IL CODICE EUROPEO PER LA SALUTE

Adottando uno stile di vita più salutare è possibile evitare alcune malattie e migliorare lo stato di salute.

1. Non fumare. Se fumi, smetti. Se non riesci a smettere, non fumare in presenza di non fumatori.

2. Evita l'obesità.

3. Fai ogni giorno attività fisica.

4. Mangia ogni giorno frutta e verdura: almeno cinque porzioni. Limita il consumo di alimenti contenenti grassi di origine animale.

5. Se bevi alcolici, che siano birra, vino o liquori, modera il loro consumo a due bicchieri al giorno se sei uomo, ad uno se sei donna.

6. Presta attenzione all'eccessiva esposizione al sole. È importante proteggere bambini e adolescenti.

7. Previeni l'esposizione occupazionale e ambientale ad agenti cancerogeni.

Il Servizio sanitario in Italia

A. You are going to read about the Italian healthcare system, the SSN (**Servizio Sanitario Nazionale**). The Italian national healthcare service guarantees health care to all Italian citizens as a basic individual right protected by the Italian Constitution. It is a publically funded system, which covers everyone, including the unemployed. Illegal immigrants also receive assistance, since the law forbids denying help to anyone who needs it.

Un ospedale in Piemonte

Ambulanza a Venezia

La Costituzione Italiana (articolo 32) garantisce la protezione della salute dei cittadini «come fondamentale diritto dell'individuo ed interesse della collettività». Il Servizio Sanitario Nazionale (SSN) offre a tutti i cittadini assistenza medica ed ospedaliera indipendentemente dalle loro condizioni economiche. Il SSN è finanziato dalle **tasse**. Sono assistiti anche i cittadini che non pagano le tasse, come i disoccupati, gli indigenti, i pensionati e i cittadini stranieri con permesso di lavoro.

taxes

Un giovane medico entusiasta

Sono assistiti anche gli immigrati illegali, perché la legge proibisce di rifiutare aiuto a chi ne ha bisogno. I cittadini, se non sono indigenti, devono contribuire a una quota delle spese mediche, chiamata *il ticket*, mentre l'ospedale è gratis.

Ogni cittadino possiede una **tessera sanitaria** che presenta per le visite mediche e per tutti i servizi sanitari. Quando una persona è ammalata, il medico viene a casa per la visita e, se necessario, ritorna nei giorni successivi.

national health card

Esiste anche una forma di assistenza medica privata: i cittadini pagano un'assicurazione. I medici e gli ospedali sono gli stessi del SSN, ma il vantaggio è che con il sistema privato non ci sono periodi di **attesa** ed è possibile scegliere il medico che si preferisce.

waiting

I maggiori ospedali offrono tecnologie diagnostiche avanzate; la medicina in Italia è una delle migliori al mondo per la ricerca scientifica.

Il Governo concede un sussidio mensile di circa 400 euro ai familiari che ospitano e si prendono cura di un genitore incapace di provvedere a sé stesso.

B. Domande

1. Che cosa offre il SSN?
2. Come è finanziato il SSN?
3. Il SSN offre assistenza medica solo ai cittadini che pagano le tasse? A chi altro?
4. Perché sono assistiti anche gli immigrati illegali?
5. Cos'è il *ticket*?
6. Quali sono i vantaggi dell'assistenza medica privata?

A. Attività sul vocabolario. Guardate la sezione del video *Dal farmacista*; poi completate le frasi con le espressioni date.

medicina, febbre, grave, si sente bene, influenza, mal di testa, raffreddore

1. A causa del cattivo tempo Marco non _____.
2. Marco spera che non sia *(is)* _____.
3. Marco ha _____ e ha paura di avere un po' di _____.
4. Il farmacista dice che sono sintomi del _____ e gli consiglia una _____ a base di echinacea.
5. Marco è contento di non avere l'_____.

B. Domande sul video

1. Perché entra in farmacia Marco?
2. Come si chiama il farmacista?
3. Da quanto tempo fa il farmacista?
4. In che modo il farmacista italiano è differente dal farmacista americano?

C. Attività sulla grammatica

a. Guardate una seconda volta la sezione del video *Dal farmacista* e completate le frasi con i nomi che seguono.

prodottino, febbriciattola, vecchiotto, tempaccio

1. Marco non si sente bene por colpa di questo _____.
2. Il farmacista dà a Marco un _____ che aumenta le difese dell'oganismo.
3. Marco ha una _____, non una febbre alta.
4. Il farmacista dice di non essere più giovane, anzi dice di essere un po' _____.

b. Mettete i verbi in parentesi dal passato remoto al passato prossimo.

1. Marco (entrò) _____ in farmacia.
2. Marco (spiegò) _____ al farmacista che non si sentiva bene.
3. Il farmacista gli (diede) _____ un prodottino a base di echinacea.
4. Il farmacista (disse) _____ di essere un po' vecchiotto.
5. Il farmacista (raccontò) _____ a Marco la storia della sua vita.
6. Marco (prese) _____ le medicine per il raffreddore e (uscì) _____ dalla farmacia.

D. Partecipazione. In gruppi di tre studenti, conversate sui seguenti argomenti:

- Dite cosa fate quando non vi sentite bene.
- Quali sono i sintomi che vi fanno pensare di avere l'influenza?
- Cosa fate per mantenervi in buona salute e com'è la vostra dieta?

Vocabolario 🔊

Nomi

l'alimentazione	eating habits
il consiglio	advice
il cuore	heart
la cura	treatment; care
il dente	tooth
la diagnosi	diagnosis
il dolore	pain, ache
il fuoco	fire
l'incidente (m.)	accident
l'incrocio	intersection
l'iniezione (f.)	injection
il labbro (pl. le labbra)	lip
la meditazione	meditation
il medico	doctor
l'osso (pl. le ossa)	bone
il/la paziente	patient
il pericolo	danger
il Papa (pl. i Papi)	Pope
il peso	weight
il re (pl. i re)	king
il sintomo	symptom
l'uomo (pl. gli uomini)	man

Aggettivi

dannoso	harmful
destro	right
egoista	selfish
sinistro	left
sporco	dirty

Verbi

curare	to treat
dubitare	to doubt
ingessare	to put in a cast
mettersi a	to start (doing something)
migliorare	to improve
prescrivere (p.p. prescritto)	to prescribe
prevenire	to prevent
ridere (p.p. riso)	to laugh
rinunciare	to renounce
succedere (p.p. successo)	to happen
visitare	to examine

Altre espressioni

Che cosa è successo?	What happened?
Che fifone!	What a chicken!
Come andiamo?	How are we doing?
in gamba	in great mental and physical shape
prendere in giro	to make fun of somebody
sano come un pesce	as healthy as a horse (lit. fish)

1. Le parti del corpo. Identificate le parti del corpo corrispondenti ai numeri nel disegno Per i numeri 8, 9, 12, 13 e 16 scrivete anche il plurale irregolare. Non dimenticate gli articoli determinativi.

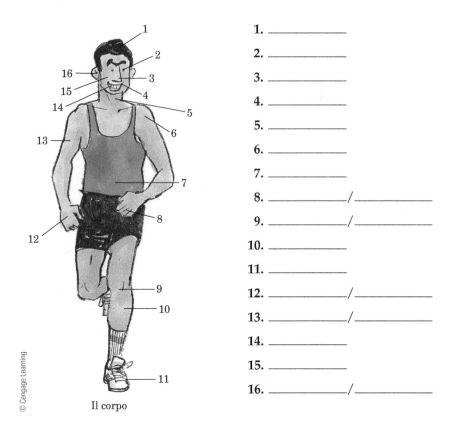

Il corpo

1. _____
2. _____
3. _____
4. _____
5. _____
6. _____
7. _____
8. _____ / _____
9. _____ / _____
10. _____
11. _____
12. _____ / _____
13. _____ / _____
14. _____
15. _____
16. _____ / _____

2. Completate le frasi usando il vocabolario in *Studio di parole*.

1. Mario ha preso due aspirine perché _____.
2. Ho bisogno di un termometro per _____.
3. Siete a dieta perché volete _____.
4. Povera Mirella, ha mangiato qualcosa di avariato *(that had gone bad)*. Aveva mal di stomaco e poi _____.
5. La _____ e il mal di gola sono sintomi del raffreddore.
6. Quando _____ andiamo dal dentista.
7. I miei amici hanno avuto un incidente di macchina, ma nessuno _____. Per fortuna stanno tutti bene!
8. Ieri Roberto è rimasto a casa dal lavoro perché era _____. Oggi si sente _____ ed è ritornato in ufficio.
9. Ho le scarpe strette *(tight)* e adesso _____ i piedi.
10. Il dottore ti ha dato _____ per gli antibiotici?

3. Il passato remoto: Chichibio e la gru.
Leggete la seguente storia e sottolineate i verbi al passato remoto. Poi sostituite il passato remoto con il passato prossimo.

Un ricco signore viveva in un castello del pressi di Firenze ed aveva molti servitori e un bravo cuoco, che si chiamava Chichibio. Un giorno Chichibio preparò una gru *(crane)* arrostita per il suo padrone. Però Chichibio aveva molta fame e, prima di portare in tavola la gru, si mangiò una zampa *(leg)* della gru. Quando la gru arrivò a tavola, il padrone vide che alla gru mancava *(was missing)* una zampa.

«Chichibio», chiese il padrone al cuoco, «dov'è l'altra zampa?»

«No, signore», rispose Chichibio, «questi animali hanno una zampa sola».

«Ah sì!», disse irritato il padrone, «adesso mangio, poi andiamo al fiume dove ci sono le gru e vediamo se hanno una zampa sola!»

Il padrone e Chichibio andarono al fiume, dove videro alcune gru che stavano in piedi su una sola zampa.

«Ecco signore», esclamò il cuoco, «come vedete le gru hanno una zampa sola!»

Il padrone battè *(clapped)* le mani e le gru misero fuori *(put out)* l'altra zampa e scapparono via *(ran away)*.

«Hai visto», disse il padrone, «che le gru hanno due zampe!»

«Ma, signore», obiettò Chichibio, «se voi battevate le mani alla gru che era sulla tavola, anche quella avrebbe messo fuori una zampa!»

Il padrone, divertito, perdonò *(forgave)* Chichibio.

(Adattamento da una novella del *Decameron* di Giovanni Boccaccio)

4. Plurali irregolari.
Cambiale le seguenti frasi al plurale.

1. Lo zio ha parlato del suo problema.
2. Questo lago alpino è più lungo che largo.
3. È un osso del braccio.
4. È un idealista e ha creduto alla bugia.

5. I suffissi.
Accoppiate le frasi alla parola corrispondente.

1. Una casa piccola e carina	**a.** pigrone
2. Un luogo brutto e pericoloso	**b.** villetta
3. Una macchina giocattolo *(toy)*	**c.** storiella
4. Un tavolo basso o piccolo	**d.** macchinetta
5. Un ragazzo che non si alza prima delle undici.	**e.** tavolino
6. Una storia comica e divertente	**f.** postaccio

6. Cambiate le frasi seguendo l'esempio con l'infinito e le preposizioni appropriate se necessario.

Esempio   Prendete la medicina. (avete dimenticato)
Avete dimenticato di prendere la medicina.

1. Alberto si mantiene in forma. (vorrebbe)
2. Ci sentiamo meglio. (speriamo)
3. Cado dalle scale. (è possibile)
4. Anna e Chiara dimagriscono. (cercano)
5. Elisabetta ingrassa. (continua)

L'ecologia

Communicative goals

Talking about the environment and personal means of transportation

Discussing conservation and other environmental issues

Expressing desires, emotions, and opinions

Le regioni d'Italia | La Sicilia

Studio di parole | L'ecologia—la macchina

Punti grammaticali

17.1 Il congiuntivo presente
17.2 Congiunzioni + congiuntivo
17.3 Il congiuntivo passato

Vedute d'Italia | L'agriturismo

Attività video | *L'ambiente*

Ripasso

epsylon_lyrae/Shutterstock.com

◀ Due turbine per l'energia eolica nella campagna del Molise

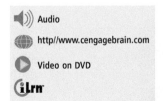

🔊)) Audio

🌐 http//www.cengagebrain.com

▶ Video on DVD

iLrn

La Sicilia

La Sicilia, la più grande isola del Mediterraneo, è anche la più grande regione d'Italia. È separata dalla penisola italiana dallo stretto di Messina e comprende le isole Eolie, le Egadi ed isole minori. Ha più di cinque milioni di abitanti e Palermo è il capoluogo. Per la sua posizione strategica nel mar Mediterraneo, la Sicilia ha subito le dominazioni di molti popoli: i Greci, i Cartaginesi, i Romani, i Bizantini, gli Arabi, i Normanni, gli Aragonesi e i Borboni. Queste dominazioni hanno lasciato la loro impronta (*mark*) nell'arte, nella lingua, nel folklore e anche nei tratti somatici (*physical traits*) degli abitanti dell'isola. La Sicilia è un vero museo archeologico, con i templi lasciati dai Greci, le cupole sferiche di origine araba e le cattedrali normanne. Oggigiorno l'economia dell'isola si basa sul turismo e sull'agricoltura.

Nota è l'esistenza di una criminalità organizzata: la mafia siciliana, che prende il nome di Cosa Nostra, le cui origini risalgono all'epoca del feudalesimo. Molti Italiani, tanto persone comuni come illustri giudici (*judges*) e politici, sono cadute vittime nella lotta contro la mafia.

© Cengage Learning

◄ La cattedrale di Palermo – Sotto i Normanni Palermo era una splendida capitale e la sua corte era la più brillante d'Europa. La prima scuola di poesia italiana è nata in questa città, in epoca normanna.

Nadja1/Shutterstock.com

Isole Eolie: Stromboli – Le Isole Eolie, di origine vulcanica, sono ► emerse (*emerged*) dal Mediterraneo circa 700 000 anni fa. L'arcipelago include sette isole: Lipari è la più grande, con un'area di circa 37 chilometri quadrati (*square*). Per molti anni le isole sono rimaste disabitate a causa delle frequenti eruzioni vulcaniche. Negli ultimi cinquant'anni il boom turistico ha portato il benessere economico. Molti turisti visitano le Isole Eolie per le loro bellezze naturali e per la presenza di centri termali (*spas*) che offrono cure (*treatments*) a base di fanghi vulcanici (*mud-baths*).

luigi nifosi'/Shutterstock.com

Nelle province di Agrigento e Siracusa si trovano numerose vestigia *(remains)* della dominazione greca. La valle dei templi ad Agrigento è il sito archeologico più grande al mondo. Nella foto si vede il teatro greco di Taormina del III secolo a.C., dove ancora oggi in estate si danno spettacoli *(shows)* e rappresentazioni classiche.

Courtesy of the authors

Il teatro dei pupi, le caratteristiche marionette siciliane, ▶ è nato nel diciannovesimo secolo. Ha un vasto repertorio: dalle leggende di Re Artù alle gesta di Carlo Magno. Nella foto si vede Mimmo Cuticchio, attore, regista teatrale e puparo circondato dai suoi pupi siciliani.

Courtesy of Mimmo Cuticchio

ROBERTO SALOMONE/AFP/Getty Images

◀ Lampedusa è un'isola del Mediterraneo situata tra la Tunisia e la Sicilia. Isola di pescatori, è il punto di arrivo di molti immigranti clandestini provenienti dall'Africa. Sull'isola si è costruito un centro di accoglienza temporanea *(reception center)*. Negli ultimi anni, alcune imbarcazioni che trasportavano gli immigranti hanno fatto naufragio *(shipwreck)*, con un tragico numero di vittime.

nata_rass/iStockphoto.Com

Gilberto Cutrupi/gillo/iStockphoto.Com

▲ I cannoli sono dolci della pasticceria siciliana. I rotoli di pasta dolce *(rolls of sweet dough)* sono fritti e riempiti con una crema di ricotta, zucchero, canditi *(candied fruits)* e pistacchi. Grazie al clima mite *(warm weather)* in Sicilia si coltivano gli agrumi: limoni, mandarini, cedri *(citrons)* e soprattutto arance, tra cui le rinomate arance rosse *(blood oranges)*.

Dove il mare è più blu

Goletta Verde è la storica imbarcazione ambientalista di Legambiente che da 27 anni ogni estate naviga per difendere il mare italiano dalle minacce ambientali Goletta Verde visiterà tutte le regioni italiane, partendo dalla Liguria il 23 giugno per concludere la sua missione in Friuli Venezia Giulia il 14 agosto.

La Goletta Verde di Legambiente.

Due amici ambientalisti 🔊 CD2-26

Enrico e il suo amico Assane stanno facendo dei progetti per l'estate. La famiglia di Assane, originaria del Senegal, si è trasferita a Torino da alcuni anni. Assane frequenta l'Istituto Tecnico Galileo Ferraris, dove ha conosciuto Enrico, un suo compagno di studi. Enrico e Assane sono due convinti ambientalisti. Durante l'estate lavorano per alcune settimane come volontari per Legambiente, un'organizzazione per la protezione dell'**ambiente**. *environment*

ENRICO Cosa pensi di fare quest'estate?

ASSANE Mio padre vuole che io vada in Senegal a trovare i nonni. Ma non partirò prima di settembre.

ENRICO Allora potresti venire con me in Calabria, dove Legambiente ha bisogno di volontari. La Goletta Verde di Legambiente parte per **raccogliere** informazioni *collect* sulla qualità delle acque di **balneazione**. *swimming*

ASSANE Ho letto che nei porti dove si fermerà la Goletta Verde ci saranno manifestazioni e feste affinché la gente locale e i turisti **si rendano conto** dell'importanza *realize* di proteggere le acque dall' **inquinamento**. *pollution*

ENRICO Spero che tu possa venire con me.

ASSANE Sì, penso di poter andare con te. Mi fa piacere che ci andiamo insieme, anche perché avrò la possibilità di vedere una parte dell'Italia che non conosco ancora e ho sentito dire che è molto bella.

Comprensione

1. Chi è Assane? Da dove viene la sua famiglia? Che cosa fa a Torino?
2. Dove si sono conosciuti Enrico e Assane?
3. Che interesse hanno in comune?
4. Che cosa vuole che Assane faccia durante l'estate suo padre?
5. Che cosa ha intenzione di fare Enrico durante l'estate? Che cosa spera che Assane faccia?
6. Qual è il progetto di Goletta Verde?
7. Perché Goletta Verde organizza manifestazioni e feste?
8. Perché Assane è contento di andare in Calabria con Enrico?

il cofano   il volante   il finestrino   il portabagagli

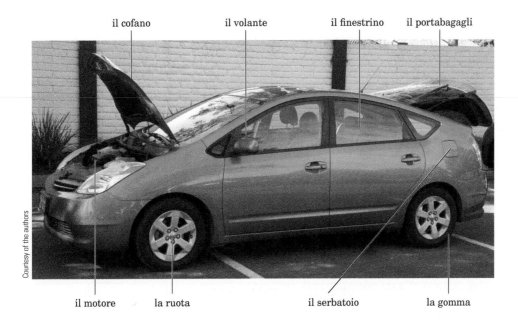

Courtesy of the authors

il motore   la ruota   il serbatoio   la gomma

L'ambiente *Environment*

l'ambientalista *(m. & f.)*
  environmentalist

la natura nature

proteggere (*p.p.* **protetto**)
  to protect

l'aria air

il clima climate

l'ossigeno oxygen

respirare to breathe

lo strato di ozono ozone layer

l'effetto serra greenhouse effect

l'ecologia ecology

l'ecologo ecologist

inquinare to pollute

l'inquinamento pollution

i rifiuti garbage

il riciclaggio recycling

riciclare to recycle

la plastica plastic

la lattina aluminium can

l'energia solare solar energy

l'energia eolica windpower

l'energia nucleare nuclear energy

La macchina

l'automobilista *(m. & f.)* driver

la patente driver's license

guidare to drive

il limite di velocità speed limit

rallentare to slow down

sorpassare to pass

la polizia the police

il poliziotto police officer

la multa fine

il semaforo traffic light

la benzina gasoline

il distributore di benzina gasoline pump

fare il pieno to fill up

controllare l'olio (l'acqua) to check the oil
  (water)

l'automobile elettrica electric car

il parcheggio parking

parcheggiare to park

dare un passaggio to give a ride

avere dei guasti al motore to have a car
  break down

avere una gomma a terra to have a flat tire

l'incidente accident

il pedone pedestrian

Applicazione

A. Definizioni. Completate con il vocabolario in *Studio di parole*.

1. Si preoccupa di proteggere la natura: _____
2. Causa l'effetto serra: _____
3. Protegge l'atmosfera dai raggi *(rays)* ultravioletti: _____
4. È un elemento chimico che ci permette di vivere: _____
5. La respiriamo: _____
6. È la forma di energia che usa il vento: _____
7. È una persona che va a piedi: _____
8. Le cose che non servono più e si eliminano: _____
9. Recuperare e riutilizzare i rifiuti: _____
10. Il carburante *(fuel)* delle automobili: _____
11. Il documento che permette di guidare: _____
12. Si deve pagare per un'infrazione di guida o parcheggio: _____

B. Indovinello *(Guessing game)*. Quali sono queste parti della macchina? Indovinatele!

1. Ce ne sono quattro: _____
2. Si usa per manovrare *(to steer)* la macchina: _____
3. Si aprono quando fa caldo e si chiudono quando fa freddo: _____
4. È importante che funzioni bene: _____
5. Qui si mettono le valigie e altri oggetti: _____
6. Ci si mette dentro la benzina: _____

C. Conversazione. In coppie, fatevi a turno le seguenti domande.

L'ambiente

1. Ricicli? Che cosa? Secondo te, il riciclaggio è importante? Perché?
2. La tua città e la tua università hanno dei programmi di riciclaggio? Quali?
3. Sei un (un') ambientalista? Che cosa fai per proteggere l'ambiente?
4. Che esempi d'inquinamento ci sono nella zona in cui vivi? Quali ne sono le cause?
5. Ti preoccupa il cambiamento del clima? Perché sì o no?

La macchina

6. Da quanto tempo hai la patente? Hai la macchina? Cosa ti piace o non ti piace della tua macchina?
7. Prendi sempre la macchina o cerchi di usare dei mezzi di trasporto alternativi? Perché sì o no?
8. Dai dei passaggi in macchina agli amici? Quando chiedi un passaggio a qualcuno?
9. Pensi che sia una buona o una cattiva idea fare l'autostop *(to hitchhike)*? Perché?

1 2 3 4 5 6 7

D. Adesso parliamo! I segnali stradali. In coppie, rispondete a turno alle seguenti domande.

1. Quando speri di vedere il segnale numero 1?
2. Quando hai bisogno di vedere il segnale numero 2?
3. E il segnale numero 3, cosa significa?
4. Quando speri di incontrare i segnali numeri 4 e 5?
5. Per quale ragione hai bisogno di fermarti al segnale numero 6?
6. Che informazione ti dà il segnale numero 7?

Informazioni

La tutela *(protection)* dell'ambiente in Italia

Da diversi anni l'Italia si preoccupa della necessità di proteggere l'ambiente. Il partito politico dei Verdi, il Ministero dell'Ambiente e le associazioni ambientaliste hanno contribuito a rendere gli Italiani consapevoli *(aware)* dei problemi ecologici. In pochi anni si sono creati molti parchi nazionali e numerose riserve naturali per tutelare il patrimonio naturale del Paese. Con l'accordo internazionale di Kyoto, l'Italia si è impegnata *(is committed)* a ridurre l'emissione di anidride carbonica (CO_2). Quando l'inquinamento dell'aria supera i livelli di sicurezza molte città italiane instaurano *(establish)* delle misure antismog che limitano la circolazione di autoveicoli, in particolare quelli a diesel. Si offrono anche incentivi a chi compra automobili ecologiche e installa un impianto fotovoltaico *(solar system)* nella propria abitazione. Grazie ai programmi di riciclaggio e compostaggio *(composting)* dei rifiuti, gli Italiani possono limitare la loro impronta ecologica *(environmental footprint)*.

Ascoltiamo!

Una vacanza in agriturismo CD2-27

Anna racconta all'amica Gisella la sua esperienza in un agriturismo. Ascoltate la conversazione e rispondete alle seguenti domande.

Comprensione

1. Quanti giorni ha passato in un agriturismo Anna?
2. Dov'era l'agriturismo?
3. Con chi ci è andata?
4. C'erano altri ospiti nella residenza?
5. Che comodità moderne c'erano?
6. Chi preparava i pasti e com'erano?

7. Che sport hanno praticato Anna e la cugina?
8. Perché la sorella di Anna non le ha seguite?

Dialogo

In piccoli gruppi, dite se vi piacerebbe passare alcuni giorni in un agriturismo e che attività sportive vi piacerebbe fare.

Anche voi credete che sia importante proteggere la natura?

17.1 Il congiuntivo presente

1. The subjunctive mood (**il congiuntivo**) expresses points of view and feelings, volition, uncertainty, possibility, and doubt. The indicative mood (**l'indicativo**) expresses facts, indicating what is objectively real. Compare the following sentences:

(fact)	L'acqua è inquinata.
	So che l'acqua è inquinata.
(belief)	**Credo**
(doubt)	**Dubito** } che l'acqua **sia** inquinata.
(fear)	**Ho paura**

Unlike in English, the subjunctive is very common in Italian, in both speaking and writing.

2. The subjunctive is used mainly in dependent clauses introduced by **che,** when the subjects of the main clause and the dependent clause are different. If the subject is the same, the infinitive is used. Compare the following sentences:

Spero che tu **stia** meglio.   *I hope you'll feel better.*
Spero di **stare** meglio.   *I hope to feel better.*

3. Here are the present subjunctive (**congiuntivo presente**) forms of regular verbs.

Main clause		Subordinate clause			
		ascoltare	leggere	partire	finire
	che io	ascolti	legga	parta	finisca
	che tu	ascolti	legga	parta	finisca
Anna	che lui/lei	ascolti	legga	parta	finisca
vuole	che noi	ascolt**iamo**	legg**iamo**	part**iamo**	fin**iamo**
	che voi	ascolt**iate**	legg**iate**	part**iate**	fin**iate**
	che loro	ascolt**ino**	legg**ano**	part**ano**	finis**cano**

a. Note that the first-, second-, and third-person singular are identical. To avoid ambiguity, the subject pronouns are usually expressed.

b. Verbs ending in **-care** and **-gare** insert an **h** between the stem and the endings: dimenti**chi**, dimenti**chiamo**, dimenti**chiate**, dimenti**chino** pag**hi**, pag**hiamo**, pag**hiate**, pag**hino**.

c. Verbs ending in **-iare** drop the **i** of the stem: comin**ci**, comin**ciamo**, comin**ciate**, comin**cino**.

4. Here is the present subjunctive of the most common irregular verbs.

andare:	**vada**, andiamo, **andiate**, **vadano**	fare:	**faccia**, facciamo, **facciate**, **facciano**
avere:	**abbia**, abbiamo, **abbiate**, **abbiano**	potere:	**possa**, possiamo, **possiate**, **possano**
bere:	**beva**, beviamo, **beviate**, **bevano**	sapere:	**sappia**, sappiamo, **sappiate**, **sappiano**
dare:	**dia**, diamo, **diate**, **diano**	stare:	**stia**, stiamo, **stiate**, **stiano**
dire:	**dica**, diciamo, **diciate**, **dicano**	uscire:	**esca**, usciamo, **usciate**, **escano**
dovere:	**deva (debba)**, dobbiamo, **dobbiate**, **devano (debbano)**	venire:	**venga**, veniamo, **veniate**, **vengano**
essere:	**sia**, siamo, **siate**, **siano**	volere:	**voglia**, vogliamo, **vogliate**, **vogliano**

5. The following verbs and expressions usually require the subjunctive in a dependent clause.

Verbs of volition	Verbs of opinion, doubt, uncertainty	Expressions of emotion
volere	credere	avere paura
desiderare	pensare	essere contento(a)/felice
preferire	dubitare	dispiacere
sperare	non essere certo(a)/sicuro(a)	

Impersonal expressions (implying a personal attitude)	
Bisogna (*It is necessary*)	È importante
È necessario	È ora (*It is time*)
È (im)probabile	Pare / Sembra (*It seems*)
È (im)possibile	Può darsi (*It may be*)
È bene	(È un) peccato (*Too bad*)
È meglio	

Mia madre **vuole che** io **finisca** gli studi.	*My mother wants me to finish my studies.*
Sono felice che i miei genitori mi **capiscano.**	*I am happy that my parents understand me.*
Bisogna che tu **studi** di più.	*It is necessary that you study more.*
Peccato che il televisore non **funzioni.**	*(It's) too bad that the TV set is not working.*
È meglio che voi **stiate** a casa questa sera.	*It is better you stay home tonight.*
Desidero che tu **vada** dal dottore.	*I would like you to go to the doctor.*
Ho paura che voi **siate** in ritardo.	*I'm afraid you are late.*
Non credo che tu mi **dica** la verità.	*I don't think you are telling me the truth.*
Spero che voi **veniate** alla mia festa.	*I hope you are coming to my party.*

NOTE: The infinitive is used after an impersonal expression when no subject is expressed.

È necessario **lavorare.**	*It is necessary to work.*
È ora di **partire.**	*It is time to leave.*

— Che numero sta aspettando?
— Il numero 4.
— Mi sembra che il numero 4 non passi da qui da dieci anni.

Pratica

A. Quanti consigli! Un amico/Un'amica dà dei consigli a un altro/un'altra per migliorare le sue abitudini. In coppie, fate a turno la parte dei due amici/delle due amiche.

Esempio   guidare velocemente
— *Guido velocemente.*
— *Bisogna che tu guidi meno velocemente.*

1. non prendere mai i mezzi pubblici
2. non preoccuparsi dell'effetto serra
3. di solito non guidare al limite di velocità
4. non pagare tutte le multe
5. seguire una dieta con poche verdure
6. alzarsi tardi la mattina
7. non praticare nessuno sport
8. non ascoltare i consigli degli amici

B. Infinito o congiuntivo? Completate le frasi con il congiuntivo presente o l'infinito.

Esempi   È importante (riciclare) _____ la carta e la plastica.
*È importante **riciclare** la carta e la plastica.*
È importante che tutti i cittadini (riciclare) _____ la carta e la plastica.
*È importante che tutti i cittadini **riciclino** la carta e la plastica.*

1. Vogliamo (proteggere) _____ la natura.
2. È importante che le leggi (proteggere) _____ la natura.
3. Spero che i miei amici (darmi un passaggio) _____.
4. Alessandro è arrabbiato e non vuole (darmi un passaggio) _____.
5. Tuo padre ha paura che tu (guidare) _____ troppo velocemente.
6. È necessario che tu (fare attenzione) _____ ai pedoni che attraversano la strada.
7. La nostra macchina è vecchia e abbiamo paura di (avere dei guasti) _____ ogni volta che facciamo un viaggio.
8. Il motore non si accende *(is not starting)*, speriamo che non (essere) _____ una cosa grave.

C. Indicativo o congiuntivo? Completate le frasi con la forma corretta dell'indicativo o del congiuntivo presente.

Esempi   So che in Italia i giovani (cominciare) _____ a guidare la macchina a 18 anni.
*So che in Italia i giovani **cominciano** a guidare la macchina a 18 anni.*
Molti Italiani pensano che i ragazzi di 16 anni (essere) _____ troppo giovani per guidare la macchina.
*Molti Italiani pensano che i ragazzi di 16 anni **siano** troppo giovani per guidare la macchina.*

1. Siamo sicuri che il limite di velocità (essere) _____ di 50 km/ora.
2. Il padre di Gino pensa che suo figlio non (rispettare) _____ il limite di velocità.
3. È vero che a Napoli (esserci) _____ problemi con i rifiuti.
4. Credo che tutti (dovere) _____ riciclare.
5. Sappiamo che l'inquinamento dell'aria (causare) _____ l'effetto serra.
6. Dubito che tutti (volere) _____ comprare una macchina elettrica.

ŤŤŤ D. Non tutti sono della stessa opinione. In gruppi di tre studenti, a turno leggete le affermazioni che seguono. Uno studente sarà d'accordo e l'altro metterà in dubbio l'affermazione.

Esempio   — *I giovani guidano bene come gli adulti.*
— *Sono sicuro(a) [Sono certo(a) / Sono d'accordo con te] che i giovani guidano bene.*
— *Non penso [Non credo / Non sono sicuro(a) / Dubito] che i giovani guidino bene come gli adulti.*

1. In centro ci sono molti parcheggi pubblici.
2. Venezia sta affondando *(sinking)*.
3. È molto difficile capire i vari dialetti italiani.
4. Gli Italiani sono contenti di avere adottato l'euro.
5. I giovani preferiscono andare in vacanza con i genitori.
6. Marito e moglie in Italia devono stare separati tre anni prima di ottenere il divorzio.
7. Gli studenti italiani studiano di più degli studenti americani.

E. Opinioni personali. In coppie, fatevi a turno le seguenti domande e rispondete incominciando la frase con **Credo** o **Non credo.**

> Esempio — Le donne guidano meglio degli uomini?
> — *Credo (Non credo) che guidino meglio degli uomini.*

1. Che cosa bevono gli Italiani a colazione?
2. Devono pagare molto per le cure mediche?
3. È facile guidare nelle città?
4. In quali mesi vanno in vacanza gli Italiani?
5. La benzina è più cara negli Stati Uniti o in Italia?
6. Molti Europei vengono in vacanza negli Stati Uniti?
7. Sanno tutti parlare inglese?
8. Possono viaggiare nei paesi dell'Unione Europea senza passaporto?

Il «parcheggio rosa» è riservato alle mamme in attesa *(expecting)* o con bambini piccoli. Pensate che tutti apprezzino questo gesto di cortesia?

F. Commenti di un/una turista di ritorno dall'Italia.
Completate le frasi, scegliendo il presente dell'indicativo o del congiuntivo.

1. Ora sono sicuro che gli Italiani (guidare) _____ pericolosamente.
2. Ho paura che gli stranieri (avere) _____ molti problemi quando (guidare) _____ in Italia.
3. È certo che l'Italia (essere) _____ un bellissimo Paese.
4. Credo che la gente là (sapere) _____ vivere bene.
5. Peccato che gli alberghi italiani (essere) _____ così cari.
6. Pare che l'economia italiana (andare) _____ meglio.

G. Segnali stradali. A turno, dite che cos'è necessario che gli automobilisti facciano quando vedono questi segnali e perché.

> Esempio *È necessario che gli automobilisti rallentino o si fermino perché ci sono degli operai che lavorano sulla strada.*

H. Adesso parliamo! Genitori e figli: conflitti di generazione.
In gruppi di tre studenti, dite cosa vogliono i vostri genitori che voi facciate. Che cosa volete fare voi invece *(instead)*? Che cosa volete che i vostri genitori facciano?

Sapete che...

Il mezzo di trasporto preferito dagli Italiani che viaggiano è l'automobile. L'Italia è attraversata da un'estesa rete autostradale *(network of highways)*. Per viaggiare in autostrada è necessario pagare il pedaggio *(toll)*. Il costo dipende dalla lunghezza del viaggio *(length of the trip)*. Al casello d'ingresso *(entrance booth)* si ritira un biglietto e all'uscita si paga l'importo dovuto *(what is due)*. Il limite di velocità è attualmente *(at present)* di 130 km/h (circa 80 miglia all'ora). Lungo le autostrade italiane ci sono aree di servizio con distributori di benzina, snack bar e ristoranti, chiamati autogrill.

Acqua potabile, risorsa limitata

Provincia di Milano
ASSESSORATO ALL'ECOLOGIA

L'assessorato all'Ecologia di Milano ha esposto in luoghi pubblici questo poster affinché i cittadini non sprechino *(waste)* l'acqua.

17.2 Congiunzioni + congiuntivo

1. The following conjunctions *must* be followed by the subjunctive:

affinché, perché	*so that*
benché, per quanto, sebbene	*although*
a meno che (non)...	*unless*
prima che	*before*
purché	*provided that*
senza che	*without*

Scrivimi una nota **affinché** me ne **ricordi.**	*Write me a note so that I will remember it.*
Compro i biglietti, **a meno che** tu non **voglia** andare a teatro.	*Buy the tickets, unless you won't want to go to the theater.*
Oggi vado a (vedere) una mostra di pittura astratta, **benché** la **capisca** poco!	*Today I'm going to (see) an exhibit of abstract art, although I don't understand it very well!*
Ritorniamo a casa **prima che piova.**	*Let's go home before it rains.*

2. The prepositions **per, prima di,** and **senza** + *infinitive* are used instead of **affinché (perché), prima che,** and **senza che** when the subject of both clauses is the same. Compare:

Lavoro **per pagarmi** gli studi.	*I work (in order) to pay for my studies.*
Lavoro **perché tu possa** continuare gli studi.	*I work so that you'll be able to continue your studies.*
Telefonami **prima di uscire.**	*Call me before going out.*
Telefonami **prima che io esca.**	*Call me before I go out.*
Partono **senza salutarci.**	*They leave without saying good-bye to us.*
Partono **senza che noi** li **salutiamo.**	*They leave without our saying good-bye to them.*

Pratica

A. Una conversazione fra amici. In coppie, fatevi a turno le domande e rispondete usando la congiunzione suggerita.

Esempio   usare spesso la macchina
Sì, benché / la benzina essere cara
— *Usi spesso la macchina?*
— *Sì, benché la benzina sia cara.*

1. mandare dei soldi al WWF
   Sì, affinché / continuare a difendere l'ambiente
2. essere membro(a) della Lega Ambiente
   Sì, sebbene / non participare alle riunioni
3. fermare sempre la macchina al passaggio pedonale *(pedestrian crosswalk)*
   Sì, prima che / un poliziotto darmi la multa
4. andare in vacanza in un agriturismo quest'estate
   Sì, benché / non avere molti soldi

PROTEGGI LA NATURA

Non lasciare i sacchetti di plastica in giro

B. Andiamo a Roma in macchina? In coppie, fate la parte di Toni e Marco e completate la loro conversazione.

TONI   Vai a Roma in macchina o in treno?
MARCO   Ci vado in macchina benché la benzina (costare) _____ cara.
TONI   Prendi l'autostrada?
MARCO   Sì, benché il paesaggio (non essere) _____ molto attraente.
TONI   Quante ore ci vogliono?
MARCO   Penso che _____ tre ore. Vuoi venire con me?
TONI   Sì, purché tu (non fermarsi) _____ a Roma più di due giorni.
MARCO   No, a meno che la conferenza sull'ecologia (durare) _____ più a lungo.
TONI   OK, ci vengo, purché l'albergo non (costare) _____ troppo.
MARCO   Adesso faccio le prenotazioni, prima che tu (cambiare) _____ idea.
TONI   Ci vengo volentieri purché tu (lasciarmi) _____ pagare metà del costo della benzina.
MARCO   D'accordo.

Nota linguistica

Perché + congiuntivo e *perché* + indicativo

- Quando **perché** ha il significato di *because*, il verbo che segue è all'indicativo:
  Non vado a scuola perché sono ammalato.   *I am not going to school because I am ill.*

- Quando **perché** ha il significato di *so that*, il verbo che segue è al congiuntivo:
  Ricicliamo perché le generazioni   *We recycle so that future generations*
  future abbiano un mondo pulito.   *have a clean world.*

Verifica. Completate le frasi con la forma corretta del verbo al presente indicativo o congiuntivo.

1. Antonio ha cambiato la data della sua festa perché io (potere) _____ partecipare.
2. Gabriella e Federico non guidano ancora la macchina perché non (avere) _____ diciotto anni.
3. Non te lo posso dire perché (essere) _____ un segreto.
4. Te lo dico perché tu (sapere) _____ la verità.

C. Quale congiunzione? Unite i due frammenti di frase, usando la congiunzione appropriata.

Esempio   Paolo esce stasera—abbia il raffreddore.
         Paolo esce stasera, benché abbia il raffreddore.

1. Ti presto cinque euro—tu me li restituisca presto.
2. Ritorneremo dall'opera—voi andiate a letto.
3. Il signor Ricci continua a lavorare—i figli possano andare all'università.
4. Il professore parla ad alta voce—tutti lo capiscano.
5. Leggo ancora—sia l'una di notte.

D. Adesso parliamo! Fate la vostra parte? In gruppi di tre studenti, leggete i seguenti cartelli e dite quello che ognuno di voi fa per contribuire a migliorare l'ambiente.

Vocabolario utile: imballaggio *(packaging)*, **sacchetto** *(bag)*, **sprecare** *(to waste)*, **evitare** *(to avoid)*, **scegliere** *(to choose;* **scelgo** *= I choose)*

Guerra ai rifiuti

USIAMO I MEZZI DI TRASPORTO PUBBLICI

PARCHI E ANIMALI DA PROTEGGERE

ELIMINIAMO I SACCHETTI DI PLASTICA

Usiamo meno la macchina e più la bicicletta

PRODOTTI BIOLOGICI E LOCALI

PRODOTTI CON POCO IMBALLAGGIO

ENERGIE RINNOVABILI

Courtesy of the authors

L'Italia è un paese industrializzato, ma deve importare la maggior parte dell'energia elettrica dall'estero. Per ridurre la dipendenza dall'estero l'Italia sta aumentando la produzione di energia da fonti «pulite», come l'energia solare, eolica *(wind)*, idroelettrica e geotermica. Una volta esistevano in Italia quattro centrali nucleari *(nuclear plants)*, ma nel giugno del 2011, con un referendum popolare, gli Italiani hanno votato per abolire *(ban)* l'energia nucleare.

17.3 Il congiuntivo passato

I milanesi sono contenti che il bike sharing sia arrivato anche a Milano.

Un'iniziativa per proteggere l'ambiente – Milano, come Parigi ed alcune altre città europee, ha iniziato il programma «bike sharing». Pagando una modesta somma annuale, i cittadini hanno a loro disposizione più di 1 000 biciclette alle uscite della metropolitana. Questa iniziativa dovrebbe ridurre notevolmente l'uso della macchina.

1. The past subjunctive **(congiuntivo passato)** is a compound tense formed with the present subjunctive of the auxiliary verb **avere** or **essere** + *past participle* of the main verb.

	studiare		partire	
Franco crede	che io **abbia**		che io **sia**	
	che tu **abbia**		che tu **sia**	**partito(a)**
	che lui/lei **abbia**	**studiato**	che lui/lei **sia**	
	che noi **abbiamo**		che noi **siamo**	
	che voi **abbiate**		che voi **siate**	**partiti(e)**
	che loro **abbiano**		che loro **siano**	

Spero che **abbiate ascoltato** il telegiornale.	*I hope you listened to the TV news.*
Non penso che i miei genitori **siano già arrivati.**	*I don't think my parents have arrived yet.*

2. The **congiuntivo passato** is used when the verb of the main clause is in the present tense, requires the subjunctive, and the subordinate clause expresses an action that precedes the action of the main clause. Compare:

Mi dispiace che zia Teresa non **venga** oggi.	*I'm sorry Aunt Teresa is not coming today.*
Mi dispiace che zia Teresa non **sia venuta** ieri.	*I'm sorry Aunt Teresa didn't come yesterday.*
Ho paura che non ti **piaccia** questo film.	*I'm afraid you will not like this movie.*
Ho paura che non ti **sia piaciuto** il film di domenica.	*I'm afraid you did not like last Sunday's movie.*

3. When the subject of the main verb and the subject of the subordinate verb are the same, the past infinitive is used.

Past infinitive: **avere** or **essere** + *past participle* of the verb

Spero di **aver(e) fatto** tutto.	*I hope I did everything.*
Siamo contenti di **essere ritornati.**	*We are happy we came back.*
Crede di **averla vista.**	*He thinks he saw her.*

Pratica

A. Avvenimenti del giorno. Il signor Fanti sta leggendo alcune notizie alla moglie e aggiunge ogni volta il suo commento.

> **Esempio**   Il Presidente ha fatto un discorso davanti al Senato. (Pare che...)
> *Pare che il Presidente abbia fatto un discorso davanti al Senato.*

1. I Verdi hanno presentato il loro programma per la protezione dell'ambiente. (Sono contento che...)
2. Delle squadre di volontari *(volunteers)* hanno pulito le spiagge sporche *(dirty)*. (Pare che...)
3. L'Opec ha deciso di aumentare il costo del petrolio. (Mi dispiace che...)
4. Alcune persone della Legambiente *(environmental league)* sono partite per studiare la situazione. (È bene che...)

B. Parlando di amici. Commentate quello che è successo la settimana scorsa. Sostituite il congiuntivo passato al congiuntivo presente.

1. Spero che Giovanni trovi un buon posto.
2. Mi dispiace che Franca non venga con noi alla festa di domenica.
3. Sono contento(a) che Marina e Lisa partano per la Svizzera.
4. Peccato che io non possa andare con loro.

C. Sentimenti *(Feelings).* Esprimete quello che queste persone sentono. Formate un'unica frase usando **di** + infinito passato o **che** + congiuntivo.

> **Esempi**   Paolo è contento. È guarito.
> *Paolo è contento di essere guarito.*
>
> Paola è contenta. Suo padre è guarito.
> *Paola è contenta che suo padre sia guarito.*

1. Ho paura. Non ho capito la domanda.
2. Gabriella è felice. Filippo ha vinto mille euro al Totocalcio.
3. Mi dispiace. Ho dimenticato di telefonarti.
4. Sono felice. I miei genitori sono venuti a trovarmi.

Gli ambientalisti sono contenti che il Governo abbia creato i parchi nazionali per proteggere la flora e la fauna.

D. Che bugiardo(a)! A Turno fate la parte del compagno/della compagna a cui piace esagerare. Completate le frasi seguendo l'esempio.

> **Esempio**   Ieri ho visto... / Dubito...
> — *Ieri ho visto Elvis.*
> — *Dubito che tu l'abbia visto.*

1. Il fine settimana scorso ho vinto... / È impossibile...
2. Il mese scorso sono andato(a)... / Non credo...
3. Due anni fa sono stato(a)... / Non è possibile...
4. Ho partecipato a una gara di... e ho ricevuto... / Mi sembra impossibile...

E. Sono contento(a) per te (o mi dispiace per te). Tu ti trovi con il tuo/la tua migliore amico(a) e condividi con lui/lei le tue buone e cattive notizie.

> **Esempi**   — *Mi sono laureato(a) a settembre con 110 e lode.*
> — *Sono contento(a) (Mi fa piacere) che tu ti sia laureato(a).*
>
> — *Ho avuto un incidente di macchina.*
> — *Mi dispiace (Peccato) che tu abbia avuto un incidente di macchina.*

1. Ho trovato un buon impiego a tempo pieno.
2. Dopo tre mesi ho avuto una promozione.
3. Due mesi fa mi hanno licenziato(a).
4. Per consolarmi sono andato(a) in vacanza alle Maldive.
5. Là ho conosciuto Mariella, una ragazza fantastica/ Piero, un ragazzo fantastico.
6. Mariella/Piero mi ha piantato(a) *(dumped me)*.

Courtesy of the authors

Una macchina per Antonio 🔊 CD2–28

Oggi Marcello e Antonio sono andati a trovare Gabriella e Filippo.

ANTONIO Sto pensando di comprarmi una macchina usata. **Mi sono stufato** di prendere l'autobus tutti i giorni. Bisogna che cerchi negli annunci sul giornale. *I am sick and tired of*

GABRIELLA Ma perché vuoi comprare una macchina usata? Ti compri i **guai** degli altri. È meglio che te ne compri una nuova. *troubles*

FILIPPO Gabriella ha ragione. Compratene una nuova. **Magari** una Mini Cooper. Non credo che consumi molta benzina e poi, si parcheggia facilmente. *Maybe*

MARCELLO Io l'altro giorno ho preso una multa per eccesso di velocità: 280 euro!

GABRIELLA Non è la prima volta che prendi una multa. È bene che tu stia attento, prima che ti ritirino la patente!

FILIPPO Antonio, nel tuo condominio hai un posto macchina o un **box**? *garage space*

ANTONIO No, bisogna che la parcheggi nella strada.

FILIPPO Antonio, a parte il costo della benzina e delle riparazioni, devi anche considerare il costo dell'**assicurazione**, che **non è uno scherzo**. *insurance / it is no joke*

ANTONIO Forse, considerando bene la **faccenda**, è meglio che io continui a prendere l'autobus o la metro: è più economico e più rilassante. *matter*

GABRIELLA Credo che tu abbia preso una **saggia** decisione. *wise*

A. Alla lettura. Dopo che avete letto il dialogo, con un compagno/una compagna, sottolineate tutti i verbi al congiuntivo (presente e passato).

B. Comprensione

1. Che cosa sta pensando di fare Antonio? Perché?
2. Perché Gabriella pensa che non sia una buona idea comprare una macchina usata?
3. Che cosa suggerisce Filippo? Perché?
4. Perché Marcello ha pagato una multa? Di quanto?
5. Secondo Gabriella, che cosa è bene che Marcello faccia?
6. Perché Antonio dovrebbe parcheggiare la macchina nella strada?
7. Quali sono i costi che Antonio dovrebbe considerare prima di comprarsi una macchina?
8. A quale conclusione arriva Antonio? Perché?
9. Che cosa pensa Gabriella della decisione di Antonio?

C. Conversazione

1. Gli Italiani hanno la reputazione di guidare velocemente. Ti piacerebbe guidare in Italia? O preferiresti usare i mezzi di trasporto pubblici?
2. Che tipo di macchina ti piacerebbe avere: americana o straniera?
3. Hai mai preso una multa? L'hai presa per eccesso di velocità? Parcheggio illegale? Di quanti dollari?
4. Pensi che la macchina sia una delle cause maggiori dell'inquinamento dell'aria? Quali sono le altre cause?
5. Eviti (*Do you avoid*) di usare la macchina quando è possibile?
6. Cosa fai per contribuire alla protezione dell'ambiente? Ricicli?
7. Ti sei mai unito(a) a squadre di volontari per pulire aree delle spiagge o dei parchi? Quando? Dove?
8. Quali pensi siano i vantaggi e gli svantaggi della macchina?

Adesso scriviamo!

Proteggiamo l'ambiente!

Immagina di scrivere una lettera a un amico, un'amica italiana in cui descrivi come si può contribuire alla protezione dell'ambiente.

A. Rispondi al seguente questionario per valutare quanto fai tu personalmente per proteggere l'ambiente.

1.	Usi una macchina che inquina molto?	Sì	No	Qualche volta
2.	Usi la bicicletta?	Sì	No	Qualche volta
3.	Usi i mezzi di trasporto pubblici?	Sì	No	Qualche volta
4.	Ricicli la carta?	Sì	No	Qualche volta
5.	Ricicli l'alluminio?	Sì	No	Qualche volta
6.	Ricicli la plastica?	Sì	No	Qualche volta
7.	Ricicli il vetro?	Sì	No	Qualche volta
8.	Ricicli i residui umidi (*compost*)?	Sì	No	Qualche volta
9.	Spegni le luci nelle stanze non in uso?	Sì	No	Qualche volta
10.	Chiudi il rubinetto (*faucet*) dell'acqua mentre ti lavi i denti?	Sì	No	Qualche volta
11.	Cos'altro fai per aiutare l'ambiente?			

B. Adesso usa le tue risposte per scrivere una lettera di tre paragrafi.

1. **Primo paragrafo:** riassumi le risposte che hai dato al questionario.
2. **Secondo paragrafo:** parla di quello che dovresti e vorresti fare.
3. **Terzo paragrafo:** suggerisci dei provvedimenti (*measures*) alla comunità e al governo. Usa espressioni come «penso / credo che…, è importante / necessario / utile che…»

C. Adesso che hai finito la tua lettera, controlla di aver scritto tutte le parole correttamente. Controlla l'accordo tra il verbo e il soggetto e tra il nome e l'aggettivo. Ti sei ricordato(a) di usare il congiuntivo?

L'agriturismo

A. You are going to read about **l'agriturismo,** a type of vacation that is became very popular in Italy. More and more Italians like to spend vacation time on working farms, enjoy firsthand the countryside and eat authentic home-made regional meals. The article below introduces readers to **l'agriturismo** and provide practical pointers for those interested in taking a "farm holiday."

Un agriturismo: Il Podere Cogno, situato tra Siena e Firenze, nella campagna che produce l'olio d'oliva e il Chianti classico. Può accogliere un numero limitato di ospiti che vivono con la famiglia nella residenza.

farmers welcome / farms

L'agriturismo è nato molti anni fa: **i contadini accolgono** nella loro **fattoria** i visitatori, che hanno l'opportunità di vedere da vicino come funzionano le dinamiche dell'agricoltura e dell'allevamento e **di assaporarne** i prodotti.

to taste

Gli agriturismi offrono la possibilità di rilassarsi e anche di fare diverse attività: passeggiate nelle colline, andare in mountain bike, montare a cavallo, o anche nuotare in piscina, se ce n'è una nell'agriturismo.

guests

Un agriturismo può accogliere un numero limitato di **ospiti**, che vivono con la famiglia nella residenza. I pasti, preparati dai proprietari con prodotti locali, sono serviti a richiesta.

In alcuni casi l'ambiente è molto confortevole. C'è il salotto con il bar, una biblioteca con computer e collegamento internet, la palestra con la sauna e una veranda dove viene servita la colazione. Spesso c'è una piscina. In altri casi l'ambiente è più rustico e gli ospiti hanno la possibilità di entrare in contatto con la vita rurale e le attività di un'**azienda agricola**.

working farm

Courtesy of the authors

Courtesy of the authors

Essendo gli agriturismi in aperta campagna o sulle colline, è necessario avere la macchina per arrivarci. Inoltre è una buona idea che gli ospiti si portino quello che è necessario: vestiti, medicinali e oggetti personali, perché un agriturismo può essere distante da paesi o città.

L'agriturmo è un'esperienza indimenticabile, e i visitatori ritornano nelle loro città riposati e rinvigoriti, pronti ad **affrontare** un altro anno di lavoro.   *to face*

B. Domande

1. Cos'è un agriturismo?
2. Che attività possono fare gli ospiti in un agriturismo?
3. Chi prepara i pasti per gli ospiti?
4. Come può essere l'ambiente?
5. Perché è necessario avere la macchina per arrivare a un agriturismo?
6. Perché è una buona idea che gli ospiti si portino i loro oggetti personali?
7. Ti piacerebbe passare qualche giorno in un agriturismo? Perché sì o no?
8. Quali attività vorresti fare in un agriturismo?

Attività video ▶

A. Attività sul video. Guardate la sezione del video *L'ambiente* e completate le frasi con le espressioni che seguono.

riciclare, imballaggio, la patente, le macchine elettriche, i prodotti locali, sprecare, stagione

1. Laura, la prima intervistata, preferisce comprare _____.
2. Non compra la frutta e la verdura quando non sono in _____.
3. Evita i prodotti con molto _____.
4. Pier Paolo, il secondo intervistato, e la sua famiglia cercano di _____ il più possibile.
5. _____ sono disponibili, ma costano tanti soldi in Italia.
6. Daniele, il terzo intervistato, ha _____ da un mese.
7. Daniela cerca di fare una doccia breve per non _____ l'acqua.

B. Domande sul video. Guardate il video una seconda volta e rispondete alle seguenti domande.

1. Dove va a comprare la frutta e la verdura Laura?
2. Che cosa devono fare tutte le famiglie che abitano nella sua provincia?
3. Che attività piace fare a Pier Paolo?
4. Che cosa ha dovuto fare Daniele per prendere la patente?
5. Che cosa sappiamo degli amici di Daniele?

C. Attività sulla grammatica. Completate le frasi con il congiuntivo dei verbi tra parentesi.

1. Laura non compra le fragole a meno che non (essere) _____ in stagione.
2. È meglio che tutti (comprare) _____ prodotti con poco imballaggio.
3. Pier Paolo vuole che i suoi figli (riciclare) _____.
4. Pier Paolo desidera comprare una macchina elettrica purché (costare) _____ poco.
5. Gli amici di Daniele non hanno la patente benché (avere) _____ già diciotto anni.

D. Partecipazione

- Fate anche voi alcune delle attività dei tre intervistati per aiutare l'ambiente? Quali? Che altro fate?
- Da quanto tempo avete la patente? Com'erano gli esami che avete sostenuto per prendere la patente?
- Pensate che sia meglio avere diciotto anni per poter guidare? Perché sì o no?
- Preferite una macchina automatica o con il cambio manuale? Perché?

Nomi

l'assicurazione *(f.)*	insurance
il guaio	trouble
l'imballaggio	packaging
le immondizie	trash
l'organizzazione	organization
il passaggio pedonale	pedestrian crossing
la protezione	protection
il sacchetto	bag
lo scherzo	joke

Aggettivi

certo	certain
ecologico	ecological
riciclabile	recyclable
rilassante	relaxing
rinnovabile	renewable
saggio	wise
usato	used, secondhand
volontario	voluntary

Verbi

accorgersi *(p.p.* accorto)	to notice, to realize
consumare	to consume, to use
diminuire (-isc)	to diminish
evitare	to avoid
fare l'autostop	to hitchhike
manovrare	to steer
raccogliere *(p.p.* raccolto)	to gather, to pick up
rendersi conto *(p.p.* reso)	to realize
ridurre *(p.p.* ridotto)	to reduce
sprecare	to waste
trasferirsi	to move

Altre espressioni

affinché (perché) (+ *subj.*)	so that
a meno che (+ *subj.*)	unless
benché (+ *subj.*)	although
bisogna *(impers.)*	it is necessary
il cambiamento del clima	climate change
l'eccesso di velocità	excess of speed limit
pare *(impers.)*	it seems
è un peccato...	it is too bad
può darsi *(impers.)*	it may be
prima che (+ *subj.*)	before
purché (+ *subj.*)	provided that
ritirare la patente	to take away the driver's license
sebbene (+ *subj.*)	although
sembra *(impers.)*	it seems
senza che (+ *subj.*)	without

1. Vocabolario. Abbinate le definizioni nella colonna a sinistra con le parole della colonna a destra.

1. È dove ci fermiamo per fare il pieno.
2. È un contenitore metallico, per alimenti e bibite (drinks).
3. Il meccanico lo apre per controllare il motore.
4. Introdurre ed espellere aria nei polmoni (lungs).
5. Quando è a terra, bisogna cambiarla.
6. Si può fare legalmente quando si ha la patente.
7. È uno spazio dove si può lasciare la macchina in sosta (unattended).
8. Tutela la legge e protegge i cittadini.

a. guidare
b. il cofano
c. al distributore di benzina
d. la gomma
e. la polizia
f. respirare
g. una lattina
h. un parcheggio

2. Daniela ha la patente! Completate il paragrafo con la forma corretta dei verbi tra parentesi al congiuntivo presente.

Daniela desidera che i suoi genitori (comprarle) _____ la macchina, ma è probabile che lei (dovere) _____ guidare l'automobile di sua madre. Il padre di Daniela si preoccupa e vuole che Daniela (guidare) _____ lentamente e (rispettare) _____ i limiti di velocità. Ha paura che sua figlia non (essere) _____ prudente (cautious) e che (avere) _____ un incidente.

Federica, la sorellina di Daniela, è gelosa perché è necessario che lei (avere) _____ diciotto anni per prendere la patente. Così spera che la sorella maggiore (darle) _____ un passaggio di tanto in tanto (every so often).

3. Soluzioni per l'ambiente. Completate le frasi in forma originale.

Esempio   Per proteggere la natura bisogna che _____.
*Per proteggere la natura bisogna **che il Governo crei dei parchi e delle riserve naturali.***

1. Per ridurre l'inquinamento dell'aria è importante che _____.
2. Penso che l'effetto serra _____.
4. Per diminure (to reduce) i rifiuti è necessario che _____.
5. Per difendere la natura è bene che _____.
6. Per non sprecare energia è meglio che _____.

4. Congiuntivo presente, indicativo presente o infinito?

Completate con la forma corretta del verbo tra parentesi.

1. Anna rispetta i limiti di velocità perché non vuole (prendere) _____ una multa.

2. Pensiamo che fare l'autostop (essere) _____ una cattiva idea.

3. È vero che una Fiat 500 (consumare) _____ meno benzina di un SUV.

4. Bisogna (fare attenzione) _____ ai pedoni che attraversano la strada.

5. Bisogna che tutti (fare) _____ la loro parte per aiutare l'ambiente.

5. Congiunzioni più congiuntivo.

Formate una frase completa con la congiunzione appropriata tra quelle della lista.

affinché, benché, a meno che, prima che, purché, senza che

1. Verrò alla festa _____ tu mi dia un passaggio in macchina.

2. I ragazzi stanno giocando a calcio _____ piova a dirotto (*to be pouring with rain*)!

3. Voglio telefonare a Margherita e salutarla _____ parta per gli Stati Uniti.

4. Ti presto il libro _____ tu faccia i compiti.

5. Pierino è un bambino responsabile e fa sempre i compiti _____ la mamma glielo dica.

6. L'inquinamento continuerà a peggiorare (*to worsen*) _____ la gente cominci ad usare meno la macchina.

6. Congiuntivo presente o passato?

Unite (*Combine*) le due frasi come negli esempi.

Esempi   I volontari puliscono le spiagge. (È bene che)
È bene che i volontari puliscano le spiagge.

I volontari hanno pulito le spiagge. (È bene che)
È bene che i volontari abbiano pulito le spiagge.

1. Francesca ha comprato una macchina ibrida.   (Siamo contenti che)

2. I nostri amici non riciclano.   (È un peccato che)

3. Hai preso una multa.   (Mi dispiace che)

4. Hanno costruito dei parcheggi.   (È un bene che)

5. Alessandro sta meglio.   (Sono felice che)

6. Siete andati in vacanza in un agriturismo.   (Ci fa piacere che)

Arte e teatro

Communicative goals

Talking about visual and performing arts
Describing works of art, music, and theater productions
Discussing hypothetical situations

Le regioni d'Italia | La Sardegna

Studio di parole | Le arti e il teatro

Punti grammaticali

18.1 L'imperfetto del congiuntivo
18.2 Il trapassato del congiuntivo
18.3 Il congiuntivo: uso dei tempi

Vedute d'Italia | L'importanza dello spettacolo

Attività video | *Arte e teatro*

Ripasso

◄))) Audio
🌐 http//www.cengagebrain.com
▶ Video on DVD
ⓘLrn

◄ Il teatro dei pupi siciliani

Courtesy of Mimmo Cuticchio; Photo by Giacomo Cuticchio

La Sardegna

La Sardegna è, per grandezza, la seconda isola del Mediterraneo dopo la Sicilia. Conta circa 1 700 000 abitanti e il capoluogo è Cagliari. Il territorio è montagnoso, ricco di depositi minerari: piombo, argento e rame *(lead, silver, and copper)*. Il Gennargentu è il monte più alto. Dal XV al XVIII secolo la Sardegna fu sotto il dominio spagnolo. Un'economia di tipo feudale lasciò l'isola in condizioni di oppressione e povertà. Nel Settecento la Sardegna passò sotto il controllo della famiglia Savoia che regnava in Piemonte e poi entrò a far parte del Regno d'Italia. L'economia attuale si basa sull'agricoltura, la pastorizia *(sheep farming)* e la pesca. L'industria turistica e alberghiera è molto sviluppata e la Sardegna è una meta preferita da turisti italiani e stranieri per la bellezza incontaminata delle sue coste.

Caratteristici della Sardegna sono i nuraghi, torri in pietra cilindrica o conica, di origine preistorica. Ce ne sono circa 7000 sparsi in tutto il territorio e la loro funzione è tutt'oggi in discussione. Le ipotesi più probabili sono che siano stati centri di convegno della comunità o che abbiano servito da difesa. ▼

Una caratteristica della Sardegna è la longevità dei suoi abitanti, molti dei quali raggiungono e sorpassano i cento anni di vita. Diversi progetti di ricerca studiano il segreto della longevità dei Sardi. Oltre ai fattori genetici, si studiano la dieta e l'ambiente. ▼

◄ Porto Cervo, sulla costa Smeralda è uno dei più esclusivi luoghi di villeggiatura in Italia. Nel porto approdano gli yacht di personaggi famosi e gli alberghi attraggono un turismo di elite. Lo sviluppo residenziale ha rispettato la natura e l'architettura originaria della costa.

Ripassiamo! Cosa ricordate delle regioni d'Italia? In coppie indentificate ognuna delle venti regioni italiane sulla base delle nove immagini e delle undici descrizioni.

1. 2. 3.

4. 5. 6.

7. 8. 9.

10. È la più piccola regione d'Italia, non ha uno sbocco sul mare *(landlocked)* ed è nota per i suoi castelli.

11. Confina a nord con l'Austria e ad est con la Slovenia. Il capoluogo è un porto sul mare Adriatico.

12. È la seconda isola del Mediterraneo per grandezza. È conosciuta per le bellissime spiagge e località balneari.

13. È una regione dell'Italia meridionale. Nel capoluogo ci sono «i Sassi», l'antico centro storico, con abitazioni di origine preistorica scavate nella roccia.

14. È nota per l'ottima cucina e per il formaggio parmigiano. Il capoluogo è la sede della più antica università del mondo occidentale.

15. È una regione in gran parte montuosa, con il Gran Sasso, la cima più alta dell'Europa meridionale.

16. È una regione alpina. Parte della popolazione è di madre lingua tedesca.

17. È nota per i paesaggi collinari e le ceramiche. È la patria di San Francesco e di Santa Chiara.

18. È la regione più meridionale della penisola italiana. Lo stretto di Messina la separa dalla Sicilia.

19. Una volta formava una regione unica con l'Abruzzo. È nota per la pastorizia e i formaggi.

20. È una regione dell'Italia centrale, sulla costa adriatica. Confina a nord con la Repubblica di San Marino.

Roxana Gonzalez/Shutterstock

Musica operistica o musica elettronica? CD2-29

Giuseppe Mangiapane e tre suoi amici hanno messo
insieme un piccolo gruppo rock che ha un certo successo.
Giuseppe suona la chitarra elettrica e gli altri tre suonano
la **batteria**, il piano e la chitarra. Oggi i quattro ragazzi   *drums*
sono a casa di Giuseppe e suonano i loro strumenti un po'
troppo entusiasticamente. Dopo un paio d'ore la mamma
entra nel soggiorno.

MAMMA Giuseppe... Giuseppe! Adesso dovreste smettere
di suonare, prima che mi venga un gran mal di testa.

GIUSEPPE Ti prego, mamma, **lasciaci** suonare ancora un po'.   *let us*
E poi... lo sai che adesso mi chiamo Paco Pank!

MAMMA Paco Pank? Che bisogno avevi di cambiarti il
nome? Giuseppe Mangiapane non ti andava bene?

GIUSEPPE Se il mio nome d'arte fosse Giuseppe Mangiapane,
come potrei essere famoso nel mondo del rock?

MAMMA Beh, famoso... è troppo presto per dirlo. Ricordati
che riesce solo chi ha talento.

GIUSEPPE In questa casa nessuno mi capisce! A papà, per
esempio, piace solo la musica operistica e non vuole
ascoltare **nient'altro**. Però, se un giorno diventerò famoso   *nothing else*
grazie alla musica rock tu e papà sarete **orgogliosi** di me.   *thanks to / proud*

MAMMA Va bene, ma per il momento sarei contenta se
tu suonassi meno **forte**; mi sembra che questo sia   *loud*
fracasso, non musica.   *loud noise*

GIUSEPPE È inutile discutere con voi! Siete rimasti
all'epoca di Giuseppe Verdi.

Georgios Kollidas/Shutterstock.com

Giuseppe Verdi, 1813–1901

Comprensione

1. Cos'hanno messo insieme i quattro amici? Quali strumenti suonano?
2. Cosa fanno oggi? Dove? **3.** Paco Pank è un nome vero o un nome d'arte?
Qual è il suo vero nome? **4.** Perché Giuseppe ha deciso di cambiarsi il nome?
5. Per diventare famoso, basta che Giuseppe si cambi il nome o ci vuole
qualcos'altro? Che cosa? **6.** Piace a suo padre la musica rock? Perché no?
7. Cosa vuole la madre di Giuseppe, per il momento? **8.** Perché Giuseppe non
vuole discutere di musica con i suoi genitori? **9.** Tu sai chi era Giuseppe Verdi?

Studio di parole Le arti e il teatro

Una mostra *(exhibition)* d'arte–Pittura e scultura

un paesaggio
un quadro di fiori
una natura morta
un ritratto
una scultura moderna
due statue classiche
una marina

A TEATRO

il direttore d'orchestra
i palchi
il sipario
il cantante
la galleria
il palcoscenico
il pubblico
la platea
i musicisti

© Cengage Learning

Pittura e scultura *(Painting and sculpture)*

l'architetto *(m. & f.)* architect
il pittore/la pittrice painter
lo scultore/la scultrice sculptor/ sculptress
lo stile style
classico, gotico, barocco, moderno classic, baroque, gothic, modern
l'affresco fresco
l'autoritratto self-portrait
disegnare to draw
il disegno drawing
dipingere (p.p. dipinto) to paint
scolpire (-isc-) to sculpt

La musica

la musica classica, operistica, sinfonica, leggera *(popular)*
la sinfonia symphony
l'opera
la canzone song
gli strumenti musicali
  il pianoforte

il violino violin
il violoncello cello
la tromba trumpet
la chitarra guitar
la batteria drums
il compositore/la compositrice composer
comporre (p.p. composto) to compose
il musicista/la musicista musician

Il teatro

la commedia play, comedy
la tragedia tragedy
l'atto act
la scena scene
il comico *(m. & f.)* comedian
ridere (p.p. riso) to laugh
il commediografo/la commediografa playwright
la rappresentazione performance
recitare to act, to play a part
assistere to attend
applaudire to applaud
fischiare to boo *(lit., to whistle)*

Sapete che...

L'opera nacque in Italia alla fine del Cinquecento e Claudio Monteverdi fu il primo grande compositore italiano di melodrammi musicali. È a Napoli che l'opera diventò quella che il mondo definisce oggi «opera italiana». Napoli s'identificò con il «bel canto», la melodia cantata. Fra i grandi maestri napoletani del Seicento e del Settecento ci furono Stradella, Scarlatti e Pergolesi. Il periodo del bel canto continuò a fiorire nel secolo successivo con Rossini, Bellini e Donizetti. L'Ottocento fu tuttavia dominato dal genio drammatico di Giuseppe Verdi, insuperabile nella creazione di arie e cori. Alla fine del secolo diciannovesimo l'opera si fece più realista e Giacomo Puccini ne fu l'interprete più eminente.

Una rappresentazione dell'Otello

Igor Bulgarin/Shutterstock

Applicazione

A. La pittura e la scultura. Identificate le definizioni con il vocabolario di *Studio di parole*.

1. Sono molto famosi quelli di Michelangelo nella Cappella Sistina.
2. Spesso sono in marmo, come il *David* e la *Pietà* di Michelangelo.
3. È un quadro che rappresenta oggetti inanimati, per esempio della frutta.
4. È un quadro in cui il pittore rappresenta sé stesso (*himself*).
5. È un quadro che rappresenta una spiaggia con delle barche.
6. Lo erano Botticelli e Raffaello.
7. È un tipo di quadro, per esempio *la Gioconda (Mona Lisa)* di Leonardo da Vinci.
8. Quello del Bernini era barocco.

B. A teatro. In coppie, rispondete a turno alle seguenti domande.

1. Paganini era un famoso musicista dell'Ottocento. Quale strumento suonava alla perfezione?
2. Louis Armstrong suonava il flauto o la tromba?
3. Che strumento suona Yo-Yo Ma?
4. Per che cosa è famoso Beethoven? Ricordi quante ne ha composte?
5. Che cosa compose Giuseppe Verdi?
6. Dove si esibiscono (*perform*) gli attori e i cantanti a teatro?
7. Che cosa si apre all'inizio di una rappresentazione?
8. Dove si siede il pubblico a teatro?
9. Cosa fa il pubblico alla fine di una rappresentazione?

C. Autori e opere *(works)*. Abbinate gli elementi delle due colonne per formare una frase completa, scegliendo la forma appropriata dei verbi **scrivere, comporre, scolpire** o **dipingere**.

Shakespeare	*La Bohème*
Michelangelo	*La Gioconda*
Giuseppe Verdi	i concerti «*Le quattro stagioni*»
Puccini	*La Pietà*
Leonardo da Vinci	*Amleto*
Vivaldi	*L'Aida*

D. Conversazione

1. Sai suonare qualche strumento? Se sì, quale? Da quanto tempo lo suoni? Suonavi uno strumento quando eri più giovane? Quale?
2. Hai mai suonato in un'orchestra o in un gruppo? Descrivi le tue esperienze.
3. Che tipo di musica preferisci ascoltare: musica classica, jazz, rap, hip-hop, R&B, musica alternativa o rock? Chi sono i tuoi cantanti o i tuoi gruppi preferiti?
4. Scarichi la musica sul tuo lettore mp3 o sul telefonino? Quando l'ascolti?
5. Vai ai concerti? Ci vai spesso? Raramente? Parla dell'ultimo concerto a cui hai assistito.

E. Adesso parliamo! Un quiz artistico.

Prima parte. In coppie, fatevi a turno le domande per scoprire quali sono le vostre conoscenze nel campo della pittura e della scultura.

1. Puoi nominare tre stili architettonici?
2. Puoi nominare quattro pittori italiani famosi?
3. Sai chi ha dipinto gli affreschi sulla vita di San Francesco nella Basilica di Assisi?
4. Sai chi ha disegnato la cupola (*dome*) del Duomo di Firenze?
5. Sai dove (in quale città e in quale museo) si trova l'originale del *David* di Michelangelo?
6. Sai come si chiama la famosa fontana di Roma dove i turisti buttano (*throw*) le monete?
7. Sai perché la Sicilia è chiamata «il museo archeologico d'Europa»?

Seconda parte. Chi sono gli artisti? Adesso identificate insieme gli artisti che hanno creato i seguenti capolavori. Sapete anche dire dove si trovano queste opere?

1.

2.

3.

4.

5.

Informazioni

La Commedia dell'arte

La Commedia dell'arte si sviluppò in Italia nella seconda metà del Cinquecento e nacque dall'arte degli attori che improvvisavano le scene di una commedia, seguendo una trama prestabilita. I più abili *(skilled)* si specializzarono in una parte e crearono così le «maschere» *(stock characters)*, contraddistinte dai costumi e dalle maschere *(masks)* che indossavano.

Le maschere italiane: 1. Pulcinella 2. Pantalone 3. Colombina 4. Arlecchino 5. Il dottor Balanzone

Molte città sono rappresentate nel teatro delle maschere. Venezia ha dato Pantalone, il vecchio e ricco mercante *(merchant)*. Di origine veneta è anche Colombina, servetta *(young maid)* piena di brio ed astuzia *(sparkle and cleverness)*. Da Bologna viene il Dottor Balanzone, cioè il pedante a cui piace mostrare la sua erudizione. La maschera napoletana più famosa è Pulcinella. Da una città lombarda, Bergamo, proviene Arlecchino, dal costume variopinto *(multicolored)*.

La commedia italiana ebbe successo in tutta l'Europa. Oggi le antiche maschere italiane continuano a vivere, per il divertimento dei bambini, nel teatro delle marionette, e i loro costumi ritornano ogni anno durante le feste del carnevale.

Ascoltiamo!

Se tu fossi pittore... 🔊 CD2-30

Luisa sta seguendo un corso di pittura e come compito deve dipingere un quadro. Deve decidere che cosa dipingere e chiede consiglio al fratello maggiore, Alberto. Ascoltate la conversazione e rispondete alle seguenti domande.

Comprensione

1. Che cosa deve fare Luisa per lunedì? A chi ha domandato aiuto?
2. È pittore Alberto? Se fosse pittore, che cosa dipingerebbe?
3. Quali elementi dovrebbe avere l'angolo *(corner)* di giardino che Alberto consiglia di disegnare?
4. Luisa segue il consiglio del fratello? Perché?
5. Alla fine, che cosa le suggerisce di dipingere Alberto?

Dialogo

Preferenze. Se voi foste pittori, che tipo di quadro dipingereste? In piccoli gruppi, scambiatevi le vostre opinioni sul tipo di pittura che preferite e sui pittori che vi piacciono di più.

Volevo che tu venissi all'opera con me e ho comprato due biglietti.

18.1 L'imperfetto del congiuntivo

1. The imperfect subjunctive (**imperfetto del congiuntivo**) is formed by adding the endings **-ssi, -ssi, -sse, -ssimo, -ste,** and **-ssero** to the infinitive form of the verb after dropping **-re.**

che io **parlassi** = *that I spoke, might speak, would speak*

		parlare	leggere	dormire
Volevano	che io	parla**ssi**	legge**ssi**	dormi**ssi**
	che tu	parla**ssi**	legge**ssi**	dormi**ssi**
	che lui/lei	parla**sse**	legge**sse**	dormi**sse**
	che noi	parla**ssimo**	legge**ssimo**	dormi**ssimo**
	che voi	parla**ste**	legge**ste**	dormi**ste**
	che loro	parla**ssero**	legge**ssero**	dormi**ssero**

2. The imperfect subjunctive is governed by the same verbs and conjunctions that govern the present and past subjunctive. It expresses an action that is *simultaneous* with, or *subsequent* to, that of the main clause and is used when the verb of the main clause is in a *past tense* or in the *conditional*.

Lisa desiderava che suo figlio **diventasse** musicista.	*Lisa wanted her son to become a musician.*
È uscito benché **piovesse.**	*He went out although it was raining.*
L'attrice era felice che i giornalisti l'**intervistassero.**	*The actress was happy that the journalists would interview her.*
Vorrei che voi mi **ascoltaste.**	*I would like you to listen to me.*
Il regista sperava che gli attori **andassero** d'accordo.	*The film director was hoping that the actors would get along.*

The following verbs are irregular in the imperfect subjunctive:

essere:	**fossi, fossi, fosse, fossimo, foste, fossero**
dare:	**dessi, dessi, desse, dessimo, deste, dessero**
stare:	**stessi, stessi, stesse, stessimo, steste, stessero**
fare:	**facessi, facessi, facesse, facessimo, faceste, facessero**
dire:	**dicessi, dicessi, dicesse, dicessimo, diceste, dicessero**
bere:	**bevessi, bevessi, bevesse, bevessimo, beveste, bevessero**

Mi piacerebbe che tu mi **facessi** una foto.	*I would like you to take a picture of me.*
Il regista sperava che il tenore **stesse** meglio.	*The director hoped the tenor would feel better.*
Ha continuato a leggere sebbene **fosse** mezzanotte.	*He continued to read although it was midnight.*

3. The *if* clause (**«se» con le frasi ipotetiche**):

a. In a real or probable situation, the *if* clause is *always* in the indicative. The *result* clause is also in the indicative.

Se studiamo, impariamo.	*If we study, we learn.*
Se andremo a Roma, visiteremo i Musei Vaticani.	*If we go to Rome, we will visit the Vatican Museums.*

b. In a hypothetical situation that is possible, but unlikely to occur (in the present or in the future), the *if* clause is in the imperfect subjunctive and the *result* clause is in the present conditional.

Se **avessi** tempo, **seguirei** un corso di pittura.

If I had the time, I would take a course in painting.

Se **fossi** milionario, **farei** il giro del mondo.

If I were a millionaire, I would take a trip around the world.

Pratica

A. Trasformazioni. Mettete le frasi al passato, secondo l'esempio.

Esempio Ho paura che il tenore non possa cantare, perché ha il mal di gola.
*Avevo paura che il tenore non potesse cantare, perché **aveva** il mal di gola.*

1. Ho paura che il museo sia chiuso.
2. È una bella giornata, benché faccia freddo.
3. È necessario che tu vada in biblioteca.
4. Voglio comprare i biglietti per l'opera, sebbene costino molto.
5. Il comico recita affinché il pubblico si diverta e rida.
6. Sono contenta che i miei amici amino la musica jazz.

B. Volere non è potere. In coppie, domandatevi cosa vorreste cambiare, se fosse possibile.

Esempio il weekend durare...
— *Se tu potessi cambiare le cose, cosa vorresti cambiare?*
— *Vorrei che il weekend durasse tre giorni. o...*

1. la vita essere...
2. i professori dare...
3. i miei genitori capire...
4. gli amici dire...
5. i corsi finire...
6. i corsi finire...
7. i programmi televisivi eliminare...
8. i film essere...

C. Se... Completate le frasi seguenti usando il congiuntivo imperfetto del verbo in parentesi.

1. Potrei trovare facilmente un lavoro part-time se (io / conoscere) _____ l'informatica.
2. Compreremmo dei biglietti di platea se (costare) _____ di meno.
3. Se noi non (avere) _____ lezione oggi, andremmo volentieri al mare.
4. Se noi (studiare) _____ di più, avremmo dei voti migliori.
5. Potrei trovare un appartamento migliore se (io / avere) _____ più soldi.
6. Se il professore/la professoressa d'italiano (capire) _____ che abbiamo anche altre lezioni, ci darebbe meno compiti.

D. Conversazione. Rispondete con frasi complete alle seguenti situazioni ipotetiche; poi spiegate la ragione della vostra scelta.

1. Se tu potessi scegliere, dove vorresti vivere?
2. Se tu ricevessi in eredità *(inheritance)* un quadro di Modigliani, che cosa ne faresti?
3. Se tu fossi il presidente degli Stati Uniti, cosa faresti per prima cosa?
4. Se tu avessi una bacchetta magica *(magic wand)*, quali cose ti piacerebbe avere?

Amedeo Modigliani, pittore e scultore del Novecento – Ecco uno dei suoi ritratti femminili dal caratteristico collo lungo.

Courtesy of the authors

Il cortile *(courtyard)* della Pigna nei Musei Vaticani – Se *avessimo visitato* i Musei Vaticani, oltre a tutte le opere classiche e rinascimentali avremmo visto la moderna sfera di bronzo dello scultore Arnaldo Pomodoro.

👥👥 **E. Adesso parliamo! Sperduti *(Lost)* su un'isola deserta.**

In coppie, fatevi a turno le seguenti domande.

1. Se dovessi passare due settimane su una piccola isola in mezzo all'oceano con un'altra persona, chi inviteresti e perché?
2. Se potessi portare solo quattro cose con te, che cosa seglieresti? Perché?

18.2 Il trapassato del congiuntivo

1. The pluperfect subjunctive **(trapassato del congiuntivo)** is a compound tense. It is formed with the imperfect subjunctive of **avere** or **essere** + *past participle* of the main verb.

	dormire		partire	
Non era vero	che io avessi che tu avessi che lui/lei avesse che noi avessimo che voi aveste che loro avessero	} dormito	fossi fossi fosse fossimo foste fossero	} partito(a) } partiti(e)

2. The pluperfect subjunctive, like the imperfect subjunctive, is used when the verb of the main clause is in a *past tense* or in the *conditional*. However, the pluperfect subjunctive expresses an action that occurred *prior* to the action of the main clause.

Non sapevo che Marco Polo **avesse scritto** *Il Milione* in prigione.

I did not know Marco Polo had written Il Milione *in prison.*

Benché i Fiorentini l'**avessero mandato** in esilio, Dante continuò ad amare Firenze.

Although the Florentines had sent him into exile, Dante continued to love Florence.

3. The *if* clause (**se** + *pluperfect subjunctive*) is used to describe a hypothetical situation in the past that did not occur (a "contrary-to-fact" situation). The past conditional is used to express the outcome.

Se **avesse avuto** più talento, **sarebbe diventata** una grande scultrice.

If she had had more talent, she would have become a great sculptor.

Pratica

👥👥 **A. Pensavo che tu l'avessi fatto!** In coppie, fatevi a turno le seguenti domande, secondo l'esempio.

Esempio   Hai visto la commedia di Dario Fo? / no
— *Hai visto la commedia di Dario Fo?*
— *No, non l'ho vista.*
— *Pensavo che tu l'avessi vista.*

1. Ha visitato la Sardegna? / no
2. Hai seguito un corso di scultura? / no
3. Sei stato(a) alla Scala di Milano? / no
4. Hai comprato i biglietti del concerto? / no
5. Hai visitato i Musei Vaticani? / no

Micheline Pelletier/Corbis

Dario Fo, autore, regista e attore teatrale che nel 1997 ha ricevuto il premio Nobel per la letteratura. Il suo teatro presenta, in vena satirica, le ingiustizie della società.

B. Il concerto di musica rock. Completate il dialogo delle due amiche con i verbi al congiuntivo passato o trapassato, secondo il caso.

RITA   È un peccato che tu non (venire) _____ al concerto con me e Anna ieri sera. Ci siamo divertite un sacco!

SANDRA   Pensavo che voi non (trovare) _____ i biglietti.

RITA   Credo che qualcuno (regalarli) _____ ad Anna all'ultimo momento.

SANDRA   Se io (potere) _____ sarei venuta volentieri. Purtroppo avevo già un impegno.

C. Adesso parliamo! Situazioni ipotetiche. In piccoli gruppi, chiedetevi cosa avreste fatto nelle seguenti circostanze. Ogni studente partecipa con la sua risposta.

Esempio   — Che cosa avresti fatto se tu fossi andato(a) in Europa l'anno scorso?
            — *Avrei visitato molte citta europee. o Avrei viaggiato in treno. o...*

1. ...se un amico/un'amica ti avesse chiesto dei soldi in prestito?
2. ...se fossi andato(a) a Roma per un semestre?
3. ...se avessi vinto due milioni di dollari alla lotteria?

Sapete che...

Il Festival della Canzone Italiana di Sanremo che ha luogo ogni anno nella raffinata località ligure è il più famoso concorso di musica leggera in Italia. Si tiene *(It is held)* dal 1951 ed è trasmesso in diretta *(live)* alla televisione. I concorrenti *(contestants)* devono presentare canzoni originali e nuove. Un premio speciale va ai cantanti giovani in cerca di successo. Anche se spesso non mancano le polemiche *(controversies)* e le critiche, il Festival continua ad avere successo di pubblico.

    Un altro avvenimento canoro *(singing event)* che fa parte della tradizione italiana dal 1959 è lo Zecchino d'oro, uno spettacolo televisivo di musica per l'infanzia *(childhood)*. I bambini cantano le canzoni, ma non sono i concorrenti. I premi vanno agli autori e ai compositori delle canzoni.

18.3 Il congiuntivo: uso dei tempi

L'Arena di Verona

Avrei voluto che tu fossi venuto con me a vedere il *Nabucco* all'Arena di Verona: è stato uno spettacolo indimenticabile!

The following chart summarizes the relationship between verb tenses in the main clause and the dependent clause in the subjunctive.

Main clause	
Present	
Sono contento(a) che tu **vada** in Italia. (**congiuntivo presente**)	*I'm glad you are going to Italy.*
Sono contento(a) che tu **sia andato(a)** in Italia. (**congiuntivo passato**)	*I'm glad you went to Italy.*

Past tense	
Ero contento(a) che tu **andassi** in Italia. (congiuntivo imperfetto)	*I was glad you were going to Italy.*
Ero contento(a) che tu **fossi andato(a)** in Italia. (trapassato del congiuntivo)	*I was glad you had gone to Italy.*

Conditional	
Vorrei che tu **andassi** in Italia. (congiuntivo imperfetto)	*I would like you to go to Italy.*
Avrei voluto che tu **fossi andato(a)** in Italia. (trapassato del congiuntivo)	*I would have liked you had gone to Italy.*

Pratica

A. Dialogo tra Mara e Franca. In coppie, fate la parte di Mara e Franca, due compagne di casa, e mettete il verbo in parentesi al congiuntivo presente o imperfetto, secondo il caso.

FRANCA Questo pomeriggio vado a vedere un concerto all'aperto nel parco di Villa Doria benché (piovere) _____. Non ne ho molta voglia, ma bisogna che io ci (andare) _____. L'ho promesso a Massimo. Vuoi accompagnarmi?

MARA Sei matta *(crazy)*? Con questo tempo preferirei che noi (restare) _____ a casa, ma ho paura che tu non (avere) _____ scelta. Io però non ci vengo.

FRANCA Spero proprio che il tempo (cambiare) _____.

MARA Anch'io spero che (smettere) _____ di piovere. Alessandro mi ha telefonato prima perché voleva che io (uscire) _____ con lui stasera.

FRANCA Massimo me lo ha detto. Vorrebbe che (incontrarci) _____ per cenare tutti e quattro insieme dopo il concerto. Ti va?

MARA Certo, purché voi non (insistere) _____ di andare di nuovo in pizzeria.

B. *Il robot I.C.P.* Riscrivete la storiella cambiando i tempi dal presente al passato. Incominciate con: **L'anno scorso...**

Lo scrittore Carlo Speranza **manda** all'editore il suo primo romanzo, intitolato *Il robot I.C.P.*, perché glielo **pubblichi**. Si **tratta** di una storia di fantascienza. I due personaggi principali **sono** uno scienziato, il dottor Ivan Inventovich, e il suo assistente. Il professore **vuole** che il suo assistente lo **aiuti** a perfezionare il modello di un robot: il cameriere perfetto.

È importante che l'esperimento **riesca** perché il professore **spera** che tutto il mondo **riconosca** finalmente il suo genio *(genius)*. I.C.P. **è** un cameriere perfetto. La mattina **prepara** il caffè prima che i due uomini **si alzino**. A mezzogiorno **cucina** senza che glielo **domandino**. La sera non **va** a letto a meno che non **abbia lavato** i piatti. Tutto **va** bene finché *(until)* un giorno un transistor di I.C.P. non **funziona**. I.C.P. **deve** fare la frittata *(omelette)*, ma invece di rompere due uova, **rompe** la testa al professore e al suo assistente.

Dmitry Mordvintsev/Mordolff/iStockphoto.com

Il talento artistico 🔊 CD2-31

A Susanna è sempre piaciuto dipingere, ed ha deciso di impegnarsi seriamente nel campo delle belle arti. Si è iscritta all'Accademia di Brera, dove frequenta dei corsi di disegno e di pittura. Oggi si sente un po' scoraggiata, perché non pensava che i corsi fossero così difficili e vuole che il fratello le dia dei consigli.

SUSANNA Marco, pensi che **abbia fatto bene** ad iscrivermi all'Accademia di Brera?   *I did well*

MARCO Ne sono sicuro. Fin da bambina hai sempre avuto la passione di dipingere.

SUSANNA Adesso ho dei dubbi: se avessi del vero talento, non avrei tante difficoltà nei miei corsi.

MARCO Bisogna che tu abbia pazienza: hai appena cominciato. Vedrai che **riuscirai**, purché tu sia costante.   *you will succeed*

SUSANNA Mi sembra di aver perso l'entusiasmo e l'ispirazione. Forse è meglio che io abbandoni l'idea di diventare una pittrice.

MARCO Ma perché ti scoraggi così facilmente?

SUSANNA Ho avuto l'impressione che al professore non sia piaciuto il mio autoritratto. L'ha guardato a lungo e poi ha detto: «Ne parleremo domani in classe».

MARCO È possibile che ti faccia delle critiche. Però è necessario che tu le accetti: lui ti fa delle osservazioni affinché tu migliori la tua tecnica.

SUSANNA Adesso mi sento insicura. Per giovedì il professore vuole che dipingiamo un paesaggio, una marina o un quadro astratto. Se tu fossi pittore, cosa dipingeresti?

MARCO Mah… io non sono pittore… però posso darti un consiglio: va' al parco, siediti sotto un albero e aspetta che ti venga l'ispirazione.

A. Alla lettura. Dopo che avete letto il dialogo, con un compagno/una compagna sottolineate tutti i verbi all'imperfetto del congiuntivo.

B. Comprensione

1. Perché Susanna ha deciso di impegnarsi nel campo della pittura? 2. Perché oggi si sente scoraggiata? 3. Che cosa vuole dal fratello? 4. Perché Marco pensa che Susanna abbia fatto bene ad iscriversi all'Accademia di Brera? 5. Perché Susanna ha dei dubbi sulla sua decisione? 6. Come la rassicura Marco? 7. Perché Susanna si è scoraggiata quando il professore ha visto il suo autoritratto? 8. Perché, secondo Marco, Susanna dovrebbe accettare le critiche del professore? 9. Susanna vorrebbe che Marco l'aiutasse. Come?

C. Conversazione

1. Hai del talento artistico? Se tu potessi seguire un corso d'arte a Firenze, quale sceglieresti? Pittura, scultura, architettura? Perché?
2. Quali pittori ti piacciono in modo particolare? Hai visitato molti musei d'arte? Quali?
3. Hai mai comprato una riproduzione di un quadro famoso? Quale?
4. Quali pittori o scultori italiani puoi nominare?
5. Quale compositore preferisci? A quale delle sue opere hai assistito?
6. Quale opera andresti a vedere alla Scala, se tu fossi a Milano durante la stagione teatrale?
7. Hai del talento musicale? Se tu avessi tempo per imparare a suonare uno strumento, quale strumento ti piacerebbe suonare?
8. Hai mai recitato in una commedia? Che parte hai fatto?

Adesso scriviamo!

Ricerca musicale

Conosci dei cantanti di musica leggera italiana? Quali? Se non ne conosci ecco una lista di alcuni nomi famosi:

Jovanotti	Vasco Rossi	Tiziano Ferro	Eros Ramazzotti	Nek
Zucchero	Ligabue	Roberto Vecchioni		

Nel **Capitolo 2** a pagina 62 puoi leggere alcune informazioni su Laura Pausini, una famosa cantante italiana. Altre cantanti di successo sono Elisa, Giorgia, Alessandra Amoroso e Emma Marrone (vincitrice del Festival della Canzone Italiana di Sanremo del 2012).

A. **Ricerca su Internet.** Su Internet ascolta alcune canzoni di questi cantanti. Scegli la canzone che ti piace di più e cerca delle informazioni sul(la) cantante (puoi usare il motore di ricerca google.it). Leggi anche il testo *(lyrics)* della canzone che hai scelto.

B. **Relazione.** Adesso scrivi tre paragrafi:
1. Nel primo paragrafo presenta il cantante/la cantante con delle informazioni biografiche.
2. Nel secondo paragrafo presenta la canzone che hai scelto. Il/La cantante è anche l'autore/l'autrice della canzone? Di che cosa tratta la canzone?
3. Nel terzo paragrafo concludi spiegando perché hai scelto questa canzone. Ti sembra che la musica leggera italiana sia molto diversa da quella degli Stati Uniti? Perché sì o no?

C. Ora che hai finito la tua relazione controlla che tutte le parole siano scritte correttamente e che l'accordo tra il soggetto e il verbo e tra il nome e l'aggettivo sia corretto. Allega *(Attach)* il testo della canzone alla tua relazione.

L'importanza dello spettacolo
(da *Gli Italiani*, di Luigi Barzini Jr.)

Courtesy of the authors

A. As you read the passage below from Luigi Barzini's well-known book *Gli Italiani*, keep in mind the central metaphor used by the author: all Italians are actors; watching them go about their lives is like watching a performance, **uno spettacolo**. Follow along as this basic comparison is developed in different ways and from different perspectives throughout the passage. Watch also for the unexpected twist given to this comparison at the end of the passage! Do you agree with Barzini's metaphor for Italian life?

Questa è l'Italia vista dallo **straniero**. **Ciò** che **colpisce** a tutta prima è la straordinaria animazione, la vigorosa vita da **alveare** degli abitanti. Strade, piazze, mercati **brulicano** di gente, gente rumorosa, appassionata, allegra, energica, indaffarata. Lo spettacolo può essere così **avvincente** che molti individui **trascorrono** la maggior parte della vita semplicemente contemplandolo. Vi sono di solito i tavolini dei caffè disposti strategicamente in modo da impedire che qualsiasi avvenimento importante, per quanto piccolo, possa **sfuggire** a chi placidamente **sorseggia** l'espresso o l'aperitivo.

foreign / What / strikes
beehive
teem with
involving
spend

escape / sips

[...]

Ci sono panchine o muretti al sole per gli spettatori anziani. Ci sono balconi sulle facciate di tutte le case, comodi come **palchi** a teatro.

stages

[...]

A rendere queste scene ancor più intensamente **affascinanti**, è forse la trasparenza delle facce italiane. In **esse** si può leggere ogni emozione, gioia, dolore, speranza, **ira**, **sollievo**, gelosia, noia, disperazione, tenerezza, amore e delusione.

To make / appealing
them
anger / relief

[...]

Interpretare le espressioni facciali è un'arte importante in Italia, un'arte che va **appresa** dalla fanciullezza. Le parole pronunciate dalle labbra possono **talora** essere in contrasto con le **smorfie** che le accompagnano. In tal caso le parole debbono essere ignorate.

learned / at times
facial expressions

[...]

Orson Welles osservò una volta acutamente che l'Italia è piena di attori, cinquanta milioni di attori, in effetti, e che questi sono quasi tutti bravi; ve ne sono soltanto pochi cattivi ed **essi** si possono trovare per lo più sui **palcoscenici** e nel cinema.

they / stages

B. Domande

1. Cosa colpisce uno straniero quando arriva in una piazza italiana?

2. Come gli sembra la gente?

3. Lo spettacolo della gente per la strada è affascinante: da dove osservano gli Italiani questo spettacolo?

4. Perché le facce degli Italiani sono «trasparenti»? Quali emozioni rivelano?

5. Durante una conversazione, gli Italiani danno più importanza ai gesti (*gestures*) o alle parole dell'interlocutore?

6. Qual è l'osservazione arguta (*witty*) di Orson Welles a proposito degli Italiani?

A. Attività sul vocabolario: Cosa dicono le intervistate?

Guardate la sezione del video *Arte e teatro*, poi completate le frasi con le seguenti espressioni:

astratti, dipingo, marine, nature morte, paesaggi, quadri, ritratti

1. (Anna) Quando compro dei quadri, preferisco comprare quadri di _____.

2. (Adriana) Mio padre ha dipinto bellissimi _____, sia fiori, che paesaggi, che _____.

3. Devo dire che anch'io _____.

4. (Irene) A casa mia mi piace avere quadri un po' eclettici, mi piace avere dei quadri _____.

5. Mi piacciono molto le _____.

6. (Maria) Nel mio appartamento ho molti quadri. La mia preferenza va per i paesaggi, ma ho anche alcuni _____.

le opere, la musica melodica, palco, teatro, sinfonica

7. (Anna) Mi piace _____ perché mi rilassa.

8. (Adriana) Avevamo un _____ a teatro e abbiamo visto tutte _____ e tutti i balletti.

9. (Irene) Mi piace ascoltare la musica classica e _____.

10. (Maria) Mi piace andare all'opera, ai concerti e anche a _____.

B. Domande sul video

1. Quale intervistata ha ereditato molti quadri?
2. Quali quadri non ha nel suo appartamento Maria?
3. Dove ascolta la musica Anna?
4. Dove vorrebbe vedere uno spettacolo musicale Adriana?
5. Quali sono i compositori preferiti di Maria?

C. Attività sulla grammatica. Completate le frasi con i tempi corretti dei verbi in parentesi.

1. Se questa sera Anna *(could)* _____ scegliere, *(she would go)* _____ a un concerto.

2. Come strumento musicale Maria *(would have liked)* _____ suonare l'arpa.

3. Anna dice: Se questa sera *(I had)* _____ una scelta, *(I would like)* _____ andare a un concerto.

4. Adriana dice: La musica fa parte della nostra vita, perché se *(there were not)* _____ la musica, non *(there would be)* _____ niente intorno.

5. Maria dice: Se questa sera *(there were not)* _____ un'opera, *(I would choose)* _____ di andare a un teatro.

D. Partecipazione

- Che genere di quadri vi piacciono? Avete del talento artistico? Sapete dipingere? scolpire? Disegnare?
- Che tipo di musica vi piace? Che tipo di musica scaricate sul vostro iPod?
- Vi piace l'opera? Avete assistito a delle opere?
- Preferite andare all'opera, a un concerto o a una rappresentazione teatrale?
- Pensate che la musica sia importante nella vostra vita? Perché sì o perché no?

Vocabolario 🔊

Nomi

l'architettura	architecture
il capolavoro	masterpiece
il concerto	concert
il disegno	drawing
il dubbio	doubt
l'epoca	epoch, era
il genio	genius
l'ispirazione *(f.)*	inspiration
la maschera	mask
la mostra d'arte	art show
lo spettacolo	show, performance
il successo	success
il talento	talent
il tenore	tenor

Aggettivi

artistico	artistic
astratto	abstract
comico	comical, funny
drammatico	dramatic
insicuro	unsure
inutile	useless
orgoglioso	proud
scoraggiato	discouraged
teatrale	theatrical, of the theater

Verbi

impegnarsi	to commit oneself
iscriversi *(p.p.* iscritto**)**	to enroll
lasciare	to let
rappresentare	to stage
riconoscere	to recognize

Altre espressioni

avere luogo	to take place
fare bene a	to do the right thing to
far(e) venire il mal di testa	to cause a headache
galleria d'arte	art gallery
grazie a	thanks to
nient'altro	nothing else
nome d'arte	stage name
opera d'arte	work of art
a lungo	for a long time

Ripasso

1. Gli strumenti musicali. Identificate gli strumenti musicali nell'immagine.

2. Parole da ricordare. Abbinate le frasi nella colonna a sinistra con le parole della colonna a destra.

1. Il Cenacolo di Leonardo da Vinci è…	**a.** recitare
2. Un quadro con delle barche sul mare è…	**b.** i musicisti
3. Può essere romanico, gotico, barocco…	**c.** si ride
4. Un quadro che rappresenta una persona è…	**d.** un affresco
5. Fare una parte in una commedia:	**e.** un ritratto
6. Suonano nell'orchestra:	**f.** uno stile architettonico
7. Si fa quando un comico è bravo:	**g.** una marina

3. Che serata disastrosa! Completate le frasi con l'imperfetto del congiuntivo dei verbi tra parentesi.

1. Alessandro pensava che lo spettacolo (cominciare) _____ alle otto e perciò è arrivato quando il primo atto era già iniziato.
2. Gli spettatori non sapevano che uno degli attori (stare) _____ male.
3. Il regista sperava che il pubblico (applaudire) _____, ma alla fine gli spettatori hanno fischiato.

4. Dal presente al passato. Cambiate le frasi secondo l'esempio, usando il trapassato del congiuntivo.

Esempio   Mi sembra che Raffaello abbia dipinto questo quadro.
Mi sembrava che Raffaello avesse dipinto questo quadro.

1. Penso che i miei amici siano andati a un concerto sabato sera.
2. Riccardo spera che voi abbiate trovato dei biglietti per lo spettacolo.
3. È strano che Marisa non sia venuta all'opera.
4. Dicono che Antonio abbia cominciato a suonare il pianoforte a tre anni.

5. Frasi ipotetiche. Completate le frasi con l'imperfetto o il trapassato del congiuntivo.

1. Se (avere) _____ più giorni di ferie faremmo volentieri un viaggio in Sardegna.
2. Se (avere) _____ tempo ti avrei telefonato, ma sono stato(a) occupato(a) tutto il giorno.
3. Se (potere) _____ ti piacerebbe suonare uno strumento?
4. Se John (andare) _____ a studiare in Italia avrebbe imparato la lingua e la cultura del Paese.
5. Se (essere) _____ possibile, quale persona famosa vorresti conoscere?

Verb tenses (recognition only)

1.1 Futuro anteriore

1. The **futuro anteriore** *(future perfect tense)* expresses a future action taking place before another future action. It is a compound tense formed with the future of the auxiliary **avere** or **essere** + the past participle of the conjugated verb, and is usually introduced by conjunctions such as **se, quando, appena,** and **dopo che.**

avrò finito = *I will have finished*

It is conjugated as follows:

parlare		rispondere		partire	
avrò		avrò		sarò	
avrai		avrai		sarai	partito(a)
avrà	parlato	avrà	risposto	sarà	
avremo		avremo		saremo	
avrete		avrete		sarete	partiti(e)
avranno		avranno		saranno	

Avrò finito alle cinque.	*I will have finished by five.*
Usciremo dopo che **avremo cenato.**	*We will go out after we have had dinner.*
Visiterò la città appena **sarò arrivata.**	*I will visit the city as soon as I arrive.*

2. The future perfect tense also expresses probability in the past.

Che bella macchina ha Luigi! **Avrà ereditato** dallo zio d'America.	*What a beautiful car Luigi has! He must have inherited (money) from his rich uncle in America.*
Com'è abbronzata! **Sarà stata** alla spiaggia.	*How tan she is! She must have been at the beach.*
Non è ancora arrivato? No, **si sarà fermato** con gli amici.	*Hasn't he arrived yet? No, he must have stopped with his friends.*

1.2 Trapassato remoto

1. The **trapassato remoto** (*past perfect*) is a compound tense. It is formed with the **passato remoto** of the auxiliary verb **essere** or **avere** + the past participle of the main verb.

ebbi parlato = *I had spoken*
fui partito = *I had left*

parlare		partire	
ebbi		fui	
avesti		fosti	partito(a)
ebbe	parlato	fu	
avemmo		fummo	
aveste		foste	partiti(e)
ebbero		furono	

2. The **trapassato remoto** is used in combination with the **passato remoto** and after conjunctions of time such as **quando, dopo che,** and **appena** (*as soon as*) to express an action prior to another past action. It is a tense found mainly in literary language.

Quando **ebbe finito,** salutò i colleghi e uscì.
When he (had) finished, he said good-bye to his colleagues and left.

Appena **fu uscito,** tutti cominciarono a ridere.
As soon as he (had) left, they all began to laugh.

3. When the subject of the two clauses is the same, the **trapassato remoto** is often replaced by **dopo (di)** + *the past infinitive.*

Dopo che ebbe mangiato, uscì. *or* **Dopo (di) aver(e) mangiato,** uscì.

1.3 La forma passiva

The passive form is possible only with transitive verbs (verbs that take a direct object). When an active sentence is put into the passive form, the direct object becomes the subject of the new sentence. The subject becomes the agent, introduced by **da.**

The passive form of a verb consists of **essere** (in the required tense) + *the past participle* of the verb. As for all verbs conjugated with **essere,** the past participle must agree with the subject in number and gender.

Active form	Passive form
Nino **canta** la canzone.	La canzone **è cantata** da Nino.
Nino **cantava** la canzone.	La canzone **era cantata** da Nino.
Nino **cantò** la canzone.	La canzone **fu cantata** da Nino.
Nino **canterà** la canzone.	La canzone **sarà cantata** da Nino.
Lisa **ha scritto** il diario.	Il diario **è stato scritto** da Lisa.
Lisa **aveva scritto** il diario.	Il diario **era stato scritto** da Lisa.

Il paziente **è curato** dal medico.
The patient is treated by the physician.

Quelle ville **sono state costruite** dall'architetto Nervi.
Those villas were built by the architect Nervi.

Questo libro **sarà pubblicato** da un editore di Boston.
This book will be published by a publisher in Boston.

1.4 *Fare* + infinito

1. The construction **fare** + *infinitive* is used to express the idea of having something done or having someone do something.

> **Faccio cantare** una canzone.   *I have a song sung.*
> **Faccio cantare** i bambini.   *I have (make) the children sing.*
> **Faccio cantare** una canzone ai bambini.   *I have the children sing a song.*

When the construction has only one object, it is always a direct object.

> Fa suonare **un disco.**   *He has a record played.*
> Fa suonare **Pietro.**   *He has (makes) Pietro play.*

When there are two objects, the person who performs the action is always the indirect object.

> Fa suonare **un disco a Pietro.**   *He has (makes) Pietro play a record.*

2. When the objects are nouns, as above, they *always* follow the infinitive. When the objects are pronouns, they precede the verb **fare.**

> Farò riparare **il piano.**   *I will have the piano repaired.*
> **Lo** farò riparare.   *I will have it repaired.*
> Farò riparare **il piano a Pietro.**   *I will have Pietro repair the piano.*
> **Glielo** farò riparare.   *I will have him repair it.*
> Ho fatto venire **i miei amici.**   *I had my friends come.*
> **Li** ho fatti venire.   *I had them come.*

If **fare** is in the *imperative* (**tu, noi, voi** forms) or in the *infinitive*, the pronouns follow **fare** and are attached to it.

> Fa' cantare **i bambini!**   *Have the children sing!*
> **Falli** cantare!   *Have them sing!*
> Mi piacerebbe fare dipingere **la casa.**   *I would like to have the house painted.*
> Mi piacerebbe **farla** dipingere.   *I would like to have it painted.*

3. The verb **fare** is used in a reflexive form when the subject has the action performed on his/her own behalf. The name of the person performing the action is preceded by **da.** In compound tenses, **essere** is used.

> Lisa **si farà** aiutare da Luigi.   *Lisa will have Luigi help her (Lisa will have herself helped by Luigi).*
> Lisa **si è fatta** aiutare da Luigi.   *Lisa had Luigi help her (Lisa had herself helped by Luigi).*
> Il bambino **si fa** lavare la faccia dalla mamma.   *The child is having his face washed by his mother.*
> Il bambino **se la fa** lavare dalla mamma.   *The child is having it washed by his mother.*

Prepositional usage before infinitives

A. Verbs and expressions + *a* + infinitive

abituarsi	*to get used to*	Mi sono abituato ad alzarmi presto.
aiutare	*to help*	Aiutiamo la mamma a cucinare.
andare	*to go*	La signora va a fare la spesa ogni giorno.
continuare	*to continue*	Continuano a parlare di politica.
divertirsi	*to have a good time*	Ci siamo divertiti a cantare molte canzoni.
essere pronto	*to be ready*	Siete pronti a rispondere alla domanda?
imparare	*to learn*	Quando hai imparato a giocare a tennis?
(in)cominciare	*to begin*	Incomincio a lavorare domani.
insegnare	*to teach*	Mi insegni a usare il computer?
invitare	*to invite*	Vi invito a prendere un espresso.
mandare	*to send*	L'ho mandato a comprare una pizza.
mettersi	*to start*	Mi sono messo(a) a leggere il giornale.
prepararsi	*to get ready*	Ci prepariamo a fare un lungo viaggio.
riuscire	*to succeed*	Sei riuscito a trovare gli appunti d'inglese?
venire	*to come*	Luisa è venuta a salutare i suoi nonni.

B. Verbs and expressions + *di* + infinitive

accettare	*to accept*	Accetti di aiutarlo?
ammettere	*to admit*	Lei ammette di volere troppo.
aspettare	*to wait*	Aspettano di ricevere una risposta.
cercare	*to try*	Cerco di arrivare in orario.
chiedere	*to ask*	Mi ha chiesto di prestargli dei soldi.
consigliare	*to advise*	Che cosa mi consigli di fare?
credere	*to believe*	Crede di avere ragione.
decidere	*to decide*	Ha deciso di fare medicina.
dimenticare	*to forget*	Non dimenticare di comprare della frutta!
(di)mostrare	*to show*	Lucia ha dimostrato di essere generosa.
dire	*to say, to tell*	Gli ho detto di stare zitto.
dubitare	*to doubt*	Dubita di riuscire.
finire	*to finish*	Ha finito di lavorare alle dieci di sera.

lamentarsi	*to complain*	Si lamentano di avere poco tempo.
ordinare	*to order*	Il medico mi ha ordinato di prendere delle vitamine.
pensare	*to think*	Quando pensi di partire?
permettere	*to allow*	Mi permetti di dire la verità?
pregare	*to pray, to beg*	La prego di scusarmi.
preoccuparsi	*to worry*	Si preoccupa solamente di finire.
proibire	*to forbid*	Mio padre mi proibisce di usare la macchina.
promettere	*to promise*	Ci hanno promesso di venire stasera.
raccomandare	*to recommend*	Ti raccomando di scrivermi subito.
riconoscere	*to recognize*	Riconosco di avere torto.
ricordare	*to remember; to remind*	Ricordami di telefonarle!
ripetere	*to repeat*	Vi ripeto sempre di fare attenzione.
scegliere	*to choose*	Perché hai scelto di andare a Firenze?
scrivere	*to write*	Le ho scritto di venire in treno.
smettere	*to stop*	Ho smesso di bere caffè.
sperare	*to hope*	Loro sperano di vederti.
suggerire	*to suggest*	Filippo suggerisce di andare al ristorante.
temere	*to fear*	Lei teme di non sapere abbastanza.
avere bisogno	*to need*	Abbiamo bisogno di dormire.
avere paura	*to be afraid*	Hai paura di viaggiare in aereo?
avere ragione	*to be right*	Hanno avuto ragione di partire presto.
avere torto	*to be wrong*	Non ha torto di parlare così.
avere voglia	*to feel like*	Ho voglia di mangiare un gelato.
essere certo (sicuro)	*to be certain*	Sei sicuro di avere abbastanza soldi?
essere contento (felice)	*to be happy*	Nino, sei contento di andare in Europa?
essere curioso	*to be curious*	Siamo curiosi di sapere la verità.
essere fortunato	*to be lucky*	È fortunata di avere un padre ricco.
essere impaziente	*to be eager*	Lui è impaziente di vederla.
essere libero	*to be free*	È libera di uscire.
essere orgoglioso	*to be proud*	Siamo orgogliosi di essere americani.
essere spiacente	*to be sorry*	Sono spiacenti di non essere qui.
essere stanco	*to be tired*	Sono stanca di aspettare.
è ora	*it is time*	È ora di partire.

Verb charts

3.1 The auxiliary verbs *avere* and *essere*

SIMPLE TENSES

Infinito *(Infinitive)*	avere		essere	
Presente *(Present indicative)*	ho hai ha	abbiamo avete hanno	sono sei è	siamo siete sono
Imperfetto *(Imperfect indicative)*	avevo avevi aveva	avevamo avevate avevano	ero eri era	eravamo eravate erano
Passato remoto *(Past absolute)*	ebbi avesti ebbe	avemmo aveste ebbero	fui fosti fu	fummo foste furono
Futuro *(Future)*	avrò avrai avrà	avremo avrete avranno	sarò sarai sarà	saremo sarete saranno
Condizionale presente *(Present conditional)*	avrei avresti avrebbe	avremmo avreste avrebbero	sarei saresti sarebbe	saremmo sareste sarebbero
Imperativo *(Imperative)*	— abbi abbia	abbiamo abbiate abbiano	— sii sia	siamo siate siano
Congiuntivo presente *(Present subjunctive)*	abbia abbia abbia	abbiamo abbiate abbiano	sia sia sia	siamo siate siano
Imperfetto del congiuntivo *(Imperfect subjunctive)*	avessi avessi avesse	avessimo aveste avessero	fossi fossi fosse	fossimo foste fossero
Gerundio *(Gerund)*	avendo	essendo		

Participio passato *(Past participle)*	avuto		stato(a, i, e)
Infinito passato *(Past infinitive)*	avere avuto		essere stato(a, i, e)
Passato prossimo *(Present perfect indicative)*	ho hai ha abbiamo avete hanno	} avuto	sono } stato(a) sei è siamo } stati(e) siete sono
Trapassato prossimo *(Pluperfect)*	avevo avevi aveva avevamo avevate avevano	} avuto	ero } stato(a) eri era eravamo } stati(e) eravate erano
Trapassato remoto *(Past perfect indicative)*	ebbi avesti ebbe avemmo aveste ebbero	} avuto	fui } stato(a) fosti fu fummo } stati(e) foste furono
Futuro anteriore *(Future perfect)*	avrò avrai avrà avremo avrete avranno	} avuto	sarò } stato(a) sarai sarà saremo } stati(e) sarete saranno
Condizionale passato *(Conditional perfect)*	avrei avresti avrebbe avremmo avreste avrebbero	} avuto	sarei } stato(a) saresti sarebbe saremmo } stati(e) sareste sarebbero
Congiuntivo passato *(Present perfect subjunctive)*	abbia abbia abbia abbiamo abbiate abbiano	} avuto	sia } stato(a) sia sia siamo } stati(e) siate siano
Trapassato del congiuntivo *(Pluperfect subjunctive)*	avessi avessi avesse avessimo aveste avessero	} avuto	fossi } stato(a) fossi fosse fossimo } stati(e) foste fossero
Gerundio passato *(Past gerund)*	avendo avuto		essendo stato(a, i, e)

3.2 Regular verbs

Infinito *(Infinitive)*	-are cantare	-ere ripetere	-ire partire	-ire (-isc-) finire
Presente *(Present indicative)*	cant **o** cant **i** cant **a** cant **iamo** cant **ate** cạnt **ano**	ripet **o** ripet **i** ripet **e** ripet **iamo** ripet **ete** ripẹt **ono**	part **o** part **i** part **e** part **iamo** part **ite** pạrt **ono**	fin isc **o** fin isc **i** fin isc **e** fin **iamo** fin **ite** fin ịsc **ono**
Imperfetto *(Imperfect indicative)*	canta **vo** canta **vi** canta **va** canta **vamo** canta **vate** cantạ **vano**	ripete **vo** ripete **vi** ripete **va** ripete **vamo** ripete **vate** ripetẹ **vano**	parti **vo** parti **vi** parti **va** parti **vamo** parti **vate** partị **vano**	fini **vo** fini **vi** fini **va** fini **vamo** fini **vate** finị **vano**
Passato remoto *(Past absolute)*	cant **ai** cant **asti** cant **ò** cant **ammo** cant **aste** cant **ạrono**	ripet **ei** ripet **esti** ripet **è** ripet **emmo** ripet **este** ripet **ẹrono**	part **ii** part **isti** part **ì** part **immo** part **iste** part **ịrono**	fin **ii** fin **isti** fin **ì** fin **immo** fin **iste** fin **ịrono**
Futuro *(Future)*	canter **ò** canter **ai** canter **à** canter **emo** canter **ete** canter **anno**	ripeter **ò** ripeter **ai** ripeter **à** ripeter **emo** ripeter **ete** ripeter **anno**	partir **ò** partir **ai** partir **à** partir **emo** partir **ete** partir **anno**	finir **ò** finir **ai** finir **à** finir **emo** finir **ete** finir **anno**
Condizionale presente *(Present conditional)*	canter **ei** canter **esti** canter **ebbe** canter **emmo** canter **este** canter **ẹbbero**	ripeter **ei** ripeter **esti** ripeter **ebbe** ripeter **emmo** ripeter **este** ripeter **ẹbbero**	partir **ei** partir **esti** partir **ebbe** partir **emmo** partir **este** partir **ẹbbero**	finir **ei** finir **esti** finir **ebbe** finir **emmo** finir **este** finir **ẹbbero**
Imperativo *(Imperative)*	— cant **a** cant **i** cant **iamo** cant **ate** cạnt **ino**	— ripet **i** ripet **a** ripet **iamo** ripet **ete** ripẹt **ano**	— part **i** part **a** part **iamo** part **ite** pạrt **ano**	— fin isc **i** fin isc **a** fin **iamo** fin **ite** fin ịsc **ano**
Congiuntivo presente *(Present subjunctive)*	cant **i** cant **i** cant **i** cant **iamo** cant **iate** cạnt **ino**	ripet **a** ripet **a** ripet **a** ripet **iamo** ripet **iate** ripẹt **ano**	part **a** part **a** part **a** part **iamo** part **iate** pạrt **ano**	fin isc **a** fin isc **a** fin isc **a** fin **iamo** fin **iate** fin ịsc **ano**
Imperfetto del congiuntivo *(Imperfect subjunctive)*	cant **assi** cant **assi** cant **asse** cant **ạssimo** cant **aste** cant **ạssero**	ripet **essi** ripet **essi** ripet **esse** ripet **ẹssimo** ripet **este** ripet **ẹssero**	part **issi** part **issi** part **isse** part **issimo** part **iste** part **ịssero**	fin **issi** fin **issi** fin **isse** fin **ịssimo** fin **iste** fin **ịssero**
Gerundio *(Gerund)*	cant **ando**	ripet **endo**	part **endo**	fin **endo**

Participio passato *(Past participle)*	cant **ato**	ripet **uto**	part **ito**	fin **ito**
Infinito passato *(Past infinitive)*	avere cantato	avere ripetuto	essere partito(a, i, e)	avere finito
Passato prossimo *(Present perfect indicative)*	ho hai ha } cantato abbiamo avete hanno	ho hai ha } ripetuto abbiamo avete hanno	sono sei partito(a) è siamo siete partiti(e) sono	ho hai ha } finito abbiamo avete hanno
Trapassato prossimo *(Pluperfect)*	avevo avevi aveva } cantato avevamo avevate avevano	avevo avevi aveva } ripetuto avevamo avevate avevano	ero eri partito(a) era eravamo eravate partiti(e) erano	avevo avevi aveva } finito avevamo avevate avevano
Trapassato remoto *(Past perfect indicative)*	ebbi avesti ebbe } cantato avemmo aveste ebbero	ebbi avesti ebbe } ripetuto avemmo aveste ebbero	fui fosti partito(a) fu fummo foste partiti(e) furono	ebbi avesti ebbe } finito avemmo aveste ebbero
Futuro anteriore *(Future perfect)*	avrò avrai avrà } cantato avremo avrete avranno	avrò avrai avrà } ripetuto avremo avrete avranno	sarò sarai partito(a) sarà saremo sarete partiti(e) saranno	avrò avrai avrà } finito avremo avrete avranno
Condizionale passato *(Conditional perfect)*	avrei avresti avrebbe } cantato avremmo avreste avrebbero	avrei avresti avrebbe } ripetuto avremmo avreste avrebbero	sarei saresti partito(a) sarebbe saremmo sareste partiti(e) sarebbero	avrei avresti avrebbe } finito avremmo avreste avrebbero
Congiuntivo passato *(Present perfect subjunctive)*	abbia abbia abbia } cantato abbiamo abbiate abbiano	abbia abbia abbia } ripetuto abbiamo abbiate abbiano	sia sia partito(a) sia siamo siate partiti(e) siano	abbia abbia abbia } finito abbiamo abbiate abbiano
Trapassato del congiuntivo *(Pluperfect subjunctive)*	avessi avessi avesse } cantato avessimo aveste avessero	avessi avessi avesse } ripetuto avessimo aveste avessero	fossi fossi partito(a) fosse fossimo foste partiti(e) fossero	avessi avessi avesse } finito avessimo aveste avessero
Gerundio passato *(Past gerund)*	avendo cantato	avendo ripetuto	essendo partito(a, i, e)	avendo finito

Irregular verbs

Only the irregular forms are given.

andare   *to go*

present indicative:	vado, vai, va, andiamo, andate, vanno
future:	andrò, andrai, andrà, andremo, andrete, andranno
conditional:	andrei, andresti, andrebbe, andremmo, andreste, andrẹbbero
imperative:	va' (vai), vada, andiamo, andate, vạdano
present subjunctive:	vada, vada, vada, andiamo, andiate, vạdano

aprire   *to open*

past participle:	aperto

assụmere   *to hire*

past absolute:	assunsi, assumesti, assunse, assumemmo, assumeste, assụnsero
past participle:	assunto

bere   *to drink*

present indicative:	bevo, bevi, beve, beviamo, bevete, bẹvono
imperfect indicative:	bevevo, bevevi, beveva, bevevamo, bevevate, bevẹvano
past absolute:	bevvi, bevesti, bevve, bevemmo, beveste, bẹvvero
future:	berrò, berrai, berrà, berremo, berrete, berranno
conditional:	berrei, berresti, berrebbe, berremmo, berreste, berrẹbbero
imperative:	bevi, beva, beviamo, bevete, bẹvano
present subjunctive:	beva, beva, beva, beviamo, beviate, bẹvano
imperfect subjunctive:	bevessi, bevessi, bevesse, bevẹssimo, beveste, bevẹssero
past participle:	bevuto
gerund:	bevendo

cadere   *to fall*

past absolute:	caddi, cadesti, cadde, cademmo, cadeste, cạddero
future:	cadrò, cadrai, cadrà, cadremo, cadrete, cadranno
conditional:	cadrei, cadresti, cadrebbe, cadremmo, cadreste, cadrẹbbero

chiẹdere   *to ask*

past absolute:	chiesi, chiedesti, chiese, chiedemmo, chiedeste, chiẹsero
past participle:	chiesto

chiụdere   *to close*

past absolute:	chiusi, chiudesti, chiuse, chiudemmo, chiudeste, chiụsero
past participle:	chiuso

conọscere   *to know*

past absolute:	conobbi, conoscesti, conobbe, conoscemmo, conosceste, conọbbero
past participle:	conosciuto

cọrrere   *to run*

past absolute:	corsi, corresti, corse, corremmo, correste, cọrsero
past participle:	corso

dare   *to give*

present indicative:	do, dai, dà, diamo, date, danno
past absolute:	diedi, desti, diede, demmo, deste, diędero
future:	darò, darai, darà, daremo, darete, daranno
conditional:	darei, daresti, darebbe, daremmo, dareste, darębbero
imperative:	da' (dai), dia, diamo, date, diano
present subjunctive:	dia, dia, dia, diamo, diate, diano
imperfect subjunctive:	dessi, dessi, desse, dęssimo, deste, dęssero

decidere   *to decide*

past absolute:	decisi, decidesti, decise, decidemmo, decideste, decisero
past participle:	deciso

dipingere   *to paint*

past absolute:	dipinsi, dipingesti, dipinse, dipingemmo, dipingeste, dipinsero
past participle:	dipinto

dire   *to say, to tell*

present indicative:	dico, dici, dice, diciamo, dite, dicono
imperfect indicative:	dicevo, dicevi, diceva, dicevamo, dicevate, dicevano
past absolute:	dissi, dicesti, disse, dicemmo, diceste, dissero
imperative:	di', dica, diciamo, dite, dicano
present subjunctive:	dica, dica, dica, diciamo, diciate, dicano
imperfect subjunctive:	dicessi, dicessi, dicesse, dicęssimo, diceste, dicęssero
past participle:	detto
gerund:	dicendo

discutere   *to discuss*

past absolute:	discussi, discutesti, discusse, discutemmo, discuteste, discussero
past participle:	discusso

dovere   *must, to have to*

present indicative:	devo, devi, deve, dobbiamo, dovete, dęvono
future:	dovrò, dovrai, dovrà, dovremo, dovrete, dovranno
conditional:	dovrei, dovresti, dovrebbe, dovremmo, dovreste, dovrębbero
present subjunctive:	debba, debba, debba, dobbiamo, dobbiate, dębbano
	or deva, deva, deva, dobbiamo, dobbiate, dęvano

fare   *to do, to make*

present indicative:	fąccio, fai, fa, facciamo, fate, fanno
imperfect indicative:	facevo, facevi, faceva, facevamo, facevate, facęvano
past absolute:	feci, facesti, fece, facemmo, faceste, fęcero
future:	farò, farai, farà, faremo, farete, faranno
conditional:	farei, faresti, farebbe, faremmo, fareste, farębbero
imperative:	fa' (fai), fąccia, facciamo, fate, fącciano
present subjunctive:	fąccia, fąccia, fąccia, facciamo, facciate, fącciano
imperfect subjunctive:	facessi, facessi, facesse, facęssimo, faceste, facęssero
past participle:	fatto
gerund:	facendo

leggere   *to read*

past absolute:	lessi, leggesti, lesse, leggemmo, leggeste, lęssero
past participle:	letto

mettere   *to put*

past absolute:	misi, mettesti, mise, mettemmo, metteste, misero
past participle:	messo

morire   *to die*

present indicative:	muoio, muori, muore, moriamo, morite, muoiono
imperative:	muori, muoia, moriamo, morite, muoiano
present subjunctive:	muoia, muoia, muoia, moriamo, moriate, muoiano
past participle:	morto

nascere   *to be born*

past absolute:	nacqui, nascesti, nacque, nascemmo, nasceste, nacquero
past participle:	nato

offendere   *to offend*

past absolute:	offesi, offendesti, offese, offendemmo, offendeste, offesero
past participle:	offeso

offrire   *to offer*

past participle:	offerto

piacere   *to be pleasing*

present indicative:	piaccio, piaci, piace, piacciamo, piacete, piacciono
past absolute:	piacqui, piacesti, piacque, piacemmo, piaceste, piacquero
imperative:	piaci, piaccia, piacciamo, piacete, piacciano
present subjunctive:	piaccia, piaccia, piaccia, piacciamo, piacciate, piacciano
past participle:	piaciuto

potere   *to be able to*

present indicative:	posso, puoi, può, possiamo, potete, possono
future:	potrò, potrai, potrà, potremo, potrete, potranno
conditional:	potrei, potresti, potrebbe, potremmo, potreste, potrebbero
present subjunctive:	possa, possa, possa, possiamo, possiate, possano

prendere   *to take*

past absolute:	presi, prendesti, prese, prendemmo, prendeste, presero
past participle:	preso

ridere   *to laugh*

past absolute:	risi, ridesti, rise, ridemmo, rideste, risero
past participle:	riso

rimanere   *to remain*

present indicative:	rimango, rimani, rimane, rimaniamo, rimanete, rimangono
past absolute:	rimasi, rimanesti, rimase, rimanemmo, rimaneste, rimasero
future:	rimarrò, rimarrai, rimarrà, rimarremo, rimarrete, rimarranno
conditional:	rimarrei, rimarresti, rimarrebbe, rimarremmo, rimarreste, rimarrebbero
imperative:	rimani, rimanga, rimaniamo, rimanete, rimangano
present subjunctive:	rimanga, rimanga, rimanga, rimaniamo, rimaniate, rimangano
past participle:	rimasto

rispondere   *to answer*

past absolute:	risposi, rispondesti, rispose, rispondemmo, rispondeste, risposero
past participle:	risposto

rompere *to break*

past absolute:	ruppi, rompesti, ruppe, rompemmo, rompeste, ruppero
past participle:	rotto

salire *to go up*

present indicative:	salgo, sali, sale, saliamo, salite, salgono
imperative:	sali, salga, saliamo, salite, salgano
present subjunctive:	salga, salga, salga, saliamo, saliate, salgano

sapere *to know*

present indicative:	so, sai, sa, sappiamo, sapete, sanno
past absolute:	seppi, sapesti, seppe, sapemmo, sapeste, seppero
future:	saprò, saprai, saprà, sapremo, saprete, sapranno
conditional:	saprei, sapresti, saprebbe, sapremmo, sapreste, saprebbero
imperative:	sappi, sappia, sappiamo, sappiate, sappiano
present subjunctive:	sappia, sappia, sappia, sappiamo, sappiate, sappiano

scegliere *to choose*

present indicative:	scelgo, scegli, sceglie, scegliamo, scegliete, scelgono
past absolute:	scelsi, scegliesti, scelse, scegliemmo, sceglieste, scelsero
imperative:	scegli, scelga, scegliamo, scegliete, scelgano
present subjunctive:	scelga, scelga, scelga, scegliamo, scegliate, scelgano
past participle:	scelto

scendere *to descend*

past absolute:	scesi, scendesti, scese, scendemmo, scendeste, scesero
past participle:	sceso

scoprire *to discover*

past participle:	scoperto

scrivere *to write*

past absolute:	scrissi, scrivesti, scrisse, scrivemmo, scriveste, scrissero
past participle:	scritto

sedere *to sit down*

present indicative:	siedo, siedi, siede, sediamo, sedete, siedono
imperative:	siedi, sieda, sediamo, sedete, siedano
present subjunctive:	sieda, sieda, sieda, sediamo, sediate, siedano

spendere *to spend*

past absolute:	spesi, spendesti, spese, spendemmo, spendeste, spesero
past participle:	speso

stare *to stay*

present indicative:	sto, stai, sta, stiamo, state, stanno
past absolute:	stetti, stesti, stette, stemmo, steste, stettero
future:	starò, starai, starà, staremo, starete, staranno
conditional:	starei, staresti, starebbe, staremmo, stareste, starebbero
imperative:	sta' (stai), stia, stiamo, state, stiano
present subjunctive:	stia, stia, stia, stiamo, stiate, stiano
imperfect subjunctive:	stessi, stessi, stesse, stessimo, steste, stessero

succedere *to happen*

past absolute:	successe
past participle:	successo

tenere   *to hold, to keep*

present indicative:	tengo, tieni, tiene, teniamo, tenete, tengono
past absolute:	tenni, tenesti, tenne, tenemmo, teneste, tennero
future:	terrò, terrai, terrà, terremo, terrete, terranno
conditional:	terrei, terresti, terrebbe, terremmo, terreste, terrebbero
imperative:	tieni, tenga, teniamo, tenete, tengano
present subjunctive:	tenga, tenga, tenga, teniamo, teniate, tengano

uccidere   *to kill*

past absolute:	uccisi, uccidesti, uccise, uccidemmo, uccideste, uccisero
past participle:	ucciso

uscire   *to go out*

present indicative:	esco, esci, esce, usciamo, uscite, escono
imperative:	esci, esca, usciamo, uscite, escano
present subjunctive:	esca, esca, esca, usciamo, usciate, escano

vedere   *to see*

past absolute:	vidi, vedesti, vide, vedemmo, vedeste, videro
future:	vedrò, vedrai, vedrà, vedremo, vedrete, vedranno
conditional:	vedrei, vedresti, vedrebbe, vedremmo, vedreste, vedrebbero
past participle:	visto (veduto)

venire   *to come*

present indicative:	vengo, vieni, viene, veniamo, venite, vengono
past absolute:	venni, venisti, venne, venimmo, veniste, vennero
future:	verrò, verrai, verrà, verremo, verrete, verranno
conditional:	verrei, verresti, verrebbe, verremmo, verreste, verrebbero
imperative:	vieni, venga, veniamo, venite, vengano
present subjunctive:	venga, venga, venga, veniamo, veniate, vengano
past participle:	venuto

vincere   *to win*

past absolute:	vinsi, vincesti, vinse, vincemmo, vinceste, vinsero
past participle:	vinto

vivere   *to live*

past absolute:	vissi, vivesti, visse, vivemmo, viveste, vissero
future:	vivrò, vivrai, vivrà, vivremo, vivrete, vivranno
conditional:	vivrei, vivresti, vivrebbe, vivremmo, vivreste, vivrebbero
past participle:	vissuto

volere   *to want*

present indicative:	voglio, vuoi, vuole, vogliamo, volete, vogliono
past absolute:	volli, volesti, volle, volemmo, voleste, vollero
future:	vorrò, vorrai, vorrà, vorremo, vorrete, vorranno
conditional:	vorrei, vorresti, vorrebbe, vorremmo, vorreste, vorrebbero
present subjunctive:	voglia, voglia, voglia, vogliamo, vogliate, vogliano

The Italian–English vocabulary contains most of the basic words and expressions used in each chapter. Stress is indicated by a dot under the stressed vowel. An asterisk (*) following an infinitive indicates that the verb is conjugated with essere in compound tenses. The **-isc-** after an **-ire** verb means that the verb requires **-isc-** in the present indicative, present subjunctive, and imperative conjugations.

The following abbreviations are used:

adj.	adjective	*inf.*	infinitive
adv.	adverb	*inv.*	invariable
affect.	affectionate	*m.*	masculine
art.	article	*math.*	mathematics
colloq.	colloquial	*pl.*	plural
conj.	conjunction	*p.p.*	past participle
def. art.	definite article	*prep.*	preposition
f.	feminine	*pron.*	pronoun
fam.	familiar	*s.*	singular
form.	formal	*sub.*	subjunctive

A

a in, at, to
abbastanza enough, sufficiently
l'abbigliamento clothing, apparel
abbondante abundant
abbracciare to embrace
l'abbraccio hug
abbronzarsi to tan
l'abitante *(m. & f.)* inhabitant
abitare to live
l'abitazione *(f.)* housing
l'abito dress, suit
abituarsi* to get used to
abituato accustomed
l'abitudine *(f.)* habit
accademico academic
accendere *(p.p.* **acceso**) to light, to turn on
l'accento accent, stress
accogliente welcoming
accogliere to welcome
accompagnare to accompany
l'accordo agreement;
  d'accordo OK, agreed
l'aceto vinegar
l'acqua water;
  l'acqua minerale mineral water;
  l'acqua potabile drinking water
l'acquisto purchase
adagio slowly
addio good-bye (forever)

addormentarsi* to fall asleep
addormentato asleep
adesso now
l'adulto, l'adulta adult
l'aereo, l'aeroplano airplane
l'aeroporto airport
l'affare *(m.)* business;
  per affari on business;
  È un affare! It is a bargain!;
  uomo (donna) d'affari businessman(woman)
affascinante fascinating
affatto not at all
l'affermazione *(f.)* statement
l'affetto affection;
  con affetto love
affettuoso affectionate
affinché so that, in order that
affittare to rent, to lease
l'affitto rent, rental;
  in affitto for rent
affollato crowded
l'affresco fresco
africano African
l'agente *(m. & f.)* **di viaggi** travel agent
l'agenzia di collocamento employment agency;
  agenzia di viaggi travel agency
l'aggettivo adjective
aggiungere *(p.p.* **aggiunto**) to add

agire (-isc-) to act
l'aglio garlic
agosto August
l'agriturismo agritourism
aiutare to help
l'aiuto help
l'alba dawn
l'albergo hotel
l'albero tree;
  l'albero genealogico family tree
alcuni (alcune) some, a few
l'alimentazione *(f.)* eating habits
allegro cheerful
allenare to coach;
  allenarsi* to practice, to train, to get in shape
l'allenatore, l'allenatrice coach
l'allergia allergy
alloggiare to stay
l'alloggio housing
allora then, well then, so, therefore
  da allora since then
almeno at least
le Alpi Alps
l'alpinismo mountain climbing
l'alpinista *(m. & f.)* mountain climber
alto tall, high
altro other
alzarsi* to get up
amare to love

amaro bitter

l'ambientalista *(m. & f.)* environmentalist

l'ambiente environment

americano American

l'amicizia friendship

l'amico, l'amica friend

ammalarsi* to become ill

ammalato ill, sick

ammettere to admit

ammirare to admire

ammobiliato furnished

l'amore *(m.)* love

l'analisi *(f.)* analysis

analogo similar

l'ananas pineapple

anche also, too;
    anche se even if

ancora still, more, again;
    ancora una volta once more;
    non ancora not yet

andare* to go;

andare a cavallo to go horseback riding;
    andare d'accordo to get along;
    andare bene to fit;
    andare in bicicletta to ride a bicycle;
    andare in barca a vela to sail;
    andare al cinema to go to the movies;
    andare in pensione to retire;
    andare a piedi to walk;
    andare a trovare to visit a person;
    andare via to go away

l'anello ring

l'angolo corner

l'animale *(m.)* animal;
    l'animale domestico pet

annegare to drown

l'anniversario anniversary

l'anno year;
    avere... anni to be . . . years old

annoiarsi* to get bored

annullare to cancel

annunciare to announce

l'annunciatore, l'annunciatrice TV announcer

l'annuncio pubblicitario ad

l'antibiotico antibiotic

l'anticipo advance;
    in anticipo ahead of time, in advance

antico *(pl. **antichi**)* ancient, antique

l'antipasto appetizer

antipatico unpleasant

anzi on the contrary

anziano elderly

l'aperitivo aperitif

aperto open;
    all'aperto outdoors

apparecchiare to set the table

l'appartamento apartment

appassionarsi (a) to be very interested in

appassionato (di) fond (of)

appena as soon as; only

gli Appennini Apennine Mountains

appenninico of the Apennines

l'appetito appetite

applaudire to applaud

apprezzare to appreciate

approssimativamente approximately

l'appuntamento appointment, date

gli appunti notes

aprile April

aprire *(p.p. **aperto**)* to open

arabo Arabic;
    gli arabi Arabs

l'arancia orange

l'aranciata orange soda

arancione *(inv.)* orange (color)

l'arbitro referee

l'architetto architect

l'architettura architecture

l'argomento subject

l'aria air, appearance;
    aria condizionata air conditioning

l'armadio wardrobe;
    armadio a muro closet

arrabbiarsi* to get angry

arrabbiato angry

l'arredamento furnishing

arredare to furnish

arredato furnished

l'arredatore, l'arredatrice interior designer

arrivare* to arrive

arrivederci! *(fam.)*;
    ArrivederLa! *(form.)*
    Good-bye!

l'arrivo arrival

l'arrosto roast;
    l'arrosto di vitello roast veal

l'arte *(f.)* art;
    opera d'arte work of art;
    Le Belle Arti Fine Arts

l'articolo article, item

l'artigianato handicraft

l'artigiano artisan

l'artista *(m. & f.)* artist

artistico artistic

l'artrite *(f.)* arthritis

l'ascensore *(m.)* elevator

l'asciugacapelli *(m.)* hairdryer

l'asciugamano towel

asciugare to dry;
    asciugarsi* to dry oneself

ascoltare to listen to

gli asparagi asparagus

aspettare to wait for

l'aspirapolvere *(m.)* vacuum cleaner

l'aspirina aspirin

assaggiare to taste

l'assegno check

assente absent

l'assicurazione insurance

l'assistente di volo *(m. & f.)* flight attendant

assistere *(p.p. **assistito**)* to attend, to assist

assumere *(p.p. **assunto**)* to hire

astratto abstract

l'astrologia astrology

l'atleta *(m. & f.)* athlete

l'atletica leggera track and field

l'atmosfera atmosphere

attento careful;
    stare attento to pay attention

l'attenzione *(f.)* attention;
    fare attenzione to be careful

l'attività *(f.)* activity

attivo active

l'atto act

l'attore, l'attrice actor, actress

attraente attractive

attraversare to cross

attraverso across; through

attrezzato equipped

attuale present

attualmente at present

augurare to wish

l'augurio wish;
    Tanti auguri! Best wishes!

l'aula classroom

aumentare to increase

l'aumento increase

l'autista *(m. & f.)* driver

l'autobiografia autobiography

l'autobus *(m.)* *(pl. **gli autobus**)* bus

l'automobile *(f.)* car

l'automobile elettrica electric car

l'automobilismo car racing

l'automobilista *(m. & f.)* motorist; driver

l'autore, l'autrice author

l'autorità authority

l'autostop hitchhiking;
    fare l'autostop to hitchhike

l'autostrada freeway

l'autunno autumn, fall

avanti diritto straight ahead;
  Avanti! Come in!
avaro stingy
avere to have;
  avere... anni to be . . . years old;
  avere un'aria to look;
  avere bisogno (di) to need;
  avere caldo to be hot;
  avere fame to be hungry;
  avere la febbre to have a
    temperature;
  avere freddo to be cold;
  avere fretta to be in a hurry;
  avere intenzione (di) to intend;
  avere luogo to take place;
  **avere mal di (denti, schiena,
    stomaco, testa, gola)** to
    have a (toothache, backache,
    stomachache, headache, sore
    throat);
  avere paura di to be afraid of;
  avere il raffreddore to have a
    cold;
  avere l'influenza to have the
    flu;
  avere ragione to be right;
  avere sete to be thirsty;
  avere sonno to be sleepy;
  avere torto to be wrong;
  avere la tosse to have a cough;
  avere voglia (di) to feel like
l'avvenimento event
l'avventura adventure
l'avverbio adverb
avvicinarsi* (a) to get near, to
  approach
l'avvocato, l'avvocatessa lawyer
l'azione (f.) action
azzurro light blue

B

la bacheca bulletin board
baciare/baciarsi to kiss
il bacio kiss
il badante, la badante caretaker
i baffi mustache
i bagagli baggage, luggage
il / la bagnante bather
bagnare to flow through
il bagnino, la bagnina lifeguard
il bagno bath; bathroom;
  fare il bagno to take a bath
il balcone balcony
ballare to dance
il balletto ballet
il bambino, la bambina child;
  little boy, little girl;
  da bambino as a child

la banca bank
il banco stand, counter; student desk
la banda band
la bandiera flag
il bar bar;
  bar con tavola calda snack bar
la barba beard;
  farsi la barba to shave
la barca boat;
  la barca a vela sailboat
il barista bartender
barocco baroque
basso short, low
bastare to suffice, to be enough
la batteria drums
be' (bene) well
la bellezza beauty
bello beautiful, handsome
benché although
bene well, fine;
  va bene OK, very well;
  è bene che it's a good thing
    that;
  benissimo very well;
  benone! great!
benefico beneficial
la benzina gasoline;
  il distributore di benzina gas
    station;
  fare benzina to fill up;
  benzina senza piombo
    unleaded gasoline
bere (p.p. **bevuto**) to drink
la bevanda drink;
  bevanda alcolica alcoholic
    beverage
bianco (pl. **bianchi**) white
la bibita soft drink
la biblioteca library.
il bicchiere glass
la bicicletta bicycle
la biglietteria ticket office
il biglietto ticket, card;
  **biglietto di andata e
    ritorno** round-trip ticket
il binario (railway) track
la biologia biology
biologico organic
biondo blond
la birra beer
il biscotto cookie
bisognare to be necessary
il bisogno need;
  avere bisogno di to need
la bistecca steak
blu (inv.) dark blue
la bocca mouth;
  in bocca al lupo! good luck!
    (lit. in the mouth of the wolf!)

la borsa bag;
  borsa di studio grant,
    scholarship
la borsetta handbag
il bosco wood, forest
la bottiglia bottle
il braccialetto bracelet
il braccio (pl. **le braccia**) arm
bravo good
breve short, brief
il brillante diamond
il brodo broth
bruno dark-haired
brutto ugly; bad
la bugia lie;
  dire bugie to lie
bugiardo liar
buono good;
  Buon anno! Happy New Year!;
  Buon appetito! Enjoy your meal!;
  Buona giornata! Have a nice
    day!;
  Buon giorno! Good morning!
  Buona notte! Good night!;
  Buone vacanze! Have a nice
    vacation!
il burattino puppet
il burro butter
la busta envelope

C

cadere* to fall
il caffè coffee, café, coffee shop
il calcio soccer
la calcolatrice calculator
il calcolo calculus
caldo hot;
  avere caldo to be hot;
  fa caldo it is hot (weather)
il calendario calendar
calmare to calm
calmo calm
la caloria calorie
calvo bold
la calza stocking
il calzino sock
cambiare to change, to exchange;
  cambiare idea to change one's
    mind
il cambio change, exchange
la camera room;
  camera da letto bedroom;
  camera singola (doppia) single
    (double) room;
  camera con servizi room with
    bath
il cameriere, la cameriera waiter,
  waitress; maid

la camicetta blouse
la camicia (*pl.* **le camicie**) shirt
il caminetto fireplace
camminare to walk
la campagna country, countryside
il campanile bell tower
il campeggio camping;
    fare il campeggio to go
      camping
il campionato championship
il campione, la
    campionessa champion
il campo field;
    campo da tennis tennis court:
    campo da golf golf course
canadese Canadian
il canale channel, canal (Venice)
cancellare to delete: to cancel
la candela candle
il candidato, la candidata
    candidate
il cane dog
i cannelloni stuffed pasta
il canottaggio boating, rowing
il / la cantante singer
cantare to sing
il canto singing
la canzone song
i capelli hair
capire (-isc-) to understand
la capitale capital
il capitolo chapter
il capo head, leader
il Capodanno New Year's day
il capolavoro masterpiece
il capoluogo chief town
il capoufficio boss
il cappello hat
il cappotto winter coat
il cappuccino coffee with steamed
    milk
le caramelle candies
il carattere temperament
la caratteristica characteristic,
    feature
il carciofo artichoke
carino pretty, cute
la carne meat
caro dear, expensive
la carota carrot
il carpaccio thinly sliced raw meat
    or fish
la carriera career;
    fare carriera to have a
      successful career
la carrozza car (train), carriage
la carta paper;
    carta geografica map;
    carta di credito credit card;

carta telefonica telephone card;
carta d'identità identification
    card
il cartello sign
la cartoleria stationery store
la cartolina postcard
il cartone animato cartoon
la casa house, home;
    a casa, in casa at home;
    a casa di at the house of;
    a casa sua at his/her house;
la casalinga, il casalingo
    homemaker
il caso case;
    per caso by any chance;
    secondo il caso according to
      the case
Caspita! Wow!
la cassa case, cashier's desk
la cassiera cashier
castano brown (eyes, hair)
il castello castle
la catena chain
cattivo bad, mean
la causa cause;
    a causa di because of
causare to cause
c'è (ci sono) there is (are)
celebrare to celebrate
celibe (*m.*) unmarried, single
la cena dinner
cenare to have supper
il centesimo cent
cento one hundred
centrale central
il / la centralinista telephone
    operator
il centro center;
    in centro downtown
cercare to look for;
    cercare di + *inf.* to try (to)
i cereali cereals
certamente certainly
certo certain; (*adv.*) certainly
il cestino basket
che (*conj.*) that;
    che (*pron.*) who, whom, that,
      which;
    che, che cosa, cosa? what?;
    che... ! what a . . . !
    Che barba! What a drag!
    più... che more . . . than
chi? who?, whom?;
    di chi è? whose is it?
chiamare to call;
    chiamarsi* to be called
la chiave key
chiedere (*p.p.* **chiesto**) to ask (for)
la chiesa church

il chilogrammo kilogram
il chilometro kilometer
la chimica chemistry
chiocciola @
il chirurgo, la chirurgo surgeon
chissà! who knows!
la chitarra guitar
chiudere (*p.p.* **chiuso**) to close
ciao hello, hi, good-bye
il cibo food
il ciclismo bicycling
il / la ciclista cyclist
il cielo sky
la cifra amount, digit
il cinematografo movie theater
cinese Chinese
la cintura belt
il cioccolato chocolate
il cioccolatino chocolate candy
cioè that is
la cipolla onion
circa about, approximately
circondare to surround
la circostanza occasion
la città city, town
la cittadinanza citizenship
il cittadino citizen
la civilizzazione civilization
la civiltà civilization
la classe class, classroom
classico classic
cliccare to click
il / la cliente customer
il clima climate
il codice fiscale fiscal I.D.
il codice postale Zip code
il cofano hood of a car
il cognato, la cognata brother-in-
    law, sister-in law
il cognome last name
la coincidenza coincidence;
    connection (train, bus)
la colazione breakfast;
    fare colazione to have breakfast
il / la collega colleague
la collana necklace;
    collana di perle pearl necklace
la collina hill
il collo neck
il colloquio interview
il colore color
il coltello knife
come as, like;
    Come? How?;
    Come sta? (*form. s.*), **Come stai?**
      (*fam. s.*), **Come va?** (*colloq.*)
      How are you?;
    Com'è? What is he (she, it)
      like?;

Come mai? How come?;
Come si chiama? What is his (her, your, its) name?
il comico comedian;
comico *(adj.)* comic, funny
la commedia comedy, play
il commediografo playwright
il commento comment
il / la commercialista accountant
il commercio commerce
il commesso, la commessa salesperson
comodamente comfortably
la comodità comfort
comodo comfortable
la compagnia company
il compagno, la compagna companion;
compagno(a) di classe classmate;
compagno(a) di stanza roommate
il compenso compensation
competente competent
compiere to have a birthday
il compito homework, task
il computer portatile laptop computer
il compleanno birthday;
Buon compleanno! Happy birthday!
completamente fully, completely
completare to complete
il completo suit
complicato complicated
comporre *(p.p. composto)* to compose
il compositore, la compositrice composer
comprare to buy
comune common
con with
il concerto concert
la conclusione conclusion
condire to dress (salad, food)
condividere *(p.p. condiviso)* to share
la condizione condition
la conferenza lecture
confermare to confirm
confinare to border, to confine
confortevole comfortable
la confusione confusion
il congelatore freezer
Congratulazioni! Congratulations!
il / la conoscente acquaintance
la conoscenza knowledge

conoscere *(p.p. conosciuto)* to know, to meet, to be acquainted with
la consegna delivery
consegnare to deliver
considerare to consider
considerarsi* to consider oneself
consigliare to advise
il consiglio advice
la consonante consonant
il / la consulente consultant
consultare to consult
il contadino, la contadina peasant; farmer
i contanti cash
contare to count
contento happy, glad; pleased
il continente continent
continuare to continue
il conto check, bill
il contorno (cooked) vegetable
il contrario opposite
il contrasto contrast
il contratto contract
contribuire (-isc-) to contribute
contro against
controllare to check
il controllore conductor
la conversazione conversation
la coperta blanket; cover
la copertina book cover
la copia copy
la coppia couple, pair
il coraggio courage;
coraggio! come on! keep it up!
coraggioso courageous, brave
cordiale cordial
il coro chorus
il corpo body
correggere *(p.p. corretto)* to correct
correre *(p.p. corso)* to run
la corsa run, race
il corso course (studies); main street
il cortile courtyard
corto short
la cosa thing
così so;
così-così so-so;
così tanto! that much!;
così... come as . . . as
la costa coast;
la Costa Azzurra French Riviera
costare to cost;
quanto costa? how much is it?
il costo cost, price
costoso expensive
costruire (-isc-) to build

il costume costume;
costume da bagno bathing suit
il cotone cotton
cotto cooked
la cravatta tie
creare to create
credere to believe
la crema cream;
crema solare suntan lotion, sunscreen
la crisi crisis
la critica criticism, critique, review
criticare to criticize
il critico critic; *(adj.)* critical
la crociera cruise;
fare una crociera to go on a cruise
il cucchiaino teaspoon
il cucchiaio spoon
la cucina kitchen; cooking; cuisine
cucinare to cook;
cucinare al forno to bake
il cugino, la cugina cousin
cui *(pron.)* whom, which;
la ragazza con cui esco the girl with whom I go out
la cultura culture
culturale cultural
il culturismo bodybuilding
cuocere *(p.p. cotto)* to cook
il cuoco, la cuoca cook
il cuore heart
la cupola dome
la cura treatment; care
curare to treat
curioso curious

D

da from, by;
lavoro da un mese I have been working for a month
d'accordo OK, agreed;
essere d'accordo to agree
Dai! Come on! *(fam.)*
dannoso damaging
dare to give;
dare fastidio to bother;
dare la mano to shake hands;
dare un passaggio to give a lift;
dare del tu (Lei) to use the **tu (Lei)** form
dare un film to show a movie
la data date (calendar)
il datore di lavoro employer
davanti (a) in front of, before
davvero really, indeed
il debito debt
debole weak

decidere (*p.p.* **deciso**) to decide
la decisione decision
dedicarsi* to devote oneself
la delusione disappointment
deluso disappointed
democratico democratic
la democrazia democracy
il denaro money
il dente tooth;
   al dente firm, not overcooked
   il dentifricio toothpaste
il / la dentista dentist
dentro in, inside
il deodorante deodorant
il deposito deposit;
   deposito bagagli baggage room
il deputato, la
   deputata congressman,
   congresswoman
descrivere (*p.p.* **descritto**) to
   describe
la descrizione description
desiderare to wish, want;
   desidera? may I help you?
il desiderio wish, desire
la destra right;
   a destra to the right;
detestare to hate
di of, from; **di** + *def. art.* some, any;
   di chi è? whose is it?;
   di dov'è? where is he/she
   from?
la diagnosi diagnosis
il dialetto dialect
il dialogo (*pl.* **dialoghi**) dialogue
dicembre December
dichiarare to declare
le didascalie (*f. pl.*) (cinema)
   subtitles
la dieta diet;
   stare a dieta to be on a diet
il dietologo, la dietologa dietician
dietro behind
differente different
la differenza difference;
   a differenza di unlike
difficile difficult
la difficoltà difficulty
dilettante amateur
dimagrire (-isc-)* to lose weight
dimenticare to forget
diminuire (-isc-) to diminish; to
   reduce
dimostrare to show, to express
dinamico dynamic
dipendere (*p.p.* **dipeso**) to depend;
   dipende (da) it depends (on)
dipingere (*p.p.* **dipinto**) to paint,
   to portray

il diploma certificate, diploma
diplomarsi* to graduate from high
   school
dire (*p.p.* **detto**) to say, to tell;
   dire di no to say no;
   voler dire to mean
direttamente directly
il direttore, la direttrice director;
   administrator;
   direttore d'orchestra orchestra
   conductor
il dirigente, la dirigente manager;
   executive
dirigere (*p.p.* **diretto**) to manage,
   to conduct
diritto, dritto (*adj.*) straight; (*adv.*)
   straight ahead
il diritto right
discendere* (*p.p.* **disceso**) to
   descend, to go (come) down
il disco (*pl.* **dischi**) record
il discorso speech
la discoteca discoteque
la discussione discussion
discutere (*p.p.* **discusso**) to discuss
disegnare to draw
il disegnatore, la
   disegnatrice designer
il disegno drawing, pattern, plan
disoccupato unemployed
la disoccupazione
   unemployment
disonesto dishonest
disordinato messy
dispiacere* (*p.p.* **dispiaciuto**) to
   mind, to be sorry;
   mi dispiace I am sorry
disponibile available
disposto willing;
   essere disposto to be willing
la distanza distance
distare to be far from
distratto absent-minded
disturbare to bother
il disturbo ailment, trouble
il dito (*pl.* **le dita**) finger;
   dito del piede toe
la ditta company
il divano sofa, couch
diventare* to become
la diversità diversity
diverso different; several;
   diversi giorni several days
divertente amusing
divertimento amusement;
   buon divertimento! have fun!
divertire to amuse;
   divertirsi* to have fun, to enjoy
   oneself

dividere (*p.p.* **diviso**) to share, to
   divide
il divieto prohibition;
   divieto di fumare no smoking;
   divieto di parcheggio no
   parking
divorziato (a) divorced
il divorzio divorce
il dizionario dictionary
la doccia shower;
   fare la doccia to take a shower
il documentario documentary film
il documento document;
   documento d'identità I.D.
la dogana customs
il dolce dessert, candy; (*adj.*) sweet
dolcemente gradually, gently
il dollaro dollar
il dolore pain, ache
la domanda question; application;
   fare una domanda to ask a
   question;
   fare domanda to apply
domandare to ask;
   domandarsi* to wonder
domani tomorrow;
   A domani! See you tomorrow!
la domenica Sunday
la donna woman
dopo after, afterward
dopodomani the day after
   tomorrow
il doppiaggio dubbing
doppiato dubbed
doppio double
dormire to sleep
il dottore, la dottoressa doctor,
   university graduate
dove where;
   di dove sei? where are you from?
il dovere duty
dovere to have to, must; to owe
la dozzina dozen
il dramma drama, play
drammatico dramatic
il dubbio doubt;
   senza dubbio undoubtedly
dubitare to doubt
dunque therefore; well, now!
il duomo cathedral
durante during
durare* to last
duro hard;
   avere la testa dura to be stubborn

E

e, ed and
eccellente excellent

l'eccesso di velocità excess of speed limit

eccetera et cetera

eccetto except

l'eccezione (f.) exception

eccitato excited

ecco...! here is . . . ! here are . . . !; **eccomi** here I am

l'ecologia ecology

ecologico ecological

l'economia economy

economico economic(al), cheap

l'edicola newsstand

l'edificio building

l'editore, l'editrice publisher

educato polite

l'effetto effect; **effetto serra** greenhouse effect

efficiente efficient

egoista selfish

elegante elegant, fashionable

elementare elementary

l'elenco telefonico telephone book

l'elettricista electrician

l'elettricità electricity

elettronico electronic

l'elezione (f.) election

eliminare to eliminate

l'energia energy; **energia eolica** wind power; **energia nucleare** nuclear energy; **energia solare** solar energy

entrare* to enter

l'entrata entrance

l'entusiasmo enthusiasm

entusiasta enthusiastic

l'epoca period, era

l'equipaggiamento equipment

l'equitazione (f.) horseback riding

l'erba grass

l'eredità inheritance

ereditare to inherit

l'errore (m.) error, mistake

esagerare to exaggerate

l'esame (m.) exam; **dare un esame** to take an exam

esattamente exactly

esatto exact

l'esclamazione (f.) exclamation

l'escursione (f.) excursion

l'esempio example; **ad (per) esempio** for example

esercitare to exercise

l'esercizio exercise

esistere* (p.p. esistito) to exist

l'esperienza experience

l'esperimento experiment

esperto experienced

l'espressione expression; **espressione di cortesia** greetings

l'espresso espresso coffee

esprimere (p.p. espresso) to express

essere* (p.p. stato) to be; **essere d'accordo** to agree; **essere in anticipo** to be early; **essere a dieta** to be on a diet; **essere in orario** to be on time; **essere promosso** to be promoted; **essere in forma** to be in good shape; **essere in ritardo** to be late; **essere al verde** to be broke

l'est east

l'estate (f.) summer

esterno exterior

estero foreign; **commercio estero** foreign trade; **all'estero** abroad

estivo (adj.) summer

l'età age

etnico ethnic

l'etto(grammo) 100 grams

l'euro (inv.) euro (Italian currency)

l'Europa Europe

europeo European

evitare to avoid

F

fa ago; **un anno fa** one year ago

fa caldo (freddo, fresco, bel tempo, brutto tempo) it is hot (cold, cool, nice weather, bad weather); **fa** (math.) equals

la fabbrica factory

la faccia face

facile easy

facilmente easily

la facoltà di legge (medicina, ecc.) school of law (medicine, etc.)

i fagiolini green beans

falso false

la fame hunger; **avere fame** to be hungry

la famiglia family

familiare familiar

famoso famous

la fantascienza science fiction

la fantasia fantasy; imagination

fare (p.p. fatto) to do, to make; **fare dell'alpinismo** to go mountain climbing;

fare attenzione to pay attention; **fare gli auguri** to offer good wishes; **fare l'autostop** to hitchhike; **fare bella figura** to make a good impression; **fare il bagno** to take a bath; **fare un brindisi** to offer a toast; **fare il campeggio** to go camping; **fare colazione** to have breakfast; **fare la conoscenza (di)** to make the acquaintance (of); **fare la doccia** to take a shower; **fare una domanda** to ask a question; **fare domanda** to apply; **fare il dottore (l'ingegnere, ecc.)** to be a doctor (an engineer, etc); **fare un'escursione** to take an excursion; **fare la fila** to stand in line; **fare una foto** to take a picture; **fare un giro** to take a walk or a ride; **fare una gita** to take a short trip; **fare jogging** to go jogging; **fare legge (matematica, medicina, ecc.)** to study law (mathematics, medicine, etc.); **fare parte (di)** to take part (in); **fare la parte** to play the role; **fare una passeggiata** to take a walk; **fare una pausa** to take a break; **fare presto** to hurry; **fare un regalo** to give a present; **fare sciopero** to be on strike; **fare la siesta** to take a nap; **fare snowboard** to snowboard; **fare la spesa** to buy groceries; **fare le spese** to go shopping; **fare dello sport** to take part in sports; **fare una telefonata** to make a phone call; **fare il tifo** to be a fan; **fare le valigie** to pack; **fare un viaggio** to take a trip; **fare una visita** to pay a visit; **farsi* male** to hurt oneself

la farina flour

la farmacia pharmacy

il / la farmacista pharmacist

il fascino fascination

faticoso tiring
il fatto fact; event
il fattore factor, element
la favola fable
il favore favor;
  per favore please
il fazzoletto handkerchief
febbraio February
la febbre fever
fedele faithful; loyal
felice happy
la felicità happiness
Felicitazioni! Congratulations!
la felpa sweatshirt
femminile feminine
le ferie paid annual vacation
fermare to stop (someone or
  something);
  fermarsi* to stop (oneself)
fermo still, stopped
il Ferragosto August holiday
ai ferri grilled
il ferro da stiro iron (for ironing)
la ferrovia railroad
ferroviario of the railroad
la festa holiday, party
festeggiare to celebrate
la festività festivity
la fetta slice
il fidanzamento engagement
fidanzarsi* to become engaged
il fidanzato, la fidanzata fiancé,
  fiancée
la figliastra stepdaughter
il figliastro stepson
il figlio, la figlia son, daughter;
  figlio unico, figlia unica only
    child;
  i figli children
la figura figure;
  fare bella figura to make a good
    impression
la fila line;
  fare la fila to stand in line
il film movie;
  dare un film to show a movie
filmare to make a movie
la filosofia philosophy
finalmente finally, at last
finanziario financial
finché until
la fine end
il fine-settimana weekend
la finestra window
il finestrino window (of a car, bus,
  train, etc.)
finire (-isc-) to finish, to end
fino a until; as far as
finora until now

il fiore flower
fiorentino Florentine
fiorito flowering
Firenze Florence
la firma signature
firmare to sign;
  firmare una ricevuta to sign a
    receipt
fischiare to whistle; to boo
la fisica physics
fisico physical
fissare un appuntamento to make an
  appointment
il fiume river
il flauto flute
il foglio sheet;
  foglio di carta sheet of paper
la folla crowd
fondare to found
la fontana fountain
la forchetta fork
la forma form, shape
il formaggio cheese
formare to form;
  formare il numero to dial
il fornaio baker
i fornelli range (stove)
il forno oven;
  forno a microonde microwave
    oven
forse maybe, perhaps
forte strong
la fortuna fortune, luck;
  buona fortuna good luck;
  per fortuna luckily
fortunato lucky
la forza strength;
  forza! come on!
la foto(grafia) picture, photography;
  fare una foto to take a picture
fra between, among, in
la fragola strawberry
francese French
il francobollo stamp
la frase sentence
il fratello brother
il fratellastro stepbrother
il freddo cold;
  avere freddo to be cold;
  fa freddo it is cold;
  il caffè freddo (*adj.*) iced coffee
frequentare to attend (school)
fresco cool, fresh
la fretta hurry;
  avere fretta to be in a hurry;
  in fretta in a hurry
il frigo(rifero) refrigerator
la frittata omelette
fritto fried

frizzante sparkling, carbonated
la frutta fruit
fumare to smoke
il fumatore, la fumatrice smoker
il fumetto bubble;
  i fumetti comic strips
il fungo (*pl.* **funghi**) mushroom
funzionare to function, to work
il fuoco (*pl.* **fuochi**) fire
fuori (di) out (of), outside
il futuro future

G

la galleria arcade; gallery; balcony;
  la galleria d'arte art gallery
la gamba leg
  in gamba in great mental and
    physical shape
il gamberetto shrimp
la gara race; competition
il gatto cat
la gelateria ice-cream parlor
il gelato ice cream
i gemelli, le gemelle twins
generale general;
  in generale in general
la generazione generation
il genere gender;
  in genere generally
i generi alimentari groceries
il genero son-in-law
generoso generous
il genio genius
il genitore parent
gennaio January
Genova Genoa
la gente people
gentile kind
la geografia geography
geografico geographic
la Germania Germany
il gesso chalk
il ghiaccio ice
già already; yes, sure
la giacca coat, jacket;
  la giacca a vento windbreaker
giallo yellow
il Giappone Japan
giapponese Japanese
il giardino garden;
  i giardini pubblici park
la ginnastica gymnastics
il ginocchio knee
giocare (a) to play (a game);
  giocare a carte to play cards
il giocatore, la giocatrice player
il giocattolo toy
il gioco (*pl.* **giochi**) game

il **giornale** newspaper

il / la **giornalista** journalist

la **giornata** the whole day

il **giorno** day;
   buon giorno good morning, hello

giovane young;
   il **giovane** la **giovane** young man; young woman
   i **giovani** young people

il **giovanotto** young man

il **giovedì** Thursday

la **gioventù** youth

girare to turn; to tour;
   girare un film to make a movie

il **giro** tour

la **gita** trip, excursion, tour;
   la **gita scolastica** field trip

il **giudizio** judgment, sentence

giugno June

giusto just, right, correct

gli **gnocchi** potato dumplings

la **gola** throat;
   il **mal di gola** sore throat

il **golf** sweater (cardigan)

il **golfo** gulf

la **gomma** tire
   avere una gomma a terra to have a flat tire

la **gonna** skirt

gotico gothic

governare to rule

il **governo** government

la **grammatica** grammar

grande big, wide, large, great;
   da grande as an adult

grasso fat

il **grattacielo** skyscraper

gratuito free (of charge)

grave grave; serious

grazie thank you;
   grazie a thanks to;
   mille grazie thanks a lot

greco (*pl.* **greci**) Greek

gridare to shout

grigio gray

alla griglia grilled

i **grissini** breadsticks

grosso huge, big

il **gruppo** group

guadagnare to earn

il **guaio** trouble

i **guanti** (*pl.*) gloves

guardare to look at, to watch

guarire (-isc-) to cure, to recover

la **guerra** war

la **guida** guide, tourist guide; guidebook; driving

guidare to drive

il **gusto** taste; preference

gustoso tasty

I

l'**idea** idea

ideale ideal

l'**idealista** idealist

l'**idraulico** plumber

ieri yesterday;
   l'**altro ieri** the day before yesterday;
   ieri sera last night

ignorante ignorant

ignorare to ignore

illuminare to illuminate, to light

l'**imballaggio** packaging

imitare to imitate

immaginare to imagine

l'**immaginazione** (*f.*) imagination

immediatamente immediately

l'**immigrante** (*m.f.*) immigrant

immigrare to immigrate

l'**immigrazione** immigration

le **immondizie** garbage, trash

imparare to learn

impaziente impatient

l'**impazienza** impatience

impegnativo challenging

l'**impermeabile** (*m.*) raincoat

l'**impiegato, l'impiegata** clerk

l'**impiego** employment, job

importante important

l'**importanza** importance

importare to be important, to matter;
   non importa! never mind!

l'**importazione** (*f.*) import

impossibile impossible

improvvisamente suddenly

in in, at, to

incantevole charming

l'**incidente** (*m.*) accident

l'**inclinazione** (*f.*) inclination

includere (*p.p.* **incluso**) to include

incominciare to begin

incontrare to meet

l'**incontro** encounter; meeting

incoraggiare to encourage

l'**incrocio** intersection

indeciso undecided; indecisive

l'**indicazione** (*f.*) direction

indifferente indifferent

indipendente independent

l'**indipendenza** independence

l'**indirizzo** address

indispensabile indispensable

indovinare to guess

l'**indovinello** puzzle; guessing game

l'**indovino** fortune teller

l'**industria** industry

industriale industrial

inefficiente inefficient

inesperto inexperienced

infatti in fact

infelice unhappy

l'**infermiere, l'infermiera** nurse

l'**inferno** hell

l'**inflazione** (*f.*) inflation

l'**influenza** flu

influenzare to influence; to affect

l'**informatica** computer science

l'**informazione** (*f.*) information

l'**ingegnere** (*m.*) engineer

l'**ingegneria** engineering

ingessare to put in a cast

l'**Inghilterra** England

inglese English

ingrassare to gain weight

l'**ingrediente** (*m.*) ingredient

l'**ingresso** entrance, entry

l'**iniezione** (*f.*) injection

iniziare to initiate, to begin

l'**inizio** beginning

innamorarsi* (di) to fall in love (with)

innamorato (*adj.*) in love

inoltre besides

l'**inquilino, l'inquilina** tenant

l'**inquinamento** pollution

inquinare to pollute

l'**insalata** salad

l'**insegnamento** teaching

l'**insegnante** (*m.& f.*) teacher, instructor

insegnare to teach

insieme together

insomma in short, in conclusion;
   insomma! for heaven's sake!

intelligente intelligent

l'**intenzione** (*f.*) intention;
   avere intenzione di (*+ inf.*) to intend

interessante interesting

interessare to interest;
   interessarsi* di (a) to be interested in

l'**interesse** (*m.*) interest

internazionale international

interno internal, interior, domestic

l'**interpretazione** (*f.*) interpretation

l'**intervista** interview

intervistare to interview

intimo close, intimate

intitolato entitled

intorno a around

introdurre (*p.p.* **introdotto**) to introduce
l'introduzione introduction
inutile useless
invece instead
inventare to invent
l'inventore, l'inventrice inventor
invernale (*adj.*) winter
l'inverno winter
inviare to send
invitare to invite
l'invitato guest
l'invito invitation
irlandese Irish
l'ironia irony
irregolare irregular
iscriversi* (*p.p.* **iscritto**) to enroll, to register
l'isola island
ispirare to inspire;
    l'ispirazione (*f.*) inspiration
    istruire to educate, to instruct, to teach;
    istruirsi* to educate oneself
l'istruttore, l'istrattrice instructor
l'istruzione (*f.*) instruction, education
l'Italia Italy
italiano Italian;
    l'italiano Italian language;
    l'Italiano, l'Italiana Italian person
    all'italiana in the Italian way

L

là there, over there
il labbro (*pl.* **le labbra**) lip
il lago (*pl.* **laghi**) lake
lamentarsi* (di) to complain (about)
la lampada lamp
il lampadario chandelier
la lana wool;
    di lana woollen
largo (*pl.* **larghi**) large, wide
lasciare to leave (someone or something); to quit; to let, to allow
il latte milk
la lattina can
la laurea university degree
laurearsi* to graduate
il laureato university graduate
il lavabo wash-basin
la lavagna blackboard
il lavandino sink
lavare to wash;
    lavarsi* to wash (oneself)

la lavastoviglie dishwasher
la lavatrice washing machine
lavorare to work
il lavoratore, la lavoratrice worker
il lavoro work, job;
    lavoro a tempo pieno full-time job
legale legal;
    studio legale law office
la legge law;
    facoltà di legge law school
leggere (*p.p.* **letto**) to read
leggero light
il legno wood;
    di legno wooden
lento slow
la lettera letter;
    le Lettere humanities
la letteratura literature
il letto bed;
    letto singolo (matrimoniale) single (double) bed;
    camera da letto bedroom
il lettino lounge chair
il lettore, la lettrice reader
il lettore DVD DVD player
la lettura reading
la lezione lesson; class
lì there
la libbra pound
libero free, available; vacant (apartment)
la libertà freedom
la libreria bookstore
il libro book;
    libro di cucina cookbook
licenziare to fire (employee); to lay off
licenziarsi* to resign; to quit
il liceo high school
il limite limit;
    limite di velocità speed limit
il limone lemon
la linea aerea airline
la lingua language; tongue;
    lingue straniere foreign languages
lirico lyric
la lista list
litigare to fight
il litro liter
il locale room;
    locale (*adj.*) local
la località place
la Lombardia Lombardy
Londra London
lontano (da) far (from)
la luce light; electricity
luglio July

luminoso bright
la luna moon;
    luna di miele honeymoon
il lunedì Monday
lungo (*pl.* **lunghi**) long; (*adv.*) along;
    a lungo for a long time
il luogo (*pl.* **luoghi**) place;
    avere luogo to take place
di lusso deluxe, exclusive
lussuoso sumptuous

M

ma but
la macchina car, machine, engine;
    macchina fotografica camera;
    macchina da presa movie camera;
    macchina per l'espresso espresso machine
la macedonia di frutta fruit salad
la madre mother
maestoso majestic
il maestro, la maestra elementary-school teacher
maggio May
la maggioranza majority
maggiore bigger, greater, older;
    la maggior parte most (of)
magico magic
la maglietta T-shirt
il maglione heavy sweater
magnifico magnificent, splendid
magro thin; skinny
mai ever;
    non... mai never
il malato sick person; (*adj.*) sick, ill
la malattia illness, disease
il male ache;
    male di denti toothache
male (*adv.*) badly;
    non c'è male not bad
maleducato impolite
malvolentieri reluctantly
la mamma mom
la mancanza lack
mancare to miss;
    mi manca la famiglia I miss my family
la mancia tip;
    dare la mancia to tip
mandare to send
mangiare to eat
la maniera manner
il manifesto poster
la mano (*pl.* **le mani**) hand;
    dare la mano to shake hands
la marca make; brand name

il marciapiede sidewalk
marcio rotten
il mare sea;
  al mare at the seashore;
  il Mar Tirreno Tyrrhenian Sea
la margarina margarine
il marito husband
la marmellata jam
il marmo marble
marrone brown
il martedì Tuesday
marzo March
la maschera mask; masked
  character
maschile masculine
massimo greatest, maximum;
  al massimo at the most
la matematica mathematics
la materia subject (scholastic)
la matita pencil
la matrigna stepmother
il matrimonio marriage, wedding
la mattina, il mattino morning;
  di mattina in the morning
matto crazy;
  da matti a lot
  Sei matto(a)? Are you nuts?
maturo mature; ripe
Ma va! No way!
il mouse computer mouse
il mazzo di fiori bouquet of
  flowers
il meccanico mechanic
la medicina medicine
il medico doctor, physician
medievale medieval
mediocre mediocre
il Medio Evo Middle Ages
meglio (adv.) better
la mela apple
la melanzana eggplant
il melone cantaloupe
il membro member
la memoria memory;
  a memoria by heart
meno less; minus;
  a meno che unless;
  Meno male! Thank God!
la mensa cafeteria
mensile monthly
mentre while
il menù menu
meravigliosamente
  wonderfully
meraviglioso wonderful
il tmercato market;
  a buon mercato cheap
il mercoledì Wednesday
meridionale southern

mescolare to mix
il mese month
il messaggio message
messicano Mexican
il mestiere trade, occupation
la metà half
la metropolitana subway
mettere to put, to place, to wear;
  mettersi* to put on, wear;
  mettersi* a to start
la mezzanotte midnight
i mezzi di diffusione mass media
i mezzi di trasporto means of
  transportation
mezzo (adj.) half
il mezzo means; middle;
  per mezzo di by means of;
  il mezzogiorno noon;
  il Mezzogiorno Southern Italy
il miglio (f. pl. miglia) mile
migliorare to improve
migliore (adj.) better
Milano Milan
il miliardario billionaire
il miliardo billion
il milionario millionaire
il milione million
mille (pl. mila) thousand;
  Mille grazie! Thanks a lot!
la minestra soup
il minestrone vegetable soup
minimo smallest
minore smaller, younger
il minuto minute
misto mixed
misurare to measure
la misura size (for clothes and
  shoes)
mite mild
il mobile piece of furniture
la moda fashion;
  di moda fashionable
il modello, la modella model
moderno modern
modesto modest
il modo way, manner;
  ad ogni modo anyway
la moglie wife
molto much, a lot of; (inv.) very
il momento moment
mondiale worldwide
il mondo world
la moneta coin
monetario monetary
il monolocale studio apartment
la montagna mountain
il monte mount
il monumento monument
la moquette wall-to-wall carpet

morire* (p.p. morto) to die
la mostra exhibition
mostrare to show
il motivo motive
la moto(cicletta) motorcycle
il motore motor
il motorino motorscooter
la multa fine
il muro (exterior) wall;
  le mura city walls
il muratore construction worker
il museo museum
la musica music;
  musica folkloristica folk music;
  musica operistica opera music;
  musica classica classical music;
  musica leggera light music
il / la musicista musician

N

napoletano Neapolitan
Napoli Naples
nascere* (p.p. nato) to be born
la nascita birth
il naso nose
il Natale Christmas;
  Babbo Natale Santa Claus;
  Buon Natale! Merry Christmas!
la natura nature;
  natura morta still life
naturale natural
naturalmente naturally
la nave ship
nazionale national
la nazionalità nationality
la nazione nation
né... né neither . . . nor
neanche not even
la nebbia fog
  c'è nebbia it is foggy
necessario necessary
negare to deny
negativo negative
il negozio store, shop
nemmeno not even
nero black
nervoso nervous
nessuno nobody, no one, not
  anyone
la neve snow
nevicare to snow
niente nothing, not anything;
  nient'altro nothing else
il nipote nephew, grandchild;
  la nipote niece, granddaughter;
  i nipoti grandchildren
no no
la noia boredom; (pl.) trouble

noioso boring

noleggiare to rent (a car, a bicycle, skis)

il nome noun, name

nominare to name

non not

il nonno, la nonna grandfather, grandmother;

  i nonni grandparents

nonostante in spite of

il nord north

la notizia news

noto well-known

la notte night

novembre (*m.*) November

la novità news;

  nessuna novità nothing new

le nozze wedding;

  viaggio di nozze honeymoon trip

nubile (*f.*) unmarried, single

il numero number;

  numero di telefono phone number

numeroso numerous

la nuora daughter-in-law

nuotare to swim

il nuoto swimming

nuovo new;

  di nuovo again

la nuvola cloud

nuvoloso cloudy

O

o or

obbligatorio compulsory

l'occasione (*f.*) opportunity;

  approfittare dell'occasione di to take advantage of

gli occhiali (*pl.*) eyeglasses;

  occhiali da sole sunglasses

l'occhio eye;

  costare un occhio della testa to cost a fortune;

  dare un'occhiata to take a look

occidentale western

occupare to occupy;

  occuparsi* (di) to occupy oneself with

occupato busy

l'oceano ocean

l'oculista (*m. & f.*) eye doctor

offendere (*p.p.* **offeso**) to offend

l'offerta offer

offrire (*p.p.* **offerto**) to offer

l'oggetto object

oggi today

ogni each, every

ognuno everyone, each one

olimpico Olympic

l'olio oil;

  olio d'oliva olive oil

oltre a besides

l'ombrello umbrella

l'ombrellone beach umbrella

l'onomastico name day

l'opera work, opera;

  l'opera d'arte work of art;

  cantante d'opera opera singer

l'operaio, l'operaia factory worker, laborer

l'opinione (*f.*) opinion

oppure or

ora now

l'ora hour, time;

  è ora che it is time that;

  è ora di it is time to;

  le ore di punta rush hours;

  non vedo l'ora I can't wait

orale oral

l'orario schedule;

  in orario on time;

  a orario ridotto part time

l'orchestra orchestra

ordinare to order, to prescribe

ordinato neat

l'ordine order

gli orecchini earrings

l'orecchio (*pl.* **le orecchie**) ear

organizzare to organize

l'orgoglio pride

orgoglioso proud

orientale oriental, eastern

originale original

l'origine (*f.*) origin

l'oro gold;

  d'oro golden

l'orologio watch, clock

l'ospedale (*m.*) hospital

l'ospite (*m. & f.*) guest; host

l'ossigeno oxygen

l'osso (*f. pl.* **le ossa**) bone

l'ostello per la gioventù youth hostel

ostinato stubborn

ottenere to obtain

l'ottimista optimist

ottimo excellent

ottobre October

l'ovest west

l'ozono ozone;

  lo strato dell'ozono ozone layer

P

il pacco package, parcel

la pace peace;

fare la pace to make up

la padella frying pan

il padre father

il padrone owner, boss;

  padrone di casa landlord

il paesaggio landscape, scenery

il paese country; town, village

pagare to pay

la pagina page

il paio (*f. pl.* **le paia**) pair

il palazzo palace, building

il palcoscenico stage

la palestra gym

la palla ball

la pallacanestro basketball

la pallanuoto water polo

la pallavolo volleyball

il pallone ball (soccer)

il pane bread

il panino roll;

  panino imbottito sandwich

la paninoteca sandwich shop

la panna cream

i pantaloncini shorts

i pantaloni pants, trousers

le pantofole slippers

il Papa Pope (*pl.* **i Papi**) Pope

il papà dad

paragonare to compare

il paragone comparison

il parapendio paragliding

parcheggiare to park

il parcheggio parking

il parco park

pareggiare to tie; to draw a game

il / la parente relative;

  i parenti relatives

parere (*p.p.* **parso**) to seem;

  non ti pare? don't you think so?

la parete (interior) wall

Parigi Paris

la parità equality, parity

parlare to speak, to talk;

  parlare male (bene) di to say bad (good) things about

il parmigiano Parmesan cheese

la parola word

il parrucchiere, la parrucchiera hairdresser

la parte part, role;

  fare la parte to play the role;

  da parte di from

partecipare a to take part in

la partenza departure

particolare particular

partire* to leave, to depart

la partita match, game

il partito political party

la Pasqua Easter;
  Buona Pasqua! Happy Easter!
il **passaggio** ride, lift;
  dare un passaggio to give a
    ride
il **passaporto** passport
passare to pass, to pass by; to
  spend (time)
passare le vacanze to spend a
  vacation
il **passatempo** pastime, hobby
il **passato** past;
  passato *(adj.)* last, past
il **passeggero, la passeggera**
  passenger
passeggiare to talk a walk **la
  passeggiata** walk;
  fare una passeggiata to take a
    walk
la **passione** passion
la **pasta** dough, pasta, pastry;
  le paste *(pl.)* pastries
la **pastasciutta** pasta dish
la **pasticceria** pastry shop
il **pasto** meal
la **patata** potato;
  patate fritte fried potatoes
la **patente** driver's license
paterno paternal
la **patria** country, native land
il **patrigno** stepfather
il **pattinaggio** skating
i **pattini** skates
la **paura** fear;
  avere paura to be afraid;
  avere una paura da morire to
    be scared to death
il **pavimento** floor
paziente patient
il / la **paziente** patient
la **pazienza** patience;
  avere pazienza to be patient
Peccato! Too bad!
il **pecorino** sheep milk cheese
il **pedalò** paddle boat
il **pedone** pedestrian
peggio *(adv.)* worse
peggiore *(adj.)* worse
la **pelle** skin; leather
il **pendolare** commuter
la **penisola** peninsula
la **penna** pen
pensare to think;
  pensare a to think about;
  pensare di *(+ inf.)* to plan, to
    intend (to do something);
  penso di sì I think so
il **pensiero** thought
il **pensionato** senior citizen

la **pensione** pension;
  boardinghouse;
  andare in pensione to retire
la **pentola** pot
il **pepe** pepper
per for;
  per *(+ inf.)* in order to;
  per caso by any chance
la **pera** pear
perché why; because
perdere *(p.p.* **perduto, perso)** to
  lose, to waste (time);
  perdersi* to get lost
perfetto perfect
il **pericolo** danger
pericoloso dangerous
la **periferia** outskirts, periphery
il **periodo** period (time)
Permesso? May I come in?
permettere *(p.p.* **permesso)** to
  allow
però but, however
la **persona** person
il **personaggio** character
la **personalità** personality
personale personal
pesante heavy
la **pesca** peach; fishing
pescare to fish
il **pesce** fish;
  pesce fritto fried fish
la **pesistica** weightlifting
il **peso** weight
il / la **pessimista** pessimist
pettinarsi* to comb one's hair
il **pettine** comb
il **pezzo** piece;
  un due pezzi a two-piece suit
il **piacere** *(m.)* pleasure;
  con piacere with pleasure,
    gladly;
  per piacere please;
  Piacere! Pleased to meet you!
piacere* *(p.p.* **piaciuto)** to like, to
  be pleasing
piacevole pleasant
il **pianeta** planet
il **piano** floor; plan
il **pianterreno** ground floor
il **piano(forte)** piano
la **pianta** plant; map (of a city)
la **pianura** plain
il **piatto** dish;
  primo piatto first course;
  secondo piatto second course
la **piazza** square
piccante spicy
piccolo little, small
il **piede** *(m.)* foot;

a piedi on foot
il **Piemonte** Piedmont
pieno (di) full (of);
  fare il pieno to fill up (with
    gasoline)
il **pigiama** pyjamas
pigro lazy
la **pioggia** rain
piovere to rain
la **piscina** swimming pool
i **piselli** peas
la **pista** track, ski run
il **pittore, la pittrice** painter
pittoresco picturesque
la **pittura** painting
più more;
  non più no longer;
  più o meno more or less;
  più... di more . . . than
piuttosto rather
la **plastica** plastic
la **platea** orchestra section
  (theater)
poco little, few;
  un po' di some; a little bit of
il **poema** poem
la **poesia** poetry; poem
il **poeta, la poetessa** poet
poi then, afterwards
poiché since
la **polenta** cornmeal mush
politico political
la **politica** politics
la **polizia** police
il **poliziotto, la poliziotta** police
  officer
il **pollo** chicken;
  pollo allo spiedo rotisserie
    chicken;
  pollo arrosto roast chicken
la **polpetta** meatball
la **poltrona** armchair; orchestra
  seat (theater)
il **pomeriggio** afternoon
il **pomodoro** tomato
il **pompelmo** grapefruit
il **ponte** bridge
popolare popular
popolato populated
la **popolazione** population
il **popolo** people, population
popoloso populated
la **porta** door
il **portabagagli** trunk of a car
il **portafoglio** wallet
portare to carry, to bring; to wear;
  to take
il **porto** port, harbor
le **posate** silverware

possibile possible;
   il meno possibile as little as possible
la possibilità possibility
il postino, la postina mail carrier
la posta post office; mail
la posta elettronica electronic mail
postale *(adj.)* post, mail;
   cassetta postale mailbox;
   codice postale zip code
il posto place, seat, position
potere to be able to, can, may;
   può darsi it could be
povero poor
Poverino! Poor thing!
pranzare to have dinner
il pranzo dinner;
   sala da pranzo dining room;
   l'ora del pranzo lunch (dinner) time
praticare to practice a sport
pratico practical
preciso precise
la preferenza preference
preferibile preferable
preferire (-isc-) to prefer
preferito favorite
il prefisso area code *(phone)*
pregare to pray; to beg
Prego! Please!, You're welcome!, Don't mention it!
il premio prize, award
prendere *(p.p.* **preso)** to take, to pick up;
   prendere il sole to sunbathe
   prendere in giro to tease, to make fun of someone
prenotare to reserve
la prenotazione reservation
preoccuparsi* (di) to worry (about)
preoccupato worried
la preoccupazione worry
preparare to prepare;
   prepararsi* to prepare oneself, to get ready
la preparazione preparation
prescrivere *(p.p.* **prescritto)** to prescribe
presentare to introduce;
   presentarsi* to introduce oneself
presente *(adj.)* present
il presidente, la presidentessa president
prestare to lend
la pressione pressure;
   la pressione del sangue blood pressure

presso in care of (c/o)
il prestito loan
presto early, fast, soon, quickly;
   il più presto possibile as soon as possible;
   (Fa') presto! Hurry up!;
   A presto! See you soon!
prevenire to prevent
la previsione forecast
prezioso precious
il prezzo price
prima *(adv.)* before, earlier, first;
   prima di *(prep.)* before;
   prima che *(conj.)* before
la primavera spring
primo first
principale main; leading
privato private
probabile probable
la probabilità probability
il problema *(pl.* **problemi)** problem
il produttore, la produttrice producer
la produzione production
la professione profession
il / la professionista professional man/woman
il professore, la professoressa professor, teacher
profondo deep
il profumo perfume, scent
progettare to plan
il progetto project, plan
il programma *(pl.* **programmi)** program; schedule
il programmatore, la programmatrice programmer
il progresso progress
proibire (-isc-) to prohibit
promettere *(p.p.* **promesso)** to promise
la promozione promotion
il pronome pronoun
pronto ready;
   Pronto! Hello! *(telephone)*
il pronto soccorso emergency room
a proposito by the way
la proposta proposal
il proprietario, la proprietaria owner
proprio *(adv.)* exactly, indeed
la prosa prose
il prosciutto cured Italian ham
prossimo next
il / la protagonista main character
proteggere *(p.p.* **protetto)** to protect

protestare to protest, to complain
provare to try, to try on
il proverbio proverb
la provincia province
la psicologia psychology
lo psicologo, la psicologa psychologist
pubblicare to publish
la pubblicità advertising
il pubblico public, audience; *(adj.)* public
il pugilato boxing
pulire (-isc-) to clean
pulito clean
il pullman tour bus
punire (-isc-) to punish
il punto point; period; dot
   punto di vista point of view;
   in punto on the dot
puntuale punctual
purché provided that (+ *sub.*)
pure by all means
purtroppo unfortunately

Q

il quaderno notebook
il quadro painting, picture
qualche some
qualcosa something;
   qualcos'altro something else
qualcuno someone
quale? which?; which one?
la qualifica qualification
la qualità quality
quando when;
   da quando? since when?
quanto how much;
   per quanto although;
   quanto tempo fa? how long ago?
il quarto quarter (of an hour)
quarto fourth
quasi almost
quello that
la questione question, issue, matter
questo this
qui here

R

la racchetta da tennis tennis racket
raccogliere *(p.p.* **raccolto)** to gather
raccomandare to warn
la raccomandazione recommendation
raccontare to tell, to relate
il racconto short story, tale

radersi* (*p.p.* **raso**) to shave
raffreddare to cool
il raffreddore cold (virus);
   prendere il raffreddore to catch
    a cold
il ragazzo, la ragazza boy, young
   man; girl, young woman;
   boyfriend, girlfriend
la ragione reason;
   avere ragione to be right
il ragioniere, la
   ragioniera accountant
rallentare to slow down
rapido (*adj.*) fast, quick;
   il rapido express train
il rapporto relation
rappresentare to represent; to
   stage (theater)
la rappresentazione
   performance (theater)
raramente rarely, seldom
raro rare
il re (*inv.*) king
reagire to react
il / la realista realist
la realtà reality
recente recent
recentemente recently
recitare to perform; to play (a part)
la recitazione recitation,
   performance
la referenza reference
regalare to give a present
il regalo gift, present
la regione region
il / la regista movie director
il registratore tape recorder
le relazioni
   internazionali international
   relations
rendersi* conto (*p.p.* **reso**) to
   realize
il reparto department (store)
la repubblica republic
repubblicano republican
il requisito requirement
respirare to breathe
responsabile responsible
la responsabilità responsibility
restare* to stay, to remain
restituire (-isc-) to return
   (something)
il resto change (money);
   remainder
la rete network
riassumere to summarize
il riassunto summary
la ricarica recharge for cellular
   phones

la ricchezza wealth
ricco (*pl.* **ricchi**) rich
la ricerca research
la ricetta recipe; prescription
ricevere to receive
la ricevuta receipt
il riciclaggio recycling
riciclabile recyclable
riciclare to recycle
riconoscente grateful
riconoscere to recognize
ricordare to remember;
   ricordarsi* to remember
il ricordo memory, souvenir
ridere (*p.p.* **riso**) to laugh
ridurre (*p.p.***ridotto**) to reduce
i rifiuti garbage
la riforma reform
il rifugio mountain hut
la riga (*pl.* **righe**) line
rilassarsi* to relax
rimanere (*p.p.* **rimasto**) to remain
il Rinascimento Renaissance
il ringraziamento thanks;
   il giorno del Ringraziamento
    Thanksgiving
ringraziare to thank
rinomato renowned
rinunciare (a) to renounce
riparare to repair, to fix
ripassare to review
ripetere to repeat
riposante relaxing
riposare to rest;
   riposarsi* to rest
riscaldare to warm
riservato reserved
il riso rice; laughter
il risotto creamy rice dish
risparmiare to save
il risparmio saving
rispettare to respect
rispondere (*p.p.* **risposto**) to
   answer, to reply
la risposta answer, reply
il ristorante restaurant
ristrutturare to restore, to remodel
il risultato result, outcome
il ritardo delay;
   in ritardo late
ritornare to return, to come back
il ritorno return
il ritratto picture, portrait
ritrovare to find again
la riunione reunion, meeting
riunirsi* (-isc-) to gather
riuscire* (a) to succeed (in)
la riva shore, river bank
rivedere (*p.p.* **rivisto**) to see again

la rivista magazine
la roba stuff
Roma Rome
romano Roman
romantico romantic
il romanzo novel;
   romanzo rosa (giallo, di
    fantascienza, di avventure)
    love story (mystery, science-
    fiction, adventure)
rompere (*p.p.* **rotto**) to break;
   rompersi* un braccio to break
    an arm
rosa (*inv.*) pink
la rosa rose
rosso red
la ruota wheel
rubare to steal
il rumore noise
il ruolo role
russo Russian

S

il sabato Saturday
la sabbia sand
il sacchetto bag
il sacco bag, sack;
   sacco a pelo sleeping bag;
   un sacco di a lot of
il saggio essay
la sala living room;
   la sala da pranzo dining room
il salario salary
i saldi sales
il sale salt
salire* to climb, to go up, to get on
il salmone salmon
il salone hall
il salotto living room
la salsa sauce
le salsicce sausages
il salto in alto high jump
la salumeria delicatessen
salutare to greet, to say good-bye;
   salutarsi* to greet each other
la salute health
il saluto greeting;
   saluti cordiali cordial regards;
   distinti saluti sincerely
salvare to save; to rescue
il salvataggio rescue
Salve! (*colloq.*) Hello!
i sandali sandals
sano healthy;
   sano come un pesce as healthy
    as a horse
sapere to know, to know how (to
   do something)

la saponetta   bar soap
la Sardegna   Sardinia
sbagliarsi*   to make a mistake
sbagliato   wrong, incorrect;
   è sbagliato   it is wrong
lo scaffale   shelf
la scala   ladder; staircase
scalare   to climb
scambiare/scambiarsi   to exchange
lo scambio   exchange
la scampagnata   picnic
lo scapolo   bachelor
scapolo   single (male)
scaricare   to download
la scarpa   shoe;
   scarpe da tennis   tennis shoes
gli scarponi da montagna   hiking
   boots
la scatola   box
scegliere   (p.p. scelto) to choose
la scelta   choice
la scena   scene
scendere*   (p.p. sceso) to descend,
   to come down; to get off
la scherma   fencing
scherzare   to joke
lo scherzo   joke
la schiena   back
gli sci   skis
lo sci   (inv.) ski;
   lo sci acquatico   water skiing;
   lo sci di discesa   downhill
      skiing;
   lo sci di fondo   cross-country
      skiing
sciare   to ski
lo sciatore, la sciatrice   skier
scientifico   scientific
la scienza   science;
   le scienze politiche   political
      science;
   le scienze naturali   natural
      sciences
lo scienziato   scientist
scioperare   to strike
lo sciopero   strike;
   fare sciopero   to go on strike
   lo sciroppo per la tosse   cough
      syrup
scolastico   scholastic
scolpire   to sculpt, to carve
la sconfitta   defeat
scontento   unhappy
lo sconto   discount;
   sconto del venti per
      cento   twenty-percent
      discount
lo scontrino fiscale   receipt
la scoperta   discovery

scoprire   (p.p. scoperto) to discover
scorso   last;
   il mese scorso   last month
scottarsi*   to burn
lo scrittore, la scrittrice   writer
la scrivania   desk
scrivere   (p.p. scritto) to write;
   scrivere a macchina   to type
lo scultore, la scultrice   sculptor
la scultura   sculpture
la scuola   school;
   scuola elementare   elementary
      school;
   scuola media   junior high
      school
la scusa   excuse
scusarsi*   to apologize;
   Scusa! (fam. s.); Scusi!
      (form. s.) Excuse me!
se   if;
   anche se   even if
sebbene   although
secco   dry
il secolo   century
secondo   according to; (adj.) second
sedersi*   to sit down
la sedia   chair;
   sedia a sdraio   beach chair
il segnale   sign;
   il segnale stradale   street sign
segnare   to score (sports)
il segretario, la segretaria
   secretary
la segreteria telefonica   answering
   machine
il segreto   secret
seguente   following
seguire   to follow, to take (a course)
il semaforo   traffic light
sembrare   to seem
il semestre   semester
semplice   simple
sempre   always
il sentiero   trail
sentimentale   sentimental
il sentimento   feeling
sentire   to hear, to feel, to smell;
   sentirsi* bene (male)   to feel
      well (sick)
   sentir dire   to hear say
senza   (prep.) without;
   senza che   (conj.) without
i senzatetto   homeless people
separare   to divide;
   separarsi*   to separate, to part
la separazione   separation
la sera   evening;
   la (di) sera   in the evening
la serata   evening (duration)

il serbatoio   gas tank
sereno   clear (weather)
servire   to serve
il servizio   service;
   i doppi servizi   two baths
il sesso   sex
la seta   silk
la sete   thirst;
   avere sete   to be thirsty
settembre   September
settentrionale   northern
la settimana   week;
   fra una settimana   in a week
severo   strict
la sfilata   fashion show
la sfortuna   bad luck
sfortunato   unfortunate
lo shampoo   shampoo
sì   yes
sia... che   both . . . and
siccome   since, because
Sicilia   Sicily
siciliano   Sicilian
sicuro   sure; safe
la siesta   siesta, nap;
   fare la siesta   to take a nap
la sigaretta   cigarette
significare   to mean
il significato   meaning
la signora   lady, Mrs., ma'am
il signore   gentleman, Mr., sir
la signorina   young lady, miss
il silenzio   silence
la sillaba   syllable
il simbolo   symbol
simile   similar
simpatico   nice, likeable
la sinfonia   symphony
la sinistra   left;
   a sinistra   to the left
il sintomo   symptom
il sistema   (pl. sistemi) system
il sito web   website
situato   situated, located
la situazione   situation
smettere di   (p.p. smesso) to stop
l'sms   (m.) text message
snello   slim, slender
la società   society, company
socievole   sociable
la sociologia   sociology
soddisfatto   satisfied
soffrire   (p.p. sofferto) to suffer
soggiornare   to stay (in a hotel)
il soggiorno (la sala)   living room;
   stay, sojourn
la sogliola   sole (fish)
sognare   to dream
il sogno   dream

solamente   only

i soldi   money;
   un sacco di soldi   a lot of money

il sole   sun;
   c'è il sole   it is sunny;
   prendere il sole   to sunbathe

solito   usual;
   al solito   as usual;
   del solito   than usual;
   di solito   usually, generally

la solitudine   loneliness

solo   *(adj.)* alone; *(adv.)* only;
   da solo   by oneself

soltanto   only

la somma   sum, total; addition

il sonno   sleep;
   avere sonno   to be sleepy

sopra   above, on top of

il / la soprano   soprano

soprattutto   above all

la sorella   sister

sorgere   *(p.p.* **sorto***)* to rise

sorpassare   to pass

sorprendere   *(p.p.* **sorpreso***)* to surprise

la sorpresa   surprise

sorpreso   surprised

sorridere   *(p.p.* **sorriso***)* to smile

sotto   under, below

sottolineare   to underline

spagnolo   Spanish

la spalla   shoulder

lo spazio   space

spazioso   spacious

la spazzatura   garbage

la spazzola   brush

lo spazzolino da denti   toothbrush

lo specchio   mirror

speciale   special

lo / la specialista   specialist

specializzarsi* (in)   to specialize (in)

la specializzazione   major (studies)

specialmente   especially

spedire (-isc-)   to send; to mail

spegnere   *(p.p.* **spento***)* to turn off

spendere   *(p.p.* **speso***)* to spend

sperare   to hope

la spesa   expense;
   fare la spesa   to go (grocery) shopping

spesso   often

spettacolare   spectacular

lo spettacolo   show, performance; sight

lo spettatore, la spettatrice   spectator

la spiaggia   beach

spiegare   to explain

la spiegazione   explanation

la spilla   brooch

gli spinaci   spinach

sporco   dirty

lo sportello   (teller) window

sportivo   athletic, sporty

sposare   to marry;
   sposarsi*   to get married

sposato(a)   married

lo sposo, la sposa   groom, bride;
   gli sposi   newlyweds
   sprecare   to waste

la spremuta di frutta   fruit smoothie

lo spumante   sparkling wine

lo spuntino   snack

la squadra   team

squisito   exquisite, delicious

lo stadio   stadium

la stagione   season;
   alta/bassa stagione   high/low season
   di mezza stagione   in between seasons

stamattina   this morning

la stampa   press, printing

la stampante   printer

stampare   to print

stancare   to tire;
   stancarsi*   to get tired

stanco   tired;
   stanco morto   dead tired

la stanza   room

stare*   to stay;
   stare attento   to be careful;
   stare bene   to be well, to feel well;
   stare a dieta   to be on a diet;
   stare male   to feel ill;
   stare per   to be about to;
   stare zitto   to be quiet

stasera   this evening, tonight

statale   of the state

lo stato   state

la statua   statue

la stazione   station

la stella   star

stesso   same;
   lo stesso   the same

lo stile   style

lo / la stilista   designer

lo stipendio   salary

lo stivale   boot

la stoffa   fabric

lo stomaco   stomach

la storia   history; story

storico   historical

la strada   street, road

stradale   of the street or highway

straniero   *(adj.)* foreign

lo straniero, la straniera   foreigner

strano   strange

stressato   stressed

stretto   narrow, tight

lo strumento   instrument;
   strumento musicale   musical instrument

lo studente, la studentessa   student

studiare   to study

lo studio   study; study room

studioso   studious

stupendo   magnificent, splendid

stupido   stupid

su   above, on top of;
   Su!   Come on!

subito   immediately

succedere   *(p.p.* **successo***)* to happen;
   Cos'è successo?   What happened?

il successo   success

il succo   juice;
   succo d'arancia   orange juice

il sud   south

il suffisso   suffix

il suggerimento   suggestion

suggerire (-isc-)   to suggest

il suocero, la suocera   father-in-law, mother-in-law

suonare   to play an instrument, to ring

il suono   sound

superare   to exceed (speed); to overcome

la superficie   area

superiore   superior

il supermercato   supermarket

surgelato   frozen

lo svantaggio   disadvantage

la sveglia   alarm clock

svegliarsi*   to wake up

la svendita   sale;
   in svendita   on sale

lo sviluppo   development

la Svizzera   Switzerland

svizzero   Swiss

T

la taglia   size

tagliare   to cut;
   tagliarsi*   to cut oneself

le tagliatelle   pasta cut into thin strips

il talento   talent

tanto   much, so much;
   Così tanto!   That much!;
   tanto... quanto   as much as

il **tappeto** rug
tardi late;
  è tardi it is late
la **tasca** pocket
la **tassa** tax;
  tassa universitaria tuition
il **tassì** (*inv.*) taxi, cab
il **tassista** cab driver
la **tavola, il tavolo** table;
  A tavola! Dinner's ready!;
  tavola calda snack bar;
  il **tavolino** end table
la **tazza** cup
il **tè** tea
teatrale theatrical, of the theater
il **teatro** theater
tedesco (*pl.* **tedeschi**) German
la **telecamera** TV camera
il **telecomando** remote control
il / la **telecronista** newscaster
il **telefilm** TV movie
telefonare to phone
la **telefonata** phone call;
  telefonata interurbana long-distance phone call;
  telefonata a carico del destinatario collect phone call
il **telefono** telephone;
  telefono cellulare (telefonino) cellular phone
il **telegiornale** TV news
il **teleromanzo** soap opera
il **telespettatore, la telespettatrice** TV viewer
la **televisione** television;
  alla televisione on TV
televisivo pertaining to television
il **televisore** TV set
il **tema** (*pl.* **temi**) theme, composition
temere to fear
la **temperatura** temperature
il **tempio** (*pl.* **Templi**) temple
il **tempo** time; weather;
  a tempo pieno full-time;
  a tempo ridotto part-time;
  Che tempaccio! What bad weather!
  Che tempo fa? What is the weather like?
la **tenda** tent;
  montare la tenda to pitch the tent
le **tende** curtains
tenere to keep, to hold
il **tenore** tenor (singer);
  il **tenore di vita** way of life; standard of living
terminare to finish, to end

il **termometro** thermometer
la **terra** earth, ground, land;
  per terra on the floor, on the ground
il **terremoto** earthquake
terribile terrible
il **territorio** territory
la **tesi di laurea** doctoral dissertation
il **tesoro** treasure;
  tesoro! (*affect.*) honey, sweetheart
la **tessera** membership card
la **tessera sanitaria** medical card
la **testa** head
il **tetto** roof
il **Tevere** Tiber river
il **tifo** (sports) enthusiasm;
  fare il tifo per to be a fan of
tifoso fan
timido timid, shy
tipico typical
il **tiramisù** tiramisù (Italian dessert)
tirare to pull;
  tirare vento to be windy
il **titolo** title;
  il **titolo di studio** college degree
la **tivù** (*colloq.*) television
il **topo** mouse;
  Topolino Mickey Mouse
Torino Turin
tornare to return;
  Ben tornato! Welcome back!
la **torre** tower
la **torta** cake; pie
torto wrong;
  avere torto to be wrong
toscano Tuscan
la **tosse** cough
il **tostapane** toaster
il **totale** total
il **Totocalcio** soccer lottery;
la **tovaglia** tablecloth
il **tovagliolo** napkin
tra (*or* **fra**) between, among;
  tra un'ora in one hour
tradizionale traditional
la **tradizione** tradition
tradurre (*p.p.* **tradotto**) to translate
la **traduzione** translation
il **traffico** traffic
la **tragedia** tragedy
il **tram** streetcar
la **trama** plot
tramontare to set (sun, moon)
il **tramonto** sunset
tranquillo quiet
traslocare to move (to another place)

il **trasloco** moving
la **trasmissione** transmission, broadcasting
il **trasporto** transportation
trattare to treat; to deal with;
  trattarsi* to have to do with;
  si tratta di it has to do with
la **trattoria** restaurant
il **treno** train;
  perdere il treno to miss the train
il **trimestre** quarter (academic year)
triste sad
il **trofeo** trophy
la **tromba** trumpet
troppo too much
la **trota** trout
trovare to find;
  trovarsi* to find oneself; to be situated
  truccarsi* to put on makeup
il / la **turista** tourist
turistico pertaining to tourism;
  la **classe turistica** economy class
il **turno** turn
la **tuta** overall;
  la **tuta da ginnastica** sweatsuit
tutti, tutte everybody, all;
  tutti e due both
tutto (*adj.*) all, every; the whole;
  tutto (*pron.*) everything;
  tutti (*pron.*) everybody, all
tutto il giorno the whole day

U

ubbidire (**-isc-**) to obey
ubriaco drunk
Uffa! Oof!
l'**ufficio** office;
  l'**ufficio postale** post office
uguale equal
ultimo last
umido humid
l'**umore** (*m.*) humor, mood;
  essere di buon (cattivo) umore to be in a good (bad) mood
unico unique;
  figlio unico only child
l'**unificazione** (*f.*) unification
l'**unione** (*f.*) union
unire (**-isc-**) to unite
unito united
uno one (number);
  un, uno, una (*art.*) a, an
l'**università** university

universitario *(adj.)* university-related

l'uomo *(pl.* **gli uomini***)* man

l'uovo *(pl.* **le uova***)* egg;
    le uova strapazzate scrambled eggs

usare to use, to take

usato used, secondhand

uscire* to go (come) out

l'uscita exit

l'uso use

utile useful

l'uva grapes

V

la vacanza vacation, holiday

la valigia *(pl.* **valigie** *or* **valige***)* suitcase;
    fare le valigie to pack

la valle valley

la valuta currency

il vantaggio advantage

vantaggioso advantageous

il vaporetto waterbus (in Venice)

la varietà variety

vario varied

la vasca (da bagno) (bath)tub

il vaso vase

vecchio old

vedere *(p.p.* **visto, veduto***)* to see

il vedovo, la vedova widower, widow

vegetariano vegetarian

la vela sailing (sport);
    barca a vela sailboat;
    fare della vela to sail

veloce fast

la velocità speed;
    limite di velocità speed limit

vendere to sell

la vendita sale;
    in vendita for sale

il venerdì Friday

Venezia Venice

veneziano Venetian

venire* *(p.p.* **venuto***)* to come

il vento wind;
    tira vento it is windy

veramente truly; really, actually

il verbo verb

verde green;

essere al verde to be broke

la verdura vegetables

la vergogna shame;
    Che vergogna! What a shame!

la verità truth

vero true;
    È vero! That's right!

versare to pour

il verso line (of poetry);
    verso *(prep.)* toward

vestirsi* to get dressed

il vestito dress; suit

i vestiti clothes

il veterinario veterinarian

la vetrina shop window, display window

il vetro glass

via *(adv.)* away, off

la via street, way

viaggiare to travel

il viaggiatore, la viaggiatrice traveler

il viaggio trip, voyage;
    viaggio d'affari (di piacere) business (pleasure) trip;
    viaggio di nozze honeymoon;
    Buon viaggio! Have a nice trip!

la vicinanza vicinity

vicino *(adv.)* close, nearby;
    vicino a *(prep.)* near

il vicino, la vicina neighbor

il videogioco video game

il videoregistratore videorecorder

vietato (entrare, fumare, ecc.) prohibited (entrance, smoking, etc.)

la vigna vineyard

la vignetta drawing, cartoon

il villaggio village

il villeggiante vacationer

la villeggiatura summer vacation

vincere *(p.p.* **vinto***)* to win

il vino wine

viola *(inv.)* purple

il violino violin

il violoncello cello

la visita visit

visitare to visit; to examine

la vista view

la vita life

la vitamina vitamin

il vitello veal;
    arrosto di vitello roast veal

la vittoria victory

Viva! Hurrah!

vivere *(p.p.* **vissuto***)* to live

vivo alive, living

il vocabolario vocabulary; dictionary

la vocale vowel

la voce voice;
    ad alta (bassa) voce in a loud (low) voice

la voglia desire;
    avere voglia di to feel like

il volante steering wheel

volentieri gladly; willingly

volere to want;
    voler dire to mean;
    voler bene to love;
    volersi bene* to love each other;
    ci vuole, ci vogliono it takes

il volo flight

la volontà will, willingness

la volta time;
    una volta once;
    (c'era) una volta once upon a time;
    due volte twice;
    qualche volta sometimes;
    ogni volta every time

vomitare to throw up

le vongole clams

votare to vote

il voto grade; vote;
    un bel (brutto) voto a good (bad) grade

il vulcano volcano

vuoto empty; vacant

Z

lo zaino backpack

lo zero zero

lo zio, la zia uncle, aunt

zitto silent;
    sta' zitto! be quiet!

la zona zone, area

lo zoo zoo

lo zucchero sugar

la zuppa di verdure vegetable soup

A

to be able to potere
about circa, di
above sopra, su;
   above all soprattutto
abroad all'estero
absent assente
abstract astratto
abundant abbondante
academic accademico
to accept accettare
accident l'incidente (*m.*)
to accompany accompagnare
according to secondo
accountant il ragioniere,
   la ragioniera
act l'atto;
   to act (a role) recitare
activity l'attività
actor l'attore
actress l'attrice
ad l'annuncio pubblicitario
address l'indirizzo
to admire ammirare
to admit ammettere (*p.p.* ammesso)
adult l'adulto, l'adulta
advance l'anticipo;
   in advance in anticipo
advantage il vantaggio
advantageous vantaggioso
adventure l'avventura
advertising la pubblicità
advice il consiglio
to advise consigliare
affection l'affetto
affectionate affezionato
to be afraid avere paura
African africano
after dopo
afternoon il pomeriggio
afterward poi
again ancora
against contro
age l'età
agritourism l'agriturismo
ago fa;
   How long ago? Quanto
     tempo fa?
to agree essere* d'accordo
air l'aria
air conditioning l'aria condizionata
airline la linea aerea
airplane l'aereo, l'aeroplano
alarm clock la sveglia
alive vivo
all tutto
allergy l'allergia
to allow permettere
   (*p.p.* permesso), lasciare

almost quasi
alone solo (*adj.; adv.*)
along lungo;
   to get along andare d'accordo
already già
also anche
although benché (+ *subj.*)
always sempre
amateur dilettante
American americano
among fra (*or* tra)
amusement il divertimento, lo svago
amusing divertente
ancient antico
and e
animal l'animale (*m.*)
anniversary l'anniversario
to announce annunciare
announcer l'annunciatore,
   l'annunciatrice
annoyed seccato
anonymous anonimo
another un altro
answer la risposta
to answer rispondere (*p.p.* risposto)
antique antico
anyway ad ogni modo
apartment l'appartamento;
   studio apartment il monolocale
to apologize scusarsi*
to appear apparire* (*p.p.* apparso)
to applaud applaudire
applause l'applauso
apple la mela
to apply fare domanda
appointment l'appuntamento
to appreciate apprezzare
to approach avvicinarsi*
April aprile
arcade la galleria
architect l'architetto
architecture l'architettura
architectural architettonico
area la superficie;
   area code il prefisso
to argue litigare
arm il braccio (*pl.* le braccia)
armchair la poltrona
around intorno (a), verso
arrival l'arrivo
to arrive arrivare*
art l'arte (*f.*)
artichoke il carciofo
article l'articolo
artistic artistico
as come;
   as soon as appena
to ask domandare, chiedere (*p.p.* chiesto)
asleep addormentato;
   to fall asleep addormentarsi*

at a, in, da (at the house of);
@ chiocciola
   at least almeno
athlete l'atleta (*m.* or *f.*)
athletic sportivo
to attend assistere;
   to attend a course seguire,
     frequentare
attention l'attenzione (*f.*)
to attract attirare
attractive attraente
audience il pubblico
August agosto
aunt la zia
author l'autore, l'autrice
autobiography l'autobiografia
automobile l'automobile (*f.*)
autumn l'autunno
available libero, disponibile
away via

B

backpack lo zaino
bad cattivo;
   Too bad! Peccato!
bag la borsa; il sacchetto;
   handbag la borsetta;
   sleeping bag il sacco a pelo
balcony il balcone, la galleria
ball la palla; il pallone (**soccer**)
ballet il balletto
bank la banca
bartender il barista
basketball la pallacanestro (*f.*)
bath il bagno;
   to take a bath fare il bagno;
   bathroom la stanza da bagno;
   bathtub la vasca da bagno
to be essere* (*p.p.* stato);
   to be able to potere;
   to be acquainted with conoscere;
   to be bad for fare male a;
   to be born nascere;
   to be broke essere al verde;
   to be called (named) chiamarsi*;
   to be careful stare* attento;
   to be on a diet essere* a dieta;
   to be distant distare;
   to be a doctor (a lawyer, etc.)
     fare il dottore (l'avvocato, ecc.);
   to be enough bastare;
   to be a fan (of) fare il tifo (per);
   to be in a hurry avere fretta;
   to be necessary bisognare;
   to be . . . years old (afraid, cold, hot,
     hungry, thirsty, right, wrong,
     sleepy) avere... anni (paura,
     freddo, caldo, fame, sete, ragione,
     torto, sonno)

beach la spiaggia;
    beach chair la sedia a sdraio
beard la barba
beautiful bello
beauty la bellezza
because perché;
    because of a causa di
to become diventare*;
    to become ill ammalarsi*
bedroom la camera da letto
beer la birra
before (prep.) davanti a; prima di
    (conj)., prima che (+ subj.)
to begin (in)cominciare
beginning l'inizio
behind dietro
to believe credere (a)
bell tower il campanile
to belong appartenere
below sotto
beneficial benefico
besides inoltre
between tra (or fra)
bicycle la bicicletta
big grande;
    bigger maggiore
bill il conto
billion il miliardo
biology la biologia
birth la nascita
birthday il compleanno;
    Happy Birthday! Buon
      compleanno!
bitter amaro
black nero
blackboard la lavagna
blond biondo
blouse la camicetta
blue azzurro
boat la barca
paddle boat il pedalò
sail boat la barca a vela
body il corpo
bold calvo
bone l'osso (pl. le ossa)
book il libro
book cover la copertina
bookstore la libreria
boot lo stivale
to border confinare
bored: to get bored annoiarsi*
boredom la noia
boring noioso
born: to be born nascere*
    (p.p. nato)
boss il capoufficio
to bother dare fastidio
bottle la bottiglia
bouquet il mazzo (di fiori)
boy, boyfriend il ragazzo
box la scatola
boxing il pugilato
bracelet il braccialetto
bread il pane;
    breadsticks i grissini

to break rompere (p.p. rotto);
    rompersi*
breakfast la colazione;
    to have breakfast fare colazione
bright luminoso
brilliant brillante
to bring portare
broke: to be broke essere
    al verde
brooch la spilla
brother il fratello;
    brother-in-law il cognato
brown castano, marrone
brush la spazzola
to build costruire (-isc-)
building l'edificio; il palazzo
bulletin board la bacheca
to burn bruciare, scottarsi*
bus l'autobus (m.);
    bus stop la fermata dell'autobus
business l'affare (m.)
busy occupato
but ma, però
butter il burro
to buy comprare
by da

C

cab il tassì (inv.)
cafeteria la mensa
cake la torta
calculator la calcolatrice
calculus il calcolo (math.)
calendar il calendario
to call chiamare;
    to be called chiamarsi*
calm calmo
camera la macchina fotografica
camping il campeggio;
    to go camping fare il
      campeggio
can (to be able) potere
can la lattina
to cancel cancellare, annullare
candidate il candidato
candies le caramelle
capital la capitale
caretaker il/la badante
car l'auto(mobile) (f.), la macchina;
    car racing l'automobilismo
carbonated frizzante
careful attento;
    to be careful stare attento
carpet il tappeto
to carry portare
car (train) la carrozza
    pay cash pagare in contanti
cashier il cassiere, la cassiera
castle il castello
cat il gatto
cathedral il duomo
cause la causa
to celebrate festeggiare

cellar la cantina
central centrale
century il secolo
certain certo
chain la catena
chair la sedia
chalk il gesso
challenging impegnativo
champion il campione, la campionessa
change il cambiamento; la moneta
to change cambiare;
    to change one's clothes cambiarsi*;
    to change one's mind cambiare
      idea
channel il canale
chapel la cappella;
    Sistine Chapel la Cappella Sistina
chapter il capitolo
character il personaggio
charity la beneficenza
cheap economico
check il conto; l'assegno
to check controllare
cheerful allegro
cheese il formaggio
sheep milk cheese il pecorino
chemistry la chimica
chicken il pollo
child il bambino, la bambina; (pl.) i
    bambini, i figli;
    only child il figlio unico, la figlia
      unica;
    grandchild il/la nipote;
    as a child da bambino
Chinese cinese
chocolate il cioccolato;
    chocolate candy il cioccolatino
choice la scelta
to choose scegliere (p.p. scelto)
Christmas il Natale
church la chiesa
cigarette la sigaretta
citizenship la cittadinanza
city la città
civilization la civiltà, la civilizzazione
clams le vongole
class la classe, la lezione
classmate il compagno, la compagna
    di classe
clean pulito
to clean pulire (-isc-)
clear sereno
clerk l'impiegato, l'impiegata
to click cliccare
client il/la cliente
climate il clima
to climb salire, scalare (una montagna)
clock l'orologio;
    alarm clock la sveglia
to close chiudere (p.p. chiuso)
clothes i vestiti
clothing l'abbigliamento
cloudy nuvoloso
clown il pagliaccio
coach l'allenatore, l'allenatrice

to coach allenare
coast la costa
coat la giacca;
    winter coat il cappotto
coffee, coffee shop il caffè
cold freddo;
    to be cold avere freddo;
    it is cold fa freddo;
    to catch a cold prendere il
      raffreddore
colleague il/la collega
comb il pettine
to comb one's hair pettinarsi*
to come venire* (*p.p.* venuto);
    to come back ritornare;
    to come down discendere* (*p.p.*
      disceso);
    to come in entrare;
    Come on! Dai!
comedian il comico
comedy la commedia
comfort la comodità
comfortable comodo; confortevole
comic comico
comment il commento
common comune
commuter il pendolare
company compagnia, ditta, azienda
to compare paragonare
competition la competizione,
    la gara
to complain lamentarsi* (di)
completely completamente
complicated complicato
to compose comporre
    (*p.p.* composto)
composer il compositore, la
    compositrice
compulsory obbligatorio
computer science l'informatica
computer mouse il mouse
concert il concerto
conclusion la conclusione
condition la condizione
to confirm confermare
confusion la confusione
Congratulations! Congratulazioni!
congressman, congresswoman il
    deputato, la deputata
connection (train, plane) la
    coincidenza
to consider considerare;
    to consider oneself
      considerarsi*
consideration la considerazione
to consist (of) consistere (di)
    construction worker il muratore
consultant il/la consulente
continent il continente
continually continuamente
to continue continuare
contract il contratto
contrary il contrario;
    on the contrary anzi
to control controllare

conversation la conversazione
cook il cuoco, la cuoca
to cook cucinare
cooking la cucina
cookie il biscotto
cool fresco
to cool off raffreddare
cordial cordiale
corner l'angolo
to correct correggere (*p.p.* corretto)
cornmeal mush la polenta
cost il costo
to cost costare
costume il costume
cotton il cotone
couch il divano
cough la tosse
    cough syrup lo sciroppo per la
      tosse
to count contare
country il paese; la patria;
    countryside la campagna
couple la coppia
courage il coraggio
courageous coraggioso
course il corso, la classe
cousin il cugino, la cugina
covered coperto
crazy pazzo, matto;
    to go crazy impazzire*
cream la crema
crisis la crisi
critic il critico (*m. or f.*)
to criticize criticare
to cross attraversare
crowded affollato
cruise la crociera
cup la tazza
to cure guarire
curious curioso
currency la valuta
curtain la tenda; il sipario
customer il/la cliente
customs la dogana
to cut tagliare;
    to cut oneself tagliarsi*
cute carino

D

dad il papà
to damage rovinare
damaging dannoso
to dance ballare
danger il pericolo
dangerous pericoloso
dark buio;
    dark-haired bruno
date la data; l'appuntamento
daughter la figlia;
    daughter-in-law la nuora
day il giorno, la giornata;
    the next day il giorno dopo
dear caro

debt il debito
December dicembre
to decide decidere (*p.p.* deciso)
decision la decisione
to declare dichiarare
deep profondo
defeat la sconfitta
to define definire (-isc-)
degree il titolo di studio
to delete cancellare
delicatessen la salumeria
delicious delizioso, squisito
to deliver consegnare
delivery la consegna
deluxe di lusso
deodorant il deodorante
democracy la democrazia
dentist il/la dentista
departure la partenza
to depend dipendere*;
    it depends (on) dipende (da)
depressing deprimente
to descend (di)scendere*
    (*p.p.* disceso)
to describe descrivere
    (*p.p.* descritto)
description la descrizione
designer lo/la stilista
desk la scrivania
dessert il dolce
to detest detestare
development lo sviluppo
to dial formare il numero
dialect il dialetto
dialogue il dialogo
diamond il brillante, il diamante
diary il diario
dictionary il vocabolario
to die morire* (*p.p.* morto)
diet la dieta;
    to be on a diet stare a dieta, essere
      a dieta
dietician il dietologo, la dietologa
difference la differenza
different differente
difficult difficile
difficulty la difficoltà
digit la cifra
dinner la cena, il pranzo;
    dining room sala da pranzo;
    to have dinner cenare, pranzare
direction l'indicazione (*f.*)
director il direttore, la direttrice
disadvantage lo svantaggio
disappointment la delusione
discovery la scoperta
to discuss discutere (*p.p.* discusso)
discussion la discussione
disease la malattia
dish il piatto
dishonest disonesto
dishwasher la lavastoviglie
distance la distanza
distant distante;
    to be distant distare

district il quartiere
to divide dividere (*p.p.* diviso)
divorced divorziato
to do fare (*p.p.* fatto)
doctor il dottore, la dottoressa; il medico
document il documento
documentary il documentario
dog il cane
dollar il dollaro
dome la cupola
door la porta
dot punto
doubt il dubbio
to doubt dubitare
to download scaricare
downtown il centro; in centro
dozen la dozzina
draperies le tende
to draw disegnare
drawing il disegno
dream il sogno
to dream sognare
dress l'abito, il vestito;
   to get dressed vestirsi*
to dress vestire
drink la bevanda
to drink bere (*p.p.* bevuto)
drinking water l'acqua potabile
to drive guidare
driver l'automobilista (*m. or f.*)
driving la guida
drunk ubriaco
dry secco
to dry asciugare;
   to dry oneself asciugarsi*
during durante
duty il dovere
to dub doppiare
dubbing il doppiaggio
DVD il DVD
DVD player il lettore DVD

E

each ogni
ear l'orecchio (*pl.* le orecchie);
   earache mal d'orecchio
earrings gli orecchini
early presto
to earn guadagnare
earth la terra
Easter la Pasqua
eastern orientale
easy facile
to eat mangiare
eating habits l'alimentazione
ecological ecologico
economy l'economia
to educate istruire (-isc-)
education l'istruzione (*f.*)
egg l'uovo (*pl.* le uova)
either . . . or o... o
election l'elezione (*f.*)
electric car l'automobile elettrica

electricity l'elettricità
electronic mail la posta elettronica
elegant elegante
elementary elementare
elevator l'ascensore
to eliminate eliminare
to embrace abbracciare
emergency room il pronto soccorso
emotion l'emozione (*f.*)
employee l'impiegato, l'impiegata
employer il datore di lavoro
employment l'impiego;
   employment agency l'agenzia di collocamento
empty vuoto
to encourage incoraggiare
end la fine
to end finire (-isc-)
energy l'energia
nuclear energy energia nucleare
solar energy energia solare
engagement il fidanzamento
engineer l'ingegnere (*m.*)
engineering l'ingegneria
England l'Inghilterra
English inglese
to enjoy godere;
   to enjoy oneself divertirsi*;
   Enjoy your meal! Buon appetito!
enough abbastanza;
   to be enough bastare
to enroll iscriversi* (*p.p.* iscritto)
to enter entrare* (in)
entertaining divertente
enthusiastic entusiasta
entire intero
entitled intitolato
equal uguale
equality l'uguaglianza, la parità
error l'errore (*m.*)
especially specialmente
espresso machine la macchina per l'espresso
ethnic etnico
euro l'euro (*inv.*) (Italian currency)
Europe l'Europa
even perfino;
   not even neanche, nemmeno
evening la sera, la serata;
   Good evening! Buona sera!;
   this evening stasera
event l'avvenimento
every ogni (*inv.*);
   everybody ognuno;
   everyone ognuno
exact esatto
exactly esattamente
exam l'esame (*m.*);
   to take an exam dare un esame
example l'esempio;
   for example ad esempio, per esempio
to exceed superare
executive il dirigente, la dirigente

excellent eccellente, ottimo
except eccetto
exception l'eccezione (*f.*)
to exchange (money) cambiare
excursion l'escursione (*f.*)
excuse la scusa;
   Excuse me! Scusi! Scusa!
exercise l'esercizio
exhibition la mostra
to exist esistere* (*p.p.* esistito)
expense la spesa
expensive caro, costoso
experience l'esperienza
experienced esperto
experiment l'esperimento
expert esperto
to explain spiegare
explanation la spiegazione
to express esprimere (*p.p.* espresso)
expression l'espressione (*f.*)
eye l'occhio
eye doctor l'oculista (*m. or f.*)
eyeglasses gli occhiali (*pl.*)

F

fable la favola
face la faccia
fact il fatto;
   in fact infatti
factory la fabbrica
fair giusto
faithful fedele
fall l'autunno
to fall cadere*
familiar familiare
family la famiglia
family tree l'albero genealogico
famous famoso
fan tifoso;
   to be a fan (of) fare il tifo (per)
fantastic fantastico
far (from) lontano (da)
farmer il contadino, la contadina
fascinating affascinante, avvincente
fashion la moda
fashionable di moda, alla moda
fast rapido, veloce
fat grasso
father il padre;
   father-in-law il suocero;
   grandfather il nonno
favor il favore
favorable favorevole
fear la paura, il timore
to fear temere
February febbraio
to feel sentire, sentirsi*;
   to feel like avere voglia di
feeling il sentimento
feminine femminile
fencing la scherma
festivity la festa
fever la febbre

few   pochi(e);
   a few   alcuni(e)
fiancé, fiancée   il fidanzato, la fidanzata
field   il campo
to fill   riempire;
   to fill it up (with gas)   fare il pieno
final   definitivo
finally   finalmente
to find   trovare
fine   la multa
finger   il dito (*pl.* le dita)
to finish   finire (-isc-)
fire   il fuoco;
   fireplace   il caminetto
to fire   licenziare
firm   la ditta
first   (*adj.*) primo, (*adv.*) prima
fish   il pesce;
   fried fish   pesce fritto
to fish   pescare
to fit   andare bene
flag   la bandiera
flight   il volo;
   flight attendant   (*m. & f.*) l'assistente
     di volo
floor   il pavimento; il piano
Florence   Firenze
flour   la farina
flower   il fiore
flu   l'influenza
flute   il flauto
fog   la nebbia
to follow   seguire
following   seguente
fond (of)   appassionato (di)
food   il cibo
foot   il piede;
   on foot   a piedi
for   per
to forbid   proibire (-isc-)
foreign   straniero
foreigner   lo straniero, la straniera
to forget   dimenticare
fork   la forchetta
fortune teller   l'indovino, l'indovina
fountain   la fontana
free   libero, gratuito
freeway   l'autostrada
freezer   il congelatore
French   francese
fresco   l'affresco
Friday   il venerdì
fried   fritto
friend   l'amico, l'amica
friendship   l'amicizia
from   da, di
frozen   surgelato
fruit   la frutta;
   piece of fruit   il frutto;
   fruit juice   la spremuta di frutta
full   pieno
fun   il divertimento;
   to have fun   divertirsi*
to function   funzionare
furious   furioso

furnishing   l'arredamento
furniture   i mobili (*pl.*);
   piece of furniture   un mobile

G

to gain   guadagnare;
   to gain weight   ingrassare
gallery   la galleria;
   art gallery   la galleria d'arte
game   il gioco, la partita
garbage   i rifiuti, la spazzatura
garden   il giardino
garlic   l'aglio
gasoline   la benzina
gas station   il distributore di benzina
gas tank   il serbatoio
to gather   riunirsi* (-isc-)
gender   il genere
general   generale
generally   in genere
generous   generoso
genius   il genio
gentleman   il signore
geography   la geografia
German   tedesco
Germany   la Germania
to get   prendere;
   to get along   andare d'accordo;
   to get bored   annoiarsi*;
   to get engaged   fidanzarsi*;
   to get lost   perdersi*;
   to get mad   arrabbiarsi*;
   to get married   sposarsi*;
   to get near   avvicinarsi* (a);
   to get sick   ammalarsi*;
   to get tired   stancarsi*;
   to get up   alzarsi*;
   to get used to   abituarsi* (a)
gift   il regalo
girl   la ragazza;
   little girl   la bambina;
   girlfriend   la ragazza
to give   dare;
   to give back   restituire (-isc-);
   to give a present   regalare;
   to give a ride   dare un
     passaggio
glad   contento
glass   il bicchiere
glasses   gli occhiali;
   sunglasses   occhiali da sole
gloves   i guanti (*pl.*)
to go   andare*;
   to go back   ritornare*;
   to go camping   fare il
     campeggio;
   to go down   scendere*;
   to go in   entrare*;
   to go near   avvicinarsi*;
   to go out   uscire*;
   to go shopping   fare la spesa
     (le spese);
   to go up   salire*
gold   l'oro

golden   d'oro
good   buono, bravo;
   Good-bye!   Arrivederci! (*fam.*);
     ArrivederLa! (*form.*); Ciao!;
   Good night!   Buona notte!
government   il governo
grade   il voto
to graduate   laurearsi*; diplomarsi*
grammar   la grammatica
grandfather   il nonno;
   grandmother   la nonna;
   grandparents   i nonni
grapes   l'uva
grass   l'erba
grateful   riconoscente
gray   grigio
great   grande
green   verde
to greet   salutare
greeting   il saluto;
   greetings   tanti saluti
grill   la griglia
grilled   alla griglia
groom   lo sposo
group   il gruppo
to grow   crescere*
to guess   indovinare
guest   l'ospite (*m.* or *f.*), l'invitato,
   l'invitata
guide   la guida
guilty   colpevole
guitar   la chitarra
gulf   il golfo
guy   il tipo
gym   la palestra
gymnastics   la ginnastica

H

hair   i capelli;
   dark-haired   bruno
hairdresser   il parrucchiere,
   la parrucchiera
hairdryer   l'asciugacapelli (*m.*)
half   la metà, mezzo (*adj.*)
hand   la mano (*pl.* le mani);
   to shake hands   dare la mano
handkerchief   il fazzoletto
handsome   bello
to happen   succedere* (*p.p.* successo)
happiness   la felicità
happy   felice;
   Happy Easter!   Buona Pasqua!;
   Happy New Year!   Buon Anno
     Nuovo!
hard   duro
to hate   detestare, odiare
to have   avere;
   to have a birthday   compiere gli
     anni
   to have breakfast   fare colazione;
   to have dinner   cenare;
   to have fun   divertirsi*;
   **to have a headache (toothache,
     stomachache, backache, sore**

throat) avere mal di testa (denti, stomaco, schiena, gola);
to have the flu avere l'influenza
Have a nice day! Buona giornata!;
Have a nice vacation! Buone vacanze!;
to have to dovere
head il capo, la testa
health la salute
to hear sentire
heart il cuore
heavy pesante
hell l'inferno
hello buon giorno, salve, ciao; pronto (telephone)
help l'aiuto
to help aiutare
here qui;
Here is . . . ! Ecco... !
hero l'eroe (*m.*)
high alto
high jump il salto in alto
high season alta stagione
hill la collina
to hire assumere (*p.p.* assunto)
historical storico
history la storia
to hit colpire (-isc-)
hitchhiking l'autostop (*m.*)
to hitchhike fare l'autostop
holiday la festa, la vacanza
home la casa;
at home a casa
homeless people i senzatetto
homework il compito
honeymoon la luna di miele
hood il cofano (di una macchina)
to hope sperare
horse il cavallo
hospital l'ospedale (*m.*)
hot caldo;
to be hot avere caldo;
it is hot fa caldo
hotel l'albergo
hour l'ora;
rush hour le ore di punta
house la casa;
at the house of a casa di;
at his/her house a casa sua
housewife la casalinga
how? come?;
How much? Quanto?;
How are you? Come sta? (*form. s.*), Come stai? (*fam. s.*), Come va?;
How come? Come mai?
however comunque, però
huge grosso
humid umido
hundred cento (*inv.*)
hunger la fame;
to be hungry avere fame
hurry la fretta;
to be in hurry avere fretta;
in a hurry in fretta

to hurt oneself farsi* male
husband il marito

I

ice il ghiaccio;
ice cream il gelato
ice-cream parlor la gelateria
idea l'idea
ideal ideale
if se
ignorant ignorante
ill (am)malato
to become ill ammalarsi*
illness la malattia
imagination l'immaginazione (*f.*)
to imagine immaginare
immediately immediatamente
immigrant l'immigrante (*m.f.*)
to immigrate immigrare
immigration l'immigrazione
impatience l'impazienza
impatient impaziente
impolite maleducato
importance l'importanza
important importante
impossible impossibile
to improve migliorare
in in, a; fra
to include includere (*p.p.* incluso)
included compreso
increase l'aumento
to increase aumentare
indeed davvero, veramente
independent indipendente
industrial industriale
inelegant inelegante
inexperienced inesperto
inflation l'inflazione (*f.*)
information l'informazione (*f.*)
ingredient l'ingrediente (*m.*)
inhabitant l'abitante (*m.*)
to initiate iniziare
inn la pensione, l'albergo
inside dentro, in
inspiration l'ispirazione (*f.*)
instead (of) invece (di)
instructor l'istruttore, l'istruttrice
instrument lo strumento
insurance l'assicurazione (*f.*)
intellectual intellettuale
intelligent intelligente
to intend avere intenzione di, pensare di
intention l'intenzione (*f.*)
interest l'interesse (*m.*);
to be interested in interessarsi* a
to interest interessare
interesting interessante
interior designer l'arredatore, l'arredatrice
intersection l'incrocio
interview il colloquio

to introduce presentare;
to introduce oneself presentarsi*
to invent inventare
to invite invitare
Irish irlandese
to iron stirare
iron il ferro da stiro
island l'isola
issue la questione
Italian italiano;
Italian language l'italiano
Italy l'Italia
item l'articolo

J

jacket la giacca
January gennaio
Japan il Giappone
Japanese giapponese
job il lavoro;
full-time job lavoro a tempo pieno;
part-time job lavoro a tempo ridotto
to jog fare jogging
to joke scherzare
journalist il/la giornalista
joy la gioia
juice il succo;
orange juice il succo d'arancia
July luglio
to jump saltare
June giugno
just (*adj.*) giusto; (*adv.*) appena

K

to keep tenere;
to keep up to date aggiornarsi*
key la chiave
to kill uccidere (*p.p.* ucciso)
kilogram il chilo (chilogrammo)
kilometer il chilometro
kind gentile; il genere
king il re (*inv.*)
kiss il bacio
to kiss baciare
kitchen la cucina
knee il ginocchio (*pl.* le ginocchia)
knife il coltello
to know conoscere (*p.p.* conosciuto), sapere;
to know how sapere;
Who knows! Chissà!
knowledge la conoscenza

L

lack la mancanza
ladder la scala
lady la signora
lake il lago
lamp la lampada

land   la terra
landlord, landlady   il padrone, la padrona di casa
landscape   il paesaggio
language   la lingua;
  foreign language   la lingua straniera
laptop   il computer portatile
large   largo, grande
last   ultimo, scorso
to last   durare
late   tardi;
  to be late   essere in ritardo
to laugh   ridere (p.p. riso)
laughter   il riso
law   la legge
lawyer   l'avvocato, l'avvocatessa
to lay off   licenziare
lazy   pigro
to learn   imparare
leather   il cuoio, la pelle
to leave   lasciare, partire*
lecture   la conferenza
left   la sinistra, (adj.) sinistro;
  to the left   a sinistra
leg   la gamba
legal   legale
to lend   prestare
less   meno
lesson   la lezione
to let   lasciare
letter   la lettera
library   la biblioteca
license (driver's)   la patente
lie   la bugia
to lie   dire una bugia
life   la vita;
  still life   la natura morta
lifeguard   il bagnino, la bagnina
lift   il passaggio;
  to give a lift   dare un passaggio
light   la luce; (adj.) leggero;
  traffic light   il semaforo
to light   accendere (p.p. acceso)
like   come
to like   piacere (p.p. piaciuto)
limit   il limite;
  speed limit   il limite di velocità
line   la fila;
  to stand in line   fare la fila
lip   il labbro (pl. le labbra)
to listen to   ascoltare
liter   il litro
literature   la letteratura
little   piccolo
to live   abitare, vivere (p.p. vissuto)
London   Londra
long   lungo;
  for a long time   a lungo
to look (at)   guardare;
  to look for   cercare;
  to look like   assomigliare a
to lose   perdere;
  to get lost   perdersi*;

to lose weight   dimagrire
lot (a lot)   molto, un sacco (di)
  lounge chair   il lettino
love   l'amore (m.);
  to be in love (with)   essere innamorato (di);
  love (closing a letter)   con affetto
to love   amare; volere bene; volersi bene
low   basso
luck   la fortuna;
  bad luck   la sfortuna;
  Good luck!   Buona fortuna!, In bocca al lupo!
luckily   per fortuna
lucky   fortunato
lyric   lirico

M

mad: to get mad   arrabbiarsi*
magazine   la rivista
magnificent   stupendo
to mail   spedire (-isc-)
mail   la posta
mail carrier   il postino, la postina
main   principale
major (studies)   la specializzazione
majority   la maggioranza
to make   fare (p.p. fatto);
  to make the acquaintance   fare la conoscenza;
  to make an appointment   fissare un appuntamento;
  to make a movie   girare un film;
man   l'uomo (pl. gli uomini)
to manage   dirigere (p.p. diretto)
manager   il dirigente
manner   la maniera
map   la carta geografica;
  la pianta   (di una città)
marble   il marmo
March   marzo
market   il mercato
marriage   il matrimonio
to marry   sposare;
  to get married   sposarsi*;
  married   sposato
masculine   maschile
mask, masked character   la maschera
mass media   i mezzi di diffusione
masterpiece   il capolavoro
match (sports)   la partita
mathematics   la matematica
mature   maturo
mountain   la montagna, il monte
mountain hut   il rifugio
May   maggio
may   potere;
  it may be that   può darsi che
maybe   forse
meal   il pasto
mean   cattivo
to mean   significare, voler(e) dire

meaning   il significato
means   il mezzo;
  by means of   per mezzo di;
  means of transportation   i mezzi di trasporto
meat   la carne
meatball   la polpetta
mechanic   il meccanico
medicine   la medicina
medieval   medievale
to meet   conoscere (p.p. conosciuto); incontrare
meeting   la riunione
memory   la memoria
message   il messaggio
  text message   sms
messy   disordinato
meter   il metro
midnight   la mezzanotte
mild   mite
mile   il miglio (pl. le miglia)
milk   il latte
million   il milione
millionaire   il milionario
minute   il minuto
mirror   lo specchio
misadventure   la disavventura
miss   signorina
to miss   sentire la mancanza (di);
  to miss the train   perdere il treno
mistake   l'errore (m.)
mister   signore
to mix   mescolare
model   il modello, la modella
modern   moderno
modest   modesto
mom   la mamma
moment   il momento
Monday   il lunedì
monetary   monetario
money   il denaro, i soldi
month   il mese
monthly   mensile (adj.)
monument   il monumento
moon   la luna
more   più; ancora, di più
morning   il mattino, la mattina;
  in the morning   di mattina;
  this morning   stamattina;
  Good morning!   Buon giorno!
mother   la madre;
  mother-in-law   la suocera;
  grandmother   la nonna
motive   il motivo
motorcycle   la motocicletta
motorist   l'automobilista (m. or f.)
mountain   la montagna
mountain climbing   l'alpinismo
moustache   i baffi
mouth   la bocca
to move   traslocare

moving il trasloco
movie il film;
    to go to the movies andare al
      cinema
movie theater il cinema
much molto;
    too much troppo
museum il museo
mushroom il fungo
music la musica;
    opera music musica operistica;
    folk music musica folcloristica
musician il/la musicista
must dovere

N

name il nome;
    last name il cognome
napkin il tovagliolo
Naples Napoli
narrow stretto
nation la nazione
nationality la nazionalità
naturally naturalmente
nature la natura
Neapolitan napoletano
near vicino;
    to get near avvicinarsi*
neat ordinato
necessary necessario;
    to be necessary bisognare
neck il collo
need il bisogno
to need avere bisogno di
neighbor il vicino, la vicina
nephew il nipote
nervous nervoso
never mai
nevertheless ciò nonostante
new nuovo;
    What's new? Cosa c'è di nuovo?
news la notizia
newscaster l'annunciatore,
    l'annunciatrice
newspaper il giornale
newsstand l'edicola
next to vicino (a);
    next week la settimana
      prossima
nice simpatico
niece la nipote
night la notte;
    Good night! Buona notte!;
    last night ieri sera;
no no
No way! Ma va!
nobody nessuno
noise il rumore
noon il mezzogiorno
northern settentrionale
nose il naso
not non
notebook il quaderno
notes gli appunti

nothing niente
to notice notare
noun il nome
novel il romanzo
November novembre
now adesso, ora
number il numero;
    phone number il numero telefonico
nurse l'infermiere, l'infermiera

O

to obey ubbidire (-isc-)
object l'oggetto
to obtain ottenere
occasion la circostanza
to occupy occupare
ocean l'oceano
October ottobre
of di
to offend offendere
    (*p.p.* offeso)
offer l'offerta
to offer offrire (*p.p.* offerto)
office l'ufficio;
    Post Office la Posta
often spesso
oil l'olio
OK, very well va bene
old vecchio
Olympic olimpico
on su, sopra
once una volta;
    once upon a time c'era una volta;
    once more ancora una volta
onion la cipolla
only solo *(adv.)*, solamente, appena,
    soltanto
Oof! Uffa!
open aperto
to open aprire
opera l'opera
opinion l'opinione (*f.*)
opportunity l'occasione (*f.*)
opposite il contrario
optimist ottimista
or o
oral orale
orange l'arancia;
    orange *(color)* arancione *(inv.)*;
    orange juice il succo d'arancia;
    orange smoothie la spremuta
      d'arancia
order l'ordine (*m.*);
    in order to per;
    in order that affinché
to order, to put in order ordinare,
    riordinare
to organize organizzare
organic biologico
oriental orientale
origin l'origine (*f.*)
original originale; l'originale (*m.*)
other altro
out fuori

outdoors all'aperto
outside fuori
outskirts la periferia
oven il forno;
    microwave oven il forno a
      microonde
to owe dovere
owner il proprietario, la proprietaria

P

to pack fare le valigie;
    backpack lo zaino
package il pacco
packaging l'imballaggio
page la pagina
pain il dolore
to paint dipingere (*p.p.* dipinto)
painter il pittore, la pittrice
painting la pittura, il quadro
pair il paio (*pl.* le paia)
palace il palazzo
pants i pantaloni
paper la carta
paragliding il parapendio
parents i genitori
park il parco
to park parcheggiare
parking lot il parcheggio
particular particolare
    part time a orario ridotto
party (political) la festa; il partito
to pass passare, sorpassare
passenger il passeggero, la passeggera
passport il passaporto
past il passato; passato *(adj.)*
pastry il pasticcino
patience la pazienza
patient paziente
to pay pagare;
    to pay attention fare attenzione;
    to pay a visit fare visita
paycheck lo stipendio
peace la pace
peach la pesca
pear la pera
peas i piselli
peasant il contadino, la contadina
pedestrian il pedone
pen la penna
pencil la matita
peninsula la penisola
pension la pensione
people la gente;
    some people alcune persone
pepper il pepe
perfect perfetto
to perform rappresentare, recitare
performance la rappresentazione
perfume il profumo
perhaps forse
period il periodo
person la persona
personality la personalità
pessimist pessimista

pet l'animale domestico
pharmacy la farmacia
philosophy la filosofia
phone il telefono;
   phone call la telefonata;
   collect call telefonata a carico del
      destinatario
to phone telefonare
phone book l'elenco telefonico
photograph la foto(grafia)
physician il medico
physics la fisica
to pick up raccogliere
picnic la scampagnata
picture la fotografia, il quadro
picturesque pittoresco
pie la torta
pineapple l'ananas
pink rosa *(inv.)*
place il luogo, il posto
to place mettere
plan il progetto
to plan progettare, pensare
   (di + *inf.*)
plastic la plastica
play la commedia, il dramma
to play an instrument suonare;
   to play a game or a sport giocare;
   to play a part recitare
player il giocatore, la giocatrice
playwright il commediografo, la
   commediografa
pleasant piacevole
please per piacere, prego
pleasure il piacere;
   with pleasure con piacere,
      volentieri;
   My pleasure! Il piacere è mio!
plot la trama
plumber l'idraulico
plus più
pocket la tasca
poem il poema
poet il poeta
poetry la poesia
point il punto;
   point of view il punto di vista
police la polizia
policeman il poliziotto
polite educato
political politico
politics la politica
pollution l'inquinamento
poor povero
popular popolare
popularity la popolarità
populated popolato
portrait il ritratto
position il posto
possibility la possibilità
possible possibile;
   as little as possible il meno
      possibile
postcard la cartolina
poster il manifesto;

electoral poster il manifesto
   elettorale
post office l'ufficio postale
pot la pentola
potato la patata;
   fried potatoes le patate fritte;
   potato dumplings gli gnocchi
to pour versare
practical pratico
to practice allenarsi*; esercitarsi*
to pray pregare
precious prezioso
precise preciso
to prefer preferire (-isc-)
preferable preferibile
preference la preferenza
to prepare preparare
to prescribe prescrivere
   (*p.p.* prescritto)
prescription la ricetta
present il regalo
present *(adj.)* attuale
president il presidente,
   la presidentessa
press la stampa
pretty carino
to prevent prevenire
price il prezzo
to print stampare
print la stampa
printer la stampante
private privato
prize il premio
probable probabile
problem il problema
producer il produttore,
   la produttrice
production la produzione
profession la professione
professor il professore,
   la professoressa
program il programma
to prohibit proibire (-isc-)
project il progetto, il piano
to promise promettere
   (*p.p.* promesso)
pronoun il pronome
proposal la proposta
protest la protesta
to protest protestare
provided purché
proud orgoglioso
psychology la psicologia
public il pubblico
publicity la pubblicità
to publish pubblicare
publisher l'editore *(m.)*,
   l'editrice *(f.)*
punctual puntuale
to punish punire (-isc-)
puppet il burattino
purchase l'acquisto
purple viola *(inv.)*
purpose il fine
to put mettere (*p.p.* messo);

to put on mettersi*;
to put on makeup truccarsi*
pyjamas il pigiama

Q

qualification la qualifica
quality la qualità
quarrel il litigio
to quarrel litigare
quarter il trimestre, il quarto
question la domanda;
   to ask a question fare una
      domanda
quiet tranquillo;
   to be quiet stare zitto
to quit abbandonare, lasciare

R

race la gara, la corsa
rain la pioggia
to rain piovere
raincoat l'impermeabile *(m.)*
rare raro
rather piuttosto
to react reagire (-isc-)
to read leggere (*p.p.* letto)
reader il lettore, la lettrice
reading la lettura
ready pronto
reality la realtà
to realize rendersi* conto
   (*p.p.* reso)
really davvero
reason la ragione
receipt la ricevuta, lo scontrino
to receive ricevere
recently recentemente
recipe la ricetta
to recite recitare
recharge la ricarica
to recognize riconoscere
   (*p.p.* riconosciuto)
to recover guarire (-isc-)
to recycle riciclare
recyclable riciclabile
red rosso
to reduce ridurre (*p.p.* ridotto)
referee l'arbitro
reform la riforma
refrigerator il frigo(rifero)
region la regione
relation la relazione;
   international relations le relazioni
      internazionali
relationship il rapporto, la relazione
relative il/la parente
to relax rilassarsi*
to remain rimanere* (*p.p.* rimasto),
   restare*
to remember ricordare, ricordarsi*
remote control il telecomando
Renaissance il Rinascimento
to renounce rinunciare

renowned   noto, famoso
rent   l'affitto
to rent   affittare;
   to rent (a car)   noleggiare
to repair   riparare
to repeat   ripetere
to reply   rispondere
to reproach   rimproverare
republic   la repubblica
requirement   il requisito
to remodel   ristrutturare
research   la ricerca
reservation   la prenotazione
to reserve   prenotare
to resign   licenziarsi
to rest   riposarsi*
restaurant   il ristorante, la trattoria
result   il risultato
to retire   andare in pensione
retiree   il pensionato, la pensionata
return   il ritorno
to return   ritornare*; restituire
   (-isc-) (to give back)
reunion   la riunione
rice   il riso
rich   ricco
ride   il passaggio;
   to give a ride   dare un
      passaggio
to ride a bicycle (a horse)   andare in
   bicicletta (a cavallo)
riding (horses)   l'equitazione (f.)
right   giusto;
   to be right   avere ragione;
   to the right   a destra
ring   l'anello
river   il fiume
road   la strada
role   la parte;
   to play the role (of)   recitare la parte
      (di)
romantic   romantico
Rome   Roma
roof   il tetto
room   la camera, il locale, la stanza;
   living room   il soggiorno (la sala);
   bedroom   la camera da letto;
   hotel room with bathroom
      camera con servizi
roommate   il compagno,
   la compagna di stanza
rose   la rosa
rowing   il canottaggio
rug   il tappeto
run   la corsa;
   to run   correre (p.p. corso)

S

sad   triste
safety   la sicurezza; la salvezza
sailing   la vela
to go sailing   andare in barca
   (a vela)
salad   l'insalata

salary   lo stipendio
salesperson   il commesso,
   la commessa
sales   le svendite; i saldi
on sale   in svendita
salmon   il salmone
salt   il sale
same   stesso
sand   la sabbia
sandals   i sandali
sandwich   il panino imbottito;
   sandwich shop   la salumeria,
      la paninoteca
satisfied   soddisfatto
Saturday   il sabato
sauce   la salsa
sausage   la salsiccia
to save   risparmiare; salvare
saving   il risparmio
to say   dire (p.p. detto);
   to say good-bye, to say hello
      salutare
scene   la scena
schedule   l'orario
scholarship   la borsa di studio
scholastic   scolastico
school   la scuola;
   elementary school   la scuola
      elementare;
   junior high school   la scuola media;
   high school   il liceo
science   la scienza;
   political science   le scienze politiche
scientist   lo scienziato
to score   segnare
to scream   gridare
to sculpt   scolpire
sculptor   lo scultore, la scultrice
sculpture   la scultura; la statua
sea   il mare
serious   grave
season   la stagione
seat (theater)   il posto, la poltrona
seated   seduto
second   secondo; il secondo
secret   il segreto
secretary   il segretario, la segretaria
to see   vedere (p.p. visto, veduto)
to seem   parere, sembrare
selfish   egoista
to sell   vendere
semester   il semestre
to send   mandare, inviare
sensitive   sensibile
sentence   la frase
September   settembre
to serve   servire
to set (the table)   apparecchiare
   (la tavola)
several   diversi(e)
sex   il sesso
shampoo   lo shampoo
shape   la forma
to share   dividere, condividere
   (p.p. diviso, condiviso)

sharp (time)   in punto
to shave   radersi* (p.p. raso)
sheet (of paper)   il foglio (di carta)
sheep   la pecora
shelf   lo scaffale
ship   la nave
shirt   la camicia
shoe   la scarpa;
   hiking shoes   gli scarponi da
      montagna;
   tennis shoes   le scarpe da tennis
shop   il negozio
shopping: to go shopping   fare
   le spese;
   to go grocery shopping   fare
      la spesa
shore   la riva
short   basso, breve
shorts   i pantaloncini
to shout   gridare
show   la mostra, lo spettacolo;
   to show   (di)mostrare;
   to show a movie   dare un film
shower   la doccia;
   to take a shower   fare la doccia
Sicilian   siciliano
Sicily   la Sicilia
sick   ammalato
sidewalk   il marciapiede
sign   il cartello; il segnale
street sign   il segnale stradale
to sign   firmare
signature   la firma
silence   il silenzio
silent   silenzioso
silk   la seta
silverware   le posate
similar   simile
simple   semplice
since   siccome; da quando
to sing   cantare
singer   il/la cantante
single   nubile (woman); celibe, scapolo
   (man)
sink   il lavandino, il lavabo
sir   signore
sister   la sorella;
   sister-in-law   la cognata
to sit   sedersi*
situation   la situazione
size   la taglia, la misura (di scarpe)
skates   i pattini
skating   il pattinaggio
to ski   sciare
skier   lo sciatore, la sciatrice
skiing   lo sci (inv.)
   skis   gli sci
   ski run   la pista da sci
to skip   saltare
skirt   la gonna
sky   il cielo
skyscraper   il grattacielo
sleep   il sonno;
   to be sleepy   avere sonno
to sleep   dormire

slice   la fetta
slim   snello
slippers   le pantofole
slow   lento
to slow down   rallentare
slowly   lentamente
small   piccolo
to smile   sorridere (*p.p.* sorriso)
to smoke   fumare
snack   lo spuntino;
    snack bar   la tavola calda
snow   la neve
to snow   nevicare
    to snowboard   fare snowboard
so   così;
soap   il sapone, la saponetta
    so much   così tanto;
    so that   affinché (+ *subj.*)
soccer   il calcio
sociable   socievole
sock   il calzino
sofa   il divano
solitude   la solitudine
some   alcuni (alcune), qualche, di + *def.
    art.,* un po' di
someone   qualcuno
something   qualcosa
sometimes   qualche volta
son   il figlio;
    son-in-law   il genero
song   la canzone
soon   presto;
    as soon as possible   appena
        possibile;
    See you soon!   A presto!
sorry   spiacente;
    to be sorry   dispiacere
        (*p.p.* dispiaciuto)
soup   la minestra;
    vegetable soup   il minestrone
south   il sud; il Mezzogiorno
southern   meridionale
souvenir   il ricordo
Spanish   spagnolo
sparkling   frizzante
to speak (about)   parlare (di)
special   speciale
specialist   lo/la specialista
specially   specialmente
spectator   lo spettatore, la spettatrice
speech   il discorso
speed   la velocità
to spend   spendere (**money**)
    (*p.p.* speso); passare (**time**)
to spend a vacation   passare le vacanze
spicy   piccante
splendid   splendido,
    magnifico
spoon   il cucchiaio
sporty   sportivo
spring   la primavera
square   la piazza
stadium   lo stadio
stage   il palcoscenico
to stage   rappresentare

stamp   il francobollo
to stand in line   fare la fila
to start   incominciare
state   lo stato
station   la stazione
statue   la statua
to stay   restare*, stare; alloggiare,
    soggiornare
steak   la bistecca
to steal   rubare
stepbrother   il fratellastro
stepdaughter   la figliastra
stepfather   il patrigno
stepmother   la matrigna
stepson   il figliastro
still   fermo; ancora (*adv.*)
stingy   avaro
stocking   la calza
to stop   smettere (*p.p.* smesso); fermare,
    fermarsi*
store   il negozio
story   la storia;
    short story   il racconto
straight   diritto, dritto;
    straight ahead   avanti diritto
strange   strano
strawberry   la fragola
street   la strada;
    street corner   l'angolo della strada
strength   la forza
stressed   stressato
strict   severo
strike   lo sciopero
to strike   scioperare
strong   forte
stubborn   ostinato
student   lo studente, la studentessa
studio (apartment)   il monolocale
studious   studioso
study   lo studio
to study   studiare
stuff   la roba
style   lo stile
subject   l'argomento, il soggetto
subtitles   le didascalie
subway   la metropolitana
to succeed (in)   riuscire* (a)
success   il successo
suddenly   improvvisamente
to suffer   soffrire (*p.p.* sofferto)
sugar   lo zucchero
to suggest   suggerire (-isc-)
suit   il completo;
    bathing suit   il costume da bagno
suitcase   la valigia
summary   il riassunto
summer   l'estate (*f.*)
sumptuous   lussuoso
sun   il sole
to sunbathe   prendere il sole
Sunday   la domenica
sunglasses   gli occhiali da sole
sunny: it is sunny   c'è il sole
sunscreen   la crema solare
supermarket   il supermercato

supper   la cena;
    to have supper   cenare
sure   sicuro, certo; già
surface   la superficie
surgeon   il chirurgo
surprise   la sorpresa
to surprise   sorprendere;
    surprised   sorpreso;
to surround   circondare
sweater   il maglione
sweatsuit   la tuta da ginnastica
sweet   dolce
to swim   nuotare
swimming   il nuoto;
    swimming pool   la piscina
system   il sistema

T

table   il tavolo, la tavola;
    coffee table   il tavolino
tablecloth   la tovaglia
to take   prendere (*p.p.* preso), portare;
    to take a bath (a shower, a walk,
        a ride, a trip, a picture, a
        break)   fare il bagno (la doccia,
        una passeggiata, un giro, un
        viaggio, una foto, una pausa);
    to take care of   curare;
    to take a class   seguire un corso;
    to take part (in)   partecipare (a);
    to take place   avere luogo;
    it takes   ci vuole, ci vogliono
to talk (about)   parlare (di)
tall   alto
to tan   abbronzarsi*
tape recorder   il registratore
taste   il gusto
tasty   gustoso, saporito
tax   la tassa
tea   il tè
to teach   insegnare
teacher   il maestro, la maestra
team   la squadra
telephone   il telefono;
    telephone book   l'elenco
        telefonico;
    telephone operator   il/la
        centralinista
to telephone   telefonare
television   la televisione;
    TV set   il televisore;
    TV news   il telegiornale
to tell   dire (*p.p.* detto); raccontare
temple   il tempio
tenant   l'inquilino, l'inquilina
tent   la tenda
terrible   terribile
text message   l'sms
thank you   grazie;
    Thank God!   Meno male!
    thanks   il ringraziamento;
    Thanksgiving   il giorno del
        ringraziamento;
    thanks to   grazie a

to thank ringraziare
that che; quello;
   that is cioè
theater il teatro;
   movie theater il cinema
then allora, poi;
   since then da allora
there là, lì;
   there is c'è;
   there are ci sono
therefore perciò
thesis la tesi
thin magro
thing la cosa
to think (of) pensare (a)
thirsty: to be thirsty avere sete
this questo
thought il pensiero
thousand mille, *(pl.)* mila
through attraverso
Thursday il giovedì
ticket il biglietto;
   round-trip ticket il biglietto di
     andata e ritorno;
   ticket window la biglietteria
tie la cravatta
to tie legare, pareggiare **(a game)**
tight stretto
time il tempo; la volta; l'ora;
   it is time è (l')ora di;
   to be on time essere in orario
timid timido
tip la mancia
tire la gomma;
   flat tire gomma a terra
   to tire stancare, stancarsi*
tired stanco
tiring faticoso
title il titolo
to a, in da
toaster il tostapane
today oggi
together insieme
tomato il pomodoro
tomorrow domani;
   the day after
     tomorrow dopodomani
tonight stasera
too anche;
   too much troppo;
   Too bad! Peccato!
tooth il dente;
   toothache mal di denti
toothbrush lo spazzolino da denti
   toothpaste il dentifricio
topic (for discussion) l'argomento
tour il giro, la gita;
   tour bus il pullman
to tour girare
tourist il/la turista
towel l'asciugamano
toward verso
tower la torre
town il paese, la città

toy il giocattolo
track and field l'atletica leggera
trade il mestiere
traffic il traffico;
   traffic light il semaforo
tragedy la tragedia
trail il sentiero
train il treno
to train allenarsi*
tranquil tranquillo
trash le immondizie
travel il viaggio;
   travel agency l'agenzia di viaggi
to travel viaggiare
traveler il viaggiatore, la viaggiatrice
to treat curare
treatment la cura
tree l'albero
trip il viaggio;
   business (pleasure) trip
     viaggio d'affari (di piacere);
   to take a trip fare un viaggio;
   Have a good trip! Buon viaggio!
   trouble il guaio;
   to be in trouble essere nei guai
trousers i pantaloni
trout la trota
true vero
truly veramente
trumpet la tromba
trunk (of a car) il portabagagli
truth la verità
to try cercare di + *inf.*;
   to try on provare
T-shirt la maglietta
tub la vasca
Tuesday il martedì
tuition la tassa universitaria
to turn girare;
   to turn on accendere (*p.p.* acceso);
   to turn off spegnere (*p.p.* spento)
to type scrivere a macchina
typical tipico

U

ugly brutto
umbrella l'ombrello;
   beach umbrella l'ombrellone
uncle lo zio
undecided indeciso
under sotto
to understand capire (-isc-)
unemployed disoccupato
unemployment la disoccupazione
unfortunately purtroppo
unhappy infelice, scontento
union l'unione (*f.*)
university l'università
unless a meno che (+ *subj.*)
unlucky sfortunato
unpleasant antipatico
until *(prep.)* fino a, *(conj.)* finché;
   until now finora

use l'uso;
   to use usare;
   to get used to abituarsi*
useful utile
useless inutile
usual solito;
   usually di solito;
   as usual come al solito

V

vacant libero, vuoto
vacation la vacanza;
   summer vacation la villeggiatura;
   vacationer il villeggiante
vacuum cleaner l'aspirapolvere (*m.*)
valley la valle
vase il vaso
veal il vitello;
   roast veal arrosto di vitello
vegetables la verdura;
   cooked vegetables il contorno
Venice Venezia
verb il verbo
very molto
victory la vittoria
video cassette la videocassetta
video game il videogioco
video recorder il videoregistratore
view la vista
village il villaggio
vineyard la vigna
violin il violino
visit la visita
to visit visitare, esaminare, andare a
   trovare
vocabulary il vocabolario
voice la voce;
   in a loud voice ad alta voce;
   in a low voice a bassa voce
to vomit vomitare
vote il voto
to vote votare
vowel la vocale
voyage il viaggio

W

to wait (for) aspettare
waiter il cameriere
waitress la cameriera
to wake up svegliarsi*
walk la passeggiata;
   to take a walk fare una
     passeggiata
to walk andare a piedi, camminare
wall il muro, la parete
wallet il portafoglio
to want volere
war la guerra
wardrobe l'armadio
warm caldo
to wash lavare;
   to wash oneself lavarsi*

washing machine   la lavatrice
   to waste   sprecare
to waste (time)   perdere (tempo)
watch   l'orologio
to watch   guardare
water   l'acqua;
   drinking water   l'acqua potabile;
   water polo   la pallanuoto
way   il modo;
   anyway   ad ogni modo
weak   debole
wealth   la ricchezza
to wear   mettere, mettersi*; portare
weather   il tempo;
   weather forecast   le previsioni del
      tempo
website   il sito web
wedding   il matrimonio, le nozze
Wednesday   il mercoledì
week   la settimana
weekend   il fine-settimana
weight   il peso;
   to lose weight   dimagrire (-isc-)
welcome   benvenuto
to welcome   accogliere
welcoming   accogliente
well   bene (be')
   to be well   stare bene
western   occidentale
what?   che? che cosa? cosa?
   What a drag!   Che barba!
wheel   la ruota
steering wheel   il volante
when   quando

where   dove
wherever   dovunque
which   quale; che
while   mentre
white   bianco
who, whom   che, il quale;
   who?, whom?   chi?
whoever   chiunque
whole   tutto;
   the whole day   tutto il giorno
whose?   di chi?
why   perché
wide   largo
widow, widower   la vedova,
   il vedovo
wife   la moglie
willingly   volentieri
to win   vincere (p.p. vinto)
wind   il vento
wind power   l'energia eolica
window   la finestra, la vetrina (shop)
wine   il vino
winter   l'inverno
wish   il desiderio, l'augurio
to wish   desiderare, augurare;
   I wish   vorrei
with   con
without   senza, senza che (+ subj.)
witty   spiritoso
woman   la donna
to wonder   domandarsi*
wonderful   meraviglioso
wonderfully   meravigliosamente
wood   il bosco; il legno

wool   la lana
word   la parola
work   il lavoro, l'occupazione (f.);
   work of art   l'opera d'arte
to work   lavorare, funzionare
worker   l'operaio, l'operaia
world   il mondo;
   worldwide   mondiale
worry   la preoccupazione
to worry   preoccupare, preoccuparsi*
   (di);
   worried   preoccupato
Wow!   Caspita!
to write   scrivere (p.p. scritto)
writer   lo scrittore, la scrittrice
wrong   sbagliato;
   to be wrong   avere torto

Y

year   l'anno;
   to be . . . years old   avere... anni;
   New Year's Day   il Capodanno
yellow   giallo
yes   sì
yesterday   ieri;
   the day before yesterday   l'altro ieri
yet   eppure;
   not yet   non ancora
young   giovane;
   young lady   signorina;
   young man   giovanotto
youth hostel   l'ostello per la gioventù

INDEX

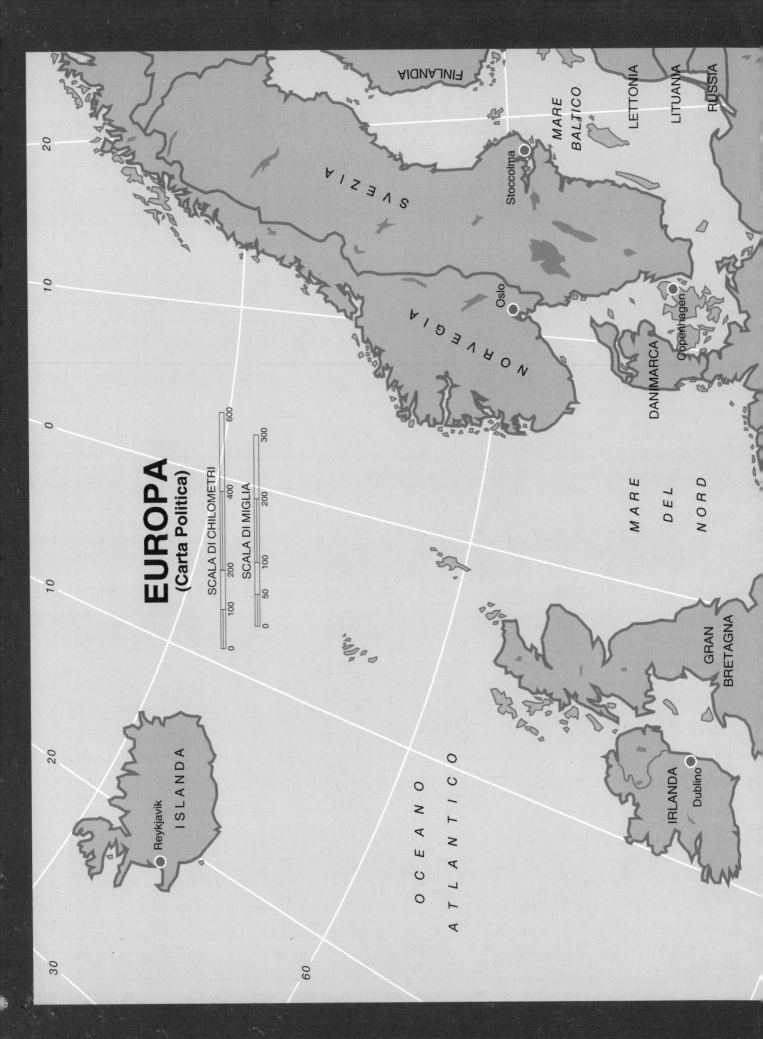

EUROPA
(Carta Politica)

SCALA DI CHILOMETRI

0   100   200   400   600

SCALA DI MIGLIA

0   50   100   200   300

ISLANDA

Reykjavik

OCEANO ATLANTICO

IRLANDA

Dublino

GRAN BRETAGNA

MARE DEL NORD

NORVEGIA

Oslo

SVEZIA

Stoccolma

FINLANDIA

MARE BALTICO

DANIMARCA

Copenhagen

LETTONIA

LITUANIA

RUSSIA

20

10

0

10

20

30

60